Von der Politisierung der Medien zur Medialisierung des Politischen?

Zum Verhältnis von Medien, Öffentlichkeiten und Politik im 20. Jahrhundert

Klaus Arnold/Christoph Classen
Susanne Kinnebrock/Edgar Lersch/Hans-Ulrich Wagner
(Hg.):

Von der Politisierung der Medien zur Medialisierung des Politischen?

Zum Verhältnis von Medien, Öffentlichkeiten und Politik im 20. Jahrhundert

LEIPZIGER UNIVERSITÄTSVERLAG 2010

Bibliografische Information der Deutschen Nationalbibliothek
Die Deutsche Nationalbibliothek verzeichnet diese Publikation in der Deutschen Nationalbibliografie; detaillierte bibliografische Daten sind im Internet über http://dnb.d-nb.de abrufbar.

Gesamtgestaltung: Volker Hopfner, Berlin
Druck: Hubert & Co., Göttingen
ISBN 978-3-86583-497-3

Inhalt

Vorwort 9

Einleitung
Christoph Classen/Klaus Arnold
Von der Politisierung der Medien zur Medialisierung des Politischen?
Zum Verhältnis von Medien, Öffentlichkeiten und Politik im 20. Jahrhundert 11

1. Medialisierung der Politik: Begriff und Theorie

Thomas Mergel
Politisierte Medien und medialisierte Politik.
Strukturelle Koppelungen zwischen zwei sozialen Systemen 29

Frank Marcinkowski/Adrian Steiner
Was heißt „Medialisierung"?
Autonomiebeschränkung oder Ermöglichung von
Politik durch Massenmedien? 51

Rudolf Stöber
Medialisierung vor 1945. Wie tragfähig ist der Begriff als
kommunikationshistorisches Konzept für Frühe Neuzeit und Moderne? 77

2. Fallstudien zum Verhältnis von Medien und Politik in der ersten Hälfte des 20. Jahrhunderts

Jürgen Wilke
Medialisierung der Politik?
Reichskanzler von Bülow als Vorläufer 97

Dominik Geppert
„Abrüstung der Presse". Zur Medialisierung der Außenpolitik
im Zeitalter von Nationalismus und Imperialismus 121

Bernhard Fulda
Adolf Hitler als Medienphänomen 141

Inge Marszolek
„Nur keine Öde".
Radio im Nationalsozialismus 161

Patrick Rössler
„Wir zerstreuten uns zu Tode".
Formen und Funktionen der Medialisierung des Politischen in
illustrierten Zeitschriften der NS-Zeit 183

3. Fallstudien zum Verhältnis von Medien und Politik in der zweiten Hälfte des 20. Jahrhunderts

Gabriele Melischek/Josef Seethaler
Kontinuität und Wandel im Verhältnis von Politik und
Medien in der Wahlkampfkommunikation seit 1945.
Methodik und Empirie im internationalen Vergleich 243

Norbert Grube
Regierungspropaganda in der Ära Adenauer im
Spannungsfeld von Politik, Wirtschaft, Wissenschaft und Medien.......... 267

Christoph Classen
Politik als Unterhaltung.
Zur Medialisierung von Politik in populären Filmen und Fernsehserien 287

Michael Meyen
Nutzung politischer Medienangebote in den 1950er Jahren 307

Klaus Arnold
Wie Deutschland begann, sich für Politik zu interessieren.
Medienrezeption in den 1960er und 1970er Jahren 323

Susanne Kinnebrock/Helena Bilandzic
Boulevardisierung der politischen Berichterstattung?
Konstanz und Wandel von Nachrichten- und
Narrativitätsfaktoren in Tageszeitungen 347

Kurt Imhof
Öffentliche Konflikte vor und nach dem neuen
Strukturwandel der Öffentlichkeit 363

4. Historische Diskurse zur Medialisierung der Politik

Thymian Bussemer
Massenmedien, Propaganda, Öffentlichkeit.
Eine demokratietheoretische Perspektive 397

Adelheid von Saldern
Abwehr, Steuerung, Gestaltung.
Medien und Politik in der Weimarer Republik 417

Andreas Scheu/Manuel Wendelin
Medialisierung – Die Perspektive der Kritischen Theorie 441

Autorenverzeichnis 465

Vorwort

Der vorliegende Band beruht auf ausgesuchten Beiträgen einer Tagung, die die Fachgruppe Kommunikationsgeschichte der Deutschen Gesellschaft für Kommunikationswissenschaft (DGPuK), der Studienkreis Rundfunk und Geschichte (StRuG) und das Zentrum für Zeithistorische Forschung (ZZF) im Januar 2007 im Bundestag in Berlin und dem ARD-Hauptstadtstudio unter demselben Titel veranstaltet haben. Wir möchten allen danken, die zum Gelingen der Tagung und zur Entstehung dieses Buches beigetragen haben, zunächst allen Referenten, Moderatoren, Kommentatoren, Diskutanten und Teilnehmern der Tagung sowie jenen Autoren, die wir zusätzlich für diesen Band gewinnen konnten.

Größere Tagungen lassen sich kaum ohne die Hilfe von Partnern und Sponsoren durchführen. Wir danken insbesondere dem Seeheimer Kreis in der SPD, dem ARD-Generalsekretariat, dem ARD-Hauptstadtstudio sowie der Deutschen Forschungsgemeinschaft für ihre großzügige Unterstützung.

Zahlreiche Helfer haben durch ihren persönlichen Einsatz dazu beigetragen, die logistischen und redaktionellen Klippen solcher Vorhaben zu umschiffen. Ohne ihre Hilfe hätten weder die Konferenz noch die Publikation entstehen können. Besonderer Dank gilt Annina Gagyiova, Jana Hoffmann, Andreas Liesinger, Agnes Kuciel, Christoph Rohde, Jennifer Schevardo, Sebastian Seibert und Eva Woyte.

Im April 2010

Klaus Arnold
Christoph Classen
Susanne Kinnebrock
Edgar Lersch
Hans-Ulrich Wagner

Christoph Classen/Klaus Arnold

Von der Politisierung der Medien zur Medialisierung des Politischen? Zum Verhältnis von Medien, Öffentlichkeiten und Politik im 20. Jahrhundert

Wer im 20. Jahrhundert, jenem „Zeitalter der Extreme" (Eric Habsbawm), nach Beispielen für die Unterordnung der Medien unter den Primat der Politik sucht, wird schnell fündig: Bereits unmittelbar nach der Jahrhundertwende, im Jahr 1902, forderte Lenin in seiner programmatischen Schrift „Was tun?" die Schaffung einer zentralisierten Parteipresse, deren Anleitung eng an die Führung der Partei gebunden sein müsse (Lenin 1954). Für die Protagonisten der revolutionären Massenbewegungen und autoritären Regime kommunistischer und faschistischer Provenienz in der ersten Hälfte des Jahrhunderts stand außer Frage, dass die etablierten und neuen Massenmedien ganz im Dienste ihrer ambitionierten politischen Ziele zu stehen hätten. Und dieses instrumentelle Medienverständnis setzte sich in den sozialistischen Staaten (aber nicht nur da) auch nach dem Zweiten Weltkrieg fort. Im Jahr 1950 erklärte der damalige Chefredakteur des „Neuen Deutschland", Rudolf Herrnstadt, bei seiner Zeitung handele es sich um „eine politische Institution, die aus Zweckmäßigkeitsgründen den Charakter einer Zeitung trägt, und nicht umgekehrt eine Zeitung, die sich aus Zweckmäßigkeitsgründen mit Politik beschäftigt" (zit. n. Herrmann 1963: 39).

Ein solches antiliberales Verhältnis gegenüber den Medien lässt sich keineswegs allein ideologisch erklären. Vielmehr verbanden sich hier zwei Traditionslinien, die ursprünglich konträr gegeneinander gestanden hatten: Einerseits lebten in vielen Staaten obrigkeitsstaatliche Traditionen weiter, die durch die Aufklärung und die Revolutionen in England, Amerika und Frankreich herausgefordert, aber keineswegs durchgehend gebrochen worden waren; auf der anderen Seite ließ sich die Entstehung einer dezidierten Meinungs- und Parteipresse auf Dauer nicht unterdrücken. So versuchten gerade die sich konstituierenden modernen Nationalstaaten im 19. Jahrhundert oftmals, die Politisierung der Öffentlichkeit zu verhindern, indem sie die Zensur intensivierten und die Entwicklung einer unabhängigen Presse immer wieder massiv behinderten. In Deutschland reichten diese Bemühungen von den berüchtigten „Karlsbader Beschlüssen" von 1819, deren Nachwirkungen noch über die Revolution von 1848 hinaus zu spüren waren, bis zum Inkrafttreten des liberaleren, dabei aber durchaus janusköpfigen „Reichspreßgesetzes" von 1874, und bekanntlich erlebten sie während des 1. Weltkrieges eine Neuauflage.

All dies konnte aber nicht verhindern, dass sich im Laufe der Zeit eine politische Berichterstattung entwickelte, die – je nach Grad der drohenden Repressionen – ihre Anliegen mehr oder weniger offen vertreten konnte. Besonders in Deutschland entstand neben der bestimmten politischen Lagern zugeneigten Meinungspresse in der zweiten Hälfte des 19. Jahrhunderts eine starke Parteipresse, die sich stets als Organ des politischen Kampfes begriff. Der für die eingangs erwähnten diktatorischen Regime des 20. Jahrhunderts charakteristische Versuch, eine möglichst konsonante Medienöffentlichkeit mit dominanten Parteimedien zu schaffen, kann demnach auch als Verbindung dieser beiden älteren, ursprünglich entgegengesetzten Traditionslinien interpretiert werden. Abstrakter formuliert: Politisierung und staatliche Zensur verbanden sich in dem Moment, in dem die ursprünglich revolutionären Bewegungen selbst den Staat beherrschten; danach schufen sie jene politisch regulierten Öffentlichkeiten, die uns aus heutiger, liberaler Sicht so fremd erscheinen.

Politisierung und die staatlichen Versuche, sie zu kontrollieren und einzuhegen sind dominante Merkmale der Entstehung moderner, durch Massenmedien geprägter Öffentlichkeiten. In den Diktaturen des 20. Jahrhunderts hat die Symbiose aus beidem, aus Propaganda und Zensur, gewiss einen Höhepunkt erreicht. Doch zugleich haben diese Praxen bereits das 19. Jahrhundert nachhaltig geprägt und sie wirken, in weniger dramatischer Form, auch in westlich orientierten, demokratischen Systemen bis heute nach. Noch in der frühen Bundesrepublik hieß es 1950 in einem Memorandum der CDU-Bundesgeschäftsführung an Bundeskanzler Adenauer unter dem Titel „Massenführung in der Bundesrepublik", der Rundfunk müsse „in erster Linie zweifellos politisches Führungsmittel" sein. Grundsätze wie Überparteilichkeit, Unabhängigkeit und Pluralismus wirkten „vielleicht auf einige intellektuelle Schwerenöter reizvoll, auf die Menge der Hörer aber schlechthin verwirrend, ja verdummend". „Erste Aufgabe" müsse daher sein, „die Kassierung des alliierten ‚Presse- und Radiogesetzes' zu erwirken" (zit. n. Steininger 1975: 347-348). Es bedurfte erst noch der „Spiegel-Affäre" 1962, um in der Bundesrepublik ein solches, staatszentriertes Medien- und Öffentlichkeitsverständnis endgültig in den Hintergrund zu drängen. Erst nach und nach setzte sich unter dem Eindruck des Nationalsozialismus einerseits und in Abgrenzung zum kommunistischen Medienverständnis andererseits das Ideal einer liberalen Öffentlichkeit mit staatsfern organisierten Massenmedien durch – und dies zunächst durchaus gegen mächtige Widerstände (vgl. von Hodenberg 2006).

Mit diesem Liberalisierungsprozess war zugleich der Blickwinkel vorgegeben, unter dem das Verhältnis von Medien und Politik in der Öffentlichkeit und auch von Seiten der Wissenschaft hierzulande lange betrachtet worden ist: Im Mittelpunkt stand – neben politischen Distinktionsbedürfnissen im Kalten Krieg – das Interesse an strukturellen und personellen Abhängigkeitsverhältnissen, an politischer „Ausgewogenheit" der Medien und ihrer Funktion als „Vierte Gewalt", als kritische Kontrollinstanz der Politik in demokratischen Systemen. In der Mediengeschichtsschreibung manifestierte sich dies etwa in einer Konzentration auf Aspekte der Struktur- und Institutionengeschichte sowie Phänomene wie Propaganda und Zensur. Diese vor dem Hintergrund der Diktatur- und Demokratisierungserfahrungen im 20. Jahrhundert naheliegende Perspektive richtete den Blick vor allem auf die Politisierung der Medien, ihre vermeintlich erfolgreiche politische Instrumentalisierung und die damit einhergehenden Gefahren bzw. – mit optimistischem Tenor – auf ihr Potenzial für die Entwicklung und das Funktionieren demokratischer Gesellschaften. Weitgehend unempfindlich waren diese Ansätze für die umgekehrte Perspektive, den Einfluss der Medien auf den Wandel von Politik, die vielfältigen Interdependenzen, Dynamiken und symbiotischen Verhältnisse, die diese Beziehung geprägt haben und weiter prägen.

Zumindest in gegenwartsbezogenen Analysen hat sich die Perspektive jedoch in den letzten zwei Jahrzehnten nahezu umgekehrt: Längst ist die These von der „Medialisierung der Politik" in den Vordergrund getreten, von einer grundsätzlichen Prägung und Verwandlung des Politischen durch die zunehmende Präsenz der modernen Massenmedien einschließlich ihrer Tendenz zur Visualisierung. Der Grundton ist dabei skeptisch, wenn nicht kulturkritisch. Viel Aufmerksamkeit haben insbesondere Thesen und Bücher gefunden, die vor einer Aushöhlung demokratischer Institutionen und Prozesse durch die Medien warnen. Da ist die Rede von einer „Demontage der Politik in der Informationsgesellschaft" (Kepplinger 2000), von der „Kolonialisierung der Politik durch die Medien" (Meyer 2001) und von ihrer „Theatralisierung" im Angesicht der Allgegenwart von Kameras und Mikrofonen (Scheurle 2009; Meyer 2003). Schon deutlich früher, nämlich Mitte der 1960er Jahre, hat der Politologe Murray Edelman in den Vereinigten Staaten den Begriff der „symbolischen Politik" geprägt, um damit kritisch auf selbstlegitimatorische Inszenierungen von Politik im Fernsehzeitalter hinzuweisen. In Deutschland erst mit Verzögerung rezipiert (vgl. Sarcinelli 2009: 136-138) ist die – theoretisch kaum haltbare – Vorstellung einer klaren Trennung von „symbolischer Scheinpolitik" (Meyer 2002: 12) und einer faktischen Politik „der Taten" (Jessen 2006: 3) auch hierzulande längst Teil populärer Vorstellungen geworden. Eng verbunden mit solchen Fragen nach der Performativität des Politischen ist schließlich die Debatte um das Verhältnis von Unterhaltung und Politik und der Rolle des Fernsehens als primär visuelles Medium. Haben wir es angesichts von steigenden Aufmerksamkeitskonkurrenzen mit einer zunehmenden Orientierung von politischen (Selbst-)Inszenierungen an populären Mustern, Themen und Dramaturgien zu tun? Unverkennbar beruhen die populistischen Kampagnen, mit denen manche Boulevardmedien versuchen, Politiker vor sich her zu treiben, in erster Linie auf ökonomischem Kalkül. Welche Rückwirkungen zeitigt dies auf politische Vorstellungen und Prozesse? Schwächen Fernsehbilder generell die Chancen eines rationalen politischen Diskurses und steigern stattdessen die „Stimmungsabhängigkeit“ von Politik? Ist am Ende gar ein Niveauverlust der Politik in der Mediengesellschaft unvermeidlich? (vgl. Postman 1985; vgl. Dörner 2001; vgl. Saxer 2006).

Die veränderte Wahrnehmung des Verhältnisses von Medien und Politik seit den 1980er Jahren hat gewiss mehrere Ursachen. Kaum zufällig ist jedoch die Koinzidenz mit der zunehmenden Skepsis gegenüber Steuerungsfähigkeit, Problemlösungskompetenz und gesellschaftlicher Integrationskraft staatlicher Politik im Zuge von industrieller Strukturkrise, Globalisierung und Postmoderne; vieldiskutierte Stichworte wie „Governance“, „Entstaatlichung“, „Deregulierung“ und „Politikverdrossenheit“ sowie kommunitaristische Ansätze markieren diese Tendenz. Auf der anderen Seite sind „Kommunikation“ und „Medien“ als Teil liberaler Konsumgesellschaften immer mehr ins Zentrum der Aufmerksamkeit gerückt. Vor dem Hintergrund der Ausbreitung digitaler Technologien und daran geknüpfter übersteigerter ökonomischer und gesellschaftlicher Erwartungen der 1990er Jahre sind sie auch von Wissenschaftlern bisweilen als „neues Paradigma, Welt zu erklären“ herangezogen worden, wie zu Recht kritisch angemerkt worden ist (Hickethier 1999). Jüngere Entwicklungen vom Crash des „Neuen Marktes“ bis zur aktuellen Finanzkrise haben freilich dazu beigetragen, dass einige nur wenige Jahre alte Urteile und Prognosen zu den (neuen) Medien und zur vermeintlichen Schwäche der etablierten politischen Institutionen und Verfahren aus heutiger Sicht schon wieder überholt wirken.

Der kleine Aufriss mag vor dem Hintergrund der Historizität des Medienverständnisses auch andeuten, dass wissenschaftliche Fragen und Blickwinkel immer auf bestimmten Traditionen, Erfahrungen und Gegenwartsperspektiven beruhen. Damit ist aus unserer Sicht ein Mangel der gegenwärtigen Debatten angesprochen, wie sie in den Kommunikations- und Medienwissenschaften sowie der Politologie seit einiger Zeit geführt werden: Fast immer beziehen sie sich nur auf die Gegenwart oder die unmittelbare Vergangenheit des entwickelten Internet- bzw. Fernsehzeitalters. Diese Beschränkung scheint mitverantwortlich für den bisweilen schrillen Ton, in dem einerseits apokalyptische Szenarien, andererseits aber auch utopische Demokratisierungs- und Partizipationserwartungen angesichts von *Web 2.0* und *User Generated Content* vorgetragen werden. Indem das Thema im vorliegenden Band in eine längere diachrone Perspektive eingeordnet wird, möchten wir dazu beitragen, der Auseinandersetzung mit den Transformationen von Politik und Öffentlichkeit mehr historischen Tiefgang zu verleihen – manch normatives Urteil und manche Prognose erscheinen vor diesem Hintergrund relativiert oder gar generell zweifelhaft. Die Karriere, die der Begriff „Medialisierung“[1] in den letzten Jahren nicht nur in der Kommu-

1 Abweichend vom Begriff „Medialisierung“ wird von einigen Kommunikationswissenschaftlern statt dessen „Mediatisierung“ benutzt, in der Regel synonym. Dies erscheint uns gerade in historischer Perspektive unglücklich, weil damit in der Geschichtswissenschaft traditionell die Aufhebung der im Mittelalter entstandenen Reichsunmittelbarkeit weltlicher Reichsstände bezeichnet wird.

nikationswissenschaft gemacht hat, verdeutlicht im Prinzip ebenfalls diese Notwendigkeit: Als Prozessbegriff verweist er – anders als etablierte statische Konzepte – immanent auf Wandel und die Notwendigkeit diachroner Analysen (vgl. als Überblick Meyen 2009, Lundby 2009: 9f.).

Im Folgenden soll daher der Versuch unternommen werden, das Verhältnis von Medien und Politik mit Hilfe von Fallstudien in einer breiten zeithistorischen Perspektive in den Blick zu nehmen. Denn auch wenn der Durchbruch des Fernsehens als Massenmedium in den entwickelten Industriegesellschaften um 1960 gewiss eine wichtige Zäsur darstellt, beginnt die „Medialisierung des Politischen" keineswegs erst zu diesem Zeitpunkt. Stattdessen bietet es sich an, das 20. Jahrhundert in seiner Gänze zu thematisieren. Zwar setzen viele der hier beschriebenen Entwicklungen bereits mit der Entstehung einer durch die Massenpresse breit zugänglichen politischen Öffentlichkeit in der zweiten Hälfte des 19. Jahrhunderts ein. Ihre volle Konsequenz entfalteten diese Entwicklungen aber erst im 20. Jahrhundert – sowohl hinsichtlich ihrer partizipatorischen als auch ihrer demagogischen Potenziale. Es scheint daher legitim, sich auf diesen Zeitraum zu beschränken. Ebenso bleiben am Ende des Jahrhunderts die jüngsten, mit dem Internet verbundenen Entwicklungen ausgeklammert, zum einen, weil sie zumindest als gesellschaftliches Breitenphänomen doch stärker in die Zeit nach der Wende zum 21. Jahrhundert gehören, zum anderen, weil dazu umfangreiche gegenwartsbezogene Literatur existiert.

Ausgangspunkt ist die Annahme, dass sich das letzte Jahrhundert in einer säkularen Perspektive nicht zuletzt als Zeitalter der ‚Vergesellschaftung von Politik' beschreiben lässt. Gemeint ist damit die bereits im späten 19. Jahrhundert einsetzende Einbeziehung immer weiterer Teile der Bevölkerung in politische Diskurse, eine Entwicklung, die – wie eingangs bereits illustriert – maßgeblich auf der Entstehung der modernen Massenmedien fußt und von ihnen vorangetrieben wird. Politik konnte zunehmend weniger ausschließlich in Arkanbereichen stattfinden und war nicht mehr alleinige Angelegenheit weitgehend autochthoner Eliten und Verwaltungsapparate. Die Folge war, dass sie immer stärker auf die Unterstützung durch breite gesellschaftliche Gruppen angewiesen war und dementsprechend der öffentlichen Darstellung bedurfte. Auch und gerade die autokratischen und diktatorischen Regime verwandten bezeichnenderweise erhebliche Anstrengungen darauf, sich öffentlich zu legitimieren und breite gesellschaftliche Unterstützung zu inszenieren oder wenigstens zu behaupten.

Damit verbunden war eine grundlegende Veränderung dessen, was Politik ausmachte: Sie bekam eine bis dahin unvorstellbare plebiszitäre Tendenz, sie wurde immer mehr zum (vermeintlichen) Ausweis der (vorgeblichen) Interessen der Bevölkerungsmehrheit. Verbunden waren damit zweifellos steigende Partizipationsansprüche und -chancen, aber eine Perspektive, die diesen Prozess ausschließlich als „Demokratisierung" mit den damit üblicherweise verbundenen positiven normativen

Konnotationen wahrnähme, griffe entschieden zu kurz (vgl. Bösch/Frei 2006: 7-23). Die eindrucksvollsten Belege für diese Entwicklung finden sich denn auch weniger in den demokratischen Gesellschaften des Fernsehzeitalters. Vielmehr ist der für dieses Jahrhundert so charakteristische Überschuss an Utopien einschließlich der katastrophalen Versuche, sie in Form von gewaltsamem *social engineering* und technischen Modernisierungsprogrammen praktisch einzuholen, schwerlich ohne diese plebiszitäre *Aufladung* vorstellbar.

Eine solche historische Perspektivierung der *longue durée*, wie sie hier vorgeschlagen wird, hat Konsequenzen für tief verankerte Sichtweisen: Insbesondere die Unterscheidung zwischen demokratischen und diktatorischen Systemen ist vor diesem Hintergrund zumindest a priori nicht zwingend; gewiss haben sich die kommunikativen Strategien und Bewältigungsversuche stark unterschieden, aber die Entstehung eines politischen Massenmarktes mit den daran gebundenen erweiterten Legitimationszwängen von und Erwartungen gegenüber Politik ist ein grundlegendes, systemübergreifendes Phänomen, dem sich Politik im 20. Jahrhundert generell ausgesetzt sah. Es wäre zumindest zu diskutieren, ob langfristig beobachtbare Konsequenzen wie die Ausweitung politischer Zuständigkeiten und die daraus resultierende Überlastung der Politik nicht nur den Niedergang der utopisch aufgeladenen Diktaturen (mit-) verursacht hat, sondern ob dieser Effekt nicht auch demokratische Systeme einzuholen beginnt. Bereits erwähnte Phänomene wie „Politikverdrossenheit“, die zunehmende Skepsis gegenüber der Problemlösungskompetenz politischer Instanzen einschließlich der Debatte über „Politainment“ und „Mediokratie“ deuten in diese Richtung.

Dieser Gestaltwandel des Politischen ist von der „Kommunikationsrevolution“, der „Kommunikation unter Abwesenden“ (Luhmann) über moderne, massenhaft verbreitete Medien also gewiss nicht zu trennen. Mit ihrer zunehmenden Verfügbarkeit konstituierten sich disparate, aber auch übergreifende, zum Teil transnationale gesellschaftliche Öffentlichkeiten, die als Voraussetzung der Politisierungsprozesse wie der populistischen Tendenzen gelten können. Dabei liegt auf der Hand, dass mediale Logiken und die Tendenz zur Öffentlichkeit massiv auf den politischen Prozess zurückwirken. Die Verkürzung der Zeiten, die Politiker für Entscheidungsfindung und -umsetzung zur Verfügung haben, der notwendige Kampf um Aufmerksamkeit und der damit verbundene Zwang zur Komplexitätsreduktion und Provokation, schließlich die Beobachtung und Politisierung des Privatlebens von Politikern, all dies sind nur prominente Beispiele für die qualitativen Veränderungen, denen Politik im Zuge des Medialisierungsprozesses unterliegt. Dass es dabei zu Friktionen kommt, ist im Übrigen kein Privileg der jüngsten Zeit. Schon anhand der Skandale um Wilhelm II. im kaiserlichen Deutschland lässt sich zeigen, dass die seinerzeit neuen Massenmedien mit den ihnen eigenen Personalisierungen, kommerziellen Logiken und Partizipationsansprüchen eine erhebliche Transformation der Erwartungen an den Kaiser und die Monarchie insgesamt evozierten, denen sich letztlich weder der Amtsinhaber noch die etablierten Strukturen gewachsen zeigten (vgl. Kohlrausch 2005).

Wie eingangs bereits gezeigt, kann für ein solches Unternehmen der Ausgangspunkt nicht die Gegenüberstellung einer „Politisierung der Medien" mit der „Medialisierung von Politik" sein. Vielmehr zeigt schon der Blick auf die Entstehungsphase einer breiten, über die etablierten Eliten hinausreichenden politischen Öffentlichkeit im letzten Drittel des 19. Jahrhunderts, dass es sich um eng miteinander verwobene, aufeinander bezogene Prozesse handelt, die sich allenfalls als Wahrnehmungsphänomene voneinander trennen und in eine zeitliche Abfolge bringen lassen. Es ist daher also kaum zielführend, die Medialisierung der Politik ausschließlich als Entwicklung der jüngsten Zeit zu interpretieren, ebenso wenig, wie sie gegen die ältere Perspektive einer Politisierung der Medien auszuspielen. Vielmehr ist von interdependenten Prozessen auszugehen: Die Praxis der Nationalsozialisten beispielsweise, ihre Propaganda anders als die etablierten politischen Kräfte auf die modernen audio-visuellen Medien zu stützen, brachte es zwingend mit sich, sich auf die dramaturgischen, ästhetischen und produktionstechnischen Logiken, vor allem aber auch auf die Erwartungen der Rezipienten dieser Medien einzulassen; anderenfalls wäre der Misserfolg vorprogrammiert gewesen. Beispielsweise ist die Politisierung des Films in zahlreichen Spiel- und Dokumentarfilmen des „Dritten Reichs" offenkundig, aber sie ging kaum zufällig einher mit der Bevorzugung eher subkutaner Formen der Beeinflussung in Unterhaltungsfilmen oder den ästhetisierten Dokumentationen Leni Riefenstahls (vgl. Loiperdinger 1994). Nicht zuletzt die diesen Produktionen eigene Vielschichtigkeit und Ambiguität dürfte für ihren Erfolg ausschlaggebend gewesen sein. Politisierung und Medialisierung sind also Prozesse, die als eng aufeinander bezogen verstanden werden sollten.

Daraus ergeben sich Konsequenzen für den theoretischen Zugang zur Beschreibung des Verhältnisses von Medien und Politik. Wenn mediale, gesellschaftliche und politische Logiken und Entwicklungen in ihren Verschränkungen und gegenseitigen Wechselwirkungen betrachtet werden müssen, dann verbietet sich jeder Ansatz, der die Veränderungen einseitig und kausal den Medien zuschreibt ebenso wie jener vor allem in der Diktaturforschung noch immer verbreitete, der von einer schlichten Dominanz der Politik über die Medien ausgeht. Zwar kann man, wie dies kommunikationswissenschaftliche Ansätze tun, perspektivisch von den Medien ausgehen und mit Medialisierung „jene Veränderungen bezeichnen, die als Reaktion auf den Strukturwandel des Mediensystems in anderen gesellschaftlichen Teilbereichen erfolgen" (Donges 2005: 333-334). Aus der hier avisierten Perspektive scheint diese Definition freilich zu eng, weil die Dynamik des Verhältnisses von Medien und politischer Sphäre wie angedeutet ja gerade aus der *gegenseitigen Interaktion* erwächst. Näher liegt es daher, unter „Medialisierung“ die Interdependenz von Gesellschafts- und Medienwandel zu verstehen (vgl. Bösch/Frei 2006: 9). Eine solch weite Definition trägt nicht zuletzt dem banalen Umstand Rechnung, dass die Komplexität sozialen Wandels nie allein aus nur einer Perspektive erklärt werden kann, wir es hier mit einem komplexen Begriff ähnlich wie „Globalisierung“ oder „Individualisierung“ zu tun haben, der zugleich Ursachen, Formen und Wirkungen beschreibt, und der „nicht historisch, sozial und kulturell entkontextualisiert“ werden darf (Krotz 2001: 34); kausale Zuordnungen im strengen Sinne verbieten sich auf diesem Feld quasi von selbst.

Analog dazu bietet es sich an, auch unter Politik bzw. dem Politischen nicht etwas Statisches zu verstehen, das quasi objektiv und immer gegeben ist. Wenn Politik in Abgrenzung von funktionalistischen und dezisionistischen Definitionen und in Anlehnung an die im angloamerikanischen Raum übliche Unterscheidung einer prozessualen Dimension von Politik („politics“) als „öffentlicher Konflikt von Interessen unter den Bedingungen von Machtgebrauch und Konsensbedarf“ begriffen wird (von Alemann 1998), dann ist damit schon gesagt, dass dabei die (öffentliche) Verhandlung von Konflikten, mithin ein kommunikativer Prozess umschrieben ist. Letzterer unterscheidet sich in historischer Perspektive nicht nur in seinen Formen, Inhalten und seiner Reichweite, sondern auch im Hinblick auf die Frage, was überhaupt auf die politisch-öffentliche Agenda kam und was nicht. Es ist evident, dass dabei die Medien und die sich verändernden Mediensysteme einen zentralen Faktor bilden. Selbst was unter Politik zu unterschiedlichen Zeiten jeweils verstanden wurde, welche Ansprüche und Erwartungen sich damit verbanden, ist Ergebnis von Kommunikation; Politik erscheint aus dieser Perspektive im 20. Jahrhundert geradezu als *Produkt* massenmedial vermittelter Diskurse, oder anders ausgedrückt: Darstellung und Herstellung von Politik scheinen im Laufe des 20. Jahrhunderts zunehmend zusammenzufallen.

Im ersten Teil des Bandes steht die theoretische Annäherung an das Phänomen der Medialisierung von Politik im Mittelpunkt, und zwar aus geschichts- und aus kommunikationswissenschaftlicher Sicht. In seinen einleitenden Ausführungen stellt der Berliner Historiker *Thomas Mergel* auf der Basis systemtheoretischer Überlegungen fest, dass Politik und Medien zwar eng gekoppelt sind, ihre funktionalen Leistungen füreinander aber nur erbringen können, wenn sie ihre systemische Verschiedenheit bewahren. Ein linearer Prozess hin zu einer vollkommenen Medialisierung der Politik ist somit kaum möglich, denn dann würden sich beide Systeme ineinander auflösen. Was die Beziehung der beiden Systeme angeht, so schlägt er drei Differenzierungen vor: Historisch gesehen wechseln Medialisierungs- und Politisierungsphasen einander ab, oft sind beide miteinander verwoben. Weiter sind verschiedene nationale Entwicklungen zu beachten und schließlich plädiert er dafür, die Rezipienten stärker ins Blickfeld zu nehmen, die von Politisierungsschüben möglicherweise gar nicht oder nicht im intendierten Sinne erfasst werden.

Noch einmal Systemtheorie, diesmal aus kommunikationswissenschaftlicher Sicht: *Frank Marcinkowski* und *Adrian Steiner* aus Münster bzw. Zürich machen in ihrer Analyse deutlich, dass es sich bei der Medialisierung nicht um einen übergeordneten Meta-Prozess handelt, sondern dass in der Gesellschaft vielfach ähnliche Interdependenzprozesse wie die Verrechtlichung oder Ökonomisierung beobachtet werden können. Medialisierung kann ihrer Ansicht nach nicht einseitig den Massenmedien als Ursache zugerechnet werden, vielmehr konzeptionieren sie Medialisierung als den Zugriff anderer gesellschaftlicher Systeme auf die Leistungen des massenmedialen Systems. Politik als ein komplexes und durch vielfältige Ansprüche gekennzeichnetes System, das auf eine Gesamtinklusion der Bevölkerung zielt, ist in ganz besonderer Weise auf mediale Leistungen angewiesen, um themenspezifische Aufmerksamkeit und Akzeptanz zu erreichen. Medialisierung ist somit notwendig, um moderne Politik überhaupt erst zu ermöglichen.

Der Bamberger Kommunikationswissenschaftler und Medienhistoriker *Rudolf Stöber* stellt die Frage, wie tragfähig der Medialisierungsbegriff als historisches Konzept für die Frühe Neuzeit und die Moderne sei. Eine Reihe von Indikatoren sprechen dabei für das Medialisierungskonzept, wie zum Beispiel die zunehmende Angebotserweiterung bei Zeitungen und Zeitschriften, die wachsende überregionale und internationale Interdependenz oder die Intensivierung von Öffentlichkeitsarbeit und Public Relations. Andere Indikatoren wie die Zunahme persönlicher Kommunikation in Krisenzeiten oder die oft eher von realen Entwicklungen als von medialen Thematisierungen abhängenden Stimmungsschwankungen in der Bevölkerung verweisen auf gegenläufige Trends. Somit gibt es zwar gute Gründe, die die Medialisierungshypothese auch für die Zeit vor 1945 insgesamt belegen, allerdings handelt es sich nicht um einen unidirektionalen Prozess, auch andere Kommunikationsformen waren (und sind) von Bedeutung.

Nach diesen theoretischen Überlegungen geht es in den zwei folgenden Teilen um Fallbespiele, Analysen und bestimmte Aspekte von Medialisierungsprozessen. Deutlich wird, dass es sich bei der Medialisierung nicht um einen linearen Metatrend handelt, sondern um ein vielschichtiges Phänomen, das im oben genannten Sinne differenziert betrachtet werden kann und muss. Da das Ende des 2. Weltkriegs und damit das Jahr 1945 in Europa den zentralen Epochenbruch darstellt, der auch für Medialisierungsprozesse bedeutsam war, sind die Analysen in zwei Kapitel aufgeteilt: Im ersten geht es um die Entwicklung bis zum Ende der NS-Zeit, das zweite Kapitel ist der Nachkriegszeit bis ins spätere 20. Jahrhundert gewidmet.

Den Auftakt zum zweiten Teil über die Medialisierung bis 1945 macht der Beitrag des Mainzer Publizistikwissenschaftlers und Kommunikationshistorikers *Jürgen Wilke.* Er zeigt in seinem Beitrag am Beispiel des Reichskanzlers Bernhard von Bülow (1900–1909) auf, dass die Medialisierung – hier verstanden einerseits als Zugriff der

Politik auf die Medien und andererseits als Orientierung der Politik an der öffentlichen Meinung – bereits zur Kaiserzeit eine wichtige Rolle spielte. So betrieb von Bülow nicht nur eine gezielte Einflussnahme auf die Presse, sondern bezog die öffentliche Meinung gleichfalls als Faktor in sein politisches Handeln mit ein. Darüber hinaus können die zahlreichen Karikaturen, die sich in den vielen Satire- und Witzblättern aus dieser Zeit über von Bülow finden, als Beleg gesehen werden, dass von Bülow bereits eine Art „Medienkanzler“ darstellte.

Der Bonner Historiker *Dominik Geppert* beschreibt in seinem Beitrag am Beispiel von zwei Rundreisen deutscher Journalisten durch Großbritannien beziehungsweise britischer Journalisten durch das Deutsche Reich 1906/1907 in transnationaler Perspektive das schwierige Verhältnis zwischen Politikern und den Repräsentanten der jungen Massenpresse. Er kann dabei zeigen, welche Bedeutung bereits zu dieser Zeit dem Journalismus und der öffentlichen Meinung in der Außenpolitik zugeschrieben wurde: Die Reisen hatten fast den Charakter von Staatsangelegenheiten, so wurden die englischen Redakteure vom Präsidenten des Bremer Senats zum Beispiel als „Botschafter der Öffentlichkeit“ ihres Landes begrüßt.

Der Entstehung und dem Aufstieg einer „media celebrity“ ist der Beitrag des in Cambridge lehrenden Historikers *Bernhard Fulda* gewidmet. *Fulda* analysiert, wie Hitler in den 1920er Jahren zu einem Medienphänomen wurde. So profitierten Hitler und seine Bewegung enorm vom Medieninteresse am Mussolini-Putsch in Italien 1922. Die Zeitungen zogen Parallelen zwischen Mussolini und Hitler und machten die Münchener Splittergruppe in ganz Deutschland bekannt. Verstärkt wurde dies noch durch die Berichterstattung über den Prozess im Anschluss an den gescheiterten Putschversuch im Herbst 1923: Hitler profitierte nun von Ludendorffs Star-Status, er wurde auf Augenhöhe mit dem größten „Helden“ der nationalen Rechten gehoben. Für Hitler war es also zunächst gar nicht unbedingt nötig, auf die Medien einzuwirken, er wurde ein „Medienstar“, da er in gewisse ideologische Vorstellungen und Bilder der rechtskonservativen und nationalistischen Presse passte.

Nachdem die Nationalsozialisten 1933 an die Macht gekommen waren, etablierten sie zwar einen weitreichenden Zugriff auf die Medien, dennoch kamen sie nicht umhin, die „Eigenlogik“ – vor allem des Mediums Rundfunks – zu beachten. „Nur keine Öde“ – mit diesem Goebbelszitat überschreibt die Bremer Historikerin *Inge Marszolek* ihren Beitrag über das seinerzeit neueste, für die Nationalsozialisten bedeutendste Massenmedium: das Radio. *Marszolek* zeigt auf, wie die direkte politische Propaganda gegenüber der leichten Unterhaltung im Hörfunk immer weiter zurücktrat. Medialisierung der Politik bedeutete hier somit nicht unbedingt die nationalsozialistische rassistische und imperialistische Politik auf direkte Art und Weise zu propagieren, sondern vielmehr die „heitere Seite“ der Volksgemeinschaft zu inszenieren.

Vor ähnliche Probleme waren die Nationalsozialisten im Zeitschriftenbereich gestellt. Auch hier hatten sie die Unterhaltungsfunktion dieses Mediums zu beachten. Der Erfurter Kommunikationswissenschaftler *Patrick Rössler* geht in seinem, den zweiten Abschnitt abschließenden Beitrag „Wir zerstreuen uns zu Tode“ darauf ein, wie in den Zeitschriften der NS-Zeit Politik präsentiert wurde. Trotz der Mediensteuerung unterschied sich die Politikdarstellung in den verschiedenen Zeitschriften. Anhand typischer Beispiele verdeutlicht *Rössler*, wie Form und Funktion der einzelnen Blätter jeweils die Medialisierung des Politischen beeinflussten. Er kommt zu dem Ergebnis, dass auch Blätter, die auf die Medialisierung des Politischen weitgehend verzichteten, ihre Funktion im Gesamtapparat des von den Nationalsozialisten beherrschten Mediensystems erfüllten, indem sie ebenfalls dazu beitrugen, öffentliche Zustimmung und Legitimation zu erzielen.

Der dritte Teil des Bandes behandelt das Verhältnis von Politik und Medien in der zweiten Hälfte des 20. Jahrhunderts. Den Auftakt bildet hier ein Beitrag der beiden Wiener Kommunikationswissenschaftler *Gabriele Melischek* und *Josef Seethaler*, die Veränderungen und Kontinuitäten im Verhältnis von Politik und Medien in der Wahlkampfkommunikation seit 1945 nachspüren. In ihrer Analyse einschlägiger Studien kommen sie zu dem Ergebnis, dass Parteien- und Medienagenden zunehmend auseinandergedriftet sind und die Medien Autonomiegewinne verzeichnen konnten. Zudem gibt es Anzeichen, dass die Parteien die Medienagenda nur dann in ihrem Sinn beeinflussen können, wenn sie sich an die Handlungslogik der Medien anpassen, also eine gewisse Medialisierung im Wahlkampf erfolgt.

In den 1950er Jahren – so zeigt es der in Zürich tätige Historiker *Norbert Grube* auf – gelang es den Kommunikationsexperten um Bundeskanzler Konrad Adenauer noch recht gut, verschiedenste Medien zur Propagierung der Regierungspolitik einzusetzen. Erich-Peter Neumann, Ehemann der bekannten Demoskopin Elisabeth Noelle-Neumann, errichtete zusammen mit Adenauers erstem Staatssekretär Otto Lenz ein Geflecht von privatwirtschaftlichen und semistaatlichen Propagandaorganisationen. Allerdings erfolgte hier ebenfalls eine Anpassung an die Eigenlogik der Medien – so wurden zum Beispiel Heftchenromane für Frauen produziert, die in Unterhaltung verpackt, politische Botschaften enthielten.

Um die Beziehungen unterhaltender Genres zur Politik geht es auch in dem Beitrag des Potsdamer Historikers und Medienwissenschaftlers *Christoph Classen*. Er geht der Frage nach, welches Image Politikern in fiktionalen Film- und Fernsehsendungen zugeschrieben wurde. Wenn Politiker in der Bundesrepublik überhaupt eine Rolle in fiktionalen Produktionen spielten, so wurden sie überwiegend sehr negativ gezeichnet: Politik erscheint als ein zutiefst unmoralisches Geschäft. Erstaunlicherweise ist dieses Stereotyp äußerst stabil. In der frühen Bundesrepublik taucht es als Sehnsucht nach einer über den Niederungen der Politik stehenden väterlich-autoritären Führerfigur auf, es passt zum Anti-Institutionalismus der Linken im Gefolge von 1968 und es erweist sich als anschlussfähig für die zivilgesellschaftliche Emphase seit den 1980er Jahren, in der engagierte Bürger als die eigentlich besseren Politiker dargestellt werden.

Dass die Politik speziell in Deutschland keine große Rolle in unterhaltenden Genres spielt, liegt möglicherweise neben der traditionell in der politischen Kultur verankerten Skepsis gegenüber Unterhaltung auch daran, dass das Interesse an politischen Zusammenhängen in weiten Teilen der Bevölkerung eher gering ist. So vertritt der Münchner Kommunikationswissenschaftler *Michael Meyen* in seinem Beitrag die These, dass die meisten Menschen von Radio und Fernsehen in erster Linie Unterhaltung und keinesfalls schwierige politische Informationen erwarteten und erwarten. Anhand historischer Publikumsstudien kann er zeigen, dass beim Hörfunk und später beim Fernsehen die leichte Unterhaltung immer ganz oben stand und sonst höchstens Nachrichtensendungen erwünscht waren. Die Entwicklung des Rundfunksystems und seiner Angebote hin zu immer mehr Unterhaltung deutet er als eine Bewegung hin zu den Bedürfnissen des Publikums.

Wünscht sich das Publikum immer nur leichte Unterhaltung? Oder gibt es auch gegenläufige Trends? Der Eichstätter Kommunikationswissenschaftler *Klaus Arnold* thematisiert in seinem Beitrag die in den 1960er und 1970er Jahren ansteigende Nutzung politischer Medieninhalte. Gründe dafür waren zwei miteinander verbundene Entwicklungen: Einerseits wurde Politik primär im neuen Leitmedium Fernsehen unterhaltsamer und kontroverser präsentiert. Andererseits stieg das Interesse an Politik in der Bevölkerung zu dieser Zeit erheblich an, was auf das steigende Bildungsniveau, den allgemeinen Wertewandel und die damit verbundenen Polarisierungstendenzen zurückgeführt werden kann. Der Aufstieg des Fernsehens sowie deutlicher wahrgenommene Unterhaltungsbedürfnisse bildeten dann die Grundlage für Medialisierungsprozesse von Seiten der Politik in den folgenden Jahrzehnten.

Im Fernsehen konnte Politik anschaulicher präsentiert werden als in den Zeitungen, aber gab es auch Veränderungen beim traditionellen Printmedium? Präsentierten die Zeitungen Politik zunehmend unterhaltsamer? Die in Aachen und Friedrichshafen lehrenden Kommunikationswissenschaftlerinnen *Susanne Kinnebrock* und *Helena Bilandzic* kommen in ihrem Beitrag zu dem – überraschenden – Ergebnis, dass eine „Boulevardisierung" der politischen Berichterstattung bei den Tageszeitungen kaum stattgefunden hat. Auf der Basis eines Vergleichs der politischen Berichte in der „Bild"- und der „Süddeutschen Zeitung" aus den Jahren 1965 und 2005 stellen sie fest, dass das Boulevardblatt im Verlauf der letzten 40 Jahre seriöser wurde und die „Süddeutsche Zeitung" sich lediglich leicht „boulevardisierte". Zudem waren bei der „Süddeutschen Zeitung" auch gegenläufige Trends auszumachen. Die Autorinnen deuten diese sich auf den ersten Blick widersprechenden Tendenzen dahingehend, dass der zunehmende Einsatz von narrativen Elementen bei dem Qualitätsblatt dazu beitragen soll, die immer komplexeren Artikel verständlicher zu gestalten.

Ein hoher Unterhaltungswert wird stets auch Konflikten zugebilligt. Deshalb werden sie in den Medien gerne thematisiert. Aber was bewirken die Medien hier in der Gesellschaft? Wie verändern sich gesellschaftliche Konfliktdynamiken unter dem Einfluss einer sich wandelnden Öffentlichkeitsstruktur? Der Züricher Mediensoziologe *Kurt Imhof* entwickelt dazu einen konflikttheoretischen und öffentlichkeitssoziologischen Zugang, analysiert intensive Konfliktperioden in der Schweiz im 20. Jahrhundert und geht insbesondere auf den neuen Strukturwandel der Öffentlichkeit seit 1980 ein, der durch die Loslösung der Medien von ihren politischen und sozialen Bindungen gekennzeichnet ist. Er kann u.a. aufzeigen, wie sich unter diesen Bedingungen sowie unter dem Einfluss des soziokulturellen und sozioökonomischen Kontexts neuartige rechtskonservative und fremdenfeindliche Bewegungsparteien herausgebildet haben.

Im vierten und letzten Teil des Bandes geht es schließlich um historische Diskurse, die das Phänomen der Medialisierung des Politischen in Wissenschaft sowie Gesellschaft thematisierten. Der Berliner Politikberater und Kommunikationsforscher *Thymian Bussemer* stellt in seinem Beitrag die These auf, dass die Entwicklung der modernen politischen Propaganda Ende des 19. und Anfang des 20. Jahrhunderts die wichtigste Antwort der Herrschaftseliten auf die damals einsetzende Medialisierung der öffentlichen Angelegenheiten darstellte. Im Zusammenhang mit dem Aufstieg der Arbeiterbewegung wurde die öffentliche Meinung als Bedrohung aufgefasst, deren Manipulation mit Hilfe von Propaganda als legitim betrachtet wurde. Die frühe Kommunikationswissenschaft beteiligte sich an der Entwicklung entsprechender Techniken, eine kritische Sichtweite entfaltete sich vor allem in den 1960er und 1970er Jahren. Später wurde der Propagandaeinfluss in der öffentlichen Diskussion als normal wahrgenommen und nicht mehr problematisiert.

Adelheid von Saldern thematisiert in ihrem Beitrag eine konkrete Zeitperiode: Die Hannoveraner Historikerin analysiert wie Medialisierungsprozesse in der Zeit der Weimarer Republik diskursiv verarbeitet wurden und welche medienpolitischen Maßnahmen daraus resultierten. In dem von Kulturkonservativen dominierten Diskurs und der darauf aufbauenden Medienpolitik – so *von Saldern* – ging es vor allem darum, die als schädlich betrachtete Massenkultur zu bekämpfen und die Politik, so weit es ging, aus den als äußerst wirkmächtig eingeschätzten Medien herauszuhalten. Dahinter stand die Furcht vor einer ungesteuerten Politisierung der Massen, die vermeintlich im Chaos, in der Revolution, enden könnte.

Auch auf der Linken – und hier speziell von den Vertretern der Kritischen Theorie – wurde der Prozess der Medialisierung überwiegend kritisch betrachtet – jedoch unter anderen Vorzeichen; zudem veränderte sich die Sichtweise im Laufe der Jahre. Die in Münster und München forschenden Kommunikationswissenschaftler *Andreas Scheu* und *Manuel Wendelin* arbeiten in ihrer Analyse heraus, wie sich die „kritische" Interpretation der Medialisierung von Horkheimer und Adorno über Kluge und Negt bis hin zu Habermas von einer Bedrohung über ein Problem bis hin zu einer Chance entwickelte: Die Medien wurden zunächst als gefährliche Instrumente des Faschismus und Kapitalismus betrachtet, später richtete sich die Kritik vor allem auf privatwirtschaftlich verfasste Massenmedien und schließlich arbeitete Habermas auch das emanzipatorische Potenzial der Medien heraus.

Aus der Geschichte des 20. Jahrhunderts als ‚extremem' Zeitalter, das ebenso für Massenmord und Krieg in bis dahin unvorstellbarem Ausmaß steht wie für ungeahnten Wohlstand und nie zuvor erreichte Freiheit, sind die modernen Massenmedien als Faktoren und Katalysatoren der Vergesellschaftung von Politik nicht wegzudenken. Wenn man, wie Zygmunt Bauman dies getan hat, diese Extreme als Ausdruck der inhärenten Widersprüche der Moderne deutet, dann schließt dies auch und gerade die moderne medienvermittelte Kommunikation als zentrale Triebkraft von Modernisierung und Politisierung ein. Aus einer solchen Perspektive kann ihre Geschichte weder vereinfachend als Niedergangs- noch als schlichte Aufstiegsgeschichte, als Überwindung ihres totalitären Missbrauchs geschrieben werden. Vielmehr bedeutet dies, den Prozess der Medialisierung im 20. Jahrhundert als Teil der „Ambivalenz der Moderne" zu begreifen und seine widersprüchlichen, teilweise gegensätzlichen, oft uneindeutigen Potentiale und Wirkungen in den jeweiligen historischen Kontexten kritisch zu analysieren.

Literatur

Alemann, Ulrich von (1998): Über das Politische. Antrittsvorlesung vor der Philosophischen Fakultät der Heinrich-Heine-Universität Düsseldorf. http://www.phil-fak.uni-duesseldorf.de/politik/Mitarbeiter/Alemann/vortrag/alemann_antrittsvorlesung.html (28.2.2010).

Bauman, Zygmunt (1995): Moderne und Ambivalenz. Das Ende der Eindeutigkeit. Hamburg: Hamburger Edition.

Bösch, Frank/Frei, Norbert (2006): Die Ambivalenz der Medialisierung. Eine Einführung. In: Dies. (Hrsg.): Medialisierung und Demokratie im 20. Jahrhundert. Göttingen: Wallstein, S. 7-23.

Bussemer, Thymian (2005): Propaganda. Konzepte und Theorien. Wiesbaden: VS-Verlag.

Daniel, Ute/Siemann, Wolfgang (Hrsg.) (1994): Propaganda. Meinungskampf, Verführung und politische Sinnstiftung 1789–1989. Frankfurt a. M.: Fischer.

Dörner, Andreas (2001): Politainment. Politik in der medialen Erlebnisgesellschaft. Frankfurt a. M.: Suhrkamp.

Donges, Patrick (2005): Medialisierung der Politik – Vorschlag einer Differenzierung. In: Krotz, Friedrich (Hrsg.): Mythen der Mediengesellschaft – The Media Society and its Myths. Konstanz: UVK, S. 321-339.

Edelman, Murry (1964): The Symbolic Uses of Politics. Urbana: University of Illinois Press.

Edelman, Murry (1971): Politics as Symbolic Action. Mass Arousal and Quiescence. New York: Academic Press.

Herrmann, Elisabeth M. (1963): Zur Theorie und Praxis der Presse in der Sowjetischen Besatzungszone Deutschlands. Berichte und Dokumente. Berlin: Colloquium.

Hickethier, Knut (1999): Zwischen Gutenberg-Galaxis und Bilder-Universum. Medien als neues Paradigma, Welt zu erklären. In: Geschichte und Gesellschaft, H. 25, S. 146-172.

Jessen, Jens (2006): Symbolische Politik. In: Aus Politik und Zeitgeschichte (APuZ), B 53, S. 3-6.

Kohlrausch, Martin (2005): Der Monarch im Skandal: die Logik der Massenmedien und die Transformation der wilhelminischen Monarchie. Berlin: Akademie-Verlag.

Krotz, Friedrich (2001): Die Mediatisierung kommunikativen Handelns. Wie sich Alltag und soziale Beziehungen, Kultur und Gesellschaft durch die Medien wandeln. Wiesbaden: Westdeutscher Verlag.

Lenin, Wladimir Iljitsch (1954 [1902]): Was tun: Brennende Fragen unserer Bewegung. Berlin: Dietz

Loiperdinger, Martin (1994): „Sieg des Glaubens" – Ein gelungenes Experiment nationalsozialistischer Filmpropaganda. In: Herrmann, Ulrich/Nassen, Ulrich (Hrsg.) (1994): Formative Ästhetik im Nationalsozialismus. Intentionen, Medien und Praxisformen totalitärer ästhetischer Herrschaft und Beherrschung. Weinheim/Basel: Beltz, S. 35-48.

Luhmann, Niklas (2004): Die Realität der Massenmedien. 3. Auflage. Wiesbaden: VS Verlag für Sozialwissenschaften.

Lundby, Knut (2009): Introduction. Mediatization as „key". In: Lundby, Knut (Hrsg.): Mediatization. Concept, changes, consequences. New York: Peter Lang, S. 1-18.

Meyen, Michael (2009): Medialisierung. In: Medien & Kommunikationswissenschaft (M&K), Jg. 57, H. 1, S. 23-38.

Meyer, Thomas (2001): Mediokratie. Die Kolonisierung der Politik durch die Medien, Frankfurt a. M.: Suhrkamp.

Meyer, Thomas (2002): Mediokratie. Auf dem Weg in eine andere Demokratie? In: Aus Politik und Zeitgeschichte (APuZ), B 15-16, S. 7-14.
Meyer, Thomas (2003): Die Theatralität der Politik in der Mediendemokratie. In: Aus Politik und Zeitgeschichte (APuZ), B 53, S. 12-19.
Kepplinger, Hans Mathias (2000): Die Demontage der Politik in der Informationsgesellschaft. 2. Auflage. Freiburg/München: Alber.
Piereth, Wolfgang (1994): Propaganda im 19. Jahrhundert. Die Anfänge aktiver staatlicher Pressepolitik in Deutschland (1800–1871). In: Daniel, Ute/Siemann, Wolfgang (Hrsg.) (1994): Propaganda. Meinungskampf, Verführung und politische Sinnstiftung 1789–1989. Frankfurt a. M.: Fischer, S. 21-43.
Postman, Neil (1985), Amusing Ourselves to Death: Public Discourse in the Age of Show Business. New York: Viking.
Sarcinelli, Ulrich (2009): Politische Kommunikation in Deutschland. Zur Politikvermittlung im demokratischen System. 2. Auflage. Wiesbaden: VS-Verlag für Sozialwissenschaften.
Saxer, Ulrich (2006): Politik als Unterhaltung. Zum Wandel politischer Öffentlichkeit in der Mediengesellschaft. Konstanz: UVK.
Scheurle, Christoph (2009): Die deutschen Kanzler im Fernsehen. Theatrale Darstellungsstrategien von Politikern im Schlüsselmedium der Nachkriegsgeschichte. Bielefeld: Transcript.
Schieder, Wolfgang/Christof Dipper (1984): Propaganda, in: Brunner, Otto/Conze, Werner/Koselleck, Reinhart (Hrsg.), Geschichtliche Grundbegriffe, Bd. V, Stuttgart [4]1992, S. 69-112.
Schulz, Andreas (2000): Der Aufstieg der „vierten Gewalt". Medien, Politik und Öffentlichkeit im Zeitalter der Massenkommunikation. In: Historische Zeitschrift, H. 270, S. 65-97.
Steininger, Rolf (1975): Rundfunkpolitik im ersten Kabinett Adenauer. In: Ders./Lerg, Winfried B.: Rundfunk und Politik 1923 bis 1973. Beiträge zur Rundfunkforschung. Berlin: Volker Spiess, S. 341-384.
Stöber, Rudolf (2005): Deutsche Pressegeschichte, Konstanz: UVK/UTB.

1. Medialisierung der Politik: Begriff und Theorie

Thomas Mergel

Politisierte Medien und medialisierte Politik. Strukturelle Koppelungen zwischen zwei sozialen Systemen

Seit einigen Jahren gibt es in der Öffentlichkeit, aber auch in den einschlägigen Wissenschaften eine intensive Diskussion über den Einfluss der Medien und medialer Logiken auf politisches Handeln und politische Repräsentationen. Die These von der Medialisierung der Politik ist inzwischen höchst populär geworden, sie scheint nahezu Konsens zu sein. Ihr Inhalt ist, dass die Ausrichtung der politischen Kommunikation – um diese geht es vor allem – auf die Zeit- und Darstellungslogiken der Medien, aber auch auf die Seh- und Hörgewohnheiten der Rezipienten zu einer Entwertung des eigentlich Politischen, mithin zu einer Entpolitisierung der Gesellschaft geführt habe. Aus Bürgern würden demnach manipulierte Fernsehzuschauer, aus Politikern Medienclowns, die ihre Statements im 90-Sekunden-Format abliefern. Die eigentlich Mächtigen sind in diesem Szenario jedoch nicht die Journalisten oder die Medienunternehmer, sondern bestimmend ist eine unpersönliche Aufmerksamkeitslogik der Medien, die letztlich vom Interesse der Zuschauer und Leser bestimmt ist. Diese aber – so die hintergründige Annahme der These – sind mehr für Reißerisches zu begeistern als für „dicke Bretter", interessieren sich eher für Unterhaltung denn für ernsthafte Politik. Hinter der These von der Medialisierung der Politik steht also auch ein skeptisches Urteil über die politische Kompetenz der Bürger.[1]

Diese These behauptet eine grundsätzliche Neuheit des Verhältnisses zwischen Politik und Medien im Zeichen der elektronischen Medien. Das ist nicht selbstverständlich. Medienhistoriker können auch im späten 19. Jahrhundert schon eine Medialisierung der Politik erkennen.[2] Dass die Diskussion in den letzten Jahren so viel Furore macht, muss verstanden werden vor dem Hintergrund der breiten Erfahrung mit der Durchsetzung der Mediengesellschaft, die seit den 1970er Jahren immer präsenter geworden ist. Die Vorstellung von der Medialisierung der Politik – also von deren Bedeutungsverlust – reflektiert aber noch eine weitere Neuheitserfahrung, nämlich den Rückzug des Staates und die Einschränkung seiner Durchgriffsmöglichkeiten seit

---

1 Einige Beispiele dieser Kritik: Kepplinger 1998, Meyer 2001; neuerdings als Übersetzung aus dem Amerikanischen: Klein 2008.

2 So vor allem Frank Bösch (2009).

den 1980er Jahren. In diesem Diskussionszusammenhang ist das Bild eines eher schwachen Staates entstanden, auch in Deutschland, mehr aber noch im internationalen Zusammenhang. Die Debatten um die Überforderung des Sozialstaates, die neoliberale Wende in der staatstheoretischen Diskussion wie auch in der politischen Praxis mancher Länder, mündend im neuen Begriff der *governance*, sind keineswegs auf die kapitalistischen Länder beschränkt, sondern bilden einen wichtigen Denkhintergrund auch zur Erklärung des Zusammenbruchs der kommunistischen Systeme.[3]

Wie hängen diese Diskussionen mit der Frage nach der Mediengesellschaft zusammen? Die Medien erscheinen im Zusammenhang mit einer Schwäche der Politik als dasjenige kommunikative System, mittels dessen die Politik noch so etwas wie die Suggestion ihres Einflusses verbreiten konnte. Zugespitzt: Wenn schon nicht regiert werden kann, dann soll wenigstens kommuniziert werden. Die Medien gelten demgemäß, um ein Schlüsselwort der politischen Theorie seit den 1970er Jahren einzuführen, als der hauptsächliche Ort für symbolische Politik. Dieser Begriff hat indessen seine Bedeutung ebenfalls grundlegend gewandelt. Es geht bei ihm heute keineswegs mehr um die These, die Murray Edelman bereits in den 1960er Jahren vertreten hatte: dass nämlich Symbole und Rituale in der Politik dazu genutzt würden, um die Bürger über die wahren Ziele der Mächtigen im Unklaren zu lassen. Hinter Edelmans These (1976) stand, wie leicht ersichtlich ist, die Annahme einer dominanten politischen Klasse, die einen starken Staat demokratisch umhüllt. Im deutschen Sprachraum haben Rüdiger Voigt (1989) und andere symbolische Politik normativ als Zeichen von Entpolitisierung verstanden, und auch im zeitgenössischen feuilletonjournalistischen Diskurs ist das Konzept der symbolischen Politik als Synonym für die „Verdummung der Bürger" noch durchaus geläufig (vgl. z.B. Jessen 2006: 3-6). In der fachwissenschaftlichen Diskussion steht der Begriff der symbolischen Politik heute stattdessen für einen Zugriff, der politische Kommunikation nicht mehr in Anlehnung an Habermas unter dem Rubrum des rationalen Diskurses, sondern, gemäß den Annahmen des Symbolischen Interaktionismus, eher als Verdichtung durch Bilder, Zeichen und Rituale versteht, und der deshalb symbolische Politik nicht mehr als Manipulation, sondern als notwendige Dimension jedes politischen Handelns interpretiert.[4] Denn diese Verdichtungen, so wird argumentiert, bewirken die Reduktion von Komplexität, ohne die kein Thema inmitten der konstanten Redundanz an Information in der modernen Gesellschaft wahrgenommen werden könne. Man kann mit guten Argumenten annehmen, dass sich hier die Visualisierung der medialen Kultur in einer politischen Theorie niedergeschlagen hat.

3 Vgl. Münkler 2002; als klassische Fallstudie zur Überforderung des Staates in der DDR: Maier 2000.

4 Als Überblick: Sarcinelli 1989, Mergel 2004; als theoretische Grundlagendiskussionen im empirischen Gewande: Schlögl/Giesen/Osterhammel 2004; als Fallstudie zur italienischen Politik: Kertzer 1988.

Mit dieser Visualisierung korrespondiert indessen auch Virtualisierung – der Verlust von Authentizität, zumindest der Eindruck einer Konstruiertheit der Wirklichkeit. Die Politik ist folglich selbst in den Verdacht geraten, dass das, was sie produziere, nicht mehr *wirklich*, jedenfalls nicht mehr wirkungsmächtig sei. Wenn nicht nur alle Politik Kommunikation ist, sondern auch alle Kommunikation (tendenziell) politisch,[5] dann lässt sich nur mehr schwer unterscheiden, welche der kommunikativen Akte von den Politikern selbst ernst genommen und welche nur vollzogen werden, um den Erwartungen der Mediengesellschaft zu begegnen. Gleichzeitig aber koinzidieren Prozesse der Akkumulation von Kapital, der Verarmung immer neuer Menschenmassen in einer Geschwindigkeit und Beschleunigung, die politisches Handeln sehr häufig als hilf- und effektloses Reagieren erscheinen lassen. Politische Statements, anhand derer wir die Wirklichkeit des Politischen zu verstehen gelernt haben, wirken oft seltsam fremd angesichts dieser Prozesse. Nicht nur die Flut der Neuerscheinungen, sondern auch die Tagung, in deren Rahmen die folgenden Beiträge entstanden, sind Zeichen einer Befindlichkeit, die aus der Virtualisierung der Wirklichkeit eine Einstellung zur Politik ableitet, die in ganz neuer Weise die alte Frage stellen lässt: „Does politics matter?" Medialisierung der Politik – das wäre ein Postulat auf der Grundlage des Befundes, dass die (staatliche) Politik an Einfluss verliert.

Dieser Befund ist indes bemerkenswert, denn er setzt einen rasanten Wandel voraus. Blickt man nämlich zurück in die 1960er und 1970er Jahre, so findet man eine geradezu gegenläufige Diskussion vor. Damals standen nicht die mediale Logik und deren Verwertungskonsequenzen im Zentrum, sondern die umgekehrte Frage nach dem Einfluss der Politik und politischer Ideologien auf die Medien (vgl. z.B. Zoll 1972). Die „Bild"-Zeitung galt als Meistermanipulatorin der Massenmeinung im Dienste konservativer Drahtzieher, des Großkapitals oder sonstiger Feinde der emanzipierten Gesellschaft (vgl. dazu klassisch: Wallraf 1986). Mit Gründung der „tageszeitung (taz)" 1979 sollte unter anderem auch dem durch „Bild" materialisierten konservativen Mainstream eine politische Stimme gegenübergestellt werden. Die gesamten 1970er Jahre begleitete ein erbitterter Streit um die Ausgewogenheit im öffentlich-rechtlichen Rundfunk. Er führte zu einer ausgeprägten Parteienproporzpolitik vor allem im „Norddeutschen Rundfunk (NDR)" und im „Westdeutschen Rundfunk (WDR)", zu deren Gegenstandsbereich eine freiwillige Selbstzensur der öffentlich-rechtlichen Medien gehörte, um das Konfliktpotenzial hinsichtlich allzu offensichtlicher politischer Eindeutigkeiten zu minimieren (vgl. Kleinsteuber 1982). Die zeitgenössische

5 So könnte man das Programm des Bielefelder Sonderforschungsbereiches 584 „Das Politische als Kommunikationsraum in der Geschichte" überspitzen; vgl. Frevert/Haupt 2005, insbesondere Frevert 2005: 7-26.

Deutung dieser Konflikte folgte dem Grundsatz, dass die Politik mit ihren spezifischen Logiken die Medien bestimme. Richtet man den Blick noch weiter zurück, so drängt sich der Eindruck auf, dass dieses Verständnis die dominierende Tendenz des 20. Jahrhunderts abbildet. Die „Spiegel"-Affäre oder Adenauers Bemühungen, ein Staatsfernsehen einzuführen, liefern eindrückliche Beispiele für diese Annahme; im Nationalsozialismus waren die Medien ohnehin kolonisiert und einem politischen Imperativ unterworfen worden. Auch in der Weimarer Republik ging es Pressezaren wie Hugenberg vordergründig um politische Einflussnahme, wenn nicht gar um politische Manipulation (vgl. Requate 2001).[6]

Kann man also die Entwicklung so beschreiben, dass die Politisierung der Medien als dominante Tendenz im 20. Jahrhundert seit geraumer Zeit von einem gegenläufigen Prozess der Medialisierung der Politik abgelöst worden ist? Kann man diesen Wandel als linearen Verlauf beschreiben, und wenn ja, welche Einflussfaktoren waren maßgebend?

Dies ist, man muss es erwähnen, eine sehr deutsche Diskussion. In den USA begegnet die Idee einer medialen Logik, der sich die Politik unterzuordnen hatte, bereits viel früher. Die journalistische Innovation des *muckraking*, die zu Beginn des 20. Jahrhunderts für Furore sorgte, entsprang zwar der politischen Reformbewegung des *progressivism*.[7] Der daraus entstehende, zur Aufdeckung zahlreicher politischer Skandale führende investigative Journalismus eines Upton Sinclair und Anderer verdankte sich aber nicht so sehr dem Bemühen, eine politische Öffentlichkeit kritischer zu machen, sondern dem Interesse der Verleger an Auflagensteigerung. Nicht politisierte Medien waren es also, die zur Konjunktur des investigativen Journalismus führten, sondern vielmehr mediale Logiken, welche die Politik – bzw. deren Skandale – als Nachricht erkannt hatten. Das Aufkommen des Fernsehens – in den USA rein privat organisiert – führte erst recht dazu, dass die Politik sich dem Konkurrenzdruck anderer Unterhaltungsformate, des Sports und der Hollywood-Filmkultur gegenüber sah. Die Formen der politischen Kommunikation, wie sie sich in den USA ausprägten, trugen dieser Konkurrenz Rechnung: In den USA war Politik traditionell sehr viel medialisierter als in Europa (vgl. Graber 1993).

Dieses Beispiel soll aufzeigen, dass wir nicht ohne weiteres von einem generellen internationalen Trend ausgehen können, sondern dass wir nationale Traditionen, Medienkulturen, unterschiedliche politische Regimes (nicht nur Demokratie und Diktatur) und die Erwartungshaltungen der Rezipienten in den Blick nehmen müssen. Soziale Strukturen sind, mit Niklas Luhmann gesprochen, Erwartungsstrukturen. Um

6 Allerdings muss man konstatieren, dass in den letzten Jahren eine stärker werdende Tendenz zu verzeichnen ist, auch in der Weimarer Republik die Logiken einer Mediengesellschaft zu sehen. Vgl. z.B. Knoch 2003: 64-75. Neuerdings prägnant: Ross 2008.

7 Zum *muckraking* als Teil einer politischen Reformbewegung: Serrin/Serrin 2002.

diese Erwartungsstrukturen systematisch zu erfassen, ist es deshalb hilfreich, die beiden sozialen Systeme *Medien* und *Politik* sowohl theoretisch getrennt als auch in ihren Interdependenzen zu betrachten. Ich folge dabei der systemtheoretischen Konstruktion von sozialen Systemen, die voneinander weitgehend unabhängig operieren und sich in ihrer Selbstbeschreibung konstituieren. Dass diese Systeme eben nicht völlig unabhängig – in der Sprache der Systemtheorie: füreinander Umwelt – sind, erweist sich schon an dem alltäglichen Blick auf den Gegenstand. Welcher Art der Zusammenhang von autopoietisch kommunizierenden Systemen ist, darum soll es im Folgenden gehen.

1. Medien und Politik: Zwei strukturell gekoppelte Systeme

	Politik	**Medien**
Funktion	Problemlösung/ Entscheidungen	Problemerzeugung (Themen, Sensationen)
Code	Macht	Information: Bericht, Unterhaltung, Werbung
Instrument	Zustimmung organisieren	Aufmerksamkeit erzeugen
Strategien der Komplexitätsreduktion	Mobilisierung, Polarisierung, Personalisierung,	Moralisierung, Personalisierung Plotting
Temporale Struktur	Konkurrent, aber akzidenziell	Zeitknappheit (= Aktualität)
Zielgruppenstruktur	Bestimmt: Freund/Feind, Exklusion, Herrschaft	Unbestimmt, möglichst weitgehende Inklusion
Strukturelle Kopplung		
– **Funktion**	*Nachricht*/Aufmerksamkeit	Transmitter/Zustimmung
– **Mittel der Komplexitätsreduktion**	Selektion („Agenda-Setting“)	Selektion („Agenda-Setting“)
– **Autopoiesis**	Beobachtung 2. Ordnung	Beobachtung 2. Ordnung

Das politische System hat, wie jedes andere System auch, seine Eigenheiten (vgl. Luhmann 2000). Sie erwachsen daraus, dass die Funktionen des politischen Systems in der Wirkung auf die je anderen Systeme bestehen. Bei Politik geht es um die Herstellung kollektiv bindender Entscheidungen, und diese Entscheidungen binden mit den Kollektiven immer auch andere Menschen und insbesondere andere Systeme.

Systemtheoretisch gesprochen ist eine autopoietische Selbstreproduktion des politischen Systems immer nur beschränkt möglich, weil sein Code (= Macht) auch in anderen Systemen *gelesen* werden kann – jedenfalls in den Formulierungen, die für diese anderen Systeme konstitutiv sind. Logiken der Wissenschaftspolitik sind zunächst politische Logiken, werden aber auch im Wissenschaftssystem verstanden und sind dort interessant. Die Hervorbringungen des Wissenschaftssystems müssen keineswegs jeden interessieren (und tun dies auch nicht). Was aber das politische System produziert, muss jeden interessieren, weil es ihn, womöglich ganz existenziell, betrifft. Gleichzeitig aber muss sich das System als politisches System ausdifferenzieren (und dies ist im Verlauf der Neuzeit passiert), denn sonst kann Macht nicht als politische Macht erkannt werden, sprich als die Möglichkeit, *kollektiv* bindende Entscheidungen zu produzieren, auch wenn es bei Einzelnen (oder Vielen) Widerstreben gibt. Die Macht eines Bundeskanzlers beruht eben nicht darauf, dass er besonders stark wäre oder viele Truppen sein Eigen nennen könnte, sondern allein darauf, dass er in einem Geflecht von Institutionen eine Funktion erhält, die ihm geglaubt wird und der er entspricht. Das politische System zeichnet sich also durch eine besondere Form der operativen Schließung bei gleichzeitiger spezifischer Offenheit gegenüber seiner Umwelt aus.

Ähnliches gilt für das Mediensystem, jedoch in gänzlich anderer Weise (vgl. Luhmann 1996; vgl. Luhmann 1997: 190-412, 1096-1109). Das Mediensystem *tut* etwas, was kein anderes System tut: Es produziert Nachrichten, Neues, informiert also seine Umwelt über diese selbst. Sein Instrument, die Erzeugung von Aufmerksamkeit, zwingt das Mediensystem, gewissermaßen vegetativ nach außen gewendet zu sein. In seinen Operationen aber – dem Finden und Verarbeiten von Neuem, der Struktur der Aufbereitung – ist es hochgradig geschlossen. Man kann ohne weiteres unter bestimmten Umständen sehr schnell zu einem wichtigen Politiker werden – sagen wir: als Sprecher einer Bürgerinitiative oder eines rebellischen Parteiflügels. Aber man kann nur schwer ein wichtiger Akteur im Mediensystem werden. Aufmerksamkeit zu erregen ist etwas anderes, als Aufmerksamkeit zu erzeugen.

Diese Formulierung verdeutlicht zugleich die Schnittstelle, an der Medien und Politik systematisch und eng aufeinander bezogen sind: Das eine System dient als Medium für das jeweils andere. Damit wird ein Begriff eingeführt, der ein enges Verhältnis von zwei Systemen zueinander beschreibt: Wir haben es beim Verhältnis von Medien und Politik mit strukturellen Koppelungen zu tun (vgl. Luhmann 2000: 372-406, 309-312). Kurz gefasst: Die beiden Systeme benötigen einander und erstellen deshalb kommunikative Anschlussmöglichkeiten, müssen aber dabei ihre systemische Verschiedenheit bewahren, wenn sie ihre funktionalen Leistungen füreinander erbringen wollen. Die Politik stellt für die Medien Nachrichten bereit, ohne die diese Medien nicht leben können. Mit Politik kann man Aufmerksamkeit erzeugen, und daran gibt es ein prinzipielles mediales Interesse. Umgekehrt funktionieren die Medien für die

Politik als Transmitter und Verstärker. Mithilfe der Medien kann Zustimmung organisiert werden, sei es direkt – man denke an die Kampagnen der „Bild"-Zeitung –, sei es indirekt. Mithilfe der Medien können aktuelle Stimmungen erkundet oder kanalisiert werden. Kollektive Gefühle wie Empörung, Abscheu oder Euphorie sind ohne die Medien nicht erreichbar. Mehr noch: Das, was selbst Luhmann noch ganz alteuropäisch die „öffentliche Meinung" nennt – nicht eine einzige geteilte Meinung, sondern das Konglomerat von aufeinander bezogenen Beobachtungen gesellschaftlicher Kommunikationen („Beobachtungen zweiter Ordnung") –, ist nur als medial kommunizierter Modus des Beobachtens möglich. Politik, wenn sie sich auf die öffentliche Meinung bezieht, kann die Versatzstücke dieser Meinung nicht eigenständig erkunden; vielmehr muss sie sich auf die medial produzierte Auswahl an Diskursen und Wahrnehmungsmodi verlassen, und dies ist eine Auswahl, die gleichzeitig auch anderen Systemen bedeutsame Diskurse anzeigt. Die Medien wählen also die Informationen aus, die sowohl für das System Politik als auch für die potenziellen *Kunden* der Politik als wichtig signifiziert werden.

Insofern generieren beide Systeme füreinander Selektionen, die komplexitätsreduzierend wirken. Die Medien berichten ja nicht über alle politischen Geschehnisse, sondern nur über die *wichtigen*. Umgekehrt gilt: Das, was sie berichten, wird politisch wichtig, indem es zur Nachricht wird. Die Medien nehmen also der Politik die Aufgabe ab, selbst entscheiden zu müssen, was für die Bürger letztendlich wichtig ist. Mit einer solchen Aufgabe wäre das politische System vermutlich auch überfordert, weil Politiker und politische Institutionen den gleichen Zwängen unterliegen wie alle anderen Menschen und Institutionen: Die eigenen Handlungen und Probleme scheinen unterschiedslos von höchster Priorität zu sein. Die mit Politik befassten und in ihr tätigen Personen sind nicht imstande, *unwichtige* von *wichtiger* Politik zu trennen, denn könnten sie diese Unterscheidung treffen, dann könnten sie auch die Konsequenz ziehen, die *unwichtige* Politik ganz zu lassen. Von außen betrachtet mag das anders aussehen, und die Medien nehmen die Funktion dieser Außenansicht wahr.

Natürlich aber gibt das politische System keineswegs alles, womit es beschäftigt ist, an die Medien weiter. Es gibt Geheimes, Dinge, die vorläufig nicht veröffentlicht werden, weil damit präjudizierende Entscheidungen getroffen würden; es werden zahlreiche Fragen und Beschlüsse verhandelt, die das politische System selbst als intern klassifiziert, mit denen also die Umwelt – die Öffentlichkeit etwa – gar nichts anfangen könnte. Mitunter gewinnen öffentlich kommunizierte Dinge erst dadurch an Bedeutung, dass sie als geheim apostrophiert werden – jeder Politiker hat seine Erfahrungen mit nichtöffentlichen Abreden, die er dann in der Zeitung wieder findet. Die Gründe dafür liegen stets in der politischen Taktik oder Strategie. Die Entscheidung, was als öffentliche Politik und was als nichtöffentliche Politik zu gelten hat, gehört zu den Entscheidungen, die ein politisches System durchaus zu treffen imstande ist.

Diese gegenseitige Beobachtung bewirkt eine Art Externalisierung der autopoietischen Funktion. Die Politik nutzt die Medien, um mit ihnen eine Ebene der Beobachtung zweiter Ordnung ihrer selbst zu gewinnen: Sie beobachtet die Medien, wie diese der Politik bei der Gesellschaftsbeobachtung zusehen; dazu zieht sie die Resultate des Veröffentlichten heran. Die Politik erhält dadurch eine Rückmeldung über ihr eigenes Tun (insofern nämlich, ob ihr Handeln in der kollektiven Rezeption *ankommt*, also wichtig und richtig ist). Politiker, die sich selbst (und die Reaktionen darauf) im Fernsehen beobachten, gewinnen damit ein Instrument zur Erfolgskontrolle, die in der Frage gipfelt: Wie sehr gehen die *eigenen* Bilder der Politik in die medialen Beobachtungen ein?[8]

Dasselbe betreiben die Medien mit der Politik: Sie nutzen die Politik ebenfalls für Beobachtungen zweiter Ordnung, indem sie Probleme erzeugen und die Politik dabei beobachten, wie diese ihre eigenen Problemlösungen in die mediale Verarbeitung einspeist. Wenn also die Medien der Politik beim Umgang mit den medial hervorgebrachten Nachrichten zusehen, dann gewinnen sie Aufschluss über sich selbst als Problem- und Aufmerksamkeitserzeuger. Einfach gesprochen: Um herauszufinden, wie wichtig sie für die Gesellschaft sind, brauchen die Medien die Politik. Und umgekehrt.

Diese strukturellen Koppelungen haben indes Grenzen, die darin liegen, dass beide Systeme je spezifischen Funktionsbestimmungen gehorchen, die ja ihre Existenzberechtigung ausmachen. Wenn das eine System die Sinnkriterien des anderen übernimmt, können die Funktionen, die aus den strukturellen Koppelungen (und damit aus der Systemunterschiedenheit) erwachsen, nicht mehr wahrgenommen werden. Einige Konkretisierungen dieses abstrakten Gedankens seien hier formuliert:

- Medien erzeugen unablässig Probleme, im Sinne von Themen, bei denen Handlungsbedarf registriert wird. Diese Probleme können unterschiedlichster Art sein, Kriege, Ungerechtigkeiten, Skandale, unerfüllte Wünsche zum Inhalt haben; auch wenn Medien Menschen zeigen, die vermeintlich schöner und reicher sind als der Durchschnitt, kann dies als Problem gelten. Ob die Politik dafür zuständig ist oder nicht, bildet zunächst kein Kriterium der Thematisierung. Mediale Inhalte werden indes ab dem Moment zu einem Problem politischen Interesses, wenn Lösungserwartungen an die Politik formuliert werden. Und dieser Gedanke liegt dann nahe, wenn das Problem als ein kollektives oder ein schwer zu bearbeitendes präsentiert wird. Die Problemerzeugungsdynamik der Medien erzeugt mithin für die Politik eine konstante Überforderung, denn die Menge der nach Lösung rufenden Probleme übersteigt systematisch die Kapazitäten der dem politischen System zur Lösung verfügbaren

8 Diese Frage wird insbesondere dann interessant, wenn Politiker sich damit der wissenschaftlichen Beobachtung (dritter Ordnung?) aussetzen, wenn sie also über ihre Selbstwahrnehmung in den Medien sprechen. Hierzu z.B.: Patzelt 2005.

Möglichkeiten. Man kann die ubiquitäre Politikkritik, die sich parallel zu den Medialisierungsschüben der letzten 30 Jahre ausgebreitet hat, auch als ein Enttäuschungssyndrom interpretieren, das jedoch im Wesentlichen eine Folge der ständigen Beobachtung der Politik durch die Medien ist (vgl. Maurer 2003).

- Den Medien entstehen umgekehrt Probleme, wenn die unterschiedlichen Strukturen von Inklusion und Exklusion nicht mehr differenziert werden. Die Medien sind hoch inklusiv strukturiert, wollen möglichst alle ansprechen, als Zuschauer oder als Leser. Politik funktioniert anders: Sie will Zustimmung organisieren und Mobilisierung erreichen, kann jedoch niemals alle Bürger überzeugen; Politik braucht Gegner, Feinde vielleicht, und seien es auch nur politische Optionen, die kategorisch ausgeschlossen werden, um Begeisterung und Gefolgschaft zu erzeugen. In einer Gesellschaft, die durch mediale Logiken bestimmt wird, gestaltet es sich daher für politische Akteure zunehmend schwieriger, sich *gegen* jemanden zu stellen oder jemanden auszuschließen, gar als „Feind" zu betrachten. Schließlich steht hinter jedem nicht nur ein potenzieller Wähler, sondern vor allem ein Zuschauer, den die Medien nicht verärgern wollen. In der Konsequenz wird es beispielsweise unmöglich, sozialpolitische Reformen als das anzukündigen, was sie normalerweise sind: schmerzhafte Einschnitte. Stattdessen ist davon die Rede, dass diese Reformen für alle Vorteile bringen werden. Diametral entgegengesetzt verhält es sich in polarisierten Gesellschaften, in denen Streit herrscht, oder in diktatorischen Gesellschaften, die sich über den Feind definieren, oder in Klassengesellschaften. Diese Gesellschaften folgen nicht der Logik der Inklusion, sondern der Exklusion. Sie tendieren dazu, die Medien politisch zu überformen und ihre Exklusionsstrategien – die Bezeichnungen des Feindes – über die Medien durchzusetzen. Die Politisierung der Medien in den 1970er Jahren erwuchs insofern direkt aus der kulturkampfartigen, vom Links/Rechts-Gegensatz beherrschten Atmosphäre (vgl. Mergel 2008).
- Der Zeithorizont der Medien tendiert dahin, die Politik unter Zeitdruck zu setzen. Medien stehen unter einem prinzipiellen Imperativ der knappen Zeit. Aktualität ist die Münze, in der hier gezahlt wird. Der Zeithorizont der Politik ist dagegen konkurrent und akzidenziell, d. h., er ist stets abhängig von Zielen und Gegnern einerseits, von den Gelegenheiten andererseits. Ob man dem Gegner zuvorkommen will, oder ob man mit Max Weber „dicke Bretter" bohrt, hängt je von der Situation ab. Die Medialisierung beschleunigt nun die politischen Zeithorizonte. Anja Kruke (2007) hat überzeugend dargelegt, wie die Demoskopie nach dem Zweiten Weltkrieg als Instrument genutzt wurde, um das politische System mit Informationen (also mit Beobachtungen zweiter Ordnung) auszustatten. Da die Ergebnisse der Demoskopie aber in den öffentlichen Diskurs eingespeist wurden, entwickelte sich die Demoskopie zunehmend zu einem Faktor, mit dem die Medien die Politik vor sich hertrieben. Aus vierteljährlichen Informationsdossiers wurde die Sonntagsfrage, die via Fernsehmagazine und Zeitungen

jeden Politiker unter Druck setzt, sich opportunistisch zu verhalten. Die medial prozessierte Demoskopie hat die Handlungsrhythmen der Politik auf diese Weise verkürzt (vgl. auch Klein 2008).

- Medien operieren häufig mit Personalisierung und Moralisierung, um Aufmerksamkeit zu erregen und Bedeutung zu generieren. Diese Strategien zwingen die Politik, moralische und personalistische Darstellungen ihrer selber zu liefern – sofern sie sich darauf einlässt. Nun kann Politik aber weder mit einer simplen Strukturierung der Welt in Gut und Böse, noch mit einem starren Blick auf die großen Männer (und Frauen) betrieben werden. Wenn Politik sich selbst in diesen Kategorien darstellt, erzeugt sie Bilder, denen sie nicht gerecht werden kann, da ihr eigentlicher Operationsmodus ein anderer ist. Dies führt unter Umständen zu politisch problematischen Entscheidungen – man denke nur an die Einteilung der Welt in Gut und Böse, wie sie in den USA von den Neokonservativen betrieben wird, und den daraus folgenden politischen Entscheidungen im Mittleren Osten. Personalisierungsstrategien erleichtern die Reduktion von Komplexität durchaus auch in der Politik; insbesondere erleichtern sie Legitimierung und Mobilisierung. Andererseits führt Personalisierung unter Zeitdruck, wie sie von den Medien prozessiert wird, häufig zu Entscheidungen, bei denen sich die Akteure im politischen System selber schaden: Politiker werden so schnell wieder demontiert, wie sie installiert wurden; oder ihr Erfolg ist darauf zurückzuführen, dass sie die Erwartungen der Medien erfüllen können, auch wenn sie für ihre Partei eher eine Belastung darstellen. Großartig gescheiterte Medienpolitiker wie Jürgen Möllemann oder Peter Gauweiler können dafür als eindrückliche Beispiele dienen.

Medialisierung, so kann geschlossen werden, überfordert also die Politik systematisch und das heißt, sie stellt sie in ihrem Systemcharakter in Frage. Die Medialisierung muss deshalb begrenzt werden, falls die Politik als eigenes soziales System funktionieren möchte. Umgekehrt überfordert eine durchgehende Politisierung auch die Medien. Wenn die Aufgabe der Medien nicht mehr in der Schaffung von Aufmerksamkeit, sondern in der Organisierung oder der Expression von Zustimmung liegt, dann steht die Funktion der Problemerzeugung ebenso auf dem Spiel wie der Code *Information*, nach dem die Medien operieren. Eine durchgehende Politisierung der Medien wird also bei den Rezipienten die Frage aufwerfen, ob diese tatsächlich etwas thematisieren, was kollektiv für wichtig gehalten werden kann (oder nur etwas, was die Mächtigen gerne verbreitet sähen). Und: kann man ihnen noch glauben? Dieses Problem ist in allen Diktaturen virulent. In der DDR, wo die Menschen die Möglichkeit hatten, andere Medien zu rezipieren, führte dies zu einer strukturellen Glaubwürdigkeitskrise der DDR-Medien, weil man ihnen immer unterstellen konnte, dass sie lediglich ein verlängerter Arm der politischen Führung seien (vgl. Holzweißig 2002; vgl. Classen 2004: 60-62).

Dieses Problem betrifft nicht nur Diktaturen, sondern es bezeichnet eine Spannung, die zumindest in Kontinentaleuropa seit dem späten 19. Jahrhundert weithin wahrgenommen wurde. Seit dieser Zeit entwickelte sich ein politischer Massenmarkt, der eine Folge der Ausweitung der politischen Partizipation im Wahlrecht, der Parteiorganisierung und öffentlichen Mobilisierung der Bürger war – Prozesse, die sich seit der Mitte des 19. Jahrhunderts in ganz Europa dynamisiert hatten. In den meisten europäischen Ländern waren es die Medien, die zu einem Transmissionsriemen politischer Organisierung wurden. Politische Medien, vor allem Parteizeitungen und offiziöse Zeitungen sowie die Politisierung „neuer Medien", etwa des Rundfunks, führten zu einer Instrumentalisierung dieser Medien im Dienste der politischen Lager und Parteien. Die Entwicklung der massenmedialen Strukturen, die einer *medialen* Logik gehorchten, erfolgte deshalb über genuin unpolitische Medien. Die Generalanzeigerpresse, die an Umsatz und Werbeeinnahmen orientiert war und den Menschen Nachrichten ohne politische Interessen lieferte, Illustrierte, die aufregende Geschichten und schöne Bilder präsentierten, oder der Film, der sich von der Politik vorderhand völlig fern hielt: die modernen Massenmedien wurden deshalb erfolgreich, weil sie sich den Rezipienten als Unterhaltungs- und Informationsmedien präsentierten. Das Lesen einer Parteizeitung war eher Ausdruck eines Parteistandpunkts als Ausdruck eines Informationsinteresses.

Mit der Herausbildung der Gesellschaft der Massenmedien im 20. Jahrhundert ergab sich hier eine Differenzierung. Zu stark politisierte Medien funktionieren in ihr nicht auf Dauer, weil dann ihre Informationsfunktion in Frage steht, und zwar nicht nur im Hinblick auf die Nachrichten, sondern auch in den Bereichen der Unterhaltung und der Werbung. Wenn Medien einem politischen Zweck unterworfen sind, gibt es Anlass zu der Vermutung, dass auch die Unterhaltung einem politischen Imperativ gehorcht und deshalb genau die Erwartung, die man an Unterhaltung hat – nämlich unbeschwert Spaß zu haben -, nicht mehr erfüllt ist. In diktatorischen Gesellschaften wird dieser Effekt dadurch abgemildert, dass es eigentlich keinen Medienmarkt im herkömmlichen Sinn gibt und deshalb die Konsumenten ihre Präferenzen nicht frei dokumentieren können.

Besonders in Zeiten des politischen Konflikts, des Bedürfnisses nach Konsens und Folgebereitschaft ist es generell für die Medien nicht leicht, Politisierungstendenzen zu vermeiden, vor allem auch deshalb, weil kaum Vermeidungsstrategien denkbar sind: Wie soll man über den Krieg des eigenen Landes neutral berichten (vgl. Paul 2004; vgl. Daniel 2006)? Selbst wenn gar nichts darüber berichtet wird, kann dies politisch gedeutet werden – als Verweigerungsstrategie nämlich. Die Politisierung der Medien ist dann unvermeidlich, wenn die Gegenwart dahingehend politisiert ist, dass alle Äußerungen politisch zugeordnet werden.

In diktatorischen Gesellschaften wird auch die Unterhaltung vom politischen Imperativ überformt, und auch wenn dies den Machthabern als Problem bewusst ist, kann es nicht gelöst werden. Die Bedeutung der westlichen Medien für das Informationsbedürfnis der DDR-Bürger weist deutlich darauf hin, dass die allzu enge Koppelung der Medien an einen politischen Imperativ deren mediale Funktionen reduziert hat. Im DDR-Fernsehen stand aber nicht nur die Information als Systemfunktion in Frage, sondern auch die Unterhaltung. Deshalb kaufte die DDR in den 1980er Jahren zunehmend westliche Produktionen, die sie als Konkurrenzprogramm zu den politischen Magazinen der Öffentlich-Rechtlichen Sender der Bundesrepublik sendeten. Mehr als ein Drittel der Fernsehfilme stammte in den 1980er Jahren aus dem westlichen Ausland; bereits 1986 übertraf der Anteil der britischen und amerikanischen Produktionen den der sowjetischen (vgl. Steinmetz/Viehoff 2008: 398-399). Indem man Kojak gegen Panorama setzte (und damit die Unterhaltungs- gegen die Informationsfunktion ausspielte), *lieh* sich die DDR gewissermaßen systemische Funktionen, die sich in ihrem eigenen Fernsehen autochthon nicht entfalten konnten (vgl. Wolff 2002: 156-158).

Wird die strukturelle Koppelung zugunsten einer Symbiose der beiden Systeme zurückgedrängt, so werden die Beobachtungen zweiter Ordnung, die das eine System jeweils für das andere übernimmt, unmöglich. Wenn also die Medien die Aufgaben der Politik übernehmen sollen, dann erfährt das politische System durch die Medien nicht mehr, wie es funktioniert, die Herrschenden wissen nicht mehr, wie sie herrschen. Eine durchgreifende Politisierung der Medien beraubt diese mithin der wichtigsten Funktion, die sie für das System Politik haben.

Aus diesem Befund ergibt sich eine wichtige Vermutung: Ein linearer Prozess, der am Ende dahin führt, dass Politik *völlig* medialisiert wäre (was auch immer dies heißen mag), ist auch theoretisch nicht möglich. Denn dann würden die beiden Systeme sich ineinander auflösen. Wie kann man also deren Verhältnis zueinander beschreiben und dabei dem empirischen Befund eines zunehmenden Einflusses von Medien auf Politik ebenso gerecht werden wie dem theoretischen Befund einer Unmöglichkeit der Selbstvollendung des Prozesses? Ich möchte dazu drei Differenzierungen vorschlagen, die zum einen auf eine Historisierung zielen, zum anderen auf eine nationale Differenzierung, und drittens den aus den Cultural Studies stammenden Vorschlag aufgreifen, die Eigenlogik der Rezipienten stärker in den Blick zu nehmen und nicht allein aus dem Interesse an Medialisierung auf deren Erfolg zu schließen.

2. Historisierung: Politische Regimes und Medienregimes im 20. Jahrhundert

Zu zwei Dritteln kann das 20. Jahrhundert als eine hochpolitisierte Epoche gelten, in welcher der Kampf um politische Herrschaft, ihre Teilhabe und ihre Reichweite, erbittert ausgefochten wurde, bis hin zum Anspruch totaler Durchherrschung der Gesellschaft in den großen Diktaturen. Die „Zeit der Ideologien" (Karl-Dietrich Bracher) führte zu heißen und kalten Kriegen, zur massiven Unterdrückung und mitunter Liquidation fremder, aber auch der eigenen Bevölkerungen und einer Zuspitzung von politischen Fragen, die ganz selbstverständlich eine politische Aufladung der Medien mit sich brachten. Politisierte Medien stellten den Unterbau einer solchermaßen politisierten Gesellschaft dar. Die neuere Forschung zum Deutschen Kaiserreich, aber auch zur britischen und amerikanischen Mediengeschichte des späten 19. und frühen 20. Jahrhunderts hat deutlich herausgearbeitet, in welcher Form die Politik bereits zu jener Zeit medialen Imperativen gehorchte (vgl. Bösch 2009). Was die „kommunikologische Revolution" genannt worden ist, verweist auf die Entstehung neuer Formate wie der Generalanzeiger oder der Illustrierten, aber auch die Orientierung etablierter politischer Blätter auf Skandale und andere Formen der politischen Unterhaltung (vgl. Knoch/Morat 2003). Offensichtlich waren Medialisierungsschübe eng mit dem Aufkommen und der Verbreitung neuer Technologien verbunden (vgl. Weisbrod 2001). Am Ende des 19. Jahrhunderts waren es Druck- und Bildtechniken, die weitere Verbreitung ermöglichten und damit auch die für die Kostenkalkulation eines Blattes entscheidende Annoncenwerbung enorm ausweiteten. Wenn aber die Politik frühzeitig die Möglichkeiten eines neuen Mediums erkennt, dann versucht sie häufig, gleich darauf zuzugreifen. Man hat nicht zu Unrecht dem Radio eine ursächliche Verbindung mit modernen Formen der politischen Propaganda nachgesagt, sei es im Nationalsozialismus oder in Roosevelts New Deal. Auf das Internet hat die Politik dagegen versäumt, frühzeitig Einfluss zu nehmen, so dass hier eher Konkurrenzangebote zur Politik Verbreitung gefunden haben.

Neue Technologien, so scheint es, führen immer zu einem Schub an strukturellen Koppelungen, mit dem Übergewicht in die eine oder in die andere Richtung. Die Erfahrungen mit dem Fernsehen oder dem Internet geben allerdings der Vermutung Raum, dass eine Mediengesellschaft, je pluraler sie technologisch strukturiert ist und je mehr Ergänzungs- und Konkurrenzmedien daraus folgen, dem politischen System desto weniger Möglichkeiten bietet, die Medien dauerhaft zu kolonialisieren.

Allerdings kann von einer linearen Bewegung, etwa hin zu einer dauerhaften Dominanz der Medienlogiken über die politischen Logiken, keine Rede sein. Es gab auch in jüngster Zeit Phasen, in denen die Medien intensiv politisch instrumentalisiert wurden, etwa während der 1970er Jahre in Deutschland oder im zweiten Irak-Krieg.

Sie bestätigen die Hypothese, dass in polarisierten Gesellschaften die Politisierung der Medien stärker entwickelt ist. Man kann solche Politisierung nicht nur in diktatorischen oder Kriegsgesellschaften vorfinden; auch in weithin konsensuellen Gesellschaften bestehen Phasen der Polarisierung, etwa im Wahlkampf. In diesen Zeiten weiß die Politik, dass sie Nachrichten liefert, und sie lässt sich dies mit medialer Aufmerksamkeit bezahlen. Insofern sind Zeiten des Wahlkampfs nicht einfach eine Zeit der medialisierten Politik (so sehr man dies auch konstatieren mag, wenn man die Fernsehspots seit den 1990er Jahren ansieht), sondern auch einer Zeit, in der die Politik sehr intensiv in die Medien getragen wird, manche Medien parteilich werden, noch mehr aber eine der Politik geschuldete Funktion einnehmen: die des Schiedsrichters

Offensichtlich, so möchte man aus diesen Überlegungen schließen, sind Medialisierungsschübe und Politisierungsschübe der Gesellschaft miteinander verwoben: ohne die Massenmedien kein 1968 und kein 1989;[9] ohne Internet keine politische Oppositionsbewegung in den neoautoritären Gesellschaften nach 1989 wie Russland oder China. Bei Revolutionen oder anderen schubartigen politischen Veränderungen sind die strukturellen Koppelungen besonders eng, weil hier die Aufmerksamkeitsgenerierung durch die Medien und ihre unbestimmte Zielgruppenstruktur den Beteiligten (den Revolutionären wie denjenigen, die den Status Quo verteidigen) besondere Möglichkeiten geben, Zustimmung auch bei den nicht unmittelbar Betroffenen zu erlangen. Die Französische Revolution konnte in ihren Anfängen nicht mehr als eine Revolution des Pariser Stadtvolks gegen die örtlich sichtbare Herrschaft sein, erst später wurde sie ins Land hinaus verbreitet. Schon die Revolution von 1848 konnte zu einer europaweiten Bewegung werden, weil der Telegraph und die Zeitungen die Nachrichten in Windeseile in die Welt verbreiteten und Reaktionen auslösten. Die Bewegungen von 1968 in Ost und West, die Revolutionen in Osteuropa seit 1989 sind nur deshalb denkbar, weil sie über die Medien kommuniziert wurden und somit Zustimmung bewirken konnten (vgl. Reichardt 2008).

9 Vgl. Vogel 2006. Zu den osteuropäischen Revolutionen gibt es eigenartigerweise noch wenig Literatur; vgl. vorläufig (zu Rumänien): Philippi 2006.

3. Nationale Traditionen, Mediensysteme, Erwartungen

Die Medialisierung der Politik ist als Prozess nur vor dem Hintergrund je nationaler bzw. einzelstaatlicher Differenzen und Ungleichzeitigkeiten beschreibbar.[10] In den angelsächsischen Ländern verzeichneten die parteipolitisch nicht gebundenen Medien sehr viel früher sehr viel größere Erfolge als auf dem europäischen Kontinent. Die Gründe dafür zu erläutern, würde hier zu weit führen. Vielleicht genügt der Hinweis, dass in Großbritannien und den USA die Frage nach der politischen Macht in der zweiten Hälfte des 19. Jahrhunderts keine Frage des Systems mehr war, sondern nur noch eine Frage des Personals und der Ressourcen: Andere Personen und andere Gruppierungen mochten an den Schalthebeln sitzen, und sie mochten sich dabei in einem erheblichen Maß in die eigene Tasche wirtschaften; sie würden aber das politische System nicht ändern. In Kontinentaleuropa war dies fast überall ganz anders: ob Frankreich, die monarchischen Systeme Mittel- und Osteuropas oder die neu entstandenen politischen Systeme Südeuropas, in all diesen Staaten stand bei Wahlen oder Machtwechseln immer das politische System als Ganzes zur Disposition. Auch in Frankreich trat erst zum Ende des Jahrhunderts dahingehend eine Beruhigung ein, dass dic monarchistische Bewegung an Kraft verlor. Die Dritte Republik stand jedoch bis zu ihrem Ende 1940 immer wieder unter existenziellem Druck.[11] In vielen europäischen Ländern stellte sich diese Frage nach dem System bis weit nach dem Zweiten Weltkrieg in gewohnter Regelmäßigkeit. Die Länder Kontinentaleuropas waren in diesem Sinne bis auf wenige Ausnahmen (etwa der Schweiz) politisierter als die angelsächsischen Länder, und deshalb hatten diese eine massenmediale Struktur, die sehr viel weniger politisch positioniert war als in Kontinentaleuropa, wo jede Zeitung sich mit der Frage auseinandersetzen musste, welche politische Haltung sie vertrat, was häufig eine Grundsatzentscheidung erzwang: gouvernemental oder oppositionell, für oder wider das System.

Parallel dazu bildete sich in den USA früher eine mediale Unterhaltungskultur aus, die andere Aufmerksamkeitsökonomien nach sich zog als in Europa. Politik konnte hier mit einem höheren Nachrichtenwert rechnen als in den USA, wo die Konkurrenz mit der Unterhaltungsindustrie sich frühzeitig etablierte. Deshalb musste sich Politik dort zeitiger als in Europa als Unterhaltung präsentieren, um Aufmerksamkeit zu erlangen.

---

10 Hierzu mit Blick auf das spätere 20. Jahrhundert, aber immer auch mit Blick auf nichtdemokratische Regime: Gunther/Mughan 2000.

11 Charakteristischerweise beginnt die klassische Darstellung von William L. Shirer (1969) zum Zusammenbruch der Dritten Republik bereits im Gründungsjahr 1871.

„Spectacular Politics" war eine Eigenheit der amerikanischen Politik, die von Europäern mit einigem Befremden zur Kenntnis genommen wurde und schon um 1900 mutmaßten Beobachter, dass dort, in den USA, das Proprium der Politik an eine Grenze gerate (vgl. Mergel 1999).

Doch diese Unterscheidung in angelsächsische – vor allem amerikanische – und (kontinental-) europäische politische Medienkulturen ist nur eine erste, grobe Unterscheidung. Nationale Traditionen prägten das Verhältnis zwischen Politik und Medien wie zwischen Politik und Rezipienten. Diese Traditionen schlagen sich auch heute noch in höchst divergierenden Verhältnissen von Medien und Politik in den einzelnen Ländern nieder. In Großbritannien, wo die Revolution dem massenmedialen Zeitalter weit vorausgeeilt war und sich eine Form der politischen Repräsentation durch Abgeordnete im Parlament als Tradition herausgebildet hatte, die unbeschadet eines klaren Zweiparteiensystems ausgesprochen lokal organisiert war, stieß die Medialisierung der Politik an die Grenze dieser *local politics*, aber auch eines Selbstverständnisses besonders der elektronischen Medien, das bei aller öffentlich-rechtlichen Struktur und einem alten Ethos der Volkspädagogik sich einer umstandslosen politischen Instrumentalisierung verweigerte. Dass die BBC bis heute keine Wahlwerbung verbreitet, ist auf diese Tradition zurückzuführen, und aus dieser Tradition heraus haben sich auch die politischen Erwartungen der Rezipienten geformt, die nur schwer zu einem national integrierten Erwartungshorizont zusammenzuführen waren (vgl. Semetko 2000; vgl. Weisbrod 2008).

In Italien ist ein anderes, bis heute einflussreiches Moment zu beobachten (vgl. Marletti 1995). Das Land wies bis weit in die Nachkriegszeit die europaweit höchsten Analphabetenraten auf. Italien ist demzufolge niemals ein Land der Zeitungs- und Bücherleser gewesen und die bürgerliche Öffentlichkeit, die sich in anderen Ländern anhand dieser beiden Medien zu einem tonangebenden Diskurs entwickelte, konnte in Italien niemals eine auch nur annähernde Bedeutung erlangen. Dies hatte starke Auswirkungen auf die politischen Kommunikationsstrukturen. In einem Land, das erst spät zum Nationalstaat wurde, hatte sich die Struktur des politischen Systems der massenpolitischen Moderne kaum geöffnet; vielmehr wurde – bis heute – die Honoratiorenpolitik des 19. Jahrhunderts fortgeführt. Die tiefe Spaltung des Landes in ein katholisches (und christdemokratisches, eher südliches und agrarisches) Italien und ein laizistisches (und eher kommunistisches, nördliches, industrielles und eher wohlhabendes) Italien, die nicht durch ein starkes bürgerlich-liberales Milieu moderiert wurde, führte zu einer ebenso tief gespaltenen Medienkultur, die in einem massiven Parteiproporz in den öffentlich-rechtlichen Medien einerseits, in einer scharfen politischen Polarisierung in der Presse andererseits ihren Ausdruck fand. Eigentlich hatte über lange Zeit nur die Sportpresse eine parteiübergreifende Funktion – und, seit den 1980er Jahren, das private Fernsehen, das unter der Ägide Silvio Berlusconis einen auf den ersten Blick apolitischen Unterhaltungsstil pflegt, der den Seh- und Hörgewohnheiten eines Landes entgegenkommt, in dem das Lesen keine breite Basis hat. Berlusconi hat weniger durch seinen politischen Standort, als vielmehr durch seinen unterhaltungsorientierten politischen Stil in Italien hohe Popularität erlangt, weil dieser Stil die Überwindung der klassischen *cleavages* verspricht – und weil man dafür nicht Zeitung lesen muss (vgl. Chytraeus-Auerbach 2006).

Solche Traditionen von Medien- und politischer Struktur einerseits, den Erwartungen der Bürger, Zuschauer und Leser andererseits gilt es in den Blick zu nehmen, wenn man die verschiedenen Mischungsverhältnisse von Politik und Medien untersuchen will. Freilich gibt es eine Reihe von Tendenzen der Angleichung. Insbesondere die Dualisierung des Mediensystems, die seit den 1980er Jahren in ganz Westeuropa nahezu gleichzeitig vorangetrieben wurde, hat ähnliche Angebote geschaffen. Das Internet hat fast überall – jedenfalls da, wo es nicht permanent politisch gegängelt wird, wie in China – zu einer neuen Ebene von politischen Angeboten einerseits, zu neuen Ebenen von Beobachtungen zweiter Ordnung andererseits geführt, denn in unzähligen Blogs und Diskussionsgruppen finden sich Unbekannte zusammen, die einen permanenten Hintergrundchor des Kommentars bilden, der für sich schon zur Nachricht werden kann. Die in der Struktur der Internet-Kultur eingelassenen möglichen Schneeball-Effekte erschweren die Berechenbarkeit politischer Effekte, sorgen aber gleichzeitig dafür, dass die manipulatorischen Strategien Einzelner (wie traditionellerweise der Medienunternehmer) an Grenzen geraten.

4. Anbieter und Nachfrager

Dies führt zur letzten Differenzierung: Man hat es offensichtlich nicht nur mit Anbietern von Information und Unterhaltung zu tun, nicht nur mit Politikern, die Zustimmung zu erlangen versuchen, sondern auch mit Bürgern, Lesern, Zuschauern, die sich ihren eigenen Reim auf die Sache machen. Dieser Reim hat oft einen gänzlich anderen Klang als von den Urhebern beabsichtigt. Die Nutzer gehen nämlich mit diesen Angeboten recht eigensinnig um und interpretieren sie oft in einem ganz anderen Sinne als intendiert. Die Cultural Studies der Birmingham School haben diesen Punkt sehr deutlich herausgestellt und damit die politische Botschaft verbunden, dass die Nutzer nicht so leicht manipulierbar sind wie gerne angenommen – nicht etwa deshalb, weil sie politischer oder gebildeter seien, sondern weil sie häufig völlig andere Ausdeutungen des Inhaltes vornehmen.[12] Mediennutzung ist ein sozialer Vorgang, der

12 Als einer der wichtigsten Anreger: Hall 1999.

auf Verstehen zielt, und dieses Verstehen kann nicht völlig determiniert werden; insofern ist die *Message* des Mediums eine Funktion seines Gebrauchs.

Diese Thesen richten sich zunächst gegen die Annahme, dass die Medien die Bürger im Sinne einer bestimmten Politik manipulierbar machen. Freilich gibt es eine Menge Belege, die Manipulierbarkeit suggerieren. Andererseits gibt es aber auch Befunde, die sehr deutlich die Grenzen der medialen Einflussnahme aufzeigen. 1972 sah die „Bild"-Zeitung – mit einer Auflage von 3,5 Millionen seinerzeit die bei weitem reichweitenstärkste deutsche Zeitung – in Bundeskanzler Willy Brandt einen politischen Intimfeind. Trotz der massiven Stimmungsmache des Blattes gewann der sozialdemokratische Kanzler die Bundestagswahlen mit einer historischen Mehrheit für die SPD – viele seiner Wähler müssen gleichzeitig „Bild"-Leser gewesen sein, haben aber offensichtlich ihr politisches Urteil nach anderen Kriterien gebildet als die Zeitung es annahm. Ein weiteres Beispiel ist die irritierende Tatsache, dass in der Weimarer Republik die liberalen Zeitungen, die „Frankfurter Zeitung", die „Vossische Zeitung" oder das „Berliner Tageblatt" die weitaus einflussreichsten Medien waren. Die rechten und rechtsradikalen Zeitungen spielten demgegenüber nur eine marginale Rolle. Wie erklärt man dann jedoch den völligen Zusammenbruch des politischen Liberalismus ab 1930? Höchstens zehn Prozent der Leser dieser Zeitungen können die Partei gewählt haben, deren Zeitungen sie lasen (vgl. Fulda 2009).

Die Übertragung von Information und Meinung funktioniert also nicht nach einem gewissermaßen teleologischen, eindeutigen Modell. Information wird von den Rezipienten häufig anders verarbeitet als intendiert, medialer wie alltäglicher Kontext oder die Wahrnehmungsroutinen lenken die Rezeption in oft höchst eigensinnige Bahnen.

5. Schlussüberlegungen

„Medialisierung der Politik" – ein solcher Begriff unterstellt, ebenso wie „Politisierung der Medien" ein Theoriedesign, das nur von den Anbietern ausgeht. Es wird angenommen, dass *die Medien*, ebenso wie *die Politik* (was auch immer beide Begriffe nun genau bezeichnen), Einfluss auf die Rezipienten ausübten. Termini wie „Nachrichtenübermittlung" oder „Politikvermittlung" beruhen auf diesem anbieterzentrierten Ansatz, dessen Unzulänglichkeit immer dann demonstriert wird, wenn die Bürger die Sache doch anders sehen.

Die Frage nach den Nutzern ist ebenso wie die Fragen nach den nationalen Traditionen und nach den historisch spezifischen Ereignislagen hilfreich, um das Verhältnis zwischen Medien und Politik zu erhellen. Offensichtlich kann man eine gerichtete Entwicklung hin zur Dominanz des einen und der Subordination des anderen Systems auch theoretisch ausschließen. Die Frage ist dennoch, wie weit die Interpenetration gehen kann. Wo liegen die Grenzen? Hier kann man auf die Entwicklung der Mediengesellschaft in autoritären politischen Systemen wie Russland oder China verweisen. Wo die Traditionen der bürgerlichen Öffentlichkeit nicht entwickelt sind, können Fragen wie Meinungs- oder politische Wahlfreiheit andere Wertigkeiten annehmen. Vielleicht liest man ja eine Zeitung nicht, um sich zu informieren, sondern um sich zu vergewissern, dass man auf der richtigen Seite steht? Vielleicht stoßen die triumphalistischen Selbstrepräsentationen des Putinismus in den elektronischen Medien ja auf Zustimmung, weil Öffentlichkeit dort traditionellerweise als repräsentative Öffentlichkeit verstanden wird und nicht Pluralität, sondern Nähe zur Macht als politisches Gut verhandelt wird? Daran anschließend würde sich die Frage stellen, inwieweit das Konzept der strukturellen Koppelungen im Verhältnis von Medien und Politik nicht eines ist, das implizit durch westliche Vorstellungen von Öffentlichkeit und Meinungsbildung geprägt ist. Strukturelle Koppelungen setzen systemische Differenz voraus und politische Herrschaftsformen, welche die Entdifferenzierung der Gesellschaft zum Programm erhoben haben wie der Kommunismus, würden insofern solche Koppelungen nicht kennen.[13] Damit würden diese Gesellschaften aber auch von den Vorteilen struktureller Koppelung nicht profitieren. Aufmerksamkeitserregung und Aufmerksamkeitserzeugung würden ineinander fallen, Information und Unterhaltung wären ohne Macht nicht zu denken, das System, das Probleme erzeugt, muss diese auch lösen. Aus diesen Formulierungen wird deutlich, dass strukturelle Koppelungen nur da möglich sind, wo systemische Differenzen herrschen. Nur da, wo Medien und Politik anderen Funktionslogiken gehorchen, kann die Frage auftauchen, ob Medien politisiert sind – in undifferenzierten Systemen sind sie es ohnehin.

13 Hierzu aus institutionentheoretischer Perspektive: Lepsius 1994; aus empirisch-quantifizierender Perspektive: Gebauer 2003.

Literatur

Bösch, Frank (2006): Volkstribune und Intellektuelle. W.T. Stead, Harden und die Transformation des politischen Journalismus in Großbritannien und Deutschland. In: Clemens Zimmermann (Hrsg.): Politischer Journalismus, Öffentlichkeiten, Medien im 19. und 20. Jahrhundert. Ostfildern: Jan Thorbecke, S. 99-120.

Bösch, Frank (2009): Öffentliche Geheimnisse : Skandale, Politik und Medien in Deutschland und Großbritannien 1880–1914, München: Oldenbourg.

Chytraeus-Auerbach, Irene/Maag, Georg (Hrsg.) (2006): Die italienische Mediendemokratie. Zur Geschichte politischer Inszenierungen und inszenierter Politik im Medienzeitalter. Berlin u.a.: LIT.

Classen, Christoph (2004): Revolution im Radio. Zur institutionellen Entwicklung des Hörfunks in der SBZ/DDR 1945–1953. In: Arnold, Klaus/Classen, Christoph (Hrsg.): Zwischen Pop und Propaganda: Radio in der DDR. Berlin: Ch. Links, S. 47-66.

Daniel, Ute (Hrsg.) (2006): Augenzeugen. Kriegsberichterstattung vom 18. zum 21. Jahrhundert. Göttingen: Vandenhoeck & Ruprecht.

Edelman, Murray (1976): Politik als Ritual. Die symbolische Funktion staatlicher Institutionen und politischen Handelns. Frankfurt a. M.: Campus.

Frevert, Ute (2005): Neue Politikgeschichte: Konzepte und Herausforderungen. In: Frevert, Ute/Haupt, Heinz-Gerhard (Hrsg.) (2005): Neue Politikgeschichte. Perspektiven einer historischen Politikforschung. Frankfurt a. M.: Campus, S. 7-26.

Frevert, Ute/Haupt, Heinz-Gerhard (Hrsg.) (2005): Neue Politikgeschichte. Perspektiven einer historischen Politikforschung. Frankfurt a. M.: Campus.

Fulda, Bernhard (2009): Press and Politics in the Weimar Republic. Oxford: Oxford University Press.

Gebauer, Ronald (2003): War die DDR eine entdifferenzierte Gesellschaft? Ergebnisse einer Ereignisanalyse auf Basis der Daten des zentralen Kaderdatenspeichers des Ministerrats der DDR. In: Best, Heinrich/Hornbostel, Stefan (Hrsg.): Funktionseliten der DDR: Theoretische Kontroversen und empirische Befunde. Sonderheft von Historical Social Research, 28. Jg., H. 103/104, S. 216-246.

Graber, Doris A (1993): Mass Media and American Politics. 4. Auflage. Washington D.C.: C Q Books.

Gunther, Richard/Mughan, Anthony (Hrsg.) (2000): Democracy and the Media. A Comparative Perspective. Cambridge: Cambridge University Press.

Hall, Stuart (1999): Kodieren/Dekodieren. In: Bromley, Roger/Göttlich, Udo/Winter, Carsten (Hrsg.): Cultural Studies. Lüneburg: Dietrich zu Klampen, S. 92-110.

Holzweißig, Gunter (2002): Die schärfste Waffe der Partei. Eine Mediengeschichte der DDR. Köln/Weimar/Wien: Böhlau.

Jessen, Jens (2006): Symbolische Politik – Essay. In: Aus Politik und Zeitgeschichte, 56. Jg., H. 20, S. 3-6.

Kepplinger, Hans Mathias (1998): Die Demontage der Politik in der Informationsgesellschaft. Freiburg: Alber.

Kleinsteuber, Hans J. (1982): Rundfunkpolitik in der Bundesrepublik. Der Kampf um die Macht über Hörfunk und Fernsehen. Opladen: Leske + Budrich.

Klein, Joe (2008): Vom Ende der Politik. Wie Meinungsforscher und Wahlkampfstrategen die Demokratie ruinieren. Berlin: Propyläen.

Knoch, Habbo/Morat, Daniel (Hrsg.) (2003): Kommunikation als Beobachtung. Medienwandel und Gesellschaftsbilder 1880-1960. München: Fink.

Knoch, Habbo (2003): Die funkische Gemeinschaft. Radio und Gesellschaft in den zwanziger Jahren. In: Detlev Schöttker (Hrsg.): Mediengebrauch und Erfahrungswandel. Beiträge zur Kommunikationsgeschichte. Göttingen: UTB, S. 64-75.

Kertzer, David (1988): Ritual, Politics, and Power. New Haven: Yale University Press.

Kruke, Anja (2007): Demoskopie in der Bundesrepublik Deutschland. Meinungsforschung, Parteien und Medien 1949-1990. Düsseldorf: Droste.

Lepsius, M. Rainer (1994): Die Institutionenordnung als Rahmenbedingung der Sozialgeschichte der DDR. In: Kaelble, Hartmut/Kocka, Jürgen/Zwahr, Hartmut (Hrsg.): Sozialgeschichte der DDR. Stuttgart: Klett-Cotta, S. 17-30.

Luhmann, Niklas (1996): Die Realität der Massenmedien. 2. Auflage. Wiesbaden: Westdeutscher Verlag.

Luhmann, Niklas (1997): Die Gesellschaft der Gesellschaft, Bd. 1. Frankfurt a. M.: Suhrkamp.

Luhmann, Niklas (2000): Die Politik der Gesellschaft. Frankfurt a. M.: Suhrkamp.

Maier, Charles S. (2000): Das Verschwinden der DDR und der Untergang des Kommunismus. Frankfurt a. M.: S. Fischer.

Marletti, Carlo (1995): I media e la politica. In: Gianfranco Pasquino (Hrsg.): La politica italiana: dizionario critico 1945–95. Rom u.a.: Laterza, S. 433-444.

Maurer, Marcus (2003): Politikverdrossenheit durch Medienberichte. Eine Paneluntersuchung. Konstanz: UVK.

Mergel, Thomas (1999): Gegenbild, Vorbild und Schreckbild. Die amerikanischen Parteien in der Wahrnehmung der deutschen politischen Öffentlichkeit 1890–1920. In: Dowe, Dieter/ Kocka, Jürgen/Winkler, Heinrich August (Hrsg.): Parteien im Wandel vom Kaiserreich zur Weimarer Republik. München: Oldenbourg, S. 363-395.

Mergel, Thomas (2004): Kulturwissenschaft der Politik: Perspektiven und Trends. In: Jaeger, Friedrich/Rüsen, Jörn (Hrsg.): Handbuch der Kulturwissenschaften, Bd. 3: Themen und Tendenzen. Stuttgart: Metzler, S. 413-425.

Mergel, Thomas (2010): An Atmosphere of Cultural War. The German Seventies as a Period of Conflicts. In: Jessen, Ralph/Caplan, Jane (Hrsg.): Peculiarities of West German Modernity. State and Society in the Bonn Republic. Im Druck.

Meyer, Thomas (2001): Mediokratie. Die Kolonialisierung der Politik durch die Medien. Frankfurt a. M.: Suhrkamp.

Münkler, Herfried (2002): Neue Oligarchien? Über den jüngsten Wandel der Demokratie unter dem Einfluss von neuen Medien und veränderter Bürgerpartizipation. In: Münkler, Herfried/Llanque, Marcus/Stepina, Clemens K. (Hrsg.): Der demokratische Nationalstaat in den Zeiten der Globalisierung. Politische Leitideen für das 21. Jahrhundert. Festschrift zum 80. Geburtstag von Iring Fetscher. Berlin: Akademie, S. 163-174.

Patzelt, Werner J. (1995): Politiker und ihre Sprache. In: Dörner, Andreas/Vogt, Ludgera (Hrsg.): Sprache des Parlaments und Semiotik der Demokratie, Berlin u.a.: De Gruyter, S. 17-54.

Paul, Gerhard (2004): Bilder des Krieges – Krieg der Bilder. Die Visualisierung des modernen Krieges. Paderborn: Ferdinand Schöningh.

Philippi, Kristl (2006): Das Massaker von Temeswar 1989. In: Vogel, Christine (Hrsg.): Bilder des Schreckens. Die mediale Inszenierung von Massakern seit dem 16. Jahrhundert. Frankfurt: Campus, S.221-234.
Reichardt, Rolf (2008): Plurimediale Kommunikation und symbolische Repräsentation in den französischen Revolutionen 1789–1848. In: Sven Grampp u.a. (Hrsg.), Revolutionsmedien – Medienrevolutionen, Konstanz: UVK, S. 231-276.
Requate, Jörg (2001): Medienmacht und Politik. Die politischen Ambitionen großer Zeitungsunternehmer – Hearst, Northcliffe, Beaverbrook und Hugenberg im Vergleich. In: Archiv für Sozialgeschichte, 41. Jg., S. 79-98.
Ross, Corey (2008): Media and the Making of Modern Germany. Mass Communications, Society, and Politics from the Empire to the Third Reich, Oxford: Oxford University Press.
Sarcinelli, Ulrich (1989): Symbolische Politik und politische Kultur. Das Kommunikationsritual als politische Wirklichkeit. In: Politische Vierteljahresschrift, 30. Jg., H. 2, S. 292-309.
Schlögl, Rudolf/Giesen, Bernhard/Osterhammel, Jürgen (Hrsg.) (2004): Die Wirklichkeit der Symbole. Grundlagen der Kommunikation in historischen und gegenwärtigen Gesellschaften. Konstanz: UVK.
Semetko, Holli A. (2000): Great Britain: The End of News at Ten and the Changing News Environment. In: Gunther, Richard/Mughan, Anthony (Hrsg.): Democracy and the Media. A Comparative Perspective. Cambridge/New York: Cambridge University Press, S. 343-374.
Serrin, Judith/Serrin, William (2002): Muckraking! The Journalism that Changed America. New York: New Press.
Shirer, William L. (1969): The Collapse of the Third Republic. New York: Simon & Schuster.
Steinmetz, Rüdiger/Viehoff, Reinhold (Hrsg.) (2008): Deutsches Fernsehen Ost. Eine Programmgeschichte des DDR-Fernsehens. Berlin: Verlag für Berlin-Brandenburg.
Vogel, Meike (2006): Der 2. Juni 1967 als Kommunikationsereignis. Fernsehen zwischen Medienritualen und Zeitkritik. In: Bösch, Frank/Frei, Norbert (Hrsg.): Medialisierung und Demokratie im 20. Jahrhundert. Göttingen: Wallstein, S. 207-241.
Voigt, Rüdiger (Hrsg.) (1989): Symbole der Politik – Politik der Symbole. Opladen: Leske + Budrich.
Wallraff, Günter (1986): „Bild"-Beschreibung. Methoden und Mechanismen einer Medienmacht. Berlin: Verlag Neues Leben.
Weisbrod, Bernd (2001): Medien als symbolische Form der Massengesellschaft. Die mediale Bedingung von Öffentlichkeit im 20. Jahrhundert. In: Historische Anthropologie, 9. Jg., H. 2, S. 270-283.
Weisbrod, Bernd (2008): Eine ganz unamerikanische Tante. Die BBC und der amerikanische Medienstil in der Nachkriegszeit. In: Davis, Belinda/Lindenberger, Thomas/Wildt, Michael (Hrsg.): Alltag, Erfahrung, Eigensinn. Historisch-anthropologische Erkundungen. Frankfurt a. M.: Campus, S. 280-294.
Wolff, Franca (2002): Glasnost erst kurz vor Sendeschluss. Die letzten Jahre des DDR-Fernsehens (1985–1989/90). Köln u.a.: Böhlau, S. 156-158.
Zoll, Ralf (Hrsg.) (1972): Manipulation der Meinungsbildung. Zum Problem hergestellter Öffentlichkeit. 2. Auflage. Opladen: Westdeutscher Verlag.

Frank Marcinkowski/Adrian Steiner

Was heißt „Medialisierung"? Autonomiebeschränkung oder Ermöglichung von Politik durch Massenmedien?[1]

1. Medialisierung als theoretischer Begriff: Zur Einführung

Der Begriff „Medialisierung" bezeichnet ein analytisches Konzept, das sich seit einiger Zeit insbesondere in der europäischen Kommunikationswissenschaft wachsender Beliebtheit erfreut (vgl. Lundby 2009). Mit ihm verbindet sich die Hoffnung, einen Schlüssel zu den tiefgreifenden, weitreichenden und langfristigen Prozessen des sozialen Wandels gefunden zu haben, die man ursächlich dem gesellschaftlichen Bedeutungsgewinn der Massenmedien zuschreibt. In einer noch recht unbestimmten Fassung steht „Medialisierung" für den Prozess der massenmedialen Durchdringung weiter (wenn nicht aller) Bereiche moderner Gesellschaften, einschließlich der dadurch bewirkten Folgen. Damit ist nicht nur der Ersatz interpersonaler Kommunikation durch medienvermittelte Kommunikation gemeint, sondern auch und vor allem die Fixierung der Gesellschaft auf das Leitprinzip der Massenmedien – Publizität – und die spezialisierte Logik ihrer Herstellung. Von hier ausgehend sind die definitorischen Bemühungen um den Medialisierungsbegriff zwischenzeitlich beachtlich gediehen. Schulz (2004), Hajrvard (2004) und Krotz (2001) konzipieren ihn als Kompositum einer Mehrzahl kausal gedachter Einzelprozesse, wobei undeutlich bleibt, welche der genannten Entwicklungen (ursächliche Prozesse) welche Veränderungen (Wirkungsprozesse) unter welchen zusätzlichen Bedingungen auslösen. Krotz (2007) schlägt vor, aus der Not gesellschaftlicher Überkomplexität eine analytische Tugend zu machen. Als „Metaprozess" umfasst das bei ihm als „Mediatisierung" bezeichnete Konzept zugleich Ursachen, Formen und Folgen medienvermittelter Kommunikation. Im Zentrum des Prozesses stehen die Handlungsweisen sozialer Akteure, die immer mehr Tätigkeiten des Alltags (Lernen, Spielen, Arbeiten etc.) über technische Kommunikationsmedien abwickeln und eben dadurch Kultur und Gesellschaft verändern. Dieses eher breite Begriffsverständnis eint, bei aller terminologischen Kontroverse, eine Mehrzahl von Autoren aus dem medienwissenschaftlichen Spektrum, die sich für den

1 Der Text geht auf einen Vortrag zurück, den die Verfasser am 19. Januar 2007 in Berlin gehalten haben. Er wurde für die Publikation lediglich redaktionell bearbeitet und durch knappe Hinweise auf neuere Literatur zum Thema ergänzt.

Umgang der Menschen mit dem Medienwandel und dem daraus resultierenden Kulturwandel interessieren (Couldry 2008; Lundby 2008; Livingston 2009). Vowe (2006) fasst den Medialisierungsgedanken demgegenüber ausdrücklich in ein Kausalmodell, in dessen allgemeinster Formulierung freilich offen bleibt, welche Medieneigenschaften als Explanans dienen und was sie verändern. „Medialisierung" steht insoweit für die Behauptung, dass Medien die Gesellschaft verändern – und zwar intensiver als früher und stärker als andere Antriebskräfte (vgl. Vowe 2006: 442). In ähnlicher Weise spricht Imhof (2006: 191) von „Effekten" des Mediensystems auf die öffentliche Kommunikation und von organisatorischen Anpassungsleistungen in Ökonomie und Politik an die „Inputbedürfnisse der Medien" (Imhof 2006: 201). Auch für Kepplinger (2008) geht es bei der Medialisierung um „die Anpassung der Akteure in Politik, Wirtschaft, Wissenschaft und zahlreichen anderen gesellschaftlichen Subsystemen an die Erfolgsbedingungen der Medien". (Kepplinger 2008: 327)

Im Kontext politischer Kommunikation ist „Mediatization" schon früh mit Abhängigkeit und Anpassung der Politik in Verbindung gebracht und als Gefährdung der Demokratie verstanden worden (vgl. Mazzoleni/Schulz 1999). Darüber hinaus wird der Begriff als Sammelbezeichnung für Wirkungsphänomene unterschiedlicher Qualität und Reichweite benutzt, etwa der „Amerikanisierung", „Präsidentialisierung", „Professionalisierung" und „Televisualisierung" von Politik (vgl. Louw 2005). Im deutschen Sprachraum hat Sarcinelli (1998) Mediatisierung als medialen Wirkprozess aufgefasst, in dessen Verlauf politische, mediale und soziale Wirklichkeit zunehmend verschmelzen, Politik immer mehr auf medienvermitteltem Weg wahrgenommen wird und politisches Handeln sich verstärkt an den Gesetzmäßigkeiten des Mediensystems ausrichtet (vgl. Sarcinelli 1998: 678-679). Strömbäck (2008) komponiert diese Annahmen zu einem Phasen-Modell in dem die Medien zunächst zur primären Quelle politischer Information werden, sich dann von der Politik organisatorisch, finanziell und personell entkoppeln, die Informationsfunktion durch Entwicklung einer eigenständigen Selektions- und Präsentationslogik politikunabhängig gestalten und schließlich diese Medienlogik der Politik als dominante Gesetzmäßigkeit aufdrängen. In einer empiriebezogenen Indikatorenbestimmung behandelt Donges (2005) diesen letzten Aspekt, also die Ausrichtung politischer Inhalte, Prozesse, Akteure und Strukturen an der Handlungslogik der Medien, als den Kern des Konzepts. Medialisierung meint hier eine differenzierbare Anpassungs- und Abwehrreaktion von Akteuren aus anderen Teilsystemen auf Medien als Kanäle, Organisationen, Institutionen und Systeme (vgl. Donges 2005: 334).

Vorderhand erscheint das Medialisierungskonzept in allen bislang bekannten Versionen als veritable Konkurrenz zum eingeführten Begriff der „Medienwirkung", ohne freilich die analytische Prägnanz aufzuweisen und die empirische Fruchtbarkeit vieler Medienwirkungstheorien bereits nachgewiesen zu haben. Im Gegenteil, nicht selten dient „Medialisierung" dazu, die beliebte Unterstellung gesellschaftsweiter Medienwirkung summarisch zu bezeichnen, ohne im Einzelfall angeben zu müssen, was genau unter welchen Bedingungen wie wirkt. Das Konzept zielt insoweit auf „Medienkausalität", d.h. auf die von Medien induzierten Wirkungen. Unklar bleibt dabei, ob „Medialisierung" die Ursache, die Wirkung oder aber die (zumeist undeutlich bleibende) Bewirkung selbst bezeichnet. Im Begriff der Medialisierung werden somit unterschiedliche, jeweils differenzierte und klassifizierte Kausalprozesse aufgelöst, was dem Begriff selbst die analytische und explikative Schärfe nimmt. Anstelle eines analytisch präzisen und theoretisch gehaltvollen Begriffs der Medialisierung steht ein oftmals konturloser, induktiv gewonnener Sammelbegriff für „Medienkausalität".

Um über bloßen „Nominalismus" hinauszureichen, muss der Medialisierungsbegriff unseres Erachtens dazu genutzt werden, vermehrt wissenschaftliche Aufmerksamkeit auf meso- und makroskopische Konsequenzen der Medienentwicklung zu lenken. Sie werden von der neueren, vorzugsweise mikroanalytisch fundierten und auf kognitive Effekte fokussierten Wirkungsforschung kaum erfasst und mithin kommunikationswissenschaftlich unterschätzt. Der Medialisierungsbegriff soll zum Ausdruck bringen, dass die Entwicklung der Massenmedien „Folgen" zeitigt, die über Effekte auf Wahrnehmung, Meinungen, Einstellungen und Wissen einzelner Individuen hinausgehen und die man folglich nicht zu sehen bekommt, wenn der Blick auf die Mikroebene beschränkt bleibt (vgl. Hjarvard 2008). In diesem Sinne schlagen wir vor, Medialisierung als ein überindividuelles Phänomen zu begreifen, das sich innerhalb von nichtmedialen Sozialsystemen (Funktionsbereichen wie Organisationen) ereignet, und zwar als Folge der Ausdifferenzierung eines eigenlogischen Mediensystems sowie des jeweils gegebenen Bedarfs an öffentlicher Aufmerksamkeit innerhalb seiner Umweltsysteme. Der Begriff „Medialisierung" bezeichnet dann kein passives Unterworfensein, sondern den aktiven Zugriff dieser Umweltsysteme auf massenmediale Leistungen. Die strukturellen Konsequenzen dieses Zugriffs werden wir als „Medialisierungsfolgen" bezeichnen, um damit an die Unterscheidung von (mikroanalytischer) Wirkungs- und (meso- bzw. makroanalytischer) Folgenforschung anzuschließen (vgl. Schenk 2002: 32). Medialisierung ist demnach nicht als einfacher Medieneinfluss zu verstehen, sie muss vielmehr als eine Folge des komplexen Zusammenwirkens einer Mehrzahl von medialen und nichtmedialen Ursachen gedacht werden. Damit verbunden ist eine Neugewichtung der unterstellten Wirkmechanismen von Medien.[2] Neben den eigentlichen Medieninhalten misst der vorgeschlagene Medialisierungsbegriff drei Mechanismen gleich hohes Gewicht bei:

2 Vgl. Schulz 2009, im Anschluss an Lazarsfeld und Merton.

- der bloßen Existenz von Massenmedien bzw. dem Umstand ihrer Allgegenwart, auf den sich Organisationen und gesellschaftliche Funktionsbereiche in je spezifischer Weise einstellen;
- der distinkten Operationsweise von Medien, den tatsächlichen Routinen und Gesetzmäßigkeiten medialer Leistungserbringung, mit einem häufig benutzten Terminus als institutionalisierte Medienlogik (*media logic*) bezeichnet, die jenseits aller konkreten Medieninhalte einen folgenreichen Orientierungshorizont für gesellschaftliches Kommunizieren und Handeln bilden;
- dem strukturbedingten Aufmerksamkeitsbedarf innerhalb medialer Umweltsysteme, der als notwendige Bedingung mitgedacht und im Hinblick auf die jeweils beobachteten Sozialsysteme differenziert werden muss.

Wenn man sich darauf einigen kann, dass es mit dem Medialisierungskonzept darum geht, überindividuelle, gesellschaftliche Folgen von Massenmedien begrifflich einzufangen, dann ist im nächsten Schritt zu klären, wie dabei (gesellschafts-)theoretisch anzusetzen ist. Beiträge hierzu sind dünn gesät. Der amerikanische Soziologe John B. Thompson (1995) analysiert die Transformation vormoderner Agrargesellschaften zu den funktional differenzierten Gesellschaftsformationen der Moderne als Resultat der Kapazitäten für Informationsakkumulation, Informationsvermittlung und Informationsspeicherung, die durch (zunächst) gedruckte und (später) elektronische Massenmedien bereitgestellt werden, ein Prozess, den er als *mediazation* (Thompson 1995: 46) bezeichnet. Darauf aufbauend hat Hjavard (2008) *mediatization* als Modernisierungsprozess konzipiert. In dessen Zentrum steht die Prägekraft der organisatorischen, technologischen und ästhetischen Funktionsweise der Medien (*media logic*) für die Interaktionsformen gesellschaftlicher Institutionen. Im deutschsprachigen Raum ist namentlich Imhof (2006) mit einer explizit gesellschaftstheoretischen Rahmung hervorgetreten. Er verweist zunächst auf die „Ausdifferenzierung eines eigenlogischen Mediensystems“, identifiziert zugleich einen „korrelativen Entdifferenzierungsprozess“ von Medien und Ökonomie und fragt von hier aus nach „neuen Kommunikations- und Rezeptionsschichtungen und -segmentierungen“ in der „Mediengesellschaft“ (Imhof 2006: 197, 200). Aus neo-institutionalistischer Sicht begründet Donges (2008) die gesamtgesellschaftliche Relevanz von Massenmedien aus ihrem normativ-institutionellen Charakter heraus, dessen normative Prägekraft maßgeblichen Einfluss auf die Strukturen von Organisationen in ihrer Umwelt hat. Marcinkowski (2005) schließlich bestimmt Medialisierung als Begriff für das Verhältnis von Funktionslogiken und interessiert sich für die institutionellen Bedingungen, unter denen „medialisierte“ Sozialsysteme ihre medieninduzierte Irritation in Strukturanpassung übersetzen, anstatt sie zu ignorieren. Die Mehrzahl der übrigen Autoren belässt es bei Hinweisen auf das Wachstum des Mediensektors und die Rasanz der medientechnologischen Entwicklung als Bedingung der Medialisierung (vgl. Meyen 2009).

Wenn man hier einen Schritt weiterkommen will, wie es der vorliegende Beitrag beabsichtigt, scheint die Entscheidung zugunsten einer Theorie funktionaler Differenzierung zwingend. Andererseits ist mit dem oben favorisierten Verständnis des Gegenstands keinerlei Vorentscheidung zugunsten eines holistischen Theorieansatzes verbunden. Nichts spricht dagegen, überindividuelle Medienfolgen als komplexe Interaktion individueller Medienwirkungen zu betrachten, durch die eine Vielzahl von Einzeleffekten in kollektive Phänomene transformiert wird. Einen solchen Vorschlag formuliert Kepplinger (2008), der die Medialisierungsforschung einerseits auf Strukturveränderungen in gesellschaftlichen Subsystemen fokussiert sehen will, den zugrundeliegenden Wirkungsprozess aber über individuelle Medieneffekte rekonstruiert (vgl. auch Kepplinger 2007). Der Brückenschlag beruht auf der Annahme, dass „reziproke" Medieneffekte exakt diejenigen Akteure betreffen, die für die Ausgestaltung von Strukturen und Funktionsweisen sozialer Systeme verantwortlich sind. Ohne grundsätzlich ausschließen zu wollen, dass sich Medialisierungshypothesen als Transformationsregeln zur Verknüpfung von Mikro- und Makroebene formulieren ließen, gehen wir selbst einen anderen Weg, der sich allein durch seinen Beschreibungs- und Erklärungsvorsprung gegenüber etwaigen Konkurrenten rechtfertigen ließe. In systemtheoretischer Perspektive begreifen wir Medialisierung als Sammelbegriff für die Resonanz der Massenmedien in Organisations- und Funktionssystemen ihrer Umwelt. Mithilfe einer Theorie funktionaler Differenzierung kann dabei zunächst gezeigt werden, welche gesellschaftsstrukturellen Bedingungen vorausgesetzt sind, um ein Phänomen wie Medialisierung überhaupt beobachten zu können (Abschnitt 2). Die Theorie selbstreferenzieller Systeme und des Systems der Massenmedien liefert uns nähere Hinweise darauf, was unter Medialisierung verstanden werden kann, von welchen anderen Interdependenzverhältnissen sie unterschieden werden muss, auf welcher Ebene sie sich vollzieht und welche Bedingungen innerhalb gesellschaftlicher Umweltsysteme gegeben sein müssen, damit sich Medialisierung vollziehen kann (Abschnitt 3). Der Grundgedanke wird dann am Beispiel der Medialisierung des Politischen erläutert und weiter differenziert. Die (axiomatisch gesetzte) Theoriebasis kann dabei genutzt werden, um eine Reihe von grundlegenden Theoremen abzuleiten, die ihrerseits zur Anleitung einer empirisch-vergleichenden Medialisierungsforschung dienen können (Abschnitt 4). Abschließend fassen wir die konzeptuellen Vorschläge des Textes in aller Kürze zusammen (Abschnitt 5).

2. Medialisierung und funktionale Differenzierung

Die Unterscheidung von Politik und Medien, die der Rede von der „Medialisierung des Politischen" zugrunde liegt, stellt zunächst nicht mehr als eine kontingente Analyseperspektive dar. Sie könnte auch anders angesetzt werden: Politik und Ökonomie, Medien und Erziehung, Wissenschaft und Wirtschaft etc. Die wissenschaftliche Tauglichkeit einer solchen Setzung muss sich daran erweisen, was man mit ihrer Hilfe sichtbar machen, beschreiben und gegebenenfalls erklären kann – und was nicht. In unserem Fall ermöglicht sie nicht nur die nähere Bestimmung dessen, was als mediales bzw. politisches Phänomen zu verstehen ist, sie ist darüber hinaus eine notwendige Bedingung der Möglichkeit, wechselseitige Leistungsbeziehungen zwischen Politik und Medien, genauer: Phänomene der Medialisierung des Politischen oder der Politisierung der Medien, überhaupt beobachten zu können. Im Folgenden gehen wir davon aus, dass diese Differenz keine rein analytische Unterscheidung ist, sondern eine analytisch gehaltvolle, empirische Kategorie, die korrespondierende Phänomene der empirischen Wirklichkeit bezeichnet. Diese *realistische* Begriffsauffassung erscheint schon deshalb folgerichtig, weil die Unterscheidung von Medien und Politik auch in außerwissenschaftlichen Bereichen getroffen wird und fernab wissenschaftlicher Forschung praktischen Orientierungswert besitzt, denn die Menschen wissen im Allgemeinen, ob sie gerade wählen oder fernsehen. Politik und Medien sind folglich zwei unterscheidbare/empirische Phänomene eines übergreifenden Ganzen, das wir Gesellschaft nennen.

Damit ist die alte Frage nach dem Verhältnis der Teile zum Ganzen aufgeworfen. Die soziologische Theorie unterscheidet seit ihren Anfängen drei Formen der Gesellschaftsdifferenzierung: Segmentation, Stratifikation und funktionale Differenzierung. Auf unseren Gegenstand bezogen muss man also fragen: Handelt es sich bei Politik und Medien um gleichartige und gleichrangige Segmente, um ungleichartige und ungleichrangige Schichten oder aber um ungleichartige und gleichrangige Funktionsbereiche? Die segmentäre Vorstellung kann vor allen anderen ausgeschieden werden, da Politik und Medien in diesem Fall entgegen unserer Prämisse nicht als ungleichartig unterschieden werden könnten, sondern lediglich verschiedene Namen für strukturell identische Segmente wären. Begriffe wie Medialisierung oder Politisierung würden in ihrem logischen Gehalt zusammenfallen. Auch Stratifikation, die hierarchische Anordnung ungleichartiger Teile, ist im hier zu analysierenden Zusammenhang ein wenig zielführendes Konzept. Ginge man nämlich von festen einseitigen Unter- bzw. Überordnungsverhältnissen zwischen Medien und Politik aus, würde sich die Frage nach Medialisierung oder Politisierung ebenso wenig stellen, wie im segmentären Denken. Sie wäre bereits entschieden, denn man müsste wie selbstverständlich annehmen, dass der jeweils übergeordnete Bereich den nachgeordneten beherrscht. Beides zusammen wäre im stratifikatorischen Paradigma kaum denkbar, abwechselnde Über- und Unterordnung könnte nur die Folge tektonischer Verschiebungen im Gesellschaftsgefüge sein.

Bleibt zuletzt die Differenzierung nach ungleichartigen und gleichrangigen, mehr oder weniger autonomen Teilbereichen. Ungleichartigkeit („die Teile unterscheiden sich in ihren spezifischen Funktionsbezügen") bezieht sich hierbei auf exklusive Spezialisierung der Teile auf eine bestimmte gesellschaftliche Funktion. Da sich gesellschaftliche Funktionen nicht in eine transitive Rangordnung bringen lassen, steht der exklusive Funktionsbezug zugleich für prinzipielle Gleichrangigkeit („die Teile können sich in ihrem Funktionsbezug nicht ersetzen"). Ungleichartigkeit und Gleichrangigkeit (im Sinne prinzipieller Autonomie) von gesellschaftlichen Teilbereichen gleichzeitig zu denken ist, so unsere These, immer schon vorausgesetzt, wenn sinnvoll von Medialisierung oder Politisierung gesprochen werden soll, denn anderenfalls könnte die Frage danach gar nicht gestellt werden (Segmentation) oder wäre bereits entschieden (Stratifikation). Mit anderen Worten: die funktional differenzierte Gesellschaft ist der kategoriale wie empirische Hintergrund, vor dem Prozesse der Medialisierung beobachtbar werden. Dies alles schließt nicht aus, dass die Auswirkungen von Medialisierung auf globale Segmentation oder soziale Schichtung beobachtet werden können (vgl. Imhof 2006: 197), es ist vielmehr die Voraussetzung, dass dies überhaupt geschehen kann.

Was bedeutet diese Disposition für den gesellschaftstheoretischen Stellenwert des Begriffs Medialisierung? Klar ist, die Theorie der funktionalen Differenzierung begreift Politik und Medien als zwei gesellschaftliche Teile unter anderen. Als weitere Funktionssysteme können unter anderem Wirtschaft, Wissenschaft, Recht, Erziehung, Religion identifiziert werden. Für alle Teilsysteme gilt das oben Gesagte, sie sind in ihrem exklusiven Funktionsbezug ungleichartig und prinzipiell gleichrangig. Gesellschaft weist unter diesen Bedingungen eine paradoxe Form auf: sie ist die Einheit des Differenten. Jedes System konstituiert durch seine Grenzziehungen ein anderes Gesellschaftsverhältnis, macht sich gleichsam sein eigenes Bild von der Gesellschaft. Die Gesellschaft der Wirtschaft ist eine andere als die Gesellschaft der Politik, als die Gesellschaft der Medien usw. (vgl. Luhmann 1997). Das umfassende Sozialsystem erscheint dann als die Summe der multiplen Beobachtungsperspektiven. Ein Sinnbild dafür sind die vielfältigen wissenschaftlichen Gesellschaftsbegriffe: während man in der Publizistik- und Kommunikationswissenschaft die „Mediengesellschaft" (vgl. Saxer 1998) favorisiert, spricht man in der Politikwissenschaft von der „politischen Gesellschaft" (vgl. Greven 1999) und in den Wirtschaftswissenschaften von der „Wirtschaftsgesellschaft" (vgl. Hofmann 1990). Diese Erfahrung macht deutlich, dass die Theorie der funktional differenzierten Gesellschaft keine bevorzugte Beobachtungsposition zulässt, von der aus eine allgemein akzeptierte, *letztgültige*

Beschreibung der Gesellschaft erwartet werden kann (vgl. Nassehi 2004: 101; Luhmann 1997: 598). Für die Kommunikationswissenschaft bedeutet dies: trotz ihrer fachpolitischen Bedeutung entspringen die Begriffe „Mediengesellschaft" und „Medialisierung" einer kontingenten Beobachtungsperspektive, deren Bedeutung dramatisch relativiert wird, wenn Unterscheidungen anders ausfallen. Die Unterscheidung und Bezeichnung von Wirtschaft rückt Phänomene der Ökonomisierung (sei es der Politik, der Medien, der Wissenschaft) ins Blickfeld, die von Recht macht auf Prozesse der Verrechtlichung oder Juridifizierung gesellschaftlicher Teilbereiche aufmerksam, die Unterscheidung und Bezeichnung von Wissenschaft beleuchtet die Verwissenschaftlichung der Gesellschaft bzw. ihrer Teilsysteme usw. (vgl. Nassehi 2000). Diese Prozesse müssen als gleichartig, gleichrangig und gleichzeitig gedacht werden. Alles andere ist eine Frage der Perspektive.

Der Rückgriff auf die Theorie funktionaler Differenzierung, für den hier optiert wird, macht einerseits Medialisierung beobachtbar, er öffnet andererseits den Blick auf andere Funktionssysteme und andere Interdependenzen. Der Verlust der Einmaligkeit wird dabei durch den Zugewinn an Vergleichsmöglichkeiten kompensiert. Man kann etwa fragen: Wie unterscheidet sich die Medialisierung des Politischen von der Medialisierung der Wissenschaft oder der Wirtschaft? In welchem Verhältnis stehen Ökonomisierung und Politisierung der Medien? Wie wirkt sich die Ökonomisierung der Politik oder der Wissenschaft auf Medialisierungsprozesse in diesen Bereichen aus? Angesichts dieser Fragen verbietet es sich, Medialisierung als einen „Meta-Prozess" in dem Sinne zu begreifen, dass es sich hierbei um den wichtigsten, dominanten oder irgendwie übergeordneten Prozess sozialen Wandels handelt, der dann notwendig zur einer von Massenmedien dominierten Gesellschaftsformation führt. Ein angemessenes Verständnis von Medialisierung eröffnet sich erst im differenzierten Blick auf andere Teilbereiche, andere Interdependenzen und andere Möglichkeiten der Gesellschaftsbeschreibung.

3. Massenmedien, öffentliche Aufmerksamkeit und Medialisierung

Im nächsten Argumentationsschritt schlagen wir vor, die funktional differenzierte Gesellschaft in der Lesart der Theorie selbstreferenzieller Systeme und mithin als Netzwerk selbstreferenzieller Kommunikationssysteme zu verstehen. Damit ist eine soziale Ordnung vorausgesetzt, deren primäre Differenzierung entlang einer Mehrzahl von Teilbereichen verläuft, die auf je spezifische gesellschaftliche Funktionsnotwendigkeiten hin zugeschnitten und auf deren Bearbeitung festgelegt sind (Funktions- oder Teilsysteme). „Primär" meint in diesem Zusammenhang nicht, dass funktional differenzierte Gesellschaften weder Schichtung in der Form sozialer Klassen noch

Zentrum/Peripherie-Unterschiede kennen. Auch in modernen Gesellschaften finden sich nach wie vor alle drei Differenzierungsformen nebeneinander. Ob Stratifikation und Segmentierung als „Nebenprodukte" der Eigendynamik von Funktionssystemen (vgl. Luhmann 1997: 612) oder aber als Voraussetzung für deren Stabilität (vgl. Holz 2003) verstanden werden, kann solange offen bleiben, wie unstrittig ist, dass sich die eigentümliche Entwicklungsdynamik der Gesellschaft vornehmlich über ihre funktionale Differenzierung erschließen lässt. Alle in den Funktionssystemen vorfindbaren Strukturen und Prozesse sind auf die Erfüllung je spezifischer gesellschaftlicher Funktionen ausgerichtet, sie unterscheiden sich in ihrer exklusiven Orientierung an einem bestimmten gesellschaftlichen Funktionsbezug.

Der Funktionsbezug steht hier für die Identität und die Autonomie der Teilsysteme. Er wird durch einen binären Code gewährleistet, auf den alle Operationen eines Funktionsbereichs in letzter Instanz referieren. Die funktionale Ausdifferenzierung von Systemen entspricht in diesem Sinne einer „Technisierung" des Weltbezugs mithilfe binärer Schematisierung (vgl. Luhmann 1990). Der Code – etwa die Unterscheidungen recht/unrecht (Recht), wahr/unwahr (Wissenschaft), schön/unschön (Kunst), gesund/krank (Gesundheitssystem) – definiert die primäre Selektionsregel im System, mit jeweils eingebauter Präferenz für den Positivwert des Codes (recht, wahr, unschön, krank). Relevanz erhalten Umweltereignisse für ein soziales System nur dann, wenn sie sich auf seinen Code beziehen lassen, alles andere bleibt unberücksichtigt. Der Code als allgemeine Selektionsregel reduziert somit die Komplexität der Welt auf ein für das System bearbeitbares Maß (Reduktion von Komplexität). Zugleich gewährleistet die Allgemeinheit des Codes, dass potenziell sehr vieles zu systemrelevanten Ereignissen werden kann (Ermöglichung von Komplexität). Das Zusammenspiel beider Mechanismen gestattet den hohen Grad an Spezialisierung und Leistungsfähigkeit, den moderne Gesellschaften im Zuge des Übergangs zu funktionaler Differenzierung entwickelt haben und der sie gegenüber anderen Gesellschaftsformen auszeichnet.

Die abstrakte Leitdifferenz stellt jedoch nicht genügend Selektivität bereit, um Kommunikation zu ermöglichen. Sie muss mithilfe sekundärer und tertiärer Selektionsstrukturen weiter spezifiziert und auf tieferer Strukturebene gleichsam „operationalisiert" werden. Sekundäre und tertiäre Selektionsstrukturen werden systemtheoretisch als „Programme" bezeichnet, im Falle von Organisationssystemen etwa interne Entscheidungsstrukturen in Form von Zweck- und Konditionalprogrammen. Auf dieser Ebene werden die abstrakten Codes in „produktive" Strukturvorgaben „übersetzt", welche Prozess- und Strukturbildung ermöglichen. Die funktionale Ausdifferenzierung eines Systems fällt mit der Etablierung einer funktionsspezifischen Selektionsstruktur (Code und Programme) zusammen, die sämtliche Prozesse innerhalb des Systems orientiert. Der Ausdifferenzierung entspricht die selbstreferenzielle Schließung und Autonomie des Systems, da sich die Systemprozesse ausschließlich an systemeigenen Strukturen orientieren und nicht mehr unmittelbar durch Umweltzustände determiniert werden können (vgl. Luhmann 1991: 156).

Über die funktionale Ausdifferenzierung eines Systems der Massenmedien, dessen Codierung und Programmierung wird seit Anfang der 1990er Jahre in der Literatur intensiv diskutiert (vgl. Marcinkowski 1993; Blöbaum 1994; Luhmann 1996; Görke/ Kohring 1996). Wir betrachten sie als eine notwendige Bedingung im Hinblick auf Phänomene der Medialisierung. Der „Bedeutungsgewinn" der Massenmedien, den die Mehrzahl der Autoren als primäre Ursache von Medialisierungsprozessen nennen (vgl. für viele Schulz 2004), wird in soweit als eine Begleiterscheinung funktionaler Gesellschaftsdifferenzierung und insbesondere der funktionalen Verselbständigung des Systems der Massenmedien erkennbar. Das lässt sich an drei Bestimmungsmomenten funktionaler Ausdifferenzierung illustrieren.

- *Universalität*: Funktionale Verselbständigung der Massenmedien ist zunächst eine zentrale Voraussetzung ihrer fortgesetzten Binnendifferenzierung und Komplexitätssteigerung. Dadurch kann die Primärfunktion der Medien gesteigert und gesteigert erfüllt werden, und zwar ohne dass diesem Expansionsprozess systeminterne Stoppregeln entgegenstehen, denn soziale Systeme neigen zwangsläufig dazu, ihren Leitwert zu verabsolutieren. Dieser Umstand manifestiert sich empirisch beispielsweise in der Entwicklung neuer technischer Kommunikationskanäle, der Differenzierung massenmedialer Organisationsformen, der Universalisierung medialer Programmstrukturen, der Kapazitätserweiterung und Beschleunigung öffentlicher Kommunikation – und langfristig in der Unterstellbarkeit der Allgegenwart von Massenmedien und ihrer Kommunikation (vgl. Schmidt 1999: 140).
- *Exklusivität*: Funktionale Verselbständigung der Medien ist die Voraussetzung dafür, dass sie ihre Monopolstellung bei der Erzeugung und Verbreitung weithin geteilter Realitätsfiktionen nicht nur behaupten, sondern auch durchsetzen können. Das „Bereichsmonopol" der Massenmedien muss zwar auch weiterhin und durchaus nicht kampflos gegen konkurrierende codespezifische Deutungsofferten behauptet werden. Bis auf weiteres ist aber kein anderer gesellschaftlicher Funktionsbereich in Sicht, weder Politik, noch Wissenschaft oder gar Religion, dessen Welt-Beschreibungen es in puncto thematischer Vielfältigkeit (sachlich), sozialer Reichweite und Verbindlichkeit (sozial) und Aktualität (zeitlich) mit massenmedialen Wirklichkeitskonstruktionen aufnehmen könnte.
- *Autonomie*: Funktionale Differenzierung ist eine Voraussetzung dafür, dass Medien ihre Funktion – die Produktion und Verbreitung gesellschaftlicher Selbstbeschreibungen – ausschließlich entlang systemeigener Strukturen und Programme entwickeln. Medienrealitäten sind mithin weder bloßes Abbild einer wie immer ermittelbaren objektiven Realität, noch entsprechen sie den Selbstbeschreibungen der Funktionszusammenhänge, die sie beobachten. Im Gegenteil: Funktionale

Differenzierung steigert die Wahrscheinlichkeit dafür, dass mediale Fremdbeschreibungen und systemspezifische Selbstbeschreibungen überzufällig häufig auseinanderfallen. Daraus resultiert das gehörige Irritationspotenzial der Massenmedien in der Gesellschaft.

Diese drei Bestimmungsmomente verstärken die Unterstellbarkeit der Allgegenwart, die hohe gesellschaftliche Reichweite bzw. Verbindlichkeit der Massenmedien und erhöhen die Wahrscheinlichkeit, dass massenmedial erzeugte und verbreitete Beschreibungen an einer Vielzahl von Orten Irritationen und Resonanzen auslösen. Die Verbindung zu den oben so genannten Wirkmechanismen von Massenmedien (Existenz, Produktionsweise und Inhalt) ist augenfällig, was nichts anderes bedeutet, als dass Massenmedien ihr „Wirkpotenzial" durch Verselbständigung und funktionale Spezialisierung steigern, durch enge Kopplung aber vermindern. Die Bestimmungsmomente können mithin als Bedingungen der Möglichkeit von Medialisierung gelten. Dass es sich dabei keineswegs um hinreichende Bedingungen handelt, liegt auf der Hand. Sonst müsste Medialisierung in allen gesellschaftlichen Teilbereichen in etwa gleicher Form und Intensität und mit ähnlichen Folgen beobachtbar sein, was offenbar nicht der Fall ist. Welche zusätzlichen Bedingungen müssen aber hinzutreten?

Um dieser Frage nachzugehen, führen wir eine weitere systemtheoretisch etablierte Unterscheidung ein. Danach können die primären Sozialsysteme hinsichtlich ihrer *Funktion* und hinsichtlich ihrer *Leistung* beschrieben werden. Die Begriffe bezeichnen zwei unterschiedliche Möglichkeiten der Beobachtung von Teilsystemen, die streng auseinander gehalten werden müssen. Spricht man von der Funktion, so geht es um die Rolle des Teils im Ganzen (Unterscheidung Funktionssystem/Gesellschaft). Demgegenüber ist der Leistungsbegriff für das Verhältnis zu anderen Teilen reserviert (Unterscheidung Funktionssystem/Funktionssystem). Im Falle der Massenmedien entspricht dem die Unterscheidung von Ermöglichung der Selbstbeobachtung von Gesellschaft (Funktion) und Erzeugung bzw. Bündelung von öffentlicher Aufmerksamkeit und Akzeptanz für ausgewählte Themen gesellschaftlicher Kommunikation (Leistung). Funktion und Leistung bezeichnen mithin keine unterschiedlichen „Produkte" oder „Outputs", sondern lediglich unterschiedliche Formen des „Zugriffs" auf das Mediensystem, durch die Gesellschaft bzw. durch Teilsysteme der Gesellschaft. Wie und warum es gerade in funktional differenzierten Gesellschaften zu intersystemischen Resonanzen kommt, ist vielfach beschrieben worden. Funktional spezialisierte Teilsysteme müssen prinzipiell umweltoffen eingerichtet sein, weil sie vielfältige Leistungen anderer Teilsysteme für ihr eigenes Funktionieren benötigen. Die luhmannsche Fassung der Systemtheorie begreift das allerdings nicht als Verletzung, sondern als Folge der Autonomie sozialer Systeme: Selbstreferenzielle Geschlossenheit ist eine Voraussetzung dafür, dass sich ein System überhaupt ein (eigenes) Bild von seiner Umwelt machen kann; ohne sie wäre schon die Unterscheidung von System und Umwelt schlichtweg unmöglich und das System weder für sich selbst noch für einen Beobachter erkennbar.

Die zunehmend unübersichtlichen Leistungsverhältnisse in der modernen Gesellschaft ergeben sich folglich aus der Autonomie und wechselseitigen Dienstbarkeit der Teilbereiche, sind also ihrerseits eine paradoxe Folge funktionaler Differenzierung. Die Leistungsbeziehungen sind variabel in dem Sinne, dass beispielsweise die Wissenschaft einmal mehr, ein anderes Mal weniger (öffentliche) Aufmerksamkeit benötigt, und sie sind potenziell asymmetrisch in dem Sinne, dass nicht jeder Leistung notwendig eine Gegenleistung entspricht. Systeme nehmen auch Leistungen nicht einfach in Anspruch, etwa bloß, weil sie zur Verfügung stehen, sondern nur, wenn und insoweit sie Leistungen benötigen. Dabei beobachten sie ihre Leistungsabhängigkeit an sich selbst und können sie fallweise als „Mangelerscheinung“ ihres eigenen Funktionierens oder als „gefährliche“ Zugriffe durch fremde Systeme beschreiben: als Bedarf an wissenschaftlichem Wissen zur Begründung und technischen Umsetzung verbindlicher Entscheidungen, als unzureichendes Bildungsniveau in der Wirtschaft (vgl. Luhmann 1997: 759), als Entscheidungsabhängigkeit im Wissenschaftssystem oder als Publizitätsbedürftigkeit im professionellen Zuschauersport. In jedem Fall bleibt Leistung durch die Operationsweise des zugreifenden Systems motiviert und auf diese bezogen.

Im Anschluss an diese Überlegungen schlagen wir vor, die Begriffe Verrechtlichung, Verwissenschaftlichung, Politisierung, Ökonomisierung oder eben Medialisierung zur Bezeichnung je spezifischer Formen des *Leistungszugriffs* zu benutzen, als Inanspruchnahme der Leistungen bestimmter gesellschaftlicher Teilsysteme durch Systeme in deren Umwelt. Daraus folgt zum einen, dass es wenig Sinn macht, von „Medialisierung der Gesellschaft“ zu sprechen. Medialisierung findet innerhalb der Gesellschaft statt und betrifft sie nicht als Ganzes. Der Medialisierung stehen immer auch andere Formen des Zugriffs auf teilsystemische Leistungen gegenüber, wobei deren Verhältnis kaum als Nullsummenspiel begriffen werden kann. Die Leistungszugriffe können sich gegenseitig behindern aber auch wechselseitig ermöglichen und verstärken. Eine solche Verstärkung des Zugriffs kann sich in ein und demselben System ereignen: die Ökonomisierung der Wissenschaft (z.B. universitärer Forschung) wertet den Gesichtspunkt öffentlicher Visibilität auf und kann die Medialisierung der Wissenschaft begünstigen (z.B. die verstärkte Hinwendung zu öffentlichkeitswirksamen Forschungsthemen und Forscherpersönlichkeiten). Eine Verstärkung kann aber auch leistungsabhängige Umweltsysteme betreffen und diese zum Zugriff auf die Leistungen anderer Systeme motivieren: die Medialisierung des Politischen und dadurch erreichte Popularitätsgewinne können es Politikern ermöglichen, andere gesellschaftliche Teilbereiche (z.B. Medien, Recht, Wirtschaft) in großem Umfang zu politisieren.

Eine weitere Folge dieser Begriffsfassung besteht darin, dass sie der Medialisierung den Ruch des Außerordentlichen nimmt und erlaubt, das Phänomen in einem breiter entwickelten, kategorialen Bezugsrahmen zu verstehen. Leistungsbeziehungen beruhen im Normalfall darauf, dass ein System gewissermaßen auf fremde „Rohstoffe" zugreift, beispielsweise auf wissenschaftliches Wissen, kollektive Verbindlichkeit, legitimes Recht, um so die eigene Kommunikation in Gang zu halten – und nur dazu. Darüber hinaus lässt sich an vielen Stellen der Gesellschaft beobachten, dass solche Zugriffe strukturell abgesichert werden. Davon soll immer dann die Rede sein, wenn nicht nur die eigentliche „Ressource", sondern auch Kriterien, Normen, Leitgesichtspunkte ihrer Erzeugung, also Programme aufgenommen und dem Programmvorrat des „nachfragenden" Systems eingegliedert werden (vgl. Schimank 2002). Der Vorteil einer solchen strukturellen Lösung besteht darin, den eigenen Leistungsbedarf und die Leistungsfähigkeit anderer Systeme kontinuierlich beobachten und anregen sowie den Leistungszugriff auf Dauer stellen oder gezielter dosieren zu können. Wir gehen davon aus, dass solche programmstrukturellen Veränderungen in einer Mehrzahl gesellschaftlicher Funktionsbereiche den Kern dessen bilden, was innerhalb der Sozialwissenschaften mit den oben genannten Prozessbegriffen zum Ausdruck gebracht werden soll: den verstärkten Einbezug fremdreferenzieller Selektionsgesichtspunkte und -programme innerhalb gesellschaftlicher Funktionssysteme, namentlich auf Organisationsebene. Die Verankerung von Wirtschaftlichkeitserwägungen im Bereich der Wissenschaft, des Gesundheitssystems, der Medien und anderswo ist dabei nur das prominenteste Beispiel „eingebauter Fremdreferenz" in modernen Gesellschaften.

Mit Bezug auf Medialisierung folgern wir: Die Leistung der Massenmedien besteht darin, Themen der gesellschaftlichen (und daher auch politischen) Kommunikation mit öffentlicher Aufmerksamkeit und Akzeptanz zu versorgen. Auf diese Leistung werden andere Funktionssysteme bzw. deren Teilsysteme (z.B. Organisationen) je nach Aufmerksamkeitsbedarf zurückgreifen. Dieser Zugriff besteht typischerweise darin, dass Themen massenmedialer Berichterstattung aufgegriffen und zur Grundlage eigener (systeminterner) Kommunikation gemacht werden. Er kann aber auch vermittelt über vorgängige Kommunikation des medialisierten Systems erfolgen. In diesem Fall werden den Massenmedien Themen zur Verfügung gestellt, die diese dann aufgreifen, mit Aufmerksamkeit und Akzeptanz versorgen und der Gesellschaft für weiteren Gebrauch zurückspielen. Unter „einfacher" Medialisierung wollen wir in einem allgemeinen Sinn den fremdreferenziellen Zugriff auf massenmediale Leistungen durch Systeme in der Umwelt des Mediensystems bezeichnen. Medialisierungsfolgen bezeichnen die unterschiedlichen Auswirkungen dieses Zugriffs auf die betreffenden Systeme – Massenmedien wie Umweltsysteme. Die Orientierung von Umweltsystemen an massenmedialen Selektions- und Darstellungskriterien, welche auf eine verbesserte Anschlussfähigkeit von Themen im Mediensystem abzielt (Stichwort: Public Relations), kann dann als „reflexive“ Medialisierung verstanden werden, wobei die Leistung der Medien von den Umweltsystemen in Rechnung gestellt und zum Gegenstand strategischer Kommunikation gemacht wird.

Die knappe Ressource „öffentliche Aufmerksamkeit“ wird in allen großen Sozialsystemen der modernen Gesellschaft benötigt, freilich in Abstufungen der Intensität, Reichweite und Frequenz. In Abhängigkeit von diesen und anderen Parametern werden der Zugriff und die fremdreferenzielle Orientierung an massenmedialen Selektionsgesichtspunkten zu Strukturbildungen führen, die man als Medialisierungsfolgen bezeichnen kann. Solche strukturellen Verankerungen von Kriterien der Erzeugung und Lenkung öffentlicher Aufmerksamkeit außerhalb des Systems der Massenmedien kommen bei genauem Hinsehen an vielen Stellen der Gesellschaft zum Vorschein. Im Leistungssport als Veränderung von Regelwerken, Sportstätten, Ausrüstungsgegenständen oder Wettkampfplänen, im politischen System in Form der organisatorischen wie inhaltlichen Transformation politischer Wahlkämpfe, der Veränderung von Organisations- und Entscheidungsstrukturen politischer Parteien, der Neugestaltung parlamentarischer Verfahren, im Wissenschaftssystem als Konkurrenzverhältnis von wissenschaftlicher Reputation und öffentlicher Visibilität. Alle genannten Beispiele, denen sich weitere mühelos anfügen ließen, springen bei gelegentlicher Beobachtung der sozialen Realität ins Auge und sind von der kommunikationswissenschaftlichen Literatur verschiedentlich thematisiert worden. Erst eine vergleichende empirische Medialisierungsforschung wird aber systematisch aufweisen können, unter welchen Bedingungen der Aufmerksamkeitsbedarf welcher Sozialsysteme zu welchen Formen der Medialisierung und zu welchen Strukturbildungen führt, und was daraus für die Funktions- und Leistungsfähigkeit „medialisierter“ Systeme folgt.

Der bis hierher entwickelte Argumentationsgang macht die Entwicklungsdynamik des Mediensektors als *lediglich* notwendige Bedingung derjenigen Phänomene erkennbar, die mit dem Begriff der Medialisierung bezeichnet werden. Analysen, die an dieser Stelle stehen bleiben, greifen offenbar zu kurz. Ursächlich erklärbar wird der Prozess erst dann, wenn der kontingente Leistungsbedarf gesellschaftlicher Teilsysteme in die Analyse einbezogen wird. Medialisierung muss folglich immer mit Blick auf die Strukturbedingungen der jeweils beobachteten gesellschaftlichen Umweltsysteme analysiert werden – anstatt die Gründe für das Auftreten der oben genannten Phänomene einfach zu „externalisieren“ bzw. auf die Medien zu schieben. Aus diesem Grund kann Medialisierung auch nur in einem sehr eingeschränkten Sinne als „Medienwirkung“ verstanden werden, weil sie weder von den Medien so beabsichtigt ist, noch ohne die „Mit-Wirkung“ der medialisierten Systeme zustande käme. Leistung beruht auf Selbstbeobachtung, während die Systeme füreinander intransparent bleiben, und sie bedingt den Zugriff eines Systems auf seine Umwelt, während der Umwelt ein direkter Eingriff in das System vorenthalten bleibt. Medien können streng genommen nur Folgen zeitigen, die ihnen zu bewirken ermöglicht werden. In diesem Sinne muss man nach den Bedingungen fragen, die in gesellschaftlichen Systemen einen Bedarf nach (öffentlicher) Aufmerksamkeit und Akzeptanz auslösen. Wir gehen davon aus, dass das Ausmaß der Inklusivität sozialer Systeme eine, wenn nicht *die* entscheidende Bedingung für den Bedarf eines Systems darstellt. Inklusion meint die (aktive wie passive) Beteiligung von Personen und Organisationen an den Kommunikationen eines Systems. Mit der Inklusion steigt die Abhängigkeit des Systems in seiner Funktions- und Leistungsfähigkeit von der Aufmerksamkeit und Akzeptanz der Inkludierten. Wir werden im Zusammenhang mit der Medialisierung des Politischen darauf zurückkommen.

Die vorangegangenen Überlegungen lassen sich zu einem ersten Theorem der Medialisierung verdichten:

> **T 1**: Je größer die Inklusivität eines sozialen Systems, desto höher ist der Bedarf an Aufmerksamkeit und Akzeptanz für seine Themen der Kommunikation (sein „Medialisierungsbedarf"). Je exklusiver ein System, desto geringer seine „Empfänglichkeit" für Medialisierung.

Aus dieser generellen Annahme lassen sich prinzipiell testbare Hypothesen ableiten. So müssten Medialisierungsfolgen beispielsweise viel eher in demokratischer Politik, deren Entscheidungsfähigkeit in hohem Maße auf öffentlicher Akzeptanz beruht, oder im (Leistungs-) Sport, der auf möglichst große Publika angewiesen ist, um finanzielle und motivationale Anreize für das Siegen zu erzeugen, zu beobachten sein, als beispielsweise im Recht oder in der Wissenschaft. Im Recht ist zwar Öffentlichkeit – zumindest in einzelnen Verfahrensschritten – zugelassen, um die generalisierte Bereitschaft zum motivlosen Akzeptieren richterlicher Entscheidungen zu gewährleisten. Auch die Wissenschaft ist auf ihre Fachöffentlichkeit angewiesen. Rechtliche Entscheide und wissenschaftliche Ergebnisse bedürfen jedoch in einem weniger großen Ausmaß der (medien-)öffentlichen Aufmerksamkeit und Akzeptanz. Die Verfahrens- und Fachöffentlichkeiten, die unmittelbar über die Rechtsmäßigkeit der Entscheide bzw. die Richtigkeit der Ergebnisse wachen, sind wesentlich exklusiver – allerdings werden auch für diese Bereiche verschiedentlich gesellschaftliche Legitimitätsdefizite verbucht, die den Gang an die breitere Öffentlichkeit aussichtsreich erscheinen lassen (vgl. Weingart 1998).

Darüber hinaus steht zu vermuten, dass systemische Interdependenzverhältnisse Konjunkturen unterliegen, die wesentlich von gesellschaftlichen und außergesellschaftlichen Ereignissen geprägt sind. So führen Terroranschläge zu einer verstärkten Politisierung der Medienberichterstattung, wirtschaftliche Konjunkturkrisen fördern die Ökonomisierung politischer (Reform-) Entscheidungen, gestiegener Wettbewerb um knappe Forschungsgelder begünstigt mittelbar die Medialisierung der wissenschaftlichen Themenselektion usw. Neben strukturell bedingten ist also auch mit ereignisabhängigen Medialisierungskonjunkturen zu rechnen.

4. Die Medialisierung des Politischen

Vor dem Hintergrund des bisher Gesagten lässt sich nun auch die „Medialisierung des Politischen" präziser fassen. Die Formulierung impliziert neben der Autonomie des Systems der Massenmedien auch die Autonomie eines eigenständigen Funktionsbereichs Politik. Darunter verstehen wir den umfassenden Prozess der Herstellung und Durchsetzung kollektiv verbindlicher Entscheidungen (vgl. Luhmann 1991: 159; Nassehi 2003: 146). Umfassend meint nicht nur die *staatliche* Entscheidungstätigkeit im engeren Sinne, sondern auch die Generierung von politischen Interessen, deren Artikulation und Aggregation im Vorfeld staatlicher „Entscheidungspolitik". Politische Kommunikation ist der primäre Operationsmodus des politischen Systems. Mit den Worten von Armin Nassehi (2003) ist sie definiert als „jede Kommunikation, die dazu dient, kollektiv verbindliche Entscheidungen durch Testen und Verdichten ihrer Konsenschancen vorzubereiten". Dies schließt ein, dass „bereits der kommunikative Anspruch auf die Notwendigkeit einer kollektiv bindenden Entscheidung welchen Inhalts auch immer [...] die Form des Politischen an[nimmt]" (Nassehi 2003: 147). Kollektive Bindungsfähigkeit setzt die Legitimität dieser Entscheidungen auf Seiten des Kollektivs bzw. der Betroffenen voraus, nämlich die (diffuse wie spezifische) Akzeptanz von politischen Entscheidungen als kollektiv verbindliche. Dieser besondere Legitimationsbedarf politischer Entscheidungen wird wesentlich im Prozess der politischen Kommunikation hergestellt bzw. reproduziert. Politik muss dementsprechend auf Seiten der (potenziell) Betroffenen für Akzeptanz sorgen, was wiederum wesentlich die Erzeugung von Aufmerksamkeit und Akzeptanz für bestimmte Themen voraussetzt. Dies macht deutlich, weshalb Politik in besonderem Maße auf mediale Leistungen der Her- und Bereitstellung von themenspezifischer Aufmerksamkeit und Akzeptanz angewiesen ist. Unsere These ist, dass dieses Funktionserfordernis unter Bedingungen moderner Demokratie und ausdifferenziertem Mediensystem genau die Effekte erzeugt, die wir als Medialisierung des Politischen bezeichnen: Das politische System greift auf massenmediale Leistungen zu und orientiert sich im Sinne einer reflexiven Medialisierung an massenmedialen Selektions- und Darstellungskriterien, um den Massenmedien anschlussfähige Themen zustellen zu können.

In dieser Lesart liegen die Ursachen für Medialisierung darin begründet, dass der politische Aufmerksamkeits- und Akzeptanzbedarf im Übergang zu moderner Politik enorm gestiegen ist und „unmotivierte" Zustimmungsbereitschaft weniger denn je vorausgesetzt werden kann. Zugleich steht mit der Ausdifferenzierung und Autonomisierung eines eigenlogischen Mediensystems eine exklusive gesellschaftliche Adresse für die einschlägige Nachfrage zur Verfügung. Die Logik des Medialisierungsprozesses erschließt sich erst aus der Zusammenschau beider Bedingungen. Gleichwohl möchten wir im Folgenden vornehmlich auf den ersten Punkt eingehen, da er uns im Hinblick auf eine differenzierte Beschreibung und Erklärung von Medialisierung des Politischen als wichtiger erscheint und wir den zweiten Punkt in seinen Grundzügen bereits skizziert haben (vgl. Abschnitt 3). Der Übergang zu moderner Politik kann als schrittweise Ausdifferenzierung und Autonomisierung eines demokratischen politischen Systems beschrieben werden. Zwei Aspekte der Ausdifferenzierung demokratischer Politik sind im Zusammenhang mit Medialisierung von besonderer Bedeutung:

- *Funktionale Binnendifferenzierung*: gemeint ist damit die Umstellung der politischen Binnendifferenzierung von Stratifikation (Staat oben/Volk unten) in die politischen Teilbereiche Politik, Verwaltung und Publikum (vgl. Luhmann 1981: 43-46). Diese funktionale Binnendifferenzierung der Politik bewirkt eine immense Steigerung der internen Komplexität des politischen Systems und bringt dadurch evolutionäre Vorteile mit sich. Sie ist gleichzeitig konstitutiv für die Ordnungsform der Demokratie, die Trennung der exekutiven Verwaltung von den politischen Repräsentanten (Trennung von Politik und Verwaltung) sowie der Ermächtigung und Inklusion der Staatsbürger (Publikum). Die drei Teilbereiche lassen sich nun nicht mehr in eine hierarchische Rangfolge bringen, vielmehr übernehmen sie unterschiedliche Funktionen im politischen Prozess: das Publikum wählt Politik, die Politik setzt die politischen Rahmenbedingungen für die Verwaltung, diese bindet wiederum das Publikum in ihrer Entscheidungstätigkeit. Der demokratische Machtkreislauf ist auf die Ungleichartigkeit und prinzipielle Gleichrangigkeit der Teilbereiche Publikum, Politik und Verwaltung angewiesen. Durch diese Binnenstruktur ermöglicht Demokratie die Zulassung von hoher Komplexität (Interessen und Ansprüche) an der Peripherie (im Publikum) und die Reduktion dieser Komplexität durch Verfahren (Wahl, Gesetzgebung, bürokratische Verfahren), was im Zentrum des Systems die konkrete Herstellung und Durchsetzung kollektiv bindender Entscheidungen möglich macht (vgl. Hellmann 2003; vgl. Luhmann 1991b).
- *Politische Inklusion*: Der zweite wichtige Aspekt ist die immer vollständigere Inklusion des Publikums in das politische System (vgl. Luhmann 1981: 25-27). Es handelt sich hier um eine Begleiterscheinung des oben beschriebenen Übergangs zu funktionaler Binnendifferenzierung. Inklusion meint den passiven wie aktiven Einbezug der Gesamtbevölkerung in das politische System. Das Volk wird am politischen Entscheidungsprozess beteiligt und erhält die formale Macht, politisches Personal zu wählen oder abzuwählen oder am Gesetzgebungsprozess unmittelbar teilzuhaben. Das Volk wird also zur aktiven Bürgerschaft, die Interessen hat

und diese artikulieren und einbringen kann und soll. Neben dieser aktiven Inklusion gibt es darüber hinaus eine Transformation der passiven Inklusion, welche im Übergang zu moderner Politik nicht mehr allein Rechtssicherheit meint, sondern den Zugang von immer mehr Anspruchsgruppen zu immer ausgedehnteren Leistungen des politischen Systems vorsieht. Dies steigert die Abhängigkeit von und die Ansprüche auf solche Leistungen. Der entscheidende Zusammenhang zwischen aktiver und passiver Inklusion besteht darin, dass Politiker aufgrund aktiver Beteiligungsrechte des Publikums die Zustimmung der Bevölkerung gewinnen müssen, und deshalb darauf programmiert sind, die Bevölkerung in ihren Interessen anzusprechen, Ansprüche zu generieren und Verbesserungen in Aussicht zu stellen (vgl. Luhmann 1981: 28).

Beide Strukturentscheidungen haben weitreichende Folgen für die moderne Politik und ihren Bedarf nach massenmedialen Leistungen. Funktionale Binnendifferenzierung bewirkt eine Zunahme der Vielfalt und Heterogenität politischer Ansprüche und Interessen insbesondere in der Peripherie des politischen Systems. Dadurch steigt generell der Orientierungs- und Selektionsbedarf im politischen System. Das wertet die öffentliche Meinung als Orientierungs- wie Selektionsstruktur und damit die Massenmedien (und zunehmend auch die Demoskopie) als zentrale Repräsentanten öffentlicher Meinung auf. Öffentliche Meinung zeigt an, über welche Themen man mit Anspruch auf Gehör politisch kommunizieren kann und über welche nicht (vgl. Luhmann 1994a; vgl. Marcinkowski 2002). Im Spiegel der öffentlichen Meinung beobachten sich Politik, Publikum und Verwaltung wechselseitig, und es muss zunehmend Sorge dafür getragen werden, wie man in diesem Spiegel reflektiert wird. Darüber hinaus bedeutet gestiegene politische Komplexität gleichzeitig eine Zunahme der Kontingenz je bestimmter politischer Ansprüche und Interessen. Es genügt nicht, sich darauf zu verlassen, dass die immer gleichen Interessengruppen die immer gleichen Forderungen stellen („Acht Prozent mehr Lohn und Gehalt im öffentlichen Dienst."). Wenn eine prinzipiell unbegrenzte Zahl von Interessen immer wieder neu kombiniert und organisiert werden kann, wenn alles auch anders möglich bzw. anders politisier- und entscheidbar ist, nimmt die Zustimmungs- und Legitimationsbedürftigkeit jeder einzelnen politischen Entscheidung zu. Unhinterfragte Verbindlichkeit und Akzeptanz kann weniger denn je vorausgesetzt werden, sondern muss von Fall zu Fall kommunikativ erzeugt werden. Die Erzeugung von Aufmerksamkeit ist der jeweils erste Schritt dazu. Diese Überlegungen führen uns zu einem zweiten Theorem der Medialisierungsforschung:

T 2: Je höher die Binnenkomplexität eines sozialen Systems und je größer die Vielfalt der daraus resultierenden Ansprüche an seinen Leistungsbereich, desto größer wird dessen Aufmerksamkeits- und Akzeptanzbedarf und desto wichtiger die Fähigkeit, die Themenstruktur massenmedialer Kommunikation beobachten und wirksam irritieren zu können.

Die zunehmende Inklusion bewirkt ihrerseits eine wesentliche Aufwertung des Publikums als Legitimationsquelle für politische Anliegen und Entscheidungen sowie als Adresse der politischen Kommunikation. Die Inklusion des Publikums macht die Politik von dessen Zustimmung abhängig und zwingt sie zur Beobachtung und gezielten Ansprache der Interessen und Ansprüche bestimmter Teilpublika. Dies trifft nicht allein auf den Kernbereich der (Partei-) Politik zu, sondern zunehmend auch auf die Verwaltung, die mit gesteigerten Ansprüchen ihrer Klientel konfrontiert wird, die sie umso weniger ausblenden kann, je mehr sie aus Komplexitätsgründen auf die Kooperation des Publikums bzw. seiner kollektiven Repräsentanten angewiesen ist. Öffentliche Meinung und massenmediale Berichterstattung fungieren hier als unverzichtbare Medien der Publikumsbeobachtung. Sie dienen jedoch nicht allein der Beobachtung, sondern steigern die Erreichbarkeit eines immer vollständiger inkludierten Publikums. Die Massenmedien bieten aufgrund ihrer technischen Verbreitungskanäle den Vorzug, die Aufmerksamkeit eines sehr großen, räumlich und zeitlich dispersen Publikums zu erreichen und damit die Chance, die Erzeugung von Akzeptanz und Legitimation für politische Anliegen zu optimieren.

Demokratische politische Systeme können deshalb als besonders illustrativer Anwendungsfall dessen gelten, was in unserem ersten Theorem ausgesagt ist. Im Hinblick auf die Binnendifferenzierung der Politik liegt dabei die Vermutung nahe, dass in denjenigen Verfahren, in denen potenziell alle Bürger involviert sind (z.B. in Wahlen oder Sachabstimmungen), Medialisierungsfolgen besonders gut beobachtbar sind, während die eigentliche Entscheidungsproduktion in exklusiven Verhandlungsnetzwerken genauso wie der administrative Entscheidungsvollzug im bürokratischen Apparat in erheblich weniger großem Ausmaß zu öffentlicher Aufmerksamkeitsproduktion über die Massenmedien neigen dürfte. Auf die oben genannten politischen Teilsysteme bezogen heißt dies: Medialisierung wird in Bereichen der Vermittlung des Publikums mit anderen politischen Teilbereichen (Politik, Verwaltung) eine größere Bedeutung haben als bei der Vermittlung von Politik und Verwaltung. Nichtsdestotrotz spielt das Publikum aber auch im Rahmen parlamentarischer Gesetzgebung oder bürokratischer Verfahren direkt oder indirekt eine Rolle. Parlamentarische Vorstöße müssen stets in Rechnung stellen, an die breitere Öffentlichkeit getragen zu werden, und zwar nicht allein aufgrund der formalen Öffentlichkeit des Verfahrens, sondern auch aufgrund der Abhängigkeit der Parlamentarier von der Zustimmung der Wählerschaft. Die Umsetzung gesetzlicher Verordnungen ist auf die Anerkennung und Kooperation auf Seiten der betroffenen Publika angewiesen und muss deren Folgebereitschaft in Rechnung stellen. Auch hier spielt die gleichsam „reflexivpräventive“ öffentliche Kommunikation eine erhebliche Rolle, wie sich an den steigenden Ausgaben für amtliche Informationskampagnen und PR zeigen ließe. Diese Beispiele machen deutlich, wie irreführend es ist, die Medialisierung von Wahlkämpfen *pars pro toto* zu nehmen. Offensichtlich ist der Öffentlichkeits- und Aufmerksamkeitsbedarf der Politik nicht unbegrenzt, auch nicht in Wahlkampfzeiten. Genauso wenig ist er in allen Subsystemen des Politischen gleich stark ausgeprägt. Der politische Zugriff auf die massenmediale Leistung „öffentliche Aufmerksamkeit“ erfolgt stets selektiv und muss im Hinblick auf die Binnendifferenzierung des politischen Systems sowie die Grade und Formen der Inklusivität politischer Teilsysteme und Verfahren differenziert werden. Was Inklusionsformen angeht (vgl. Stichweh 1988), so steht zu vermuten, dass überall dort, wo Menschen über Hirschmans Optionen von Exit und Voice inkludiert werden, massenmediale Leistungen besonders gefragt sind, weil Äußerung (Voice) öffentliche Aufmerksamkeit voraussetzt, um folgenreich zu sein. Die Überlegung verdichten wir zu einem dritten Theorem:

> **T 3**: Politische Organisationen und Verfahren, deren Inklusionsweise auf Exit und Voice beruhen, werden regelmäßig auf massenmediale Leistungen zugreifen, und daher eher Medialisierungsfolgen aufweisen als soziale Systeme, die Menschen über Erziehung, professionelle Betreuung, „sekundäre Leistungsrollen“ (Stichweh 2005: 35-38) oder anderes an ihrer Kommunikation beteiligen.

Bis hierher kann festgehalten werden, dass beide Aspekte des Politikwandels, funktionale Binnendifferenzierung und politische Inklusion, als evolutionäre Voraussetzungen für den gestiegenen öffentlichen Zustimmungs- und Aufmerksamkeitsbedarf im politischen System und damit für die Medialisierung des Politischen gesehen werden müssen. Diese Entwicklungen lassen sich für unterschiedliche Demokratien westlichen Typs aufzeigen, sie werden sich in ihrer konkreten Ausformung und ihrer historischen Datierung jedoch erheblich unterscheiden. Dies kann hier nicht nachgezeichnet werden. Unser Interesse gilt vielmehr den strukturellen wie entwicklungsgeschichtlichen Voraussetzungen einer Medialisierung des Politischen, die sich mit Blick auf die Funktionsbedingungen moderner politischer Systeme erschließen lassen. Sie lehren uns bis hierher: Medialisierung dient zunächst und vor allem der Selbstermöglichung moderner Politik. Als Entwicklungsprozess, der dem politischen System gleichsam von außen „aufgeherrscht“ wird, ist sie bestenfalls zur Hälfte verstanden. Massenmedien können (und wollen) die Politik zu nichts zwingen, auch nicht zu unterhaltsamer Selbstdarstellung. Es ist die Politik selbst, die weniger denn je auf (zunehmend desinteressierte) Medien verzichten kann und sich daher auf Attraktivität programmiert. Dies schließt keineswegs aus, dass der Leitwert der Massenmedien (Publizität) und die systemspezifischen Programme zur Erzeugung ihrer Leistung (öffentliche Aufmerksamkeit und Akzeptanz) auch gegen prinzipiell inkompatible „Wertsphären" des Politischen propagiert werden können, etwa gegen die Exklusivität kleiner Entscheidungszirkel, die Diskretion von Verhandlungen oder die Nicht-Öffentlichkeit von administrativen Verfahren. Dort kann dann Medialisierung als ein Aufdrängen systemfremder und potenziell dysfunktionaler Orientierungen beschrieben werden, was dann allerdings weniger etwas über Medialisierung aussagt als vielmehr etwas über die Praxis politischer Selbstbeschreibung. Der aus unserer Sicht entscheidende Unterschied zum „Kolonialisierungsverständnis" von Medialisierung ist darin zu sehen, dass die Massenmedien der Politik zwar ungebetene öffentliche Aufmerksamkeit aufdrängen können, sie aber kaum zur ungewollten Übernahme systemfremder Programme zu zwingen vermögen. Vielmehr steht zu erwarten, dass die Politik mit systemspezifischen Umstellungen auf solche Grenzverletzungen reagieren wird, etwa durch das möglichst lückenlose Abschirmen von Entscheidungssystemen, durch die Verlagerung in andere institutionelle Arenen, die Schaffung „organisatorischer Puffer" zwischen politischen Prozessen und Medien in Form personaler Akteure, die den größten Teil der Medienaufmerksamkeit auf sich ziehen und vom eigentlichen Prozess ablenken etc. Auch solche Reaktionen lassen sich theoretisch als Medialisierungsfolgen interpretieren. Im Unterschied zum erstgenannten Fall, der Ausrichtung politischer Programmstrukturen an massenmediale Kriterien der Aufmerksamkeitserzeugung, handelt es sich hier um die Nutzung politischer Strukturen zur Abschirmung gegenüber öffentlicher Aufmerksamkeit, was gerade in Kernbereichen des Austauschs von Politik und Publikum schwerwiegende politische Dysfunktionen bzw. Legitimitätsdefizite zeitigen kann. Umgekehrt kann es in exklusiveren politischen Teilbereichen (Regierung, Verwaltung) im Zuge weitgreifender Medialisierung ebenfalls zu inflationären und deflationären Folgen kommen, die politische Entscheidungsprozesse zu blockieren vermögen (vgl. Münch 1991: 87-89). Diese Überlegungen führen zu einem vierten und letzten Medialisierungstheorem:

> **T 4**: Medialisierungsfolgen können sowohl die strukturelle „Anpassung" des (politischen) Systems an massenmediale Kriterien der Aufmerksamkeitserzeugung wie auch strukturelle Vorkehrungen zur *Abschirmung* vor öffentlicher Aufmerksamkeit umfassen. In welche Richtung sich Medialisierung auswirkt, hängt von der Kombinierbarkeit und Kompatibilität massenmedialer und systemeigener Programme ab.

5. Fazit

Dieser Beitrag hat der kommunikationswissenschaftlichen Beschäftigung mit dem Konzept der „Medialisierung" eine Reihe von Revisionen, Ergänzungen und Weiterungen vorzuschlagen. Zunächst regt er an, den Begriff aus seiner impliziten Konkurrenz zum Wirkungsbegriff zu lösen und ausdrücklich auf überindividuelle Medienfolgen im Bereich sozialer Systeme zu fokussieren (vgl. auch Schulz 2008). Individuelle Effekte auf Wissen, Denken und Meinen sollten der einschlägig spezialisierten Medienwirkungsforschung überlassen bleiben, die hier ihre unbestreitbaren Stärken hat. Damit ist in unserem Verständnis allerdings mehr als eine gegenstandsbezogene Beschränkung verbunden. Zum einen kann Medialisierung nicht als dominanter Meta-Prozess hin zu einer „Mediengesellschaft" hypostasiert werden. Der Begriff bezeichnet eine spezifische Beobachtungsperspektive auf gesellschaftliche Interdependenzverhältnisse, namentlich zwischen Medien und ihrer gesellschaftlichen Umwelt. Andere Interdependenzbeziehungen (z.B. der Ökonomisierung oder der Verrechtlichung) sollten darüber weder negiert noch vollständig ausgeblendet werden – gerade auch mit Blick auf ein differenziertes Verständnis von Medialisierung. Wenn im Zuge fortschreitender funktionaler Differenzierung Interdependenzen zwischen Funktionsbereichen zunehmen, dann gewinnt auch Medialisierung als spezifisches Interdependenzphänomen – der Zugriff medialer Umweltsysteme auf mediale Leistungen – an Bedeutung. Medialisierung steht jedoch nicht alleine und kann weder als vorgelagertes noch als alles überlagerndes Primärphänomen begriffen werden.

Zum anderen können Phänomene der Medialisierung nicht einseitig auf die Massenmedien als Ursache zugerechnet werden. Mit dem Begriff der „Medienkausalität" kritisieren wir eine Vorstellung von Medialisierung, die organisatorische und gesellschaftliche Veränderungen als von den Medien verursacht begreift und dabei nicht überzeugend anzugeben vermag, was über ihre bloße Verfügbarkeit hinaus den Medien diese Wirkungsmacht verleiht, und was sie dabei antreibt. Dem wird hier ein „Push-and-Pull-Modell" der Medialisierung gegenübergestellt, das die spezifischen Bedingungen des Prozesses nicht nur bei den Medien, sondern auch bei den „medialisierten" Systemen in der Umwelt der Medien verortet. Ein autonomes, nach eigener Logik operierendes Mediensystem ist eine notwendige, aber noch keine hinreichende Bedingung für Medialisierung. Die Massenmedien selbst werden in diesem Modell ohne normative Vorbelastung als hoch spezialisierter Funktionskomplex behandelt, der Themen gesellschaftlicher Kommunikation mit öffentlicher Aufmerksamkeit und Akzeptanz ausstattet und darin eine nahezu konkurrenzlose Leistungsfähigkeit besitzt. Von „Medialisierung" sprechen wir dann, wenn Systeme aus der Medienumwelt auf diese Leistungen zugreifen, weil und insofern sie diese für ihre eigene Funktions- und Leistungserbringung benötigen. Dies ist speziell unter Bedingungen hoher Inklusivität und Komplexität (Intransparenz) dieser Systeme in gesteigertem Masse zu erwarten, das heißt, nicht in allen (Teil-) Systemen in gleicher Intensität und gleicher Weise. Wenn ein solcher Bedarf dauerhaft erwartbar ist und Zugriffe regelmäßig erfolgen, kann es zur strukturellen Absicherung von Zugriffschancen kommen, die sich empirisch als Medialisierungsfolgen beobachten und beschreiben lassen. Folgen sind dabei als Eigenschöpfungen zu begreifen, denn sie werden von den „medialisierten" Systemen zugelassen bzw. recht eigentlich „bewirkt" und nicht von den Medien aufoktroyiert – auch wenn die politische Selbstbeschreibung diese Version bevorzugen mag. Der charismatische Parteiführer wird ja nicht in die Polit-Talkshow gezwungen, er nutzt sie als Plattform und ist aus politischen (wie immer persönlichen oder parteilichen) Gründen bereit, die Spielregeln zu akzeptieren, sich zu Eigen zu machen und zu seinen Gunsten zu nutzen. Was er damit auslöst, kann er weder wissen noch unter Kontrolle behalten, und er ist gleichwohl bereit, das Risiko einzugehen. Im Falle des Fehltritts werden sich die politischen Gegner freuen, man selbst kann die Schuld auf die Medien abschieben.

Die Medialisierung des Politischen ist insofern nicht als Zeichen des politischen Kulturverfalls oder der pathologischen Kolonisierung von Politik durch die Medien zu deuten, sie dient zunächst und vor allem der Ermöglichung von Politik unter Bedingungen gesteigerter Interdependenzen, sowie hoher politischer Komplexität und Inklusivität. Dass die Medien dabei zu „gerufenen Geistern" werden, die man nicht wieder los wird, mit nicht-intendierten Nebenfolgen für das System, ist keineswegs ausgeschlossen. Aber auch in dem Fall bleiben sie „gerufene" Geister und keine diabolische Heimsuchung.

Literatur

Blöbaum, Bernd (1994): Journalismus als soziales System. Geschichte, Ausdifferenzierung und Verselbstständigung. Opladen: Westdeutscher Verlag.

Couldry, Nick (2008): Mediatization or Mediation? Alternative Understandings of the Emergent Space of Digital Storytelling. New Media & Society, Jg. 10, H. 3, S. 373-391.

Donges, Patrick (2005): Medialisierung der Politik – Vorschlag einer Differenzierung. In: Rössler, Patrick/Krotz, Friedrich (Hrsg.): Mythen der Mediengesellschaft – The Media Society and its Myths. Konstanz: UVK, S. 321-339.

Donges, Patrick (2008): Medialisierung politischer Organisationen: Parteien in der Mediengesellschaft. Wiesbaden: VS.

Görke, Alexander/Kohring, Matthias (1996): Unterschiede, die Unterschiede machen. Neuere Theorieentwürfe zu Publizistik, Massenmedien und Journalismus. In: Publizistik, 41. Jg., H. 1, S. 15-31.

Greven, Michael Th. (1999): Die politische Gesellschaft. Kontingenz und Dezision als Probleme des Regierens und der Demokratie. Opladen: Leske+Budrich.

Hellmann, Kai-Uwe (2003): Demokratie und Evolution. In: Ders./Fischer, Karsten/Bluhm, Harald (Hrsg.): Das System der Politik. Niklas Luhmanns politische Theorie. Wiesbaden: Westdeutscher Verlag, S. 179-212.

Hjarvard, Stig (2004): From Bricks to Bytes: The Mediatization of a Global Toy Industry. In: Bondebjerg, Ib/Golding, Peter (Hrsg.): European Culture and the Media. Bristol: Intellect, S. 43-63.

Hjarvard, Stig (2008): The Mediatization of Society. A Theory of the Media In: Nordicom Review, 29. Jg., H. 2, S. 105-134.

Hofmann, Werner (1990): Grundelemente der Wirtschaftsgesellschaft. Reinbek bei Hamburg: Rowohlt.

Holz, Klaus (2003): Politik und Staat. Differenzierungstheoretische Probleme in Niklas Luhmanns Theorie des politischen Systems. In: Hellmann, Kai-Uwe/Fischer, Karsten/Bluhm, Harald (Hrsg.): Das System der Politik. Niklas Luhmanns politische Theorie. Wiesbaden: Westdeutscher Verlag, S. 34-47.

Imhof, Kurt (2006): Mediengesellschaft und Medialisierung. In: Medien & Kommunikationswissenschaft, 54. Jg., H. 2, S. 191-215.

Kepplinger, Hans Mathias (2007): Reciprocal Effects: Toward a Theory of Mass Media Effects on Decision Makers. In: Harvard International Journal of Press-Politics, Jg. 12, H. 2, S. 3-23.

Kepplinger, Hans Mathias (2008): Was unterscheidet die Mediatisierungsforschung von der Medienwirkungsforschung? In: Publizistik, 53. Jg., H. 3, S. 326-338.

Krotz, Friedrich (2001): Die Mediatisierung kommunikativen Handelns. Der Wandel von Alltag und sozialen Beziehungen, Kultur und Gesellschaft durch die Medien. Wiesbaden: Westdeutscher Verlag.

Krotz, Friedrich (2007): Mediatisierung: Fallstudien zum Wandel von Kommunikation. Theoretischer Ansatz und empirische Fallstudien. Wiesbaden: Verlag für Sozialwissenschaften.

Livingstone, Sonia (2009): On the Mediation of Everything: ICA Presidential Address 2008. In: Journal of Communication, Jg. 59, H. 1, S. 1-18.

Louw, Eric (2005): The Media and Political Process. London/Thousand Oaks/New Delhi: Sage.

Luhmann, Niklas (1981): Politische Theorie im Wohlfahrtsstaat. München: Olzog.

Luhmann, Niklas (1990): „Distinction directrices". Über die Codierung von Semantiken und Systemen. In: Ders.: Soziologische Aufklärung, Bd. 4: Beiträge zur funktionalen Differenzierung der Gesellschaft. Opladen: Westdeutscher Verlag, S. 13-31.
Luhmann, Niklas (1991): Soziologie des politischen Systems. In: Ders.: Soziologische Aufklärung, Bd. 1: Aufsätze zur Theorie sozialer Systeme. Opladen: Westdeutscher Verlag, S. 154-177.
Luhmann, Niklas (1994a): Öffentliche Meinung. In: Ders.: Politische Planung. Aufsätze zur Soziologie von Politik und Verwaltung. Opladen: Westdeutscher Verlag, S. 9-34.
Luhmann, Niklas (1994b): Komplexität und Demokratie. In: Ders.: Politische Planung. Aufsätze zur Soziologie von Politik und Verwaltung. Opladen: Westdeutscher Verlag, S. 35-45.
Luhmann, Niklas (1996): Die Realität der Massenmedien. Opladen: Westdeutscher Verlag.
Luhmann, Niklas (1997): Die Gesellschaft der Gesellschaft. 2 Bände. Frankfurt a. M.: Suhrkamp.
Luhmann, Niklas (2000): Die Politik der Gesellschaft. Frankfurt a. M.: Suhrkamp.
Lundby, Knut (2008): Mediatized Stories: Mediation Perspectives on Digital Storytelling. New Media & Society, Jg. 10, H. 3, S. 363-371.
Lundby, Knut (2009): Mediatization: Concept, Changes, Consequences. New York: Peter Lang.
Marcinkowski, Frank (1993): Publizistik als autopoietisches System. Politik und Massenmedien. Eine systemtheoretische Analyse. Opladen: Westdeutscher Verlag.
Marcinkowski, Frank (2002): Politische Öffentlichkeit. Systemtheoretische Grundlagen und politikwissenschaftliche Konsequenzen. In: Hellmann, Kai-Uwe/Schmalz-Bruns, Rainer (Hrsg.): Theorie der Politik – Niklas Luhmanns politische Soziologie, Frankfurt a. M.: Suhrkamp, S. 85-108.
Marcinkowski, Frank (2005): Die „Medialisierbarkeit" politischer Institutionen. In: Rössler, Patrick/Krotz, Friedrich (Hrsg.): Mythen der Mediengesellschaft – The Media Society and its Myths. Konstanz: UVK, S. 341-369.
Mazzoleni, Gianpietro/Schulz, Winfried (1999): „Mediatization" of Politics: A Challenge for Democracy? In: Political Communication, Jg. 16, H. 3, S. 247-261.
Meyen, Michael (2009): Medialisierung. In: Medien & Kommunikationswissenschaft, Jg. 57 Jg., H. 1, S. 23-38.
Münch, Richard (1991): Dialektik der Kommunikationsgesellschaft. Frankfurt a. M.: Suhrkamp.
Nassehi, Armin (2000): Das Politische der politischen Gesellschaft. In: Soziologische Revue, 23. Jg., H. 2, S. 132-140.
Nassehi, Armin (2003): Der Begriff des Politischen und die doppelte Normativität der „soziologischen" Moderne. In: Ders./Schroer, Markus (Hrsg.): Der Begriff des Politischen. (= Soziale Welt, Sonderband 14). Baden-Baden: Nomos, S. 133-169.
Nassehi, Armin (2004): Die Theorie funktionaler Differenzierung im Horizonte ihrer Kritik. In: Zeitschrift für Soziologie, 33. Jg., H. 2, S. 98-118.
Sarcinelli, Ulrich (1998): Mediatisierung. In: Jarren, Otfried/Sarcinelli, Ulrich/Saxer, Ulrich (Hrsg.): Politische Kommunikation in der demokratischen Gesellschaft. Ein Handbuch mit Lexikonteil. Opladen/Wiesbaden: Westdeutscher Verlag, S. 678-679.
Saxer, Ulrich (1998): Mediengesellschaft: Verständnisse und Missverständnisse. In: Sarcinelli, Ulrich (Hrsg.): Politikvermittlung und Demokratie in der Mediengesellschaft. Opladen/Wiesbaden: Westdeutscher Verlag, S. 52-73.
Schenk, Michael (2002): Medienwirkungsforschung. Tübingen: Mohr Siebeck.
Schimank, Uwe (2002): Wer gegen wen? Der „Kampf der Götter" in der funktional differenzierten Gesellschaft (Vortrag am Forschungsinstitut für Philosophie, Hannover, 18.4.2002, unveröffentlichtes Manuskript).

Schmidt, Siegfried J. (1999): Theorien zur Entwicklung der Mediengesellschaft. In: Groeben, Norbert (Hrsg.): Lesesozialisation in der Mediengesellschaft. Ein Schwerpunktprogramm. (= Internationales Archiv für Sozialgeschichte der deutschen Literatur, Bd. 10, Sonderheft). Tübingen: Max Niemeyer Verlag, S. 118-145.

Schulz, Winfried (2004): Reconstructing Mediatization as an Analytical Concept. In: European Journal of Communication, 19. Jg., H. 1, S. 87-101.

Schulz, Winfried (2009): Politischer Medieneinfluss: Metamorphosen des Wirkungsbegriffs. In: Marcinkowski, Frank/Pfetsch, Barbara (Hrsg.): Politik in der Mediendemokratie. (= Politische Vierteljahresschrift, Sonderheft 42). Wiesbaden: Verlag für Sozialwissenschaften, S. 103-125.

Stichweh, Rudolf (1988): Inklusion in Funktionssysteme der modernen Gesellschaft. In: Mayntz, Renate u.a.: Differenzierung und Verselbständigung. Zur Entwicklung gesellschaftlicher Teilsysteme. Frankfurt a. M.: Campus, S. 261-293.

Stichweh, Rudolf (2005): Inklusion und Exklusion. Studien zur Gesellschaftstheorie. Bielefeld: transcript Verlag.

Strömbäck, Jesper (2008): Four Phases of Mediatization: An Analysis of the Mediatization of Politics. In: The International Journal of Press/Politics Jg. 13, H. 3, S. 228-246.

Thompson, John B. (1995): The Media and Modernity: A Social Theory of the Media. Cambridge: Polity Press.

Vowe, Gerhard (2006): Mediatisierung der Politik? Ein theoretischer Ansatz auf dem Prüfstand. In: Publizistik, 51. Jg., H. 4. S. 437-455.

Weingart, Peter (1998): Science and the Media. In: Research Policy, Jg. 27, H. 8, S. 869-879.

Rudolf Stöber

Medialisierung vor 1945. Wie tragfähig ist der Begriff als kommunikationshistorisches Konzept für Frühe Neuzeit und Moderne?

1. Vorklärungen

Medialisierung ist ein kommunikationswissenschaftliches Konzept, eine kommunikationshistorische Hypothese und eventuell sogar nur ein allgemeines Schlagwort. Als kommunikationswissenschaftliches Konzept bzw. kommunikationshistorische Hypothese beschreibt Medialisierung einen zeitgebundenen Prozess; ihm zufolge erhalten Rezipienten den Zugang zur Welt in zunehmendem Maße medial und in abnehmendem Maße unmittelbar. Dieser Prozess ist seit Beginn der Frühen Neuzeit beobachtbar. Winfried Schulz (2004) hat in einem englischsprachigen Aufsatz unter *mediatization* die Ausdehnung von Kommunikationsmöglichkeiten, Substituierung sozialer Beziehungen, Vermischung der sozialen und kommunikativen Aktivitäten und Anverwandlung an mediale Routinen und Erfordernisse zusammengefasst. Donges (2005) und andere haben dabei im Medialisierungsprozess der Medienlogik eine zunehmende Bedeutung zugesprochen. Für die Operationalisierung von Medialisierung heißt das: Angebotsseitig muss die Entwicklung der Medien und rezipientenseitig die Nutzung des medialen Angebots geprüft werden können (vgl. Krotz 2001). Nicht untersucht werden kann allerdings, ob Pseudoereignisse zugenommen haben oder sich das Verhältnis zwischen ihnen, den medialisierten und den genuinen Ereignissen verändert hat (vgl. Boorstin 1962; vgl. Kepplinger 2001). Denn alle historischen Ereignisse, von denen wir durch die (immer selektiv) überlieferten Quellen Kenntnis haben können, sind durch eben diese Überlieferung schon medialisiert.

Vor der Prüfung jedoch ist Einvernehmen über die zentralen Begriffe herzustellen. Da ist zunächst der Medienbegriff: In den Kommunikations- und Medienwissenschaften wird er ebenso variantenreich wie unsystematisch benutzt. Hier soll in Anlehnung an eigene Vorarbeiten zwischen Proto-, Basis- und Verbreitungs-Medien unterschieden werden (vgl. Stöber 2008). Proto-Medien wie Sprache, Gestik, Mimik etc. sind elementare Träger menschlicher Kommunikation. Kommunikationswissenschaft und -geschichte beschäftigen sich nur am Rande mit den Proto-Medien, setzen sie jedoch als inkorporierten Bestandteil anderer medialer Stufen voraus. Gleiches gilt für die Basis-Medien Schrift und Bild. Im Kern von Kommunikationswissenschaft und -geschichte stehen die Verbreitungs-Medien, unter welchen die sekundären und tertiären Medien (vgl. Pross 1972: 128) ebenso wie die Massenmedien (vgl. Maletzke 1963) oder die technischen Medien (vgl. Luhmann 1996) zu fassen sind. Daher soll „Medialisierung vor 1945" sich hier auf Presse, Funk und Film beziehen, um die wesentlichen Medien zu nennen.

Auch der andere Schlüsselbegriff wird – schon in der Schreibweise – unscharf verwendet: In der Kommunikationswissenschaft wird neben dem Begriff der Medialisierung synonym auch von *Mediatisierung* gesprochen. Der zweite Begriff ist in den historischen Wissenschaften aber eindeutig anders belegt. Der wichtigste Vorgang der Mediatisierung fand in Deutschland am Anfang der Moderne statt, als mit dem Reichsdeputationshauptschluss von 1803 viele kleine, reichsunmittelbare Fürsten in eine mediate Stellung gedrängt wurden. Von einem Tag auf den anderen waren sie nicht mehr den wichtigeren Reichsständen, z.B. den Herrschern von Preußen oder Bayern gleichgestellt, sondern diesen untergeordnet. Auch in der Administration gibt es Immediatsrechte und mindere Rechtsstellungen, bei denen man kein unmittelbares Vortragsrecht hat. Eine der wichtigen Quellen zur öffentlichen Meinung im Deutschland des späten 19. und frühen 20. Jahrhunderts waren die so genannten Immediatszeitungsberichte, in denen die Regierungspräsidenten immediat dem Monarchen über die Öffentlichkeit in ihrem Bezirk berichteten, ohne dass *Gatekeeper* ihre Aussagen hätten verändern können. „Mediatisierung" ist mithin ein ungenauer Begriff, der die Sprache unschärfer macht, – daher soll hier von Medialisierung gesprochen werden. Für diesen Sprachgebrauch spricht zusätzlich das verwandte Argument, dass mediate Positionen voraussetzen, *wenn* vermittelt werden *muss*: Zwischen der oberen und der unteren Ebene existiert eine nicht zu umgehende mittlere, ohne die der Austausch nicht funktionieren könnte. Bei den Medien ist das offensichtlich anders, denn durch Medien – im Sinne von Massen- oder Verbreitungs-Medien – vermittelte Kommunikation kann auch auf anderem Wege von Kommunikatoren an die Kommunikationspartner gelangen. Daher soll hier zunächst folgende Präzisierung gelten:

- Mediatisierung verlangt die Ausschließlichkeit (verbreitungs-)medialer Vermittlung bzw. Rezeption;
- Medialisierung hingegen lässt neben den (Verbreitungs-)Medien auch noch andere Vermittlungs- bzw. Rezeptionsprozesse gelten.

Für die kommunikationshistorische Perspektive ergibt sich aus dieser Begriffspräzisierung allerdings ein nicht unerhebliches quellenkritisches Problem: Tote kann man nicht befragen, lautet ein Kurt Koszyk zugeschriebenes Diktum. Über die rezipientenseitige Verarbeitung medialer Angebote und über ihre Informationskanäle haben wir nur unzureichende Quellen. Die Ausweitung des medialen Angebots in Quantität und Qualität hingegen lässt sich in Umrissen für vergangene Zeiten nachzeichnen (vgl. Lersch/Stöber 2008). Ob der mediale Zugang zur Welt allerdings auch zunehmend größere Geltung beanspruchte, ist weniger eindeutig. Schlimmstenfalls ist der historische Medialisierungsprozess sogar ein plausibles und wohlfeiles, aber falsches Schlagwort, das durch gedankenlose Wiederholung nicht richtiger wird. Ob, wieweit und in welchem Sinne für die Zeit vor 1945 von Medialisierung gesprochen werden kann, soll hier geprüft werden.

Dabei gibt es offensichtlich eine Reihe von Indikatoren, die für zunehmende Medialisierung sprechen: die quantitative Ausweitung des medialen Angebots, seine qualitative Verbesserung, die dramatische Ausweitung des Ereignishorizonts, die Entstehung medialer Routinen und symbolischer Politik, sowie presse- und kommunikationspolitische Maßnahmen, die auf größere Bedeutung der Medienlogik schließen lassen. Aber es gibt auch Indikatoren, die anders gelesen werden können: In Umbruchszeiten war die interpersonale Kommunikation immer enorm wichtig, insbesondere an Gerüchten lässt sich das ablesen. Propagandistische Anstrengungen erschöpften sich nie ausschließlich in medialen Kampagnen. Und wo Quellen über die Agenda des Publikums berichten, lässt sich in der Regel feststellen, dass Alltagsnöte, die kaum einer medialen Vermittlung bedurften, ungeheuer wichtig waren.

2. Indikatoren für Medialisierungsprozesse

Einen ersten wichtigen Indikator für die zunehmende Medialisierung bieten historische Schlüsselereignisse, zu denen die Verbreitung und damit Bedeutung der Medien dramatisch zunahm. In jedem Land spielten andere politische Ereignisse die Rolle des Katalysators: In Deutschland waren es die Reformation nach 1517 und der Bauernkrieg 1524/25, in Frankreich die Bürgerkriege im 16. Jahrhundert und der Adelsaufstand der „Fronde" um die Mitte des 17. Jahrhunderts mit über 5.000 Flugschriften, in Holland der 80jährige Unabhängigkeitskrieg gegen Spanien (1568–1648) mit mehr als 7.000 überlieferten Flugblättern und -schriften. In England kam diese Rolle der englischen (puritanischen) Revolution der 1640er Jahre zu. Der Londoner Buchhändler George Thomason (1602-1666) sammelte mehr als 13.000 Flugblätter und Flugschriften und 7.000 Zeitungen (vgl. Briggs/Burke 2002; vgl. Laube 1992; vgl. Carrier 1991). Ein offensichtliches Charakteristikum sowohl der Französischen Revolution von 1789 als auch der europäischen und deutschen von 1848 ist die geradezu explosionsartige Vermehrung politischer Zeitungen und Zeitschriften (vgl. Vogel 2001). Wegen der weiteren politischen Entwicklungen war aber nach all den genannten Großereignissen die mediale Angebotsausweitung zunächst nicht von Dauer. Gleichwohl stieg langfristig gesehen die Zahl der Zeitungstitel und der kumulierten Gesamtauflage bis zum Beginn des 20. Jahrhunderts. Das lässt sich sowohl an der arithmetischen Skalierung der Zeitungstitel (primäre Y-Achse) wie an der logarithmischen Skalierung der kumulierten Auflage (sekundäre Y-Achse) in folgender Abbildung ablesen. Erst zu Beginn des 20. Jahrhunderts verflachte das Wachstum und kehrte sich schließlich politisch bedingt in der Zeit der beiden Weltkriege um.

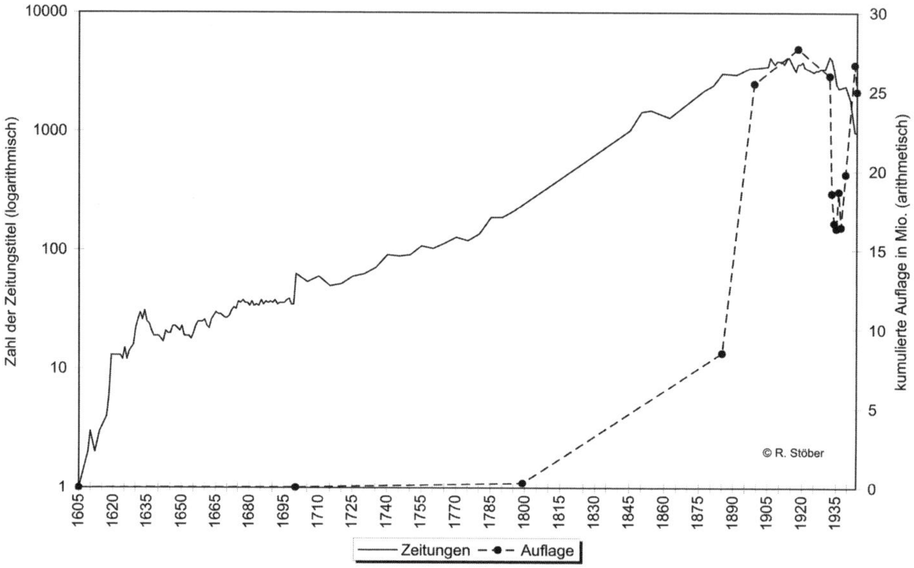

Abbildung 1: Zeitungen und Zeitungsauflage vom 17. bis 20. Jahrhundert

Eine weitere Grundkonstante der neuzeitlichen Entwicklung war die dramatische Ausweitung des Ereignishorizonts, der durch das Zeitalter der Entdeckungen über die Europäer hereinbrach – und mit Zeitverzögerung in Umkehrung auch über den Rest der Welt. Diese extramedialen Faktoren brauchen als Teil der Universalgeschichte hier nicht detailliert betrachtet zu werden. Allerdings sollte auch die Kommunikationsgeschichte sich immer dessen bewusst sein, dass sie nicht vollständig aus sich selbst heraus erklärt werden kann. Am Anfang der Neuzeit standen neben den Entdeckungen die Eroberung Konstantinopels durch die Osmanen und die Erfindung des Buchdrucks. Schon der mutmaßlich erste Seriendruck, Gutenbergs Türken-Kalender von 1455, enthielt eine Nachricht über den Orient. Das erste Blatt, das der „Neuen Zeitung" ihren Gattungsnamen gab, berichtete 1502 in der „Newen Zeitung von Orient und Auffgange" ebenfalls über die osmanischen Gebiete. In den illustrierten Flugblättern des 16. Jahrhunderts informierten ca. sechs von zehn Nachrichten über außergewöhnliche, exotische Themen aus fernen Ländern, die dem unmittelbaren Erfahrungshorizont der Menschen entzogen blieben (vgl. Stöber 2005: 44). Auch die übrigen waren, selbst wenn wie z.B. Unwetter oder Verbrechen unmittelbar erfahrbar, in ihrer Besonderheit nur durch mediale Vermittlung dem breiteren Publikum zugänglich. Und der erste Herausgeber einer periodischen Zeitung, Johann Carolus, beschrieb das Berichterstattungsgebiet seiner „Relation“: „Relation aller fürnehmen und gedenkwürdigen Historien, so sich hin und wieder in Hoch- und Nieder-Deutschland, auch in Frankreich, Italien, Schott- und Engelland, Hispanien, Hungern, Polen, Siebenbürgen, Wallachei, Moldau, Türkei etc. in diesem 1609. Jahr verlaufen und zugetragen möchte.“ (Schöne 1940 [: 1])

Noch wichtiger als die Ausweitung des Ereignishorizonts war die wachsende überregionale und internationale Interdependenz. Aus den Staaten des europäischen Mittelalters wurde das Staatensystem der Frühen Neuzeit und Moderne. Schon Karl Marx und Friedrich Engels beobachteten im „Kommunistischen Manifest“ Mitte des 19. Jahrhunderts Phänomene einer Globalisierung, die auf dieser wechselseitigen Abhängigkeit gründeten: „An die Stelle der alten lokalen und nationalen Selbstgenügsamkeit und Abgeschlossenheit tritt ein allseitiger Verkehr, eine allseitige Abhängigkeit der Nationen voneinander. Und wie in der materiellen, so auch in der geistigen Produktion.“ (Marx/Engels 1848: 5-6) Diese wachsende politische, wirtschaftliche, geistig-kulturelle und kommunikative Interdependenz war sicherlich nur mit ebenfalls wachsender Medialisierung zu bewältigen.

Durch die grosso modo zu beobachtende Verbesserung der Verkehrsmittel verkürzte sich die Periodizität der Zeitungen, die Nachrichten wurden immer aktueller. Lagen Anfang des 17. Jahrhunderts in drei von vier Fällen noch zwei bis vier Wochen zwischen Ereignis und Bericht, so machten Ende des 18. Jahrhunderts Nachrichten, die einen Monat alt waren, nur noch zehn Prozent aus. Waren 1856 erst elf Prozent der Nachrichten nicht älter als einen Tag, so lag dieser Anteil 1906 schon bei 95 Prozent (vgl. Wilke 1984: 119-143). Das spiegelt sich auch in der zunehmenden Periodizität: Während die ersten Avisen noch wöchentlich erschienen, kam die erste Tageszeitung, die Leipziger „Einkommenden Zeitungen“ schon 1650 heraus – die erste dauerhaft erfolgreiche erschien in Großbritannien 1702, in Frankreich 1777. Um 1850 kamen schon 17 Prozent aller Zeitungen in Deutschland täglich heraus, um 1900 waren es ca. ein Drittel und 1942 fast 80 Prozent (vgl. Abbildung 2).

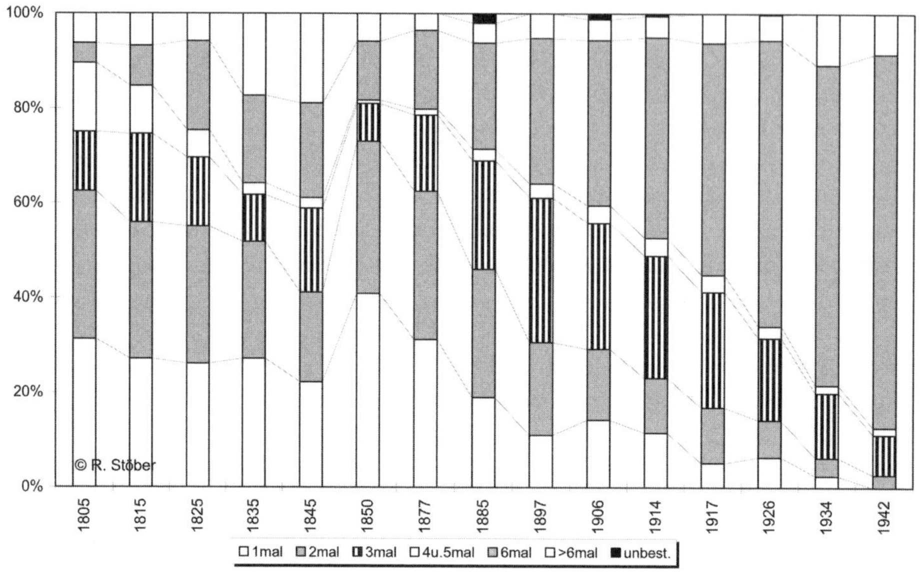

Abbildung 2: Zeitungsperiodizität im 19. und 20. Jahrhundert

Die Massenmedien verarbeiteten zudem immer mehr Informationen. Hatten Anfang des 19. Jahrhunderts die meisten Zeitungen vier bis acht Seiten Umfang je Ausgabe, kamen Anfang des 20. Jahrhunderts manche Ausgaben schon auf 100 Seiten und mehr. Dass sich dabei Medienroutinen herausbildeten, die ihrerseits wieder ein indirekter Indikator für die Medialisierung sind, versteht sich beinahe von selbst. So arbeitete die Presse zu Beginn des 20. Jahrhunderts auch nach heutigen Maßstäben und entgegen manchem Vorurteil schon höchst professionell. Der Bericht der „Vossischen Zeitung“ über das Attentat auf Franz Ferdinand in Sarajewo begann mit dem Vorspann: „Der österreichische Thronfolger und seine Gattin ermordet. Einer grauenvollen Bluttat sind der Erzherzog-Thronfolger Franz Ferdinand von Österreich-Ungarn und seine Gattin, die Herzogin von Hohenburg, zum Opfer gefallen. Durch Schüsse serbischer Fanatiker wurden sie ermordet, nachdem sie einem Bombenattentat, durch das einige Offiziere aus ihrem Gefolge und einige Personen aus dem Publikum verwundet wurden, entgangen waren. Über das furchtbare Ereignis wird telegraphiert.“ (Ullstein 1927: 250b) Die Fülle der Extrablätter, die bei allen wichtigeren Ereignissen von den Zeitungen vorab veröffentlicht wurden, stützen die Medialisierungshypothese ebenfalls. So leitete der „Berliner Lokal-Anzeiger“ die reguläre Berichterstattung über das Attentat mit den Sätzen ein: „Wie ein Blitz aus heiterem

Himmel verbreitete sich am gestrigen Sonntagnachmittag von der bosnischen Hauptstadt aus die Schreckenskunde, daß der Thronfolger von Österreich-Ungarn und seine Gemahlin fanatischen Mörderhänden zum Opfer gefallen sind. Wir haben die Bevölkerung Berlins von dieser entsetzlichen Verbrechertat durch zwei auf den Straßen und Plätzen der Residenz verbreitete Extrablätter sowie durch eine gestern Abend veranstaltete Extraausgabe unseres Blattes in Kenntnis gesetzt und lassen jetzt eine genaue Schilderung der erschütternden Vorgänge folgen." (Der Montag, Nr. 323, 29.6.1914: 1)

Das Attentat von Sarajewo ist zugleich Beleg für die – medieninduziert – wachsende Bedeutung politischer Symbole *und* symbolischer Politik. Über das Ausmaß, das die Medialisierung um die Wende vom 19. zum 20. Jahrhundert erreicht haben dürfte, geben sowohl die Berichterstattung über politische Skandale wie die Eulenburg- und die Daily-Telegraph-Affären, internationale Pressefehden oder auch die wachsende Bedeutung der Illustrierten Auskunft (vgl. Gebhardt 1983; vgl. Winzen 2002; vgl. Bösch/Frei 2006; vgl. Geppert 2007).

Der vermutlich stärkste Indikator für die zunehmende Medialisierung liegt jedoch in der Intensivierung dessen, was man modern als Öffentlichkeitsarbeit oder politische PR bezeichnen würde und das in der Diktion der Zeit *Pressepolitik* hieß. Ein eindrückliches Beispiel bietet der preußische Heeres- und Verfassungskonflikt (1863-1866). In dem weniger pressehistorisch als verfassungsgeschichtlich bedeutsamen Konflikt ging es um das Budgetrecht des Parlaments. Die Details müssen hier nicht interessieren. In der erregten öffentlichen Diskussion schien die Regierung gegenüber der liberalen Presse auf verlorenem Posten zu stehen. In einem von Ministerpräsidenten Otto von Bismarck bestellten Gutachten formulierte der Publizist und hochkonservative Sozialreformer Hermann Wagener: „Daß in der Militär-Frage nicht nachgegeben werden darf, behandle ich als selbstverständlich und bleibt mir daher nur noch die Frage nach Behandlung der Presse und Vereine, in Bezug auf welche ich mich nicht entschließen kann, außerordentlichen kleinlichen Maßregeln das Wort zu reden. Die kleinen Polizei-Aktionen erbittern ohne zu helfen, nur die großen Maßregeln vermögen nachhaltig zu helfen."[1] Bismarck griff zu einer Doppelstrategie: Mit der Presseordonanz vom Juli 1863 wurden der liberalen Presse Fesseln angelegt. Zugleich ließ er die amtliche „Provinzial-Correspondenz (PC)" gründen, die über die preußischen Kreisblätter massenwirksam verbreitet werden sollte. Rein quantitativ war sie ein großer Erfolg: Die Auflage betrug Ende 1864 knapp 29.000, 1874 dann 49.000 Exemplare. Im nächsten Jahrzehnt bis zu ihrer Einstellung verdreifachte sie ihre Auflage noch einmal; sie betrug auf dem Höhepunkt 1882 über 150.000 Stück (vgl. Stöber 1999).

1 Denkschrift Hermann Wagener an Otto von Bismarck vom 18.4.1863. Otto-von-Bismarck-Stiftung Friedrichsruh (OBS) B 120, Bl. 34-40.

Die PC war damit die größte Wochenzeitung ihrer Zeit; als Leitmedium wurde sie unter allen Parteiblättern am meisten zitiert, denn sie galt als Stimme Bismarcks. Zudem war sie eine agenturähnliche Korrespondenz, amtliches Anzeige-, Publikationsorgan und wöchentliche Beilage der Kreisblätter. Ludwig Hahn, langjähriger Redakteur, schrieb 1876 über ihren Sinn und Zweck: „Die ‚Provinzial-Correspondenz‘ ist ausdrücklich und erklärtermaßen dazu bestimmt, die Bevölkerung in weiteren Kreisen über die Stellung der Staatsregierung zu den wichtigsten politischen Fragen zuverlässig aufzuklären. [...] Von parteiischem Wesen kann dabei nicht die Rede sein, denn die Regierung ist eben nicht eine bloße Partei, sie hat den Beruf und das Bewußtsein, die Gesamtinteressen des Landes fern von allem Parteiwesen wahrzunehmen.“ (PC, Nr. 8, 23.2.1876: 1) Die vorgebliche Überparteilichkeit ist hier weniger von Interesse als die Ansprache der Staatsbürger.

Als sich die PC verbraucht hatte, wurde sie in den 1880er Jahren von einer unauffälligen Korrespondenz namens „Neueste Mittheilungen (NM)“ abgelöst (1882–1894). Wieder hatte ein dramatischer Vertrauensverlust in der öffentlichen Meinung Bismarck zum Handeln gezwungen. Äußeres Anzeichen waren die erdrutschartigen Stimmverluste bei der Reichstagswahl von 1881 (vgl. Stöber 1996). Die „Neue Pressorganisation“, aus dem Bismarckschen Geheimfonds, dem sogenannten „Reptilienfonds“ finanziert, funktionierte im Unterschied zur offenen Propaganda der PC konspirativ: die preußische Verwaltung und „Vertrauensmänner“ – örtliche konservative Honoratioren – sollten mittels der Korrespondenz eine für die Regierung günstige Stimmung erzeugen.[2]

Die Erfolge und Grenzen der pressepolitischen Anstrengungen hielten sich die Waage. Aber trotz der Einschränkungen im pressepolitischen Wert kann man zunächst einmal auf die Höhe der Auflage verweisen. Zudem wirkten die Korrespondenzen noch weiter, da sie in den preußischen Kreisblättern nachgedruckt wurden. Deren Gesamtauflage dürfte zu Beginn der 1880er Jahre bei 600.000 bis 800.000 Exemplaren gelegen haben; die regierungsamtlichen Korrespondenzen hätten demnach 10 Prozent der damaligen Gesamtauflage der Tagespresse erreicht. Die konservative ländliche Presse profitierte neben der inhaltlichen Aufrüstung mit „Provinzial-Correspondenz“ und „Neueste Mittheilungen“ auch von direkten Geldzuwendungen, die ihr gegenüber der Konkurrenz einen temporären Wettbewerbsvorteil verschafften. Sie zwangen die Konkurrenz nachzuziehen, z.B. indem das Zentrum mit dem Augustinus-Verein und einer Korrespondenz den eigenen Blättern unter die Arme griff. Mittel- bis langfristig

2 Die beiden Korrespondenzen wurden in einem von der DFG finanzierten Projekt digitalisiert, mit Kommentaren versehen und sind im Internet jedermann frei zugänglich. Die Sach-, Personen- und Ortskommentare erarbeitete Albrecht Hoppe. Vgl. http://zefys.staatsbibliothek-berlin.de (Ende Juni 2009).

dürften die Subventionen der konservativen Presse jedoch eher geschadet haben, weil sie den tatsächlichen Reformbedarf verdeckten. Als in der Weimarer Zeit die direkten und indirekten Subventionen ausblieben, fielen die Blätter gleich reihenweise an Alfred Hugenberg.

Insgesamt lassen sich die pressepolitischen Maßnahmen als klares Indiz für eine zunehmende Medialisierung lesen. Da die bismarcksche Pressepolitik zur Formierung der modernen Öffentlichkeit und zur Fundamentalpolitisierung breiter Massen beitrug, erkannten zumindest die etatistisch gesonnenen Konservativen die Öffentlichkeit als Appellations- und mithin auch Legitimationsinstanz an. Damit hatten sowohl das Prinzip Öffentlichkeit als auch die Logik der Medien im Grunde gewonnen, denn selbst jene Gegner, die noch 1848 vehement gegen die publizistische Öffnung gekämpft hatten, setzten nun auf die medial(isiert)e Ansprache der Staatsbürger.

3. Zensur: Kein brauchbarer Indikator für die Hypothese

In der Regel werden Zensurmaßnahmen und negative Pressepolitik, das heißt all jene Maßnahmen, die die Presse rechtlich und politisch einer Aufsicht unterwerfen, als Indikatoren von Medienwirkungen und mithin als Folgen der Medialisierung interpretiert. Das ist grosso modo sicherlich richtig, bedarf aber kleinerer Korrekturen. In der Frühen Neuzeit hatte sich seit Gutenberg das presserechtliche System herausgebildet: Die ursprünglich dominante kirchliche Zensur und Aufsicht war nach und nach durch die weltliche Zensur ersetzt worden. Das ursprüngliche System religiöser Zensur taugt aber keineswegs als Indikator für zunehmende Medialisierung. Nur dank der kommunikationshistorischen Perspektive, die Mediengeschichte mit Gutenberg einsetzen zu lassen, erscheinen die ersten kirchlichen Zensuranweisungen und -dekrete als Reaktion auf die neue Buchdrucktechnik. Übersehen wird dabei, dass die Zensur ganz unspektakulär eine seit langer Zeit geübte Praxis fortsetzte: Zensur zur Bewahrung der reinen Lehre. Mancher Zensuranweisung des 15. Jahrhunderts ist sogar noch direkt anzusehen, dass dem anordnenden Bischof oder Abt nicht bewusst war, es mit gedruckten statt geschriebenen Büchern und mithin mit einem neuen Medium zu tun zu haben (vgl. Stöber 2003: 211-212).

Für die Kontrolle der Inhalte im späteren weltlichen Aufsichtssystem war eine Vielzahl von Instanzen zuständig; von Ort zu Ort und Zeit zu Zeit schwankte die Strenge der Zensur. Die vielfach beobachtbare Wiederholung und erneute Einschärfung relevanter Zensurbestimmungen wird häufig (und fälschlich) als Zeichen starker Obrigkeiten interpretiert. Das Gegenteil ist richtig; an Gesetze und Edikte musste nur derjenige erinnern, der glaubte, dass sich niemand mehr um die Gesetze und Edikte scherte. Darin steckt sicherlich ein Indikator für zunehmende Medialisierung:

Der frühneuzeitliche Staat, auch im Zeichen des Absolutismus, war relativ durchsetzungsschwach und konnte die Kommunikationskanäle nicht kontrollieren. Dass aber zumindest im 18. Jahrhundert (vor der Französischen Revolution) wesentlich mehr Zeitungsverbote aufgrund der Klagen von Konkurrenten ergingen, als es dem Wirken der Zensur zuzuschreiben gewesen wäre, ist ein anderes Thema.

Die Französische Revolution und die Befreiungskriege hatten die Bedeutung der veröffentlichten Meinung erneut aufgezeigt. Nachdem 1813/15 eine Lockerung im antifranzösischen Kampf opportun gewesen war, setzte eine Gegenbewegung ein, die im Bundespressegesetz von 1819 gipfelte. Erst jetzt kann wirklich von umfassender und recht gründlicher Zensur die Rede sein – obwohl die Verhältnisse in den 42 deutschen Staaten immer noch sehr unterschiedlich waren. Die zentralen Bestandteile sind allgemein bekannt; es soll jedoch auf ein Paradox hingewiesen werden, dass den Zeitgenossen noch nicht unmittelbar auffallen konnte. Mit der Einführung der Vorzensur setzte Fürst Metternich ausgerechnet jenen Teil der Presse unter Druck, der sich traditionell sehr angepasst gezeigt hatte: die periodische Presse. Sie war nämlich seit Aitzinger und Carolus auf einen eingespielten und stabilen Produktionsapparat angewiesen. Der Nachrichtenzufluss blieb von der regulären Post abhängig, der Vertrieb ebenso; die Druckereien konnten zwar verkauft, aber nur bedingt und zumindest nicht ohne Aufwand auf- und abgebaut werden. Der sich allmählich durchsetzende Impressumszwang hatte zudem die Wirkung einer täglichen Vorladung auf das Polizeirevier. Zeitungen waren Serientäter, und um ihr Geschäft nicht zu gefährden, unterwarfen sie sich lieber den obwaltenden Verhältnissen und benutzten die Schere im Kopf. Daher regulierte das Karlsbader Pressegesetz 1819 ausgerechnet den Bereich, der es am wenigsten nötig gehabt hätte. Der nichtperiodischen Presse – für Obrigkeiten immer schon potenziell am gefährlichsten – war auf diesem Wege jedoch nicht beizukommen. Flugblätter als literarische Schmuggelware wurden seit jeher in Winkeldruckereien oder im „Ausland" gedruckt. Ihre Verleger scherten sich nicht um Bestimmungen, allenfalls fingierten sie die Impressumsangaben.

Somit sind Zensur und negative Pressepolitik sowohl ein Indikator für wie gegen Medialisierung: Die Maßnahmen belegten, dass die Politik medialisierende Prozesse unterstellte und mit Eindämmung darauf reagierte. Zugleich drängte diese negative Pressepolitik, wenn sie erfolgreich war, äußere Anzeichen der Medialisierung temporär zurück.

4. Gegenindikatoren und Relativierungen

In Zeiten zunehmender Kontrolle medial vermittelter Kommunikation beklagten staatliche Überwachungsorgane stets, dass die Bedeutung persönlicher Informationsüberbringung zunahm. Im Vormärz reisten nicht nur bürgerliche Liberale, um sich mit ihresgleichen unter dem Vorwand von Geschäften zu treffen, die reisenden Berufe standen generell unter dem Verdacht, politische Netzwerke zu pflegen. Wandernde Gesellen und die Arbeiter im Transportgewerbe, insbesondere Flößer, waren protorevolutionärer Umtriebe verdächtig. Je schärfer die Überwachung der gedruckten Medien im Vormärz wurde, desto stärker mussten die Gegner des Systems auf klandestine Untergrundarbeit ausweichen (vgl. Adler 1977). Auch in den beiden deutschen Diktaturen des 20. Jahrhunderts sprechen die Infiltrationsversuche von Gestapo, SD und Stasi eine deutliche Sprache: Geheimdienste nahmen und nehmen die Bedeutung interpersonaler Kommunikation sehr ernst (vgl. Knabe 2001; vgl. Wolle 1998; vgl. Stöber 1998).

Nun wird niemand aus dem konspirativen Verhalten politisch, religiös oder sozial motivierter Minderheiten eine generelle Entmedialisierung ableiten. Aber in dreierlei Hinsicht ist das in den kommunikationshistorischen Quellen beobachtbare Verhalten von Relevanz für die Medialisierungshypothese: Zum einen warf (kommunikations-)politischer Druck die Kommunikatoren auf ältere Formen nichtmedialer Informationsverbreitung zurück. Zum zweiten spiegelte sich in dieser Nicht-Öffentlichkeit das Arkanverhalten der politischen Eliten: Die Transparenz des politischen Betriebs wurde nicht nur seitens der Regierenden, sondern auch „von unten" behindert. Zum dritten war dies Verhalten der interessierten politischen Minderheit nur Vorgeplänkel zu der enormen Zunahme interpersonaler politischer Kommunikation, sobald es nach Zeiten strenger Kommunikationskontrolle zu revolutionären Umbrüchen kommen sollte.

Die volksfestartigen Aufläufe an der innerdeutschen Grenze und insbesondere an der Berliner Mauer am 9. November 1989 sind vermutlich noch in guter Erinnerung. Das darin sich ausdrückende menschliche Grundbedürfnis, Informationen unmittelbar miteinander zu teilen, lässt sich an jedem Ort in jeder Umbruchssituation beobachten. Pars pro toto sei ein Blick auf Bamberg in der Revolution von 1848 geworfen: Nachdem der bayerische König Ludwig I. am 6. März den revolutionären Forderungen entgegengekommen war, berichtete das „Bamberger Tagblatt": „Die Nationen sind von ihrem Winterschlafe erwacht, in 14 Tagen um 33 Jahre jünger geworden und schütteln ihre Fesseln ab. Betrachten wir zunächst unser Bayern und wir sehen hier, wie der erste Act dieser Verjüngung mit einer ‚königlichen Proclamation' schließt, die nach öffentlichen Berichten überall mit Jubel aufgenommen wurde. Wie ein Lauffeuer verbreitete sich die Nachricht von ihrer Ankunft, man schmückte sich die Brust alsbald mit blau[en] und weißen Bändern und Tausende von Menschen drängten sich vor unserer Offizin, um die königlichen Worte gedruckt zu lesen. In einem Gasthause wurde von den Gästen aus Freude über dieses Ereignis sogleich eine namhafte Summe zum Besten der Armen gezeichnet und an allen öffentlichen Plätzen ging dieser Abend, an welchem die lustige Stimmung oft gar leicht die Grenze übersteigt, ohne die geringste Störung vorüber. Mag man nun auch Manches in dieser Proclamation bestimmter gefaßt, Manches derselben noch hinzugefügt wünschen, der Ruhige und Besonnene wird damit vorläufig zufrieden sein und auch die Heißblutigeren [!] und Rascheren werden es sein, wenn sie bedenken, daß ein dürrer Baum nicht über Nacht sprossen, blühen und Früchte tragen kann."[3] Fast wortgleiche Berichte lassen sich für die Revolution von 1918 zitieren.[4]

Obwohl der Ausgangspunkt in diesem Bericht die medialen Informationen waren, entfaltete sich die Dynamik der Revolution im persönlichen Gespräch vor allem in zweierlei Form: einerseits in einer dichten Folge gut besuchter politischer Versammlungen, andererseits in der unübersichtlichen Gerüchteküche. Gerüchte waren vielleicht sogar die wichtigste Form der revolutionsalltäglichen Kommunikation. Sie tauchten immer aus dem Nichts auf; wer sie veranlasst hatte, lässt sich im Nachhinein selten klären, da wenige Angriffe auf die politischen Gegner offen in die Welt gesetzt wurden. In manchen der umlaufenden Gerüchte kann jedoch eine ziel- und interessengeleitete Kommunikation erkannt werden, die auch vor politischem Rufmord nicht zurückschreckt. Der oberfränkische Regierungspräsident Melchior von Stenglein notierte in einem seiner vielen Berichte: „Überhaupt drängen sich allenthalben Gerüchte auf Gerüchte, die einfachsten Thatsachen u. Vorfälle werden entstellt u. in der abentheuerlichsten Weise verbreitet".[5]

Komplementär zum Gerücht könnte man ebenso auf die Bedeutung des politischen Witzes in Zeiten politischer Kommunikationskontrolle verweisen. Diktaturen verstehen keinen Spaß. Sie können nicht tolerieren, dass ihr Informations- und Interpretationsmonopol angezweifelt wird, da Informationsmonopole durch Gerüchte untergraben werden, und politische Witze das Interpretationsmonopol gefährden (vgl. Stöber 2005). Allerdings nahmen nicht alle Gerüchte ihren Ausgang im einfachen Volk. Gerade in der Spätphase des Zweiten Weltkriegs setzte die goebbelsche Propagandamaschine nicht mehr primär auf die längst fragwürdig gewordene Presse, den nicht minder unglaubwürdigen Reichsrundfunk oder den verlogenen Film (z.B. „Kolberg"), sondern vor allem auf Mund-zu-Mund-Propaganda durch Gerüchte (vgl. Bremer/Vogel/Wette 2001; vgl. Dröge 1970).

3 BT, 8.3.1848, Nr. 68, S. 1.

4 Bamberger Volksblatt, 11.11.1918, Nr. 262, S. 3.

5 RegPräs Oberfranken an BMinI, Bericht über die Störung der öffentlichen Ruhe u. Sicherheit in Bamberg vom 28.4.1848. STA Ba, K3 Pr-Reg., Nr. 813 I, Bl. 361-368.

Überhaupt würde man in berufsbedingte Betriebsblindheit verfallen, wenn man nur massenmediale Kommunikationskanäle betrachtete: In der weiter oben erwähnten „Neuen Presseorganisation“ Bismarcks spielten „Vertrauensleute“ als Kommunikationsvermittler eine zentrale Rolle; ähnliches zeigen die Vortragsaktivitäten der „Zentralstelle für Heimatdienst“ zur Hebung der Stimmung im Ersten Weltkrieg. Die nationalsozialistische Propaganda im Zweiten Weltkrieg setzte neben den genannten Medien (und Gerüchten) auf eine unüberschaubare Fülle von Vorträgen, mit denen hochdekorierte Frontoffiziere Stimmung für „Führer und Vaterland“ machten.

Zuletzt kann man noch aus gänzlich anderer Perspektive über Medialisierung nachdenken. Im Sinne des Agenda-Setting-Ansatzes ermöglichen die Quellen vereinzelt auch den Blick auf die Agenda des Publikums. Manche der Themen waren aufdringlicher als andere. Eines der Themen, denen gemäß dem Agenda-Setting-Ansatz regelmäßig hohe *obtrusiveness* zugeschrieben werden kann, ist die Arbeitslosigkeit. Soweit die Angaben für die Zeit vor 1945 verlässlich sind, lässt sich eine deutliche Wechselbeziehung zwischen Arbeitslosigkeit und der allgemeinen Stimmung feststellen, wie sie in den quasi-demoskopischen Verwaltungsberichten notiert wurde. Je geringer die Arbeitslosigkeit war, desto besser entwickelte sich die öffentliche Stimmung und umgekehrt. Grafisch lässt sich das wie folgt veranschaulichen (vgl. Stöber 1998: 235; vgl. Kuczynski 1995, Bd. 5: 91):

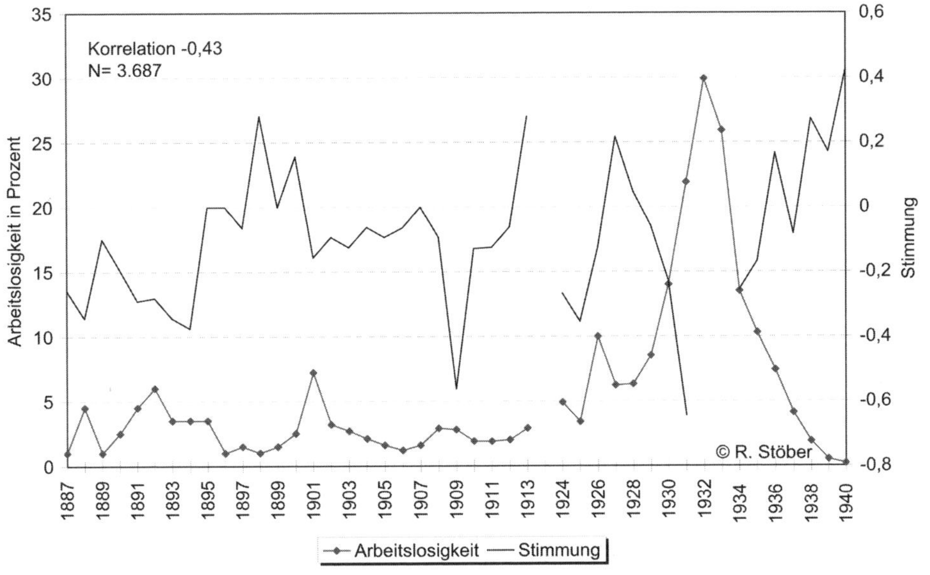

Abbildung 3: Stimmung und Arbeitslosigkeit

Streng genommen ist das zwar kein Argument gegen die Medialisierung, aber zumindest gegen Mediatisierung. Die Unterstellung legt nahe, dass Arbeitslosigkeit umso eindringlicher erfahrbar wurde, je näher die Betroffenheit (in Region, Stadt, persönlichem Umfeld, Familienkreis) rückte, bis man selbst betroffen war. Auch das Wirkungspotenzial der Medienberichte über die Arbeitslosigkeit hing hiervon ab.

Analog lässt sich aus den Quellen von den Immediatszeitungsberichten bis zu Gestapo- und SD-Berichten ein Indikator dafür ermitteln, wie wichtig – oder besser relativ unwichtig – die Medien für die Stimmungslage waren: Denn je aufdringlicher die dominanten Themen, desto schlechter die Stimmungswerte. Dabei weisen sowohl die aggregierten Daten als auch die einzelnen Datensätze eine negative Korrelation auf: Unaufdringliche Themen (wie Außenpolitisches) waren besser als aufdringliche (wie Arbeitslosigkeit, Wirtschaftslage und Ernährung) geeignet, positive Stimmungsklimata zu erzeugen. Über erstere mussten die Menschen sich in Medien informieren; über letztere konnten sie dies im auch Nahumfeld, ohne unbedingt Medien zu rezipieren. Das widerspricht selbstverständlich nicht der Medialisierung, denn auch aufdringliche Themen wurden von der Medienberichterstattung begleitet. Das Ergebnis konterkariert aber die Mediatisierungsthese, denn bei Themen der Nahumwelt bedurften die Menschen keines unumgehbaren Mediators.

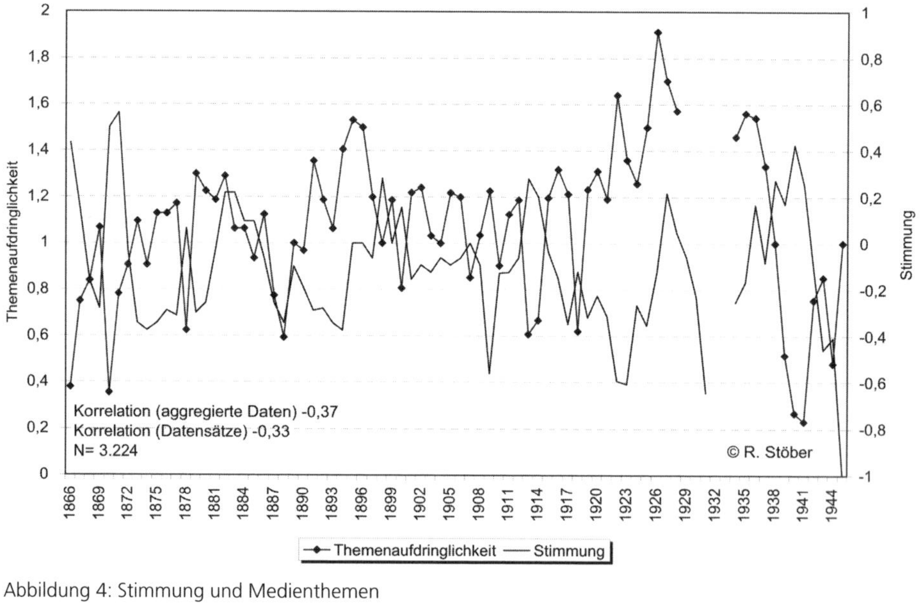

Abbildung 4: Stimmung und Medienthemen

5. Resümee

Fasst man die genannten Argumente zusammen, sind die Indikatoren für die Medialisierungshypothese stärker als diejenigen gegen sie. Zwar ist die rezipientenseitige Nutzung und Verarbeitung medialer Informationsangebote nur nachzuzeichnen, wenn die Quellenlage besonders gut ist. Zeiten dichter Überlieferung zu Öffentlichkeit, öffentlicher Meinung, Publikum und Mediennutzung waren insbesondere die Revolutions- und Krisenzeiten. Damit lässt sich immerhin punktuell die Medialisierungshypothese nutzungsseitig prüfen. Sie muss kein ungeprüftes Schlagwort bleiben, sondern lässt sich durchaus belegen.

Deutlich besser steht es um die angebotsseitige Prüfung der Hypothese. Die ganze Medien- und Kommunikationsgeschichte seit Gutenberg ist von dramatischer Ausweitung, Verdichtung und auch qualitativer Verbesserung der Medienversorgung gekennzeichnet. Auf diese einleuchtende Ausweitung ist wohl zurückzuführen, dass *Medialisierung* selbst ohne nähere Prüfung als gesichertes Grundwissen angesehen wird. Insbesondere aber spricht die Intensivierung der „politischen Öffentlichkeitsarbeit" im 19. und 20. Jahrhundert eine deutliche Sprache. Vor allem ist die Pressepolitik der Konservativen zu nennen: Denn indem auch sie sich zur medialen Massenbeeinflussung bekannten, hatten sowohl die Logik der medialisierten Ansprache der Staatsbürger wie das Prinzip der politischen Öffentlichkeit grundsätzlich gewonnen. Für die negative Pressepolitik (Zensur und Kommunikationskontrolle) lässt sich eine gleichlautende Schlussfolgerung hingegen nicht ziehen. Kommunikationskontrolle war ein Indikator für Medialisierungstendenzen, wenn sie bewusst eingesetzt wurde, um Medialisierung zu unterbinden. Das aber unterbrach ebendiesen Prozess zumindest zeitweilig.

Medialisierung vor 1945 war kein unidirektionaler Prozess und schon gar nicht ließe sich behaupten, dass eine „Mediatisierung" – im Sinne einer ausschließlich medialen Vermittlung des Wissens über die Vorgänge in der Welt – bereits vor 1945 eingetreten wäre. Gerade in Krisenzeiten spielte die direkte interpersonale Kommunikation eine mindestens ebenso wichtige Rolle, wie die medial vermittelte. An der Bedeutung von Flüsterpropaganda, Gerüchten und politischen Flüsterwitzen lassen sich die antimedialen Tendenzen besonders klar ablesen. Die apodiktische Behauptung Niklas Luhmanns (1996), mit der er sein Massenmedien-Bändchen einleitete, ist ebenso fulminant wie falsch: „Was wir über unsere Gesellschaft, ja über die Welt, in der wir leben, wissen, wissen wir durch die Massenmedien." (Luhmann 1996: 9) So war es nicht, so ist es nicht und so wird es wohl niemals sein, solange Menschen auch miteinander reden. Selbst die systemtheoretische Denkfigur der Anschlusskommunikation ließe sich gegen Luhmanns Simplifikation anführen. Bösch und Frei ist zuzustimmen, wenn sie „Medialisierung [nicht als…] Einbahnstraße […], sondern

[als] einen offenen, und [...] prinzipiell ambivalenten Prozess“ bezeichnen (Bösch/ Frei 2006: 7).

Das zeigte sich besonders deutlich dort, wo Themen von unmittelbarem Interesse (z.B. Sicherung der Erwerbs- und der Nahrungsgrundlage) in den Vordergrund drängten. Als ausschließlich medienvermittelt kann der Zugang zur Welt allenfalls gesehen werden, wenn auch Proto-Medien wie die Sprache unter den Medienbegriff fallen. Hier sollen aber abschließend keine Spiegelfechtereien ausgefochten werden, sondern nur betont werden, dass die Prüfung der Hypothese ganz maßgeblich von der Definition der zentralen Begriffe abhängt. Das lässt sich tabellarisch veranschaulichen:

Tabelle 1: Medialisierung im Sinne von ...

Fand Medialisierung statt im Sinne ...	*richtig*
einer Ausweitung des medialen Informationsangebots?	Ja
einer Verbesserung der medialen Informationsqualität?	Ja
eines ungebrochen linearen Trends in Richtung Medialisierung?	Nein
der vollständigen Verdrängung nichtmedialer Informationen (Mediatisierung)?	Nein

Literatur

Adler, Hans (Hrsg.) (1977): Literarische Geheimberichte. Protokolle der Metternich-Agenten. Köln: C.W.Leske.
Bösch, Frank/Frei, Norbert (Hrsg.) (2006): Medialisierung und Demokratie im 20. Jahrhundert. Göttingen: Wallstein.
Boorstin, Daniel J. (1962): The Image or What Happened to the American Dream. New York: Atheneum.
Bremer, Ricarda/Vogel, Detlef/Wette, Wolfram (Hrsg.) (2001): Das letzte halbe Jahr. Stimmungsberichte der Wehrmachtspropaganda 1944–1945. Essen: Klartext.
Briggs, Asa/Burke, Peter (2002): A Social History of the Media. From Gutenberg to the Internet. Oxford/Cambridge: Blackwell Publishers.
Carrier, Hubert (1991): La presse de la Fronde (1648–1653). Les Mazarinades. Genf: Droz.
Donges, Patrick (2005): Medialisierung der Politik – Vorschlag einer Differenzierung. In: Krotz, Friedrich/Rössler, Patrick (Hrsg.): Mythen der Mediengesellschaft – The Media Society and its Myths. Konstanz: UVK, S. 321-339.
Dröge, Franz (1970): Der zerredete Widerstand. Soziologie und Publizistik des Gerüchts im 2. Weltkrieg. Düsseldorf: Bertelsmann Universitätsverlag.
Gebhardt, Hartwig (1983): Illustrierte Zeitschriften in Deutschland am Ende des 19. Jahrhunderts. Zur Geschichte einer wenig erforschten Pressegattung. In: Buchhandelsgeschichte, 2. Jg., Nr. 48, B41-B65.
Geppert, Dominik (2007): Pressekriege. Öffentlichkeit und Diplomatie in den deutsch-britischen Beziehungen (1896–1912). München: Oldenbourg.
Kepplinger, Hans Mathias (2001): Der Ereignisbegriff in der Publizistikwissenschaft. In: Publizistik, 46. Jg., Nr. 2, S. 117-139.
Knabe, Hubertus (2001): Der diskrete Charme der DDR. Stasi und Westmedien. Berlin/München: Propyläen Verlag.
Krotz, Friedrich (2001): Die Mediatisierung des kommunikativen Handelns. Der Wandel von Alltag und sozialen Beziehungen, Kultur und Gesellschaft durch die Medien. Opladen/Wiesbaden: Westdeutscher Verlag.
Kuczynski, Jürgen (1995): Geschichte des Alltags des deutschen Volkes. Köln: Papyrossa.
Laube, Adolf/(in Zusammenarbeit mit) Schneider, Annerose (Hrsg.) (1992): Flugschriften vom Bauernkrieg zum Täuferreich (1526–1535). Berlin: Akademie Verlag.
Lersch, Edgar/Stöber, Rudolf (2008): Quellenüberlieferung und Quellenrecherche. In: Arnold, Klaus/Behmer, Markus/Semrad, Bernd (Hrsg.): Kommunikationsgeschichte. Positionen und Werkzeuge. Ein diskursives Hand- und Lehrbuch. Münster: Lit, S. 289-322.
Luhmann, Niklas (1996): Die Realität der Massenmedien. Opladen: Westdeutscher Verlag.
Maletzke, Gerhard (1963): Psychologie der Massenkommunikation. Theorie und Systematik. Hamburg: Verlag Hans Bredow-Institut.
Marx, Karl/Engels, Friedrich (1848): Manifest der Kommunistischen Partei. London: J.C. Burghard.
Pross, Harry (1972): Medienforschung. Film, Funk, Presse, Fernsehen. Berlin/Darmstadt/Wien: Carl Habel Verlagsbuchhandlung.
Schöne, Walter (Hrsg.) (1940): Die Relation des Jahres 1609. In Faksimiliedruck. Leipzig: Harrassowitz.

Schulz, Winfried (2004): Reconstructing Mediatization as an Analytical Concept. In: European Journal of Communication, 19. Jg., Nr. 1, S. 87-101.
Stöber, Rudolf (1996): Bismarcks geheime Presseorganisation von 1882. In: Historische Zeitschrift, 262. Jg., Nr. 2, S. 423-451.
Stöber, Rudolf (1998): Die erfolgverführte Nation. Deutschlands öffentliche Stimmungen 1866 bis 1945. Stuttgart: Franz Steiner.
Stöber, Rudolf (1999): Die „Provinzial-Correspondenz" 1863–1884. Das größte politische „Wochenblatt" seiner Zeit. In: Publizistik, 44. Jg., Nr. 2, S. 165-184.
Stöber, Rudolf (2003): Mediengeschichte. Die Evolution „neuer" Medien von Gutenberg bis Gates. Eine Einführung. Band 2: Film – Rundfunk – Multimedia. Wiesbaden: Westdeutscher Verlag.
Stöber, Rudolf (2005): Der politische Witz. Ein Genre politischer Kommunikation und Maßstab politischer Freiheiten. In: Communicatio Socialis, 38. Jg., Nr. 4, S. 378-394.
Stöber, Rudolf (2008): Kommunikations- und Medienwissenschaften. Eine Einführung. München: C.H. Beck.
Ullstein (1927): 50 Jahre Ullstein 1877–1927. Berlin: Ullstein.
Vogel, Christine (2001): Die Pariser „Père Duchesne"-Zeitungen (1789–1794): Inszenierungen und Diskursstrategien einer plebejischen Revolutionspresse. In: Jahrbuch für Kommunikationsgeschichte, 3. Jg., S. 90-117.
Winzen, Peter (2002): Das Kaiserreich am Abgrund. Die Daily-Telegraph-Affäre und das Hale-Interview von 1908. Darstellung und Dokumentation. Stuttgart: Franz Steiner Verlag.
Wolle, Stefan (1998): Die heile Welt der Diktatur. Alltag und Herrschaft in der DDR 1971–1989. Bonn: Bundeszentrale für politische Bildung.

2. Fallstudien zum Verhältnis von Medien und Politik in der ersten Hälfte des 20. Jahrhunderts

Jürgen Wilke

Medialisierung der Politik? Reichskanzler von Bülow als Vorläufer

0. Vorbemerkung

Zielsetzung der Tagung und des vorliegenden Bandes soll sein, die „aktuellen Diskussionen über das Verhältnis von Politik und Medien", die sich zumeist auf das *Fernsehzeitalter* beziehen, „um eine historische Dimension" zu erweitern, „auch um zu enge, allein auf die Gegenwart bezogene Schlüsse und Wertungen zu vermeiden."[1] Dies geschieht mit einem besonderen Bezug zum Begriff der Medialisierung, der sich für dieses Verhältnis in den letzten Jahren immer mehr einzubürgern begonnen hat. Zu der historischen Entgrenzung, die sich bei diesem Vorhaben allerdings auf das 20. Jahrhundert erstreckt, möchte ich im Folgenden beitragen, indem ich den Reichskanzler Bernhard von Bülow als einen Vorläufer in der Entwicklung zu einer Medialisierung der Politik betrachte.

1. Bernhard von Bülow

Bernhard von Bülow war der erste deutsche Reichskanzler des 20. Jahrhunderts, der dritte nach Otto von Bismarck und derjenige mit der längsten Amtszeit im wilhelminischen Kaiserreich (vgl. Fesser 1991; vgl. von Hull 2006). Er wurde 1849 geboren und stammte aus einer der am weitesten verzweigten deutschen Adelsfamilien, aus der sich mehrere andere Träger politischer Funktionen und staatlicher Ämter rekrutierten und aus deren Linien – um den heutzutage vielleicht prominentesten Nachfahren zu nennen – noch der Zeichner, Cartoonist und Filmemacher Vicco von Bülow hervorgegangen ist. Dessen Künstlername Loriot leitet sich von dem französischen Wort für Pirol, dem Wappenvogel der Bülows, ab.

1 Von der Politisierung der Medien zur Medialisierung des Politischen. Tagungsfolder der Fachgruppe Kommunikationsgeschichte der DGPuK, des Studienkreises Rundfunk und Geschichte und des Zentrums für Zeithistorische Forschung. Abrufbar unter: http://www.rundfunkundgeschichte.de/documents/Programmheft.pdf (abgerufen am 7.2.2009).

Schon der Vater des späteren Reichskanzlers, Ernst Bernhard Bülow, war als Staatsbeamter im diplomatischen Dienst tätig, weshalb es nahe lag, dass der Sohn die gleiche Laufbahn einschlug. Nach dem Abschluss des juristischen Studiums in Greifswald trat dieser im November 1873 in das Auswärtige Amt (AA) ein. Von da an führte ihn seine Laufbahn als Sekretär und dann als Botschafter an mehrere Gesandtschaften im Ausland, nach St. Petersburg, Wien, Paris, sechs Jahre allein nach Bukarest (1888–1894) und dann mehr als drei nach Rom (1894–1897). Am 20. Oktober 1897 wurde Bülow zum Staatssekretär im Auswärtigen Amt ernannt, dessen kommissarische Leitung er bereits Anfang August desselben Jahres übernommen hatte. Fast genau drei Jahre später wurde er zum Reichskanzler berufen; er übte dieses Amt bis zu seiner Entlassung am 14. Juli 1909 aus. Hoffnungen auf eine spätere Rückkehr in dieses Amt erfüllten sich nicht. Doch stellte sich Bülow zu Kriegsbeginn 1914 nochmals für eine – wenn auch erfolglose – diplomatische Mission in Italien zur Verfügung. Am 28. Oktober 1929 starb er in Rom.

Dass Bernhard von Bülow in starkem Maße Presse- und Informationspolitik betrieb, ist in der historischen Forschung durchaus bekannt, auch dass er sich in dieser Hinsicht sehr von seinen Vorgängern Leo von Caprivi und Chlodwig zu Hohenlohe-Schillingsfürst unterschied. Man konnte sich dazu schon auf das Zeugnis seines Pressedezernenten Otto Hammann stützen: „Die Geschichte kennt keinen Staatsmann", so schrieb dieser 1922 im Rückblick, „der sich so andauernd und eindringlich mit der öffentlichen Meinung und ihrer Bearbeitung beschäftigt hätte wie Fürst Bülow" (Hammann 1922: 41). Spätere Historiker haben, so weit sie diesem Aspekt Aufmerksamkeit schenkten, ähnlich geurteilt: „Mehr als jeder andere Reichskanzler des Kaisers hatte Bülow auf die öffentliche Meinung geachtet", liest man in einem neueren Porträt (von Hull 2006: 83). Dennoch ist dieser Aspekt bisher noch unterschätzt worden. Er verdient erneute Aufmerksamkeit, wenn man die Anfänge und Tradition der Medialisierung des Politischen in Deutschland verfolgen will. Selbst in neueren einschlägigen Arbeiten erscheint Bülow eher am Rande (vgl. Bösch/Frei 2006). Bei genauerer Betrachtung zeigt er sich tatsächlich als jemand, der bestimmte Phänomene vorweggenommen hat, von denen wir zu glauben geneigt sind, sie existierten erst heute, mit dem Fernsehen, oder seitdem dieses zum Leitmedium aufgestiegen ist. Die letztere Annahme bedarf, wenn man auf den ersten Reichskanzler des 20. Jahrhunderts blickt, aber der Revision.

Wenn dabei von Medialisierung der Politik die Rede ist, so verstehe ich darunter zweierlei: Auf der einen Seite zunächst die Nutzung der Medien, um politische Macht und Machtausübung öffentlich zu kommunizieren. In dieser Hinsicht geht es um die Mittel der *Darstellungspolitik*. Auf der anderen Seite bezeichnet Medialisierung aber auch, dass politisches Handeln sich an der *öffentlichen Meinung* orientiert und diese damit auf die *Entscheidungspolitik* zurückwirkt. Beide Seiten lassen sich am *Fall Bülow* illustrieren.[2]

2. Frühe Erfahrungen mit der Presse

Bemerkenswert an Bülow ist, dass er schon früh Erfahrungen mit der Presse machte und seinen Beziehungen zu dieser geradezu schicksalhafte Bedeutung zumaß. Ein Nachruf des „Hannoverschen Courier" auf den am 28. Oktober 1929 Verstorbenen präsentierte dafür gleich drei Beispiele. Zwei davon waren eher negativ, eines dokumentiert eine eher positiv empfundene Erfahrung.

Die erste Episode ereignete sich nach Darstellung des mit Bülow bekannten Autors wie folgt: „Einmal erzählte er von seinen *Beziehungen zur Presse*, die schon frühzeitig aufgenommen worden seien. ‚Wir saßen eines Abends um den runden Familientisch, meine Eltern, meine Geschwister und ich, als das Abendblatt hereingebracht wurde. Voll Wißbegierde griff ich, damals ein Zehnjähriger, nach dem Blatt, fuhr in meinem Eifer mit allen fünf Fingern an den heißen Zylinder der Lampe, die auf dem Tisch stand und verbrannte mich schändlich. Das war das erste Mal, dass ich mir *an der Presse die Finger verbrannt* habe!'"[3]

Es ist für die historische Betrachtung gar nicht entscheidend, ob das hier Geschilderte tatsächlich so stattfand. Wichtig ist vielmehr die Deutung, die dieser Episode gegeben wird bzw. das offensichtliche Bedürfnis Bernhard von Bülows, dem Konflikt mit der Presse eine biographische Tiefendimension zu verleihen. Wer so spricht, will offenbar einen anekdotischen Zusammenhang mit existenzieller Symptomatik aufladen und überhöhen.

Die zweite Episode spricht für die Empfindlichkeit des späteren Fürsten für Kritik und Angriffe in der Öffentlichkeit. Von Dezember 1876 bis Mai 1878 war Bülow, noch nicht einmal 30 Jahre alt, Leiter der deutschen Gesandtschaft in Athen. Dass er damals diplomatisch noch unerfahren war, blieb offenbar nicht verborgen, wie er selbst eingestand: „Einige Jahre später jugendlicher Geschäftsträger in Athen, apostrophierte mich ein großes Wiener Blatt folgendermaßen: Fürst Bismarck muß ein wahrer Meister der diplomatischen Kunst sein, wenn er alle Torheiten wieder gut machen will, die sein Geschäftsträger in Athen anrichtet. Schon das Äußere dieses

2 Zur Unterscheidung von „Darstellungspolitik" und „Entscheidungspolitik" vgl. Ulrich Sarcinelli: Politische Kommunikation in Deutschland. Zur Politikvermittlung im demokratischen System. 2., überarb. u. erw. Aufl. Wiesbaden 2009, S. 115-131.

3 Bundesarchiv (BA). Nachlass Bernhard von Bülow. NL 1016/157. 014.

Herrn wie *Nummer Fünf am Geschütz* – die Nummer fünf am Geschütz ist, soviel ich weiß, der Kanonier, der gar nichts zu tun hat – so einfältig schaut dieser Herr von Bülow in die Welt."[4]

Nach Angaben von Bülows war dies das erste Mal, dass sich die Presse eingehender mit ihm beschäftigte. Angeblich lachte er darüber, obwohl ihn auch diese Erfahrung zunächst geschmerzt haben dürfte. Allerdings, so bekundete er, habe er diesbezüglich auch Angenehmeres erfahren: „Es war Anfang der achtziger Jahre während meiner Tätigkeit in Paris, als ich, mißgestimmt über das langsame Avancement, den Korrespondenten der ‚Times', den berühmten Blowitz, fragte, welche Aussichten ich im Journalismus hätte. ‚Ich bringe Sie sofort an', antwortete der, – mit 30 000 Frank jährlich!' Das hat mein Selbstvertrauen nicht weniger gestärkt.'"[5]

Doch hat Bernhard von Bülow schon früh nicht nur passiv Erfahrungen mit der Presse gemacht. Vielmehr war er auch praktisch mit Bismarcks Pressepolitik in Berührung gekommen, denn eine kurze Zeit lang wurde er in eine von diesem initiierte Kampagne anlässlich des Verteidigungsbündnisses mit Österreich-Ungarn (Zweibund, 1879) aktiv einbezogen. In seinen „Denkwürdigkeiten" schildert Bülow diese Episode wie folgt: „Ich wurde in dem zu diesem Zweck eingerichteten außerordentlichen Preß-Dezernat beschäftigt, das Radowitz leitete. Der Zweck des ganzen Presselärms war nicht, die Russen einzuschüchtern oder die Österreicher zu erfreuen. Der alte Kaiser sollte den Eindruck gewinnen, dass das ganze Land, von der Maas bis an die Memel, das Bündnis mit Österreich gutheiße und wünsche. Zu diesem Zweck verfassten wir, Radowitz, der kleine Professor Aegidi, der geistvolle und feine Legationsrat Rudolf Lindau und ich, Zuschriften aus allen Teilen von Deutschland, die dem Kaiser als Ausdruck der öffentlichen Meinung und Stimmung vorgelegt wurden. Bei großer Weisheit, bei gesundem Menschenverstand, bei Klugheit und Scharfsinn in vielen Fragen stand Wilhelm I. dem modernen Pressetreiben und publizistischen Unfug beinahe naiv gegenüber. Er glaubte wirklich die Stimme des Landes zu hören, wenn die von uns fabrizierten Korrespondenzen ihm vorgelegt wurden. [...] Die Meisterschaft, mit der dieser Pressesturm organisiert worden war, zeigte die Bismarcksche Löwentatze" (Bülow 1931, Bd. 4: 508-509).

Was er dabei gelernt hatte, konnte er in seinen diplomatischen Missionen anwenden, wie aus einem Brief an Friedrich von Holstein vom 1. März 1884 hervorgeht: „Sehr glücklich bin ich über Ihr Lob meiner Pressetätigkeit. Damit Sie mich kontrollieren und evtl. korrigieren können, füge ich eine Blütenlese aus den Artikeln bei, welche ich in den letzten 14 Tagen verfaßte und teils direkt, teils durch die Korrespondenz in verschiedene Blätter brachte. Ich suchte die französische Kolonialpolitik zu fördern,

4 Ebd.
5 Ebd.

gleichzeitig aber dafür zu sorgen, daß – speziell in Süddeutschland und Österreich – die französischen Zustände nicht übertrieben bewundert werden. Endlich erschien es mir nützlich, in der (an hoher Stelle gelesenen) ‚National-Zeitung' an einem frappanten Beispiel zu zeigen, wie England und sein Herrscherhaus in Frankreich nicht so wohlwollend beurteilt werden, als die Mitglieder dieses Herrscherhauses es zuweilen annehmen." (Holstein 1961, Bd. 3: 94)

Wenige Monate später meldete Bülow sich bei Karl von Lindenau, einem Freund im Auswärtigen Amt, aus St. Petersburg, wohin er inzwischen versetzt worden war. Er führe „ein äußerlich regelmäßiges, innerlich recht ödes Leben". „Leider", so schrieb er weiter, „haben sie hier kein Pressinstrument. Als G[eschäfts]träger machte ich einen 50-Seiten Preßbericht über die hiesige Journalistik." Dieser habe seinen Vorgesetzten geärgert, „der überhaupt in der Berichterstattung eine Art Vorwurf gegen die eigene Person erblickte & dies gegen Collegen äußerte, die es natürlich wieder erzählten."[6] Dies mutet wie vorweggenommene spätere eigene Erfahrungen an.

Dass Bernhard von Bülow schon in seiner diplomatischen Karriere ein besonderes Verhältnis zur Presse pflegte, also bevor er Reichskanzler wurde, kann schließlich noch ein anderer Zeuge belegen. 1894 bis 1897 war Bülow Deutscher Botschafter in Rom. Der dortige Korrespondent der „Kölnischen Zeitung", Friedrich Noack, berichtete ebenfalls 1928 in einem Nachruf über das, was er in der italienischen Hauptstadt erlebt hatte. Seine Ausführungen werden hier in einem längeren Zitat wiedergegeben: „Zur Tagespresse hat Bülow schon als Botschafter in Rom eine Stellung eingenommen, die ihn von allen seinen Vorgängern und Nachfolgern scharf unterscheidet. Ein hämischer Aufsatz in einem linksradikalen deutschen Blatt enthielt vor Jahren die Bemerkung, der Botschafter von Bülow habe es verstanden, sich eine gute Presse zu machen, mit einer nicht mißzuverstehenden Anspielung auf Frühstückseinladungen. Wer den Verstorbenen wirklich gekannt hat – kennen ist ein gar vieldeutiges Wort –, der weiß, dass für sein Verhalten gegenüber der Presse keinerlei persönliches Interesse, Eitelkeit und dergleichen in Betracht kam, sondern ausschließlich der sachliche Gesichtspunkt, seine dienstliche Aufgabe gut zu erfüllen. Von sieben Botschaftern des Deutschen Reichs, die ich in Rom erlebt habe, war Bülow der einzige, der vollauf einsah und danach handelte, daß man nicht ohne und nicht gegen die Presse, sondern nur mit der Presse regieren und Politik machen kann. Nach dieser Einsicht regelte er seine Beziehungen zu den Zeitungsmenschen und behandelte sie vorurteilslos und menschenwürdig. Sein unmittelbarer Vorgänger auf dem römischen Posten, Graf Solms, hatte die Pressevertreter nach Standes- und Parteiunterschieden abgeschätzt, nie eine politische Unterhaltung mit ihnen geführt und sie nur als Ruhmestrompeter benutzt.

6 BA. NL 1016/99.

An solche Proben diplomatischer Geschicklichkeit muß man denken, um den Eindruck voll zu begreifen, den es in der deutschen Kolonie hervorrief, als der neue Botschafter Bernhard von Bülow im Frühjahr 1894 den Verkehr mit allen römischen Vertretern deutscher Zeitungen ohne Unterschied suchte. Ich erinnere mich noch gut des Staunens und der Verblüffung, womit ein Mitarbeiter der Kreuzzeitung erzählte, daß bei einem Frühstück auf der Botschaft der jüdische Vertreter der Frankfurter Zeitung zugegen war und von Bülow sehr eifrig in die Unterhaltung gezogen wurde [...].

Er hat die Zeitungsschreiber ohne Rücksicht auf Parteistellung ausnahmslos mit gleicher Höflichkeit behandelt, jedes Urteil ruhig angehört und ist auf politische Erörterungen mit größter Sachlichkeit eingegangen.

Daß er damit ihre Herzen gewinnen musste und eine ‚gute Presse' bekam, liegt auf der Hand. Er hat damit aber mehr erreicht: es ist ihm gelungen, während seiner römischen Botschafterzeit eine ziemlich einheitliche, mit seiner Politik übereinstimmende Behandlung der Tagesfragen in den großen Zeitungen der verschiedensten Parteirichtungen herbeizuführen. Dabei waren natürlich Widerstände zu überwinden. Es war manchmal sehr lustig zu beobachten, wie solche Widerstände angefaßt wurden und mit wie viel seiner Menschenkenntnis er dabei vorging. Einen Teil der Arbeit, den gröbern sozusagen, nahm ihm das Botschaftspersonal ab, das, wie unter keinem andern Oberhaupt, seinen Richtlinien folgte. Der damalige Kanzleivorsteher erfüllte die besondere Aufgabe, die Haltung einzelner Zeitungsschreiber, bei denen man nicht vor gelegentlichen Entgleisungen sicher war, in täglichem freundschaftlichem Osterienverkehr zu überwachen und zu leiten. [...]

Wie Bülow selber solche unsichere Kantonisten behandelte und, ohne daß sie es selbst merkten, an sein politisches Fahrzeug spannte, konnte man oft mit Genuß beobachten. [...] Von allen deutschen Botschaftern in Rom hat keiner so verstanden wie Bülow, auf dem Instrument der Presse zu spielen, aber keiner hat auch so wie er die Hochachtung, Verehrung und, was noch wichtiger ist, die Bereitwilligkeit der Zeitungsmänner gewonnen, ihm und seiner Politik zu dienen.“[7]

7 BA. NL 1016/15.

3. Bülow – ein Kanzler von Gnaden der „öffentlichen Meinung"?

Am 17. Oktober des Jahres 1900 ernannte Kaiser Wilhelm II. Bernhard von Bülow zum Reichskanzler. Dieser trat damit die Nachfolge des 30 Jahre älteren Vorgängers Chlodwig Fürst zu Hohenlohe-Schillingsfürst an. Nach Verfassung und politischer Ordnung des Kaiserreichs wurde der Reichskanzler nicht vom Reichstag gewählt, sondern vom Kaiser ernannt (und auch entlassen). Dass dessen Wahl auf Bülow fiel, hatte sich in den Jahren vorher schon abgezeichnet, als dieser als Staatssekretär des Auswärtigen Amts die Leitung der Außenpolitik übernommen hatte. Doch wäre es wohl zu kurz gegriffen, wenn man sagen würde, dass diese Wahl lediglich auf eine ganz persönliche Entscheidung Wilhelms II. zurückging. Gewiss war Bülow im Laufe seiner diplomatischen Karriere schon länger in dessen Visier getreten und in Philipp von Eulenburg, seinem Freund und dem des Kaisers, hatte er einen Fürsprecher. Aber im Hintergrund gab es für ihn doch auch eine darüber hinausgehende, kollektive Legitimation. Ihr gab am 13. Februar 1898 Adolf Freiherr Marschall von Bieberstein – seit 1890 Staatssekretär des Auswärtigen Amts und später Botschafter in Konstantinopel – in einem Brief an Philipp von Eulenburg Ausdruck: „Aber schon heute ist zweifellos nach dem Gefühl der überwiegenden öffentlichen Meinung in Deutschland Bülow allein der ‚kommende Mann', der alle anderen, die etwa als solche in Betracht kommen könnten, distanziert hat" (Eulenburg 1983, 3. Bd.: 1882).

4. Strategien und Mittel der Medialisierung der Politik

Mit dem Amtsantritt als Reichskanzler und der Zuständigkeit nicht nur für die Außenpolitik, sondern auch für die Innenpolitik, kam bei Bülow erst recht die Presse- und Informationspolitik zur Geltung. Und jetzt konnte er auch in vollem Umfang auf den dafür vorhandenen amtlichen Apparat zurückgreifen. Das im AA angesiedelte Pressereferat war zwar noch klein. Ihm stand Otto Hammann als Pressedezernent vor, der seit 1894 diese Funktion ausübte und unter Bülow eine Bedeutung erlangte wie unter keinem der beiden Vorgänger, denen er schon gedient hatte (vgl. Heilbron 1931; vgl. Jungblut 1994). Bülow hat in seinen „Denkwürdigkeiten", einem allerdings höchst umstrittenen Stück Erinnerungs-Literatur (vgl. Thimme 1931; vgl. Hecht 1934; vgl. Hiller von Gaertringen 1956), die Bedeutung Hammanns heruntergespielt, ihn als – wenn auch einer „eifrigen Feder" fähigen – Opportunisten und „Herumschnüffler" charakterisiert (Bülow 1930, 1. Bd.: 217; 1931, 2. Bd.: 207): „Er blieb auch unter Bethmann Hollweg und gewann unter diesem einen politischen Einfluß, den er unter mir nicht hatte, wo er insbesondere auf dem Gebiete der auswärtigen Politik nur die für die Orientierung der Presse wünschenswerten Direktiven erhielt, nicht aber tieferen Einblick in vertrauliche außenpolitische Vorgänge“ (Bülow 1930, 1. Bd.: 443).

Der hiermit erweckte Eindruck widerspricht deutlich dem, den man aus den Akten gewinnen kann. Tatsächlich war Hammann derjenige, über den nicht nur die medialen Aktivitäten Bülows im Wesentlichen liefen, sondern dessen Rat er auch immer wieder einholte. Eine Vielzahl von Telegrammen belegt dies.[8] Und aus Hammanns Nachlass sind die *Mittel* noch erhalten, über die er instruiert wurde: Briefe, Notizzettel, vor allem zahlreiche kleine gelbe Karteikarten, auf denen Bülow handschriftlich seine Überlegungen und Anweisungen – sozusagen auf dem kurzen Dienstweg – übermittelte (Abbildung 1). Vieles wurde zudem mündlich besprochen, und zwar auf Spaziergängen, die Bülow und Hammann oft am Morgen im Berliner Tiergarten gemeinsam unternahmen.

Abbildung 1: Karteikarten mit Bülows Anweisungen an Otto Hammann. Quelle: Bundesarchiv Berlin.

Allerdings suchte Bülow auch den direkten Kontakt mit Journalisten. Wie kein Politiker dieses Ranges vor ihm gab er Interviews bzw. empfing Korrespondenten und Redakteure, auch ausländische, zum Gespräch. Vor allem, wenn er im Urlaub weilte, beliebte Bülow, Journalisten zu sich vorzulassen, so auf Norderney, wo er regelmäßig kurte, aber auch, wenn er im Ausland weilte, zum Beispiel im italienischen Sorrent.

8 „Wen würden Sie für einen geeigneten Nachfolger für Polizeipräsident Windheim halten?“ BA. NL 2106/7, 2.10.1902.

Entsprechende Meldungen mussten lanciert werden: „Wenn es Ihnen richtig […] [erscheint], könnte auch über meinen Aufenthalt in Norderney in irgend einem Blatt eine freundliche Notiz veröffentlicht werden."[9]

„Wollen wir den Besuch von Herrn Mendelssohn in die Presse bringen? Wenn ja, könnte es in der Form geschehen, dass etwa in der ‚Weser-Zeitung' oder ‚Hannoverschen Courier' gesagt würde: Auch in diesem Sommer hätte der Reichskanzler in Norderney mancherlei Besuche empfangen, die darauf hindeuteten, daß auch wenn er am Meeresstrand weilte, die Politik für ihn nicht still stand."[10]

Im April 1901 wollte Bülow ausdrücklich dementiert wissen, er habe den italienischen Diplomaten Zanardelli bei dessen Besuch umarmt: „Ich habe mich auf einen Händedruck beschränkt."[11] Auch kam es dem Reichskanzler darauf an, dass gute Bilder von ihm in der Presse publiziert wurden, wie er an Hammann schrieb: „In französischen (und englischen) Blättern finde ich sehr abscheuliche Abbildungen von mir. Anbei vier gute Porträts, die ich Ihnen anheimstelle in illustrirten Blättern zu bringen."[12]

Als Strategien, die sich in der Presse- und Informationspolitik Bülows identifizieren lassen, sind folgende zu nennen (vgl. auch Lerman 1990: 115-126):

- Genehmigung und Vorkontrolle offiziöser Mitteilungen und Veröffentlichung von Bekanntmachungen und Ereignissen;
- Auswahl der Presseartikel, die Kaiser Wilhelm II. vorgelegt wurden;
- Dementis von (angeblich) falsch wiedergegebenen Sachverhalten und Äußerungen;
- Verbreitung bzw. Leugnung von Gerüchten in der Presse;
- Ermittlung der Urheber von Presseattacken auf die Regierung;
- Ablenkungsmanöver von inopportunen und unwillkommenen Ereignissen;
- Finanzielle Unterstützung von Zeitungen für bestimmte Zwecke;
- Lancierung von Angriffen auf der offiziellen Politik feindlich gesinnte deutsche Artikel;
- Verbreitung von Artikeln im Ausland, die die deutsche Politik kritisierten (und damit rechtfertigen sollten);
- *Bestrafung* wegen Artikeln, die zu missbilligen waren, und Diskreditierung von solchen, die zur Anstiftung deutscher Feinde geschrieben wurden.

Wie schon Bismarck vor ihm, betrieb Bernhard von Bülow Pressepolitik nicht nur im Inland, sondern wollte damit auch die Öffentlichkeit in anderen Ländern, zumal den für Deutschland politisch wichtigen, erreichen. Im Jahr 1905 initiierte er eine Rundfrage

9 BA. NL 2106/7, 19.7.1902.
10 Politisches Archiv des Auswärtigen Amts (PA) Berlin. 122. Nr. 13. Bd. 9, 21.7.1907.
11 PA. 122. Nr. 13. 3. Bd.
12 BA. NL 2106/16, undat.

an mehrere deutsche Botschaften mit dem Ziel, zu ermitteln, in welchem Umfang die dortigen Regierungen aktiv auf die Presse Einfluss nahmen, inwieweit die Presse antideutscher Stimmungsmache unterlag und ob Zeitungen für eine wohlwollende Haltung dem Reich gegenüber zu gewinnen wären. Hierin erblickte er einen Akt der Landesverteidigung: „Bei dem Einfluss, den die öffentliche Meinung der verschiedenen Länder auf die internationale Politik ausübt, darf man die Gegenwehr gegen deutschfeindliche Presseintrigen als ein Stück Landesverteidigung betrachten. Die Presseleitung im Auswärtigen Amt ist deshalb auf meine Anweisung damit beschäftigt, unser Rüstzeug zu verstärken.“[13]

Aus den Antworten auf die Rundfrage hatte Bülow entnehmen können, dass anderswo zum Teil beträchtliche Beträge zur Pressepolitik aufgewendet wurden oder zumindest ein entsprechender Verdacht begründet war.[14] Und die Missionschefs neigten dazu, ihnen und der Presse selbst große Wirkungen zuzumessen. Es bestätigt sich hier gewissermaßen der „Third Person Effekt“, wonach die Medienwirkung auf Dritte für stärker eingeschätzt wird als auf einen selbst.

5. Entscheidungspolitik und Darstellungspolitik

Bernhard von Bülows Name ist in der neueren Geschichte vor allem verbunden mit der Absicht, auch den Deutschen eine angemessene Rolle in der *Weltpolitik* zu verschaffen. Begonnen hatte er damit schon, als er 1887 Außenminister wurde. In seiner ersten Rede im Reichstag am 6. Dezember 1887 fielen bereits die viel sagenden Worte: „Wir verlangen auch unsern Platz an der Sonne.“ Damit lag Bülow ganz auf der Linie des Kaisers selbst. Bald kamen denn auch die Gelegenheiten, dieses Ziel durch eine Expansionspolitik praktisch zu verwirklichen. Die erste bot sich durch die Okkupation von Kiautschou. Ein wesentliches Instrument dieser *Weltpolitik* war die Flottenrüstung, die in den 1890er Jahren aktiv betrieben und propagandistisch vor allem von Admiral Tirpitz organisiert wurde, wofür er ein eigenes Nachrichtenbüro errichtete (vgl. Deist 1976). Die Flottenpolitik machte sich auch Bülow zu Eigen. Noch in die Phase seiner Tätigkeit als Außenminister fiel der deutsch-britische Konflikt über Samoa sowie die Expedition zur Niederwerfung des Boxer-Aufstandes in China. Beim Aufbruch zu der letzteren hielt Kaiser Wilhelm seine berühmte aggressive „Hunnenrede“, deren Bekanntwerden Bülow vergeblich zu verhindern suchte.

13 PA. 126 a secr. Bd. 1, 15.11.1905.
14 PA. 126a secr. Bd. 1.

Im Amt des Reichskanzlers bekam Bernhard von Bülow es auch mit der Innenpolitik zu tun. Ein schon seit längerem umstrittenes Projekt war der Bau des Mittellandkanals, welches Bülow erst einmal hinausschob. Für die ebenfalls umstrittene Zolltarifreform fand er eine schließlich von großen Teilen des Reichstags akzeptierte Lösung. Ferner suchte der Reichskanzler durch soziale Zugeständnisse der Sozialdemokratie das Wasser abzugraben und die Integration der Arbeiterschaft zu fördern. Wenn Bülow in den ersten Monaten seiner Kanzlerschaft die chinesische Intervention zu Ende bringen wollte, so hatte dies auch folgenden Grund: „Unsere öffentliche Meinung ist China-müde und China-satt, aber sie ist nach wie vor chauvinistisch."[15] Während sich der Gegensatz zu England nicht ohne Bülows Zutun zuspitzte, ging damit zugleich eine Schwächung des Dreibundes einher. Auch in diesem Fall, der Loslösung Italiens von seinen militärischen Verpflichtungen, bedachte Bülow wieder die öffentliche Meinung: „[I]ch würde es nicht für richtig halten, wenn ein auch nur kleiner Teil der deutschen Presse gegen die französisch-italienischen Abmachungen eine gewisse Unruhe an den Tag legen würde" (Fesser 1991: 79).

Beschwor schon der zwischen England und Frankreich1904 geschlossene Entente-Vertrag die Gefahr einer außenpolitischen Isolierung Deutschlands herauf, so führte die Marokko-Krise 1905/06 zu einer gefährlichen internationalen Spannung. Kaiser Wilhelm II. hatte durch seinen spektakulären Besuch in Tanger symbolträchtig den deutschen Anspruch auf Teilhabe an der kolonialen Unterwerfung Marokkos zum Ausdruck gebracht. Hierbei handelte es sich um ein *Medienereignis* erster Ordnung (vgl. Ris 1950; vgl. Rosenberger 1998: 121-163). Zunächst schien auch alles auf einen deutschen Erfolg zuzulaufen, stimmte Frankreich doch einer Marokko-Konferenz zu. Bülow hatte dazu eine Pressekampagne gegen den französischen Außenminister Delcassé inszeniert und ließ sich von der bürgerlichen deutschen Presse gewissermaßen schon als Sieger feiern (vgl. Fesser 1991: 86-87). Tatsächlich endete die Konferenz von Algeciras am 7. April 1906 mit einer schweren diplomatischen Niederlage des Deutschen Reiches. Typischerweise suchte Bülow den Misserfolg mit einer Anweisung an Hammann öffentlich zu vertuschen: „Nach erfolgter Einigung muß der Eindruck erweckt werden, daß ich von Anfang an ein bestimmtes Ziel – und zwar genau das erreichte – im Auge hatte, das aber nicht sofort enthüllen konnte. Ohne Vorschlagen und Überfordern kein Kompromiß."[16]

1908/09 vollzog Bernhard von Bülow einen außenpolitischen Kurswechsel durch eine Reduzierung des *weltpolitischen* Engagements und die Aufwertung des Bündnisses

15 Die Grosse Politik der Europäischen Kabinette 1871–1914 (GP). Sammlung der Diplomatischen Akten des Auswärtigen Amtes. Im Auftrage des Auswärtigen Amtes hrsg. v. Johannes Lepsius †, Albrecht Mendelssohn Bartholdy, Friedrich Thimme. Berlin 1922ff., Bd. 17, Nr. 4995, S. 43f.

16 BA. NL 2106/12.

mit Österreich-Ungarn. Zu diesem Zeitpunkt war seine Position freilich schon geschwächt. Wegen einer Eigenmächtigkeit des Kaisers hatte er 1905 ein Entlassungsgesuch eingereicht, das er, vom Kaiser unter Druck gesetzt, zurückzog. Die Entfremdung zwischen beiden verstärkte sich durch den Ausgang der Marokko-Krise und mehrere Affären und Skandale, von denen der um den Kaiser-Freund Philipp von Eulenburg die weitesten Kreise zog. Bülow selbst lancierte zudem offenbar Meldungen, dass er gestürzt werden solle. Noch einmal gelang Bülow aber ein politischer Coup: Da das Zentrum, auf das er sich bis dahin parlamentarisch mit gestützt hatte, die Zustimmung zur Finanzierung des Kolonialkriegs in Südwestafrika versagte, führte Bülow mit der erforderlichen Genehmigung des Kaisers die Auflösung des Reichstags herbei. Die Neuwahlen brachten einen Erfolg der konservativen und liberalen Parteien, aus denen der Reichskanzler sich eine neue Mehrheit, den so genannten „Bülow-Block", schuf. Auf diesen stützte er sich bei der anstehenden innenpolitischen Gesetzgebung, aber auch in den weiteren außenpolitischen Verwicklungen wie der Bosnischen Annexions-Krise 1908/09.

Die politische Amtsführung Bernhard von Bülows kann hier nur skizziert werden. Es kann dabei lediglich angedeutet werden, worauf es in unserem Zusammenhang vor allem ankommt, nämlich auf ein System, das schon ein zeitgenössischer Journalist der „Kölnischen Zeitung" – vielleicht etwas überspitzt – wie folgt beschrieben hat: „Das System: – Ein Geheimrat gibt dem Vertreter eines führenden Blattes eine Nachricht, eine Information, die Zeitung gewährt den Gegendienst einer wohlwollenden Beurteilung, ist seit Jahren geübt worden und *hat zu einer völligen Fälschung der ‚öffentlichen Meinung' geführt. Bereits heute besteht z.B. die Tätigkeit der meisten politischen Beamten zur Hälfte im Preßdienst.* Dieses System hat wohl zum Ruhme der leitenden Männer, nicht aber zum Nutzen des Vaterlandes gedient. Es kam nicht darauf an, jeweils die Wahrheit zu sagen, über die tatsächliche Lage des Reiches aufzuklären, nur darauf, für den jeweiligen Kurs Stimmung zu machen." (Eberle 1920: 132)

Ähnlich kritisch hatte sich die „Rheinisch-Westfälische Zeitung" schon am 2. Februar 1900 hinsichtlich der Außenpolitik geäußert: „Ohne Zweifel liegt in dieser nahezu schrankenlosen Beherrschung der öffentlichen Meinung durch das Auswärtige Amt eine schwere Gefahr. In der inneren Politik findet die offiziöse Beeinflussung ihr Korrektiv in dem Gegendruck der unmittelbar berührten Interessen. In der auswärtigen Politik tritt die *wesentliche* Interessenverletzung erst in Erscheinung, wenn es zum Korrigieren zu spät ist. So fehlt der Intelligenz des auswärtigen Ministers der feste Wurzelboden, und es spielen mit ihr die Wolken ehrgeiziger Pläne und die Winde persönlicher Meinungen und Stimmungen."[17]

17 Zit. nach PA. 126. Bd. 1.

7. Medial verschuldeter „Beinahe-Sturz“: Die Daily Telegraph-Affäre

Geradezu tragische Züge erhielt die Medienabhängigkeit Bülows im Oktober 1908 im Zusammenhang der so genannten Daily Telegraph-Affäre, die beinahe seinen Sturz nach sich zog bzw. zumindest seinen politischen Niedergang einläutete (vgl. Schüssler 1952). Diese nicht die erste von Wilhelm II. provozierte Affäre (vgl. Kohlrausch 2005) führte eine der größten Krisen des Kaiserreichs herbei, das dadurch, wie es im Titel einer jüngeren Publikation heißt, „an den Abgrund“ geriet (Winzen 2002). Ablauf und politische Hintergründe wurden seinerzeit sehr kontrovers dargestellt, sind durch die historische Forschung allerdings intensiv aufgeklärt worden. Es ist hier nicht der Platz und auch nicht notwendig, die Affäre *en détail* zu schildern. Aber auf ihren medialen Aspekt ist doch zumindest hinzuweisen.

Am 28. Oktober 1908 veröffentlichte die englische Tageszeitung „Daily Telegraph“ in ihrer Morgenausgabe einen als „ Personal Interview“ ausgegebenen Artikel, in dem Äußerungen von Kaiser Wilhelm II. wiedergegeben wurden, die dieser 1907/08 dem englischen Oberst Edward Stuart-Wortley und anderen englischen Politikern gegenüber gemacht hatte. Der Kaiser versuchte darin auf plumpe Art und Weise die in England verbreitete Besorgnis gegenüber der deutschen Flottenrüstung zu zerstreuen und sich selbst als Freund Englands darzustellen. Wilhelm II. wollte sogar zum britischen Sieg im Burenkrieg beigetragen haben. Stil und Inhalt der Äußerungen brachten nicht nur die britische Öffentlichkeit auf, sondern erzeugten auch in Deutschland einen Sturm der Entrüstung über Wilhelm II., von dem man verbale Eigenmächtigkeiten und Übertreibungen schon gewohnt war. Die Autoren des Artikels hatten diesen mit der Bitte um Genehmigung an den Kaiser geschickt, der diesen wiederum – regelkonform – an Bülow zur Prüfung weiterleitete, mit der Aufforderung gegebenenfalls Veränderungen vorzunehmen. Bülow, zu diesem Zeitpunkt von innenpolitischen Problemen in Anspruch genommen, las den Artikel daher nicht selbst, sondern sandte ihn an nachgeordnete Beamte. Diese ihrerseits, überzeugt, dass der Kaiser die Veröffentlichung unbedingt wünsche, retournierten ihn mit nur geringfügigen Änderungen. Doch auch jetzt las der Reichskanzler den Artikel nicht und übermittelte ihn mit den Änderungsvorschlägen an den Kaiser, der ihn seinerseits an Stuart-Wortley freigab. „Als der Artikel dann erschien, zündete er in London und Berlin wie ein Blitz in einem Pulverfaß.“ (Fesser 1991: 106)

Für die Medialisierung des Politischen ist die Daily Telegraph-Affäre ein frühes, exorbitantes Exempel. Nicht nur, weil eine Presseveröffentlichung die Krise auslöste, sondern weil sich daran eine nach einer eigenen Medienlogik ablaufende Pressekampagne anschloss. Dazu trug auch Bülows eigenes Handeln bei, den Ablauf der Dinge in der „Norddeutschen Allgemeinen Zeitung“ zu erklären. In der Reichstagsdebatte vom 10./11. November 1908 verteidigte er den Kaiser gegen die Angriffe auch der bürgerlichen Parteien nur lau, so dass sich Kaiser Wilhelm verraten fühlte. Hatte er doch in diesem Fall, anders als in manchen anderen, in denen er ungeschützt öffentliche Erklärungen abgegeben hatte, den verfassungsmäßigen Weg eingehalten. Für Bülow selbst führte die Daily Telegraph-Affäre beinahe zum Sturz. Er bot dem Kaiser zunächst seine Entlassung an, die dieser ablehnte. In einer Audienz wenige Tage nach der Reichstagsdebatte sprach der Kaiser ihm in einer öffentlichen Erklärung nochmals das Vertrauen aus. Doch dieses war praktisch nicht mehr gegeben, nur der Zeitpunkt und die Umstände schienen nicht opportun für eine Trennung. Bülow blieb also im Amt, aber er war jetzt ein Kanzler *auf Abruf*. Kaisertreue Kräfte sägten an seinem Stuhl, der Kaiser wartete auf einen geeigneten Moment. Der Anlass kam mit Bülows innenpolitisch umstrittener Erbschaftssteuer-Vorlage, die am 24. Juni 1909 im Reichstag mehrheitlich abgelehnt wurde. Jetzt wurde der vom Kaiser längst gehegte Plan realisiert und am 14. Juli 1909 der Kanzlerwechsel vollzogen. Eine Pointe ist wiederum, dass noch am gleichen Tag im „Hamburgischen Correspondenten" ein Interview mit Bülow erschien, in dem er das „frivole Spiel mit den Interessen der Monarchie und des Landes" nicht unkommentiert lassen wollte und die Gründe für seinen Rücktritt darlegte (Fesser 1991: 130).

Die Daily Telegraph-Affäre hinterließ bei Bülow die Spuren einer traumatischen Erfahrung. In den Jahren 1909/10 verfasste er zur Selbstrechtfertigung eine rund dreihundertseitige Aufzeichnung über die „Novemberereignisse 1908". Und nachdem diese im Jahr darauf nochmals eine Welle von Angriffen auf Bülow nach sich zog, sah dieser sich zu einer Art *publizistischem Testament* genötigt. In seinem Nachlass findet sich jedenfalls eine am 31. Dezember 1909 datierte, auf Briefpapier des Hotels Excelsior in Rom mit Hand geschriebene Aufzeichnung „Nur für meine Frau". Der Wortlaut ist folgender: „Wenn nach meinem Tod die Lügen wieder aufgewärmt werden sollten, welche im Herbst dieses Jahres die ‚Märkische Volkzeitung' & die ‚Kreuz-Zeitung' über die November-Ereignisse brachten, oder auch sonstige Verleumdungen à la Martin auftauchen sollten, so muß dem entgegen getreten werden. Material für eine solche Widerlegung findet sich ersichtlich in meinem Nachlaß […]."[18]

Diesen Einleitungsworten folgt eine Aufzählung nicht nur von schriftlichem Belegmaterial in Form von Briefen und Heften. Genannt werden vielmehr auch mehrere, für eine Publikation geeignete Persönlichkeiten, vier Professoren und drei Journalisten. Dieses Schriftstück widerlegt die von Bülow in seinen „Denkwürdigkeiten" zur Schau getragene Unempfindlichkeit, mit der er auf „Schmähschriften" reagiert haben will, beispielsweise auf diejenige des Publizisten Rudolf Martin, in der dieser die Daily Telegraph-Affäre als ein abgekartetes Spiel des Reichskanzlers „entlarvt"

18 BA. NL 1016/6, 27-30.

hatte. In den „Denkwürdigkeiten" schrieb Bülow dazu: „Ich hätte den Kaiser dazu verleitet, in England die Äußerungen zu tun und die Gespräche zu führen, die ich dann absichtlich durch den Artikel des ‚Daily Telegraph' zur allgemeinen Kenntnis gebracht habe. Mein Plan sei gewesen, den auf diese Weise kompromittierten Kaiser durch den von mir ad hoc gebildeten Block absetzen zu lassen. Zweck und Ziel des Ganzen: die Proklamierung der Republik unter meiner Präsidentschaft. [...] Solche Schmähschriften haben mir übrigens nie den mindesten Eindruck gemacht [...]. Gegenüber derartigen Angriffen tröstete ich mit dem Verschen von Goethe, daß wo sogar der große Walfisch seine Laus habe, der kleinere Mensch sich über Insektenstiche nicht aufzuregen brauche. Immerhin war es kein gutes Symptom, daß der Kaiser das Martinsche Pamphlet mehrfach als ein ganz gutes Buch empfohlen hatte, das ein neues Licht auf die Novemberkrise von 1908 werfe." (Bülow 1930, 2. Bd.: 494)[19]

8. Reichkanzler Bülow in der Karikatur

In Bernhard von Bülows persönlichem Nachlass findet man zahllose Belege dafür, dass er bereits eine Art *Medienkanzler* war. Ein weiterer Beweis sei an dieser Stelle noch hinzugefügt. Zu dem im Bundesarchiv in Koblenz verwahrten Nachlass gehören auch 29 Bände (!) mit gesammelten Karikaturen. Sorgfältig ausgeschnitten und eingeklebt sind in diese Bände Bildkarikaturen des Reichskanzlers, aber auch verbale Satiren und humoristische Verse. Die auf diese Weise konservierten Beispiele reichen über zwei Jahrzehnte, von 1897 bis 1916. Alle möglichen Witz- und Satireblätter der damaligen Zeit – der „Kladderadatsch", die „Lustigen Blätter", der „Simplicissimus", auch der „Nebelspalter", „Ulk" und „Der wahre Jacob" – haben sich immer wieder mit Bülow beschäftigt und das Material für diese einzigartige Karikaturensammlung geliefert. Wie diese umfangreiche, allem Anschein nach möglichst komplette Karikaturensammlung zustande kam, ist unbekannt. Da sie aber aus dem persönlichen Nachlass Bülows stammt, dürfte sie durch ihn selbst initiiert worden sein. Dies spräche noch einmal für ein obsessives Interesse an seiner Medienresonanz. Über diesen Bestand könnte man – wie über andere Karikaturen im Kaiserreich (vgl. Rebentisch 2000; vgl. Steakley 2004) – eine eigene Arbeit schreiben. Einige Beispiele seien hier ausgewählt, in denen die Karikaturisten gewissermaßen die Medialisierung der Politik zum Gegenstand der Kritik und des Spotts machten.

19 Vgl. dazu auch Hiller von Gaertringen 1956: 119-212.

XXXIII. Jahrgang. Nr. 25. – 1901.

DER FLOH

Politische, humoristische Wochenschrift.

Die Reisenden für das Haus Boer & Comp.

Geschäftsreisender Krüger (zu seiner Collegin Frau Botha): Strapaziren Sie sich nicht, Collegin. Mit dem Manne dort werden Sie kein Glück haben. Er macht mit unserem Hause nichts und hat auch mich hinaus – becomplimentirt.

Abbildung 2: Bülow liest die „Times" zur Zeit des (zweiten) Burenkriegs. Quelle: Der Floh, Nr. 25, 1901. Unterschrift: „Geschäftsreisender Krüger (zu seiner Kollegin Frau Botha): Strapaziren Sie sich nicht, Collegin. Mit dem Manne dort werden Sie kein Glück haben. Er macht mit unserem Hause nichts und hat auch mich hinaus – becomplimentirt."

Interview mit Bülow.

Ich bleibe! Ich geh' nicht! Warum soll ich gehen? Jetzt, wo ich mich sogar auf meine früheren Gegner stützen kann!

Abbildung 3: Bülow als Zeitungsleser. Quelle: Ulk, Nr. 6, 1908.
Unterschrift: „Ich bleibe! Ich geh' nicht! Warum soll ich gehen? Jetzt, wo ich mich sogar auf meine früheren Gegner stützen kann!"

Abbildung 4: Bülow als „Redakteur" der „Deutschen Politik". Quelle: Kladderadatsch, Nr. 15, 1908.)) Unterschrift: Besuch: „Ich habe wohl die Ehre, den Herrn Chefredakteur zu sprechen?" – Bülow: „Bedaure, er ist auf Reisen. Ich selbst bearbeite nur als Feuilletonist die kleinen humoristischen Sachen ‚unter dem Strich'."

Abbildung 5: Bülow liest die Norddeutsche Allgemeine Zeitung. Quelle: Simplicissimus, Nr. 31, 1908.)) Unterschrift: Borussia: „Guck doch mal, Bernhard, unser Hollechen wird immer drolliger, sieh doch, sieh doch, wie hübsch es Unteroffizier spielt.“

Verspätete Lektüre.

Bülow in Nöten: „Donnerwetter, dieses Durchschlagpapier hat ja eine durchschlagende Wirkung!"

Abbildung 6: Bülow liest den Daily Telegraph. Quelle: Der Dorfbarbier, Nr. 47, 1908.
Unterschrift: Bülow in Nöten: „Donnerwetter, dieses Durchschlagspapier hat ja eine durchschlagende Wirkung."

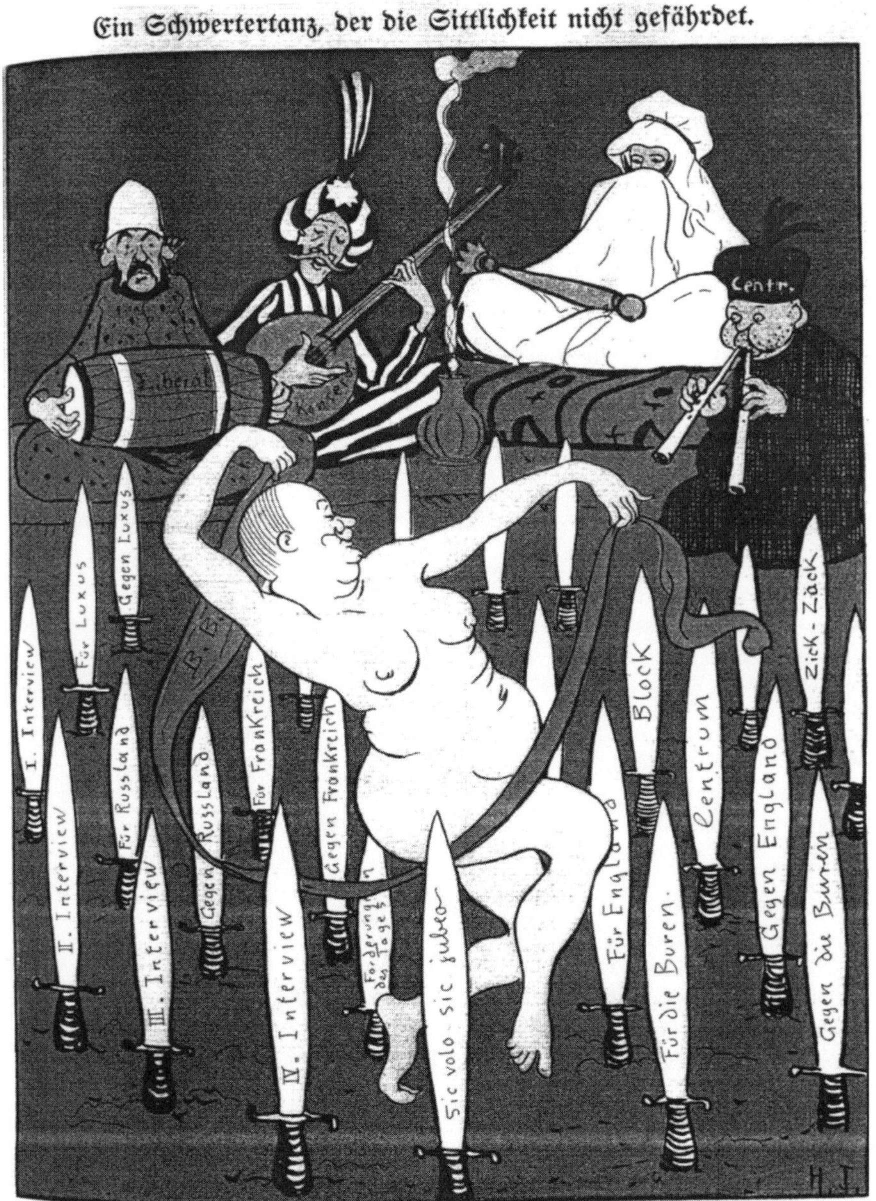

Abbildung 7: Bülow beim Schwertertanz zwischen Interviews und politischen Problemen. Quelle: Der wahre Jacob, Nr. 585, 1908.

9. Fazit

Die Medialisierung der Politik ist, wie das Beispiel Bülow zeigt, nicht erst eine Sache von heute. Schon zu Beginn des 20. Jahrhunderts tritt dieses Phänomen auf, also noch bevor es das Fernsehen gab. Die Fotografie war zwar schon vorhanden, sie spielte in der Presse aber noch keine Rolle. Allein die schriftlichen Berichte reichten aus, die *Darstellungspolitik* zu einer vorrangigen Aufgabe zu machen. Dies geschah noch unter ganz anderen, heute würde man sagen, defekten demokratischen Umständen. Denn der Reichskanzler kam nicht über Wahlen in sein Amt, was selbstverständlich eine andere Rücksicht auf die Volksmeinung erforderlich gemacht hätte. Doch die Presse-Öffentlichkeit war auch so schon die Arena, in der sich Bernhard von Bülow geradezu narzisstisch spiegelte.

Quellen

Bundesarchiv Koblenz (BA):
Nachlass Bernhard von Bülow: Nr. 22-154.

Politisches Archiv des Auswärtigen Amts Berlin (PA):
Deutschland 122, Nr. 3, Bd. 1-20 (Journalisten)
Deutschland 122, Nr. 3 secr.
Deutschland 122 , Nr. 13, Bd. 1-15 (Reichskanzler Graf von Bülow)
Deutschland 126 (Die Presse Generalia)
Deutschland 126, Nr. 2, Bd. 7-14 (Die Berliner Presse)
Deutschland 126a secr. (Geheime Ausgaben für Pressezwecke)

Gedruckte Quellen

Die Grosse Politik der Europäischen Kabinette 1871–1914 (= GP). Sammlung der Diplomatischen Akten des Auswärtigen Amtes. Im Auftrage des Auswärtigen Amtes hrsg. v. Johannes Lepsius †, Albrecht Mendelssohn Bartholdy, Friedrich Thimme. Berlin 1922 ff.

Literatur

Bösch, Frank/Frei, Norbert (Hrsg.) (2006): Medialisierung und Demokratie im 20. Jahrhundert. Göttingen: Wallstein.
Bülow, Bernhard von (1930–1931): Denkwürdigkeiten. 4 Bde. Berlin: Ullstein.
Cole, Terence F. (1982): The Daily Telegraph Affair and its Aftermath: the Kaiser, Bülow and the Reichstag, 1908–1909. In: Röhl, John C.G./Sombart, Nicolaus (Hrsg.): Kaiser Wilhelm II. New Interpretations. The Corfu Papers. Cambridge u.a.: University Press, S. 249-267.
Deist, Wilhelm (1976): Flottenpolitik und Flottenpropaganda. Das Nachrichtenbüro des Reichmarineamtes 1897–1914. Stuttgart: Deutsche Verlags-Anstalt.
Eberle, Joseph (1920): Großmacht Presse. Enthüllungen für Zeitungsgläubige, Forderungen für Männer. Regensburg u.a.: Herold & Pustet.
Fesser, Gerd (1991): Reichskanzler Fürst von Bülow. Eine Biographie. Berlin: Deutscher Verlag der Wissenschaften.
Hammann, Otto (1922): Bilder aus der letzten Kaiserzeit. Berlin: Reimar Hobbing.
Hecht, Otto Max (1934): Bülow Memoiren und die „Daily Telegraph"-Affäre. Köln. Diss.
Heilbron, Friedrich (1931): Otto Hammann. In: Deutsches Biographisches Jahrbuch, Bd. 10, S. 93-108.
Hiller von Gaertringen, Friedrich Freiherr (1956): Fürst Bülows Denkwürdigkeiten. Untersuchungen zu ihrer Entstehungsgeschichte und ihrer Kritik. Tübingen: Mohr.
Hull, Isabel von (2006): Bernhard von Bülow. In: Sternburg, Wilhelm von (Hrsg.): Die deutschen Kanzler. Von Bismarck bis Merkel. Berlin: Aufbau Taschenbuch Verlag, S. 83-107.
Jungblut, Peter (1994): Unter vier Reichkanzlern. Otto Hammann und die Pressepolitik der deutschen Reichsleitung 1890 bis 1916. In: Daniel, Ute/Siemann, Wolfram (Hrsg.): Propaganda. Meinungskampf, Verführung und politische Sinnstiftung 1789–1989. Frankfurt a. M.: Fischer Taschenbuch Verlag, S. 101-116.
Kohlrausch, Martin (2005): Der Monarch im Skandal. Die Logik der Massenmedien und die Transformation der wilhelminischen Monarchie. Berlin: Akademie Verlag.
Lerman, Kathy (1982): The Decisive Relationship: Kaiser Wilhelm II and Chancellor Bernhard von Bülow, 1900–1905. In: Röhl, John C.G./Sombart, Nicolaus (Hrsg.): Kaiser Wilhelm II. New Interpretations. The Corfu Papers. Cambridge u.a.: University Press, S. 221-247.
Lerman, Katharine A. (1990): The Chancellor as Courtier. Bernhard von Bülow and the Governance of Germany 1900–1909. Cambridge u.a.: Cambridge University Press.
Nowak, Friedrich/Thimme, Friedrich (Hrsg.) (1932): Erinnerungen und Gedanken des Botschafters Anton Graf Monts. Berlin: Verlag für Kulturpolitik.
Rebentisch, Jost (2000): Die vielen Gesichter des Kaisers. Wilhelm II. in der deutschen und britischen Karikatur (1888–1918). Berlin: Duncker & Humblot.
Rich, Norman/Fisher, M. H. (Hrsg.) (1956–1963): Die geheimen Papiere Friedrichs von Holsteins. Deutsche Ausgabe von Werner Frauendienst. 4 Bde. Göttingen/Berlin/Frankfurt a. M.: Musterschmidt Verlag.
Ris, Otto Ferdinand (1950): Das Verhältnis der deutschen Presse zur offiziellen deutschen Politik während der ersten Marokkokrise 1904–1906. Köln: J.P. Bachem.
Röhl, John C.G. (Hrsg.) (1976, 1979, 1983): Philipp Eulenburgs Politische Korrespondenz. 3 Bde. Boppard am Rhein: Harald Boldt Verlag.

Rosenberger, Bernhard (1998): Zeitungen als Kriegstreiber? Die Rolle der Presse im Vorfeld des Ersten Weltkriegs. Köln/Weimar/Wien: Böhlau.

Schüssler, Wilhelm (1952): Die Daily Telegraph-Affäre. Fürst Bülow, Kaiser Wilhelm und die Krise des zweiten Reiches 1908. Göttingen: Musterschmidt Verlag.

Steakley, James (2004): Die Freunde des Kaisers. Die Eulenburg-Affäre im Spiegel zeitgenössischer Karikaturen. Hamburg: MännerschwarmSkript Verlag.

Thimme, Friedrich (Hrsg.) (1931): Front wider Bülow. Staatsmänner, Diplomaten und Forscher zu seinen Denkwürdigkeiten. München: Verlag F. Bruckmann.

Winzen, Peter (1977): Bülows Weltmachtkonzept. Untersuchungen zur Frühphase seiner Außenpolitik 1897–1901. Boppard am Rhein: Harald Boldt Verlag.

Winzen, Peter (2002): Das Kaiserreich am Abgrund. Die Daily-Telegraph-Affäre und das Hale-Interview von 1908. Darstellung und Dokumentation. Stuttgart: Franz Steiner Verlag.

Dominik Geppert

„Abrüstung der Presse". Zur Medialisierung der Außenpolitik im Zeitalter von Nationalismus und Imperialismus

Dass es zwischen der Welt der Medien und der Welt der Außenpolitik vielfache Verbindungen und Wechselwirkungen gibt, braucht man heute kaum eigens zu betonen. Der Dschihad im Internet, die mediale Begleitmusik des Konflikts um Tibet im Vorfeld der Olympischen Spiele in Peking, die Mohammedkarikaturen der dänischen Zeitung „Jylands Posten" mit ihren weltweiten Konsequenzen in Form brennender dänischer Fahnen und belagerter dänischer Botschaften oder die per Twitter weltweit verbreiteten Berichte über Wahlproteste im Iran gehören zu den spektakuläreren Beispielen der jüngsten Vergangenheit. Die gewachsene Bedeutung der Medien, ihre vergrößerte politische Macht wird in diesem Zusammenhang ebenso oft konstatiert wie kritisiert. Kürzlich hat beispielsweise die langjährige Bundestagsvizepräsidentin Antje Vollmer (2006: 208) von den Grünen auf die Gefahr hingewiesen, dass Journalisten selbst politische Akteure werden, dass sie selbst die Fakten, im äußersten Fall sogar die kriegsauslösenden Bilder schaffen, auf die die Politik dann reagieren muss. Als besonders bedenklich empfinden Vollmer und andere Medienkritiker die Fähigkeit der Medien, willkürlich Wirklichkeiten zu kreieren: „Die Medien als bloßer Spiegel der Wirklichkeit verabschieden sich – es tritt auf der creator ex nihilo, der willkürlich aus fast nichts einen medialen Riesen aufblasen kann."

In der Tat herrscht in der Forschung weitgehend Konsens, dass Medien Politik – auch internationale Politik – nicht nur abbilden, sondern mitgestalten. Zeitungen, Illustrierte, Rundfunk, Fernsehen oder das Internet repräsentieren nicht bloß eine wie auch immer geartete *öffentliche Meinung* oder gesellschaftliche Kräfteverhältnisse. Sie sind vielmehr eigenständige politische Akteure, die ihren eigenen Verhaltensmustern folgen. Dennoch sitzen Verfechter der These von der wachsenden Medienmacht und ihrer destruktiven Wirkung oft zwei Denkfehlern auf. Erstens sehen sie darin ein neuartiges Phänomen des späten 20. und frühen 21. Jahrhunderts, obwohl wir es mit den Ergebnissen eines historischen Prozesses zu tun haben, der schon mehr als hundert Jahre andauert. Er reicht wenigstens bis zum spanisch-amerikanischen Krieg um Kuba 1898 zurück, als William Randolph Hearst, der mächtigste Medienmogul der Vereinigten Staaten, seinem Sonderkorrespondenten in Havanna angeblich kabelte: „You furnish the pictures and I'll furnish the war."[1] Zweitens verkennt die These von der Kriegstreiberei der Medien, dass Presse, Funk und Fernsehen in der internationalen Politik nicht automatisch als zusätzliche Spannungsfaktoren wirken müssen, sondern dass sie prinzipiell auch zur Entspannung beitragen können.

Die Sozialwissenschaften haben zu derartigen Wertungen beigetragen. Denn Untersuchungen zur Medialisierung von Politik machen um die internationalen Beziehungen immer noch einen großen Bogen. Wenn von der Vergesellschaftung der Politik durch die Massenmedien die Rede ist, rückt fast immer das Innenleben nationaler Kommunikationsgemeinschaften in den Blick. Das Wechselverhältnis zwischen Medien und internationaler Politik hingegen ist bisher kaum ausgeleuchtet worden. In den einschlägigen politikwissenschaftlichen Studien zu „Mediokratie" und „Politainment" kommt die Außenpolitik allenfalls am Rande vor (vgl. Meyer 2001; vgl. Dörner 2001). Politikwissenschaftliche Studien zur Rolle der Medien in den internationalen Beziehungen argumentieren zumeist gegenwartsbezogen und ohne historische Tiefenschärfe. Bei den Klassikern der Zeitungs- beziehungsweise Publizistikwissenschaft haben Auslandskorrespondenten Kurzauftritte als „Diplomaten in Hemdsärmeln" (Dovifat 1976: 24), aber wie sich deren Aktivitäten im Zeitalter der Massenmedien auf den Charakter der internationalen Beziehungen auswirkten, wie ihre Tätigkeit die Rahmenbedingungen politischen Handelns im Verkehr zwischen verschiedenen Staaten und Gesellschaften veränderte, bleibt trotz der Forschungen von Kai Hafez (2002) weiterhin eine offene Frage.

In der Geschichtswissenschaft sieht es nicht viel besser aus. Mediale Akteure, die jenseits nationalstaatlicher Schranken operierten oder diese Grenzen infrage stellten, waren bislang selten Gegenstand historischer Analyse (eine Ausnahme bildet Hampf/Lehmkuhl 2006). Auf welche Weisen Medien grenzüberschreitend tätig waren, wie sie die überkommenen Spielregeln der internationalen Beziehungen veränderten, ist für weite Strecken des 20. Jahrhunderts unerforscht. Wie Diplomatie und Politik auf das sich wandelnde mediale Umfeld reagierten, in dem sie zu handeln hatten, kann die Geschichtswissenschaft noch nicht einmal annähernd beantworten. Die neue Mediengeschichte hat sich überwiegend auf nationale Öffentlichkeiten konzentriert, Studien über mediale Interaktionen zwischen verschiedenen nationalen Öffentlichkeiten gibt es kaum. Kultur- und kommunikationshistorische Analysen des Politischen haben sich ebenfalls vornehmlich innergesellschaftlichen beziehungsweise innerstaatlichen Prozessen gewidmet und die Außenpolitik weitgehend ausgeblendet. Eine Ausnahme bildet Ute Daniels (2005) anregender Versuch, die deutsche Einkreisungsphobie vor

1 Die Authentizität des Zitats ist zwar zweifelhaft, doch hat Hearst „in unfreiwilliger Kooperation" mit seinem Konkurrenten Joseph Pulitzer durch „Schüren einer anti-spanischen Stimmung" in New York tatsächlich seinen Teil zum Ausbruch des Krieges beigetragen (vgl. Bethke 2003: 75).

dem Ersten Weltkrieg mit dem Instrumentarium einer Kulturgeschichte der Politik zu analysieren und dabei vor allem mediale Wirkungszusammenhänge in den Blick zu nehmen. Die traditionelle Diplomatiegeschichte mit ihrer Konzentration auf die *großen Staatsmänner* hat *kleine Schreiberlinge* außerhalb der Regierungsapparate sowieso kaum beachtet, allenfalls *die Presse* als vermeintlichen Spiegel einer wie auch immer gearteten *öffentlichen Meinung* herangezogen. Auch eine als Internationale Geschichte erneuerte Diplomatiegeschichte, die ihr Augenmerk verstärkt auf Themen wie die Interdependenz gesellschaftlicher Entwicklungen und internationaler Beziehungen sowie die Bedeutung kollektiver Mentalitäten und Wahrnehmungsmuster richtet, hat die Rolle der Massenmedien bisher nur kursorisch thematisiert. Nicht einmal die boomende transnationale Geschichte hat einen konzeptionellen Zugang zur historischen Dimension „globaler Öffentlichkeiten" gefunden (siehe etwa die wenig befriedigenden Überlegungen von Keane 2006).

1. Die deutsch-britischen Journalistenreisen 1906 und 1907

Das Fallbeispiel, das im Folgenden etwas eingehender untersucht wird, soll deswegen zum einen die historischen Anfänge einer Medialisierung der Außenpolitik im späten 19., frühen 20. Jahrhundert aufzeigen und zum anderen demonstrieren, dass es neben konfliktverschärfenden Medienaktivitäten auch solche gab, die auf internationale Verständigung zielten. Es handelt sich um zwei Rundreisen deutscher Journalisten durch Großbritannien beziehungsweise britischer Journalisten durch das Deutsche Reich. Diese Besuche wurden nach dem Muster offizieller Staatsbesuche inszeniert und gehörten in den Kontext einer Reihe von Unternehmungen, die nach der diplomatischen Konfrontation der ersten Marokkokrise in der ersten Jahreshälfte 1905 auf eine Verbesserung der deutsch-britischen Beziehungen zielte (vgl. Hollenberg 1974: 79-80; vgl. Kennedy 1980: 287-288). Als Vorbild diente die französisch-englische Annäherung vor Abschluss der Entente Cordiale im Jahr 1904, die ebenfalls nicht auf der Ebene der Regierungen, sondern bei Vereinen, Verbänden und anderen gesellschaftlichen Zusammenschlüssen angesetzt hatte (vgl. Andrew 1968). Vieles spricht dafür, die Entente zwischen Großbritannien und Frankreich wesentlich auch als „kulturelle Konstruktion" zu begreifen, die durch Presseberichterstattung, festliche Zeremonien und feierliche Staatsakte dem eher begrenzten kolonialpolitischen Abkommen in der öffentlichen Wahrnehmung den Anschein größerer Substanz verlieh (vgl. Rüger 2008).

Der Idee deutsch-britischer Besuchsreisen von Journalisten lagen ähnliche Überlegungen zugrunde. Die Initiative ging nicht von der politischen Führung in Berlin oder London aus, sondern von den Medien selbst, genauer gesagt: von William Thomas Stead, ehemals Chefredakteur der liberalen Tageszeitung „Pall Mall Gazette" und später Herausgeber der Monatszeitschrift „Review of Reviews". Stead, einer der prominentesten englischen Publizisten seiner Zeit, glaubte wie viele seiner Zeitgenossen, dass es eigentlich keine deutsch-britischen Interessengegensätze gebe. Die sich verschärfenden Verstimmungen waren seiner Meinung nach Pressepolemiken und so genannten „Zeitungskriegen" zuzuschreiben (vgl. Geppert 2007). Stead bezeichnete seine Initiative daher als Beitrag zu einer „Abrüstung der Presse", parallel zu den militärischen Abrüstungsverhandlungen, die wenig später auf der zweiten Haager Friedenskonferenz stattfinden sollten.

Im Juni 1906 reisten zunächst fünfzig deutsche Redakteure und Publizisten durch Südengland. Das dicht gedrängte, zehntägige Programm umfasste unter anderem einen Empfang in der deutschen Botschaft in London, Besuche im Parlament, in der Londoner City und der St. Paul's Cathedral, Ausflüge nach Stratford-upon-Avon, Shakespeares Geburtsstadt, nach Windsor Castle, wo man am Grab Königin Victorias einen Kranz niederlegte, ins Peterhouse College nach Cambridge und eine Fahrt die Themse hinunter nach Greenwich.[2] Der zehntägige Gegenbesuch, der ein Jahr später Ende Mai, Anfang Juni 1907 stattfand, trug noch deutlicher die Züge einer Staatsangelegenheit. Die Vorarbeiten fanden in enger Abstimmung mit der Reichskanzlei statt. Dem Vorbereitungskomitee unter Vorsitz des Fürsten Hatzfeld-Trachenberg gehörten Würdenträger aus Politik, Wirtschaft und Geistesleben an. Die Liste reichte von den Reichstagsvizepräsidenten Hermann Paasche und Johannes Kaempf und dem Präsidenten des Preußischen Herrenhauses über die Bürgermeister von Köln, Breslau, Bremen, Düsseldorf, Dortmund und Heidelberg bis zu Bankiers und Wirtschaftsführern wie Emil Rathenau von der AEG und Albert Ballin, Chef der größten deutschen Reederei. In Bremen wie in Hamburg veranstaltete der Senat der Hansestädte feierliche Abendessen in den Rathäusern. In Berlin gab es ein Festbankett im Zoologischen Garten. In Dresden besuchte die Abordnung die Semperoper. In München wurde sie durch das Deutsche Museum geführt, von wo es mit dem Zug zum Schloss Neuschwanstein ging. In Frankfurt stand neben dem Mittagessen im Rathaus ein Ortstermin in Goethes Geburtshaus auf dem Programm, ehe man über Rüdesheim nach Koblenz und Köln weiterfuhr, wo der Besuch mit einem Festessen im Rathaus Gürzenich und einem Besuch der „Kölnischen Zeitung" endete.[3]

---

2 Zu den ausführlichsten zeitgenössischen Berichten gehören William T. Stead: Visit of the German Editors to England. In: Review of Reviews, Juli 1906, S. 37-53, und Wilhelm von Massow: Eine Englandfahrt deutscher Journalisten. In: Deutsche Monatsschrift 10, 1906, S. 596-603.

3 Siehe hierzu und zum Folgenden die publizierten Reiseberichte einiger britischer Teilnehmer, zum Beispiel James Mackinnon: The British Journalists in Germany. Aberdeen 1907; Low, Sidney/Bunting, Percy W.: The Journalistic Tour in Germany. In: Contemporary Review, Juli 1907, S. 1-15; Alfred G. Gardiner: The Editors' Tour in Germany. In: The Albany Review, Juli 1907, S. 390-396.

Mit Blick auf das Verhältnis zwischen Journalisten und Politikern sind diese Besuche unter vier Gesichtspunkten interessant: Erstens bieten sie die seltene Gelegenheit, sozialgeschichtliche Charakteristika deutscher und britischer Pressevertreter vor 1914 anhand einer überschaubaren, aber doch halbwegs repräsentativen Stichprobe individueller Biographien und Karriereverläufe miteinander zu vergleichen. Sie erlauben Rückschlüsse auf Sozialprestige und gesellschaftliche Verortung journalistischer Eliten im wilhelminischen Kaiserreich und im edwardianischen Großbritannien. Zweitens machen die beiden Reisen deutlich, wie sehr sich britische und deutsche Journalisten inzwischen als wichtige Mitspieler im außenpolitischen Spiel betrachteten. Sie dokumentieren das gewandelte Selbstverständnis der Journalisten. Drittens demonstriert die Initiative die Unsicherheit von Politikern und Diplomaten, wie man mit der gewachsenen Medienmacht in den internationalen Beziehungen umzugehen habe. Sie sagt also etwas über die Anpassungsfähigkeit traditioneller Eliten im Umgang mit politischem und kulturellem Wandel aus. Viertens schließlich erlaubt der bilaterale deutsch-britische Charakter der Begegnungen einen vergleichenden Blick auf verschiedenartige nationale Medienstrukturen und auf unterschiedliche Umgangsweisen der Politik mit den Medien. Dabei wird deutlich, dass die traditionelle Unterscheidung zwischen einer „freien" Presse in Großbritannien und einer „gelenkten" Presse in Deutschland nicht weiter führt. Hilfreicher ist es, verschiedene Traditionen der Presselenkung zu vergleichen. Im Deutschen Reich gab es eine bürokratische Pressepolitik mit amtlichen Stellen in mehreren Ministerien, die für die Medienarbeit zuständig waren. In Großbritannien fanden die entsprechenden Kontakte und Gespräche nicht in einer Amtsstube statt, sondern in den Londoner Gentlemen's Clubs, wo Redakteure, Politiker und Diplomaten informell zusammentrafen und so etwas wie eine Koordination durch „Klüngelei" betrieben (vgl. Geppert 2008).

Die interessante Frage lautet, inwieweit die traditionellen Methoden der Pressepolitik den sich wandelnden Bedingungen angepasst werden konnten. Die komparative Perspektive kann Aufschluss geben über die Elastizität politischer Systeme und über die Flexibilität sozialer und kultureller Praktiken von Gesellschaften bei der Integration des neuartigen Phänomens massenmedial mobilisierter Öffentlichkeiten. Großbritannien und das Deutsche Reich bieten sich als Fallbeispiele in mehrerer Hinsicht an. Wir haben es mit Ländern zu tun, die sich im Hinblick auf Größe, Bevölkerungszahl, wirtschaftliche und kulturelle Entwicklung hinreichend ähnelten, um sinnvolle Vergleiche zuzulassen, die jedoch gerade im Hinblick auf ihre Medienstrukturen auch so verschiedenartig waren, dass sie als Kontrastfolien für zwei unterschiedliche Entwicklungspfade dienen können.

2. Sozialgeschichtliche Charakteristika

Über die fünfzig deutschen Redakteure, die im Sommer 1906 nach England reisten, sind wir nicht nur durch die deutsche und britische Presseberichterstattung informiert, sondern auch durch die diplomatische Überlieferung im Archiv des Auswärtigen Amtes.[4] Diesen Quellen kann man entnehmen, dass das Spektrum der Teilnehmer breit gefächert war, sowohl was ihre geographische Herkunft anbelangt als auch mit Blick auf den Typ der Blätter, für die sie schrieben. Die traditionelle politische Richtungspresse war mit Zeitungen wie dem „Schwäbischen Merkur“ und dem „Hannoverschen Courier“ vertreten, die neue populäre Massenpresse wurde zum Beispiel durch den „Berliner Lokal-Anzeiger“ und den „Hannoverschen Anzeiger“ repräsentiert. Daneben gab es Redakteure von Rundschauzeitschriften wie der „Deutschen Revue“ oder der Unterhaltungszeitschrift „Über Land und Meer“. Ähnliches galt für die britischen Journalisten, die ein Jahr später nach Deutschland kamen. Wie man einer kleinen Broschüre mit dem Titel „Unsere englischen Gäste“ entnehmen kann, die im Archiv des Auswärtigen Amtes überliefert ist[5], gab es auch unter ihnen Vertreter der *quality press* wie den „Daily Telegraph“ oder die „Pall Mall Gazette“, aber eben auch zahlreiche Redakteure von *tabloids* und illustrierten Blättern, zum Beispiel den „Daily Express“ oder „Pearson's Weekly“. Auslandsberichterstattung – das wird aus dieser Übersicht deutlich – war sowohl in Großbritannien als auch im Deutschen Reich keine alleinige Domäne der so genannten Qualitätspresse mehr, sondern wurde aufgrund ihres Unterhaltungswerts auch von bunten Blättern und Boulevardzeitungen hochgeschätzt. Insofern lassen sich aus der Besetzung der deutsch-britischen Journalistenreisen durchaus internationale Medientrends ablesen.

Dass daneben beträchtliche Unterschiede der Medienlandschaften fortbestanden, zeigt ein Blick auf die regionale Verteilung der beteiligten Zeitungen. Im deutschen Fall reichte die Bandbreite von den „Münchener Neuesten Nachrichten“ bis zur „Neuen Hamburger Zeitung“, von der „Kölnischen Zeitung“ bis zur „Hartungschen Zeitung“ aus Königsberg. Berlin war zwar als Reichshauptstadt mit 20 Publikationen besonders stark repräsentiert, aber auch Städte wie Frankfurt, Stuttgart, Leipzig und Köln waren als regionale Pressezentren jeweils mit mehreren Blättern vertreten. Einige der wichtigsten deutschen Tageszeitungen mit überregionaler Bedeutung waren außerhalb der preußischen Kernlande angesiedelt, man denke nur an die „Frankfurter Zeitung“ oder

4 Dort sind einige Teilnehmerlisten mit Angaben zu ihrem biographischen und professionellen Hintergrund erhalten geblieben; vgl. Stumm an AA, 31.5.1906. Politisches Archiv des Auswärtigen Amtes, Berlin [weiter: PA-AA], England Nr. 78, R 5717.

5 PA-AA, R 5723.

die „Kölnische Zeitung". Im britischen Fall hingegen dominierte die Londoner Hauptstadtpresse: von den liberalen Blättern „Westminster Gazette" und „Daily News" über den liberal-imperialistischen „Daily Chronicle" bis zum konservativen „Standard" oder „Daily Graphic". Anders als im auch pressegeschichtlich föderal strukturierten Deutschen Reich erschienen in Großbritannien alle wichtigen Tageszeitungen in der Metropole, die goldene Zeit der Provinzpresse war spätestens in den 1870er Jahren zu Ende gegangen, als es logistisch immer besser möglich wurde, Presseerzeugnisse über das ausgebaute Eisenbahnsystem von London aus über das ganze Land zu verteilen (vgl. Lee 1976). Lediglich Schottland bewahrte sich eine gewisse eigenständige Provinzpresse, weswegen Blätter wie die „Aberdeen Free Press", „Dundee Advertiser", „Glasgow Herald" und „Scotsman" prominent bei den Journalistenreisen vertreten waren. Die wenigen englischen Provinzzeitungen, die 1907 Vertreter nach Deutschland entsandten, wie der „Manchester Guardian", „Liverpool Courier", „Yorkshire Observer" oder „Leeds Mercury", stammten nicht zufällig aus dem Norden und Nordwesten Englands, der von London aus schwieriger zu erreichen war.

Ein weiterer signifikanter Unterschied zwischen der britischen und deutschen Pressetradition bestand in den unterschiedlichen Karriereverläufen der Journalisten. Die Mehrzahl der deutschen Redakteure blieben in ihrem beruflichen Werdegang ein oder zwei Zeitungen treu, was nicht nur den ausgeprägten landsmannschaftlichen Loyalitäten und regionalen Verwurzelungen im Deutschen Reich zuzuschreiben war, sondern auch den weltanschaulichen Gräben, die im wilhelminischen Deutschland die verschiedenen soziokulturellen Milieus und politischen Lager voneinander trennten. Ein Wechsel zwischen Blättern unterschiedlicher politischer Couleur oder regionaler Verortung war in Deutschland entsprechend selten (vgl. Requate 1995: 187-192). Emil Augustus Fitger aus Delmenhorst, der bei der Englandreise die freisinnige „Weser-Zeitung" aus Bremen vertrat, war 1878 als Dreißigjähriger in die Redaktion des Blattes eingetreten, nachdem er zuvor als Kaufmann in Bremen tätig gewesen war. 1886 hatte er es zum Posten des Chefredakteurs gebracht, den er bis zu seinem Tod 1917 bekleidete. Der im rheinländischen Elberfeld geborene Ernst Posse, um ein anderes Beispiel zu nennen, hatte 1885 mit Mitte zwanzig bei der national-liberalen „Kölnischen Zeitung" als Schriftleiter angefangen, war sechzehn Jahre später dort Chefredakteur geworden und blieb es bis 1923. Solche Werdegänge ließen sich nicht nur im links- und rechtsliberalen Spektrum beobachten, sondern auch auf der extremen Rechten.

Wie tief die weltanschaulichen Gräben waren, zeigt ein Blick auf die sozialdemokratische Presse. Ihre Vertreter lehnten es ab, an der Journalistenreise teilzunehmen, da auf deutscher Seite „die verbrecherischsten Scharfmacher und die gemeinsten Verleumder der Sozialdemokratie die Hauptflöte" spielten, wie es in der Parteizeitung „Vorwärts" hieß. Nach Meinung des „Vorwärts" ging es bei dieser Idee „gutbürgerlicher englischer Journalisten" ohnehin nicht um echte Völkerverständigung, sondern lediglich um „offizielle Empfänge und Fressereien". Jeder Vertreter der Arbeiterbewegung, der etwas auf sich und die Partei halte, müsse die Einladung zu jener „Meerfahrt der Scharfmacher und Verleumder" mit „einer unzweideutigen Absage" beantworten.[6] Lily Braun von der Monatsschrift „Die Neue Gesellschaft", die sich dieser Linie widersetzte und – als einzige Frau – dennoch an der Englandfahrt teilnahm, warf man „Parteiverrat" vor. Zunächst wehrte sich Braun mit dem Hinweis, die deutsche Arbeiterbewegung habe nichts „mit den Quertreibereien einzelner von preußischem Polizeigeist durchsetzter Genossen zu tun". Doch als die Strafpredigten des „Vorwärts" in der restlichen Parteipresse wiederholt wurden, blieb sie dem Empfang in Windsor Castle demonstrativ fern, um sich nicht weiterer Kritik auszusetzen (vgl. Braun 1924: 579-581).

Im Gegensatz zu den ausgeprägten weltanschaulichen und regionalen Kohäsionskräften im deutschen Journalismus, schlossen Karrieren in der britischen Presse in der Regel zahlreiche Wechsel des Arbeitgebers ein, mitunter auch über parteipolitische und weltanschauliche Gräben hinweg. Die erfolgreiche Laufbahn begann üblicherweise in der Lokal- oder Regionalpresse und führte über die großen Provinzzeitungen in die Hauptstadt. Erfolg bemaß sich spätestens seit den 1880er Jahren daran, ob man den Aufstieg zu einem Blatt der Fleet Street schaffte – so wie Stead, dessen Karriere vom „Darlington Echo" in Nordengland an die Spitze der „Pall Mall Gazette" geführt hatte. Fast alle anderen Chefredakteure und Leitartikler, die an der Journalistenreise nach Deutschland teilnahmen, hatten einen ähnlichen Weg aus der Provinz in die Metropole hinter sich: J. Ellershaw vom „Daily Telegraph" beispielsweise hatte sich aus Kingston-upon-Hull über den „Caledonian Mercury" und den „Scotsman" in Edinburgh zum Londoner „Morning Star" hochgearbeitet, von wo er zum „Daily Telegraph" wechselte. Alfred J. Spender von der „Westminster Gazette", um ein anderes prominentes Beispiel zu nennen, blickte auf Anfänge bei den „Eastern Morning News" im mittelenglischen Hull Ende der 1880er Jahre zurück.

Das Hochschulstudium spielte in den Biographien der britischen Journalisten eine weniger prominente Rolle als bei ihren deutschen Gegenstücken. Während 31 der fünfzig deutschen Teilnehmer einen Doktorgrad erworben hatten, verfügte nur eine Minderheit der britischen Delegierten über einen akademischen Abschluss. Insofern spiegelten ihre Biografien die unterschiedlichen Ausbildungswege deutscher und britischer Journalisten insgesamt wider: Die Mehrzahl der deutschen Journalisten hatte ein Universitätsstudium abgeschlossen, mehr als die Hälfte war promoviert worden, in der Regel von den Philosophischen Fakultäten (vgl. Requate 1995: 142-156).

6 Vorwärts, Nr. 140, 20.6.1906.

Die meisten britischen Journalisten hingegen hatten nach der Schule als Teenager eine Ausbildung bei einer Zeitung begonnen und sich innerhalb der Profession nach oben gearbeitet, wie Alfred G. Gardiner, der als Reporter in Bournemouth begonnen hatte, dann zum „Northern Daily Telegraph“ in Blackburn gewechselt war, ehe er es 1902 zum Chefredakteur der Londoner „Daily News“ brachte.

Zugleich profitierten in Großbritannien diejenigen Journalisten, die studiert hatten, während ihrer späteren Karriere mehr von ihren akademischen Verbindungen als ihre deutschen Kollegen, zumal wenn sie eines der renommierteren Colleges in Oxford oder Cambridge besucht hatten. Gezielt suchten die führenden politischen Zeitungen Englands unter den Absolventen der beiden alten Universitäten ihre Nachwuchskräfte aus (vgl. Guttmann 1959: 219). Besonders deutlich wird der Wert dieser Universitätskontakte, wenn man die Beziehungsnetze ehemaliger Studenten des Oxforder Balliol College betrachtet. Nicht zufällig war der Balliol-Alumnus J. Alfred Spender von der „Westminster Gazette“ der wichtigste publizistische Vertrauensmann sowohl des liberalen Premierministers Herbert Henry Asquith als auch von Außenminister Sir Edward Grey und dessen Privatsekretär William Tyrrell, alle drei ebenfalls ehemalige Studenten des Balliol College. In Deutschland waren derartige Kontakte über die Grenzen der eigenen Profession hinweg seltener. Die Presse im Kaiserreich war nach Meinung des langjährigen „Reuters“-Korrespondenten in Berlin „an estate without a status“. Die Verdienstmöglichkeiten waren geringer als in England, Aussichten auf Ansehen, Einfluss und gesellschaftlichen Aufstieg gab es nicht: „It is the whipping post of the public conscience“ (Harrison 1907: 112).

Bei einer historischen Analyse der Medialisierung von Außenpolitik, so bleibt als Zwischenfazit festzuhalten, muss man verschiedenartig strukturierte nationale Medienwelten und das unterschiedliche Sozialprestige von Journalisten mit bedenken. Pressevertreter gehörten in Deutschland vor 1914 nicht zu den inneren Kreisen der guten Gesellschaft. Trotz des im ausgehenden 19. Jahrhundert zu verzeichnenden „informellen Professionalisierungsprozesses“ und der „Herausbildung eines spezifischen journalistischen Selbstverständnisses“ (Requate 1995: 398) blieben deutsche Zeitungsleute aus Sicht ihrer britischen Kollegen Angehörige eines sozial gering geachteten Standes. Kaum ein deutscher Journalist verkehrte in den Zirkeln der gesellschaftlichen und politischen Elite des Landes, wie es führende Zeitungsleute in England ganz selbstverständlich taten.

3. Das gewandelte Selbstverständnis der Journalisten

Dennoch war die Botschaft, welche die beiden Journalistenbesuche über Versöhnungsworte und Entspannungsrhetorik hinaus vermittelten, eindeutig: Sowohl in Großbritannien wie im Deutschen Reich waren die Medien – zumindest in ihrer Selbstwahrnehmung – zu einem Faktor der internationalen Beziehungen geworden, mit dem die offizielle Außenpolitik zu rechnen hatte. Regelmäßig wurde in Ansprachen und Grußworten die Rolle von Journalisten mit den Aufgaben von Diplomaten gleichgesetzt. Der Präsident des Bremer Senats bezeichnete die englischen Redakteure als „Botschafter der Öffentlichkeit" ihres Landes; der Oberbürgermeister von Dresden nannte sie „Vertreter der öffentlichen Meinung" einer großen und mächtigen Nation, während Spender zu Protokoll gab, das Ausräumen von Missverständnissen gehöre zu den edelsten Pflichten von Diplomatie und Presse.[7] Der Besuch sei auch deswegen so wichtig, notierte Stead im „Anglo-German Courier", einer Zeitschrift, die eigens zur Begleitung der Journalistenreisen ins Leben gerufen worden war, weil er das Ansehen des Berufsstandes der Journalisten vor den Augen der Öffentlichkeit hebe: Zum ersten Mal würden „Männer unseres Handwerkes" mit der Achtung empfangen, die ihnen „als Sprechern des Königs Demos" gebühre.[8]

Natürlich war bei alldem jede Menge Übertreibung im Spiel. Die hohen Erwartungen, die viele Journalisten an die Besuchsreisen knüpften, entsprangen wenigstens teilweise ihrer berufsbedingten Vorprägung, einer *déformation professionnelle*, wenn man so will: Als Fachleute für gesellschaftliche Kommunikation lag es für sie nahe, Probleme aller Art auf Verständigungsschwierigkeiten zurückzuführen und sich von einem verbesserten Gedankenaustausch, wie er bei den Rundreisen möglich wurde, die Überwindung selbst vertracktester Situationen zu versprechen. Niemand in England gebe sich der Illusion hin, schrieb Stead, dass es möglich sei, durch ein „internationales Picknick" Wunder zu wirken und einen vollkommenen Gleichklang der Interessen herzustellen. Aber er glaube doch, „dass wir die Differenzen viel vernünftiger besprechen können, wenn die Streiter einander eine ganze Woche lang als Mitmenschen an einer gastlichen Tafel behandeln und sich an Sommertagen an angenehmen Ausflügen nach schönen und historischen Orten unseres Landes erfreuen."[9]

Gerade in Deutschland wurde den Reisen enorme Aufmerksamkeit zuteil. Tausende säumten im Sommer 1907 die Straßen und jubelten, als die britische Abordnung durch die Innenstädte von Bremen, Hamburg, Berlin, Dresden, München, Frankfurt

7 Vgl. die Berichte im Manchester Guardian, 28.5. und 3.6.1907, und in der Daily News, 28.5.1907.
8 Anglo-German Courier, 25.5.1906. Kopie in: PA-AA, R 5717.
9 Anglo-German Courier, 8.6.1906. Kopie in: PA-AA R 5717.

und Köln gefahren wurde. Für ein starkes publizistisches Echo war gesorgt, denn die Teilnehmer waren ja zumeist Chefredakteure, die über sich selbst, ihre eigenen Erlebnisse und Erkenntnisse schreiben konnten und ihren Texten in den eigenen Blättern ungewöhnlich breiten Raum zubilligten. Verstärkt wurde dieser Trend durch etwas, das man den internationalen Echoeffekt der Berichterstattung nennen könnte. Dieser Echoeffekt sorgte dafür, dass beispielsweise die Reiseberichte britischer Teilnehmer in englischen Zeitungen über Nachrichtenagenturen und deutsche London-Korrespondenten in die deutsche Presse gelangten, wo sie als Material für weitere Nachrichten und Leitartikel dienten. Auf diese Weise entstand ein Kreislauf, in dem englische Nachrichten über Ereignisse in Deutschland ihrerseits zum Gegenstand von Meldungen und Kommentaren in deutschen Zeitungen wurden und umgekehrt.

Die ausgiebige Selbstbeweihräucherung der Journalisten dokumentierte einen spürbaren Bedeutungszuwachs der Presse in außenpolitischen Fragen. Die Verschiebung im Kräfteverhältnis zwischen Diplomatie und Öffentlichkeit kam dabei nicht zuletzt in der großen Anzahl hochrangiger Minister und Staatssekretäre zum Ausdruck, die an den Banketten und anderen Festveranstaltungen teilnahmen: In England waren das zum Beispiel der junge Winston Churchill, damals gerade zum Juniorminister im Kolonialministerium aufgestiegen, David Lloyd George als Präsident des „Board of Trade", Kriegsminister Richard Haldane, der Earl of Crewe als Kolonialminister, Lordkanzler Loreburn und die Führer der Arbeiterbewegung John Burns und Keir Hardie. Beim Gegenbesuch in Deutschland gaben sich die Staatssekretäre von Tirpitz, Dernburg, von Posadowsky, von Rheinbaben und von Bethmann Hollweg die Ehre, außerdem eine Reihe von Unterstaatssekretären und Ministern. Kanzler Bernhard von Bülow veranstaltete eigens eine Gartenparty in der Reichskanzlei.

Noch bemerkenswerter fielen die Reaktionen der Monarchen in Deutschland und Großbritannien aus. Der König von Sachsen empfing eine Delegation der englischen Redakteure, ebenso der greise bayerische Prinzregent Luitpold.[10] Gegen alles Herkommen gewährten auch König Edward VII. und Kaiser Wilhelm II. den Journalisten Gesten monarchischer Huld. Als Zeichen seines guten Willens entschied sich Edward, die Presseleute zum Mittagsmahl nach Windsor einzuladen.[11] Er achtete freilich sorgfältig darauf, selbst nicht in Erscheinung zu treten, und überließ es seinem Haushofmeister, Lord Farquhar, die Gäste zu bewirten und durch die königlichen Gemächer zu führen.[12] Dennoch jubilierte Stead anschließend, niemals zuvor in der britischen

10 Zur Audienz beim sächsischen König vgl. Gough an Grey, 9. und 13.5.1907. The National Archive [künftig: TNA], FO 215/54; Gough an Lascelles, 3.6.1907. TNA, FO 800/13, Bl. 423-424; zur Audienz in München: Münchener Neueste Nachrichten, 4.6.1907 und Westminster Gazette, 6.6.1907.

11 Hardinge an Lascelles, 16.5.1906. TNA, FO 800/13, Bl. 146-9; Stumm an AA, 6.6.1906. PA-AA, England Nr. 78, R 5717.

12 Stead an Waring, 27.5.1906, Jerome S. Waring Collection; Daily News, 26.6.1906.

Geschichte sei Vertretern der Presse eine solche Ehrung von königlicher Seite zuteil geworden. Das Gros britischer Journalisten sei niemals „mit so huldreicher Gastlichkeit" im Schloss Windsor empfangen worden. Die Tatsache, dass bei dieser Gelegenheit eine derart bemerkenswerte Abweichung von der hergebrachten Übung unternommen wurde, empfand Stead als Zeichen dafür, wie man in England die Entfremdung zwischen beiden Völkern allgemein bedauere und wünsche, „die bitteren Zänkereien der Vergangenheit zu vergessen".[13]

Auch Wilhelm II. umwarb die britischen Gäste. Anders als Edward VII. hielt er sich aber nicht vornehm zurück, sondern drängte ungestüm in den Vordergrund. Als Bühne diente ihm der Ausflug der britischen Gäste nach Potsdam. Dort sah das offizielle Programm die Teilnahme an der Frühlingsparade der Potsdamer Garnison im Lustgarten vor, gefolgt von einem Rundgang durch das Neue Palais, eine Fahrt durch den Schlossgarten nach Sanssouci, unterbrochen durch ein Mittagessen in der Orangerie auf halbem Weg. Der Kaiser würde bei der Truppenparade anwesend sein, hieß es offiziell, ein direktes Zusammentreffen mit den Journalisten sei nicht geplant. Unter der Hand bedeutete man den Briten jedoch, sie sollten aus ihrer Gruppe eine Abordnung von vier herausragenden Publizisten bestimmen, denen bei einem „spontanen" Auftauchen des Kaisers die Ehre einer kurzen Unterhaltung zuteil werden würde.[14] Mitten in einem luxuriösen Mahl, erinnerte sich ein britischer Gast später, sei plötzlich getuschelt worden: „Der Kaiser kommt!" Und tatsächlich, mit einem Mal sei hinter einem Hügel die Silhouette des Kaisers sichtbar geworden: „[...] in all the gorgeous array of his picturesque and favourite uniform of the *Gard du Corps*, and with him an orderly. It was a theatrical display, quite after the Kaiser's manner, and intended, no doubt, as a compliment to the visitors" (Higginbotham 1934: 196). „Lohengrin!" entfuhr es dem einen oder anderen Zeugen bei diesem Anblick, ehe der Kaiser, leutselig Hände schüttelnd, mit den Journalisten zu plaudern begann. Wilhelm habe die Gabe, notierte einer der anwesenden deutschen Pressevertreter, „wenn er will, Menschen zu gewinnen, und die Gefühle der englischen Gäste machten sich in einem dreimaligen Hipp, Hipp, Hurra! Luft, als er freundlich Abschied nahm" (Stein 1921: 194).

13 Anglo-German Courier, 15.6.1906. Kopie in: PA-AA, England Nr. 78, R 5718.

14 Daily News, 5.6.1907, Observer, 6.6.1907.

4. Die Reaktion von Politik und Diplomatie

Der pompöse Charakter der offiziellen Empfänge war umso bemerkenswerter als Steads Plan bei der deutschen Diplomatie zunächst gemischte Gefühle ausgelöst hatte. Der an der deutschen Botschaft in London für die Pressearbeit zuständige Mann, Graf Johann Heinrich von Bernstorff, war zwar sofort Feuer und Flamme. Schon Jahre zuvor hatte er seine Vorgesetzten in Berlin beschworen, die einzige Chance zur Beeinflussung der englischen Presse bestehe in dem, was er „Mache“ nannte: Netze von Freundschaften, Bekanntschaften und persönlichen Kontakten zu knüpfen, wie es den Franzosen vor Abschluss der Entente Cordiale so ausgezeichnet gelungen sei. (Bernstorff beschrieb damit ziemlich exakt jenen oben skizzierten informellen Charakter britischer Pressepolitik als *Koordination durch „Klüngelei“*.)[15] Im Auswärtigen Amt in Berlin war man skeptischer – vor allem aus Sorge über die Zusammensetzung der deutschen Delegation. Einerseits wollte man deren Auswahl kontrollieren, um zu gewährleisten, dass nur zuverlässigen, das heißt regierungstreuen Journalisten die Teilnahme gewährt wurde. Auf der anderen Seite wollte man den Eindruck vermeiden, die deutsche Regierung mische sich in die Angelegenheiten der Presse ein und sei in irgendeiner Weise für das Verhalten der deutschen Journalisten während ihrer Englandreise verantwortlich zu machen – ein typisches Dilemma bürokratischer Pressepolitik.[16]

Im britischen Foreign Office blickte man dem Journalistenbesuch ebenfalls misstrauisch entgegen, aber aus anderen Gründen. Dort befürchtete man, dass Gerüchte über eine bevorstehende deutsch-britische Annäherung in Paris Irritationen auslösen und die Entente Cordiale beschädigen würden. Die britischen diplomatischen Eliten betrachteten die Initiative der Journalisten als dilettantisches Störmanöver, das ihre eigenen Strategien zu durchkreuzen drohte und das es deswegen nach Kräften zu entschärfen galt. Mit argwöhnischen Blicken prüften die Beamten im Foreign Office die Zusammensetzung der deutschen Journalistendelegation. In der betreffenden Depesche der Berliner Botschaft, die nicht nur dem Außenminister, sondern auch dem Premierminister und dem König vorgelegt wurde, unterstrichen sie mit dickem Stift alle Hinweise auf antienglische Einstellungen bestimmter Blätter und Journalisten. Wenn eine Abrüstung der Presse überhaupt vorstellbar sei, notierte ein Beamter, dann spiele sie Deutschland in die Hände, „who would quietly pursue her policy, having allayed our suspicions, until her plans were fully matured + she herself ready to act“.[17]

15 Bernstorff an Hammann, 6.11.1903. BA Lichterfelde, NL 2106, Otto Hammann, 1/3, Bl. 1-5.
16 Hammann an Bernstorff, 15.3.1906. PA-AA, England Nr. 78, R 5715.
17 Randnotiz Spicer vom 10.6.1907. TNA, FO 371/259, Bl. 475-479.

Der führende Deutschlandexperte im Foreign Office, Eyre Crowe, warnte, englische Politiker dürften sich nicht von einer Schar „unverantwortlicher […] Wichtigtuer ausschlachten" lassen.[18] Sein Argwohn wurde vollends geweckt, als die „Times" über einen Artikel in der „Kölnischen Zeitung" berichtete, in dem es hieß, die französische Unruhe anlässlich der Journalistenreise mache deutlich, welcher Erfolg das Unternehmen sei.[19] Crowe fand den Artikel „bezeichnend" und verlangte nach Maßnahmen, um dem Eindruck entgegenzuwirken, der in Paris durch die „plötzliche und unterschiedslose Verbrüderung" mit Leuten entstehen müsse, die seit Jahren „ihr Gift gegen England ausgespritzt haben und die sich Frankreich gegenüber ebenso wütend und anmaßend" gebärdeten. Unverzügliche Schritte waren aus Crowes Sicht umso dringender erforderlich als er hinter dem Artikel in der „Kölnischen Zeitung" Machenschaften des Auswärtigen Amtes vermutete. „Die deutsche Presse beeinflusst die deutsche Regierung nicht", notierte er. „Im Gegenteil: die deutsche Regierung beeinflusst die deutsche Presse."[20] Andere Beamte im Foreign Office teilten Crowes Analyse. Wenn die deutsche Presse auch nur den geringsten Einfluss auf die deutsche Regierung ausüben würde, erklärte einer, könnte die Journalistenbegegnung einige positive Ergebnisse zeitigen; „but we know that the Press cannot possibly be regarded as 'free' + that it will continue to write precisely in the strain desired by the Government."[21] Dass die deutsche Nation kein Mitspracherecht in außenpolitischen Fragen hatte und dass allein die Reichsleitung den Kurs bestimmte, wurde in den Status einer Doktrin erhoben, an der keine Zweifel angebracht waren. Die britischen Journalisten, notierte ein Beamter, hätten nicht begriffen, „that the German nation exercises no influence whatsoever upon German Foreign Policy which is entirely controlled by the Government, of whose naval policy Great Britain is bound to remain keenly watchful."[22]

Nach allem, was man heute den Akten entnehmen kann, lag das britische Außenministerium mit dieser Einschätzung – wenigstens für die wilhelminische Zeit – zunehmend falsch. Auch hier wird deutlich, wie schwer sich die diplomatischen Eliten damit taten, die veränderte Rolle der Medien einzuschätzen und damit umzugehen.

18 Aufzeichnungen von Crowe, 26.6.1906. In: Gooch, G.P.: Timperley, Harold (1927): Die britischen amtlichen Dokumente über den Ursprung des Weltkrieges 1898–1914 in elf Bänden, Bd. 3, hrsg. von Hermann Lutz, Berlin: Deutsche Verlagsgesellschaft für Politik und Geschichte [künftig: BD], Nr. 419, S. 579.

19 The Times, 24.6.1906; vgl. Kölnische Zeitung Nr. 674 und Nr. 677, 23.6.1906.

20 Aufzeichnungen von Crowe, 26.6.1906. BD, Bd. 3, Nr. 419, Bl. 579.

21 Randnotiz Spicer, 4.7.1906. TNA, FO 371/78, Bl. 206.

22 Randbemerkung Spicer zu McKinnon an Grey, 30.10.1907. TNA, FO 371/259, S. 480-482.

Die deutsche Diplomatie war freilich mitschuldig an dem ungünstigen Eindruck, den man in Großbritannien von ihren Methoden und Absichten hatte. In der Wilhelmstraße sah man die Besuche in erster Linie als Chance, die britische Regierung von den friedfertigen Absichten des Reiches zu überzeugen und den Verdacht zu zerstreuen, Großbritannien sei durch die deutsche Flottenrüstung bedroht. Bülow hatte kein Gespür dafür, dass vertrauensbildende Maßnahmen die Bereitschaft aller Beteiligten voraussetzten, mit offenen Karten zu spielen. Stattdessen versuchte er, die Besuchsreise von 1907 zu einem diplomatischen Winkelzug zu nutzen. Er bat Spender von der „Westminster Gazette“ als Vertrauten des britischen Außenministers und somit vermeintlich einflussreichsten englischen Gast zu einer heimlichen Sonderaudienz – ganz im Sinne der innenpolitisch erprobten Praxis, Journalisten, die als besonders zuverlässig galten, Insiderinformationen zuzuspielen beziehungsweise ihnen privilegierten Zugang zu Regierungsvertretern zu verschaffen.

Diese Praxis erwies sich im Umgang mit der britischen Presse als kontraproduktiv: Was als Auszeichnung für den derart Geehrten gedacht war, wurde von den übrigen Besuchern als Brüskierung empfunden. Spender selbst fand die Aufmerksamkeit, die ihm zuteil wurde, „rather embarrassing“; nicht zu Unrecht fürchtete er, seine Vorzugsbehandlung werde Eifersüchteleien innerhalb der britischen Delegation Vorschub leisten (Harris 1946: 150). Tatsächlich sorgte es für Verstimmung, dass man ihm beim Bankett im Hamburger Rathaus den Ehrenplatz zuwies, während der Herausgeber der „Empire Review“, Sir Clement Kinloch-Cooke, der als Ritter auf einer höheren gesellschaftlichen Stufe stand, weiter unten an der Tafel platziert wurde.[23] Lucien Wolf vom „Daily Graphic“ empfand die Ungleichbehandlung der verschiedenen Delegationsteilnehmer und vor allem seine eigene Zurücksetzung sogar als derart empörend, dass er die Reise zornerfüllt abbrach.[24] Insgesamt sind die Misshelligkeiten, an denen die Initiative scheiterte, ein gutes Beispiel dafür, wie Unterschiede in der politischen Kultur zu Missverständnissen führen können. Zugleich zeigt der Fehlschlag aber auch die Grenzen einer medial vermittelten Aussöhnung auf und macht deutlich, wie wenig einzelne Zeitungen oder Publizisten auszurichten vermochten, wenn ihnen die Unterstützung der amtlichen Diplomatie fehlte. Der Kontrast zu den Beziehungen zwischen London und Paris, in denen Presse und Diplomatie bei der Entstehung der Entente Cordiale im Frühjahr 1904 zusammenwirkten, könnte kaum krasser sein.

23 Rhodes an Bussche, 28.5.1907. Ebd.
24 Wolf an Lascelles, 31.5.1907. TNA, FO 800/13, Bl. 418.

5. Vergleich zwischen Deutschland und Großbritannien

Im Hinblick auf das Verhältnis von Presse und Außenpolitik stellten die 25 Jahre vor dem Ersten Weltkrieg eine Übergangszeit dar, in der eine sich rasch verzweigende und ausweitende Presse ihre wachsende Macht zunehmend erkannte. Bülow sprach einmal von einer „Zeit schrankenloser Publizität, wo so zahllose Fäden hin und her laufen und keine Glocke geläutet wird, ohne dass jeder sich ein Urteil über ihren Ton bildet."[25] Politik und Diplomatie mussten lernen, mit dieser Publizität zu leben. Es wäre dabei, wie gesagt, allzu simplifizierend, vom Gegensatz einer „freien" Presse in Großbritannien und einer „gelenkten" Presse in Deutschland auszugehen. Vielmehr mussten beide Regierungen Mittel und Wege finden, mit einer einflussreicher und selbstbewusster werdenden Presse umzugehen.

Der bürokratische Ansatz der deutschen Pressepolitik war dabei 1906/1907 unverkennbar in Schwierigkeiten geraten. Was man gemeinhin *öffentliche Meinung* nannte, war der Kontrolle der Reichsleitung entglitten, weswegen diese auf potenziell unkontrollierbare Medienereignisse wie die Journalistenreisen so nervös reagierte. Der britische Botschafter in Berlin, Sir Frank Lascelles, beschrieb diesen Wandel treffend, als er in seinem Überblicksbericht für das Jahr 1906 eine tektonische Verschiebung im Verhältnis zwischen dem deutschen Volk und seiner Regierung konstatierte: „When I first came to Berlin, eleven years ago", schrieb er, „I was told that the attitude of an ordinary German in reading a newspaper was to ask whether the statements contained in it were official. If the answer was affirmative, he would read it with attention and respect; if in the negative he would attach but little importance to what he read. Now, anything published by authority is received with suspicion and closely criticized, and constant attacks have been made in newspapers, which might be expected to support the authorities."[26]

Aber auch in Großbritannien, wo die Regierung größere Erfahrung im Umgang mit einer unabhängigen Presse besaß, stießen die traditionellen Instrumente der Pressepolitik an ihre Grenzen. Private Kontakte zwischen Politikern, Diplomaten und Journalisten beruhten auf der Prämisse der Zugehörigkeit zur gleichen sozialen Schicht oder wenigstens der Verbindung durch geteilte politische Loyalitäten. Es ist kaum ein Zufall, dass alle Versuche des Foreign Office, die Pressereaktionen auf die Journalistenreisen zu koordinieren, bei Blättern der traditionellen politischen Richtungspresse ansetzten, zu denen die Beamten persönliche Verbindungen pflegten. Die

25 Bülow an Eulenburg, 9.1.1893. In: John C. G. Röhl (Hrsg.) (1979): Philipp Eulenburgs Politische Korrespondenz, Bd. 2. Boppard am Rhein: H. Boldt Verlag, S. 1006-1009 (S. 1007).

26 Sir F. Lascelles: General Report on Germany for the Year 1906, 24.5.1907. British Documents on Foreign Affairs, Part I, Series F, Vol. 20, Nr. 35, p. 46.

seit den späten 1890er Jahren aufkommende populäre Massenpresse hingegen entzog sich in immer stärkerem Maße dem Denken und Handeln in diesen Zusammenhängen. Vertrauliche Gespräche zwischen alten Schulfreunden in Clubs oder anderswo waren in den Beziehungen zu Blättern wie der „Times" oder dem „Spectator" immer noch nützlich. Aber Redakteure der kommerziellen Massenpresse wie Ralph Blumenfeld vom „Daily Express" betrachteten sich mit Stolz als nicht „clubable", also nicht gesellschaftsfähig (Blumenfeld 1933: 196). „I would be delighted to join your Club", schrieb der mächtigste Pressebaron seiner Zeit, Lord Northcliffe, damals an Churchill, „were it not that long ago I came to the conclusion, from my own experience and that of others, that a man who owns newspapers should not belong to Clubs of any kind."[27]

Dennoch bleibt festzuhalten, dass sich aufs Ganze gesehen der britische Ansatz einer pressepolitischen Steuerung durch soziale Kontakte besser bewährte als die Methoden der Wilhelmstraße. Das lag teilweise daran, dass in Großbritannien der Aufstieg ins Establishment – symbolisiert durch Adelstitel oder die Zugehörigkeit zu exklusiven Clubs – für soziale Außenseiter erstrebenswert blieb und von den etablierten Kreisen in wohldosiertem Maße ermöglicht wurde. Auch ein Mann wie Blumenfeld, der sich in der Rolle des Outsiders gefiel, war nicht immun dagegen und betrieb heimlich seine Aufnahme in den traditionsreichen „Carlton Club".[28] Und Lord Northcliffe fühlte sich selbstverständlich hoch geehrt, als er 1905 in den Adelsstand erhoben wurde. In Deutschland hingegen erwiesen sich die bürokratischen Lenkungsmechanismen des Obrigkeitsstaates als zunehmend wirkungslos, während alternative Steuerungsmechanismen nach dem britischen Muster informeller Fühlungnahme innerhalb elitärer Netzwerke an den starren Barrieren der deutschen Berufsstandsgesellschaft scheiterten – mit negativen Langzeitfolgen sowohl für die Medien als auch für die Politik im Deutschen Reich. Das Vorkriegsdeutschland habe es nie verstanden, urteilte ein polnischer Journalist nach 1918, seine eigene Presse zu achten: „Jedes Assessorchen, jedes Offizierchen und jeder Junker sah von oben auf den Journalisten und Publizisten, der für ihn ein ‚verkommener Gymnasiast' war."[29]

Man muss jedoch einräumen, dass eine bürokratische Presselenkung, wie sie hier mit all ihren Schwierigkeiten geschildert worden ist, keine deutsche Spezialität darstellte, sondern eher die europäische Norm war. Es gibt zwar bislang keine umfassenden Vergleichsstudien über die europäischen Pressepolitiken dieser Zeit. Aber anscheinend war das Vorgehen etwa in Österreich oder Italien dem deutschen nicht

27 Northcliffe an Churchill, 11.5.1911. British Library (BL), Northcliffe Papers, Add. 62156.

28 Die ihm im Frühjahr 1911 – als erstem Juden – auch ermöglicht wurde. Streatfield an Blumenfeld, 9.5.1911. House of Lords Record Office (HLRO), Blumenfeld Papers, BLU/1/5/CARL 1.

29 Rzeczpospolita Nr. 160, 14.6.1923 (Morgenausgabe), deutsche Übersetzung („Die Leiden der Auslandspresse"). PA-AA, Presse-Abteilung: Journalisten P27, Generalia, Bd. 1, R 121602.

unähnlich. Auch vom Pressebetrieb am Quai d'Orsay berichtete ein deutscher Beamter nach einem Besuch in Paris im Jahr 1909, er ähnele in vielem dem in der Wilhelmstraße, „was den Empfang der Journalisten betrifft".[30] Eher scheint Großbritannien auf diesem Feld – wie auf manchen anderen – einen Sonderweg eingeschlagen zu haben, indem es sich ganz auf die Bindekraft informeller Netzwerke verließ (vgl. Weisbrod 1990).

6. Schluss

Die Medialisierung der Außenpolitik ist nicht nur für die transformativen Jahrzehnte um 1900 ein zentrales Thema, sondern insgesamt für das 20. Jahrhundert als „Jahrhundert der Massenmedien" (Schildt 2001); Antje Robrechts Studie (2008) zu den deutsch-britischen Pressebeziehungen im Kalten Krieg hat das jüngst für die Adenauer-Ära vorgeführt. Eine Medien- und Kommunikationsgeschichte der internationalen Beziehungen, wie ich sie in diesem Beitrag umrissen habe, hat unter anderem die Aufgabe, die Auswirkungen veränderter Medienstrukturen auf die bilateralen Beziehungen zwischen bestimmten Staaten, aber darüber hinaus auch auf das internationale System als Ganzes zu untersuchen und die Effekte beschleunigter globaler Kommunikation auf die Funktionsfähigkeit etablierter Abstimmungsmechanismen und Krisenbewältigungsstrategien zu analysieren.

Medienereignisse wie die hier betrachteten deutsch-britischen Journalistenreisen von 1906 und 1907 machen deutlich, dass die Medien in diesem Zusammenhang nicht nur als zusätzliche Spannungsfaktoren wirkten, sondern prinzipiell auch zur Entspannung beitragen konnten – zumindest dann, wenn sie von den diplomatischen Eliten der Länder unterstützt und mitgetragen wurden. Sie scheiterten jedoch, wenn sie lediglich als Ersatz für politische Verständigung in den zentralen Streitfragen dienten, so wie zwischen Deutschland und Großbritannien über weite Strecken der Jahre vor 1914. Auch im beginnenden Zeitalter einer Medialisierung der Außenpolitik war die mediale Dynamik kein Selbstläufer, sondern blieb an realpolitische Gegebenheiten zurückgebunden.

30 Riezler an Bethmann Hollweg, 4.11.1909. PA-AA Deutschland 126 Bd. 4, R 1482.

Literatur

Andrew, Christopher M. (1968): Theophil Delcassé and the Making of the Entente Cordiale, 1898–1905. London: Oxford University Press.

Bethke, Martin (2003): Macht und Ohnmacht der Worte. William Randolph Hearst und der Weg der USA zur Weltmacht, 1898–1917. Frankfurt a. M.: Lang.

Blumenfeld, Ralph (1933): The Press in My Time. London: Rich & Cowan.

Bösch, Frank/Geppert, Dominik (2008): Journalists as Political Actors. Transfers and Interactions between Britain and Germany since the late 19th Century. Augsburg: Wißner.

Braun, Lily (1924): Memoiren einer Sozialistin. München: Albert Langen.

Daniel, Ute (2005): Einkreisung und Kaiserdämmerung. Ein Versuch, der Kulturgeschichte der Politik vor dem Ersten Weltkrieg auf die Spur zu kommen. In: Barbara Stollberg-Rilinger (Hrsg.): Was heißt Kulturgeschichte des Politischen? Berlin: Duncker & Humblot, S. 279-328.

Dörner, Andreas (2001): Politainment. Politik in der medialen Erlebnisgesellschaft. Frankfurt a. M.: Suhrkamp.

Dovifat, Emil (1976): Zeitungslehre, Bd. 2, sechste neubearbeitete Auflage, hrsg. von Jürgen Wilke. Berlin/New York: Walter de Gruyter.

Geppert, Dominik (2007): Pressekriege. Öffentlichkeit und Diplomatie in den deutsch-britischen Beziehungen (1896–1912). München: Oldenbourg.

Geppert, Dominik (2008): The Public Challenge to Diplomacy: German and British Ways of Dealing with the Press, 1890–1914. In: Mößlang, Markus/Riotte, Torsten (Hrsg.): The Diplomats' World: The Cultural History of Diplomacy, 1815–1914. Oxford: Oxford University Press, S. 133-164.

Guttmann, Bernhard (1950): Schattenriß einer Generation, 1888–1919. Stuttgart: Koehler.

Hafez, Kai (2002): Die politische Dimension der Auslandsberichterstattung, 2. Bde., Baden-Baden, zugl. Habil.-Schrift Hamburg 2001: Nomos-Verlags-Gesellschaft.

Hampf, M. Michaela/Lehmkuhl, Ursula (Hrsg.) (2006): Radio Welten: Politische, soziale und kulturelle Aspekte atlantischer Mediengeschichte vor und während des Zweiten Weltkriegs. Berlin: Lit Verlag.

Harris, H. Wilson (1946): J. A. Spender. London u.a.: Cassell.

Harrison, Austin (1907): England and Germany. London: Macmillan.

Higginbotham, Frederick J. (1934): The Vivid Life: A Journalist's Career. London: Simpkin Marshall.

Hollenberg, Günter (1974): Englisches Interesse am Kaiserreich. Die Attraktivität Preußen-Deutschlands für konservative und liberale Kreise in Großbritannien 1860–1914. Wiesbaden: Steiner.

Keane, John (2006): Global Publics? Civil Society, Journalism and Democracy across Borders. In: Budde, Gunilla/Janz, Oliver/Conrad, Sebastian (Hrsg.): Transnationale Geschichte. Themen, Tendenzen und Theorien. Göttingen: Vandenhoeck und Rupprecht, S. 304-317.

Kennedy, Paul M. (1980): The Rise of the Anglo-German Antagonism, 1860–1914. London: Allen & Unwin.

Lee, Alan J. (1976): The Origins of the Popular Press in England, 1855–1914. London: Croom Helm u.a.

Meyer, Thomas (2001): Mediokratie. Die Kolonisierung der Politik durch das Mediensystem. Frankfurt a. M.: Suhrkamp.

Robrecht, Antje (2008): „Diplomaten in Hemdsärmeln“? Auslandskorrespondenten als Akteure in den deutsch-britischen Beziehungen, 1945–1962. Marburg: unveröffentlichte Dissertation.

Rüger, Jan (2008): „In the Imaginative Fashion of the Teutons.“ Anglo-German History and the Naval Theatre. In: Geppert, Dominik/Gerwarth, Robert (Hrsg.): Wilhelmine Germany and Edwardian Britain. Essays in Cultural Affinity. Oxford: Oxford University Press, S. 413-438.

Schildt, Axel (2001): Das Jahrhundert der Massenmedien. Ansichten zu einer künftigen Geschichte der Öffentlichkeit. In: Geschichte und Gesellschaft, 27. Jg., H. 2, S. 177-206.

Stein, August (1921): Die englischen Journalisten in Berlin. In: ders.: Irenaeus. Aufsätze August Steins. Frankfurt a. M.: Societäts-Verlag, S. 189-95.

Vollmer, Antje (2006): Eingewandert ins eigene Land. Was von Rot-Grün bleibt. München: Pantheon.

Weisbrod, Bernd (1990): Der englische „Sonderweg“ in der neueren Geschichte. In: Geschichte und Gesellschaft, 16. Jg., H. 2, S. 233-252.

Bernhard Fulda

Adolf Hitler als Medienphänomen

„Seit wir eine Demokratie sind, ist die Bedeutung der Zeitung in Politik und Wirtschaft so schnell und so ins Ungemessene gewachsen, dass die Presse heute das wirksamste und einflussreichste Ausdrucksmittel der öffentlichen Meinung ist", verkündete Emil Dovifat (1925: 5) in der Zeitschrift des deutschen Journalistenverbandes „Deutsche Presse" im Jahr 1925. Dovifat, der 1928 als Professor für Zeitungswissenschaft nach Berlin berufen und einer der Gründungsväter der deutschen Publizistikwissenschaft wurde, stand mit seiner Meinung zur Wirkungsmacht der Presse nicht allein. Das Trauma des verloren gegangenen Weltkrieges steckte den Deutschen tief in den Knochen; und viele nationalistische Zeitgenossen erklärten die Niederlage gerne mit dem verlorenen deutschen „Pressefeldzug", genauer gesagt mit der Überlegenheit der feindlichen Medienpropaganda und der angeblich unterminierenden Wirkung gewisser deutscher Zeitungen (vgl. Nicolai 1920: 171-175; vgl. Averbeck 1999: 46; vgl. Bruntz 1972 [1938]: 1-3). Aber auch unter Sozialdemokraten und Liberalen bestand kein Zweifel daran, dass die Medien – und insbesondere die Presse – von zentraler Bedeutung im politischen Leben waren. „Der Deutsche glaubt, was ihm sein Blatt sagt", verkündete Ende der 1920er Jahre Georg Bernhard, Chefredakteur von Ullsteins „Vossischer Zeitung" (1929: 59). Und da Zeitungsleser und -leserinnen nach 1918 potenzielle Wähler waren, deren Stimmen – im Gegensatz zum Kaiserreich – von entscheidender Bedeutung für die Regierungsbildung sein konnten, musste sich die Politik an bestehende mediale Bedingungen neu anpassen, wenn sie Erfolg haben wollte.

Bislang haben Historiker, die sich für die Schnittstelle von Politik und Medien in der Weimarer Republik interessierten, in erster Linie die Institutionengeschichte der Pressebeeinflussung erforscht, seien es staatliche Zensurpraktiken und Pressearbeit, oder die Organisationsformen der Parteipresse, insbesondere des Hugenbergschen Presseimperiums (vgl. Petersen 1995; vgl. Lau 2003; vgl. Koszyk 1972; vgl. Holzbach 1981; vgl. Wernecke/Heller 1982). Diese *klassische* Mediengeschichte, die aufzeigt, was Politiker mit den Medien machen, greift aber zu kurz. Durch das Ignorieren des Einflusses der Medien auf die Politik geht das Dynamische des politischen Kommunikationsprozesses verloren, das gerade auf den wechselseitigen Reaktionen beruht. Neuere Arbeiten zur Medialisierung – besonders zur Geschichte der Bundesrepublik – haben auf diesen Prozesscharakter hingewiesen und dabei die Ausbildung einer zunehmenden Selbstbeobachtung der Gesellschaft durch die Medien betont (vgl. Bösch/Frei 2006; vgl. Weisbrod 2003; vgl. Knoch/Morat 2003). Der vorliegende Beitrag verwendet das Konzept der Medialisierung, um einem der interessantesten politischen Phänomene der 1920er Jahre nachzugehen: dem Phänomen Adolf Hitler.

Man kann wahrlich nicht behaupten, dass der Durchbruch Adolf Hitlers vom obskuren Münchner Volksredner zum letzten Reichskanzler der Weimarer Republik von Historikern bisher wenig Beachtung gefunden hätte. Es fällt aber auf, dass in der reichhaltigen Literatur zum Aufstieg Hitlers und des Nationalsozialismus der massenmediale Kontext dieses politischen Transformationsprozesses ausgeblendet bleibt. Selbst gesellschaftsgeschichtliche Analysen, wie die von Ian Kershaw oder Hans-Ulrich Wehler, bleiben einer primär akteurszentrierten Lesart verhaftet, um die spektakuläre Karriere Hitlers (auch) in den 1920er Jahren zu erklären: Hitlers Talent als Redner und sein Charisma erlaubten die gesellschaftliche Projektion von Hoffnungen und Ängsten auf Hitler und die Entstehung des so genannten Führer-Mythos (vgl. Kershaw 1998; vgl. Wehler 2003). Der Kommunikationsprozess, durch den für Hitler diese herausragende Stellung geschaffen wurde, bleibt dabei unterbelichtet. Die ältere Forschung der 1970er und frühen 1980er zu Hugenbergs Medienimperium ging schlichtweg von einer starken Medienwirkung aus, ohne diese genauer zu untersuchen – ironischerweise in einem Moment, in dem die Kommunikationswissenschaftler sich schon seit geraumer Zeit vom Konzept der starken Medienwirkung verabschiedet hatten. Warum Hugenbergs angenommene Pressemacht nicht ihm selber zugute kam sondern Hitler, wurde nicht hinterfragt. Und nachdem Gerhard Paul (1990) überzeugend die Omnipotenz der NS-Propaganda vor 1933 als Legende dargestellt hat, bleibt die Frage letztlich offen, worauf sich das öffentliche Bild Hitlers in den 1920er Jahren stützte. Wie anschließend schlaglichtartig beleuchtet wird, kann der Durchbruch Hitlers ohne Rücksicht auf die von der Medienberichterstattung der Zeit freigesetzten Dynamiken nicht angemessen verstanden werden.

Angesichts der dezentralen Struktur der deutschen Presse in dieser Zeit ist es natürlich nicht einfach, verallgemeinernd von *der* Medienberichterstattung der 1920er Jahre zu sprechen. Allerdings versuchten auch schon Zeitgenossen, sich einen Überblick über die unterschiedlichsten Pressemeldungen und -meinungen zu diversen Themen zu verschaffen und bedienten sich dafür einer Reihe von Zeitungsausschnittdiensten (vgl. te Heesen 2006). Diese warben in ihrem Werbematerial ausdrücklich damit, neben den führenden Hauptstadtzeitungen auch Hunderte von Regionalzeitungen abzudecken. Leider ist zu diesen Diensten wenig bekannt und es sind auch nur wenige Zeitungsausschnittsammlungen überliefert. Dieser Beitrag stützt sich wesentlich auf die im Bundesarchiv (Lichterfelde) gelagerten Sammlungen des Reichslandbundes, des Reichsinnenministeriums, der Deutschen Reichsbank und des in die Deutsche Arbeitsfront aufgegangenen Deutschnationalen Handlungsgehilfen-Verbandes sowie auf die beiden auflagenstarken Massenblätter von Scherl und Ullstein, dem „Berliner Lokal-Anzeiger" und der „Berliner Morgenpost".

1. Vom Provinzredner zum Putschisten

Schon die ersten Schritte Hitlers auf öffentlicher Bühne waren wesentlich durch den medialen Kontext der frühen Weimarer Republik geprägt. Nicht nur das Repertoire seiner Lieblingsthemen als Redner – Novemberrevolution, Versailles, Erzberger – sondern auch die Details seiner Ausführungen waren durch den Konsum nationalistischer Presseerzeugnisse bedingt: seinem eigenen und dem seiner Zuhörerschaft. Was Hitler mit seinem Münchner Publikum verband, war die Zugehörigkeit zu einer massenmedial konstituierten Vorstellungsgemeinschaft, für die der deutsche Zusammenbruch von 1918 wesentlich durch die Friedensresolution des Reichstages von 1917 und die umstürzlerischen Umtriebe der Sozialisten verursacht wurde, ein schändlicher Friedensvertrag leichtfertig von unverantwortlichen Parteipolitikern unterzeichnet wurde und jemand wie Matthias Erzberger die Korruption des neuen „Novembersystems" verkörperte. Gerade an Erzberger, der durch eine nationalistische Pressekampagne zur prominentesten Hassfigur der nationalen Rechten aufgebaut worden war, lässt sich Hitlers symbiotische Beziehung zur Presse aufzeigen. In zahlreichen seiner frühen Reden attackierte Hitler den Zentrumspolitiker als „Lump", „Nationalverbrecher" und „Volksschädling", immer zum Vergnügen seiner Zuhörer, die in Hitlers Tiraden ihre eigenen Ansichten bestätigt und zugespitzt fanden (vgl. Jäckel/Kuhn 1980: 266, 353-355, 373). Aus erhaltenen Notizen seiner Reden sowie Polizei- und Presseberichten lässt sich rekonstruieren, wie stark sich Hitler an die insbesondere von dem DNVP-Politiker Karl Helfferich medial inszenierte Figur Erzberger anlehnte (vgl. Jäckel/Kuhn 1980: 92, 110, 154, 158-160, 167, 177, 223, 291-293, 364; vgl. Epstein 1959; vgl. Fulda 2009). Was die Säle füllte, war „die Neugier, die Freude an einer rechten Hetz und Gaudi, teilweise auch parteipolitischer Überdruss und die Sehnsucht, endlich einmal von einem neuen Mann die alten Dinge in neuer Beleuchtung gezeigt zu bekommen", erklärte ein früher Pressekommentar die Motivation des Münchner Publikums (Berliner Lokal-Anzeiger, Nr. 552, 13.12. 1922). Die Dynamik, die Hitler innerhalb der Münchner Versammlungsöffentlichkeit entfalten konnte, beruhte wesentlich auf der polarisierten Medienöffentlichkeit der Weimarer Republik.

Trotz seiner Redebegabung war Hitler bis 1922 nur eine lokale Größe, ein Polit-Entertainer, der einige tausend Zuhörer innerhalb Münchens mobilisieren konnte. Außerhalb Bayerns hingegen erfuhren Zeitungsleser so gut wie gar nichts über Hitler. Diese mangelnde Medienpräsenz hatte einen unmittelbaren Einfluss auf Hitlers politische Strategie. Im Sommer 1922 verwarf er eine parlamentarische Strategie, weil er einsah, dass „augenblicklich, ausgenommen in München, wir nirgends auch nur die geringste Aussicht auf einen Erfolg bei einer Reichstagswahl hätten.“ (zit. in Franz-Willing 1974: 340). Selbst wenn es einige Nationalsozialisten ins Parlament schaffen sollten, würde durch den Mangel an Presseunterstützung „die Wirkung dieser Opposition nach außen hin praktisch Null sein“. Es gebe keine Berechtigung für eine parlamentarische Opposition um ihrer selbst willen, erklärte Hitler. „Die Wirksamkeit der Kritik wird erst in dem Moment gegeben, in dem diese Kritik dem Forum der Öffentlichkeit unterbreitet werden kann. Das ist in unserem Falle vollständig unmöglich. Wir sind heute nicht einmal in der Lage, die Reden unserer Hauptführer am eigenen Ort in unserer Presse zu bringen, um wie viel weniger wären wir beispielsweise in der Lage, die Reden im Parlament mit der notwendigen Genauigkeit unseren Anhängern oder besser die öffentliche Meinung zu unterbreiten.“ Es wäre „kindisch“ zu erwarten, dass die „feindliche Presse, die nun einmal heute die öffentliche Meinung ausmacht“ angemessen über die nationalsozialistischen Reden im Parlament berichten würde. „Erleben wirs doch, dass in einer Stadt wie München über unsere gewaltigsten Massenversammlungen, denen heute überhaupt gar keine Partei etwas ähnliches gegenüberstellen kann, die gesamte Presse von links bis rechts sich im Totschweigen übt.“ (zit. in Franz-Willing 1974: 338)

Hitlers Beschwerde, dass selbst Münchner Journalisten ihn und seine Partei generell ignorieren würden, war nicht wirklich berechtigt. Zumindest die sozialdemokratische „Münchner Post“ berichtete schon früh regelmäßig über Aktivitäten der Nationalsozialisten und attackierte Hitler auch persönlich heftig (vgl. Rosenbaum 1998: 37-61). Wahrscheinlich war es sogar die von Hitler intensiv beobachtete (und öfter vor Gericht gezerrte) „Münchner Post“, die ihm die Verwundbarkeit der Nationalsozialisten außerhalb der Münchner Versammlungsöffentlichkeit vor Augen führte. Aber im weiteren Sinne war Hitlers Analyse der potenziellen öffentlichen Reichweite seiner Partei zutreffend. Für die weitaus meisten Deutschen existierte Hitler zu diesem Zeitpunkt nicht. In Berlin zum Beispiel enthielten die beiden meistverkauften Generalanzeiger, die liberale „Berliner Morgenpost“ und der rechts-nationale „Berliner Lokal-Anzeiger“, keinerlei Berichte über Hitlers Nationalsozialisten. Selbst das nationalsozialistische Propaganda-‚Highlight‘ dieses Jahres, der „Deutsche Tag“ in Coburg Mitte Oktober 1922, bei dem sich Hunderte von SA-Mitgliedern Schlägereien mit sozialistischen Gegnern lieferten, fand in der Berliner Massenpresse keinerlei Erwähnung. Dies hatte unter anderem mit der medienimmanenten Aufmerksamkeitsökonomie zu tun: Obwohl Bayerns besondere – und konfliktreiche – Beziehung zum Reich dem Freistaat mehr Presseberichterstattung eintrug als irgendeinem anderen deutschen Land, war generell das Medieninteresse an deutscher Regionalpolitik deutlich schwächer als das an Außenpolitik. Berichte über die Verhandlungen der Reparationsfrage, die Teilung Oberschlesiens oder der Rücktritte der Regierungen Briand und Lloyd George waren für den gewöhnlichen Zeitungsleser von deutlich größerem Interesse als die Aktivitäten einer extremistischen bayerischen Splitterpartei.

Tatsächlich waren es denn auch Entwicklungen im Ausland, welche die Nationalsozialisten erstmals ins Rampenlicht der deutschen Medienöffentlichkeit rücken ließen. Ende Oktober 1922 befahl Mussolini seinen paramilitärischen Anhängern – den so genannten Schwarzhemden – sich zum Marsch auf Rom zu formieren. Unter dem Eindruck des faschistischen Aufstandes ernannte der italienische König Mussolini zum Premierminister. Diese Ereignisse dominierten die Titelseiten der deutschen Zeitungen und wurden ausführlich behandelt. Infolge ihrer eigenen Erfahrungen eines (gescheiterten) Putsches von rechts im Jahr 1920 zeigten sich deutsche Redakteure aller politischen Couleur an den italienischen Entwicklungen äußerst interessiert. Tagelang berichteten Zeitungen vom Fortschritt des faschistischen Vormarsches, von Mussolinis Ankunft in Rom, seinem Treffen mit dem König, der Zusammensetzung seiner Regierung und der Triumphparade der Schwarzhemden in Rom Anfang November 1922. Besonders für nationalistische Journalisten hatte eine real-existierende erfolgreiche anti-sozialistische Massenbewegung einen immensen Neuigkeitswert. „Der Faschismus – was ist er?“ begann ein typischer Artikel mit Hintergrundinformationen in Hugenbergs „Berliner Lokal-Anzeiger“ (Nr. 479, 31.10.1922). In der Berichterstattung der rechts-konservativen Presse zum Durchbruch einer starken Führerfigur in Italien war die Unzufriedenheit mit der wahrgenommenen Ineffizienz der parlamentarischen Demokratie in Deutschland nur allzu deutlich.

Hitler und seine Bewegung profitierten enorm vom Medieninteresse für die italienischen Ereignisse und der Popularisierung des Namens Mussolini. Gewisse Parallelen zwischen Faschisten und Nationalsozialisten waren unübersehbar. Innerhalb der nationalsozialistischen Anhängerschaft gab es viele, die nun anfingen, Hitler mit Mussolini zu vergleichen und einen Faschisten-ähnlichen Marsch auf Berlin zu verlangen (vgl. Franz-Willing 1974: 342-343; vgl. Kershaw 1998: 180-183). In München war eine rasch zunehmende Anzahl von Menschen neugierig darauf, Hitler als Redner in Aktion zu erleben. Nationalsozialistische Veranstaltungen im November und Dezember 1922 erlebten solch einen Besucheransturm, dass Parallelveranstaltungen abgehalten werden mussten, um die Mengen aufzunehmen (vgl. Der Deutsche, Nr. 264, 17.11.1922; vgl. Franz-Willing 1974: 250). Dieses plötzliche Publikumsinteresse generierte seinerseits Medienaufmerksamkeit, die wiederum Hitlers Popularität weiter steigerte. „Es gibt eine Menge Leute, die in ihm den deutschen Mussolini wittern“, kommentierte der „Berliner Lokal-Anzeiger“ (Nr. 552, 13.12.1922) in seinem ersten Leitartikel über Hitler im Dezember 1922. „Auch solche, die ihn nie gehört haben, hören so vielerlei über ihn, dass er zum Gesprächsstoff in allen Kreisen geworden ist.“ Der erste Artikel über Hitler in Ullsteins „BZ am Mittag“ (Nr. 317, 17.10.1922) mokierte sich zwar über dessen primitiven Antisemitismus („Herr Hitler, der Vorsitzende der Nationalsozialistischen Deutschen Arbeiterpartei, frisst die Juden mit Haut und Haar. Fleisch ist eh teuer in München."), aber der Bericht trug die suggestive Überschrift „Hitler-Mussolini" (vgl. auch Vorwärts, Nr. 553, 23.11.1922: „Mussolini-Hitler").

Auch die internationale Presse begann sich nun – nicht zuletzt wegen der deutschen Presseberichterstattung – für Hitler zu interessieren. Der Korrespondent der „New York Times" (21.11.1922: 18) berichtete erstmals Ende November von dem „new popular idol" in Bayern. Einige Biographen behaupten, dass Interviews mit ausländischen Reportern Hitler Ende 1922 größere Dollar-Beträge eintrugen (vgl. Görlitz/Quint 1952: 169). Tatsächlich griff die „New York Times" (11.12.1922: 3 und 20.12.1922: 2) im Dezember 1922 deutsche Pressemeldungen auf, die über amerikanische finanzielle Unterstützung für die Nationalsozialisten berichteten. Jedenfalls schien Hitler die neu gewonnene internationale Aufmerksamkeit sehr zu genießen: Korrespondenten fanden bei ihm immer eine offene Tür; ein katalanischer Reporter wurde selbst am 7. November 1923 noch zu einem längeren Interview empfangen (vgl. Xammar 2005: 205; vgl. Doenecke 1984: 585). Angesichts der italienischen Vorgänge und der öffentlichen Sichtbarwerdung Hitlers fingen nun auch Politiker an, die Nationalsozialisten ernst zu nehmen. Mitte November 1922 verbot der preußische Innenminister die NSDAP; wenig später initiierte die SPD im bayerischen Landtag eine Debatte über die zunehmende nationalsozialistische Gewalt, was mittlerweile selbst den Berliner Massenblättern berichtenswert erschien. Die durch solche politischen Aktionen erzeugte Medienberichterstattung war wiederum willkommene Werbung für den „deutschen Mussolini", wie der „Berliner Lokal-Anzeiger" (Nr. 552, 13.12.1922) feststellte.

Erst Mussolinis Putsch in Italien machte Hitler also innerhalb und außerhalb Deutschlands bekannt – zumindest in Ansätzen. Allerdings war er als öffentliche Person von Beginn an höchst umstritten. Journalistische Darstellungen seiner Person waren geprägt von dem parteiischen Zugang zu Politik, der in der deutschen Presse vorherrschte. Ein liberaler Korrespondent in München pfefferte seinen ersten Bericht über die Nationalsozialisten und Hitler („Mussolinchen in Blau-Weiß") mit Ausdrücken, die an seinen persönlichen Ansichten keinen Zweifel ließen: Diese „Faszistolini" seien eine „Räuberbande", charakterisiert durch „feige Gewalttätigkeit" und einer „ausgeprägte[n] Abscheu vor jedem Denken"; Hitler ein „Gernegroß" mit der „Beliebtheit des Provinzschauspielers, dessen Mätzchen die Parkettabonnentinnen immer von neuem entzücken" (Bry 1987: 59-66). Die reaktionäre „Neue Preußische (Kreuz-) Zeitung" hingegen pries in ihrem ersten Leitartikel zur nationalsozialistischen Bewegung Hitlers „außerordentliche Beredsamkeit und den mitreißenden Schwung seiner Persönlichkeit", und sah das Geheimnis seiner Wirkung „in seiner fanatischen

Vaterlandsliebe, seinem glühenden Idealismus, seinem felsenfesten Glauben an seine Idee, seinem rücksichtslosen Offensivgeist gegen alles Halbe und Laue, kurz in der eigenartigen Mischung von Apostel- und Soldatentum“ (Neue Preußische (Kreuz-), Zeitung Nr. 581, 28.12.1922). Die Antwort auf die Frage, ob man Hitler ernst zu nehmen hatte oder nicht, hing vom politischen Standpunkt der jeweiligen Zeitung ab, in der dem Leser Berichte über die NSDAP begegneten.

Das politische Selbstverständnis der jeweiligen Zeitungen bestimmte nicht nur die Qualität der Berichterstattung, sondern auch die Quantität. Deutschlands auflagenstärkste Zeitung zum Beispiel, die liberale „Berliner Morgenpost“ mit ihrem Schwerpunkt auf lokalen Nachrichten und Unterhaltung, schenkte Hitler wenig Beachtung. Im Januar 1923 dominierte das Drama der französischen Besetzung des Ruhrgebiets ihren Politikteil. Eine Massenversammlung der Nationalsozialisten in München, bei der Hitler vor über 10.000 Teilnehmern die Reichsregierung attackierte und den „Novemberverbrechern“ mit Krieg drohte, war der „Berliner Morgenpost“ keine Nachricht wert. Im Gegensatz dazu bezeichnete das deutlich politischere „Berliner Tageblatt“ (Nr. 20, 12.1.1923) aus dem liberalen Mosse-Verlag die Versammlung als „öffentlichen Skandal“ und die offiziöse „Deutsche Allgemeine Zeitung“ (Nr. 19, 12.1.1923) setzte dem betreffenden Bericht die Schlagzeile „Hitlers Hassgesang“ voran. Mitte Januar 1923 führten Hitlers zunehmend radikale Ausführungen zu Gerüchten über einen bevorstehenden Putsch der Nationalsozialisten. Das Parteiorgan der SPD, der „Vorwärts“, widmete diesen Gerüchten mehrere Artikel, ebenso wie das „Berliner Tageblatt“, das Zentrumsblatt „Germania“ und Carl von Ossietzkys linksliberale „Berliner Volks-Zeitung“. Leser von Ullsteins „Berliner Morgenpost“ hingegen blieben uninformiert. Lediglich Ende Januar, als die bayerische Landesregierung zwei Tage vor dem ersten Reichsparteitag der NSDAP den Ausnahmezustand verhängte, schaffte es die Nachricht von einem bevorstehenden Putsch auch auf die Titelseite des Ullsteinschen Massenblattes (Berliner Morgenpost, Nr. 23, 27.1.1923). Hugenbergs „Berliner Lokal-Anzeiger“ ignorierte zunächst ebenfalls die Putsch-Gerüchte, allerdings im Geiste rechts-nationaler Solidarität. Als den Nationalsozialisten überraschend die Erlaubnis erteilt wurde, trotz Ausnahmezustand ihre Zusammenkünfte abzuhalten, kommentierte das Hugenbergblatt den plötzlichen Sinneswandel der bayerischen Landesregierung nicht weiter und betonte in seiner spärlichen Berichterstattung stattdessen, dass die Versammlungen ohne Vorfälle abgehalten wurden (vgl. Berliner Lokal-Anzeiger Sonderausgabe, Nr. 4, 29.1.1923). Andere Zeitungen, die den Nationalsozialisten kritischer gegenüberstanden, erklärten die Entscheidung der bayerischen Regierung zu einem Skandal und schenkten den Münchner Vorgängen entsprechend mehr Beachtung.

Dieses Muster der Presseberichterstattung und -aufmerksamkeit blieb für den Großteil des Jahres 1923 konstant. Die Zeitungen, die Mitte Januar über die Putsch-

Gerüchte berichtet hatten, schrieben auch über nationalsozialistische Provokationen im Juli 1923 und die anschließende Spekulation über einen drohenden Bürgerkrieg, der von der NSDAP vorbereitet würde; diejenigen, die sich im Januar der Berichterstattung enthalten hatten, ignorierten auch die Ereignisse im Juli. Sozialdemokratische und kommunistische Blätter widmeten den Nationalsozialisten die meiste – und immer kritische – Aufmerksamkeit. In den Augen rechtskonservativer Beobachter tat dies der Attraktivität Hitlers keinen Abbruch, im Gegenteil. „Es hat sich mittlerweile ein ganzer Legendenkranz um Adolf Hitler geflochten, und Leute, die von auswärts nach München kommen, brennen darauf, diesen – je nach Einstellung ihres Leibblattes – berühmten oder berüchtigten Mann zu sehen“, verkündete eine konservative Zeitschrift im Sommer 1923 (Fridericus, Nr. 31, 1923). Das völkische „Deutsche Tageblatt“ beschrieb Hitler als den Mann, „der heute von Hunderttausenden fanatisch geliebt und von Millionen leidenschaftlich gehasst wird“ (Nr. 112, 14.8. 1923). Letzteres war zweifellos eine Übertreibung, die einzig dem Zweck diente, Hitler weiter zu glorifizieren. Tatsächlich dürften die meisten deutschen Zeitungsleser, insbesondere die vielen Abonnenten der deutschen Provinzpresse, herzlich wenig von Hitler gewusst haben. Von Februar 1923 an erschienen zwar in Regionalzeitungen ab und an Artikel mit der Überschrift „Wer ist Adolf Hitler?“, aber es ist eher unwahrscheinlich, dass diese große Emotionen bei den Lesern hervorriefen.[1] Im Vergleich zur Dramatik der *großen* Politik von Ruhrbesetzung und Hyperinflation wird der vereinzelte Artikel über die Nationalsozialisten kaum einen bleibenden Eindruck hinterlassen haben.

Ende September 1923 rutschte Hitler nochmals kurz in die Schlagzeilen, wiederum aufgrund von Gerüchten über einen bevorstehenden nationalsozialistischen Putsch. Die bayerische Landesregierung reagierte mit der Verhängung des Ausnahmezustandes und ernannte den Monarchisten Gustav von Kahr zum Generalstaatskommissar (vgl. Berliner Morgenpost, Nr. 230, 27.9.1923). Aber die Aufmerksamkeit der Presse wandte sich schnell von Hitler ab, als Kahr sich weigerte, sich durch den von der Reichsregierung verhängten Ausnahmezustand entmachten zu lassen. Die Beziehungen zwischen Bayern und dem Reich wurden im Lauf des Monats Oktober immer feindlicher und schienen am Ende des Monats am Rande einer militärischen Konfrontation. Kahr und der Kommandant der bayerischen Reichswehr, Otto von Lossow, bereiteten aktiv einen Mussolini-inspirierten „Marsch auf Berlin“ vor (vgl. Gordon 1972: 227-231). Anfang November waren Berliner Zeitungen voll von Meldungen über rechts-extreme Wehrverbände, die sich angeblich an der bayerisch-thüringischen Grenze massierten, bereit zum Losschlagen, unter Führung des ehemaligen Freikorps-Kommandanten

1 Vgl. Bundesarchiv Berlin R8034 II, 9266, ff.8-9.

Hermann Ehrhardt. Hitler war zu diesem Zeitpunkt vollkommen in den Hintergrund der medialen Aufmerksamkeit getreten. Trotz der allgemeinen Erwartung, dass ein rechter Coup in Vorbereitung war, war deshalb Hitlers Entscheidung, Kahr durch seinen Putsch vom 8. November zum Handeln zu zwingen, für die meisten Beobachter eine Überraschung.

Durch seine Aktion im Bürgerbräukeller in München putschte sich Hitler zwar nicht an die Macht, aber auf die Titelseite der deutschen Zeitungen am 9. November 1923. Im Verlauf desselben Tages brachten Sonderausgaben in Berlin die sensationelle Neuigkeit, dass Kahr und Lossow, die zunächst Teilnehmer des Münchner Coups zu sein schienen, nunmehr die Seiten gewechselt hatten und sich jetzt gegen Hitler und den Weltkriegshelden Erich Ludendorff wandten. Am nächsten Tag erfuhren Zeitungsleser, dass sowohl Hitler als auch Ludendorff verhaftet worden waren und der Putsch vom Militär niedergeschlagen worden war. Zu diesem Zeitpunkt hatten zahlreiche Sonder-Korrespondenten und Augenzeugenberichte ein ziemlich genaues Bild des Spektakels im Bürgerbräukeller am Abend des 8. November gezeichnet. Von rechts nach links wurde der Putsch von Kommentatoren als eine lächerliche Veranstaltung verworfen: Hugenbergs „Berliner Lokal-Anzeiger“ (Nr. 506, 10.11.1923) schrieb von einem „Traumspuk“, das „Berliner Tageblatt“ (Nr. 529, 10.11.1923) nannte es eine „Hanswurstiade“, die „Berliner Volks-Zeitung“ (Nr. 528, 9.11.1923) bezeichnete es als „Münchener Karneval“. Die genauen Umstände des Putsches blieben jedoch im Dunkeln, besonders das Ausmaß der Kooperation zwischen Kahr und Hitler vor dem Coup. In Berlin hatten Zeitungsleser auch gar keine Gelegenheit, hierüber noch mehr zu erfahren, da am 10. November die Druckergewerkschaft einen Streik anfing, der das Zeitungsgewerbe der Stadt für eine Woche lahm legte. Als diese nachrichtenlose Zeit wieder vorbei war, rivalisierten andere Ereignisse um die Aufmerksamkeit der Leser, wie die Währungsreform, die Krise und schließlich der Sturz der Regierung Stresemann sowie die internationalen Entwicklungen in Bezug auf die Reparationsfrage.

2. Die Entstehung einer Media Celebrity

Auch wenn Hitlers Name durch seinen gescheiterten Putsch Anfang November 1923 in ganz Deutschland verbreitet wurde, so sorgte erst die ausufernde Presseberichterstattung seines Prozesses Anfang 1924 dafür, dass Hitler allgemein bekannt wurde. Schon Wochen vor Beginn des Prozesses verbreiteten Journalisten große Erwartungen. Aussagen der Staatsanwaltschaft, dass dies „der größte politische Prozess der Nachkriegszeit“ werden würde, halfen bei der Sensationalisierung (Berliner Lokal-Anzeiger, Nr. 48, 29.1.1923). Zahlreiche Artikel berichteten über Prozessvorbereitungen und Sicherheitsbedenken der Münchner Polizei. Die Nachricht, dass Kahr, dessen

Rolle im Putsch zunehmend kritisiert worden war, eine Woche vor Prozessbeginn von seinem Amt als Generalstaatskommissar zurücktrat, heizte das Interesse weiter an. Der Ansturm in- und ausländischer Medienvertreter überstieg bei weitem die Kapazität der Pressetribüne im Gerichtsgebäude und wurde seinerseits zu einer berichtenswerten Neuigkeit (vgl. Berliner Lokal-Anzeiger, Nr. 96, 26.2.1924; Deutsche Tageszeitung, Nr. 95, 26.2.1924). Die Presseberichterstattung zum Prozessauftakt am 26. Februar 1924 überstieg hinsichtlich des Umfangs bei weitem die zum Putsch am 9. November 1923. Für die nächsten fünf Wochen gehörten Neuigkeiten vom Münchener Prozess zum täglichen Brot der Zeitungsleser in ganz Deutschland. Massenblätter so unterschiedlicher politischer Ausrichtung wie Hugenbergs „Berliner Lokal-Anzeiger" und Ullsteins „Berliner Morgenpost" widmeten dem Prozessverlauf regelmäßig ganze Titelseiten. Soweit man das beurteilen kann, folgten die Leser dem Prozess mit großem Interesse (vgl. Moltke 1999: 93).

Historiker haben dem Vorsitzenden Richter oft den Vorwurf gemacht, es Hitler ermöglicht zu haben, den Gerichtssaal zur Bühne für seine politische Propaganda umzufunktionieren (vgl. Steger 1977; vgl. Gritschneder 1990: 47; vgl. Kershaw 1998: 214). Sowohl Hitlers Aussage am ersten Prozesstag, als auch seine Abschlussrede am Ende des Prozesses waren mehrere Stunden lang und enthielten zahlreiche abwertende Äußerungen über Novemberrevolution, Reichsregierung und die parlamentarische Demokratie im Allgemeinen (vgl. Gruchmann/Weber 1997–1999). Auf viele Anwesende im Gerichtssaal hatten diese Reden anscheinend eine starke Wirkung. Rechtsgesinnte Journalisten schwärmten von Hitlers rednerischen Künsten; der anwesende Chefredakteur des „Berliner Lokal-Anzeiger" erlebte um sich herum „manches unverhohlene Weinen und manches schamhaftere Schnäuzen", nachdem Hitler geendet hatte (Berliner Lokal-Anzeiger, Nr. 150, 28.3.1924). Tatsächlich traten einige der anwesenden Journalisten des Hugenberg-Konzerns zu einem späteren Zeitpunkt in die NSDAP ein, unter ihnen auch Hans Schweitzer, der für Hugenbergs „Berliner Illustrierte Nachtausgabe" Pressezeichnungen vom Prozess anfertigte und später zum wichtigsten Karikaturisten der Nationalsozialisten werden sollte (vgl. Fulda 2006). Aber es wäre falsch, Hitlers rhetorischer Leistung im Gerichtssaal zuviel Bedeutung zuzumessen. Die überwiegende Mehrheit der Deutschen erlebte den Prozess nur medial und begegnete Hitlers Reden in schriftlicher Form, stark gekürzt und somit deutlich weniger eindrucksvoll. Selbst eine rechtsnationale Zeitung wie die „Deutsche Tageszeitung", die Hitler grundsätzlich wohlwollend gegenüberstand, fasste seine vierstündige „Zeugenaussage" in nur zwei Spalten zusammen. Am Ende des Prozesses veröffentlichte sie Hitlers Abschlussrede noch nicht einmal auszugsweise, kommentierte sie aber positiv (vgl. Deutsche Tageszeitung, Nr. 97, 27.2.1924 und Nr. 48, 27.3.1924). Für rechtsstehende Zeitungen war der „Held" Ludendorff (Deutsche Tageszeitung, Nr. 7, 27.2.1924) der eigentliche Star des Prozesses. Über

Ludendorffs Aussagen zu Beginn und am Ende des Prozesses wurde in den meisten dieser Blätter deutlich ausführlicher berichtet als über Hitler. Bei Prozess-Ende Anfang April 1924 war Ludendorffs Freispruch die Hauptnachricht, die stets der Erwähnung von Hitlers leichtem Strafmaß vorangestellt wurde.

Ironischerweise schadete diese Obsession der Medien für Ludendorff Hitlers Popularität nicht. Im Gegenteil: so wie Hitler 1922 vom Medieninteresse an Mussolini profitiert hatte, so profitierte er nun von Ludendorffs Star-Status. Die rechtsnationale Presse versuchte, ihren Weltkriegshelden Ludendorff aus der Feuerlinie zu nehmen, indem sie vermied, Ludendorffs Namen in Schlagzeilen zu verwenden. Stattdessen machte sie sich in ihrer Berichterstattung den Begriff „Hitler-Prozess“ zu Eigen. Selbst Zeitungsleser, welche die Prozessberichte gar nicht lasen, konnten deshalb dem Namen „Hitler“, der ihnen in zahlreichen Schlagzeilen begegnete, während der fünfwöchigen Prozessdauer nicht aus dem Weg gehen. Linke und liberale Redakteure bevorzugten hingegen das Label „Hitler-Ludendorff-Prozess“, nicht zuletzt um auf die Kompromittierung ihres alten Weltkriegsgegners hinzuweisen. Die wohl unbeabsichtigte Folge war jedoch, dass Hitler auf Augenhöhe mit dem größten „Helden“ der nationalen Rechten gehoben wurde. Berichte über Ludendorffs Ergebenheit gegenüber Hitler und seiner uneingeschränkten Bewunderung der Fähigkeiten des jüngeren Mannes steigerten Hitlers Ansehen in nationalen Kreisen weiter. Schon während des Prozesses kommentierten einige kritische Beobachter den Zuwachs an Hitlers Popularität. Der sozialdemokratische „Vorwärts“ veröffentlichte eine „psycho-pathologische Betrachtung“ Hitlers und seiner Anziehungskraft auf die extreme Rechte unter der ironischen Überschrift „Der deutsche Messias“ (Vorwärts, Nr. 49, 28.3.1924).

Das Urteil, das am 1. April 1924 erging, war spektakulär mild. Ludendorff wurde freigesprochen und Hitler zu lediglich fünf Jahren Festungshaft wegen Hochverrats verurteilt. Anscheinend hatten die Laienrichter einem Schuldspruch nur unter der Bedingung zugestimmt, dass Hitler die denkbar leichteste Strafe bekam, mit der Möglichkeit einer vorzeitigen Entlassung nach sechs Monaten (vgl. Kershaw 1998: 216-217, 235, 239). Schon vor Ende des Jahres war Hitler wieder auf freiem Fuß. Für Hitler war dieser Schuldspruch noch wertvoller als ein Freispruch. Ihm wurde damit öffentlichkeitswirksam die Dornenkrone eines nationalistischen Märtyrers aufgesetzt, die er nicht lange tragen musste, die aber seinem Ansehen in rechten Kreisen einen entscheidenden Schub gab. „Alle an diesem Prozess Beteiligten haben ein gemeinsames großes ideales Ziel im Auge gehabt: die Rettung Deutschlands aus seiner tiefen Not“, kommentierte die konservative „Kreuz-Zeitung“ (Nr. 156, 1.4.1924). Auch andere Zeitungen der nationalen Rechten zollten Hitler ihren Tribut. Liberale und Sozialdemokraten titulierten derweil das Urteil als „Justizbankerott“ und „Justizschande“; die kommunistische „Rote Fahne“ kommentierte das Urteil prägnant mit der Schlagzeile „Sieger Hitler-Ludendorff“ (Berliner Tageblatt, Nr. 157, 1.4.1924;

Volkszeitung Nr. 158, 2.4.1924; Rote Fahne, Nr. 28, 2.4.1924). Die Meinung, dass das Urteil einen Sieg der nationalen Rechten darstellte, war weit verbreitet. Alle Zeitungen berichteten über die jubelnde Aufnahme des Urteils unter nationalsozialistischen Anhängern in München. Als Ludendorff das Gerichtsgebäude verließ, wurde er enthusiastisch gefeiert, und Hitler musste sich wiederholt den euphorischen Massen am Fenster zeigen.

Der Prozess Anfang 1924 war der entscheidende Schub für Hitlers politische Karriere. Es ist bekannt, dass sich Hitler bis ins Frühjahr 1924 noch als „Trommler" für die nationalsozialistische Bewegung sah, der lediglich den Boden bereitete für den großen nationalen Diktator, der zu einem späteren Zeitpunkt die Macht ergreifen sollte – jemand wie Ludendorff (vgl. Tyrell 1975: 157-160; vgl. Kershaw 1998: 169-170, 219). Erst nach seinem Prozess, während der Festungshaft in Landsberg, fing Hitler an, sich selbst als Deutschlands zukünftigen Führer zu betrachten, als den politischen „Messias", der das Schicksal seines Landes endlich wenden würde. So zumindest formulierte er seine Vision im Sommer 1924, als er seine politische Autobiographie „Mein Kampf" schrieb. Dieser Wandel in Hitlers Selbstwahrnehmung war nicht nur das Resultat der Erlebnisse im Gerichtssaal und seiner begeisterten Aufnahme durch die Mengen in den Straßen Münchens. Noch war es einfach die pragmatische Schlussfolgerung aus dem gescheiterten Putsch, dass er sich zum Erreichen seiner politischen Ziele weitestgehend aus äußeren Abhängigkeiten befreien musste (vgl. Tyrell 1979: 34-35; vgl. Kershaw 1998: 218). Es war die Tatsache, dass der Prozess zu einem nationalen Medienereignis wurde, die Hitlers Selbstwahrnehmung und seine Betrachtung der eigenen politischen Zukunft dramatisch veränderte. Das Lesen seines eigenen Namens in allen großen Zeitungen Deutschlands verlieh ihm ohne Zweifel ein neues Gefühl von Bedeutung und Selbstachtung. Als Politiker spielte er nun auf der nationalen Bühne. Einige Journalisten der Zeit waren sich der psychologischen Wirkung ihrer Berichterstattung durchaus bewusst. „Spricht man über einen Gernegroß, so kommt er anderen Leuten noch größer und sich selbst als Gigant vor", erklärte ein Münchner Korrespondent sein Schweigen über die nationalsozialistische Bewegung Ende 1922 (vgl. Bry 1987: 61). Anfang 1924 war Hitler jedoch nicht länger eine Nachricht, die Journalisten bewusst ignorieren konnten. Und Hitler seinerseits bekam die Auswirkung der umfangreichen Prozessberichterstattung auf sein nationales Image unmittelbar zu spüren. Er erhielt eine Unmenge Zuschriften, Briefe und Telegramme aus allen Teilen Deutschlands, in denen ihm Unterstützung und Ermutigung ausgedrückt wurden. Die Fanpost, die täglich in Landsberg eintraf, war sichtbares Zeichen seines neuen Status als Medienberühmtheit (vgl. Deutsches Tageblatt, Nr. 91, 24.4.1924; vgl. Deuerlein 1980: 234).

Die Medienpräsenz der Nationalsozialisten, und insbesondere die Hitlers, erweiterte auch die Anzahl der Optionen, die der extremistischen Bewegung offen standen.

Noch zwei Jahre früher, im Sommer 1922, hatte Hitler eine parlamentarische Strategie kategorisch ausgeschlossen, weil er sich angesichts des tödlichen Schweigens der Presse für seine Partei bei Reichstagswahlen keine großen Chancen ausrechnete. Die Presseberichterstattung des Münchner Prozesses änderte dies grundlegend. Fünf Tage nach der Urteilsverkündung erzielte die extremistische Rechte bei den Wahlen zum bayerischen Landesparlament spektakuläre Zuwächse. Der so genannte „Völkische Block“, eine Wahlplattform diverser völkischer, antisemitischer und anti-republikanischer Gruppen, gewann auf Anhieb über 17 Prozent der Stimmen und stellte mit 23 Abgeordneten genauso viele Parlamentarier wie die SPD (vgl. Kershaw 1998: 228). Der Reichskommissar zur Überwachung der öffentlichen Ordnung erklärte in einem geheimen Bericht von April 1924 das Ergebnis als direkte Folge des Hitler-Prozesses: „Der Abschluss des Münchner Prozesses bedeutet für die rechtsradikalen Organisationen keine Niederlage; sie haben vielmehr den Prozess als Agitationsmittel ausnützen können.“ (zit. in Ritter 1979: 23, 32) Einige Wochen später, bei den Reichstagswahlen am 4. Mai 1924, erhielt die nationalsozialistisch-völkische Reichsliste mit über 6,5 Prozent annähernd zwei Millionen Stimmen, und damit mehr als zum Beispiel die Deutsche Demokratische Partei. In gewissen Regionen, in Mittelfranken, in der Rostocker Gegend und der Grenzmark Posen-Westpreußen, gewannen die Nationalsozialisten zum Teil über 40 Prozent der abgegebenen Stimmen (vgl. Falter/Lindenberger/Schumann 1986: 41, 133).

Verglichen mit der Situation Anfang der 1920er Jahre war dies eine spektakuläre Entwicklung. Obwohl Hitler in Hinblick auf eine parlamentarische Strategie weiterhin skeptisch blieb, zögerte er nicht, den Wahlaufschwung sich selbst zuzuschreiben (vgl. Görlitz/Quint 1952: 228-230; vgl. Kershaw 1998: 228-229). Die Medienaufmerksamkeit, die „sein“ Prozess generiert hatte, und die Tatsache, dass sein Name nun überall in Deutschland in aller Munde war, suggerierten ihm, dass seine Persönlichkeit von zentraler Bedeutung für die politischen Erfolge der letzten Zeit war. Dies war ein Eindruck, der von dem nie abreißenden Strom von Besuchern in Landsberg bestärkt wurde, die alle den neuen Star der extremen Rechten treffen wollten. Allein für April 1924 verzeichnete die Besucherliste mehr als 150 Besuche (vgl. Plöckinger 2006: 49). Tatsächlich nahm das allgemeine Verlangen nach persönlichen Treffen mit dem nun berühmten Mann so überhand, dass Hitler wiederholt Presseerklärungen ausgab, in der er seine Bewunderer darum bat, von Besuchen abzusehen, wenn sie nicht explizit von ihm bestätigt worden waren (vgl. Mecklenburger Warte, Nr. 17, 5.8.1924; vgl. Deuerlein 1980: 234-236; vgl. Plöckinger 2006: 48-49). Aus Presseberichten erfuhr Hitler wiederum, dass aus Anlass seines 35. Geburtstages eine große völkische Kundgebung im Bürgerbräukeller in München stattfand, die soviel Zulauf fand, dass die Polizei einschreiten musste, um eine Massenpanik zu verhindern (vgl. Berliner Lokal-Anzeiger, Nr. 195, 24.4.1924).

Natürlich tauchten nicht alle Medienberichte Hitler in ein positives Licht. Hitler war sich der bissigen Angriffe der linken und liberalen Presse sehr bewusst. In seiner Einleitung zu „Mein Kampf" erklärte er, dass die Niederschrift seiner Autobiografie auch „zur Zerstörung der von der jüdischen Presse betriebenen üblen Legendenbildung über meine Person" dienen solle (Hitler 1932: o. S.). „Mein Kampf" war das Produkt seines Bedürfnisses nach einer Abrechnung nicht nur mit innerparteilichen Gegnern – den „Verrätern" vom 8./9. November 1923 –, sondern auch mit kritischen Journalisten. Es gab für „Mein Kampf" allerdings auch noch profanere Beweggründe. Finanzielle Aspekte waren ein treibendes Motiv für die Abfassung der umfangreichen Schrift. Im April und Mai 1924 kam es zwischen dem „Großdeutschen Ringverlag", der die Münchner völkische „Deutsche Presse" herausgab, und Max Amanns „Eher"-Verlag zu einem intensiven Ringen um das Buch, das Amann schließlich für sich entscheiden konnte (vgl. Plöckinger 2006: 34-38). Wie Othmar Plöckinger (2006) kürzlich überzeugend darstellte, verfasste Hitler das Manuskript tatsächlich weitgehend selbstständig. Allerdings orientierte er sich dabei wesentlich an der medialen Präsentation der Politik der letzten Jahre. Ein Besucher von November 1924 berichtete über seinen Empfang bei Hitler: „Sein kleines Zimmer war vollgepackt mit Büchern, Zeitungen und Zeitschriften [...]." (zit. in Plöckinger 2006: 61; vgl. auch Görlitz/Quint 1952: 235). Hitlers Buch wurde in den folgenden Jahren zwar nicht zu dem erhofften kommerziellen Erfolg – zwischen 1925 bis 1929 wurden nur knapp über 30.000 Exemplare verkauft –, aber es half ihm, sich innerhalb der NSDAP gegenüber anderen potenziellen Führungspersönlichkeiten zu profilieren (vgl. Plöckinger 2006: 182, 338-344).

Auch in einer anderen Hinsicht veränderte die Prozessberichterstattung das öffentliche Bild Hitlers: Er bekam nun ein Gesicht. Am Anfang seiner Medienkarriere, im Herbst 1922 nach Mussolinis Putsch in Rom, wurde Hitler zwar zunehmend auf den Seiten der diversen deutschen Tageszeitungen erwähnt, aber fast nie abgebildet. Thomas Theodor Heine, ein Mitbegründer der in München herausgegebenen Satire-Zeitschrift „Simplicissimus", thematisierte diese Gesichtslosigkeit Hitlers in seiner ersten Hitler-Karikatur im Mai 1923. Unter der Schlagzeile „Wie sieht Hitler aus?" führte Heine eine Serie von Zeichnungen zum Thema Hitler mit der Feststellung ein: „Adolf Hitler lässt sich nie abbilden. Bei meinem Aufenthalt in Berlin wurde ich mit Fragen über sein Aussehen bestürmt." Es folgten zwölf Porträts mit den angenommenen physiognomischen Besonderheiten Hitlers, die bewusst jegliche Ähnlichkeit mit Hitler vermieden. So zeichnete Heine einen gesichtslosen Kopf mit Riesen-Segelohren, versehen mit der ihm angeblich gestellten Frage: „Er hört die leisesten Äußerungen der Volksstimme; sind nicht seine Ohren besonders entwickelt?" Fragen nach den „faszinierenden Augen", Nase und Bart kommentierte Heine mit einem Nosferatu-Porträt, einer eindeutig antisemitischen Darstellung einer „jüdischen" Nase und einem wallenden Wotan-Bart. Die Pointe hob er sich für die zwölfte Zeichnung auf. „Die Fragen mussten unbeantwortet bleiben“, verkündete Heine, „Hitler ist überhaupt kein Individuum. Er ist ein Zustand. Nur der Futurist kann ihn bildlich darstellen.“ Die Zeichnung zeigte eine Collage von Symbolen: Ein zentrales Hakenkreuz, ein Fasci im Bierhumpen, Dolch und Revolver, Jakobinermütze, Davidstern, im Hintergrund dräuende Gewitterwolken und die Türme der Münchner Liebfrauenkirche (Simplicissimus, Nr. 9, 28.5.1923: 107)

Ein knappes Jahr nach dem Hitler-Prozess hatte sich die Lage grundlegend verändert. Das Ende der Inflation und der Papierknappheit erlaubte einen sprunghaften Anstieg von Illustrationen in Tageszeitungen. Der Hitler-Prozess war eines der ersten politischen Großereignisse, das in den Genuss einer umfangreichen Bildberichterstattung kam; Hitlers Gesicht mit dem markanten Oberlippenbärtchen wurde zum Gesicht der nationalsozialistischen Bewegung. Thomas Theodor Heine konnte nun Hitlers Physiognomie als so bekannt voraussetzen, dass zahlreiche seiner Karikaturen Hitlers Namen weder im Titel noch in der Unterzeile trugen (Simplicissimus, Nr. 35, 22.11.1924: 469 und Nr. 22, 31.8.1925: 313). Wenige Bilder veranschaulichen die Transformation Hitlers in eine nationale Figur so dramatisch wie Heines Titelillustration der „Simplicissimus“-Ausgabe zum 1. April 1924. In einem spöttischen Kommentar auf Hitlers zukunftsgläubige Prozessäußerungen zeichnete er „Hitlers Einzug in Berlin“ im Stile eines römischen Triumphzuges vor der Silhouette des Brandenburger Tors, hoch zu Ross und von schwarz-weiß-roten Fahnen umweht, Lorbeer-bekränzt und Friedrich Ebert an der Kette führend (Simplicissimus, Nr. 1, 1.4.1924). Heine wollte damit die nationalen Ambitionen des regionalen Putschisten ins Lächerliche ziehen. Aber das Bild ließ auch andere Deutungen zu. Als Hitler die Karikatur Anfang April in seiner Festungshaft in Landsberg zu sehen bekam, soll er es versonnen betrachtet und dann verkündet haben: „Das kann alles noch passieren, wenn wir nur zäh genug bleiben.“ (zit. in Hanfstaengl 1980: 158)

3. Zusammenfassung und Ausblick

Die Berichterstattung über Mussolinis Putsch in Italien lieferte einen wichtigen Bezugsrahmen für Hitler, hob dessen Nachrichtenwert Ende 1922 – ohne wesentliches Dazutun der Nationalsozialisten – auf ein nationales (und internationales) Niveau und steigerte gleichzeitig die Erwartungshaltung seiner Gefolgsleute. Zwar war Hitlers eigener Putschversuch ein kümmerlicher Misserfolg und wurde anfänglich von Zeitungen aller politischen Schattierungen als ein solcher beschrieben; die Medienaufmerksamkeit hingegen, die der anschließende Prozess generierte, gab Hitler eine nationale Geltung, die ihm vorher vollkommen abgegangen war. Egal ob als „Hitler-

Prozess“ oder als „Hitler-Ludendorff Prozess“ bezeichnet, die journalistischen Label halfen entscheidend mit, eine politische Persönlichkeit zu konstruieren, die im Vergleich zum vorherigen bayerischen Versammlungsredner ein deutlich stärkeres Profil besaß. Die Darstellung Hitlers und seiner Anhänger in der rechten Presse als jugendliche, idealistische, aufrechte Nationalisten, die tragischerweise von ihren wankelmütigen konservativen Mitverschwörern verraten worden waren, ermöglichte es Hitler, in den Augen diverser rechtsnationaler Deutscher eine neue Gravitas anzunehmen, und löste während und nach dem Prozess eine Welle der Begeisterung aus. Selbst Angriffe der politischen Gegner trugen wegen ihrer Personalisierung zu diesem beginnenden Personenkult bei.

Aber diese diversen Medienbilder bildeten nicht nur den „Frame“ für die Wahrnehmung Hitlers durch frustrierte Nationalisten. Sie hatten auch einen entscheidenden Einfluss auf Hitlers Selbstwahrnehmung. Um dies nachzuvollziehen lohnt es sich, Hitlers Ansichten zur Macht der Presse zu betrachten, so wie er sie in seinem Buch „Mein Kampf“ 1924 formulierte. Üblicherweise betonen Historiker, dass Hitlers Propaganda-Konzeption dem gesprochenen Wort deutlich höheren Wert beimaß als dem geschriebenen. Tatsächlich aber genoss er im Frühjahr 1924 seinen plötzlichen Aufstieg zur nationalen Medienberühmtheit so sehr, dass er kein Problem damit hatte, Allgemeinplätze über die ungeheure Macht der Presse aufzugreifen und weiter zu popularisieren. „Tatsächlich ist ihre Bedeutung denn auch eine wahrhaft ungeheuerliche“, verkündete Hitler: „Sie kann überhaupt gar nicht überschätzt werden; bewirkt sie doch wirklich die Fortsetzung der Erziehung im späteren Alter.“ Die Leser fielen, so Hitler, in drei Gruppen: Jene, die alles glauben, was sie lesen, solche, welche aufgehört haben, an irgendetwas zu glauben und letztens diejenigen, die das Gelesene kritisch prüfen und danach beurteilen. Die erste Gruppe sei bei weitem die größte und bestehe „aus der großen Masse des Volkes“ und „dem geistig einfachsten Teil der Nation“ (Hitler 1932: 262). Wie viele andere Politiker dieser Zeit überschätzte Hitler wesentlich den Einfluss der Presse und konnte sich so eine zeitgenössische Leserschaft vorstellen, die genauso überwältigt von dem Umfang und der Qualität der Presseberichterstattung über seine Person sei, wie er es selber war. Es ist kein Wunder, dass er zu diesem Zeitpunkt aufhörte, sich vornehmlich als den „Trommler“ der Bewegung zu sehen und sich stattdessen in „Mein Kampf“ selbstbewusst als „Führer“ inszenierte.

Hitlers Ansicht nach hatte die Medienaufmerksamkeit, die er Anfang 1924 gewinnen konnte, die Chancen der nationalsozialistischen Bewegung unter seiner Führung vollständig verändert. „Es kommt nämlich in der politischen Wirklichkeit nicht so sehr auf Vorschläge und Programme an, sondern auf eine zähe und geduldige Arbeit, bis die Öffentlichkeit bereit ist, einen Namenlosen mit einer politischen Richtung gleichzusetzen“, erklärte er nach seiner Entlassung im Dezember 1924. „Jetzt bin ich kein Unbekannter mehr, und das gibt uns die wichtigste Grundlage für einen neuen Anlauf." (zit. in Hanfstaengl 1980: 167) Zumindest was den letzten Teil seiner Einschätzung betrifft, behielt Hitler Recht. Die Prominenz, die er durch seine mediale Präsenz Anfang 1924 gewonnen hatte, ermöglichte ihm in den nächsten Jahren, seine Führungsstellung innerhalb des völkischen Lagers auszubauen und zu konsolidieren (vgl. Kershaw 1998). Andererseits ließ sich sein persönlicher Wiedererkennungswert nicht ohne weiteres in Wählerstimmen umsetzen: Bei den Reichstagswahlen im Mai 1928 vermochten es die Nationalsozialisten nicht, eine (durchaus vorhandene) große Anzahl unzufriedener Wähler zu mobilisieren. In Berlin stimmten weniger als 40.000 Wähler für die NSDAP. Aber Hitlers Ruhm war ungeschmälert, wie sein erster Besuch in Berlin nach Aufhebung des öffentlichen Redeverbots durch die preußische Regierung bewies. Sein Auftritt am 16. November 1928 im Sportpalast zog über 16.000 Besucher an, die neugierig auf den großen Namen waren und sich bereitwillig von dem geübten Rhetoriker begeistern ließen. „Immer wieder [wird die Rede] von Beifallsstürmen unterbrochen", notierte Goebbels hinterher in seinem Tagebuch. „Zum Schluß ein Orkan. Alle stehen auf. Deutschland über alles." (Goebbels 2004: 124)

Zu diesem Zeitpunkt war die NSDAP noch mehr Versammlungs- denn Volkspartei, zu der sie einige Jahre später werden sollte. Aber in einer Zeit schnell wechselnder Reichsregierungen und einer verwirrenden Vielzahl kleiner Splitter- und Partikularparteien war eine bekannte Galionsfigur – ein nationaler und nationalistischer Markenname – als Parteiführer von unschätzbarem politischem Wert. Hier ist nicht der Ort, um den medialen Rahmen nachzuzeichnen, der die Transformation der NSDAP zu einer Massenpartei und Hitlers Ernennung zum Reichskanzler Januar 1933 ermöglichte, insbesondere der spektakuläre und öffentlichkeitswirksame Zerfall der DNVP unter Hugenberg in den Jahren 1929/30, die zunehmende Presseobsession mit „politischer" Gewalt, die in der Bürgerkriegs-Psychose des Jahres 1932 kulminierte und die Unfähigkeit der Regierung Brüning, sich der destruktiven Dynamik einer Rechts-Links-Polarisierung zu entziehen (vgl. Fulda 2009). Nur durch Berücksichtigung dieses medialen Kontexts jedoch – sowohl der Medienfixierung politischer Entscheidungsträger, als auch der Entstehung massenmedialer Vorstellungsgemeinschaften – wird man der Komplexität der Politik und individueller Wahlentscheidungen dieser Jahre gerecht.

Literatur

Averbeck, Stefanie (1999): Kommunikation als Prozess. Soziologische Perspektiven in der Zeitungswissenschaft 1927–1934. Münster: LIT.

Baschwitz, Kurt (1923): Der Massenwahn, seine Wirkung und seine Beherrschung. München: C.H. Beck.

Bernhard, Georg (1929): The German Press. In: Der Verlag Ullstein zum Welt-Reklame-Kongress 1929. Berlin: Ullstein.

Bösch, Frank/Frei, Norbert (Hrsg.) (2006): Medialisierung und Demokratie im 20. Jahrhundert. Göttingen: Wallstein Verlag.

Bruntz, George G. (1972 [1938]): Allied Propaganda and the Collapse of the German Empire in 1918. New York: Arno Press.

Bry, Carl Christian (1987): Der Hitler-Putsch. Berichte und Kommentare eines Deutschland-Korrespondenten (1922–1924) für das „Argentinische Tag- und Wochenblatt". Herausgegeben von Martin Gregor-Dellin. Nördlingen: Greno.

Deuerlein, Ernst (1980): Der Aufstieg der NSDAP in Augenzeugenberichten. München: DTV.

Doenecke, Justus D. (1984): Review: A Military Observer in Hitler's Reich. In: Reviews in American History, 12. Jg, H. 4, S. 583-588.

Dovifat, Emil (1927): Die Zeitungen. In: Deutsche Presse, 15. Jg., H. 11, S. 5.

Epstein, Klaus (1959): Matthias Erzberger and the Dilemma of German Democracy. Princeton/New Jersey: Princeton University Press.

Falter, Jürgen W./Lindenberger, Thomas/Schumann, Siegfried (1986): Wahlen und Abstimmungen in der Weimarer Republik. Materialien zum Wahlverhalten 1919–1933. (Statistische Arbeitsbücher zur neueren deutschen Geschichte). München: Beck Verlag.

Falter, Jürgen (1991): Hitlers Wähler. München: C.H. Beck.

Franz-Willing, Georg (1974): Ursprung der Hitlerbewegung, 1919–1922. Preußisch-Oldendorf: K.W. Schutz.

Fulda, Bernhard (2006): Die vielen Gesichter des Hans Schweitzer. Politische Karikaturen als historische Quelle. In: Paul, Gerhard (Hrsg.): Visual History. Die Historiker und die Bilder. Ein Studienbuch. Göttingen: Vandenhoeck & Ruprecht, S. 206-224.

Fulda, Bernhard (2009): Press and Politics in the Weimar Republic. Oxford: Oxford University Press.

Goebbels, Joseph (2004): Die Tagebücher von Joseph Goebbels. Im Auftr. des Instituts für Zeitgeschichte und mit Unterstützung des Staatlichen Archivdienstes Rußlands, hrsg. von Elke Fröhlich. Band 1,3. München: Saur.

Görlitz, Walter/Quint, Herbert A. (1952): Adolf Hitler. Eine Biographie. Stuttgart: Steingrüben.

Gordon jr., Harold (1972): Hitler and the Beer Hall Putsch. Princeton: Princeton University Press.

Gritschneder, Otto (1990): Bewährungsfrist für den Terroristen Adolf H. Der Hitler-Putsch und die bayerische Justiz. München: C.H. Beck.

Groth, Otto (1928): Die Zeitung. Ein System der Zeitungskunde (Journalistik), 1. Bd. Mannheim u.a.: Bensheimer.

Gruchmann, Lothar/Weber, Reinhard (1997–1999): Der Hitler-Prozeß 1924 – Wortlaut der Hauptverhandlung vor dem Volksgericht München. München: Saur.

Hanfstaengl, Ernst (1980): 15 Jahre mit Hitler. Zwischen Weißem und Braunem Haus. 2. Auflage. München, Zürich: Piper.

Heesen, Anke te (2006): Der Zeitungsausschnitt. Ein Papierobjekt der Moderne. Frankfurt a. M.: Fischer Taschenbuch Verlag.

Hitler, Adolf (1932): Mein Kampf. Erster Band: Eine Abrechnung. Erste kartonierte Auflage. München: Eher.

Holzbach, Heidrun (1981): Das ‚System Hugenberg'. Die Organisation bürgerlicher Sammlungspolitik vor dem Aufstieg der NSDAP. Stuttgart: DVA.

Jäckel, Eberhard/Kuhn, Axel (1980): Hitler. Sämtliche Aufzeichnungen 1905–1924. Quellen und Darstellungen zur Zeitgeschichte, 21. Stuttgart: DVA.

Kershaw, Ian (1998): Hitler 1889–1936: Hubris. London: Allen Lane.

Knoch, Habbo/Morat, Daniel (2003): Kommunikation als Beobachtung. Medienwandel und Gesellschaftsbilder1880–1960. München: Fink.

Koszyk, Kurt (1972): Deutsche Presse 1914–1945. Geschichte der deutschen Presse, Teil III. Berlin: Colloquium Verlag.

Lau, Matthias (2003): Pressepolitik als Chance. Staatliche Öffentlichkeitsarbeit in den Ländern der Weimarer Republik. Wiesbaden: Franz Steiner Verlag.

Moltke, Dorothy von (1999): Ein Leben in Deutschland. Briefe aus Kreisau und Berlin 1907–1934. München: C.H. Beck.

Nicolai, Walter (1920): Nachrichtendienst, Presse und Volksstimmung im Weltkrieg. Berlin: Mittler.

Paul, Gerhard (1990): Aufstand der Bilder: Die NS-Propaganda vor 1933. Bonn: J.H.W. Dietz.

Petersen, Klaus (1995): Zensur in der Weimarer Republik. Stuttgart/Weimar: J.B. Metzler.

Plöckinger, Othmar (2006): Geschichte eines Buches: Adolf Hitlers „Mein Kampf". München: Oldenbourg.

Ritter, Ernst (1979): Reichskommissar für Überwachung der öffentlichen Ordnung und Nachrichtensammelstelle im Reichsministerium des Innern. Lageberichte (1920–1929) und Meldungen (1929–1933). Bestand R134 des Bundesarchivs, Koblenz, veröffentlicht als Microfiche-Ausgabe. München: Saur.

Rosenbaum, Ron (1998): Explaining Hitler. The Search for the Origins of His Evil. New York: Harper Perennial.

Steger, Bernd (1977): Der Hitlerprozeß und Bayerns Verhältnis zum Reich 1923/24. In: Vierteljahrshefte für Zeitgeschichte, 25. Jg., S. 441-466.

Tyrell, Albrecht (1975): Vom ‚Trommler' zum ‚Führer'. Der Wandel von Hitlers Selbstverständnis zwischen 1919 und 1924 und die Entwicklung der NSDAP. München: Wilhelm Fink.

Tryell, Albrecht (1979): Wie er der „Führer" wurde. In: Knopp, Guido: Hitler heute. Gespräche über ein deutsches Trauma. Aschaffenburg: Pattloch, S. 20-48.

Wehler, Hans-Ulrich (2003): Deutsche Gesellschaftsgeschichte, 4. Bd.: Vom Beginn des Ersten Weltkriegs bis zur Gründung der beiden deutschen Staaten 1914–1949. München: C.H. Beck.

Weisbrod, Bernd (Hrsg.) (2003): Die Politik der Öffentlichkeit – Die Öffentlichkeit der Politik. Politische Medialisierung in der Geschichte der Bundesrepublik. Göttingen: Wallstein Verlag.

Wernecke, Klaus/Heller, Peter (1982): Der vergessene Führer Alfred Hugenberg. Pressemacht und Nationalsozialismus. Hamburg: VSA.

Xammar, Eugenio (2005): El huevo de la serpiente: Crónicas desde Alemania (1922–1924). Übersetzung Ana Prieto Nadal. Barcelona: Acantilado.

Inge Marszolek

„Nur keine Öde".[1] Radio im Nationalsozialismus

„Wir Rundfunkleute sind Marschierer. Wir fühlen uns als die SA der Propaganda. Wir machen die Straßen frei und gehen bis in die letzten Häuser, damit der gewaltige Strom der politischen und kulturellen Ideen des Nationalsozialismus alle Volksgenossen erfüllt. Für den Rundfunk arbeiten heißt: für die Partei und für den Führer arbeiten. Ob innerhalb oder außerhalb der Rundfunkhäuser, wir sind eine Gemeinschaft von Kämpfern und dienen dem Nationalsozialismus." (Reichssendeleiter Hadamovsky im Geleitwort zur „12. Großen Deutschen Funkausstellung" 1935. Zit. in: Riedel 1994: 76).

Mit diesen Worten umschrieb der Reichssendeleiter Eugen Hadamovsky die Aufgaben der Mitarbeiter im gleichgeschalteten Rundfunk. Die zeitgenössischen Quellen, die Reden von Reichspropagandaminister Josef Goebbels und anderen Politikern sowie leitenden Mitarbeitern enthalten, bieten eine Fülle solcher Selbstbeschreibungen des Rundfunks als Speerspitze der NS-Propaganda. Dieser Vorstellung entsprach auch die Charakterisierung des Volksempfängers als „Goebbels-Schnauze" im Volksmund und im kollektiven Gedächtnis der Deutschen in der Nachkriegszeit. Nicht zuletzt wurde dadurch die hegemoniale Vorstellung bestätigt, dass eine kleine Clique nationalsozialistischer Verbrecher das deutsche Volk durch massenmediale Manipulation verführt habe. Auf die Langlebigkeit dieser Entlastungsstrategie verweist Clemens Zimmermann (2007), der bemerkt, dass in der Kontroverse um den Beitritt von Günther Grass zur Waffen-SS dieses Argument, das man lange Zeit endgültig verschwunden glaubte, wieder auftauchte. So heißt es in einer Solidaritätsadresse von fünfzig Schriftstellern und Intellektuellen: „Wie können wir einen pubertierenden Jugendlichen, der unter dem Einfluß [sic] der höllischen nationalsozialistischen Propaganda stand, für ein Verbrechen verantwortlich machen, das keine freie Wahl zuließ?" (Frankfurter Allgemeine Zeitung, 15.9.2006: 39, zit. in: Zimmermann 2007: 16).

Lange Zeit bediente die Forschung zum Nationalsozialismus, und hierbei vor allem diejenige zu den Medien, dieses Verständnis von Propaganda bzw. schrieb es weiter. Daraus ergaben sich zwei wichtige Implikationen: Zum einen wurde es in der älteren Forschung insbesondere auf diktatorische Staaten angewandt, das heißt im

1 Zitat aus der ersten Rede von Joseph Goebbels vor den Intendanten im März 1933 (Heiber 1971/72: 206).

20. Jahrhundert auf den Nationalsozialismus oder den Stalinismus. Zum anderen beinhaltete es die Perspektive von oben nach unten: Implizit oder explizit ging man von der Hypothese aus, dass Propaganda in dem von den Machern intendierten Maße massenwirksam war. Damit einher ging eine Beschränkung des Quellenkorpus: Untersucht wurden politische Reden, offizielle Verlautbarungen, die Rolle von Journalisten, Kriegsberichterstattern, Radiokommentatoren etc.

Mittlerweile zeichnet sich hier jedoch ein Paradigmenwechsel ab: Nicht zuletzt unter dem Einfluss der Kommunikationswissenschaft wird Propaganda zunehmend als ein Ensemble kommunikativer Techniken begriffen, die in allen modernen Gesellschaften auf unterschiedlichen Ebenen zum Einsatz kommen. „Propaganda", so Thymian Bussemer, der einen Überblick über hundert Jahre Theoriegeschichte von Propaganda verfasst hat, könne als „konstitutiver Kommunikationsmodus der modernen Gesellschaft verstanden und zum Funktionieren der demokratischen Öffentlichkeit kritisch in Beziehung gesetzt werden." (Bussemer 2005: 14; vgl. Zimmermann 2007: 15-25) Damit ist eine Schnittstelle zu einem anderen, inzwischen durchaus umstrittenen Begriff benannt, nämlich dem der Öffentlichkeit.

Es ist unbestritten, dass jede Form von Herrschaft darauf zielt, den öffentlichen Raum zu besetzen und zu regeln oder zumindest zu regulieren. In Weiterführung des normativen Konzeptes von Öffentlichkeit, wie es Jürgen Habermas (1990 [1962]) für die bürgerliche Öffentlichkeit seit dem 18. Jahrhundert entwickelt hat, unterscheiden andere Forscher Öffentlichkeiten als diskursiv (Zivilgesellschaft), liberal (Massendemokratie) und repräsentativ (autoritäre, diktatorische Regime) (vgl. u.a. Gerhards 1997: 1-34). Grundsätzlich gilt zwar, dass auch Demokratien ihre Legitimation durch Repräsentation in der Öffentlichkeit beglaubigen und so Konsens und Massenloyalität herstellen. Zugleich aber ist Öffentlichkeit in demokratischen Gesellschaften ein umkämpfter Raum, in dem um Ordnungsvorstellungen und kollektive Deutungsmuster gerungen wird.

In den beiden großen europäischen Diktaturen des 20. Jahrhunderts war Propaganda keineswegs negativ konnotiert. Vielmehr galt sie geradezu als notwendiges Instrument zur Erziehung der Massen (Stalinismus) oder zu ihrer Kontrolle bzw. Vergemeinschaftung (Nationalsozialismus). Das erklärte Ziel beider diktatorischer Regime – und in abgewandelter Form trifft dies für andere bis heute zu – bestand unter anderem darin, den öffentlichen Raum zu kontrollieren und darüber hinaus mit ihren ideologischen Vorstellungen in den privaten Raum einzudringen und die Köpfe der Menschen zu besetzen. Zugleich ist zu betonen, dass eine asymmetrische Propaganda-Kommunikation, die Öffentlichkeit in diktatorischen Regimen kennzeichnet, trotzdem als Form von Kommunikation im öffentlichen Raum zu verstehen ist. Ferner versucht das jeweilige Regime, durch Manipulation und Verführung die *Beherrschten* zu überzeugen (vgl. Gestrich 1994). Den Kontroll-Bestrebungen von Diktaturen waren und sind auf der einen Seite durch die Massenmedien selbst Grenzen gesetzt, da ihre Aneignung in der Regel im privaten Raum geschieht und weil sie selber grenzüberschreitend sind. Auf der anderen Seite konfligieren die Sinnstiftungen und Deutungsangebote oder -gebote der Regime auch mit den kollektiven Inhalten des kulturellen Gedächtnisses, die natürlich um so virulenter sind, wenn die Regime von kurzer Dauer sind oder ihren Herrschaftsbereich auf andere Nationen ausdehnen. Diese Versuche, den öffentlichen Raum zu besetzen, werden jedoch nicht ausschließlich über die Medien inszeniert; vielmehr benutzen Diktaturen – und hier experimentierten die Nationalsozialisten in großem Maße – eine Mischung von politischen Inszenierungen wie Massenaufzügen, Visualisierungen im öffentlichen Raum und modernen Medien: Erinnert sei hier nur an die Reichsparteitage in Nürnberg und an die Filme von Leni Riefenstahl oder an die Inszenierung des 1. Mai 1933 auf dem Tempelhofer Feld und dessen Liveübertragung im Radio.

Im Nationalsozialismus formatierte das Radio in vielfältiger und entscheidender Weise den Kommunikationsmodus zwischen Regime und Gesellschaft. Zum einen ist zu betonen, dass das Radio ein verhältnismäßig neues Medium war und als solches von Goebbels zur Beeinflussung der Massen hoch geschätzt wurde. Daher bestand das Ziel nicht nur darin, den Rundfunk als Institution zu kontrollieren – die Gleichschaltung des Rundfunks vollzog sich in wenigen Wochen nach der nationalsozialistischen Machtergreifung. Zugleich sollte die Versorgung der Familien mit Rundfunkgeräten, die vor allem auf dem Land und in den Arbeiterschichten zu wünschen übrig ließ, beschleunigt werden. Goebbels Propagandakonzept war von einer gewissen Ambivalenz geprägt. Zum einen orientierte er sich an älteren massenpsychologischen Konzepten etwa Gustave LeBons, zum anderen aber war es von einer großen pragmatischen Flexibilität, besonders was die Funktion der Unterhaltung betraf. Goebbels wusste um die Wirkungsweise moderner Medien und die komplexen Aneignungslogiken durch die Nutzer. Vor allem aber hatte er die Bedeutung der Unterhaltung für jedwede Propaganda erkannt: In seiner im Titel zitierten Rede fuhr er fort: „Nur nicht die Gesinnung auf den Präsentierteller legen … Gesinnung muß sein, aber Gesinnung braucht nicht Langeweile zu bedeuten." (Heiber 1971/72: 206, FN 1) Insofern ist Clemens Zimmermanns (2007: 18-25) Forderung zuzustimmen, zwischen der Selbststilisierung und der an einem modernen Medienverständnis orientierten Konzeption von Propaganda zu unterscheiden. Medienanalyse lasse sich nicht auf Propagandaanalyse verkürzen. Und gerade Josef Goebbels war es, der immer wieder auf die integrative und herrschaftsstabilisierende Kraft der Unterhaltung verwies – schließlich hatte sich der Rundfunk während der Weimarer Zeit bereits als Unterhaltungsmedium etabliert.

Im Folgenden werde ich dem Spannungsfeld des Rundfunks im Nationalsozialismus zwischen dem Bedürfnis des Regimes nach totaler Informationskontrolle und

Massenbeeinflussung, den Erwartungen der Hörerschaft auf Unterhaltung und den komplexen Kommunikationsroutinen, die sich herausbildeten, nachgehen. Obgleich der Rundfunk 1933 noch ein sehr junges Medium war, waren in den knapp zehn Jahren bereits Hörroutinen entstanden, mit denen sich die nationalsozialistischen Rundfunkmacher und -politiker konfrontiert sahen. Außerdem war das Radio damals noch kein Medium, das die große Masse erreichte. Insofern waren Josef Goebbels und seine Mitarbeiter mit großen Herausforderungen konfrontiert: Der Rundfunk war ein Laborfeld, die Projektionen und Erwartungen, dass er ein massenwirksames Propagandainstrument sei, waren an der Realität des Mediums und seinem Potential abzugleichen. Es galt, innerhalb weniger Jahre das Radio den neuen Bedingungen und Funktionen anzupassen – vor allem auch im Krieg. Aber auch hier war die Balance zwischen direkter politischer Beeinflussung und dem Unterhaltungsbedürfnis der Hörerschaft zu wahren.

1. Die Implementierung des Mediums

Die hohe Erwartung an den Rundfunk als geeignetes Instrument der nationalsozialistischen Vergemeinschaftung stand im Widerspruch zu dessen realer Verbreitung. Um die totale Beeinflussung der Massen mittels des Radios zu ermöglichen, musste – neben dem personellen Umbau der Rundfunkanstalten, der sich nach der „Machtergreifung" relativ problemlos vollzog – das Medium selber in den Alltag der Menschen implementiert werden. Dies geschah auf zwei Arten: Zum einen wurden in großer Zahl billige Geräte hergestellt, zum anderen fand die Popularisierung des Rundfunks durch eine Reihe von Aktionen, wie die Organisation von kollektiven Hörformen, statt.

1.1 Der Volksempfänger: Materielle Basis und medialisierte Politik

Im Jahr 1933 besaß nur jeder vierte Haushalt ein Rundfunkgerät. Bereits vor der NS-„Machtergreifung" existierten Planungen der Rundfunkindustrie zur gemeinsamen Herstellung und zum Vertrieb eines billigen Kleinempfängers, so dass es im April 1933 nur einer kleinen Verordnung des Wirtschaftsministeriums bedurfte, „um daraus ein rassistisch begründetes Instrument ‚arischer' Markenartikelförderung zu machen." (Schmidt 1999: 140) Auch wenn die Produktion und der Vertrieb des Volksempfängers seitens der Industrie und der Radiohändler nicht ohne Reibungsverluste verlief (vgl. König 2004: 33-57), wurden in den ersten Jahren, bis Ende 1935, circa 1,9 Millionen Geräte verkauft. Als danach die Verkaufszahlen etwas zurückgingen, erzielte man durch Maßnahmen wie die Senkung des Preises, Entwicklung eines verbesserten

Geräts, Möglichkeit von Ratenkauf sowie die Befreiung von Rundfunkgebühren eine erneute Absatzsteigerung. Insbesondere die Entwicklung des „Deutschen Kleinempfängers (DKE)" zum Preis von 35 Reichsmark – der erste Volksempfänger hatte noch 76 Reichsmark gekostet – führte dazu, dass der Absatz an Rundfunkgeräten wieder anstieg. Zwischen 1933 und 1943 wurden 4,3 Millionen Volksempfänger und 2,8 Millionen „Deutsche Kleinempfänger" produziert. Das bedeutete bei einer Gesamtproduktion von 18,2 Millionen Geräten einen Marktanteil von 39 Prozent.

Obgleich die Zahl der Haushalte, die zumindest ein Radiogerät besaßen, in den Jahren 1933 bis 1941 von 25 Prozent auf 65 Prozent anstieg, war die Radiodichte in den Arbeiterhaushalten und auf dem Land eher gering. Allerdings liegen hier keine genauen Zahlen vor. Cebulla (2004: 211) vermutet, dass der sprunghafte Anstieg der Rundfunkteilnehmerzahlen von 9,5 Millionen im Jahr 1938 auf über 13 Millionen im Jahr 1941 nicht zuletzt auch auf die bessere Ausstattung der ländlichen Regionen zurückzuführen war.

Auch wenn das Radio erst in den 1950er Jahren zum schichten- und raumübergreifenden Alltagsmedium avancierte (vgl. Schildt 1995: 209) und der Absatz des Volksempfängers hinter diesem Ziel bis in die ersten Kriegsjahre zurückblieb, so ist dennoch Ansgar Dillers (1983: 148) Aussage zuzustimmen, dass der Volksempfänger erheblich zur Vergrößerung der Rundfunkdichte beitrug. Entscheidender für die Frage des Erfolges war jedoch die Einschreibung des Volksempfängers in Strategien der Etablierung konsumistischer Leitbilder, die mit der NS-Volksgemeinschaft konnotiert waren. Die Werbemaßnahmen für den Kauf des Volksempfängers wurden begleitet von zahlreichen Werbemaßnahmen für den NS-Rundfunk allgemein: von den Rundfunkausstellungen, über gemeinschaftliches Rundfunkhören, bis hin zu gezielten Maßnahmen auf dem Land.

In den Volksempfängerwerbekampagnen kamen sehr unterschiedliche Figurationen zusammen. Einerseits gab es Anzeigen, die eher einem privatistischen und konsumorientierten Lebensgefühl entsprachen: So wurde 1933 für den Volksempfänger als Weihnachtsgeschenk geworben, eine Anzeige von 1939 zeigte eine Mutter mit ihren Töchtern vor dem Gerät sitzend (Der Deutsche Rundfunk, H. 30, 1939), andere Anzeigen wiederum priesen die deutsche Technik und „Werkmannsarbeit" an (Werbung für den Volkslautsprecher, „Rundfunk-Großhändler", 15. August 1934). Aber vor allem wurde die „nationale Großtat" in Szene gesetzt. In einem Artikel der „Funktechnischen Mitteilungen" von 1935 geschieht dies durch das Prinzip der Reichweite: „Von Berlin bis Stettin reichen die in einer Reihe aufgestellten 500.000 Volksempfänger [...] Sieben Züge von je 50 Wagen und ein Zug mit 36 Wagen sind notwendig, um die 500.000 Volksempfänger zu transportieren." (zit. in: Schmidt 1999: 149) Zugleich jedoch wurde „das Idealmodell nationalsozialistischer Öffentlichkeit" (Dröge/Müller 1995: 325) bebildert: Mit dem Plakat „Ganz Deutschland hört den Führer – mit dem

Volksempfänger", das im Mai 1933 im „Völkischen Beobachter" erschien, wurde die „Volksgemeinschaft" als Hörgemeinschaft inszeniert. Aus einer Masse lauschender Menschen ragt ein riesiger Volksempfänger heraus. Der Lautsprecher des Volksempfängers symbolisiert einen überdimensionalen, gesichtslosen Kopf, die lauschenden Volksgenossen formieren sich zu Füßen des Geräts, die Menge verliert sich in der Unendlichkeit. Öffentlichkeit wird auf das Erlebnis reduziert, sie kennt keinen Dissens mehr, Diskurs wird durch Empfangen ersetzt.

Eine andere Werbekampagne zeigte das von Paul Matthias Padua auf der Kunstausstellung 1940 präsentierte Bild „Der Führer spricht". Die Kampagne richtete sich gezielt an die Landbevölkerung. Auf Paduas Bild ist eine bäuerliche Mehr-Generationenfamilie zu sehen: Konzentriert lauschend sitzt die Gruppe – aus der sowohl die blonde Bäuerin mit dem Kind auf dem Arm als auch der Ehemann herausragen – unter einem Volksempfänger, der auf einem Regal, quasi im „Herrgottswinkel" steht. Die Zeitung verweist auch auf die komplementäre Funktion von Medien. Links neben dem Volksempfänger hängt ein Bild des Führers an der Wand. Der Austausch des religiösen Inventars des „Herrgottswinkels" durch die medialen Ikonen des Nationalsozialismus bringt zum Ausdruck, dass die Moderne – im Gewand des Nationalsozialismus – Einzug in das bäuerliche Leben gehalten hat. Es ging also um eine Versöhnung des Landes mit der industriellen Moderne (vgl. Friemert 1996: 62). Das Gemälde wurde als Massenware reproduziert, Anzeigen in der Zeitschrift „Rundfunkhändler" geschaltet und die Radiohändler wurden angehalten, das Bild zur Schaufenstergestaltung einzusetzen (Schmidt 1999: 150-151).

1.2 Gaurundfunktage, Volkssenderaktionen und Gemeinschaftshören

Die Implementierung des Mediums in die Haushalte wurde begleitet von einer Reihe weiterer Strategien, die das Radio selber popularisieren sollten. Das geschah zum einen über das Programm und zum anderen über die Inszenierung des Mediums und seine Öffnung für Laien.

Das Radio sollte unentbehrlich im Alltag der Menschen werden – nur so war seine Nutzung für die Stabilisierung der nationalsozialistischen Volksgemeinschaft zu gewährleisten. Demgemäß verkündete Goebbels 1936: „Der deutsche Rundfunk ist in den letzten Jahren zu einem unentbehrlichen Lebensbegleiter des deutschen Volkes geworden. Wer sich von der Teilnahme am Rundfunk ausschließt, läuft daher heute schon Gefahr, auch am Leben der Nation vorbeizugehen." (Archiv für Funkrecht, H. 8, 1936: 243) Goebbels und die Rundfunkverantwortlichen taten alles, um die Menschen als Hörer zu gewinnen. So wurden an den so genannten Gaurundfunktagen Übertragungswagen und Personal aus den Sendehäusern vor allem in ländliche

Gebiete geschickt. Hierbei erhielten die Menschen die Gelegenheit, die Sprecher der Sendehäuser, die ihnen allenfalls als Radio-Stimmen bekannt waren, *live* zu erleben. Beispielsweise fuhren am ersten Gaurundfunktag des Reichssenders Köln die Sendeleitung, der stellvertretende Intendant und die beliebtesten Sprecher in vier Kraftwagen – dies wurde eigens betont – und begleitet von zwei Übertragungswagen im Gau Westfalen-Nord umher (Sonderdienst der Pressestelle des WDR, Nr. 15, 26.3.1935). Das Medium kam zu den Menschen: Es präsentierte sich volksnah und volkstümlich. Das Radio blieb nicht abstrakte Technik, sondern zeigte sich transparent, und zwar sowohl hinsichtlich seines Personals als auch seiner Produktion und Technik. Aber auch den Hörern fiel eine aktive Rolle zu: Sie wurden in ihren alltäglichen Welten befragt – wobei natürlich allen bewusst war, dass nicht alles gesagt werden konnte. Insofern wurde auf diesen Gaurundfunktagen eine virtuelle Volksgemeinschaft konstruiert und inszeniert, deren Schattenseiten ebenso wenig im Äther präsent waren, wie die Leiden derjenigen, die qua Definition ausgeschlossen waren. Das bedeutete ebenfalls, dass bestimmte Erfahrungswelten aus der Öffentlichkeit ausgeschlossen waren und nur die *heitere* Seite der Volksgemeinschaft ausgeleuchtet wurde. Aus der Perspektive des Mediums gesehen aber waren diese Gaurundfunktage eine ausgesprochen moderne Form des Programms, die bis heute in den Rundfunkanstalten einen festen Platz hat.

Darüber hinaus machten die so genannten Volkssenderaktionen von sich reden. Die damit verknüpften Inszenierungen, verbunden mit den regionalen und zentralen Funkausstellungen, fanden ein großes Publikum und waren bei Frauen sowie in der Arbeiterschaft beliebt. „Männer und Frauen aus dem Volke“ präsentierten oftmals mundartliche Stücke und Lieder, gemäß dem Motto der NS-Volksgemeinschaft, die deutschen Stämme zu integrieren. In diesem Rahmen fanden auch Rundfunksprecherwettbewerbe statt. Frauen waren hiervon allerdings ausgeschlossen, da sie sich angeblich wegen ihrer Stimme nicht für diesen Beruf eigneten.

Oftmals waren es Betriebe, die ihre Belegschaften anhielten, sich an den Veranstaltungen zu beteiligen. Dabei wurden lokale und regionale Wettbewerbe abgehalten, die Besten nahmen dann an den Funkausstellungen in Berlin teil. Die Volkssenderaktionen boten den Nationalsozialisten die willkommene Gelegenheit, die Integration der Arbeiter in den nationalsozialistischen Staat zu feiern. So proklamierten die Verantwortlichen 1936, dass die vormals marxistische Parole „Volk sendet für Volk“ endlich realisiert worden sei. Der Präsident der Reichsrundfunkkammer, Horst Dressler-Andress, bekundete seine Gewissheit, „dass der deutsche Arbeiter aus dem Reichtum seiner Seele und der Fülle und der Kraft seiner Begabung in einer völlig neuen Formgebung das Lied der Arbeit für das Lied seines herrlichen, deutschen Lebens singen wird.“ (Pressedienst Reichssender Köln, Nr. 28, 7.7.1936)

Eine weitere Möglichkeit, um sicherzustellen, dass der Rundfunk alle Volksgenossen erreichte, bestand in der Etablierung des Gemeinschaftsrundfunks. Das betraf insbesondere alle herausragenden Ereignisse, zu denen in erster Linie die Reden des Führers, aber auch andere zentrale Übertragungen zählten (vgl. Marszolek 1999: 122-130; vgl. Heuel 1989). Hierfür wurden an zentralen Orten Empfangsanlagen und Lautsprecher aufgebaut, zudem sollten die Volksgenossen, die ein Gerät besaßen, ihre Fenster öffnen. In den Betrieben gab es zu diesen Gelegenheiten ebenfalls Gemeinschaftsempfang. Das Programm, die Lautsprechersäulen flächendeckend einzuführen, scheiterte allerdings sowohl an den Kosten wie an der noch unzulänglichen Technik (vgl. König 2004: 91-94).

2. Medialisierung der Politik im Medium

2.1 Die Führerreden

Anlässlich des „Tages der erwachenden Nation“ in Königsberg wurde am 1. März 1933 die erste Führerrede live im Rundfunk übertragen. Den ganzen Tag marschierten Formationen der SA und SS in den Städten auf und abends zogen Fackelzüge durch die Straßen. Den Höhepunkt des Tages bildete das gemeinschaftliche Hören der Führerrede vor den Lautsprechern. Damit war ein wichtiges Muster etabliert. Das Prozedere war sozusagen ein Probelauf für die Inszenierung des „Tages der nationalen Arbeit“ am 1. Mai 1933, dessen auditive und visuelle Krönung die Rede Hitlers vor dem von Speer inszenierten Lichtdom auf dem Tempelhofer Feld darstellte. Die Rede wurde als Hörbild von den Reportern – vier wechselten sich ab – beschrieben und über die Radiogeräte und die öffentlichen Lautsprecher ins Reich übertragen.

Im ersten Jahr der nationalsozialistischen Herrschaft war das Rundfunkprogramm, entgegen Goebbels Intentionen, extrem politisch ausgerichtet, – man sendete allein fünfzig Führerreden (vgl. Reichel 1991: 165). Allerdings war das Rednerdebut von Hitler im Rundfunk zunächst wenig erfolgreich. Als er am 1. Februar 1933, also unmittelbar nach der „Machtergreifung“, einen vom Kabinett gebilligten „Aufruf an das deutsche Volk“ verlas, wurde dieser sowohl von den Fachleuten im Funk als auch von der Öffentlichkeit stark kritisiert. Die sozialdemokratische Rundfunkzeitung „Der Volksfunk“ bemängelte, die Stimme Hitlers habe kasernenhofartig, unsympathisch und nicht deutsch geklungen (vgl. Volksfunk 1933: 35; zit. nach Diller 1980: 63). Man mag dies als Kritik des politischen Gegners abtun. Aber in der Tat wiederholte Hitler die Rede für eine Schallplattenaufnahme; dabei benötigte er für denselben Text drei Minuten mehr, folglich muss er langsamer und deutlicher gesprochen haben. Und in einem Interview im März 1933 sagte er: „Das muss so werden, dass jeder plastisch vor Augen hat, was er hört. Man kann noch unendlich mehr herausholen. Der Ton ist meiner Ansicht nach viel suggestiver als das Bild. Aber die Möglichkeiten des Rundfunks auszunutzen, das will erst gelernt sein. Ich war selber zuerst vor dem Mikrophon fast verzweifelt. Und auch jetzt bin ich noch immer damit unzufrieden. Mit aller Kraft werde ich mich für die Entwicklung des Rundfunks einsetzen." (zit. in: Diller 1980: 62) Neben der selbstkritischen Tendenz in der Äußerung ist bemerkenswert, wie Hitler die Wirkung des Rundfunks einschätzte. Für ihn – und für viele der Hörer in der Anfangsphase des Rundfunks – wurde Hören und Sehen in einer einzigartigen Weise miteinander verknüpft. Leider ist nicht feststellbar, wie viele von den fünfzig Reden Übertragungen und wie viele Rundfunkansprachen waren. Hitler wusste das Potential des Radios nicht auszuschöpfen, was zum einen an seiner Konzeption des Führertums, aber wohl auch an seinen eigenen Schwierigkeiten mit dem Medium lag, in dem er sein rednerisches Charisma offenbar nicht entwickeln konnte. Denkt man etwa an die „fireside chats" des amerikanischen Präsidenten Roosevelt, der im Radio diskursiv die Politik des New Deal den Bürgern und Bürgerinnen nahe brachte, so wird deutlich, dass Hitler keine „radio-personality" besaß (vgl. Marszolek 2004: 256). Somit ist es nicht verwunderlich, dass sich ab 1935 die Zahl seiner Auftritte halbierte, um sich letztendlich im Krieg auf circa 10 Auftritte einzupendeln (vgl. Beck 2001: 176-177). Bezog Hitler in der Zeit der „Blitzkriege" noch regelmäßig Stellung, so nahm seine Radio-Präsenz mit den ersten Niederlagen deutlich ab. Und nach Stalingrad tauchte er kaum noch im Radio auf. Der Sicherheitsdienst (SD) verfolgte die Wirkungen seiner Reden minutiös. Die erste Rede nach Stalingrad, anlässlich des Heldengedenktages, der vom 14. März auf den 23. März verschoben worden war, wurde laut SD mit Enttäuschung wahrgenommen: „Die fast leidenschaftslose Sprache, der monotone Vortrag habe sich eigenartig angehört [...] z.T. habe der Tonfall deprimierend gewirkt" (zit. in: Kershaw 1980: 158).

2.2 Feindbilder

Die diskursive Aushandlung einer möglichen Zustimmung der Hörer zum hegemonialen NS-Rassismus war offenbar vor allem den Wortsendungen, sei es den populären Vorträgen, den Nachrichten, dem „Politischen Wort" oder am Rande auch den beliebten Hörberichten vorbehalten. Aufgrund der Quellenlage ist es jedoch äußerst schwierig, genaue Aussagen über den Antisemitismus im Rundfunk zu machen. Es scheint aber so, dass die Juden in den Unterhaltungssendungen *das Abwesende* waren. Das galt wohl nicht im gleichen Maße für Wortsendungen, etwa Vorträge, politische Kommentare etc.

In der medialen Inszenierung hatten diejenigen, die qua nationalsozialistischer Definition ausgeschlossen waren oder in Distanz zum Regime standen, keine Stimme.

Repräsentiert wurde lediglich die homogenisierte arische Volksgemeinschaft. Das Verbot des Besitzes von Radiogeräten für Jüdinnen und Juden zu Beginn des Krieges, zu einem Zeitpunkt als die Deportationen bevorstanden und die Mehrheit der deutschen Juden bereits vertrieben war, war nur eine logische Konsequenz der Instrumentalisierung des Rundfunks im Sinne der medialen Inszenierung der „Hörgemeinschaft".

Die Gleichschaltung beinhaltete vor allem die Säuberung der Rundfunkanstalten von jüdischen Redakteuren, Autoren, Musikern und Technikern. Aber damit nicht genug: Auch das Programm wurde von jüdischen Autoren und jüdischen Komponisten gesäubert. Während dies im Bereich der E-Musik und der Hörspiele/Literatur ohne größere Probleme realisierbar war – die Avantgarde-Musik eines Schönberg etwa hatte auch in der Weimarer Republik nie das Hörerpublikum insgesamt erobert –, folgten daraus im Bereich der U-Musik dramatische Veränderungen. Dussel (2002: 220) gibt an, dass in den Theaterspielplänen bei den Operetten 40 Prozent zu den verfemten Werken zählten. Genannt seien hier nur Emmerich Kalman und Paul Abraham, deren Stücke Welterfolg hatten. Zu betonen ist, dass es sich hierbei um Musik handelte, „wie sie in ihrer Mischung aus Herz-Schmerz-Sehnsucht-Fernweh-Schnulz und Ichbinjaheutesorechtvonherzenverliebt-Romantik haargenau ins U-Konzept der Reichskulturkammer des Propagandaministers Joseph Goebbels gepasst hätte" (Kühn 1984: 138, zit. in: Dussel 2002: 220). Ersetzt wurden diese durch Werke „arischer Komponisten" und zum Teil durch Volks- und Marschmusik. Ob den Hörern und Hörerinnen diese Veränderungen bewusst waren und ob sie auf nennenswerte Kritik stießen, muss offen bleiben.

Im Krieg wurden Juden dann so gut wie gar nicht mehr, d.h auch nicht in den Wortsendungen, im Radio erwähnt. Ein prägnantes Beispiel hierfür sind die Kommentare von Hans Fritzsche.

Im Jahr 1942 wurde Fritzsche zum Beauftragten für die politische Gestaltung des Großdeutschen Rundfunks und zum Leiter der Rundfunkabteilung im Propagandaministerium ernannt. Bereits zuvor hatte er sich als Kommentator im Rundfunk hervorgetan, indem er jeden Samstag Kommentare, basierend auf der Auswertung der internationalen Pressestimmen (auch der BBC), verlas. Dies bedeutete, dass die Hauptrichtung seiner Kommentare gegen die USA und insbesondere gegen England zielte. In den erhaltenen Texten fällt seine große Zurückhaltung gegenüber einer rassistischen Konturierung der angloamerikanischen Feinde auf.[2] Als Stereotyp ist hier die Rede von der Plutokratie und dem Bolschewismus, worunter ein Hörer im Nationalsozialismus immer das Adjektiv „jüdisch" mithörte. Dabei konstruierte er das Bild

2 Einige Sendemanuskripte, Briefe zu den Sendungen u.ä. sind erhalten in: Bundesarchiv (BA), Reichsministerium für Volksaufklärung und Propaganda (R 55).

einer europäischen Schicksalsgemeinschaft des jungen Europas, die es zu verteidigen galt. Die Verteidigung geschehe auf Sizilien ebenso wie im Osten, aber auch in den deutschen Städten, wo die Volksgenossen dem Bombenterror trotzten.[3] „Diese Millionen und Abermillionen von Menschen der bombardierten Gebiete sind die Helden dieses Krieges, die ein unsichtbares Eichenlaub tragen und vor denen sich einst noch ganze Generationen der Völker Europas verbeugen werden."[4]

In anderen Texten wiederum bemüht er das Bild der Juden als Kriegstreiber hinter Roosevelt. „Das sind die Kräfte, die aus angeborenem Haß, aus innerer Hilflosigkeit, aus Machthunger und Geltungsbedürfnis sich in die Neuordnung der europäischen Dinge einschalteten, bis sie die Welt in Brand gesetzt hatten. [...] Das sind dieselben Elemente, die heute, weit vom Schuß sitzend, nach der Invasion schreien, die heute zum Bombenkrieg und Luftterror gegen uns animieren in der Hoffnung, dass man ihnen nichts anhaben könne und die heute die Denkmäler einer Kultur zerstören, von deren Schönheit und Größe sie niemals einen Hauch verspürten."[5]

Auch hier sind die Juden *das Abwesende*: Der Freiheitskampf Europas ist ein Kampf um einen „judenreinen Kontinent". Fritzsche expliziert dies zwar nicht, aber die Hörer sind sich dessen bewusst. Nur ein einziges Mal offenbar, das geht aus einem Bericht des Erkundungsdienstes, der ausländische Zeitungen im Auftrag Goebbels sichtete, hervor (das Sendemanuskript ist nicht vorhanden), griff Fritzsche die so genannte Gräuelpropaganda auf, die sich auf die Vernichtung des europäischen Judentums bezieht: Hier betonte er, dass man zur Erreichung des Ziels der europäischen Freiheit „felsenhart" sein müsse.[6]

Das Hauptaugenmerk seiner Argumentation zielte auf die Stützung der Volksgemeinschaft durch Konturierung ihrer Stärken: Kern dieses Europas sei das deutsche Volk, das „wieder mit den geheimnisvollen Quellen seiner Kraft" in Verbindung gekommen sei. „Jenem Riesen der Sage, [...] der im schweren Kampf neue Kraft aus der Berührung der Erde zog."[7]

Beim Lesen der Texte von Fritzsche scheint es so, als gäbe es ein stillschweigendes Verständnis über die Figur der jüdischen Weltverschwörung und die Exklusion der Juden aus den NS-Visionen eines neuen Europas. Wie weit damit auch auf die Vernichtung des europäischen Judentums rekurriert wird, ist auf dieser Textbasis nicht zu entscheiden. Gleichzeitig jedoch war offenbar eine Verzahnung von Judentum und

3 Vgl. Bundesarchiv (BA) R 55-525: Kommentar, 31.7.1943; Marszolek 2005: 64-65.
4 BA R 55-525: Kommentar, 31.7.1943.
5 BA R 55-525, Kommentar, 3.7.1943.
6 BA R 55-1357, Erkundungsdienst, 22.12.1942; vgl. Marszolek 2005: 64-65.
7 BA R 55-525; Kommentar, 27.12.1943.

USA/England höchst problematisch. Diese Art der Propaganda hätte angesichts der sich abzeichnenden Niederlage nicht nur auf die Überlegenheit der USA, sondern – aufgrund der Identifizierung der USA mit dem *Jüdischen* – eben auch auf dessen Sieg verwiesen. So blieb der Rückzug auf die mystifizierte Kraft der arischen Volksgemeinschaft der Fixpunkt seiner Arbeit.

3. Politische persuasive Strategien versus Unterhaltung: das Programm

3.1 Die Vorkriegsjahre

Konrad Dussel geht in seiner grundlegenden Studie „Hörfunk in Deutschland, Politik, Programm, Publikum 1923–1960" (2002) davon aus, dass diese massive Politisierung des Rundfunks, die bereits in den ersten Monaten nach der „Machtergreifung" angestrebt wurde, bei den Hörern keineswegs auf große Zustimmung stieß. Gleichzeitig gibt er allerdings zu bedenken, dass diese Politisierung in erster Linie den Deutschlandfunk betraf, nicht aber die Reichssender. So ist für den Kölner und Stuttgarter Rundfunk für den Februar 1933 keine einzige Sendung über eine Veranstaltung der NSDAP nachzuweisen – zumal zu diesem Zeitpunkt Karneval herrschte. Von einer „totalen Inanspruchnahme des Rundfunks", von der noch Diller (1980: 71) ausging, sei also nicht zu sprechen (Dussel 2002: 182). Ohnehin konnte die Politisierung der Programme erst dann richtig greifen, als die Schlüsselpositionen neu besetzt und die Anstalten „gleichgeschaltet" waren. Zu Beginn häuften sich plötzliche Programmänderungen, die man in der Regel mit der Aktualität der Inhalte begründete. Dies beruhte auf der Unerfahrenheit der neuen Führungsleute wie auf dem Druck regionaler Parteistellen: Hier griff Goebbels sehr bald ein und gab nach der Reichstagswahl Kriterien für die Übertragung von politischen Veranstaltungen heraus.

Aufgrund seiner Analyse der Programmstruktur der Kölner und Stuttgarter Abendprogramme kommt Dussel zu der erstaunlichen Erkenntnis, dass bereits in der Frühphase des Nationalsozialismus die Abgrenzung zum Bildungsrundfunk der Weimarer Republik durchgesetzt wurde: Die Wortprogramme am Abend (zwischen 19:00 Uhr und 20:00 Uhr) wurden eliminiert, die E-Musik (Opernabende, Klassik etc.) ersetzte man weitestgehend durch volkstümliche Musik, Militärmusik sowie gehobene Unterhaltung. Die zentrale Hörzeit zwischen 19:00 Uhr und 20:00 Uhr wurde reichsweit durch die „Stunde der Nation" besetzt – sie sollte gewissermaßen zum Kernstück nationalsozialistischer Radiokultur werden. Tatsächlich strahlte man vor allem zu Beginn „nationalsozialistischen Polit-Kitsch" (Dussel 2002: 185) aus. Jedoch pflegte man zunehmend das klassische Erbe und räumte ferner dem Humor einen Platz im Radio ein. Diese Mehrdeutigkeit der „Stunde der Nation" war zweifellos von Goebbels so gewollt, allerdings wurde die Sendung ausgedünnt und Ende 1935 völlig eingestellt. Zudem wurde zu diesem Zeitpunkt die klassische Musik aus dem Programm verdrängt.

Ab 1935/36 setzte Reichssendeleiter Hadamovsky, unterstützt von Goebbels, den völligen Umbau des Rundfunks von dem mit dem Weimarer „System“ verknüpften Bildungsrundfunk in den Unterhaltungsfunk durch. Das hatte eine weitere Verdrängung der direkten politischen Propaganda zur Folge. Oder um es in den Worten von Hadamovsky zu sagen: „Wollen wir unseren Rundfunk nicht durch verkehrte reaktionäre Tendenzen zugrunde richten und unsere Hörer zum regelmäßigen Auslandsempfang erziehen, dann muß das gesamte Programm auf der Grundlage der leichten Musik und der aktuellen Nachrichten aufbauen.“ (Hadamovsky 1934: 51; Dussel 2002: 191). Hier wird das Dilemma der nationalsozialistischen Rundfunkmacher deutlich: Das Medium, das im privaten Raum platziert war, entzog sich der totalen Kontrolle. Es konnte jederzeit ausgeschaltet und – was in der Wahrnehmung der Nationalsozialisten besonders bedrohlich war -auf ausländische Sender umgeschaltet werden.

Angesichts dessen war eine nochmalige Reduzierung der Wortprogramme ebenso wie eine Ausweitung der Unterhaltungsmusik sowie die Implementierung von Sendetypen, in denen Politik und Unterhaltung eng miteinander verbunden waren, eine logische Konsequenz. In diesen Sendungen wurde die nationalsozialistische Volksgemeinschaft als Solidargemeinschaft inszeniert und mit einer heiteren Fassade versehen. Das geschah insbesondere in den Sendeformaten der „Bunten Stunde“, einer Mischung von unterhaltenden Wortprogrammen und Unterhaltungsmusik, in der Regel Schlager. Eine Speerspitze nationalsozialistischer Unterhaltung und damit Inszenierung der Volksgemeinschaft im und durch das Radio war das „Wunschkonzert für das Winterhilfswerk“, dessen erste vierstündige Sendung der „Deutschlandsender“ am 14. Januar 1936 von 20:00 Uhr bis 24:00 Uhr ausstrahlte. Die Partizipation der Hörerinnen und Hörer an der Gestaltung der Sendung – jeder Spende an das Winterhilfswerk konnte ein „Wunschzettel“ für die Musik der Sendung beigelegt werden – war ein voller Erfolg. Nicht nur, dass die erste Sendung an einem Werktag um eine Stunde überzogen wurde, sondern sie wurde fortan zum festen Bestandteil des Programms des „Deutschlandsenders“. In der Sendung traten bekannte Künstlerinnen und Künstler auf, die ihre Gage ebenfalls dem Winterhilfswerk spendeten: „[Sie] wollen dabei sein, wenn Hörer, Sender und Künstler eine Kampfgemeinschaft gegen die Not ihrer armen Volksgenossen bilden und der Ruf des „Deutschlandsenders“ erklingt: Sie wünschen – wir spielen, geholfen wird vielen!“ (Funkwoche, H. 2, 1936, zit. in: Koch 2003: 171) Im Krieg wurde diese Sendung dann zum „Wunschkonzert für die Wehrmacht“.

Doch war das „Wunschkonzert für das Winterhilfswerk“ des „Deutschlandsenders“ nicht die einzige beliebte „Bunte Stunde“. Ein anderes Beispiel hierfür war der „Frohe Samstagnachmittag“, der in Zusammenarbeit mit der Deutschen Arbeitsfront (DAF) seit 1934 vom Reichssender Köln ausgestrahlt wurde. Auch diese Sendung wurde später vom „Deutschlandsender" und anderen Sendern übernommen. Gemeinsam ist den Sendungen, was die humorvollen Programmanteile betrifft, dass diese scheinbar völlig unpolitisch waren, meist reduziert auf die stereotype Darstellung des Geschlechterverhältnisses und anderer Themen aus der privaten, alltäglichen Sphäre wie Freizeit, Urlaub etc. Pater (1998: 214-215) konstatiert, dass aufgrund des klaren Verbots jeglicher Bezüge auf Politik, Staat, Religion, Polizei und Armee ab 1937 – davor waren positive Darstellungen erlaubt – letztlich eben diese Reduktion das typisch Nationalsozialistische verkörperte. Dass sich dies mit den Bedürfnissen der Mehrheit der Deutschen nach einem Rückzug ins Private deckte, haben diverse Studien zur Alltagsgeschichte im Nationalsozialismus gezeigt (vgl. Schäfer 1981). Insofern verstärkte das Medium die Erwartung, dass man sich auf Dauer den Zumutungen des Regimes entziehen könnte, bei gleichzeitiger Hoffnung auf Realisierung seiner Versprechungen. Ein weiterer Unterschied zu den Anfangsjahren bestand darin, dass im Radio kaum noch Inszenierungen von Großveranstaltungen vorkamen. Dies ist vor allem darauf zurückzuführen, dass die Nationalsozialisten auf die Masseninszenierungen selber – mit Ausnahme der Reichsparteitage – fast völlig verzichteten bzw. diese an Bedeutung verloren. Ein gutes Beispiel hierfür ist der 1. Mai, an dem eine mehrstündige Musiksendung mit einigen Berichten von lokalen Kundgebungen gesendet wurde, wie überhaupt der nationalsozialistische 1. Mai zunehmend daran krankte, dass die „Massen" für die Feierlichkeiten nur in geringem Maße mobilisiert werden konnten (vgl. Ruck 1990: 171-188).

Stattdessen war der nationalsozialistische Feiertagskalender im Jahre 1938 im Radio begrenzt auf den Jahrestag der Ernennung Hitlers zum Reichskanzler am 30. Januar, Hitlers Geburtstag am 20. April und zwei Reichssendungen zum 9. November: Über Mittag wurde der Toten gedacht und in der Nacht die Vereidigung der Rekruten der SS übertragen. Ansonsten präsentierten die einzelnen Sender E-Musik oder auch eine Art *Parteiprogramm*. Der „Deutschlandsender" sendete eine abendliche Feierstunde, die der Intendant Goetz Otto Stoffregen unter dem Titel „Kein Tod ist herrlicher, als der ein Leben bringt, kein Leben edler, als das aus dem Tod entspringt" geplant hatte (vgl. Dussel 2002: 196).

3.2 Radio im Krieg

Bereits Ende 1938 vollzog sich die Wende zur propagandistischen Vorbereitung des Krieges. Allerdings gibt es Anzeichen, dass der Rundfunk im geringeren Maße als die Presse für die direkte Propaganda benutzt wurde. Dussel (2002: 197) spricht von einer bemerkenswerten Arbeitsteilung: Es waren anscheinend die Programmzeitungen, die – durch die Präsentation vergleichbar *randständiger* Rundfunkbeiträge – diese Art von politischer Aufklärung über die Bedrohung des Reichs und über die Leistungsfähigkeit der Wehrmacht leisteten. Der Rundfunk hingegen konzentrierte sich eher auf heitere und positive Darstellungen des Soldatenlebens und der Kameradschaft.

Die Kriegsjahre hatten für die Hörer eine Reihe von Einschränkungen zur Folge: Zunächst einmal wurde mehr als ein Viertel des Radiopersonals in die Wehrmacht eingezogen, hinzu kamen Verpflichtungen in der Rüstungsindustrie und Versetzungen zur psychologischen Kriegsführung, sprich in den Auslandsrundfunk. Dies führte schließlich dazu, dass man am 9. Juni 1940 bis Kriegsende das „Gemeinschaftsprogramm" mit einer relativ festen Programmstruktur für alle Sender einführte. Man erweiterte das Musikprogramm nunmehr auf 13 bis 13 1/2 Stunden, die Musik wurde dabei nur durch Nachrichtensendungen oder andere Beiträge zu wichtigen aktuellen Themen unterbrochen. Die gesamte Sendezeit betrug 17 Stunden, von 5:00 Uhr bis 22:00 Uhr; das Programm bestand also zu circa 2/3 aus Musik, wovon ein relativ großer Teil Marschmusik war.

Die bereits weiter oben zitierten SD-Berichte zeigen nicht nur, wie sehr das Regime bemüht war, die Akzeptanz des Radioprogramms zu ermitteln; sie verdeutlichen ebenfalls, dass die Mehrheit der Volksgenossen „mehr Unterhaltung" gerade zu Kriegszeiten forderte. Dabei ging es insbesondere um so genannte rhythmische Tanzmusik, ein Musikstil, der dem aus dem Programm seit 1936 verbannten Swing sehr ähnlich war. Für Goebbels lag es daher nahe, nicht zuletzt um das Hören ausländischer Sender einzudämmen, leichte Unterhaltungsmusik in das Programm aufzunehmen: „Niemand nähme Schaden an seiner Seele, wenn er abends Lehár oder Paul Lincke oder auch Mackeben oder Kollo höre, wohl aber wenn er englische Sender höre, was zum großen Teil nicht wegen der Nachrichten, sondern wegen der schmissigen Musik geschehe, so z.B. bei den Fliegern." (Protokoll der Geheimen Ministerkonferenz vom 21. Mai 1941, zit. nach Boelcke 1966: 747-748).

Allerdings zerstörte der NS-Rundfunk seine zentrale Bedeutung als Informationsmedium im Krieg damit gewissermaßen selbst. Spätestens, als nach den ersten Kriegsmonaten die Erfolge an der Front in Niederlagen umschlugen, und dann vor allem, nachdem der Vormarsch im Osten zum Stillstand gekommen war und die verheerende Niederlage in Stalingrad nicht mehr zu verheimlichen bzw. umzudeuten war, schenkte die Mehrheit der Deutschen im Reich dem NS-Rundfunk nicht länger ihr Vertrauen. Das heimliche Abhören von Feindsendern wurde zum am meisten verbreiteten Delikt – „englisch inhalieren" hieß es im Ruhrgebiet –, obgleich wegen der Verbreitung von abgehörten Nachrichten die Todesstrafe ausgesprochen werden konnte. So resümiert Hensle (2003: 328-341): Das Abhören war keineswegs ein Indiz für eine regimekritische Haltung, sondern wurde insbesondere deshalb praktiziert, weil der Bevölkerung bewusst war, dass die NS-Medien über den Kriegsverlauf unzureichend bzw. geschönt berichteten.

Nicht unterminiert wurde hingegen die mediale Vermittlungsposition des Radios im Zweiten Weltkrieg. Im Gegenteil, der Krieg schuf für die deutschen Armeen die Möglichkeit, weite Teile Europas auch medial zu durchdringen. Hier ist zum einen an die reale Besatzung der „Feindländer" und die Beherrschung ihrer Kommunikations- und Mediensysteme zu denken. Von herausragender Bedeutung waren hier die Soldatensender wie „Radio Belgrad", eine Art Europa-Sender mit großer Reichweite, der unter militärischer Leitung stand (vgl. Boelcke 1977: 231). Mit dem von dort ausgestrahlten Lied „Lili Marleen" zog der Sender schließlich unzählige Soldaten – und nicht nur deutsche – allabendlich in seinen Bann. Das Lied sprach die Sehnsüchte und Gefühle der Soldaten an und ermöglichte es, die Mühen und Grausamkeiten des Kriegsalltags wenigstens für einen Moment zu vergessen.

Der Verzicht auf eine „nationalsozialistische Konturierung" von Kultur oder auch Unterhaltung zugunsten einer mit der Utopie der Volksgemeinschaft kompatibeln Entlastung der „Volksseele" bestimmte das Flagschiff der Kriegsunterhaltung, das schon erwähnte „Wunschkonzert für die Wehrmacht", das vom September 1939 bis zum Sommer 1941 ausgestrahlt wurde. In den Sendungen wurde der Krieg zur Anekdote. Man imaginierte die Volksgemeinschaft in der „Heimat" und an der „Front", der Rundfunk schlug die Brücke (vgl. Pater 1998: 228-241). Die Popularität der Wunschkonzerte bot den Nationalsozialisten die einzigartige Gelegenheit, die NS-Volksgemeinschaft im Krieg als „Opferfamilie" erlebbar zu inszenieren. Jede kleine Spende war nicht nur willkommen, sondern als Zeichen der Vergemeinschaftung symbolisch hoch aufgeladen. Dabei ging es ausschließlich um die Festigung der auf *Blutsverwandtschaft* basierenden Beziehungen. Der Fremde, der als Feind an der Front bzw. der als Feind im Inneren wie Außen imaginierte Jude blieb unsichtbar und war doch zugleich implizit präsent.

Hörwünsche konnten nur Soldaten äußern, die Heimat sollte „ganz Ohr" sein – allerdings kam ein großer Teil der Spenden, die von der Nationalsozialistischen Volkswohlfahrt verteilt wurden, auch den Müttern, Ehefrauen und Kindern zu. Besonders beliebt waren originelle Wünsche, etwa das Gluckern des Bieres zu hören, das der Moderator Heinz Goedecke vor dem Mikrofon trank, oder den Klang der heimatlichen Kirchenglocken. Das ausgesuchte Publikum im Sendesaal bestand größtenteils aus Soldaten und anderen Angehörigen der Wehrmacht. Im Rahmen der Sendung traten ausschließlich sehr bekannte Künstlerinnen und Künstler auf. Das „Wunschkonzert" wurde medial vernetzt: Ein gleichnamiger Film zum Kassenschlager entstand und die Moderatoren Heinz Goedecke und Wilhelm Krug verfassten eine Broschüre (1940), in der sie über lustige Wünsche und Begebenheiten berichteten, die ebenfalls in großer Auflage vertrieben wurde. Die Wirkungsmächtigkeit dieser Inszenierung spiegelt sich in den Feldpostbriefen wider: Das Wissen um das gemeinsame Hören an der Front und zu Hause verhieß die Überwindung des Raumes und schien für eine kurze Zeit gemeinsames Erleben zu ermöglichen (vgl. Marszolek 1999: 41-60).

Warum die Sendung nach relativ kurzer Zeit eingestellt wurde, ist nicht bekannt. Es mag sein, dass mit dem Krieg an der Ostfront das Erleben des Krieges als heitere Anekdote seine Wirkungsmächtigkeit in Bezug auf den Vergemeinschaftungsprozess verlor, oder aber, dass der immer noch deutliche Bezug auf den Krieg den nationalsozialistischen Rundfunkmachern nicht länger opportun erschien und man stattdessen endgültig dem Eskapismus der leichten U-Musik den Vorzug gab.

Bestand das Ziel des „Wunschkonzertes" wie bereits erwähnt darin, die Gleichzeitigkeit von Senden und Empfangen zu ermöglichen sowie die räumliche Trennung von Heimat und Front durch die Bereitstellung medialer Räume von emotionaler Intensität zu überwinden, wurde dieses Anliegen durch die berühmte „Weihnachtsringsendung" von 1942 nochmals gesteigert. Uta C. Schmidt (1998: 37) spricht davon, dass „mit den weitentwickelten Hilfsmitteln der Funktechnik ein ‚Weltreich' mit deutschem Gemüt inszeniert wurde". In dieser Sendung wurde in einer dramaturgisch ausgefeilten Inszenierung – noch heute ruft das Hören Schaudern hervor – die Simultanität von Raum und Zeit, von Heimat und Front, hergestellt. Die Sendung war in der Weihnachtsnacht an allen Fronten – selbst im Kessel von Stalingrad – zu empfangen. Anschließend wurden die Soldaten zum gemeinsamen Singen von „Stille Nacht, Heilige Nacht" aufgefordert. In Klavierbegleitung hörte man im Radio mit starken Überlagerungen eine Männergruppe das Weihnachtslied singen (vgl. van der Meulen 2001).

Dies ist zweifellos ein weiteres Beispiel dafür, wie politische Persuasion funktioniert. In der Sendung wurde das Potential des Mediums, die Schaffung von Simultanität und die Überwindung des Raumes, verknüpft mit mentalen Prädispositionen der Empfänger und einer emotional eindringlichen Inszenierung. Weihnachten 1942 war der Einschluss der 6. Armee im Kessel von Stalingrad bereits bekannt, viele Familien bangten um die dort stationierten Soldaten. Man wusste von den verheerenden Zuständen, der Kälte, dem Hunger und der Hoffnungslosigkeit der Lage. Auf dieser emotionalen Klaviatur spielte diese Sendung äußerst eindrucksvoll.

4. Schlussbemerkungen

Eine Medialisierung der Politik im Nationalsozialismus fand zweifellos auch im und durch das Radio statt. Allerdings gab es eine große Differenz zwischen den Erwartungen, die viele Nationalsozialisten vor allem zu Beginn an das Medium hatten, und den eigenen Logiken des Radios. Es waren insbesondere Joseph Goebbels und die von ihm betrauten Rundfunkmacher, allen voran Eugen Hadamovsky, die sehr schnell begriffen, dass sich die Kommunikationsbeziehungen zwischen Hörerschaft und Radio bzw. zwischen Politik, Medium und Hörern als ausgesprochen komplex darstellten. Selbst wenn Goebbels an dem Anspruch einer totalen Beeinflussung der Massen und einer damit verbundenen Informationskontrolle und der Bemächtigung des öffentlichen Raumes festhielt und diesen, zumindest was die Printmedien anging, wohl auch weitgehend umsetzte, so scheint er sich der Eigenlogiken der Medien bewusst gewesen zu sein. Die Befunde von Jeffrey Herf (2006) über die Presse dürften nicht so ohne weiteres auch auf das Radio und andere Medien zu übertragen sein. Es fehlen noch Studien, die Printmedien (Illustrierte und Tagespresse), Rundfunk und Wochenschauen sowie Filme miteinander vergleichen.

Für das Radio gilt, dass es im privaten Raum implementiert wurde, über den selbst das nationalsozialistische Regime keine oder nur geringe Kontrolle hatte. Alle Geräte, die auf dem Markt waren, konnten ausländische Sender empfangen. In den Grenzgebieten war es für die Bewohner Routine, neben den deutschen beispielsweise auch den französischen und holländischen Sender zu hören. Im Krieg kam es zur massenhaften Übertretung des Verbotes, so genannte Feindsender zu hören (vgl. Hensle 2003: 319-323).

Schwerwiegender jedoch war, dass sich der Rundfunk schon in der Weimarer Zeit – und dies durchaus in Widerspruch zu den Absichten etwa des Rundfunkpioniers Hans Bredow und anderer Rundfunkpolitiker –, als Unterhaltungsmedium etabliert hatte: Hörroutinen hatten sich bereits herausgebildet, so war er schon damals ein steter Begleiter bei häuslichen Tätigkeiten. Das Dilemma der nationalsozialistischen Propagandastrategen bestand also darin, dass die Rezeption bestimmte Muster aufwies und die Erwartungen der Hörer ausgeprägt waren. Dies betraf sowohl eine verlässliche Programmstruktur – die häufigen spontanen Veränderungen des Programms in den ersten Monaten dürften auf wenig Gegenliebe gestoßen sein – als auch in besonderem Maße die Unterhaltungsfunktion. Das spezifisch Nationalsozialistische war also weniger in der Politisierung des Rundfunkprogramms zu sehen, als in einer spezifischen Auffassung dessen, was Unterhaltung war, nämlich die so genannte leichte Unterhaltung: Schlager gemischt mit volkstümlicher Musik und Marschmusik.

Das Radioprogramm im Nationalsozialismus bestand weniger aus der Medialisierung der nationalsozialistischen rassistischen und imperialistischen Politik, vielmehr wurde in diesem Medium die heitere Seite der Volksgemeinschaft inszeniert, und das selbst im Krieg. Ferner präsentierte das „Wunschkonzert" zu Kriegszeiten das, was vielleicht am ehesten einem typischen Modell nationalsozialistischer Rundfunkunterhaltung nahe kommt: den Krieg als Anekdote, auch wenn hier die NS-Volksgemeinschaft als Opfergemeinschaft konstruiert wurde, die ihrerseits geschlechtsspezifisch konnotiert war. Dass man die Sendung absetzte, als der Hörerschaft bewusst werden musste, dass der Krieg eben keine Anekdote, kein Blitzkrieg war, sondern immense Opfer forderte, ist insofern nicht verwunderlich.

Abwesend im Programm waren diejenigen, die nicht zur NS-Volksgemeinschaft zählten: Das bei Kriegsbeginn erlassene Verbot für Juden, ein Radiogerät zu besitzen, entsprang ebenfalls dieser Logik. Anderweitig wurde der Jude als Feindbild natürlich visualisiert und repräsentiert, insbesondere auf Plakaten, aber auch in Zeitungen etc. Welcher Logik entsprang diese weitgehende Abwesenheit des Juden im Radio? Dominierte hier die Unterhaltungsfunktion die Kommunikationsmodi? An dieser Stelle könnten auf medienspezifischen Vergleichen basierende Arbeiten neue Erkenntnisse zu Tage fördern.

Literatur

Archiv für Funkrecht (1936), H. 8.
Boelcke, Willi A. (Hrsg.) (1966): Kriegspropaganda 1939–1941. Geheime Ministerkonferenzen im Reichspropagandaministerium. Stuttgart: Deutsche Verlags-Anstalt.
Boelcke, Willi A. (Hrsg.) (1977): Die Macht des Radios. Weltpolitik und Auslandsrundfunk 1924–1976. Frankfurt a. M.: Ullstein.
Cebulla, Florian (2004): Rundfunk und ländliche Gesellschaft 1924–1945. Göttingen: Vandenheock & Ruprecht.
Diller, Ansgar (1980): Rundfunkpolitik im Dritten Reich. München: Deutscher Taschenbuch Verlag.
Dröge, Franz/Müller, Michael (1995): Die Macht der Schönheit. Avantgarde und Faschismus oder die Geburt der Massenkultur. Hamburg: Europäische Verlagsanstalt.
Dussel, Konrad (2002): Hörfunk in Deutschland. Politik, Programm, Publikum 1923–1960. Potsdam: Verlag für Berlin-Brandenburg.
Friemert, Chup (1996): Radiowelten. Zur Ästhetik der drahtlosen Telegrafie. Stuttgart: Cantz.
Gerhards, Jürgen (1997): Diskursive versus liberale Öffentlichkeit. Eine empirische Auseinandersetzung mit Jürgen Habermas. In: Kölner Zeitschrift für Soziologie und Sozialpsychologie, 49. Jg., H. 1, S. 1-34.
Gestrich, Andreas (1994): Absolutismus und Öffentlichkeit. Politische Kommunikation in Deutschland zu Beginn des 18. Jahrhunderts. Göttingen: Vandenhoeck & Ruprecht.
Goedecke, Heinz/Krug, Wilhelm (1940): Wir beginnen das Wunschkonzert für die Wehrmacht. Leipzig: Nibelungen-Verlag.
Habermas, Jürgen (1990 [1962]): Strukturwandel der Öffentlichkeit. Frankfurt a. M.: Suhrkamp.
Hadamovsky, Eugen (1934): Dein Rundfunk. Das Rundfunkbuch für alle Volksgenossen. München: Eher.
Heiber, Helmut (Hrsg.) (1971/72): Goebbels-Reden, Bd. 1-2. Düsseldorf: Droste.
Hensle, Michael P. (2003): Rundfunkverbrechen. Das Hören von „Feindsendern" im Nationalsozialismus. Berlin: Metropol.
Herf, Jeffrey (2006): The Jewish Enemy. Nazi Propaganda during World War II and the Holocaust. Cambridge Massachusetts: Harvard University Press.
Heuel, Eberhard (1989): Der umworbene Stand. Die ideologische Integration der Arbeiter im Nationalsozialismus 1933–1935. Frankfurt a. M.: Campus-Verlag.
Koch, Hans-Jörg (2003): Das Wunschkonzert im NS-Rundfunk. Köln/Weimar/Wien: Böhlau.
König, Wolfgang (2004): Volkswagen, Volksempfänger, Volksgemeinschaft. „Volksprodukte" im Dritten Reich: Vom Scheitern einer nationalsozialistischen Konsumgesellschaft. Paderborn: Ferdinand Schöningh.
Kopperschmidt, Josef (Hrsg.) (2003): Hitler der Redner. München: Fink.
Marßolek, Inge/Saldern, Adelheid von (Hrsg.) (1998): Zuhören und Gehörtwerden. I. Radio im Nationalsozialismus. Zwischen Lenkung und Ablenkung. Tübingen: Diskord.
Marßolek, Inge (1999): „Aus dem Volke für das Volk." Die Inszenierung der Volksgemeinschaft im und durch das Radio. In: Marßolek, Inge/Saldern, Adelheid von (Hrsg.): Radiozeiten. Herrschaft, Alltag, Gesellschaft. Potsdam: Verlag für Berlin-Brandenburg, S. 121-135.

Marszolek, Inge (2004): Radio Days: Did Radio Change Social Life in Germany and the United States? In: Finzsch, Norbert/Lehmann, Ursula (Hrsg.): Atlantic Communications. The Media in American and German History from the Seventeenth to the Twentieth Century. Oxford/New York: Berg, S. 247-270.

Meulen, Lionel van der (2001): TonSpuren. Eine Radiogeschichte. Teil I: 1888–1945, Frankfurt a. M.: hr (audio).

Pater, Monika (1998): Rundfunkangebote. In: Marßolek, Inge/Saldern, Adelheid von (Hrsg.): Zuhören und Gehörtwerden. I. Radio im Nationalsozialismus. Zwischen Lenkung und Ablenkung. Tübingen: Diskord, S. 129-242.

Reichel, Peter (1991): Der schöne Schein des Dritten Reiches. Faszination und Gewalt des Faschismus. München: Hanser.

Riedel, Heide (1990): 70 Jahre Funkausstellung. Politik – Wirtschaft – Programm. Berlin: Vistas-Verlag.

Ruck, Michael (1990): Vom Demonstrations- und Festtag der Arbeiterbewegung zum nationalen Feiertag des deutschen Volkes. Der 1. Mai im Dritten Reich und die Arbeiter. In: Marßolek, Inge (Hrsg.): 100 Jahre Zukunft. Zur Geschichte des 1. Mai. Frankfurt a. M.: Büchergilde Gutenberg, S. 171-188.

Schäfer, Hans-Dieter (1981): Das gespaltene Bewußtsein. Deutsche Kultur und Lebenswirklichkeit 1933–1945. München/Wien: Hanser.

Schildt, Axel (1995): Moderne Zeiten. Freizeit, Massenmedien und ‚Zeitgeist' in der Bundesrepublik der 50er Jahre. Hamburg: Christians.

Schmidt, Uta C. (1998): Radioaneignung. In: Marßolek, Inge/Saldern, Adelheid von (Hrsg.): Zuhören und Gehörtwerden I. Radio im Nationalsozialismus. Zwischen Lenkung und Ablenkung. Tübingen: Diskord, S. 243-360.

Schmidt, Uta C. (1999): Der Volksempfänger. Tabernakel moderner Massenkultur. In: Marßolek, Inge/Saldern, Adelheid von (Hrsg.): Radiozeiten. Herrschaft, Alltag, Gesellschaft. Potsdam: Verlag für Berlin-Brandenburg, S. 136-159.

Zimmermann, Clemens (2007): Medien im Nationalsozialismus. Deutschland, Italien und Spanien in den 1930er und 1940er Jahren. Köln/Weimar/Wien: Böhlau.

Patrick Rössler

„Wir zerstreuten uns zu Tode“. Formen und Funktionen der Medialisierung des Politischen in illustrierten Zeitschriften der NS-Zeit

Für die illustrierte Massenpresse galt nach der Machtübernahme durch die Nationalsozialisten dasselbe wie für zahlreiche andere gesellschaftliche Bereiche: Wer sich mit den neuen Verhältnissen arrangierte, konnte zunächst weitermachen wie bisher; missliebige Organe und politisch oder „rassisch“ nicht genehme Journalisten hingegen wurden aus ihren Positionen entfernt, verfolgt und ins Exil getrieben. So konnten unauffällige und unpolitische Zeitschriften, mit den üblichen Konzessionen an Führergeburtstage und propagandistische Großereignisse wie die Reichsparteitage, weiterhin zur Zerstreuung ihres Publikums beitragen – so lange, bis die grausame Wirklichkeit des Krieges auch die Bildberichterstatter einholte und sich die Kriegswirtschaft die visuellen Durchhalteparolen für die „innere Front“ schlicht nicht mehr leisten konnte.

Der vorliegende Beitrag beleuchtet zunächst jene Rahmenbedingungen der staatlichen Presselenkung, an die die illustrierte Massenpresse ab 1933 ihre Publikationstätigkeit anpassen musste. Eine exakte Definition des Zeitschriftentypus *Illustrierte* existiert nach wie vor nicht (vgl. Haacke 1966; vgl. Prior-Miller 1995). Im Folgenden werden hierunter allgemein die wöchentlichen, monatlichen oder zweimonatlichen Periodika mit sekundärer Aktualität und eher universellem Anspruch (im Gegensatz zum *special interest*) verstanden; sie richten sich an eine breite Öffentlichkeit und werden im Abonnement oder am Kiosk verkauft. Ihre bunte Mischung von Beiträgen beruht insbesondere auf der absichtsvollen Kombination von Bildelementen und Texten, wobei sich seit den 1920er Jahren das Foto als dominantes Gestaltungselement durchgesetzt hat (vgl. Marckwardt 1982: 4-5; vgl. Roessler 2006: 5). Die zeitgenössische Zeitungswissenschaft definierte die Illustrierte 1940 als „eine wöchentlich erscheinende Veröffentlichung, deren Nachrichtenteil aus einer größeren Anzahl von Bildern mit kurzen Erläuterungen besteht, die über Neuigkeiten der letzten Zeit berichten. Neben dieser aktuellen Bildberichterstattung stehen Feuilleton, Artikelserie und Fortsetzungsroman, die ihrerseits vielfach wieder durch Abbildungen lebendig gestaltet werden. Auch Humor in Wort und Bild (vielfach aktuelle Karikaturen) sowie Rätsel gehören zum Inhalt der ‚Illustrierten‘“ (Lehmann 1941: Sp. 1795). Eine Übersicht zur illustrierten Presse am Ende der Weimarer Republik unterscheidet mit:

- den illustrierten Wochenzeitungen,
- den illustrierten Beilagen zu Tageszeitungen,
- den Unterhaltungs- und Familienzeitschriften,
- den Kulturzeitschriften und anderen Monatszeitschriften,
- den Magazinen,
- den satirischen Blättern und
- den Frauen- und Modezeitschriften

insgesamt sieben größere Publikationsgruppen (vgl. Kerbs 1992: 68-69).

Im zweiten, empirischen Teil werden anschließend anhand von acht exemplarischen Zeitschriften spezifische Strategien für den Umgang mit dem Politischen in der illustrierten Massenpresse verdeutlicht. Das Spektrum wird zunächst durch zwei extreme Pole aufgespannt: den Typ der parteinahen Illustrierten vs. den Typ der Exil-Illustrierten, deren strategische Orientierung am Visuellen sich ähnelt, freilich mit diametral entgegengesetzten ideologischen Perspektiven. In einem zweiten Block verdeutlichen vier weitere Fallbeispiele den unterschiedlichen Umgang populärer Medien mit der Visualisierung des Politischen – von der Indoktrination bis zur Pflichtaufgabe. Der letzte Block schließlich beleuchtet zwei Illustrierten-Konzepte aus der Kriegszeit, deren inhaltliche und künstlerische Gestaltung bereits weit in die 1950er Jahre vorgreift. Insgesamt werden damit Beispiele für fünf der sieben eben genannten Genres vorgestellt.

Die gemeinsame Fragestellung, die die Betrachtung der einzelnen Illustrierten leitet, ist die nach dem *Zusammenhang von Form und Funktion* bei ihrer jeweils spezifischen Medialisierung des Politischen. Im Verständnis des Begriffs der Medialisierung schließt die vorliegende Analyse an den Vorschlag von Steiner und Marcinkowski (im vorliegenden Band) an, die diese „als einen Prozess der Erzeugung überindividueller Effekte von Massenmedien [...] begreifen, namentlich auf der Ebene von Organisation und Gesellschaft". Die für die skizzierte Fragestellung zentrale Medienlogik ist dabei die Visualisierung von Politik – oder vielmehr die Visualisierbarkeit von politischen Sachverhalten, um der Selektionslogik der illustrierten Massenpresse folgen zu können. Dabei muss die Beschreibung notgedrungen halbherzig bleiben, denn im Nachhinein lassen sich die tatsächlichen Medieneffekte mangels belastbarer Daten methodisch kaum mehr erschließen (vgl. Stöber im vorliegenden Band); sie sind auf (notgedrungen: riskante und fehlerbehaftete) Inferenzschlüsse aus den verfügbaren medialen Quellen angewiesen. Die erwähnten Fallstudien als empirische Basis dieser Studie können also nur den medialen Output (Form) valide betrachten, während dessen mögliche Medienfolgen (Funktion) weitgehend als – begründete – Vermutungen beschrieben werden.

Obwohl sich dieses Problem bei historischen Medienanalysen regelmäßig stellt, ergibt sich aus der im Folgenden beleuchteten Epoche ein ganz eigener Widerspruch zur genannten Definition von Medialisierung. Diese bezieht sich auf moderne politische Systeme im Sinne von westlichen Demokratien und geht deswegen von einer Autonomie der Funktionsbereiche Massenmedien bzw. Politik aus. Diese Autonomie ist im vorliegenden Zusammenhang augenscheinlich nicht gegeben, da die Zeit der NS-Herrschaft durch eine rigide Presse- und Informationspolitik der Machthaber gekennzeichnet war, in der das Funktionssystem Medien unter einer scharfen Kontrolle des Staates stand (vgl. z.B. Studt 2007; vgl. Abel 1968; vgl. Wulf 1964). Die Medialisierung des Politischen war in dieser Epoche also gerade kein Teil eines Liberalisierungs- und Demokratisierungsprozesses, sondern ganz im Gegenteil ein Instrument der Herrschaftsausübung. Dennoch war die Politik unter diesen Voraussetzungen ebenso auf eine allgemeine Zustimmung der Betroffenen zu ihren Maßnahmen und damit deren Legitimation angewiesen (vgl. Steiner/Marcinkowski im vorliegenden Band), auch wenn diese Funktionserfordernis durch Zwangsmaßnahmen gesteuert wurde. Da es sich hierbei um die für die Bearbeitung der Fragestellung essentielle Rahmenbedingung handelt, wird im Folgenden zunächst die Situation speziell der illustrierten Massenpresse ab 1933 verdeutlicht.

1. Illustrierte Publikumszeitschriften und die Presselenkung des NS-Regimes

Obwohl Adolf Hitler im Februar 1933 noch sowohl gegenüber Vertretern führender deutscher Tageszeitungen als auch der nationalsozialistischen Presse die Notwendigkeit einer frei schaffenden und frei urteilenden Presse beteuert hatte, verpflichtete er die Tageszeitungsverleger schon im Sommer 1933 auf die weltanschauliche Linie des Regimes (vgl. Koszyk 1972: 347-348). Die staatliche Propaganda, hier in Anlehnung an Sösemann (2002: 114) definiert als der durch technische Erfindungen ermöglichte, intensive und umfassende informations- und meinungslenkende Zugriff auf die Bevölkerung, wurde zu einem zentralen Instrument des faschistischen Regimes, und dafür wurde sogar ein eigenes Ministerium unter der Leitung von Joseph Goebbels eingerichtet. Die einzelnen Stationen der so genannten Gleichschaltung der deutschen Medien, die wohl eher eine „Lenkung“ war (Toepser-Ziegert 1984: 23), können hier aus Platzgründen nicht ausführlich beschrieben werden (vgl. hier und im Folgenden Rössler 2007; vgl. ders. 2008). Als zentrale Instrumente seien stellvertretend zwei noch im Herbst 1933 erlassene Gesetze erwähnt: das „Reichskulturkammergesetz“ und das „Schriftleitergesetz“. Ersteres ermächtigte den Propagandaminister zur Bildung von Körperschaften, in denen sich die Angehörigen der betreffenden Berufszweige zusammenfassen lassen mussten (im vorliegenden Fall die Reichspressekammer).

Letzteres schrieb den Schriftleiterberuf als öffentliche Aufgabe fest, was den Journalisten als Sachwalter der nationalsozialistischen Staatsidee verpflichtete (vgl. Verlag Archiv und Kartei 1947: 19-26; vgl. Abel 1968: 7-42; vgl. Pross 2000: 7-126).

Zwar zielten diese Maßnahmen primär auf die (politische) Tagespresse und Journalisten an Tageszeitungen (vgl. Hagemann 1948: 316-317), de facto „wirkte sich die NS-Pressepolitik auf die Zeitschriften [...] in gleichem Umfang wie auf die Tagespresse" (Koszyk 1972: 9) aus, denn jede publizistische Tätigkeit wurde als eine politische gesehen (vgl. Lehmann 1938: 10). „Als politisch wurden alle Zeitschriften betrachtet, die nicht rein wissenschaftlich oder rein technisch oder vom Propagandaminister für unpolitisch erklärt waren. Dabei wurde der Begriff politisch sehr weit gegriffen" (Verlag Archiv und Kartei 1947: 31), womit große Teile der Publikumspresse davon betroffen waren.[1]

Für die Schriftleiter in Zeitschriften fanden daher regelmäßige Pressekonferenzen statt, auf denen die gewünschte Berichterstattung in ihren Grundzügen vermittelt wurde. Zum einen wurde eine wöchentliche „Kulturpolitische Pressekonferenz" einberufen, zu der ab dem 24. Juli 1936 zirka 30 bis 50 „Kulturschriftleiter" zusammenkamen. Als Resümee der „Kulturpresse- und Zeitschriftenkonferenz" wurde die amtliche „Zeitschriften-Information (Z.I.) (ab 1939: „Zeitschriften-Dienst") über die verschiedenen Reichspropagandaämter an die Chefredakteure von Zeitschriften und Kulturpresse verbreitet. Die wöchentlich erscheinende Z.I. enthielt seit 1940 neben anderem auch eine Zusammenstellung derjenigen Teile der an die Tagespresse ausgegebenen *Tagesparolen*, die auch für die Zeitschriften- und Kulturpresse relevant waren (vgl. Wilke 2007: 135-136, 239; vgl. Abel 1968: 54-55).

Zeitgenössische Statements verdeutlichen, welch außerordentliche Bedeutung die Machthaber dem Bild beimaßen, denn es sicherte vermeintlich den „Weg in das Verständnis der breitesten Volksschichten [...]. Das Bild ist oft das einzige Mittel, bestimmte Gedankengänge der Masse zugänglich zu machen und sie fest zu verankern."[2] Für Illustrierten-Redakteure wurden zu einzelnen Anlässen Sonderkonferenzen durchgeführt, in denen spezielle Themen und die Art der Bildpropaganda abgestimmt wurden (vgl. Koszyk 1972: 374). Die Illustrierten wurden hinsichtlich ihrer Bildbeschaffung und der Bildauswahl durch spezielle Instanzen des Goebbels-Ministeriums

1 Bereits nach der so genannten Abgrenzungsrichtlinie vom 4. Januar 1934 galten die Illustrierten – als Blätter von großer Massenwirksamkeit – als Zeitungen (Wochenzeitungen) und wurden vom Reichsverband der deutschen Zeitungsverleger betreut. Damit unterstanden sie der persönlichen Kontrolle von Stabsleiter Rienhardt und waren ebenfalls Ziel der beschriebenen Lenkungsmaßnahmen für die politische Tagespresse (vgl. Verlag Archiv und Kartei 1947: 22-24, 186).

2 Willy Stiewe, 1933 (zit. in: Weise 1983: 154).

(wie das Hauptreferat Bildpresse) kontrolliert, außerdem existierten vielfältige Richtlinien über Fotoverbote (vgl. Unger 1984: 91) und die Bilderdienste wurden zentralisiert (vgl. Kerbs 1983).

Trotz dieser Rahmenbedingungen war eine totale inhaltliche *Gleichschaltung* der Medien weder möglich noch erwünscht. Dem standen zunächst die Konkurrenzkämpfe zwischen verschiedenen Parteiinstanzen um die Macht über die Presse entgegen: Als Leiter des Propagandaministeriums war Joseph Goebbels zwar sicherlich der wichtigste, aber keinesfalls der einzige Entscheidungsträger im Pressewesen. Auch Max Amann, Präsident der Reichspressekammer und gleichzeitig Reichsleiter für die Presse der NSDAP, sein einflussreicher Stabsleiter Rolf Rienhardt und Otto Dietrich, stellvertretender Präsident der Reichspressekammer sowie später Pressechef der Reichsregierung und Staatssekretär im Propagandaministerium, mischten bei der Presselenkung mit. Später gesellten sich noch Ribbentrops Auswärtiges Amt, die Presseabteilung des Oberkommandos der Wehrmacht (OKW) (vgl. Moll 1986) und der Reichsorganisationsleiter Robert Ley hinzu, die allesamt eigene, international ausgerichtete Publikationen des Reichs verantworteten.

Die Doppelung von Funktionen auf Staats- und Parteiebene sorgte – ebenso wie die Kompetenzüberschneidungen der verschiedenen Ämter – für unverhohlene Machtkämpfe unter den Amtsinhabern. Während Goebbels sich mit besonderem Eifer um die Steuerung der Kultur bemühte und Amann über den verlegerischen Bereich Einfluss auf das Zeitschriftenwesen nahm, legte Dietrich keinen nachhaltigen Wert auf diesen Sektor; dafür „regierte der ‚Reichsleiter' Alfred Rosenberg mit seinem ‚Amt zur Überwachung der weltanschaulichen Erziehung' in die Zeitschriften hinein" (Abel 1968: 48). Auch die Rivalität zwischen Ribbentrop und Goebbels ist verschiedentlich belegt (vgl. Rutz 2007).

Dieser permanente Ausnahmezustand barg Vor- und Nachteile für die Presse: Einerseits musste das Handeln immer gleich mehrere Adressaten berücksichtigen und deren unterschiedliche Ansprüche in Einklang bringen; andererseits eröffneten die divergenten Meinungen und Anordnungen zuweilen auch Interpretationsspielräume (vgl. Barbian 2004: 47-48; vgl. Sösemann 2002: 114; vgl. Kohlmann-Viand 1991: 100-108; sowie anekdotisch Verlag Archiv und Kartei 1947: 32-41). „Das System der Presselenkung war ein Irrgarten, in dem sich nur Routiniers zurechtfanden, ohne hilflos umherzuirren oder sich das Genick zu brechen" (Hagemann 1948: 327). Außerdem erfolgte unmittelbar nach den Gesetzeserlassen des Jahres 1933 zwar eine umfassende *Neuordnung* der deutschen Presselandschaft, in der beispielsweise die missliebige Parteipresse von SPD und KPD liquidiert und zahlreiche Verleger und Redakteure entfernt wurden (vgl. etwa Koszyk/Eisfeld 1980; vgl. Willmann 1974). Wie in anderen gesellschaftlichen Bereichen wurden auch hier insbesondere jüdische Personen verfolgt, getreu dem alten Feindbild des „Zeitungsjuden" (Abb. 1).

Der Stürmer

Deutsches Wochenblatt zum Kampfe um die Wahrheit

HERAUSGEBER: JULIUS STREICHER

Nummer 26	Erscheint wöchentl. Einzel-Nr. 20 Pfg. Bezugspreis monatlich 84 Pfg. zuzüglich Postbestellgeld. Bestellungen bei dem Briefträger oder der zuständ. Postanstalt. Nachbestellungen a. d. Verlag. Schluß der Anzeigenannahme 14 Tage vor Erscheinen. Preis für Geschäfts-Anz.: Die ca. 22 mm breite, 1 mm hohe Raum-Zeile im Anzeigenteil —.15 RM.	Nürnberg, im Juni 1937	Verlag: Der Stürmer, Julius Streicher, Nürnberg-A, Pfannenschmiedsgasse 19. Verlagsleitung: Max Fink, Nürnberg-A, Pfannenschmiedsgasse 19. Fernsprecher 21 8 30. Postscheckkonto Amt Nürnberg Nr. 105. Schriftleitung Nürnberg-A, Pfannenschmiedsgasse 19. Fernsprecher 21 872. Schriftleitungsschluß: Freitag (nachmittags). Briefanschrift: Nürnberg 2, Schließfach 393.	15. Jahr 1937

Öffentliche Meinung

Der Jude als Zeitungshetzer in aller Welt

Der Jude **Paul Landau** sagte im Jahre 1919 auf einer jüdischen Versammlung im Lehrervereinshaus in Berlin: „Wenn die Nichtjuden alles wüßten, was wir Juden während des Krieges und bei der Novemberrevolution gemacht haben, dann würden sie uns auf der Straße totschlagen." Tatsächlich ist nur wenigen Nichtjuden bekannt geworden, was die Juden am deutschen Volk an Verbrechen begangen haben. Die Zeitungen, die das deutsche Volk hätten aufklären können, schweigen sich aus oder brachten das Gegenteil von dem, was sie der Oeffentlichkeit hätten mitteilen sollen. So entstand eine durch die Presse gemachte „öffentliche Meinung", die der Wahrheit nicht entsprach. Eine willfährige Presse hat es also den Juden ermöglicht, sich durch Erzeugung einer für sie günstigen öffentlichen Meinung der Volksjustiz zu entziehen.

Mittels der Presse machte der Jude aber nicht nur im einstigen Deutschland die öffentliche Meinung, er macht sie heute noch im Ausland. Wenn wir in England, in Frankreich und in noch vielen anderen Ländern, mit denen Deutschland in Frieden und Freundschaft leben will, wenig Gegenliebe und meist sogar spröde und oft beleidigende Ablehnung erfahren, so kann das nur verstanden werden, wenn man weiß, daß sich die Presseerzeugnisse jener Länder nahezu hundertprozentig im Besitz von Juden befinden oder jüdischem Einfluß und jüdischem Terror ausgesetzt sind. Das heutige Oesterreich ist ein typisches Beispiel für ein

Aus dem Inhalt

Die Verjudung Frankreichs
Rassenschänder Jud Ernst Weiß
Berliner Brief
Die Schuhfirma Leiser / Jüdische Würger am Werke / Rassenschande und Orgien
Der Jude, der Todfeind des deutschen Kaufmannes
Die alten Talmudschliche
Das Alte Testament

Mord an Mördern

Wer vom Juden ißt, der stirbt daran

Die Juden sind unser Unglück!

Abb. 1: Der Stürmer, Nr. 26/1937: Hetze gegen die „Pressejuden".

Die Vorstellung, man könnte durch massive Verbote und eigene Neugründungen kurzfristig die vollständige Kontrolle über eine in der Weimarer Zeit noch weit ausdifferenzierte Medienlandschaft gewinnen, wurde in den maßgeblichen Kreisen jedoch nie ernsthaft vertreten. Hiergegen sprach – neben der nationalen und internationalen Sensibilität des Themas Pressefreiheit – die längst nicht ausreichende Zahl ausgebildeter und parteigetreuer Funktionsträger. „Das System der Buch-, Zeitungs- und Zeitschriftenzensur wurde im Lauf der Jahre immer mehr perfektioniert und ausdifferenziert, ohne allerdings jemals lückenlos zu funktionieren.“ (Barbian 2004: 61) Außerdem wurde befürchtet, das Publikum könnte sich bei allzu rigiden Maßnahmen vollständig dem propagandistischen Zugriff entziehen. Deswegen galt „für die nationalsozialistische Presselenkung [...] der Grundsatz, den langfristig fatalen Eindruck einer ‚Gleichschaltung‘ soweit irgendmöglich zu vermeiden. [...] Wollte die Propaganda überzeugende Erfolge erringen, so hatte sie mit Rücksicht auf den Leser im In- und insbesondere im Ausland wenigstens einige kritische Stimmen im journalistischen Konzert zu dulden. Mit renommierten Zeitungen konnte dieses Ziel am besten erreicht werden. So ließen sich oppositionelle Kräfte im Innern schwächen und die Glaubwürdigkeit ausländischer Warner erschüttern“ (Sösemann 1987: 50).

Der Prozess der *Gleichschaltung* wäre gerade mit Blick auf die Medialisierung des Politischen also zu verstehen als eine Kombination verschiedener Teilprozesse, die von der unmittelbaren staatlichen Repression über subtile Drohungen und unausgesprochene, aber klare Erwartungen bis hin zu einer ganzen Skala opportunistischer Selbstanpassungen reichten. Geplant war eine Lenkung „hinter den Kulissen“, die die Leser möglichst lange an die Existenz einer von Partei und Staat unabhängigen Presse glauben lassen sollte, um einen Anschein von systemimmanenter Vielfalt zu wahren. „Das RMVP wünschte gar nicht, wie häufig angenommen wird, gleichlautende Meldungen, Photographien und Überschriften [...] oder eine bestimmte graphische Aufmachung“ (Sösemann 2002: 127, 139). So sorgte die bereits im Deutschland der 1920er Jahre entstandene paradiesvogelartige Zeitschriftenvielfalt (vgl. Wichmann 1993: 132) auch Mitte der 1930er Jahre noch für eine unübersichtliche Situation – trotz erheblicher Titelrückgänge (z.B. um 20 Prozent bei *Literatur und Revuen*) ermittelte eine Statistik für das Jahr 1934 immerhin 6.288 Zeitschriften aus den verschiedensten Gebieten (vgl. Lerg 1979: 39; vgl. Koszyk 1972: 410). Noch im November 1939 wurden insgesamt 243 deutsche Frauen-, Haus- und Modeblätter gezählt (vgl. Rosenbrock 1942: 165). Die führenden 12 Illustrierten im Reich erschienen zur selben Zeit in einer Druckauflage von deutlich über fünf Millionen Exemplaren pro Woche, darunter als Marktführer die „Berliner Illustrirte Zeitung“ mit alleine 1,5 Millionen Stück (vgl. Huebner 1950: 419). Trotz des Titelrückgangs resümierte Max Stampe (1938), Leiter des Zeitschriften-Referats im Propagandaministerium, dass „die Vielgestaltigkeit unseres Zeitschriftenwesens der Größe und der Vielseitigkeit des deutschen Geistes und des deutschen Lebens“ (Stampe 1938: VIII) entsprochen hätte. Hinsichtlich der Medialisierung des Politischen bleibt als Rahmenbedingung festzuhalten, dass im Pressewesen noch Elemente einer gewissen, wenn auch unpolitisch verstandenen Liberalität bestehen geblieben waren. Sie zielten darauf ab, den ansonsten ideologisch-repressiven Charakter der Medienorgane zu relativieren – allerdings nur scheinbar, denn sie wurden selbst wiederum politisch instrumentalisiert, nämlich zur Schönung der Wirklichkeit und zur Täuschung der Öffentlichkeit (vgl. Reichel 1991: 174). Insbesondere die Kontroverse um das liberale Renommierblatt „Frankfurter Zeitung“ während der NS-Zeit verdeutlicht den Zwiespalt jener Organe, die sich der nationalsozialistischen Lenkung so weit als möglich zu entziehen suchten und gerade die vermeintlich unpolitischen Feuilletons für *Kritik zwischen den Zeilen* nutzten. Ob das Agieren solcher angesehenen Blätter als gelungene Operation publizistischen Widerstands zu deuten ist oder ob sie letztlich das diktatorische Regime stützte, weil sie eine einkalkulierte legitimatorische Funktion übernahm, wird bis heute kontrovers diskutiert (vgl. Sösemann 2007; vgl. Gillesen 2001; vgl. ders. 2007; vgl. Michalske 2001; vgl. ders. 2002).

Die beschriebenen Ambivalenzen spiegeln die allgemeineren Befunde zur Moderne im Nationalsozialismus, die auf die Abwägung und Gewichtung von regressiven – Blut, Boden, Rasse, Überlebenskampf – und progressiven (oder besser dynamischen) Elementen des Nationalismus – Mobilisierung, Leistungssport, Kriegstechnik, Industrialisierung – hinweisen (vgl. Nerdinger 1993; vgl. Mai 2001: 10). Der NS-Staat ästhetisierte alle Lebensbereiche und Beispiele für diese nazistische Verquickung von Progression und Regression ließen sich in nahezu beliebiger Zahl anführen, ob in Architektur, Literatur, Kunst oder Alltagskultur, wo etwa dem erzwungenen Konsumverzicht Freiräume „von Coca-Cola bis Jazz“ gegenüberstanden (Barbian 2004: 67; Lammers 1999: 10, 25). „Es ist beachtenswert“, so analysierte Sebastian Haffner (1989: 255), „daß Goebbels einen großen Teil seiner Propaganda unter williger Mitwirkung von Leuten machte, die sich als Anti-Nazis empfanden, der Gesinnung nach auch waren. [...] Daß sie dabei in aller Harmlosigkeit und ohne etwas ausgesprochen Nationalsozialistisches zu tun, Goebbels' Arbeit verrichteten und mithalfen, dem deutschen Volk etwas vorzugaukeln – nämlich daß alles nur halb so schlimm sei und daß man im Grunde immer noch ein ganz normales Leben führte –, das machten sie sich nicht klar.“

Für die Medialisierung des Politischen in der illustrierten Massenpresse ist darüber hinaus zu berücksichtigen, dass gerade Bildberichte als vermeintlich authentische Wirklichkeitsausschnitte besonders geeignet schienen, um Fortschritt als ein Leitbild der NS-Weltanschauung zu vermitteln. Das Regime schätzte zwar die Bedeutung illustrierter Zeitschriften für die politische Propaganda als relativ hoch ein, wenn man glaubte, das Bild gelte als „Bannerträger der Weltanschauung“ und könne „zusammen mit dem Wort Wunder bewirken" (Sösemann 2002: 136). Als Teil der Massenpresse mit hoher Publikumsresonanz gerieten die Illustrierten unweigerlich ins Visier der Presselenkung, und gerade in den späten 1930er Jahren widmeten sich gleich mehrere wissenschaftliche Untersuchungen dem Pressephoto als „hervorragendes publizistisches Kampfmittel" (Stiewe 1940: Sp. 625-626).[3] Die spezifischen Vorzüge des Bildes gegenüber dem Text wurden in der Schnelligkeit der Bilderfassung, der Anschaulichkeit, der emotionalen Kraft, der Identifikationsmöglichkeit und der Nachhaltigkeit der Wirkung gesehen – eine Einsicht, die bereits die Entwicklung der Bildreportage moderner Prägung in den 1920er Jahren beflügelt hatte (vgl. Gidal 1972). Der Bildnachricht wurde wegen ihrer Authentizität die höhere meinungsbildende Wirkung zugeschrieben; die doppelte Funktion der Illustrierten als Informations- und Unterhaltungsmedium wurde anerkannt und deswegen das Spannungsverhältnis zwischen Politischem und Unpolitischem, zwischen Öffentlichem und Privatem zugunsten der „gefärbten Unterhaltung" aufgelöst (vgl. Unger 1984: 74-79).

Andererseits waren „die Redaktionen der großen Blätter jedoch so autonom, dass selbst über die Zensur und tägliche Verlautbarungen kaum eine gezielte Bildlenkung stattfinden konnte" (Sachsse 2003: 198). Schon das Schriftleitergesetz konzentrierte sich auf die politische Berichterstattung und den „geistigen Inhalt" der Presse; und auch die Abteilung Zeitschriftenpresse im Propagandaministerium stand deutlich weniger im Rampenlicht als ihre Pendants zur deutschen bzw. internationalen Presse. Deswegen beklagte sich Abteilungsleiter Max Stampe noch 1938: „[E]goistische Einzelinteressen, skrupelloser Machtwille und gewissenlose Zersetzungsabsicht zeigten sich in den vergangenen Jahrzehnten nirgends deutlicher und häßlicher als im Spiegelbild unserer eigenen Zeitschriftenpresse." (Zit. in: Wulf 1964: 164) Dabei nahm diese, wie die nachfolgenden Beispiele verdeutlichen werden, die ihr in dem vielstimmigen Orchester der staatlich gelenkten Presse zugedachten Funktionen durchaus wahr – sei es zur psychologischen Mobilmachung für Pogrome und den Krieg durch eine euphorische Technikberichterstattung oder sei es durch die Stärkung der Wehrbereitschaft gerade durch Zerstreuung und Ablenkung, also das Ausblenden des Politischen (vgl. Unger 1984: 271-273).

3 Es entstanden u.a. Dissertationen von Willy Stiewe über das „Pressephoto als publizistisches Mittel" (Leipzig 1936), von Curt Wohlfarth über die „Theorie des aktuellen Bildes" (Berlin 1937) und von Gertrud Ulmer über das „Lichtbild in der Münchner Presse" (München 1939).

2. Politik in Illustrierten: Zwei Prototypen

Nicht bloß deshalb, weil er in der Bezeichnung des einschlägigen Reichsministeriums für Volksaufklärung prominent wiederkehrt, ist der Begriff der Propaganda zentral für die Auseinandersetzung mit der Medialisierung des Politischen in der Zeit der Nazi-Herrschaft. Folgt man hier der Argumentation von Bussemer (im vorliegenden Band), so wäre Propaganda als ein Kommunikationsmodus zu begreifen, zu dessen Ziel zwar die Überzeugung größerer Personenkreise mithilfe organisierter und geplanter Kommunikation durch identifizierbare Urheber gehört, der aber historisch kontingent ist. Für das Deutschland der 1930er Jahre muss, wie in Abschnitt 1 gezeigt, konstatiert werden, dass das *Equilibriums-Modell* frei auf dem Meinungsmarkt miteinander konkurrierender Propagandabotschaften, das zumindest eine Außenpluralität der Positionen in verschiedenen Organen garantiert, nicht mehr existierte. Staatliche Kontrollmaßnahmen verhinderten vielmehr die Neutralisation von Propaganda durch Gegenpropaganda, weshalb die „sorgsam choreografierten Propagandainszenierungen" der Nationalsozialisten (vgl. ebd.) weitgehend unwidersprochen blieben – zumindest in Deutschland. Allerdings existierte sehr wohl eine deutschsprachige Exilpresse, in der auch illustrierte Publikumszeitschriften einen visuell unterstützten Gegenentwurf zur NS-Presse vorlegten. Die ersten beiden Fallbeispiele dieser Studie widmen sich dieser Gegenüberstellung und betrachten zum einen den „Illustrierten Beobachter (IB)" als „offizielles" Organ der NS-Parteipresse und zum anderen die „Arbeiter-Illustrierte Zeitung (AIZ)", die ab 1933 im Prager Exil publiziert wurde, als langjähriges Medium der kommunistischen Opposition.

2.1 Medialisierte Politik als staatliche Propagandaaufgabe: der „Illustrierte Beobachter"

Der „Illustrierte Beobachter (IB)" erschien zum ersten Mal im Juli 1926 anlässlich des Weimarer Parteitags der NSDAP, und zwar ebenso wie die Tageszeitung „Völkischer Beobachter" im Zentralverlag der NSDAP (Franz Eher Nachf.). In einer vergleichbaren Monopolstellung sollte der IB als bebildertes Kampfblatt die breite Öffentlichkeit mit den Zielen der NS-Bewegung vertraut machen (vgl. Lehmann 1941: Sp. 1785). Mitbegründer war Heinrich Hoffmann, der spätere „Hoffotograf" Hitlers, der als offizieller Reichsbildberichterstatter mit seiner Bildagentur auch das Gesicht des IB prägen sollte (vgl. Unger 1984: 125). Die zunächst bescheidene Publikumsresonanz (Auflage 1930: 60.000) wurde auf die dilettantische Aufmachung und die hetzerische Tonlage zurückgeführt (vgl. Gidal 1972: 26). Eine zunehmende Professionalisierung, die steigende Zahl von NSDAP-Anhängern in der Bevölkerung und nicht zuletzt die oben beschriebenen Maßnahmen zur Presselenkung ließen die Auflage Ende 1933 auf über 800.000 Exemplare hochschnellen (vgl. Stiewe 1936). Damit war wohl das Marktpotenzial des IB ausgereizt, denn auch 1939 wurde eine Druckauflage von nur 835.000 Exemplaren erreicht. Damit nahm der IB den Platz 2 in der Verbreitung im Reich ein, hinter dem Marktführer „Berliner Illustrirte Zeitung" (vgl. Huebner 1950: 419). Trotz aller kriegsbedingten Rohstoffeinschränkungen konnte der IB bis Ende April 1945 erscheinen und propagierte bis zuletzt den Endsieg, wenngleich sich die Blicke der SS-Grenadiere auf einer der letzten Nummern eher skeptisch als hoffnungsfroh auf die versprochenen „Wunderwaffen" am Himmel richteten (Abb. 2).

In ihrer ausführlichen Analyse der Berichterstattung des IB in den 1930er Jahren identifizierte Unger (1984) mehrere Phasen: der IB fungierte

- zunächst als Chronist und Spiegel der NS-Bewegung, mit einem Schwerpunkt auf der innenpolitischen *Kampfberichterstattung* (bis 1933);
- als Propagandist für die internationale „Gleichberechtigung" des Deutschen Reichs und für die allgemeine „Weckung des Wehrwillens" in der Bevölkerung (1933–1935);
- als Vertreter antisowjetischer und antibolschewistischer Hetze (insbesondere im Zusammenhang mit dem Spanischen Bürgerkrieg) bei zunehmendem Antisemitismus (1936–1937); und schließlich betrieb der IB
- offensive Agitation mit Blick auf die Kriegsvorbereitungen, speziell in Bezug auf die Tschechoslowakei und das Sudetenland, die „Heimkehr" Österreichs und die Judenpogrome (1938–1939).

An selber Stelle finden sich ausführliche Artikelanalysen aus den Jahren 1933 bis 1939; hier seien daher exemplarisch nur zwei der zahlreichen Sonderausgaben untersucht, die der IB unter anderem zu Reichsparteitagen, Führergeburtstagen oder dem „Anschluss" Österreichs und des Sudetenlands publizierte. Das Sonderheft „Antikomintern" (Abb. 3) aus dem Jahr 1936 verdeutlicht prägnant die Verschränkung der Propaganda gegen die Sowjetunion mit der „Judenfrage". Bereits auf dem Titelblatt ist von der „Vereinigung von Kommunismus und Untermenschentum" die Rede, was mit einer an Verbrecherfotos erinnernden Kompilation „kommunistischer *Führerporträts*" (darunter Bela Kun, Anatoli Lunatscharsky oder Karl Radek) illustriert wird. Im Leitartikel wird der „jüdisch angeführte Bolschewismus" in großen Lettern zum „Weltfeind Nr. 1" erklärt, vor dem „Adolf Hitler Deutschland und Europa bewahrt hat" (S. 2). Das Heft selbst basiert durchgehend auf Fotoabbildungen und operiert geschickt mit der seinerzeit beliebten (s. u.) Technik von kontrastierenden Montagen, etwa wenn unter der Überschrift „Das Sowjetparadies" ein verklärendes Ölgemälde von „Stalin mit Rosenbusch und Judenkind" den schockierenden Fotos verhungernder Kinder im Sowjetstaat gegenübergestellt wird. Die visuell eindrücklichen Bilder zu

Abb. 2: Illustrierter Beobachter, Nr. 14/1945: Wo bleiben die Wunderwaffen?

Rubriken wie „Aufruhr“, „Zerstörung“, „Opfer“, „Kirche“, „Frauen“, „Kinder“ oder „Spanien“ betonen die Schlagkraft, die die Medialisierung von Politik im Sinne von Propaganda durch die Illustrierten jener Jahre erfahren hat.

Nur konsequent flankiert der IB den Kriegsbeginn durch zwei umfangreiche Sondernummern „Englands Schuld“ (1939) bzw. „Frankreichs Schuld“ (1940), deren farbige Umschlagzeichnungen jeweils die Kolonialmächte als eigentliche Kriegstreiber darstellen (Abb. 4). So belegt das Frankreich-Heft durch vermeintlich historisch fundierte Behauptungen und raffiniertes Kartenmaterial „Frankreichs Drang nach Osten“ (S. 4-5), verunglimpft das „Rassengemisch“ der Besatzer nach dem ersten Weltkrieg als „Sadisten am Rhein“ (S. 16-17) – nicht ohne explizit auf die „Verjudung und Verniggerung“ des Nachbarn hinzuweisen (S. 32-33). Beide Hefte sind klar von der Aufgabe geprägt, ihre Darstellung von Politik in den Dienst der staatlichen Propaganda zu stellen.

Zusammenfassend bilanziert Unger (1984: 271-274) ihre Analyse des IB dahingehend, dass sich die „offen-expansionistischen Elemente der faschistischen Ideologie [...] in dem Gehalt der Blätter nur sehr verhalten niederschlagen“ haben: Die geschilderte Doppelfunktion der Vermittlung von Unterhaltung und Information habe einen Beitrag zur „Vermenschlichung“ des Faktors Krieg geleistet; gleichzeitig hätten die grundlegenden Elemente des Illustriertenjournalismus (individuelle Anschaulichkeit und der Schein der Authentizität) zur Feindbildpropaganda und zur antisemitischen Stimmungsmache beigetragen. Auch wenn feste Rubriken wie der „Judenspiegel“ für sich sprechen – der IB bemühte sich dabei zumindest immer, die Maske der Seriosität zu wahren und „Bildbeweise“ zu liefern. Die drastischere Hetzpropaganda jener Zeit findet sich deswegen eher in Organen wie Streichers „Stürmer“ (Abb. 1) oder dem „Schwarzen Korps“ als offiziellem Organ der Reichsführung SS (vgl. Keiber/von Kotze 1969), der im selben Haus wie der „Völkische Beobachter“ untergebracht war und Beiträge von dessen Redakteuren abdruckte (vgl. Frietsch 2006: 87-98).

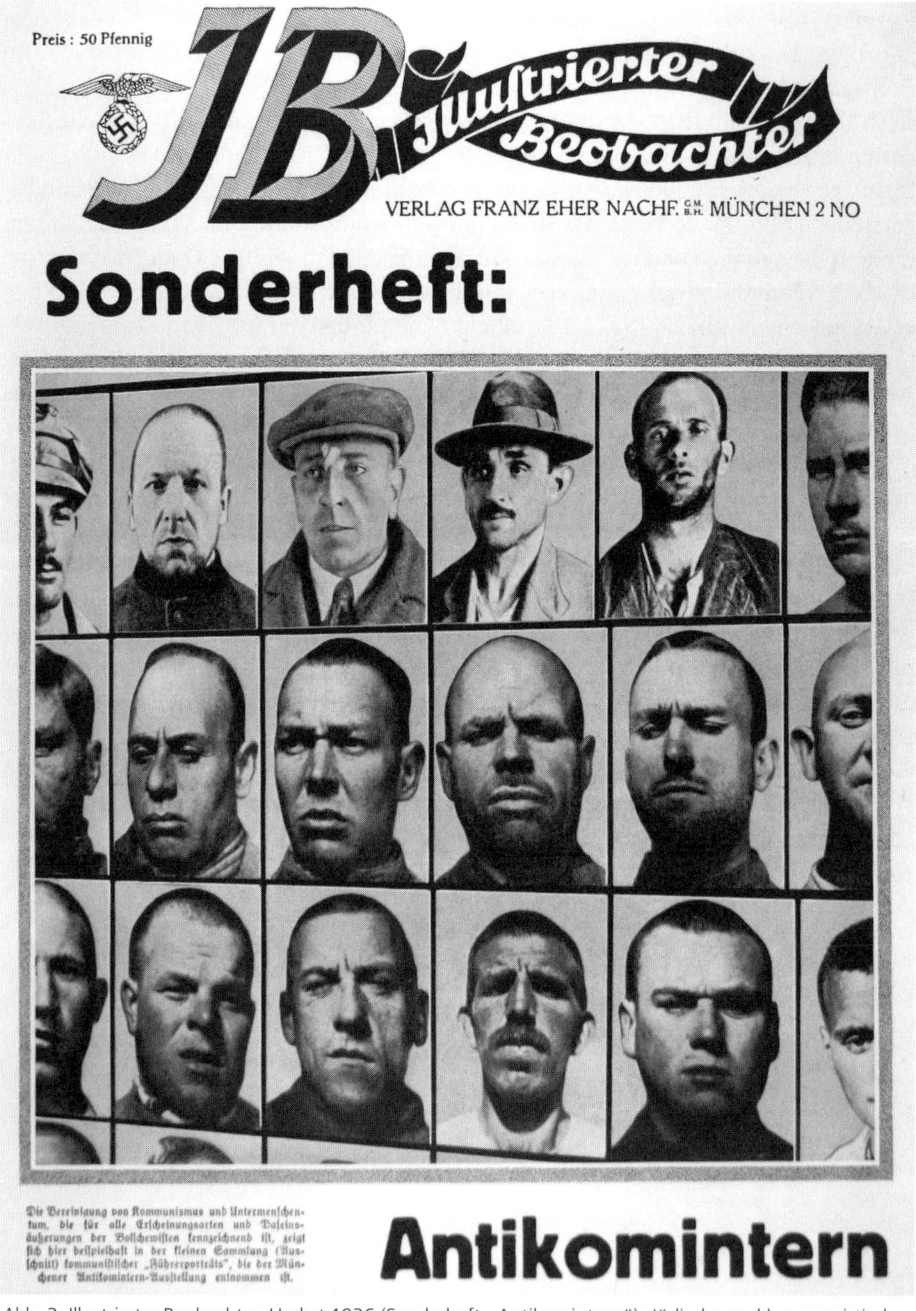

Abb. 3: Illustrierter Beobachter, Herbst 1936 (Sonderheft „Antikomintern"): Jüdische und kommunistische Politiker als „Untermenschen".

Abb. 4: Illustrierter Beobachter, Frühjahr 1940 (Sonderheft „Frankreichs Schuld“): Koloniales Gehabe und die *Angst vorm schwarzen Mann*.

2.2 Medialisierte Politik als antifaschistischer Widerstand: die „Arbeiter-Illustrierte Zeitung"

Das komplementäre Organ der antifaschistischen Gegenpropaganda war die ab 1921 in Berlin, später im Prager Exil erschienene „Arbeiter-Illustrierte Zeitung (AIZ)", die zunächst von Willi Münzenberg und später F. C. Weiskopf herausgegeben wurde.[4] Um das Spektrum deutschsprachiger Illustriertenpublizistik der 1930er Jahre möglichst weit aufzuspannen, wird in diesem Abschnitt die Strategie zur Medialisierung von Politik in der kommunistisch ausgerichteten AIZ aufgezeigt. Da einzelne Ausgaben nach den Erinnerungen ihrer Mitarbeiter auch in verkleinerten Ausgaben ins Reichsgebiet eingeschmuggelt wurden (vgl. Beer 1992) und durch ihre illegale Verteilung den deutschen Lesern zumindest potenziell zugänglich waren, repräsentiert sie den extrem regimefeindlichen Referenzpunkt für unsere Überlegungen.

Jede Auseinandersetzung mit der politischen Berichterstattung in der AIZ muss an dem hervorstechendsten Merkmal ansetzen, mit dem die Illustrierte gerade auch in visueller Hinsicht Maßstäbe gesetzt hat: die zeitkritischen Fotomontagen, gestaltet allen voran von John Heartfield.[5] Was Anfang der 1930er Jahre nur sporadisch auftauchte, gehörte nach Beginn der NS-Herrschaft zur festen Rubrik in der AIZ – die ganzseitigen Klebebilder aus Pressefotos und eigens angefertigten Aufnahmen, immer mit prägnanter, bissiger Kommentarzeile versehen. Sie avancierten zum Markenzeichen der AIZ und rückten in vielen Fällen sogar auf die Titelseite. Ihnen verdanken wir eine Reihe der prägnantesten Charakterisierungen der faschistischen Machthaber und des von ihnen installierten Herrschaftssystems, die bereits 1932, im Jahr des großen Meinungskampfs (vgl. Kerbs/Stahr 1992), einsetzten, etwa die Röntgenaufnahme Hitlers als Übermensch, der Geld schluckt und Blech redet (AIZ, Nr. 29, 1932), die Enthüllung des „wahren Sinns des Hitlergrusses" (AIZ, Nr. 42, 1932) und die aufgespießte Friedenstaube auf dem Berliner Reichstag als Fanal gegen das NS-Großmachtstreben (AIZ, Nr. 48, 1932).

Im vorliegenden Zusammenhang ist festzustellen, dass die Medialisierung der politischen Verhältnisse in diesem Stilmittel eine vollkommen neue Ausdrucksform gefunden hatte. Durch die Entwicklung hin zur Fotoreportage wurden schon seit Ende der Weimarer Republik Geschichten wirkungsvoll in Bildsequenzen erzählt; die Fotomontage verdichtete diese Narrationen in einem einzigen Motiv, das die Vielschichtigkeit der betreffenden Aussage durch konkurrierende Bildebenen verdeutlicht (vgl. Ades 1976). Ergebnis waren scharfe, meist plakative und entsprechend anschauliche

4 Zur Geschichte der AIZ, die an dieser Stelle nicht im Detail dargestellt werden kann: Vgl. Willmann 1974.

5 Ein Werkverzeichnis in: Evans 1992.

Bilder, die funktional an die klassische Karikatur erinnern, aber durch die Verwendung der Fotografie authentischer und emotionalisierender wirkten.

Beispielhaft sollen im Folgenden zwei Montagen aufzeigen, wie variabel diese Form des politischen Kommentars eingesetzt werden konnte. Das erste Motiv erschien bereits im Mai 1933 und betraf das emotional aufgeladene Thema der Bücherverbrennung (Abb. 5). Es zeigt im Hintergrund den Reichstag in Flammen, davor die brennenden Bücher und links Joseph Goebbels mit erhobenem Zeigefinger (AIZ, Nr. 18, 1933: Titelblatt). Die Szenerie spielt sich auf dem Berliner Opernplatz ab, dem heutigen Bebel-Platz; tatsächlich erfolgte die Aktion vor dem Reichstag mit etwa 70.000 Zuschauern. Eigentlich ging die Initiative von der Deutschen Studentenschaft aus, deren vierwöchige „Aktion wider den undeutschen Geist" in den spektakulären öffentlichen Bücherverbrennungen am 10. Mai gipfeln sollten. Die Aktion erfolgte unter Berufung auf die Bücherverbrennung während des ersten Wartburgfestes 1817 und war als „Gesamtaktion gegen den jüdischen Zersetzungsgeist" gedacht (Treß 2003; vgl. Walberer 1983). Heartfields Montage, die bereits vor den abendlichen Verbrennungen in zahlreichen deutschen Städten erschien, identifiziert freilich den Propagandaminister als Hauptschuldigen, unter den abgebildeten Büchern sind auch mehrere Titel des Malik-Verlags, für den Heartfield zahlreiche Fotomontagen hergestellt hatte. Tatsächlich war Goebbels erst gegen Mitternacht zu seiner inzwischen berühmten Rede eingetroffen, nachdem Feuerwehrmänner den Scheiterhaufen im strömenden Regen mit Benzinkanistern entzündet hatten. Insofern verdeutlicht dieses Motiv die wichtige Funktion der Fotomontage als kommentierende (und eben nicht dokumentarische) journalistische Ausdrucksform.

Der Vollständigkeit halber soll als zweites Fallbeispiel eine der zahlreichen Arbeiten von Karl Vanek (Pseudonym für Hermann Leipold) aus dem Jahr 1935 dienen, die deutlich weniger bekannt sind als die tausendfach reproduzierten Heartfield-Montagen, jedoch nicht selten dieselbe Qualität erreichen. Unter dem Titel „Der braune Friedenstiger" illustriert er ein Zitat aus einer Reichstagsrede Hitlers zur Rüstungspolitik des Reiches (Abb. 6). Der aggressiv die Zähne fletschende Tigerkopf unter dem Wehrmachts-Stahlhelm konterkariert dabei die Aussage des Führers, die Reichsregierung sehe „weder zu Lande, noch zur Luft, noch zur See in der Erfüllung ihres Rüstungsprogramms irgend eine Bedrohung eines anderen Landes" (AIZ Nr. 2, 1935, Titelblatt).

Wenn der Schwerpunkt der Überlegungen hier auf den Fotomontagen als effektive Visualisierungsstrategie politischer Botschaften im Meinungskampf liegt, so sei an dieser Stelle zumindest erwähnt, dass auch die übrigen Inhalte der AIZ stets politisch gedacht waren. Dies gilt für die Fotoreportagen aus dem NS-Deutschland (z.B. „Die Hölle Dachau". In: Volks-Illustrierte,[6] Nr. 1, 1937) ebenso wie für literarische Beiträge,

6 Nachfolgepublikation der AIZ, ab August 1935 unter dem neuen Titel „Volks-Illustrierte" vertrieben.

Abb. 5: Arbeiter-Illustrierte Zeitung, Nr. 18/1933 (Titelmontage von John Heartfield): Visionen des nahenden kulturellen Bankrotts.

Abb. 6: Arbeiter-Illustrierte Zeitung, Nr. 22/1935 (Titelmontage von Karl Vanek): Die wahren Absichten Deutschlands waren längst durchschaut.

Feuilletons zur Arbeiterkultur oder Egon Erwin Kischs Reiseberichte. Inhaltliche Schwerpunkte bildeten beispielsweise der bewaffnete Kampf im Spanischen Bürgerkrieg, an dem sich viele Intellektuelle mit kommunistischem Hintergrund beteiligten und zu deren Mobilisierung auch die AIZ beitrug (vgl. Willmann 1974).

3. Strategien für den Umgang mit dem Politischen in den 1930er Jahren

Im Spannungsfeld der beiden eben dargestellten, extrem regimetreuen bzw. regimefeindlichen Visualisierungsstrategien bewegten sich verschiedene Organe der Publikumspresse, von denen vier vorgestellt werden. Bei der Auswahl der Fallbeispiele wurde insbesondere darauf geachtet, den variierenden Umgang mit und die verschiedenen Funktionalitäten von politischer Berichterstattung aufzuzeigen. Die daraus resultierenden vier Positionen sind dabei durchaus prototypisch zu verstehen; das heißt, in einer flächendeckenden Betrachtung der deutschen Illustriertenlandschaft der 1930er Jahre würde sich vermutlich ein Großteil der Publikationen einer dieser Positionen zuordnen lassen.

3.1 Medialisierte Politik zur Indoktrination der Jugend: „Das deutsche Mädel"

Die NS-Ideologie legte Wert auf eine frühzeitige Indoktrination des Volkes möglichst schon in den Kinder- und Jugendjahren. Die Zugehörigkeit zu den mächtigen Jugendorganisationen im Reich, der Hitler-Jugend (HJ) bzw. dem Bund deutscher Mädel (BDM), wurde zur moralischen Pflicht – wer sich nicht verdächtig machen wollte, schickte seine Kinder zu den regelmäßigen Treffen und Freizeiten (vgl. z.B. Retzlaff/Lechner 2008; vgl. Reese 2007). Auch publizistisch wurde diese Politik durch speziell auf die jugendliche Zielgruppe zugeschnittene Periodika unterstützt. Nachfolgend wird exemplarisch die zwischen 1934 und 1944 (teilweise in regionalen Unterausgaben) erschienene Zeitschrift „Das deutsche Mädel" vorgestellt, die sich insbesondere an die weiblichen Teenager im Reich richtete und diesen vom Modetipp bis zur „guten Lektüre", von Bastelanregungen bis Sportberichten auch Unterhaltung bot, aber im wesentlichen unverhohlene Propaganda für die Jugendorganisationen im Reich und damit die Politik des Führerstaates machte.

Beispielhaft sei hier auf den programmatischen Beitrag „Adolf Hitlers Appell an die deutsche Jugend" hingewiesen, der im Oktoberheft 1936 anlässlich des Reichsparteitags erschien (Abb. 7). Zu diesem waren erstmals Jugendliche durch ganz Deutschland in einem Fahnenmarsch nach Nürnberg gezogen. Der Artikel geht zunächst ausführlich auf die Worte des Reichsjugendführers Baldur von Schirach ein,

Abb. 7: Das Deutsche Mädel, Nr. 10/1936: Hitler manipuliert den Parteinachwuchs.

der schon auf einer BDM-Feierstunde in Bamberg von „jenem heroischen Frauentum des großen Krieges […] dessen Arbeit, Einsatz und Opferwillen für uns Verpflichtung bedeutet“ (Das deutsche Mädel, Nr. 10, 1936: 1) gesprochen hatte. Im Wortlaut folgt dann die Ansprache Hitlers an die versammelte NS-Jugend, die er dem propagandistischen Duktus der Zeit entsprechend als Verkörperung eines „neuen Menschen“ lobt, der von anderen Idealen erfüllt sei als „die Jugend seiner Zeit“. Jenseits dieser Inhalte verweist die wirkungsvolle visuelle Aufmachung dieses Beitrags, die den Massencharakter der Bewegung prominent in Szene setzt, auf den gezielten Einsatz moderner Kommunikationsstrategien: Bilder von Fahnen und Aufmärschen, in denen das Individuum zum Partikel einer Massenstruktur gerinnt, davor der „Führer“ im Profil, freigestellt und seitlich angeschnitten.

Diese Stilmittel verdichten sich besonders prägnant im Aufbau der Vorderumschläge des „Deutschen Mädels“: Die Gestalter orientierten sich hier durchaus an der Bildsprache der Zeit, indem sie Elemente der Fotomontage, der Freistellung von Motiven und der plakativen, monochromen Bildhintergründe verwendeten. Dies war nicht der erste Versuch der NS-Eliten, sich der Visualisierungsstrategien der Avantgarde zu bemächtigen, die an anderer Stelle auch durchaus geduldet wurden (z.B. im Fall der „neuen linie"; s. u. Abschnitt 3.3). Die gezielte Anwendung in einem Medium für die junge Generation bleibt dennoch bemerkenswert, weil zur selben Zeit „Die Woche", eine der beliebtesten Publikumsillustrierten, mit quasi derselben grafischen Anmutung versehen war (Abb. 8). „Das deutsche Mädel" präsentiert sich so zwar inhaltlich jugendgerecht, gestalterisch aber sehr „erwachsen", was bis heute eine unwiderstehliche Mischung für Heranwachsende darstellen dürfte. In ihrer Konzeption und dem propagierten Frauenbild ähnelt die Zeitschrift dabei in vielerlei Hinsicht der für eine etwas ältere Zielgruppe produzierten „Die junge Dame" von John Jahr und Hans Huffzky: Ob Mädel oder Teenager, die junge Frau wurde nicht nur als Hausfrau und Mutter dargestellt, sondern auch als eine patente und attraktive Stütze ihres einberufenen Mannes, bereit für kriegswichtige Berufe an der Heimatfront und Kameradin in allen Lebenslagen (vgl. Wehr 2002).

Die Visualisierung dieser politischen Botschaft schlug dabei bis auf die Umschlagabbildungen des „Deutschen Mädels" durch – und dies nicht nur obligatorisch in den Aprilheften zu den Führergeburtstagen (Abb. 9 und 10), wo Parolen wie „Auch Du gehörst dem Führer" (1937) oder „Ein Volk, ein Reich, ein Führer" (1938) inszeniert wurden. Das Januarheft 1938 kontrastierte unter dem Titel „Wer möchte mit den Sowjets tauschen?" das Porträt zweier jugendlich-frischer, typischer BDM-Mädel aus heroisierender Untersicht mit dem Foto einer Gruppe militärisch uniformierter russischer Frauen (Abb. 11). Der zugehörige Beitrag im Heftinnern schilderte das „Elend unter der Sowjetherrschaft", dem schon das Titelbild ein arisch-völkisches Ideal entgegenstellte. In diesem Sinne kann die Illustrierte „Das deutsche Mädel" zweifellos als politisches Kommunikations- und Propagandainstrument des Regimes gelten, wenngleich die üble Rassenhetze im Stile des „Stürmer" oder des „Schwarzen Korps" nicht anzutreffen war.

Abb. 8: Die Woche, Nr. 47/1936: Modernste Umschlaggestaltung im Dienste der Propaganda.

Abb. 9: Das Deutsche Mädel, Nr. 4/1937: „Auch Du gehörst dem Führer".

Abb. 10: Das Deutsche Mädel, Nr. 4/1938: „Ein Volk – ein Reich – ein Führer“.

Abb. 11: Das Deutsche Mädel, Nr. 1/1938: Antibolschewistische Propaganda für die Jugend.

3.2 Medialisierte Politik als internationale Prestigesache: „Freude und Arbeit"

Im Sommer 1936 fand in Hamburg der erste Weltkongress für Freizeit und Erholung statt, organisiert von einem gleichnamigen „Internationalen Zentralbüro Freude und Arbeit" (IZFA) und unter der Ägide des Reichsorganisationsleiters (und Leiters der Deutschen Arbeitsfront) Robert Ley. Anlässlich dieser Veranstaltung wurde eine aufwändige Broschüre produziert (Abb. 12), die anschließend bis 1943 als Monatsschrift „Freude und Arbeit" in mehreren Sprachen erschien, mit über 100 Seiten Umfang und einem Vertrieb in 44 Ländern. Einem Rückblick im Jahr 1938 zufolge handelte es sich „um einen völlig neuen Zeitschriftentyp [...], um ein Organ, das unter vielfältiger Abwandlung des Themas ‚Freude und Arbeit' das ernstliche Bemühen zeigt, neue Brücken zwischen den Völkern zu finden und zu festigen" (IZFA 1936). Für den vorliegenden Zusammenhang von besonderer Bedeutung ist die Tatsache, dass die durchaus volksnah gestaltete Zeitschrift wegen der angestrebten internationalen Verbreitung in weiten Teilen als ein *nonverbales Medium* gestaltet wurde: „Ihr Konzept bestand darin, das Layout zur absoluten Modernität zu steigern. Es ging kaum mehr um Bildvermittlung, sondern um die graphische Präsentation, die jeweils 10 bis 20 Bilder zu monumentalen Themenseiten zusammenfassen mußte [als] künstlerische Aufwertung der photographischen ‚Dokumente' durch eine Verabsolutierung des Layouts" (Brüning 1993: 42).

Im Ergebnis resultierten hieraus propagandistisch extrem wirkungsvolle Bildstrecken, die die von den Machern gerne als „schönste Zeitschrift Deutschlands" gepriesene Illustrierte durchaus als Gegenentwurf zu dem monumentalen sowjetischen Magazin „SSSR na strojke (USSR im Bau)" erschienen ließen (vgl. Rössler 2007: 74). Neben anderen waren ehemalige Bauhäusler wie Kurt Kranz oder die Brüder Hans Ferdinand und Hein Neuner für „Freude und Arbeit" tätig, deren Aufgabe es war, mit Hilfe surrealistischer Kompositionsprinzipien und der kreativen Verbindung flächiger und räumlicher Darstellungen die Fortschrittlichkeit NS-Deutschlands zu visualisieren (vgl. Nagel 2000: 144-145). Da viele Layouts nicht signiert sind, können die Urheber heute nicht mehr zweifelsfrei zugeordnet werden; ihre qualitativ durchaus variierende Ausführung steht aber durchweg in der Tradition der typographischen Moderne mit Fotomontagen, dynamischen Diagonalen, dramatisierenden Anschnitten und Doppelseiten-Gestaltung.

Beispielhaft seien an dieser Stelle zwei Beiträge analysiert, anhand derer der Einsatz der Montagetechniken für die Visualisierung von Politik prägnant aufgezeigt werden kann. Das Heft 4 des zweiten Jahrgangs 1937 beschäftigte sich in seinem Schwerpunkt mit der „bolschewistischen Gefahr". Über weite Strecken beruhte die Argumentation auf einer Gegenüberstellung Deutschlands und der Sowjetunion (Abb. 13), wobei für den propagandistischen Effekt vor keiner Überhöhung zurückgeschreckt

Abb. 12: Freude und Arbeit, Nr. 1/1936: Die erste Ausgabe zum „Weltkongress für Freizeit und Erholung".

wurde. Abgesehen von der Tatsache, dass die beiden Nationen tatsächlich nicht dieselbe Landfläche einnehmen, wie bildlich suggeriert wird, sind in die russischen Umrisse Bilder des Schreckens und Darbens hineinmontiert, während in Deutschland strahlende Arbeiter auf die Reichsautobahn blicken. Selbstredend wächst aus dieser Scholle eine strahlende, aufrechte Blüte, während die sowjetische Saat höchstens ein welkes Gestrüpp hervorbringt. Mit derselben Logik, aber deutlich drastischer, wurden später im Heft „Deutschlands lachende Jugend" und die „sterbende Sowjet-Jugend" kontrastiert (Abb. 14). Eine Reihe weiterer Bildmontagen, „Tatsachenberichte" (z.B. aus dem spanischen Bürgerkrieg) und Zitate der Nazi-Granden dienten einzig dem Zweck, die Sowjetunion als barbarischen und dabei übermächtigen, für einen Krieg gerüsteten Aggressor zu diffamieren, woraus sich beim Leser der Ruf nach einer erhöhten Wehrbereitschaft Deutschlands fast von selbst ergab.

Der Hitler-Rede vom 20. Februar 1938 widmete sich fast die komplette Ausgabe Nr. 4 des dritten Jahrgangs von „Freude und Arbeit". Sie repräsentiert ein Paradebeispiel für die Medialisierung von Politik, in diesem Fall von 34 Kernsätzen des Führers zu unterschiedlichen Facetten der Innen- und Außenpolitik des Reiches. In sechs

Abb. 13: Freude und Arbeit, Nr. 4/1937: Paradies Deutschland und Hölle Sowjetunion.

Sprachen übersetzt, werden die programmatischen Äußerungen Hitlers in eine international verständliche Bildsprache gegossen, die wieder auf den Prinzipien der Bildmontage mit dramatischen Farbeffekten beruht (Abb. 15 am Beispiel der Aussagen zur Wehrmacht). Insgesamt ergab sich ein visuelles Kompendium nationalsozialistischer Politikauffassung und Weltdeutung, über dessen Wirkung im In- und Ausland bestenfalls spekuliert werden kann – ebenso wie über die Frage, inwieweit diese opulente Bildstrecke eine unmittelbare Reaktion auf die Vierfach-Sondernummer von „USSR im Bau“ aus dem Herbst 1937 darstellt, die das 20jährige Gründungsjubiläum des Sowjetstaats behandelte.

Abb. 14: Freude und Arbeit, Nr. 4/1937 : Die Jugend als Identifikationsobjekt.

Der repräsentative Charakter der Zeitschrift war hervorragend geeignet, der politischen Propaganda der Nationalsozialisten einen seriösen Anstrich zu verleihen. Die Massenaufmärsche wie etwa anlässlich der Reichsparteitage mit ihrem Lichtdom und dem Meer an Hakenkreuzflaggen lieferten dabei das geeignete Material für die monumentalen Layouts, die zuweilen schon auf dem Umschlag einsetzten (Abb. 16). In diesem Fall könnte man von einer perfekten Synergie zwischen politischem Absolutheitsanspruch und medialer Umsetzung in einem Prestigeprodukt sprechen. Diese Propaganda ließ sich das Reich auch etwas kosten: Die komplett werbefreien, weitgehend vierfarbig gedruckten Hefte wurden in einer Auflage von 100.000 Exemplaren hergestellt, deren beschränkter Verkaufserlös (viele Hefte wurden aus Repräsentationsgründen gratis verteilt) nur Bruchteile der Herstellungskosten wieder eingespielt haben dürfte.

Abb. 15: Freude und Arbeit, Nr. 4/1938: Kernsätze des Führers zur Wehrmacht.

Abb. 16: Freude und Arbeit, Nr. 10/1937: Politik als Massenbewegung – Fahnenmeere und Lichtdom.

3.3 Medialisierte Politik als lästige Pflichtaufgabe: „die neue linie“

Das Prädikat der „modernsten Kulturzeitschrift Deutschlands“ (Brüning 1993: 44) ging in jener Zeit freilich an eine andere Illustrierte: „die neue linie“, ein stark an Mode und Reise orientiertes, frühes Lifestyle-Magazin „für den Menschen von Geschmack“ (so der Verlag in einer frühen Werbeschrift). Die schon 1929 unter tatkräftiger Mitwirkung früherer Bauhäusler gegründete Zeitschrift vertrat bis zu ihrer Einstellung 1943 eine domestizierte Moderne und diente als Kronzeuge des Regimes für eine vielfältige Presselandschaft, die vermeintlich auch fortschrittliche Publikationen duldete. Diese hier verkürzt wiedergegebene These wurde an anderer Stelle bereits ausführlich begründet (vgl. Rössler 2007; vgl. ders. 2008), und es sei betont, dass „die neue linie“ niemals offen oder verdeckt politische Opposition gegen die Vorgaben des Regimes betrieben hat. Zwar genoss die Redaktion größere Freiheiten im kulturellen und gestalterischen Bereich; als eine politische Zeitschrift hatte sich „die neue linie“ aber nie verstanden. Spätestens seit dem Arbeitsverbot für Juden 1938 war der Mitarbeiterstab systemkonform besetzt, und es dominierten die klassische Bildsprache, mittelalterliche Ansichten, die Verwendung von Frakturschrift und zunehmend völkische und martialische Elemente der herrschenden Blut-und-Boden-Ideologie (vgl. Hansen 2004: 69).

Allerdings waren unmittelbar politisch-propagandistische Beiträge vor dem Überfall auf Polen vergleichsweise selten zu finden. Adolf Hitler wurde (jenseits der obligatorischen Führerporträts zu Jubeltagen) nur sporadisch gezeigt – etwa in dem eindrucksvoll gestalteten Beitrag über die „Festtage der Nation“, der eine Serie extremer Hochformate mit Nazi-Größen bei diversen Aufmärschen zeigt (die neue linie, Nr. 6, Februar 1938: 14-17). Das eingelegte Gedenkblatt zum 50. Geburtstag Hitlers im April 1939 würdigte in einem kurzen Text dessen Verdienste um den Aufbau des Großdeutschen Reiches – verwendete jedoch keines der üblichen Hitler-Porträts, sondern eine Nachtaufnahme der Prager Burg, des Hradschin, in den „der Führer am 15. März einzog“ (Nr. 8, April 1939: 20a). Generell nahmen Politik und Zeitgeschichte in der „neuen linie“ auch nach der Machtübernahme der Nationalsozialisten eine eher randständige Position ein. Insgesamt sollte vielmehr von einer Art *flankierender* Berichterstattung gesprochen werden, die sich den kulturellen oder kulturhistorischen Facetten der politischen Entwicklung im Reich annahm. Angesichts der doppelten Funktion von Illustrierten im „Dritten Reich“ als Informations- und Unterhaltungsmedien handelte es sich hierbei um die politisierte Form der Unterhaltung.[7]

7 Für eine Übersicht ideologisch einschlägiger Beiträge in der „neuen linie“: Vgl. Rössler 2007: 102-143.

Dass auch die geistigen Architekten des Regimes ihren eigenen Modernitätsanspruch geltend machten und sich in diesem Sinne ebenfalls als eine Avantgarde ihrer Zeit begriffen, verdeutlicht exemplarisch der Beitrag von Hanns Johst, Präsident der Reichsschrifttumskammer, über einen „neuen Orden" namens „SS" (Abb. 17): „Diese Garde als revolutionäre Elite muß wissen, daß ihre Tradition nicht im Vorgestern irgendeiner Geschichtsauffassung ruht, sondern im Morgen einer neuen Geschichtsbildung wächst" (die neue linie, Nr. 1, September 1936: 14-19). Illustriert von einer Fotoserie, die Korpsgeist und den Mythos des arischen Übermenschen wirkungsvoll transportiert, ist auch der Text aus heutiger Sicht eine unerträgliche Ansammlung ideologischer Selbsterhöhung, in der sich die SS als höchste Kaste der zukünftigen Herrenrasse gerierte: „[Als] Garde du Cœur des 20. Jahrhunderts […] steigert sich die Körperschaft der SS zum Orden, das heißt zum Gelöbnisbund: dieser Orden steht Mann um Mann für das Leben des Führers und damit für das Herz der Bewegung, für das unsterbliche Herz einer ewigen Bewegung, denn die Bewegung dieses unsterblichen Herzens heißt Deutschland." (ebd.)

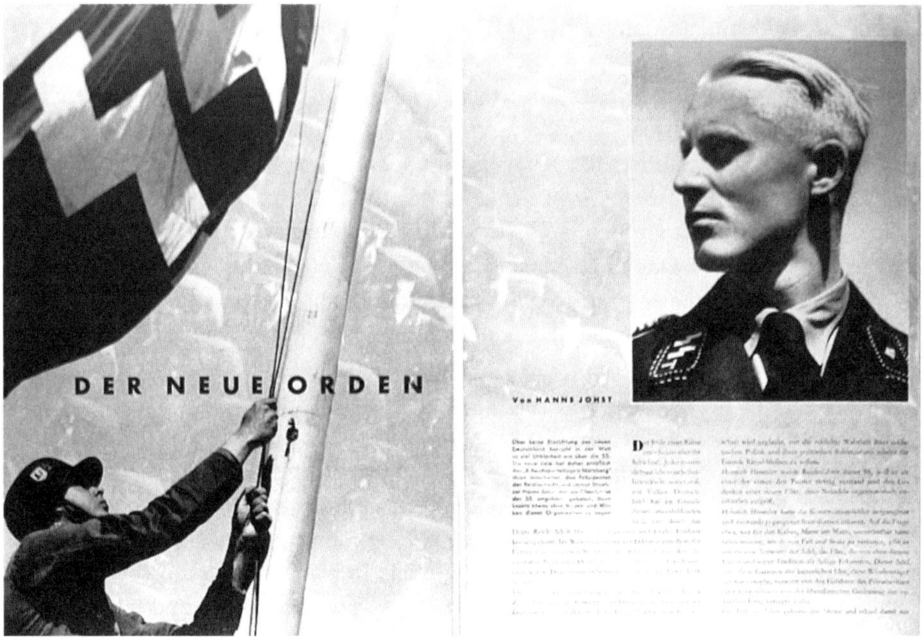

Abb. 17: die neue linie, September 1936: Die SS als Avantgarde eines neuen Menschenbilds.

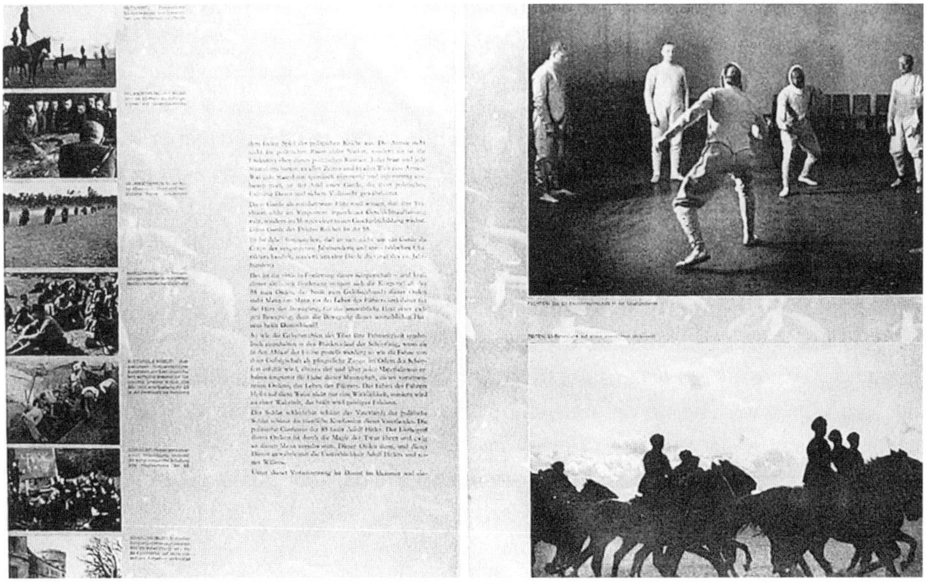

Insgesamt nimmt derlei unverblümte NS-Propaganda allerdings, setzt man die einschlägigen Beiträge in Relation zu den knapp 5000 Seiten „die neue linie" der Jahrgänge fünf bis zehn – in den Heften einen verschwindend geringen Anteil ein. Auch die vermeintliche Rassenproblematik wird aus der Berichterstattung ebenso ausgeblendet, wie der Ausdruck „Jude" und überhaupt jedweder Bezug zur so genannten Judenfrage vermieden werden. Verleger Arndt Beyer betonte nach dem Krieg, er habe „vor 1933 nicht ein Wort prohitler. oder antisemit. genehmigt, gedruckt, verlegt", nach 1933 die unpolitische Haltung aller eigenen Frauenzeitschriften weitergeführt und „die vom Propaganda-Ministerium direkt geforderten Bilder oder Aufsätze nie über das geringstmögliche Maß ausgedehnt."[8] Dies korrespondiert mit der Funktion der „neuen linie" als scheinbar moderne und fortschrittliche Publikation für das intellektuell-bürgerliche Milieu mit Niveau und Vermögen und beachtlicher Wirkung im Ausland. Dennoch darf nicht übersehen werden, dass es im damaligen Mediensystem keine „unpolitischen Sphären" gab – auch „die neue linie" verstärkte die etablierten Wertvorstellungen und trug so mittelbar zur Verfestigung der Herrschaftsstruktur bei (vgl. Lammers 1999: 22-23).

3.4 Medialisierte Politik als journalistische Restkategorie: „Der Stern"

Von September 1938 bis Dezember 1939 erschien im Deutschen Verlag, Nachfolger des Ullstein-Verlags, eine Illustrierte namens „Der Stern", die nicht nur in ihrer Titelgebung dem erfolgreichen Nachkriegsblatt glich (Abb. 18). Herausgeber Kurt Zentner war als Bildredakteur der „Berliner Illustrirten Zeitung" für das sensationell erfolgreiche Olympia-Sonderheft 1936 verantwortlich und entwickelte, nach einem längeren Studienaufenthalt in den USA, ein neuartiges Magazin für den deutschen Markt (vgl. Minkmar 2000). Die kleinformatige Zeitschrift orientierte sich an den erfolgreichen Magazinen der Weimarer Republik (vgl. Marckwardt 1982; vgl. Lerg 1979: 31-32; vgl. Haacke 1966) und mischte dementsprechend Reportagen aus der Unterhaltungsbranche, Lebenshilfe, Fortsetzungsromane, Preisausschreiben und natürlich viele Bilder von Filmstars. Die kontinuierliche Berichterstattung über das Variété- und Kabarettgeschehen insbesondere in Berlin diente nicht nur als Vorwand, leicht geschürzte bis unbekleidete Frauen abzubilden. Sie illustrierte darüber hinaus, dass jenseits aller Kriegsvorbereitungen zumindest in der Hauptstadt noch bis Ende der 1930er Jahre

8 Vgl. den Lebenslauf Arndt Beyers im Stadtarchiv Leipzig, Stadtverordnetenversammlung und Rat der Stadt Leipzig, Akte Nr. 9114, Blatt 18.

eine gut funktionierende Zerstreuungsindustrie am Leben war (vgl. Schütz/Streim 2002). In diesem Kontext waren auch die USA kein Tabu – nicht ohne Bewunderung wird über Filmpremieren in Hollywood oder die Karrieren der beliebten Stars berichtet.

Auch im „Stern" spielt die unmittelbar politische Berichterstattung nur eine untergeordnete Rolle (vgl. Minkmar 2000), sieht man von den staatlich verordneten Elogen zum 50. Geburtstag des Führers ab (Der Stern, Nr. 16, 1939: 371-373): Diese Pflichtberichterstattung interpretierte „Der Stern" durch einen Beitrag „Der Führer und die Künste", der fernab des aktuellen politischen Zeitgeschehens angelegt war. Die Rassenpolitik tritt, wie die Sichtung aller erschienen Ausgaben belegt, nur einmal versteckt an die Oberfläche, wenn die Besprechung des schwedischen Filmes „Petterson und Bendel" darauf hinweist, dass der schon sieben Mal aus Schweden ausgewiesene Jude Bendel „mit unerlaubten Mitteln und Methoden Geschäfte macht und die Ordnung des Gastvolkes stört" (Nr. 1, 1939: 19). Ähnlich wie in der „neuen linie" taucht in der Zeitschrift der Begriff „Jude" ansonsten kaum auf. Bemerkenswert erscheint hingegen eine offen empathische Doppelseite über „fahrendes Volk" aus dem Zirkusmilieu (Abb. 19), wie man es, so der Verfasser fast bedauernd, „auf deutschen Straßen kaum mehr trifft" (Nr. 22, 1939: 532-533).

Insgesamt finden sich nur vage Verweise auf das Zeitgeschehen, etwa wenn in einem filmhistorischen Rückblick darauf verwiesen wurde, am 30. Januar 1933 sei „eine neue Zeit angebrochen" (Nr. 9, 1938: 201), Propagandaminister Goebbels bei der Einweihung des Schiller-Theaters abgelichtet (Nr. 11, 1938: 243) oder der „Reichstheaterzug" begleitet wird (Nr. 8, 1939: 175). Eine gewisse Resonanz fanden unterschiedliche KdF-Initiativen wie das Kindertheater (Nr. 13, 1939: 299) oder ein Variété für „Westwallarbeiter" (Nr. 8, 1939: 174), wo schon zuvor einmal ein „schallendes Lachen im Arbeitsdienst" (Nr. 6, 1938: 127) vermeldet wurde. Auch die Gelegenheit, die Darstellungslogik der Illustrierten durch die Vorstellung von Propagandafilmen zu instrumentalisieren, bleibt von wenigen Ausnahmen abgesehen ungenutzt (z.B. „Bomber vor der Kamera" über den Fliegerfilm „D. III 88" in: Nr. 19, 1939: 446; oder „Kameraleute in Feldgrau" in: Nr. 31, 1939: 731). Im Gegenteil beschwerte man sich über die Filmpolitik in den USA, wo Riefenstahls Olympia-Film eben wegen des Propaganda-Vorwurfs nicht gezeigt werde (Nr. 5, 1939: 99).

Generell lässt sich am Beispiel dieser Zeitschrift gut verdeutlichen, wie Zerstreuung und Ablenkung als Inhalte genutzt wurden, um ein Massenpublikum zu binden. Dass dafür sogar Personen mit aus Regimesicht problematischer Vergangenheit beschäftigt werden konnten, lässt sich am Fall des Ex-Bauhäuslers und Foto-Avantgardisten Umbo belegen (vgl. Molderings 1996). Bis zum Spätsommer 1939 konnte dieser insgesamt 13 längere Bildreportagen, zumeist aus dem Bühnenmilieu, im „Stern" unterbringen (Abb. 21), davon drei, die auf der Titel- oder Rückseite des Heftes prominent präsentiert wurden (Nr. 13, 1938; Nr. 4 und 34, 1939). Dass dies längst nicht immer bloß unverfängliche Sujets waren, wie sein Biograph gerne behauptet,[9] zeigt der „Sonderbericht“ Umbos von Burg Neuhaus, einer Reichsschule des Reichsnährstandes (Der Stern, Nr. 32, 1939: 760-761). Unter dem Titel „Bauernmädel bei der Gymnastik“ unterstreichen Umbos Fotos die „urwüchsige Kraft“, die „durch Leibeserziehung gestählt“ würde (Abb. 20). Trotz der klar ideologiekonformen Reportage handelt es sich allerdings auch dabei bestenfalls um propagandistisch flankierende Berichterstattung.

Mit Kriegsbeginn änderte sich – zunächst gar nichts: Das erste Heft nach dem Überfall auf Polen machte mit Zarah Leanders „Heimfahrt nach einer rauschenden Ballnacht“ auf (Nr. 36, 1939); außer einem Archivfoto vom Nürnberger Parteitag auf der dritten Seite der Ausgabe findet der Krieg im Heft nicht statt. Dies änderte sich erst im Oktober mit der programmatischen Reportage „Schauspieler gehorchen dem Gebot der Stunde“ (wieder von Umbo; Nr. 40, 1939: 922-923), in der die Solidarität „der Großen“ mit den Kämpfern an der Front und in der Heimat beschworen wurde. Von nun an enthielt nahezu jede Ausgabe einen Beitrag, der die Verbundenheit von Kunstschaffenden und Soldaten ausdrückt (z.B. „Künstler unter Feldgrauen“; Nr. 44, 1939: 983).

Die unpolitische Illustrierte war ein Erfolgsrezept. Das Blatt selbst vermeldete, „schon am Abend des Erscheinungstages seiner ersten Ausgabe war der ‚Stern‘ im Verlag vergriffen“ (Nr. 3, 1938: 50). Die Leserschaft ging bei einer Auflage von rund 750.000 Exemplaren in die Millionen (vgl. Minkmar 2000). Diese gute Publikumsresonanz dürfte auch ermöglicht haben, dass erst ab Heft 6/1939 überhaupt Werbung in den Heften anzutreffen ist. Zum 1. Januar 1940 wurde „Der Stern“ in den Titel „Erika“ überführt; laut Verlagswerbung eine „Brücke zwischen den Soldaten und der Welt daheim“ (Nr. 52, 1939: 1090). Einer „frohen Zeitung für Front und Heimat“ schien es wohl nicht mehr angemessen, über die Freuden des Theaterlebens und die Vergnügungsviertel in den Metropolen zu berichten, wenn gleichzeitig die kämpfende Truppe im Schützengraben verblutet.

9 Vgl. gegenteilig Rössler 2007: 103-104 am Beispiel der „neuen linie.“

Abb. 18: Stern, 1/1938: Das neue Unterhaltungsblatt mit dem klassischen Stern-Logo.

FAHRENDES VOLK

SOMMERZEIT – ZIRKUSZEIT

Abb. 19: Stern, 22/1939: *Fahrendes Volk* als romantische Projektion des Bürgertums.

BAUERN-Mädchen 1939..

„STERN"-BESUCH AUF BURG NEUHAUS, DER REICHSSCHULE DES REICHSNÄHRSTANDES

Abb. 20: Stern, 32/1939: Die ‚urwüchsige Kraft der Bauernmädels' (Fotoreportage Umbo).

Abb. 21: Stern, 13/1938: Der Ex-Bauhäusler Umbo (Otto Umbehr) berichtet aus dem Varieté.

4. Die Illustrierte im Krieg

Mit Kriegsausbruch gewann zunächst die Presselenkung eine neue Dimension – Propaganda gegenüber dem inneren und äußeren Feind, die Kampfbereitschaft der Bevölkerung und militärische Geheimhaltung bestimmten nun die Kommunikationsziele; (außen-)politische und insbesondere militärische Aspekte dominierten die NS-Medienlenkung (vgl. Hagemann 1948: 239-242). Am 26. August, Null Uhr, trat per Verordnung die militärische Zensur in Kraft, die auch die restlichen Jahre des *Dritten Reiches* aufrecht erhalten bleiben sollte. Sie untersagte alle Veröffentlichungen, die Rückschlüsse auf militärische Operationen erlaubten, Berichte über Rüstungsproduktion, Kriegsverluste und genauso alles, was die Bevölkerung verunsichern könnte. Das Kriegsgeschehen wurde zentral durch die offiziellen Wehrmachtberichte und -kommentare des OKW sowie die Kriegsberichte der Propagandakompanien vermittelt. Für das Zeitschriftenwesen besonders bedeutsam war der bereits mit Blick auf den bevorstehenden Krieg gegründete Zeitschriften-Dienst (ZD), der den Redaktionen im Mai 1939 zum ersten Mal zugestellt wurde und eine Lenkung des zersplitterten und unübersichtlichen Zeitschriftenmarkts ermöglichen sollte (vgl. Koszyk 1972: 25-28; vgl. Lammers 1999: 5).

Den erwarteten Umgang mit dem ZD schildert ein Merkblatt wie folgt: „Es wäre sinnlos, von einer Zeitschrift zu erwarten, daß sie alle Themen, die im Zeitschriften-Dienst genannt werden, behandelt. Das ist nicht Sinn unserer Anregung. Vielmehr bieten wir eine solche Fülle von Material und Gedanken, um jedem Schriftleiter die Möglichkeit zu geben, die für sein Blatt und seinen Leserkreis geeigneten Themen auszuwählen“ (Koszyk 1972: 414). Es existierten jedoch auch so genannte Auflageartikel, deren Themen unbedingt zu behandeln waren (etwa durch die Übernahme des vorgeschlagenen Artikels). Mit Kriegsausbruch wurden die inhaltlichen Vorgaben des ZD noch verstärkt, aber ausdrücklich darauf hingewiesen, es seien nun keinesfalls nur noch Beiträge zum aktuellen Kampfgeschehen abzudrucken – vielmehr sollte der ursprüngliche Charakter der Zeitschriften weiterhin erhalten bleiben, denn auch Kultur, Unterhaltung und Humor seien für die Stimmung im Volk wichtig (vgl. ebd.: 415-416). Mit Andauern des Krieges wurde unter Verweis auf die „innere Front“ bedeutet, dass „die meisten Zeitschriften in Kriegszeiten eine noch wichtigere Aufgabe zu erfüllen haben als im Frieden, da sie – wenn es sich beispielsweise um Unterhaltungsblätter handelt – die seelische Haltung des Volkes“ stärken (Lehmann 1940: 11).

Spätestens ab Juni 1942 wirkten sich auch die aufgrund der knapp werdenden Rohstoffe verfügten Papiereinschränkungen massiv auf das Zeitschriftenwesen aus: „Kulturvielgestaltigkeit ist ein Luxus, der im Krieg von Staat und Partei nicht mehr verantwortet werden kann“ (Verlag Archiv und Kartei 1947: 211). Nach einer ersten Schließungsaktion im Mai 1941, bei der die Zahl der Zeitschriften auf rund 2.500

reduziert wurde, folgte Ende Januar 1943 eine zweite Aktion, in der weitere 1.000 Zeitschriften eingestellt wurden.

4.1 Medialisierte Politik flankiert die militärische Strategie: „Signal"

Als Sonderausgabe der „Berliner Illustrirten“ gaben Auswärtiges Amt und die Auslandsabteilung des OKW zwischen 1940 und 1945 das aktuelle Magazin „Signal“ heraus, das in Deutschland nicht erhältlich war (vgl. Rutz 2007; vgl. Moll 1986). Zweiwöchentlich präsentierte sich „Signal“ als seriöse Illustrierte mit internationalem Flair, die relativ nüchtern und sachlich Belange des Alltags und Unterhaltungsstoffe behandelte. „Die Aufgabe von ‚Signal‘ bestand vor allem darin, als vertrauensbildende Maßnahme für die deutschen Besatzer zu wirken.“ (Lebeck/von Dewitz 2001: 192) In zeitweilig 20 verschiedenen Sprachen, aber mit nahezu identischen Inhalten (zur Verbreitung vgl. Rutz 2007: 73-115) sollte der propagandistische Begleiter der Invasion für eine Neuordnung Europas unter der deutschen Herrschaft, für „deutschen Geist“ und „deutsche Kultur“ werben. Boelcke (1969) formuliert – basierend auf internen Aufzeichnungen des OKW – die Aufgaben folgendermaßen:

„1. *Signal* sollte die verbündeten Nationen in ihren Kriegsanstrengungen moralisch stärken und in ihrer geistig-psychologischen Kriegsführung unterstützen;
2. zumindest in Word und Bild sollte nichts unversucht bleiben, um ‚das Vertrauen und den Arbeitswillen der Bevölkerung besetzter Gebiete‘ zu gewinnen;
3. gegenüber den neutralen Staaten hatte eine Beeinflussung im ‚prodeutschen und antigegnerischen Sinne‘ im Vordergrund zu stehen.“ (ebd.: 5, 7)

Ein weiterer Schwerpunkt waren natürlich die Kriegsvorgänge, die in packenden Fotoreportagen festgehalten wurden, die sogar dem Kriegsgegner Bewunderung abrangen: Lebeck/von Dewitz (2001: 14/15) berichten von einem Artikel in der Londoner „Daily Mail“, der trotz der propagandistischen Zielsetzung von „Signal“ feststellt, „der Zweck der Zeitschrift ist nicht, mit den Waffentaten der Nazis zu prahlen“; für die amerikanische „Life“ stellte sie die gefürchtetste Waffe aus dem Arsenal der Achsen-Propaganda dar; und auch Reporter des „Paris Match“ bezeichneten später „Signal“ als ihr Vorbild.

Prototypisch für „Signals“ Bildberichterstattung aus einem „sauberen“ Krieg, in dem die Schrecken des Todes im Felde nie explizit zu sehen sind, mag Arthur Grimms Reportage über einen Bombereinsatz nach England gelten (Signal, Nr. 4, 1941: 1, 13-17): Ganz im Stile eines *Embedded Journalist* begleitet der Fotograf einen Feindflug, der im Augenblick des Bombenabwurfs kulminiert: „[...] und wenn er die Einschläge sieht, schreit er: ‚Zwei zu kurz, Volltreffer, Volltreffer, Volltreffer!'" (Abb. 22).

Als umgekehrt im Herbst 1943 die Schäden durch die alliierten Bombenangriffe kaum mehr übersehen werden konnten, druckte „Signal" eine beeindruckende Bilderfolge über den Durchhaltewillen der Zivilbevölkerung: Am Tage nach einer Bombennacht wachse neues Leben aus den Trümmern, und sogar Minister Albert Speer beteiligte sich angeblich an den Bergungsarbeiten, wie das Titelblatt betonte (Signal, Nr. 17, 1943: 1, 11-22). Den moralischen Appell komplettiert schließlich eine dreiseitige Fotostrecke über Vergnügungen in Berlin an einem schönen Spätsommertag – Menschen am Strand und auf dem Wasser, Kinder im Kettenkarussell und in Reih und Glied geparkte Kinderwagen, vermeintliche Normalität in der Ausnahmesituation, die den Frontkämpfern einmal mehr vor Augen führen sollte, wofür es sich zu kämpfen lohnt (ebd.: 25-27).

Noch im Frühjahr 1944, als die deutschen Kriegsaussichten schon mehr als ernüchternd waren, feierte „Signal" die „Kämpfer von morgen" in einer von Hanns Hubmann und Arthur Grimm illustrierten, zwölfseitigen Reportage über die Rekrutenausbildung (Abb. 23). Der ungezeichnete Text verklärt den jungen Nachwuchs als Träger der Wesenszüge des alten deutschen Soldatentums – „die Unerschrockenheit und der Angriffsgeist. Dazu kommt der Hang zur Persönlichkeit, der dem Deutschen angeboren ist" (Signal, Nr. 4, 1944: 18). Das Seiten füllende Schlussbild zweier dreckverkrusteter, aber fröhlich lachender jugendlicher Panzerfahrer suggeriert Freude an der militärischen Ausbildung ebenso wie Vorfreude auf den Fronteinsatz – propagandistische Flankierung der letzten verzweifelten Mobilisierungsversuche, die in den letzten Kriegsmonaten noch tausenden Heranwachsenden das Leben kosten sollte.

Prägend für das Konzept der Zeitschrift waren zum einen der Österreicher Harald Lechenperg, seit 1937 Chefredakteur der „Berliner Illustrirten Zeitung" und in dieser Funktion auch verantwortlich für das (an die amerikanische „Life" angelehnte) Konzept von „Signal" und bis September 1941 dessen erster Schriftleiter (vgl. Rutz 2007: 116-127; vgl. Kerbs u.a. 1983: 86-87), zum anderen Franz Hugo Mößlang, als Chef vom Dienst für das so hochgelobte Layout verantwortlich, nach 1948 (wie auch Lechenperg) Chefredakteur der Illustrierten „Quick" und später Leiter der Deutschen Journalistenschule in München (vgl. Dollinger 1969: 13). Ähnlich wie im Falle der „neuen linie" gehen spätere Kommentatoren ebenfalls davon aus, dass die Militärillustrierte den beteiligten Blattmachern und Gestaltern eine alternative Lebenswirklichkeit anbot, die einen Ausbruch aus der Enge der in der deutschen Presse sonst noch zugelassenen Berichterstattung scheinbar ermöglichte: „Im Vergleich zu der abstoßenden Öde der Mehrzahl der anderen deutschen Blätter macht ‚Signal' durch sein raffiniertes Layout und seinen lebendigen Umbruch nicht nur auf den Leser Eindruck, sondern faszinierte gewiß auch die Redakteure selbst, deren journalistischen Fähig-

Abb. 22: Signal, 4/1941: Der *embedded journalist* auf Feindflug.

Frisch vom Reichsarbeitsdienst und daher in guter körperlicher Verfassung und schon vormilitärisch ausgebildet, so treten sie zur militärärztlichen Untersuchung an, die Kämpfer von morgen. „Durchweg sind diese Jahrgänge körperlich gesünder und geistig reger, als im ersten Weltkrieg", sagte uns ein erfahrener alter Oberstabsarzt PK.-Aufnahme: Kriegsberichter Hubmann

KÄMPFER VON MORGEN...

Hunderttausende von Rekruten strömen im Frühling, im Sommer, im Herbst und im Winter in die Ausbildungsstätten der deutschen Wehrmacht. Was sie im fünften Kriegsjahr dort lernen und mit welcher Gründlichkeit sie sich in vielen Monaten auf die kommenden harten Schlachten vorbereiten, darüber berichtet „Signal" in Wort und Bild auf den folgenden Seiten

7 ➡

Abb. 23: Signal, 4/1944: Musterung des letzten Aufgebots.

keiten hier eine sonst nicht mehr gebotene Domäne des technischen Experimentierens zur Verfügung stand […]. Freiwillig und mit Überzeugung widmeten sie sich ihrer Aufgabe. In der Verblendung der Selbstgetäuschten erschien sie [ihnen] eher als Auszeichnung, die in Lob und Anerkennung durch Freund und Feind gleichermaßen ihre Bestätigung suchte und fand." (Boelcke 1969: 7)

Das hartnäckige Klischee, wonach in „Signal" weitgehend auf rassistische und antisemitische Töne verzichtet worden sei, wird von neueren Analysen allerdings widerlegt – sehr wohl ist in den Texten mitunter von „Judo-Bolschewismus", „jüdischen Weltherrschaftsplänen" oder dem „Welteroberungskrieg des Judentums" die Rede (vgl. Rutz 2007: 15). Zwar dominierten im Blatt „attraktive Heldengestalten und Blondinen beim Sonnenbad", deren Schicksale sich wie spannende Abenteuergeschichten aus nahen und fernen Welten lasen und durch ihre technisch und gestalterisch hervorragende Aufmachung für ein globales Publikum attraktive Unterhaltungslektüre boten – dennoch hatten „die Schriftleiter und Reporter bis zum bitteren Ende ihren Teil zur gewünschten Erhöhung des Sympathiewertes des Regime und zur Stabilisierung der deutschen Besatzungsherrschaft beigetragen" (Rutz 2007: 395).

4.2 Medialisierte Politik als individueller Daseinskampf: „Tele"

Aufgrund von Differenzen mit dem OKW schied Lechenperg im Herbst 1941 als Hauptschriftleiter von „Signal" aus (vgl. Rutz 2007: 124-127); bei seiner Suche nach einem neuen Betätigungsfeld erfuhr er von Plänen des Auswärtigen Amts, als Komplement zu „Signal" eine *zivile* Illustrierte von Weltniveau zu schaffen. Diese sollte, erneut als Konkurrenz zur amerikanischen „Life", im Mehrfarbendruck hergestellt, in verschiedene Sprachen übersetzt und weltweit, das heißt über ein neutrales Drittland sogar im englischen Sprachraum verbreitet werden. Ergebnis war ein damals so bemerkenswertes wie heute vergessenes Magazin namens „Tele", von dem außer einigen Probenummern und sechs 1944/45 in Schweden publizierten Ausgaben nichts erschienen ist. Die „Phantom-Zeitschrift" „Tele", so der Titel von Wiltrud Zieglers hektographierter Dissertation aus dem Jahr 1989, verkörpert damit ein enorm aufschlussreiches, aber gleichzeitig bislang kaum beachtetes Beispiel für die Medialisierung von Politik im sterbenden „Dritten Reich".

Schon ab dem Frühjahr 1942 führte Lechenperg erste Gespräche über ein weiteres, vom Propagandaministerium unabhängiges Sprachrohr ins Ausland, das unterhaltsame Beiträge als subtiles Vehikel nutzen sollte, um für Verständnis für die politischen Positionen Deutschlands zu werben (vgl. Ziegler 1989: 28). Das Markenzeichen der Zeitschrift entwarf der Zeichner Hans Heinz Eisele, seit 1930 Mitarbeiter des „Illustrierten Beobachters", in Form eines überdimensionalen Auges, das sich Lechenperg als

Abb. 24: Tele, 1/1944 (deutsche Probenummer): Ein Schock für die Sehgewohnheiten der Leser.

Schocker für die Sehgewohnheiten des Publikums einfallen ließ. Es zierte die Titelseite der Probenummer und der ersten Ausgabe (Abb. 24), wurde in den nachfolgenden Heften als Logo wieder aufgegriffen und auch für Werbemaßnahmen verwendet. Die radikale Modernität dieses Umschlags verblüfft in Zeiten drastischster Medienkontrolle, erklärt sich aber aus den abenteuerlichen Begleitumständen des gesamten Projekts.

Denn nach eigenen Ausgaben hatte Lechenperg „Tele" für sich und verschiedene seiner Kollegen von vornherein als „Schlupfloch, um dem Chaos der letzten Kriegsmonate zu entkommen" (Ziegler 1989: 35) geplant, und verschiedene Beteiligte bestätigten, dass im Grunde niemals daran gedacht wurde, überhaupt ein Exemplar der Zeitschrift herzustellen. Mitstreiter waren unter anderem Rudolf Kircher, vor dem Krieg lange führender Mitarbeiter der „Frankfurter Zeitung", und Elisabeth Noelle, derzufolge „fast alle Redakteure frühere Starjournalisten waren, die bei den Nazis in Ungnade gefallen waren" (Noelle-Neumann 2006: 120). In ihren Erinnerungen, die sich nicht immer mit der Auffassung von Ziegler (1989) decken, zitiert sie den „Tele"-Mitarbeiter Walter Matuschke mit den Worten, das Auswärtige Amt wollte, dass wenigstens einige gute Journalisten das „Dritte Reich" überleben sollten, um nach dem Krieg wieder eine freie Presse aufbauen zu können. Eigentlicher Zweck der als Auslandspropaganda getarnten Zeitschrift sei es gewesen, den Beteiligten „eine feste Anstellung und damit einen Schutz zu verschaffen, der es ihnen ermöglichte, bis zum Ende der Nazi-Herrschaft zu überwintern" (Noelle-Neumann 2006: 120). Der Redaktion gelang es, durch (in den Kriegswirren nicht weiter verdächtige) Rückschläge, Verzögerungen und mehrere Umzüge die Produktion immer wieder zu verschleppen. Zudem musste mit großem Aufwand eine Scheinorganisation gegründet werden, die die verlegerische Abwicklung in Schweden glaubwürdig erscheinen ließ und deren Aufgabe es war, den Transport von Material, Manuskripten und Fotos quer durch alle Fronten zu organisieren, ganz zu schweigen von Herstellung und Vertrieb.

Für die vorliegende Fragestellung von primärem Interesse ist freilich der Spagat der Redaktion im Umgang mit politischer Berichterstattung, wie er sich in den Unterschieden zwischen der deutschen Probenummer (März 1944) und der ersten tatsächlich erschienenen Nummer auf Schwedisch (Oktober 1944) manifestiert. Wie Ziegler (1989: 52-71) aus ihren Gesprächen mit Zeitzeugen rekonstruiert, hielt Ribbentrops Auswärtiges Amt das Projekt „Tele" auch gegenüber dem konkurrierenden Goebbels-Ministerium verborgen; die Existenz einer so genannten Führernummer, mit der angeblich Hitlers Einverständnis eingeholt wurde, ist vermutlich eine Legende und durch nichts belegt. Stattdessen fertigte die damals in Wien residierende Redaktion im Frühjahr 1943 mehrere Probenummern an, die dem Auswärtigen Amt zur Begutachtung vorgelegt wurden und von denen nur eine die spektakuläre, später nur noch leicht abgewandelte Titelzeichnung erhielt. Diese nahm Ribbentrop, den Tagebuchaufzeichnungen eines Redakteurs zufolge, mit großer Begeisterung auf; das eigentliche Erscheinen in Schweden verzögerte sich aber wegen Übersetzungsschwierigkeiten, Problemen mit dem Druck und nicht zuletzt dem Attentat vom 20. Juli 1944 (das auch Angehörige des Auswärtigen Amts betraf). Erst im Oktober 1944 erschien das erste Heft in Stockholm – von keiner der insgesamt sechs Nummern erhielt die Presseabteilung jemals ein Belegexemplar und noch in den 1980er Jahren glaubten die zuständigen Beamten, es sei nie ein Heft hergestellt worden.

Tatsächlich wurden von jeder Nummer 20.000 bis 30.000 Exemplare verkauft, ohne dass die schwedische Öffentlichkeit über den wahren Herausgeber der Illustrierten informiert gewesen wäre. Die Artikel waren nur vereinzelt mit Autorennamen versehen, die teilweise frei erfunden oder mit fiktiven Biografien (zum Beispiel angesehener Wissenschaftler) versehen waren. Ein umfassender Vergleich zwischen den deutschen Probeheften und den schwedischen Ausgaben (vgl. Ziegler 1989: 285-328) verdeutlicht, dass aus den publizierten Heften quasi alle politischen Beiträge entfernt wurden, die zuvor noch das Wohlgefallen des Auswärtigen Amts erregt hatten. „Nachdem nun die Beiträge von der Zensur genehmigt waren, erfolgte die Übersetzung ins Schwedische – und bei dieser Gelegenheit wurden alle politischen Artikel gestrichen und durch harmlose, unterhaltende Beiträge ersetzt." (Noelle-Neumann 2006: 121) Insbesondere gilt dies für den bemerkenswerten Artikel „Wer kann Frieden machen" von Rudolf Kircher („Tele", dt. Ausgabe, Nr. 1, März 1944), in dem Hitler und Stalin als Protagonisten bevorstehender Friedensverhandlungen bezeichnet werden (Abb. 25). Weit entfernt vom propagandistischen Getrommel eines „totalen Kriegs" finden sich hier vorsichtige Überlegungen mit Blick auf eine zukünftige Nachkriegsordnung – „man ‚Signal'isiert der Sowjetunion Gesprächsbereitschaft" (Ziegler 1989: 91).

Die Welt und wir:

Wer kann Frieden machen?

Die meisten werden antworten: natürlich der Sieger. Aber so natürlich ist das gar nicht, denn es hat zu allen Zeiten Sieger, also Gewinner von Schlachten gegeben, die durchaus nicht imstande waren, einen Frieden, einen wahren und echten Frieden zu machen. Es hat sehr viel mehr Siege in der Welt gegeben als gute Friedensschlüsse. Es ist also keineswegs gesagt, daß es genüge, Schlachten oder auch die berühmte „letzte" Schlacht zu gewinnen, um den Frieden machen zu können. Ja, es gibt nicht wenige Beispiele dafür, daß das Siegen, zumal das allzu starke Siegen, dem Frieden, dem wahren und darum dauerhaften Frieden recht hinderlich war. Wenn also einer die Absicht hat, den andern nicht nur im Kampf zu schlagen, sondern ihn zu vernichten und ihn mit Stumpf und Stiel auszurotten, und wenn ihm das gar gelingt, mehr oder weniger, dann besteht der Verdacht, daß er sich zwar zum Siegen, aber nicht zum Friedenstiften eignet.

Balance of Power?

Wenn wir die Welt richtig sehen, dann gibt es keine unter den historisch gewordenen Nationen, sicherlich keine unter den großen Völkern, die der Erde und der Menschheit ihr Gepräge gaben, deren Vernichtung und Ausrottung nicht ein unersetzlicher Verlust für alle andern bedeuten würde. Ja man kann mit Sicherheit sagen, daß das Gleichgewicht, das unsre Welt politisch im Innersten zusammenhält, in unheilvoller Weise zerstört würde, wenn eine dieser großen Nationen aufhörte, ihre natürliche Funktion auszuüben. Dieser zweite Weltkrieg ist jedoch nicht ausgebrochen, weil die eine Nation der andern jegliche politische Funktion aberkannt hätte. Der Streit bezog sich nur auf den Umfang der Funktion. Deutschland bestritt den Engländern das Recht, sich in der bisherigen Weise in die europäischen Verhältnisse einzumischen, und man wollte damit sagen, seit Versailles hätten die Engländer, angetrieben durch die Franzosen, den Deutschen jede vernünftige Regelung, besonders der Ostfragen, verweigert, obwohl sie unaufschiebbar und bei gutem Willen möglich gewesen sei. Die Engländer, verbündet mit Frankreich und andern, erklärten aber jede eigenmächtige deutsche Lösung als unerträglich und als Beweis für den deutschen Willen, die Weltherrschaft zu erringen. Die Deutschen fanden diesen Verdacht lächerlich und versicherten den Engländern, sie hätten größtes Verständnis für deren Weltstellung — nur von Osteuropa sollten sie endlich die Hände lassen. Die Engländer wiederum befürchteten durch das deutsche Vorgehen in Osteuropa eine entscheidende Störung der Balance of Power, und sie taten das offenbar, weil sie die Macht der Sowjetunion damals viel weniger hoch einschätzten, als sie tatsächlich war. Wer aber darauf bedacht ist, die Mächte im Gleichgewicht zu halten, müßte eigentlich aufs sorgfältigste über die Gewichte der einzelnen Nationen unterrichtet sein.

Während die Deutschen eine hohe Meinung von der weltpolitischen Funktion der Engländer und ihres Empire kundgaben, schien man vor dem Krieg in England ebenfalls bereit, eine Funktion Deutschlands in Europa anzuerkennen — nur sollte es nicht die sehr bedeutende Funktion sein, die Deutschland für sich in Anspruch nahm. Es gab in den vergangenen Jahren, auch noch nach dem Machtantritt Hitlers, nicht wenige Engländer, die den wesentlichsten Teil der deutschen Aufgabe darin sahen, daß Deutschland das natürliche Bollwerk gegen den Bolschewismus bilden müsse — eine Zumutung, die jedoch nicht mit Konzessionen in Osteuropa verbunden wurde. Die englische Vernichtungsparole ist jedenfalls jüngeren Datums. Ist sie nur ein Requisit der britischen Kriegspropaganda oder steht sie ernsthaft auf dem politischen Programm der Regierung?

Die Frage, ob England das Deutsche Reich vernichten könnte, wenn es wollte, dürfen wir beiseite lassen. Das Vernichten würde einen totalen Sieg voraussetzen, der gar keine Grenzen hätte, der aber bekanntlich nicht errungen ist. Völlig sicher, auch von niemand bestritten, ist, daß die Auslöschung des Deutschen Reiches als Großmacht, vollends die „Ausrottung" der Deutschen, die größte Störung des Gleichgewichtes wäre, die je in der Weltgeschichte stattfand. Als Rom Karthago auslöschte, war dies eine weltgeschichtliche Wendung, aber bis dahin hatte es im Mittelmeer kein Gleichgewichtssystem gegeben, an dessen Aufrechterhaltung irgend jemand interessiert war. Ohne Balance of Power, so sagen aber die Engländer, kann Großbritannien nicht leben und erst recht nicht Frieden machen. Balance of Power hätte deshalb rechtzeitige Verständigung mit allen Nationen heißen müssen, die dafür nötig sind. Also hätte England, so wird ein Deutscher sagen, den Krieg gar nicht erst beginnen dürfen, denn dieser Krieg erwies sich bisher als die Ursache gewaltiger Verschiebungen, die geradezu einen ungeheuerlichen Umfang annähmen, wenn Deutschland den gewaltigen Druck auf die Dauer nicht auszuhalten vermöchte. Da der weitaus größte Teil des Druckes von Osten herkommt, müßte nach allen Gesetzen der Physik ein etwaiger Einbruch im Osten erfolgen, nämlich an der entscheidenden Druckstelle. Der Sieger wäre dann nicht England oder Amerika, sondern die Macht, die den Einbruch vollzogen hätte.

Als Friedensstifter, sicherlich im Bereich unsres Erdteiles, kommen, wie jedermann weiß, nur vier Männer in Betracht: Roosevelt, Churchill, Stalin und Hitler. Die einfachste Lösung, nämlich, daß sich diese vier zusammensetzen, um gemeinsam einen wahren und dauerhaften Frieden zu machen, ist zur Zeit die unwahrscheinlichste. Die derzeitige Kriegslage wäre dabei nicht das Hindernis, denn im jetzigen Stadium ist der Krieg unentschieden, niemand könnte also beiseitegedrängt oder ausgeschlossen werden. Dieses Stadium mag eine Weile andauern. Auch das wäre kein Hindernis, hinderlich ist lediglich, daß Kriegslagen erfahrungsgemäß immer nur als provisorisch angesehen werden, und jeder Kriegführende, so lange er nicht alle Reserven erschöpft oder die Nerven verloren hat, immer auf eine wesentliche Aenderung, nämlich auf die Verbesserung seiner eigenen Lage, hofft. Das ist offensichtlich der Fall Churchills und Roosevelts, da diese bisher jeweils das nächste Jahr für das entscheidende erklärt haben. So neuerdings wieder das Jahr 1944. Dergleichen muß nicht notwendigerweise ein Beweis für eine unerschütterliche Ueberzeugung sein. Es liegt ganz einfach in der Natur der Kriegführung, sicherlich in demokratischen Staaten, deren Bürger beim Kriegführen mitreden wollen. Es kommt dabei gar nicht so sehr auf die Kriegslage an. Viel wesentlicher ist oft das Mitredenwollen, die „Politik".

Gefesselte Titanen

Vergleicht man die Lage in den beiden „demokratischen" Ländern, so trägt zur Zeit Roosevelt unbestreitbar die größere parlamentarische Last, denn ganz allmählich nähert sich die Präsidentenwahl. So drängt sich also die Frage auf: Kann ein demokratischer Wahlkandidat die Friedensmöglichkeit anders ansehen als mit den Augen eines mit inneren Problemen überladenen Parlamentariers? Stellen wir uns die Art und Fülle dieser Probleme vor, dann muß man die Frage dahin erweitern: Besitzt denn der Staatsmann eines parlamentarisch regierten Landes, zumal eines Landes wie die Vereinigten Staaten, überhaupt die notwendige Bewegungsfreiheit, um einen Frieden zu machen, der diesen Ehrennamen verdient? Ist er nicht mit tausend Gewichten beladen, die ihn niederzwingen, die ihm ebenso viele Rücksichten aufnötigen, die ihn nach ebensoviel Richtungen drängen und die es ihm ganz unmöglich machen, so frei und so ungehindert zu entscheiden, wie das nötig wäre? Die Rücksicht auf die öffentliche Meinung, die immer aufs neue für die Kriegspolitik gewonnen werden muß, hat wahrscheinlich am meisten dazu beigetragen, daß bei den Alliierten das ursprüngliche politische Ziel: die Eindämmung Deutschlands, in die Vernichtungsidee verwandelt wurde. Die Erfahrung, die Lloyd George am Ende des ersten Weltkrieges machte, als er, in der Meinung, der Krieg werde noch lange dauern, das Volk in der Kampagne der

21

Abb. 25: Tele, 1/1944 (deutsche Probenummer): Rudolf Kircher plädiert für Friedensverhandlungen.

5. Schlussbemerkung

Die acht vorgestellten, bewusst ausgewählten Fallbeispiele stellen nur einen Ausschnitt aus den verschiedenen Möglichkeiten dar, die sich illustrierten Zeitschriften im *Dritten Reich* zur Medialisierung von Politik boten. Dabei konnten verschiedene Typen von Illustrierten rekonstruiert werden, die in der Art und Weise differieren, in der sie politische Themen behandelten. Trotz der dargestellten Vielfalt in den Umsetzungsstrategien lassen sich zwei Kernbefunde herausarbeiten.

Erstens: Der propagandistisch korrekte Umgang findet sich insbesondere in staats- bzw. parteinahen Organen, während unabhängigere Blätter und Redaktionen sich in diverse Ausweichstrategien flüchteten, die zumeist auf dem Rückzug in das Unterhaltende und damit vermeintlich Unpolitische beruhten. Dieses Muster lässt sich sowohl bei etablierten internationalen Prestigemedien als auch bei Neugründungen mit Massenauflagen finden, und selbst während der „totalen" Kriegsführung schien sich auf diese Art eine Perspektive für jene Journalisten aufzutun, die sich nicht vollkommen der NS-Linie beugen wollten.

Zweitens: Die Anwendung moderner Visualisierungstechniken, wie sie die Gebrauchsgraphik aus den Prinzipien der „Neuen Typographie" entwickelt hatte, war auch nach 1933 noch ein legitimes Stilmittel. Eingesetzt wurden diese aber nicht nur von künstlerischen Periodika oder solchen, die sich an die im Reich verbliebenen intellektuellen Kreise richteten. Auch regimetreue Illustrierte bedienten sich der Gestaltungsmittel der Moderne, wenn sie eine effektive Vermittlung ihrer politischen Kommunikationsziele versprachen oder geeignet schienen, ihrer Leserschaft den Eindruck von Fortschrittlichkeit zu vermitteln.

Allerdings darf man keinesfalls übersehen, dass auch jene Illustrierten, die auf die Medialisierung des Politischen weitgehend verzichteten, ihre Funktion als Rolle des Teils im Ganzen (vgl. Steiner/Marcinkowski im vorliegenden Band) erfüllten. Aus diversen Zusammenhängen ist bekannt, dass das NS-Regime eine gewisse Vielfalt in der Gleichschaltung anstrebte (vgl. z.B. Sösemann 2002; vgl. Lammers 1999; vgl. Abel 1968), weshalb unterschiedliche publizistische Leistungen der einzelnen Organe im Sinne des Systems durchaus funktional waren. In den Publikationen variiert dementsprechend die Auseinandersetzung mit dem Zeitgeschehen in ihrer Intensität – von der Beschränkung auf die Pflichtpropaganda und dem Versuch, sich darüber hinaus jeder Stellungnahme zu verweigern, bis hin zur gewissenhaften Pflichterfüllung und letztlich zum professionellen Bildjournalismus von hoher handwerklicher Qualität, wenn auch im Dienste der falschen Sache. In der Gesamtschau wurde damit die Funktionserfordernis, öffentliche Zustimmung und Legitimation zu erzielen, erreicht.

Für die beteiligten Protagonisten aus Journalismus und Verlagswesen versprach die Flucht in die Unterhaltung oder die Kultur lange Zeit, von der Einmischung der

Presselenkung unbehelligt zu bleiben – eine bis weit in die Nachkriegszeit hinein beliebte Strategie im Umgang mit dem Politischen, die alle Illustrierten jenseits des „Spiegel" auszeichnete (vgl. Rössler 1996). Wie sich dies auch programmatisch positiv wenden ließ, belegen Aussagen von Henri Nannen, der sich übrigens nie zu dem Vorkriegs-„Stern" äußerte, obgleich dessen Herausgeber Zentner zeitweilig sein Vertreter beim „Stern" war (vgl. Minkmar 2000). Dieser, so Nannen über den Nachkriegs-„Stern", sei „seiner Bestimmung gemäß eine Zeitschrift für junge Menschen mit einer klaren politisch-sozialpädagogischen Tendenz. Aber er wird seine Aufgabe umso besser erfüllen, je weniger diese Tendenz sich nach außen aufdrängt und je mehr man den „Stern" für eine reine Unterhaltungs-Illustrierte hält" (Schreiber 1999: 205). Es scheint freilich zweifelhaft, ob sich auf diese Art die weitgehend apolitische Position aller Illustrierten der 1950er Jahre rechtfertigen lässt (vgl. Meyn 1985: 64; vgl. Usko/Schlichting 1961; vgl. Bennion 1961; vgl. Haacke 1959), wenn beispielsweise „Der Stern" in den vier Ausgaben vor der Bundestagswahl 1953 als einzigen Hinweis auf dieses Ereignis ein Bild von Kanzler Adenauer beim Pfannkuchenwenden zeigte.

Literatur

Abel, Karl-Dietrich (1968): Presselenkung im NS-Staat. Eine Studie zur Geschichte der Publizistik in der nationalsozialistischen Zeit. Berlin: Colloquium.

Ades, Dawn (1976): Photomontage. London: Thames and Hudson.

Barbian, Jan-Pieter (2004): Die Beherrschung der Musen. Kulturpolitik im ‚Dritten Reich'. In: Sarkowicz, Hans (Hrsg.): Hitlers Künstler. Die Kultur im Dienst des Nationalsozialismus. Frankfurt a. M./Leipzig: Insel, S. 40-74.

Beer, Fritz (1992): Hast Du auf Deutsche geschossen, Grandpa? Fragmente einer Lebensgeschichte. Berlin: Aufbau.

Bennion, S. C. (1961): Mass Magazine Phenomenon: the German „Illustrierte". In: Journalism Quarterly, 38. Jg., H. 3, S. 360-362.

Boelcke, Willi A. (1969): Einleitung. In: Dollinger, Hans (Hrsg.): Facsimile Querschnitt durch „Signal". München u.a.: Scherz, S. 5-10.

Brüning, Ute (1993): Bauhäusler zwischen Propaganda und Wirtschaftswerbung. In: Nerdinger, Winfried (Hrsg.): Bauhaus-Moderne im Nationalsozialismus. Zwischen Anbiederung und Verfolgung. München: Prestel, S. 24-47.

Dollinger, Hans (1969): Die Geschichte des „Signal". In: Ders. (Hrsg.): Facsimile Querschnitt durch „Signal". München u.a.: Scherz, S. 11-14.

Evans, David (1992): John Heartfield. AIZ/VI 190-38. New York: Kent.

Frietsch, Elke (2006): „Kulturproblem Frau". Weiblichkeitsbilder in der Kunst des Nationalsozialismus. Köln/Weimar/Wien: Böhlau.

Gidal, Tim (1972): Deutschland – Beginn des modernen Photojournalismus. Luzern u.a.: Bucher.

Gillesen, Günther (2002): Die ‚Frankfurter Zeitung' im ‚Dritten Reich'. Zu einer Kontroverse. In: Böning, Holger/Kutsch, Arnulf/Stöber, Rudolf (Hrsg.): Jahrbuch für Kommunikationsgeschichte, 4. Jg. Stuttgart: Franz Steiner, S. 246-250.

Gillesen, Günther (2007): Eine bürgerliche Zeitung „auf verlorenem Posten" – Die Frankfurter Zeitung im „Dritten Reich". In: Studt, Christoph (Hrsg.): „Diener des Staates" oder „Widerstand zwischen den Zeilen"? Die Rolle der Presse im „Dritten Reich". Berlin: Lit, S. 161-173.

Haacke, Wilmont (1959): Die Illustrierten – in der Kritik. In: Publizistik, 4. Jg., H. 2, S. 131-142.

Haacke, Wilmont (1966): Genesis und Stil des „Magazins". In: Publizistik, 11. Jg., H. 3, S. 235-247.

Haffner, Sebastian (1989): Von Bismarck zu Hitler. Ein Rückblick. München: Knaur.

Hagemann, Walter (1948): Publizistik im Dritten Reich. Ein Beitrag zur Methodik der Massenführung. Hamburg: Hanseatischer Gildenverlag.

Hansen, Stefan (Hrsg.) (2004): Moments of Consistency. Eine Geschichte der Werbung. Berlin: Dorland Werbeagentur.

Huebner, Erich (1950): Die illustrierte Presse in Deutschland. In: Frankfurter Hefte, 5. Jg., Nr. 4, S. 418-425.

Internationales Zentral-Büro Freude und Arbeit (IZFA) (Hrsg.) (1936): Bericht zum Weltkongreß für Freizeit und Erholung. Hamburg: Hanseatische Verlagsanstalt.

Keiber, Helmut/von Kotze, Hildegard (Hrsg.) (1969): Facsimile Querschnitt durch das Schwarze Korps. München u.a.: Scherz.

Kerbs, Diethart (1983): Die Epoche der Bildagenturen. In: Ders./Uka, Walter/Walz-Richter, Brigitte (Hrsg.): Die Gleichschaltung der Bilder. Zur Geschichte der Pressefotografie 1930–1936. Berlin: Frölich & Kaufmann, S. 32-73.

Kerbs, Diethart (1992): Die illustrierte Presse am Ende der Weimarer Republik. In: Kerbs, Diethart/Stahr, Henrick (Hrsg.): Berlin 1932. Das letzte Jahr der ersten deutschen Republik. Politik, Symbole, Medien. Berlin: Edition Hentrich, S. 68-89.

Kerbs, Diethart/Stahr, Henrick (Hrsg.) (1992): Berlin 1932. Das letzte Jahr der ersten deutschen Republik. Politik, Symbole, Medien. Berlin: Edition Hentrich.

Kohlmann-Viand, Doris (1991): NS-Pressepolitik im Zweiten Weltkrieg. Die ‚Vertraulichen Informationen‘ als Mittel der Presselenkung. München u.a.: KG Saur.

Koszyk, Kurt (1972): Deutsche Presse 1914–1945. Geschichte der deutschen Presse, Teil III. Berlin: Colloquium.

Koszyk, Kurt/Eisfeld, Gerhard (1980): Die Presse der deutschen Sozialdemokratie. Eine Bibliographie. 2., überarbeitete und erweiterte Auflage. Bonn: Verlag neue Gesellschaft.

Lammers, Britta (1999): Werbung im Nationalsozialismus. Die Kataloge der „Großen Deutschen Kunstausstellung“ 1937–1944. Weimar: VDG.

Lebeck, Robert/von Dewitz, Bodo (Hrsg.) (2001): Kiosk. Eine Geschichte der Fotoreportage 1839–1973. Göttingen: Steidl.

Lehmann, Ernst Herbert (1938): Gestaltung der Zeitschrift. Leipzig: Karl W. Hiersemann.

Lehmann, Ernst Herbert (1941): Illustrierte. In: Heide, Walter (Hrsg.): Handbuch Zeitungswissenschaft, Bd. 2. Leipzig: Hiersemann, Sp. 1775-1797.

Lerg, Winfried (1979): Die Publizistik der Weimarer Republik. Zur kommunikationsgeschichtlichen Ausgangslage. In: Hardt, Hanno/Hilscher, Elke/Lerg, Winfried (Hrsg.): Presse im Exil. München u.a.: K. G. Saur, S. 17-96.

Mai, Gunther (2001): Europa 1918–1939: Mentalitäten, Lebensweisen, Politik zwischen den Weltkriegen. Stuttgart u.a.: Kohlhammer.

Marckwardt, Wilhelm (1982): Die Illustrierten der Weimarer Zeit: Publizistische Funktion, ökonomische Entwicklung und inhaltliche Tendenzen (unter Einschluß einer Bibliographie dieses Pressetypus 1918–1932). München: Minerva.

Meyn, Hermann (1985): Massenmedien in der Bundesrepublik Deutschland. Berlin: Colloquium.

Michalske, Hainer (2001): Öffentliche Stimme der ‚Inneren Emigration‘? Über die Funktion der Frankfurter Zeitung im System nationalsozialistischer Propaganda. In: Böning, Holger/Kutsch, Arnulf/Stöber, Rudolf (Hrsg.): Jahrbuch für Kommunikationsgeschichte, 3. Jg. Stuttgart: Franz Steiner, S. 170-193.

Michalske, Hainer (2002): Plädoyer für den Potenzialis. Antwort auf die Replik von Günther Gillesen. In: Böning, Holger/Kutsch, Arnulf/Stöber, Rudolf (Hrsg.): Jahrbuch für Kommunikationsgeschichte, 4. Jg. Stuttgart: Franz Steiner, S. 251-253.

Minkmar, Nils (2000). Stern im Schatten des Sterns. In: Die Zeit, Nr. 17, 19. April, S. 28.

Molderings, Herbert (1996): Umbo: Otto Umbehr 1902–1980. Düsseldorf: Richter.

Moll, Martin (1986): „Signal“. Die NS-Auslandsillustrierte und ihre Propaganda für Hitlers „Neues Europa“. In: Publizistik, 31. Jg., Nr. 3-4, S. 357-400.

Nagel, Beate (2000): Vom Bauhaus in die Werbewirtschaft: Die Gebrüder Neuner. In: Krause, Jürgen (Hrsg.): Die nützliche Moderne. Graphik- & Produkt-Design in Deutschland 1935–1955. Münster: Westfälisches Museum für Kunst und Kunstgeschichte, S. 140-145.

Nerdinger, Winfried (Hrsg.) (1993): Bauhaus-Moderne im Nationalsozialismus. Zwischen Anbiederung und Verfolgung. München: Prestel.

Noelle-Neumann, Elisabeth (2006): Die Erinnerungen. München: F. A. Herbig.
Prior-Miller, Marcia R. (1995). Research Review: Issues in Magazine Typology. In: Abrahamson, David (Hrsg.): The American Magazine. Research Perspectives and Prospects. Ames: Iowa State University Press, S. 3-23.
Pross, Harry (2000): Zeitungsreport. Deutsche Presse im 20. Jahrhundert. Weimar: Hermann Böhlaus Nachf.
Reese, Dagmar (Hrsg.) (2007): Die BDM-Generation. Weibliche Jugendliche in Deutschland und Österreich im Nationalsozialismus. Berlin: Verlag für Berlin-Brandenburg (Potsdamer Studien 19).
Reichel, Peter (1991): Der schöne Schein des Dritten Reiches. Faszination und Gewalt des Faschismus. München/Wien: Carl Hanser.
Retzlaff, Birgit/Lechner, Jörg Johannes (2008): Bund deutscher Mädel in der Hitlerjugend. Fakultative Eintrittsgründe von Mädchen und jungen Frauen in den BDM. Hamburg: Kovač.
Rosenbrock, Edith (1942): Die Anfänge des Modebildes in der Deutschen Zeitschrift. Berlin. Diss. (Beiträge zur Erforschung der deutschen Zeitschrift 8)
Rössler, Patrick (1998): Rekonstruierte Realitäten. Zeitgeschichte in deutschen Illustrierten 1950–1970. Begleitbroschüre zur Ausstellung während der Jahrestagung der DGPuK in Mainz. Stuttgart: Edition 451.
Roessler, Patrick (2006): Viewing our Life and Times. American and German Magazine Design in the 20th Century: A Cross-Cultural Perspective on Media Globalization. Erfurt: University of Erfurt.
Rössler, Patrick (2007): Das Bauhaus am Kiosk. die neue linie 1929–1943. Bielefeld: Kerber.
Rössler, Patrick (2008): Vielfalt in der Gleichschaltung – die „domestizierte Moderne“ am Kiosk. Eine Lifestyle-Illustrierte zwischen Bauhaus-Avantgarde und NS-Propaganda: ‚die neue linie‘ 1929–1943. In: Böning, Holger/Kutsch, Arnulf/Stöber, Rudolf (Hrsg.): Jahrbuch für Kommunikationsgeschichte, 9. Band. Stuttgart: Franz Steiner Verlag, S. 150-195.
Rutz, Rainer (2007): „Signal“. Eine deutsche Auslandsillustrierte als Propagandainstrument im Zweiten Weltkrieg. Essen: Klartext.
Sachsse, Rolf (2003): Die Erziehung zum Wegsehen. Fotografie im NS-Staat. O.O.: Philo Fine Arts.
Schäfer, Hans Dieter (1981): Das gespaltene Bewußtsein. Deutsche Kultur und Lebenswirklichkeit 1933–1945. München/Wien: Carl Hanser.
Schreiber, Hermann (1999): Henri Nannen. Drei Leben. München: C. Bertelsmann.
Schütz, Erhard/Streim, Gregor (Hrsg.) (2002): Reflexe und Reflexionen von Modernität 1933–1945. Bern u.a.: Peter Lang.
Sösemann, Bernd (1987): Zwischen Distanz und Anpassung. Die ‚Frankfurter Zeitung‘ im Nationalsozialismus. In: Die Zeit, Nr. 11, 6. März, S. 50-51.
Sösemann, Bernd (2002): Propaganda und Öffentlichkeit in der „Volksgemeinschaft“. In: Ders. (Hrsg.): Der Nationalsozialismus und die deutsche Gesellschaft. Einführung und Überblick. Stuttgart/München: Deutsche Verlags-Anstalt, S. 114-154.
Sösemann, Bernd (2007): Journalismus im Griff der Diktatur. Die „Frankfurter Zeitung“ in der nationalsozialistischen Pressepolitik. In: Studt, Christoph (Hrsg.): „Diener des Staates“ oder „Widerstand zwischen den Zeilen“? Die Rolle der Presse im „Dritten Reich“. Berlin: Lit, S. 11-38.

Stampe, Max (1938): Vorwort. In: Lehmann, Ernst Herbert: Gestaltung der Zeitschrift. Leipzig: Karl W. Hiersemann, S. V-XI.

Stiewe, Willy (1936): Das Pressephoto als publizistisches Mittel. Leipzig: Noske.

Stiewe, Willy (1940): Das Bild in der Presse. In: Heide, Walter (Hrsg.): Handbuch Zeitungswissenschaft, Bd. 1. Leipzig: Hiersemann, Sp. 625.

Studt, Christoph (Hrsg.) (2007): „Diener des Staates" oder „Widerstand zwischen den Zeilen"? Die Rolle der Presse im „Dritten Reich". Berlin: Lit.

Toepser-Ziegert, Gabriele (1984): NS-Presseanweisungen der Vorkriegszeit. Eine Einführung in ihre Edition. Sonderdruck. München u.a.: K. G. Saur.

Treß, Werner (2003): Wider den undeutschen Geist. Bücherverbrennung 1933. Berlin: Parthas.

Ulmer, Gertrud (1939): Das Lichtbild in der Münchner Presse. Würzburg-Aumühle: Triltsch.

Unger, Eva-Maria (1984): Illustrierte als Mittel zur Kriegsvorbereitung in Deutschland 1933 bis 1939. Köln: Pahl-Rugenstein.

Usko, Hans-Jürgen/Schlichting, Günter (1961): Kampf am Kiosk. Macht und Ohnmacht der deutschen Illustrierten. Hamburg: Rütten & Loening.

Verlag Archiv und Kartei (Hrsg.) (1947): Presse in Fesseln. Eine Schilderung des NS-Pressetrusts. Gemeinschaftsarbeit des Verlages auf Grund authentischen Materials. Berlin: Verlag Archiv und Kartei.

Walberer, Ulrich (Hrsg.) (1983): 10. Mai 1933 – Bücherverbrennung in Deutschland und die Folgen. Frankfurt a. M.: Fischer.

Wehr, Laura (2002): Kamerad Frau? Eine Frauenzeitschrift im Nationalsozialismus. Regensburg: Roderer.

Weise, Bernd (1983): Pressefotografie als Medium der Propaganda im Presselenkungssystem des Dritten Reiches. In: Kerbs, Diethart/Uka, Walter/Walz-Richter, Brigitte (Hrsg.): Die Gleichschaltung der Bilder. Zur Geschichte der Pressefotografie 1930–1936. Berlin: Frölich & Kaufmann, S. 141-155.

Wichmann, Hans (1993): Design contra Art Deco. 1927–1932, Jahrfünft der Wende. München: Prestel.

Wilke, Jürgen (2007): Presseanweisungen im zwanzigsten Jahrhundert. Erster Weltkrieg – Drittes Reich – DDR. Köln/Weimar/Wien: Böhlau.

Willmann, Heinz (1974). Geschichte der Arbeiter-Illustrierten Zeitung 1921–1938. Berlin: Dietz.

Wohlfarth, Curt (1937): Theorie des aktuellen Bildes. Berlin: Funk.

Wulf, Joseph (1964): Presse und Funk im Dritten Reich. Eine Dokumentation. Gütersloh: Sigbert Mohn.

Ziegler, Wiltrud (1989): Die Phantom-Zeitschrift Tele. Ein Beitrag zur Publizistik der letzten Jahre des Dritten Reichs. Universität Mainz. Diss.

3. Fallstudien zum Verhältnis von Medien und Politik in der zweiten Hälfte des 20. Jahrhunderts

Gabriele Melischek/Josef Seethaler

Kontinuität und Wandel im Verhältnis von Politik und Medien in der Wahlkampfkommunikation seit 1945. Methodik und Empirie im internationalen Vergleich

Der Höhepunkt der dritten Demokratisierungswelle und die umwälzenden Neuerungen in den Kommunikationstechnologien, die das „elektronische Rückgrat der Globalisierung" bilden (Rohn 2002: 13), haben am Ende des 20. Jahrhunderts die Forschungsagenda nicht nur der Kommunikationswissenschaft nachhaltig beeinflusst. Die diskutierten Erwartungen und Befürchtungen reichen von Demokratisierungseffekten bis zu einem neuen kulturellen Imperialismus, von einer Stärkung regionaler Identitäten bis zu einem neuen, zunehmenden Konvergenzprozessen geschuldeten *cultural mainstreaming*. Auch in der politischen Kommunikationsforschung setzte eine Welle der Reflexion der Veränderungen im Verhältnis von Politik und Medien ein, die selbst – selten genug in einer zur Mikroorientierung neigenden Disziplin – zu einer Historisierung der Fragestellung beitrug. Die folgenden Ausführungen konzentrieren sich auf die einschlägigen Forschungen zur Wahlkampfkommunikation,[1] die – über 60 Jahre nach der legendären „Erie County-Studie" des in die USA emigrierten Österreichers Paul F. Lazarsfeld (vgl. Lazarsfeld/Berelson/Gaudet 1944) – nach wie vor ein dominierendes Feld der politischen Kommunikationsforschung darstellt. Dies liegt einerseits darin begründet, dass Wahlen das zentrale Moment in der Beziehung zwischen Parteien und repräsentativer Demokratie bilden, und andererseits darin, dass Wahlen „klar konturierte kommunikative Ereignisse" darstellen und „zumindest unter den regelhaft auftretenden politischen Abläufen, über die Medien berichten, die sie kommentieren und interpretieren, die folgenreichsten" sind (Schönbach 1998: 115). Vor allem aber wird generell angenommen, dass der Einfluss der Massenmedien auf die Politik dann tendenziell steigt, wenn sich das Schwergewicht politischen Handelns von

1 Es werden ausschließlich Untersuchungen zu nationalen Wahlen referiert, da Wahlen zu supranationalen Körperschaften zum Teil anderen Voraussetzungen unterliegen. Der Bericht basiert auf Vorarbeiten für eine *Agenda Building*-Analyse der österreichischen Wahlkampfkommunikation 1966–2008 im Rahmen des Projekts „Kontinuität und Wandel in der Wahlkampfkommunikation", gefördert vom österreichischen Fonds zur Förderung der wissenschaftlichen Forschung (FWF).

der Entscheidungs- zur Darstellungspolitik verlagert. Ohne Zweifel ist diese Prämisse in Zeiten von Wahlkämpfen mit ihrer zwecks Herrschaftserhalt oder -erwerb auf die Spitze getriebenen öffentlichen Repräsentation von Politik in besonderem Maße gegeben (vgl. Kaase 1998).

1. Klassifikationsmodelle der Entwicklung der Wahlkampfkommunikation

Die durch die genannten globalen Veränderungen ausgelöste Reflexion des Verhältnisses von Politik und Medien im Allgemeinen und in Wahlkampfzeiten im Besonderen brachte eine Reihe von zeitlichen Klassifikationsschemata hervor. Vorbild für viele weitere ist ein von David M. Farrell 1996 vorgelegtes heuristisches Modell zur Verortung und zum Verständnis des Wandels von Wahlkämpfen, das von einer – zuerst von Max Weber (1980 [1921/22]: 837-868) diagnostizierten – Rationalisierung des politischen Wettbewerbs ausgeht (vgl. Tabelle). Die als Triebkraft der Entwicklung postulierte Wettbewerbslogik impliziert, dass politische Akteure in ihrem notwendigen Bemühen um öffentliche Sichtbarkeit und Unterstützung zu permanenter Anpassung an die immer rasanter sich verändernden, in der modernen Informationsgesellschaft von den Medien bestimmten Kommunikationsstrukturen gezwungen sind (vgl. Farrell 1996: 183). Insofern ist eine Beschreibung der Wahlkampfentwicklung eine Beschreibung der Entwicklung der Bedingungen und Formen der Wahlkampfkommunikation. Folgerichtig sieht Farrell Umbrüche in der Wahlkampfentwicklung von Umbrüchen in der Medienentwicklung initiiert, wobei der Übergang von der ersten zur zweiten Phase an der Verbreitung des Fernsehens und jener zur dritten an der Verbreitung der neuen Telekommunikationstechnologien festgemacht ist. Der Übergang in eine neue Phase ist jedoch nicht als Wendepunkt zu interpretieren, da Charakteristika der vorangehenden Phase durchaus weiterhin aufrecht bleiben können. Dies gelte schon deshalb, weil im internationalen Vergleich unterschiedliche Rahmenbedingungen wie wahlrechtliche Regelungen, Strukturen des Parteien- und Mediensystems oder soziodemographische Veränderungen unterschiedlich starke Einflüsse ausüben können und auch innerhalb einer Gesellschaft Parteien, Medien und Teile des Elektorats Entwicklungen – ganz abgesehen von retardierenden Momenten – unterschiedlich schnell und in unterschiedlicher Weise vollziehen.

Tabelle: Drei Phasen der Wahlkampfentwicklung

	1. Phase	2. Phase	3. Phase
Technische Entwicklung			
Planungshorizont	Kurzfristig; ad hoc	Langfristig; Bildung einer Spezialistengruppe ein bis zwei Jahre vor der Wahl	„permanenter Wahlkampf": Einrichtung einer speziellen Wahlkampfabteilung
Kommunikationsmodus	Direkt und indirekt Direkt: durch Parteipresse, Zeitungsinserate, Plakate Indirekt: Presseberichterstattung	Mehr indirekt Direkt: Werbekampagnen Indirekt: Public Relations, Medientraining, Pressekonferenzen	Mehr direkt Direkte zielgruppenspezifische Werbung, Direct Mail, Video Mail, Internet Indirekt: wie vorher
Entwicklung der Ressourcen			
Wahlkampforganisation	Dezentralisiert, geringe Standardisierung Staff: lokale Parteiorganisationen, parteigebundene Volontäre	Nationalisierung, Zentralisierung Staff: parteigebundene Mitarbeiter, Experten auf Honorarbasis	Dezentralisierung der Durchführung bei zentraler Kontrolle Staff: parteigebundene Mitarbeiter, angestellte Experten, Expansion des Leitungsstabs
Consulting	Minimale Verwendung, „generalistische" Funktion der verantwortlichen Politiker	Zunehmende Bedeutung von spezialisierten, externen Beratern, Politiker immer noch verantwortlich	Berater als Wahlkampf-Gurus, internationale Vernetzung
Feedback	Impressionistisch, „Gefühl", wichtige Rolle der Wahlhelfer, Gruppenleiter	Extensive Umfragen, stärker wissenschaftlich	Große Palette von Meinungsforschungstechniken, interaktive Möglichkeiten durch Kabel und Internet

	1. Phase	2. Phase	3. Phase
Entwicklung der Strategien			
Wahlkampf-ereignisse	Wahlveranstal-tungen, Stippvisiten	Fernsehdebatten, Pressekonferenzen, „Pseudo-Ereignisse“	Wie vorher, doch Ereignisse verstärkt auf lokaler Ebene
Targeting von Wählern	Klassenbasis Baut auf Partei-identifikation in bestimmten sozialen Kategorien	Catch-all zielt darauf, Wähler quer über alle soziale Kategorien zu mobilisieren	Marktsegmentierung Targeting von Wählern nach spezifischen Kategorien
Kampagnen-konzeption	Propaganda	Verkaufskonzept	Marketingkonzept

Quelle: Farrell/Webb (2000: 104); Übersetzung: Melischek (2007).

Es ist nahe liegend, dass politische Akteure in Wahlkampfzeiten besonderes Interesse haben, ein Höchstmaß an Kontrolle über ihre Kommunikation mit der Wählerschaft auszuüben. Unter den Bedingungen der sich im 19. Jahrhundert ausbildenden arbeitsteiligen Industriegesellschaft konnten die politischen Akteure so lange weitgehend autonom agieren, als sie sich dazu neben Wählerversammlungen auf Plakate und ein dichtes Netz an Parteizeitungen oder zumindest parteinahen Zeitungen stützen konnten. Wie die primär lokal oder regional orientierte Medienstruktur (vgl. Führer/Ross 2006: 9) agierte auch die Wahlkampforganisation lokal und dezentralisiert, passte sich an die lokalen Bedingungen an, war also kurzfristig angelegt, kaum standardisiert und vertraute auf lokale Funktionäre und ihr Verständnis für die Bedürfnisse spezifischer Zielgruppen. Die damit möglichen Synergieeffekte wurden im Zuge der Ausbildung der modernen Parteien dadurch gestärkt, dass die funktionale Nähe von Partei und Presse als Institutionen des intermediären Systems, also des Handlungs- und Kommunikationsraumes zwischen politischen Entscheidungsträgern und den Bürgerinnen und Bürgern (vgl. Jarren/Donges 2006: 124), vorübergehend nicht nur zu einer programmatischen Nähe, sondern auch zu einer organisatorischen Identität geführt hat, die die Zeitung zum Mittel direkter Kommunikation werden ließ. Die zunehmend erstarkende Massenpresse erschütterte jedoch dieses Verhältnis (vgl. Seethaler/Melischek 2008: 332). Sie konfrontierte, auch wenn sie aus weltanschaulich *zuordenbaren* Verlagen kam, die politischen Akteure mit eigenen Strategien der Politikdarstellung, die nicht einer politischen Logik, sondern der Logik des Verkaufserfolgs auf Publikums- und Werbemärkten gehorchten (vgl. Fulda 2006; vgl. Melischek/Seethaler 1996; vgl. dies. 2004). Die Parteien mussten sich schon deshalb dieser Herausforderung stellen, da – wie Seethaler (2004: 336) am Beispiel der Habsburgermonarchie zeigen konnte – die Einführung des allgemeinen Wahlrechts die Rolle der Medien als internes Mobilisierungsinstrument obsolet werden ließ und der dadurch entstehende „politische Massenmarkt" eine politische Artikulation erforderte, die sich „an die gesamte Öffentlichkeit" wandte (Steinbach 1990: 50).

Die mit diesem „Catch-all"-Charakter verbundene Nationalisierung und Zentralisierung der Kampagnenorganisation kündigten sich unter dem Druck einer auflagenstarken Massenpresse zwar an, wurden aber erst durch den Siegeszug des Fernsehens zu zentralen Charakteristika des Wahlkampfs.[2] Mit der Gleichzeitigkeit von Geschehen, Berichterstattung und Rezeption und seiner damit verbundenen Authentizität, mit dem Ansprechen der visuellen Sinnesebene und dem dadurch verstärkten emotionalen Appell sowie nicht zuletzt mit seiner hohen Reichweite, die das Publikum für politische Kommunikation in einem noch nie zuvor gegebenen Maß anwachsen ließ (vgl. Vogel 2006), veränderte das Fernsehen die Kommunikationsbedingungen grundlegend. In der schon zuvor von Spannungen gekennzeichneten Parallelität von direkter und indirekter Kommunikation kommt es zu einer massiven Verlagerung auf Formen der indirekten Kommunikation, deren Logik, so die zentrale Modellannahme, in zunehmendem Maße von diesem ersten und bisher einzigen Mainstream-Medium bestimmt wird: Medieninitiierte Ereignisse wie TV-Konfrontationen der Spitzenkandidaten und für die Medien inszenierte Ereignisse, die ohne deren Präsenz nicht oder nicht in dieser Form stattfinden würden, gelten nun als prägende Elemente des politischen Geschehens in den Wochen vor der Wahl. Ihre Breitenwirkung wird innerhalb des Mediensystems durch fortschreitende Konzentrationsprozesse auf den Zeitungsmärkten noch verstärkt. Die Wahlkampfführung steht damit vor der Notwendigkeit einer längerfristigen und einer entsprechenden Expertise bedürfenden Planung (*spin doctoring*), aber auch einer breiten und wissenschaftlich abgesicherten Rückkopplung durch Meinungsforschungsinstitute. Der in der zweiten Phase eingeleitete Prozess der Anpassung an massenmediale Präsentationsformen und journalistische Selektions- und Interpretationskriterien wird als zunehmende „Mediatisierung" der Politik beschrieben (vgl. Mazzoleni/Schulz 1999).

Die Formen direkter Kommunikation gewinnen erst wieder mit der Verbreitung des Internet an Bedeutung. Doch sie bedeuten keine Rückkehr zu früheren Wahlkampfformen. In der neuen, dritten Phase werden dezentralisierte, lokale Organisati-

2 Die durch die Diktatur des Nationalsozialismus – und in Österreich auch des Austrofaschismus – gewaltsam unterbrochene Entwicklung lässt deren Langfristigkeit häufig aus dem Blick der Forschung geraten. Nach 1945 pendelte das Verhältnis von Politik und Presse zwischen begrenzt erfolgreichen Bemühungen der Westmächte, eine Kultur der öffentlichen Meinungsbildung zu etablieren, und einem auf Seiten der neu gegründeten demokratischen Parteien nicht selten anzutreffenden Verständnis von Medien als Verlautbarungsorganen, das schon vor 1933 anachronistisch gewesen wäre (vgl. Weiss 2006).

onsformen zentral gesteuert; die segmentierten Publikumsmärkte erfordern präzises Targeting und genau abgestimmte Marketingaktionen; Umfragetechniken müssen daher verfeinert und (interaktiv) adaptiert werden, Kommunikationsspezialisten und -manager gewinnen noch höhere Bedeutung, sowohl an Zahl als auch an Einfluss. Diese erneuten Anpassungen im Wahlkampfmanagement werden auch durch Veränderungen im Fernsehsektor erzwungen, in dem eine Vielzahl spezialisierter, auf bestimmte Zielgruppen zugeschnittener Programme (*narrowcasting*) das bisherige Mainstream-Medium abgelöst hat. Ähnliche Prozesse der Lokalisierung vollziehen sich unter dem Druck multimedialer Konkurrenz auch im Pressesektor. Aus dem Zusammenspiel von immer rasanter fortschreitenden kommunikationstechnologischen Entwicklungen und sich daran anpassender PR-Strategien wird, so die häufig geäußerte Annahme, unter dem dadurch ebenfalls steigenden Konkurrenzdruck der um die Wählergunst werbenden Akteure eine Dynamik in Gang gesetzt, die politisches Handeln als *permanent campaigning* stattfinden lässt. Als mögliche Konsequenzen dieser dritten Entwicklungsphase benennen Blumler und Kavanagh (1999) – in einer ähnlichen Strukturierung des Wandels der politischen Kommunikation im Generellen[3] – eine Ablöse zentripetaler Kommunikation durch zentrifugale Diversifikation sowie eine damit einhergehende Fragmentierung der Gesellschaft und eine Zunahme populistischer Politik, die von der Handlungslogik der Medien geleitet wird.

Die Annahme einer Indikatorfunktion der durch das Modell beschriebenen Entwicklung für den gesellschaftlichen Modernisierungsprozess hat in späteren Adaptionen zur Benennung der drei Phasen als „vormoderne", „moderne" und „postmoderne" Phase geführt (Norris 1997: 196; dies. 2000: 138; Plasser/Plasser 2002: 27).[4] Im Unterschied zur Amerikanisierungsthese aus der Sicht des Diffusionsansatzes, der diese Umwälzungen als Folgen einer transnationalen Diffusion und Implementierung von US-amerikanischen Strategien der Wahlkampfkommunikation versteht, sehen sie modernisierungstheoretische Vertreter als Konsequenzen ökonomisch-technologischer und soziokultureller Transformationen, die modernen Gesellschaften inhärent

3 Kürzlich hat Strömbäck (2008) ein weiteres Modell zur Beschreibung des Wandels im Verhältnis von Politik und Medien vorgelegt, das – anders als die bisherigen – von vier Phasen einer „Mediatisierung" der Politik ausgeht, wobei die erste Phase, in der die Massenmedien die primäre Rolle des politischen Vermittlers übernehmen, als Voraussetzung der späteren „mediatization" als „mediation of politics" bezeichnet wird. Die weiteren Phasen orientieren sich am Grad der Unabhängigkeit der Medien von politischen Akteuren, am Grad der Ausbildung einer eigenen handlungsleitenden Medienlogik und am Grad, bis zu dem die politischen Akteure der Medienlogik folgen.

4 Die späteren Adaptionen des farrellschen Modells fügen weitere Merkmale wie die Höhe der Wahlkampfkosten (vgl. Norris 1997), den dominanten Parteientypus und den vorherrschenden Stil des politischen Journalismus (vgl. Plasser/Plasser 2002) hinzu und erweitern damit die ursprüngliche Fokussierung auf das Kommunikationsverhalten der politischen Akteure unter den Bedingungen der sich verändernden Medienstrukturen.

sind und deshalb Parteien, Medien und Wählerschaft betreffen. Die USA gelten in dieser Perspektive lediglich als jenes Land, in dem dieser nicht-gerichtete Konvergenzprozess besonders weit fortgeschritten ist (vgl. Plasser/ Plasser 2002: 37). In einer weiteren Variante des farrellschen Modells ziehen Denver und Hands (2002) eine Parallele zu ökonomischen Prinzipien und sprechen von einer vor-fordistischen, einer fordistischen und einer post-fordistischen Phase.

2. Die Thematisierungsleistung von Parteien und Medien als Indikator für Veränderungen in der Wahlkampfkommunikation

Der Frage, ob und wie sich die in den heuristischen Modellen behaupteten Veränderungen der Technologien, Ressourcen und Strategien *tatsächlich* auf das Verhältnis von Medien und Politik auswirken, soll im Folgenden anhand einer Literaturauswertung nachgegangen werden. Wenn dafür die Thematisierungsleistung der politischen Akteure und der Medien als Indikator herangezogen wird, so liegt dem einerseits die Überlegung zugrunde, dass die Thematisierung gesellschaftlich relevanter Sachverhalte in der modernen demokratischen Gesellschaft eine der Voraussetzungen zur Teilhabe möglichst aller ihrer Mitglieder an kollektiven Willensbildungs- und Entscheidungsprozessen schafft. Andererseits stellt die Themenorientierung des Elektorats neben der Kandidatenorientierung eine der beiden kurzfristigen Faktoren dar, die in sozialpsychologischer Sicht gemeinsam mit der aus zahlreichen vorgelagerten Faktoren wie persönlichen Erfahrungen und politischen Orientierungen destillierten Parteiidentifikation als wahlentscheidend angesehen werden (vgl. Campbell/Gurin/ Miller 1954). Ihre Bedeutung nimmt gegenüber der Parteienidentifikation in dem Maße zu, in dem die Zahl von schwach oder überhaupt nicht an Parteien gebundenen Wählern steigt. Der Themenorientierung kommt dabei insofern Priorität zu, als auch die Kandidatenbewertung nicht zuletzt unter thematischen Gesichtspunkten vorgenommen wird (vgl. Brettschneider 2005): Jene Themen, die in der Agenda ganz oben stehen, bestimmen auch die Perspektive, unter der die Kandidaten beurteilt werden (*Priming*).

Die Wahl der Thematisierungsleistung als Indikator für den Wandel des Verhältnisses von Medien und Politik stützen auch internationale Studien. In einem ersten weltweiten Vergleich der Wahlkämpfe in einer Vielzahl von Staaten auf allen Kontinenten mit Ausnahme Afrikas hatten Butler und Ranney bereits Anfang der 1990er Jahre Kontinuitäten und Veränderungen seit 1945 zu charakterisieren versucht. In der Zusammenschau der Ergebnisse der Länderbeiträge verweisen die Herausgeber einerseits darauf, dass neben kontinuierlichen Veränderungen wie der Lockerung der Parteibindungen und einer Tendenz zur Zentralisierung der Wahlkämpfe ein grundlegender

Wandel der Wahlkommunikation stattgefunden habe, der in einer „revolution in communications“ begründet sei: Die Rolle der Medien „has moved increasingly from being merely a channel of communication to being a major actor in the campaigning process, as it selects the persons and issues to be covered and as it shapes the portrayal of leaders“ (Butler/Ranney 1992: 282).

Zu einer noch pointierteren Schlussfolgerung kommen Swanson und Mancini (1996) anhand von Untersuchungen des Strukturwandels moderner Wahlkämpfe in elf vor allem europäischen und amerikanischen Staaten, wenn sie als gemeinsames Merkmal die steigende Bedeutung der medialen Vermittlung von Politik herausstreichen. Die daraus resultierende Konsequenz sei ein permanenter „struggle between politicians and a more or less independent media establishment over who shall control the agendas of campaigns.“ (Swanson und Mancini 1996: 252)

Die in beiden angeführten Sammelbänden[5] ähnlich formulierte Schlussfolgerung korrespondiert mit der häufig zitierten „Tango“-Metapher, die Gans (1979) als Resümee einer Untersuchung der Nachrichtenproduktion US-amerikanischer Fernsehsender und Nachrichtenmagazine in den 1960er und 1970er Jahren formuliert hatte: „The relationship between sources and journalists resembles a dance, for sources seek access to journalists, and journalists seek access to sources. Although it takes two to tango, either sources or journalists can lead, but more often than not, sources do the leading.“ (Gans 1979: 16) Doch es stellt sich die Frage, ob diese Einschätzung weiterhin gültig ist. Angesichts der in den oben zitierten internationalen Studien skizzierten Entwicklung müssten – im Unterschied zu der von Gans formulierten Annahme – die Medien in zunehmendem Maße die Führung übernehmen. Freilich ist zu bedenken, dass den Länderbeiträgen in beiden Sammelbänden zwar ein analytisches Framework vorgegeben war, die empirischen Grundlagen für die Beantwortung der Fragen aber in hohem Maße differierten. Zumeist handelt es sich um interpretativ angelegte Metaanalysen qualitativ sehr unterschiedlicher Ausgangsstudien. Es scheint also durchaus berechtigt, nach der empirischen Evidenz für die behauptete Bedeutungszunahme der Medien gegenüber den politischen Akteuren in der Strukturierung der Wahlkommunikation zu fragen. Haben Sie wirklich die Rolle des führenden Partners im *tango politique* übernommen?

5 Neben diesen beiden Sammelbänden bieten zwei weitere internationale Handbücher einen Überblick über die jeweilige aktuelle Rolle der Medien im Wahlkampf in verschiedenen Staaten, und zwar einerseits unter der Perspektive der rechtlichen und medienpolitischen Rahmenbedingungen (vgl. Lange/Ward 2004) und andererseits mit dem Schwerpunkt auf den Charakteristika der Berichterstattung (vgl. Strömbäck/Kaid 2008).

3. Agenda Setting und Agenda Building

Die Analyse der Thematisierungsfunktion der Medien ist in der Kommunikationswissenschaft seit der bahnbrechenden, während des Wahlkampfs vor der US-Präsidentenwahl 1968 von McCombs und Shaw durchgeführten „Chapel Hill-Studie“ untrennbar mit dem *Agenda Setting*-Ansatz verbunden.[6] Nach vier Jahrzehnten empirischer Forschung kann wohl mit hoher Wahrscheinlichkeit davon ausgegangen werden, dass – unter Berücksichtigung individueller und situationaler Faktoren auf Rezipientenseite – jene Themen, die in den Massenmedien hohe Aufmerksamkeit erfahren, auch von der Bevölkerung als besonders bedeutsam wahrgenommen werden und nicht zuletzt die Bewertung der mit ihnen verbundenen Akteure beeinflussen können. Obwohl sich der *Agenda Setting*-Ansatz rasch zu einem der international am stärksten verbreiteten Forschungsansätze entwickelte, kam es erst in den 1980er Jahren zu ersten Versuchen, jene Faktoren in das Modell zu integrieren, die das Zustandekommen der Medienagenda beeinflussen könnten. McCombs (2004) spricht in diesem Zusammenhang von der vierten Phase der *Agenda Setting*-Forschung.

Zuvor hatten schon mediensoziologische Studien (vgl. Gans 1979) auf die Bedeutung organisatorischer Bedingungen für die journalistische Tätigkeit hingewiesen und Gerbner (1973) hatte im Kontext seines *Cultural Indicators*-Modells gefordert, Inhalt und Wirkung der Massenmedien in Beziehung zu setzen zu „all major powers, roles, and relationships that have a systematic and generalized influence on how messages will be selected, formulated, and transmitted“ (Gerbner 1973: 559). In dieser Tradition des US-amerikanischen *Power Structure Research* formulierte Reese (1991) eine erste umfassende Konzeption eines *Media Agenda Setting*, das sich mit den Interaktionen zwischen den Medien und den Quellen im weitesten Sinn befasst. In der Kommunikationswissenschaft hat sich jedoch für dieses Forschungsfeld letztlich die Bezeichnung *Agenda Building* durchgesetzt, um das hier gemeinte intentionale Lancieren von Themen von bloßen Transferprozessen im *Agenda Setting* abzugrenzen. McCombs (2004: 143) hat allerdings darauf hingewiesen, dass man keinen fundamentalen Unterschied behaupten kann. Gegenüber der Breite des ursprünglichen Konzepts konzentrieren sich die meisten *Agenda Building*-Studien auf jenen Kommunikationsprozess, über den politische Akteure versuchen, „ihre“ Themen in der Medienberichterstattung zu platzieren. Zusätzlich wird auch auf *Real-World*-Faktoren Bezug

6 Zur Vorgeschichte der *Agenda Setting*-Forschung vgl. Dearing/Rogers (1996: 8-13).

genommen.[7] Ein weiterer Ansatz fragt nach den Einflüssen zwischen den Medien (*Inter-Media Agenda Setting*; vgl. Reese/Danielian 1989).[8]

Parallel zur kommunikationswissenschaftlichen Tradition hat sich in der Politikwissenschaft ebenfalls ein Forschungszweig unter dem Label *Agenda Building* etabliert (vgl. Cobb/Elder 1975), der sich damit beschäftigt, wie öffentliche Aufmerksamkeit für ein Problem in Handlungen politischer Akteure umgesetzt werden kann, wobei die Initiative dafür sowohl von Bevölkerungsseite als auch von Seiten der Politik ausgehen kann (vgl. Cobb/Ross/Ross 1976). Im Interesse begrifflicher Eindeutigkeit hat Berkowitz (1992) dafür den Terminus *Policy Agenda Building* vorgeschlagen.[9]

Demgegenüber können die Auswirkungen der Medienberichterstattung auf die Themenrangordnung der politischen Akteure unter dem Begriff eines *Policy Agenda Setting* gefasst werden (vgl. Dearing/Rogers 1996). Diese Perspektive ist schon deshalb von nicht zu unterschätzender Bedeutung, da die politischen Eliten dazu neigen, angesichts der *Agenda Setting*-Prämisse die in den Medien veröffentlichte Meinung als Substitut für die öffentliche Meinung, zumindest jedoch als Ergänzung demoskopischer Daten zu verwenden (vgl. Pritchard 1992). Jüngere Forschungsergebnisse sprechen hier nicht nur von gravierenden Einflüssen der Medien – und zwar insbesondere der Presse – auf die symbolische politische Agenda, wie sie in Parlamentsdebatten und Ansprachen zum Ausdruck kommt, sondern auch von beachtenswerten Effekten auf Regierungsentscheidungen (vgl. John 2006; Walgrave/Soroka/Nuytemans 2008). Dass für Wahlkampfzeiten keine einschlägigen Studien vorliegen, mag daran liegen, dass die politische Agenda primär als Agenda legislativer oder exekutiver Körperschaften operationalisiert wird, aber eher selten als Parteienagenda. Dass jedoch die Agenden der einzelnen Parteien selbst als unabhängige Variablen in die Analyse der zuvor genannten Agenden eingehen sollten, darauf hat kürzlich eine belgische Langzeitstudie aufmerksam gemacht (vgl. Walgrave/Varone/Dumont 2006). Tedesco (2005) hat schließlich die Existenz von Prozessen eines *Inter-Candidate* (bzw. *Inter-Party*) *Agenda Setting* – gerade in Wahlkampfzeiten – nachgewiesen. Die Abbildung resü-

7 Sheafer und Weimann (2005) haben beispielsweise in einer der wenigen längerfristigen Wahlstudien, die *Real-World*-Faktoren in ihre Analyse einbeziehen, Indikatoren für innere Sicherheit und Wirtschaftslage definiert und anhand der israelischen Parlamentswahlen von 1996 bis 2003 eine enge Verbindung dieser Indikatoren mit der Medienagenda nachgewiesen.

8 Mitunter wird auch ein Vergleich von politischer Werbung in den Medien und der Medienberichterstattung als *Inter-Media Agenda Setting* bezeichnet. Da aber Werbeinhalte als Indikator für die Botschaften der politischen Akteure gelten, werden sie hier unter den *Agenda Building*-Studien subsumiert.

9 Den mitunter verwirrenden synonymen Gebrauch der Begriffe des *(Media/Policy) Agenda Setting* bzw. des *(Policy) Agenda Building* kritisierend, bemüht sich Berkowitz (1992) um eine klare Terminologie. Vgl. dazu auch Sarcinelli/Schatz (2002).

miert das komplexe Bild des Forschungsfeldes, aus dem für den folgenden Literaturüberblick zum Verhältnis von Politik und Medien in der Wahlkampfkommunikation der Bereich des *Agenda Building* mit Hinweisen auf mögliche *Policy Agenda Setting*-Effekte herausgegriffen werden soll.[10]

Abbildung: Die zentralen Komponenten des Agenda Setting-Prozesses

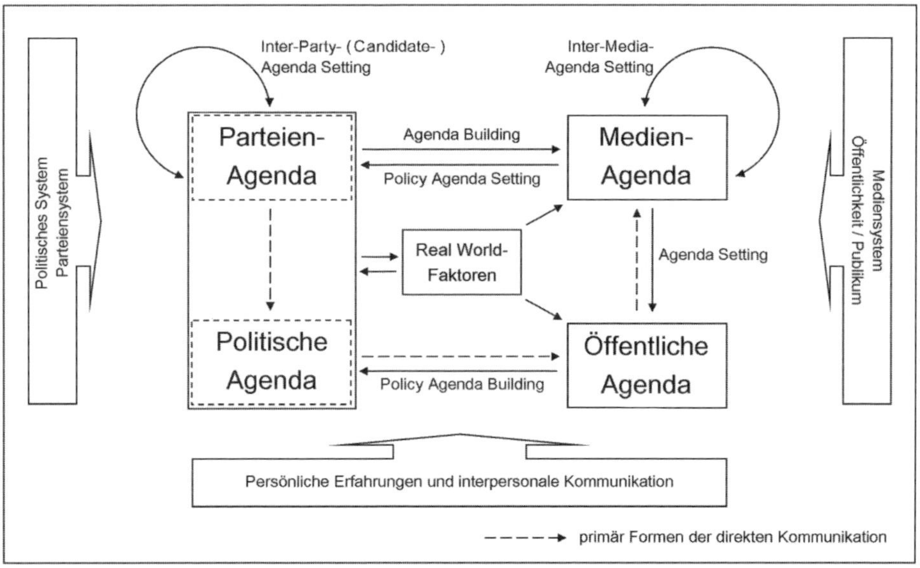

Quellen: Soroka (2002: 11); Norris u.a. (1999: 70); Dearing/Rogers (1996: 5); erweitert

10 Einige dieser Studien sind im Grenzbereich zur politischen PR-Forschung angesiedelt, die mittels Input-Output-Analysen den Einfluss der politischen PR auf die Medieninhalte überprüfen. Der Erfolg politischer PR wird dabei abhängig von den Entscheidungskriterien der Journalisten und der Professionalität der eigenen PR-Arbeit gesehen und PR-Professionalität danach eingeschätzt, wie stark sie „die Selektionsmechanismen im Journalismus antizipiert und bedient" (Donsbach/Jandura 2005: 45). Die „Tango"-Metapher präsentiert sich hier im Widerstreit von Determinationsthese und Dependenzthese oder wird in Interdependenz- und Interpenetrationsmodellen aufgehoben (vgl. Jarren/Donges 2006: 279-286). PR-Studien im Zusammenhang von Wahlen sind jedoch selten (vgl. Quiring 2006: 54).

4. Agenda Building im Wahlkampf: Empirie und Methodik

Der erste Blick auf die vorhandenen Ergebnisse der *Agenda Building*-Untersuchungen ist ernüchternd. Die empirische Evidenz für die oft zitierte *media-driven campaign* scheint gering zu sein, eine „Revolution" in der Wahlkampfkommunikation nicht stattgefunden zu haben. Für die Autoren eines 2006 im „Journal of Communication" veröffentlichten Überblicks ist zwar in Routinezeiten ein Einfluss der Medien auf die politische Agenda durchaus evident, wenn auch abhängig von der Wahl der Themen, der Medien und der politischen Akteure, in Wahlkampfzeiten sei er jedoch kaum nachweisbar (vgl. Walgrave/Van Aelst 2006). Demgegenüber blieben die Parteien im Wahlkampf, so die Resultate sechs US-amerikanischer, britischer, irischer und niederländischer Studien aus den 1990er Jahren und dem beginnenden 21. Jahrhundert, die wichtigsten Agenda-Setter. Einerseits würden sie in dieser Phase alle Anstrengungen unternehmen, die Medienagenda zu beeinflussen und damit auch erfolgreich sein; andererseits würden die Medien in Wahlzeiten der Politik generell größere Aufmerksamkeit schenken und sich verpflichtet sehen, ausgewogener zu berichten.

Ist dieses gegen die eingangs skizzierten Modellannahmen von Veränderungen in der Wahlkampfkommunikation gerichtete Resümee der beiden belgischen Autoren trotz der schmalen Literaturbasis, auf der es fußt, gerechtfertigt? Unter Einbeziehung eines breiteren Spektrums an Untersuchungen, das dennoch keinen Anspruch auf Vollständigkeit erheben kann, erachten wir eine grundsätzliche methodische Kritik für eine Beurteilung des Forschungsstands für erforderlich. Sie orientiert sich einerseits an der Notwendigkeit einer Zeitperspektive und andererseits an den Implikationen des verwendeten methodischen Ansatzes der *Agenda Setting*-Forschung.

4.1 Der historische Vergleich

Ohne Zweifel handelt es sich bei der Mehrzahl der vorliegenden vergleichenden Analysen der Themenagenden von Medien und politischen Akteuren in Wahlkampfzeiten um Fallstudien mit sehr unterschiedlichen Designs, so dass ihre Ergebnisse kaum miteinander verglichen werden können. Die Unterschiede liegen sowohl in der Quellenbasis als auch in den Untersuchungsanordnungen. Während es vertretbar erscheint, Agenden der Parteien bzw. Kandidaten zu vergleichen, die in einem frühen Entwick-

11 Hier werden für die Untersuchung von *Agenda Building*-Prozessen Input-Output-Analysen für notwendig erachtet. Studien, die anhand von Inhaltsanalysen des Medieninhalts Rückschlüsse auf das Verhältnis von politischen Akteuren und Journalisten ziehen, werden daher nicht zu den *Agenda Building*-Studien im engeren Sinn gezählt.

lungsstadium anhand von Wahlreden und Wahlprogrammen, später jedoch vor allem anhand von Presseaussendungen, Wahlwerbespots und Pressekonferenzen ermittelt wurden, dürfte ein Vergleich mit aus Beobachtungen und Interviews gewonnen Daten problematisch sein.[11] Noch heterogener zeigt sich die Materialgrundlage für die Medienagenden, sowohl was die Auswahl der Mediensektoren (Print und/oder Fernsehen) als auch die Zahl der gewählten Medienvertreter und die Kriterien für ihre Auswahl betrifft. Da die Überprüfung eines zeitlichen Klassifikationsmodells aber den historischen Vergleich erfordert, sollen der folgenden Diskussion nur jene Studien zugrunde gelegt werden, die entweder selbst mit einer längerfristigen Zeitperspektive arbeiten oder deren Ergebnisse aufgrund von annähernd kompatiblen Untersuchungsanordnungen zueinander in Beziehung gesetzt werden können.

Während die Analyse der Entwicklung vor den 1950er Jahren weiterhin ein Desiderat kommunikationshistorischer Forschung darstellt, stützen die wenigen zeitlich vergleichenden Studien zur zweiten, „modernen" Phase die Annahme eines *press-party dealignment* als eine der notwendigen Voraussetzungen für eine mächtigere Funktion der Medien in der Wahlkampfkommunikation. Folgt man Norris (2000: 175), so hat dieser Entkopplungsprozess die Komplexität und die Unsicherheit des Medienmanagements der Parteien erhöht, da sie sich nicht mehr darauf verlassen können, ihre Botschaften über einige sympathisierende Medien verbreiten zu können. Unter der Perspektive der Thematisierungsleistung der Medien und Parteien (bzw. Kandidaten) soll hier ein *press-party-dealignment* primär als ein Auseinanderdriften der Parteien- und Medienagenden verstanden werden.[12] Messbar wird es durch sinkende Korrelationen der Medienagenden mit den Agenden der Parteien, wobei es im Sinne des für die „moderne" Phase charakteristischen Mainstreams zu einer steigenden Konvergenz der Medienagenden kommen müsste (vgl. Blumler/Kavanagh 1999: 221).[13] Anzeichen dafür lassen sich beispielsweise anhand eines Vergleichs der britischen Wahlen von 1983 und 1997 feststellen, wenn auch in geringerem Ausmaß als bei den parallel untersuchten amerikanischen Präsidentschaftswahlen von 1984 (vgl. Semetko u.a. 1991; vgl. Norris u.a. 1999). Dies galt insbesondere für landesweit ausstrahlende Fernsehkanäle und nur mit Einschränkungen für die lokale Presse, die damals noch deshalb zu stärkerer Parteinähe neigen konnte, weil mehrere Blätter im selben lokalen Raum erschienen (vgl. Semetko u.a. 1991: 84-85). Angesichts der zunehmenden Konzentrationstendenzen auf den lokalen Zeitungsmärkten, die den Wettbewerb zwischen

12 Zu weiteren Operationalisierungsmöglichkeiten eines *press-party-dealignment* vgl. Brandenburg (2006).

13 Die Behandlung der über mehrere Medien vermittelten Themen als *eine* Agenda scheint insofern problematisch zu sein, als die Gesamtheit der divergierenden Agenden von Parteimedien und der übereinstimmenden Agenden von Medien mit ausgewogener, in Äquidistanz zu den Parteien stehender Berichterstattung zu ähnlichen Resultaten führen könnte.

zwei und mehreren Blättern in weiten Landesteilen zunichte machte, ist in neueren Analysen die Neigung zur Parteinähe in der lokalen Presse kaum mehr feststellbar. Die verbleibende Monopolzeitung bezieht in Rücksichtnahme auf ihre politisch notwendig heterogene Leserschaft nur selten eine eindeutige Position und berichtet daher – anders als die (noch vielfältigere) nationale Presse mit ihren stärker ausgeprägten redaktionellen Linien – entsprechend dem *press-party dealignment* weitgehend ausgewogen (vgl. Ridout/Mellen 2007; vgl. Vinson/Moore 2007).

Brandenburg (2006) kann den oben genannten Befund für die britische Wahl im Jahr 2005 nicht in dem zu erwartenden Ausmaß bestätigen, bezieht aber in die Korrelationen der Themenagenden ausschließlich politische Sachthemen ein. Eine der möglichen Strategien der Medien, im Kampf um die Wahlkampfagenda die Oberhand zu gewinnen, besteht aber gerade darin, diese in den Hintergrund zu drängen und *Politics*- und *Horserace*-Themen hochzuspielen, wie sie zumeist im Mittelpunkt der von ihnen oder für sie initiierten Ereignisse stehen (vgl. Norris u.a. 1999: 83).[14] Eine andere Strategie legt eine US-amerikanische Langzeitstudie von 1952 bis 2000 (vgl. Petrocik/Benoit/Hansen 2003) offen, die für die „New York Times" zeigen kann, dass sie in den Themen, die sie Demokraten und Republikanern zuschreibt, stärker als die am Mainstream orientierten Parteien selbst auf deren historisch erworbene Kernthemen und damit auf die ideologischen Cleavages fokussiert. Erneut zeigt sich darin der Einfluss der redaktionellen Linie auf die Berichterstattung der nationalen Presse. Damit liegt die „Agenda Setting Power" der Journalisten nicht zuletzt in ihrem Entscheidungsspielraum begründet, *bestimmte* Informationen über einzelne politische Akteure aufzunehmen oder auszuschließen (vgl. Walgrave/Van Aelst 2006: 98). Darüber hinaus gilt aber auch für die führende Qualitätszeitung der USA eine im Vergleich zur politischen PR signifikant geringere Berücksichtigung von Sachthemen, wenngleich sie – gegenüber dem Fernsehen (vgl. Farnsworth/Lichter 2007: 171) – nicht so stark auf *Horserace*-Themen setzt, sondern vor allem Persönlichkeitsaspekte der beiden Kandidaten thematisiert (vgl. Benoit/Stein/Hansen 2005).

Die Grundtendenz eines *press-party-dealignment* zeigt sich auch für Deutschland, wenn man eine Studie von Schönbach und Wildenmann (1978) zur Bundestagswahl 1976 mit *Agenda Building*-Untersuchungen zur Wahl 1987 (vgl. Mathes/Freisens 1990; Mathes/Rudolph 1991) und zu den beiden Wahlen von 1998 und 2002 (vgl. Donsbach/Jandura 2005) vergleicht. Hatten die Autoren der erstgenannten Studie ihre Ergebnisse noch dahingehend resümiert, dass die Presse den Wahlkampf den Parteien überlassen und ihn bloß abgebildet habe, so betonen Donsbach und Jandura, dass die Medien – und das heißt in diesem Fall die überregionalen Tageszeitungen – die politi-

14 Ridout und Mellen (2007) weisen zu Recht darauf hin, dass die Wahl weniger breiter Themenbereiche zur Einebnung von Unterschieden und zu künstlich erzeugten Konvergenzeffekten führen kann.

sche Agenda setzen, allein schon deshalb, weil die Parteien ein sehr viel engeres Themenspektrum forcieren als jenes, über das die Medien berichten. Selbst das öffentlich-rechtliche Fernsehen, das traditionell über Wahlen eher reaktiv berichtete und sich in der Regel den offiziellen Parteienagenden verpflichtet fühlte, sah sich in den 1980er Jahren durch den zunehmenden Medienwettbewerb zu einem stärker initiativen und selektiven Redaktionsstil gezwungen, der spezifische Themen bestimmter Parteien favorisierte (vgl. Mathes/Freisens 1990; vgl. Mathes/Rudolph 1991). Ähnliches lässt sich für die Niederlande in den 1990er Jahren zeigen (vgl. de Vreese 2001).

4.2. Methodische Implikationen des Agenda Setting-Ansatzes

Zeigen sich also im historischen Vergleich Indizien, die den *press-party-parallelism* der ersten Entwicklungsphase der Wahlkampfkommunikation als im Wesentlichen überwunden ausweisen und einen Autonomiegewinn der Medien erkennen lassen, so stellt sich daran anschließend die Frage, ob – unter der Annahme einer „Mediatisierung" von Politik – die im oben erwähnten Bericht von Walgrave und Van Aelst (2006) festgestellten Erfolge der politischen Akteure in der Themensetzung eher als Ergebnis einer gelungenen Anpassung der Politik an die Kriterien der Medienlogik und nicht so sehr als andauernder Status der Parteien als *Agenda Setter* interpretiert werden können.

Als Ausgangspunkt zur Beantwortung dieser Frage bietet sich eine der methodischen Implikationen des *Agenda Setting*-Ansatzes an, nämlich die notwendige Operationalisierung der Zeitdimension. Grundsätzlich muss festgehalten werden, dass die meisten *Agenda Building*-Untersuchungen der Dynamik dieses Prozesses nicht gerecht werden, da sie *die* Parteienagenda auf *die* Medienagenda beziehen, ohne einen zeitlichen Ablauf in ihr Forschungsdesign zu implementieren. Die wenigen Wahlstudien, die eine Periodisierung ihres Untersuchungszeitraums vornehmen, kommen hingegen zu differenzierten Ergebnissen hinsichtlich der Beziehungen zwischen den jeweils untersuchten Medienvertretern und politischen Akteuren.

Die beiden hier angewendeten Verfahren sind einerseits *Cross-Lag*-Korrelationen, denen größere Periodisierungen von zumeist ein bis vier Wochen zugrunde liegen (vgl. Roberts/McCombs 1994; vgl. Lopez-Escobar/McCombs/Lennon 1998; vgl. Tedesco 2005), und andererseits, aber seltener, *Time-Series Cross-Section Designs*, die auf einer sehr engen, in der Regel täglichen Periodisierung beruhen (vgl. Brandenburg 2002).[15] Beide Verfahren lassen – trotz des im Zeitvergleich diagnostizierten *Dealignment*-Prozesses – das Potenzial der Parteien erkennen, die Aufmerksamkeit der Medien auf „ihre" Themen zu lenken.[16] So können Roberts und McCombs (1994: 256-257) am Beispiel der Gouverneurswahl in Texas 1990 zeigen, dass trotz der unkorrelierten Gesamtagenden im Zeitverlauf signifikante Einflüsse nicht nur der

Zeitungs- auf die Fernsehagenda, sondern auch der gemeinsamen Agenda beider Kandidaten auf jede der beiden Medienagenden gegeben sind. Ähnlich gelingt es Brandenburg (2002) in einer Sekundäranalyse der Daten zur britischen Parlamentswahl 1997 (vgl. Norris u.a. 1999) *Agenda Building*-Erfolge beider großen Parteien im Hinblick auf die Fernsehnachrichten, im Falle der Konservativen auch auf die Presseberichterstattung nachzuweisen, während er keinerlei Effekte in die Gegenrichtung feststellen konnte. Ein Geflecht von Wechselwirkungen legen hingegen McKinnon und Tedesco (1998) sowie Tedesco (2005) offen. So war vor der US-Wahl 1996 Präsident Bill Clinton erfolgreich, seine Themenprioritäten dem „Chicago Tribune" zu vermitteln, während die Zeitung – im Sinne eines *Policy Agenda Setting* – in der letzten Phase des Wahlkampfs auf die Agenda seines Herausforderers Bob Dole Einfluss gewann. Ähnlich folgten 2004 drei der führenden amerikanischen Zeitungen, „New York Times", „Washington Post" und „Los Angeles Times", eher der Themenagenda des Präsidenten als jener des demokratischen Präsidentschaftskandidaten John Kerry, die jedoch stärker von den Zeitungsagenden beeinflusste wurde. Insbesondere im letzten Monat vor der Wahl näherten die Zeitungen, obwohl grundsätzlich in stärkerer Beziehung zu Kerrys Agenda, ihre Berichterstattung deutlich der Bush-Agenda an. Die generell nachweisbare höhere Übereinstimmung zwischen den Themenagenden des demokratischen Herausforderers und der untersuchten Zeitungen scheint also, wie *Cross-Lag*-Korrelationen in Monatsintervallen zwischen März und Oktober zeigen, vor allem darauf zurückzuführen zu sein, dass Kerry auf die Themensetzung der Presse reagiert hat, während die Presse selbst sukzessive Themen des Präsidenten übernahm. Darüber hinaus ließ sich in zwei Phasen ein Einfluss der Präsidenten-Agenda auf die Agenda Kerrys und in einer Phase ein Einfluss des Herausforderers auf die Agenda des Präsidenten nachweisen.

In all diesen Untersuchungen wurde die Parteien- bzw. Kandidatenagenda anhand von Presseaussendungen und/oder Werbespots ermittelt. Die erste, breit angelegte *Agenda Setting*-Studie, die sich zur Ermittlung der Agenden der Kandidaten im US-Wahlkampf 2004 nicht nur auf Werbespots, sondern auch auf deren Blogs stützt, lässt mit dem Ergebnis aufhorchen, dass die – im Unterschied zur Werbung – hohe Übereinstimmung der Rangordnung der Themen in den Blogs mit jener des Fernsehens durch den Einfluss des mittlerweile traditionellen Mediums Fernsehen auf die beiden

15 Eine weitere Möglichkeit wäre, Kausaleffekte durch Vergleich zweier Regressionsmodelle zu prüfen, wobei im ersten Modell die abhängige Variable zum Zeitpunkt t2 durch ihre eigene Vergangenheit zum Zeitpunkt t1 und im zweiten Modell sowohl durch ihre eigene Vergangenheit als auch durch eine externe Variable erklärt wird. Der Zuwachs an erklärter Varianz zwischen den beiden Modellen kann dann als kausaler Effekt interpretiert werden (vgl. Grimm u.a. 2008).

16 Ein Teil dieser Studien liegt dem oben zitierten Literaturbericht von Walgrave und Van Aelst (2006) zugrunde.

Blogs der Präsidentschaftskandidaten zustande kommt (vgl. Sweetser/Golan/Wanta 2008). Die in der dritten Phase der Wahlkampfentwicklung zum Tragen kommenden Formen direkter Kommunikation zwischen politischen Akteuren und Wählerschaft würden demzufolge weiterhin von der Handlungslogik der Massenmedien bestimmt.

Das unterschiedlich erfolgreiche Bemühen der Kandidaten bzw. kandidierenden Parteien, ihre Themen in den Medien zu lancieren,[17] kann als Indiz dafür gewertet werden, dass dafür bestimmte Strategien mitverantwortlich sein können. Zur Analyse dieses Phänomens wurde im Rahmen der *Agenda Setting*-Forschung der Ansatz eines *Second-Level Agenda Setting* entwickelt. So weist Ghanem (1977) darauf hin, dass die Sichtbarkeit von Attributen eines Objekts oder Themas Auswirkungen auf die Beachtung dieses Objekts bzw. Themas haben kann. Das heißt, dass die Attribute eines Themas nicht nur die Art seiner Wahrnehmung beeinflussen, sondern als „compelling arguments" auch seine Position auf der Agenda. Darin liegt sowohl für die politische PR die Möglichkeit begründet, nicht nur eine bestimmte Perspektive auf „ihr" Thema zu kommunizieren (vgl. Fröhlich/Rüdiger 2006: 18), sondern den Medien auch jene Anreize zu bieten, die zum Aufgreifen eines Themas führen könnten. Andererseits erlaubt eine spezifische Attribuierung von Themen natürlich auch den Medien, von den Parteien lancierte Themen in einen neuen Kontext zu stellen, der sich möglicherweise als kontraproduktiv im Sinne des jeweiligen politischen Akteurs herausstellt. Die Bedeutung dieses Zusammenhangs betonen sowohl die *Issue Ownership*-Theorie (vgl. Petrocik/Benoit/Hansen 2003) als auch das *Priming*-Konzept (vgl. Iyengar/Kinder 1987). Beide Ansätze sehen nicht nur Themen von hoher Priorität als entscheidend für den Wahlakt an, sondern auch die Art und Weise, wie sie mit den kandidierenden Parteien bzw. Bewerbern verbunden werden.

Auf der Ebene der Attribute lässt sich diese Beziehung sowohl in affektiver als auch in substanzieller Hinsicht untersuchen. Die affektive Komponente wird von positiven, negativen oder neutralen Haltungen bestimmt; zu den substanziellen Attributen gehören beispielsweise Persönlichkeitsmerkmale, Qualifikationen oder die weltanschaulichen Positionen, die politische Akteure in Bezug auf bestimmte Themen einnehmen (vgl. Kiousis u.a. 2006: 270). Doch obwohl Negativismus[18] und Personalisierung (im Sinne der Hervorhebung von persönlichen Eigenschaften) zu den häufig

17 Da die einzelnen Kandidaten in Bezug auf unterschiedliche Medien unterschiedlich erfolgreich sein können, ihre Botschaften zu lancieren, können Untersuchungen, die sich auf ein großes Mediensample beziehen, auf einem hohen Aggregatniveau signifikante *Agenda Building*-Effekte ergeben, die sich auf einem niedrigeren Aggregatniveau wesentlich schwächer zeigen würden.

18 In einer fast fünf Jahrzehnte umfassenden Untersuchung zeigt sich ein signifikant höherer Anteil negativer Wahlberichte in der New York Times gegenüber den Botschaften von US-Präsidentschaftskandidaten in vier verschiedenen Quellen (Ansprachen, Fernsehspots, TV-Debatten, Direct Mail; vgl. Benoit/Stein/Hansen 2005).

zitierten Charakteristika einer „postmodernen Nachrichtenlogik“ zählen (Lengauer 2007), gingen sie bislang nur selten in vergleichende Analysen von Parteienstellungnahmen *und* Medienberichterstattung ein.

Die wenigen einschlägigen Studien zeigen *Agenda Building*-Effekte, wenn die Botschaften der Parteien auf die Vermittlung von bestimmten Image-Komponenten der Kandidaten setzen (vgl. Lopez-Escobar u.a. 1998; vgl. Kiousis u.a. 2006) oder dem Trend zu einer negativen Darstellung des Gegenkandidaten folgen (vgl. Schaffner/Wagner 2004), wobei die Erfolgsaussichten insbesondere der letztgenannten Strategie in der Literatur durchaus ambivalent eingeschätzt werden. Mitunter führen sie zu keiner signifikant höheren Medienresonanz (vgl. Flowers/Haynes/Crespin 2003), mitunter nützen sie nur dem Amtsinhaber (vgl. Fridkin/Kenney 2005), mitunter hat die zwar erfolgreiche Fokussierung auf negative Attribuierungen des Gegenkandidaten zur Folge, dass die eigene (positive) Profilierung auf der Strecke bleibt (vgl. Kiousis u.a. 2006: 280-281). Eine überschießende Negativität in den Kommunikationsaktivitäten der politischen Akteure kann überdies von den Medien eher neutralisierend beantwortet werden (vgl. Donsbach/Jandura 2005: 64-65). Die bislang vorliegenden Forschungsergebnisse zur „zweiten Ebene“ des *Agenda Building* lassen zwar vermuten, dass selbst eine Konvergenz von Parteien- und Medienagenda keineswegs auf eine untergeordnete Rolle der Medien hindeuten muss, da der Preis für den Erfolg der Parteien, „ihre“ Themen zu lancieren und mit ihnen verbunden zu werden, die Adaption der Handlungslogik der Medien sein kann, doch noch sind die Kenntnisse in diesem Bereich zu rudimentär.

Vor allem ist auch hier wiederum der historische Vergleich für eine adäquate Interpretation der Ergebnisse einzufordern. Nur durch Langzeitanalysen könnte geklärt werden, worauf die Veränderungen in den Strategien im „Kampf“ um die Wahlkampfagenda zurückzuführen sind. So wird einerseits vermutet, dass die Parteien den Rückgang der Parteibindung und ein flexibleres Elektorat mit einem veränderten, nicht mehr allein auf ihre Kernschichten bezogenen Selbstverständnis beantworten und damit in weiterer Folge auf ein differenzierteres Themenmanagement setzen (vgl. Dalton 2002: 172-194). Andererseits wird angenommen, dass sich die politischen Akteure im Zuge des Autonomiegewinns der Medien in der Auswahl und Darstellung von Themen stärker an den von der zunehmenden Marktausrichtung geprägten journalistischen Handlungslogiken orientieren (vgl. Altheide/Snow 1979), und daher journalistische Standards und Routinen adaptieren, um ihre Botschaften platzieren und ihre potenzielle Wählerschaft erreichen zu können (vgl. Graber 1997: 230-256). In einem Prozess wechselseitiger Beeinflussung könnten Journalisten jedoch nicht nur die neuen Wahlkampfstrategien der Parteien provoziert haben, sondern auf diesen neuen Stil mit einer stärker interpretativen – und die strategischen Prozesse der Wahlkampfkommunikation selbst thematisierenden (vgl. Esser/Reinemann/Fan 2001) –

Berichterstattung reagieren, um ihre Autonomie zu behaupten (vgl. Iyengar/Reeves 1997: 143-148). Das Verhältnis von Politik und Medien in den demokratisch so entscheidenden Wahlzeiten bleibt jedenfalls eine Herausforderung für die kommunikationswissenschaftliche Forschung.

Literatur

Altheide, David L./Snow, Robert P. (1979): Media Logic. Beverly Hills/London: Sage.

Benoit, William L./Stein, Kevin A./Hansen, Glenn J. (2005): New York Times Coverage of Presidential Campaigns. In: Journalism & Mass Communication Quarterly, 82. Jg., H. 2, S. 356-376.

Berkowitz, Dan (1992): Who Sets the Media Agenda? The Ability of Policymakers to Determine News Decisions. In: Kennamer, J. David (Hrsg.): Public Opinion, the Press, and Public Policy. Westport, CT: Praeger, S. 81-102.

Blumler, Jay G./Kavanagh, Dennis (1999): The Third Age of Political Communication. In: Political Communication, 16. Jg., H. 3, S. 209-230.

Brandenburg, Heinz (2002): Who Follows Whom? The Impact of Parties on Media Agenda Formation in the 1997 British General Election Campaign. In: The Harvard Journal of Press/Politics, 7. Jg., H. 3, S. 34-54.

Brandenburg, Heinz (2006): Party Strategy and Media Bias. A Quantitative Analysis of the 2005 UK Election Campaign. In: Journal of Elections, Public Opinion, and Parties, 16. Jg., H. 2, S. 157-178.

Brettschneider, Frank (2005): Bundestagswahlkampf und Medienberichterstattung. In: Aus Politik und Zeitgeschichte, Nr. 51-52, S. 19-26.

Butler, David/Ranney, Austin (Hrsg.) (1992): Electioneering. A Comparative Study of Continuity and Change. Oxford: Clarendon Press.

Campbell, Angus/Gurin, Gerald/Miller, Warren E. (1954): The Voter Decides. Evanston: Peterson Row.

Cobb, Roger W./Elder, Charles D. (1971): The Politics of Agenda-Building. An Alternative Perspective for Modern Democratic Theory. In: Journal of Politics, 33. Jg., S. 892-915.

Cobb, Roger/Ross, Jennie-Keith/Ross, Marc Howard (1976): Agenda Building as a Comparative Political Process. In: The American Political Science Review, 70. Jg., H. 1, S. 126-138.

Dalton, Russell J. (2002): Citizen Politics. Public Opinion and Political Parties in Advanced Industrial Democracies. 3. Auflage. New York/London: Chatham House Publishers.

Dearing, James W./Rogers, Everett M. (1992): Agenda-setting. Thousand Oaks/London/New Delhi: Sage.

Denver, David/Hands, Gordon (2002): Post-Fordism in the Constituencies? The Continuing Development of Constituency Campaigning in Britain. In: Farrell, David/Schmitt-Beck, Rüdiger (Hrsg.): Do Political Campaigns Matter? Campaign Effects in Elections and Referendums. London/New York: Routledge, S. 108-126.

Donsbach, Wolfgang/Jandura, Olaf (2005): Auf verlorenem Posten. Selbstdarstellungen der Parteien. In: Noelle-Neumann, Elisabeth/Donsbach, Wolfgang/Kepplinger, Hans Mathias (Hrsg.): Wählerstimmungen in der Mediendemokratie. Analysen auf Basis des Bundestagswahlkampfs 2002. Freiburg/München: Alber, S. 44-68.

Esser, Frank/Reinemann, Carsten/Fan, David (2001): Spin Doctors in the United States, Great Britain, and Germany. Metacommunication about Media Manipulation. In: The Harvard Journal of Press/Politics, 6. Jg., H. 1, S. 16-45.

Farnsworth, Stephen J./Lichter, S. Robert (2007): The Nightly News Nightmare. Television's Coverage of U.S. Presidential Elections, 1998–2004. Lanham, MD: Rowman & Littlefield.

Farrell, David M. (1996): Campaign Strategies and Tactics. In: LeDuc, Lawrence/Niemi, Richard G./Norris, Pippa (Hrsg.): Comparing Democracies. Elections and Voting in Global Perspective. Thousand Oaks/London/New Delhi: Sage, S. 160-183.

Farrell, David M./Webb, Paul (2000): Political Parties as Campaign Organizations. In: Dalton, Russell J./Wattenberg, Martin (Hrsg.): Parties without Partisans. Oxford: Oxford University Press, S. 102-128.

Flowers, Julianne F./Haynes, Audrey A./Crespin, Michael H. (2003): The Media, the Campaign, and the Message. In: American Journal of Political Science, 47. Jg., H. 2, S. 259-273.

Fridkin, Kim L./Kenney, Patrick J. (2005): Campaign Frames. Can Candidates Influence Media Coverage? In: Callaghan, Karen/Schnell, Frauke (Hrsg.): Framing American Politics. Pittsburgh: University of Pittsburgh Press, S. 54-75.

Fröhlich, Romy/ Burkhard, Rüdiger (2006): Framing Political Public Relations. Measuring Success of Political Communication Strategies in Germany. In: Public Relations Review, 32. Jg., H. 1, S. 18-25.

Führer, Karl Christian/Ross, Corey (Hrsg.) (2006): Mass Media, Culture and Society in Twentieth-century Germany. Basingstoke: Palgrave Macmillan.

Fulda, Bernhard (2006): Die Politik der „Unpolitischen": Boulevard- und Massenpresse in den zwanziger und dreißiger Jahren. In: Bösch, Frank/Frei, Norbert (Hrsg.): Medialisierung und Demokratie im 20. Jahrhundert. Göttingen: Wallstein Verlag, S. 48-72.

Gans, Herbert J. (1979): Deciding What's News. A Study of CBS Evening News, NBC Nightly News, Newsweek, and Time. New York: Pantheon Books.

Gerbner, George (1973): Cultural Indicators: The Third Voice. In: Ders./Gross, Larry P./Melody, William H. (Hrsg.): Communication Technology and Social Policy. Understandig the New „Cultural Revolution". New York/Sydney/Toronto: Wiley & Sons, S. 555-573.

Ghanem, Salma (1997): Filling in the Tapestry. The Second Level of Agenda-setting. In: McCombs, Maxwell/Shaw, Donald L. (Hrsg.): Communication and Democracy. Exploring the Intellectual Frontiers in Agenda-setting Theory. Mahwah, NJ: LEA, S. 3-14.

Graber, Doris A. (1997): Mass Media and American Politics. 5. Auflage. Washington: Congressional Quarterly Inc.

Grimm, Jürgen u.a. (2008): Individualisierung oder Aggregierung? Zur Anwendung von Strukturgleichungsmodellen im Rahmen der Agenda-Setting-Forschung. In: Medien Journal, 32. Jg., H. 2, S. 7-52.

Iyengar, Shanto/Kinder, Donald (1987): News that Matters. Chicago: University of Chicago Press.

Iyengar, Shanto/Reeves, Richard (Hrsg.) (1997): Do the Media Govern? Politicians, Voters, and Reporters in America. Thousand Oaks/London/New Delhi: Sage.

Jarren, Otfried/Donges, Patrick (2006): Politische Kommunikation in der Mediengesellschaft. Eine Einführung. 2. Auflage. Wiesbaden: Verlag für Sozialwissenschaften.

John, Peter (2006): Explaining Policy Change: The Impact of the Media, Public Opinion and Political Violence on Urban Budgets in England. In: Journal of European Public Policy, 13. Jg., H. 7, S. 1053-1068.

Kaase, Max (1998): Demokratisches System und Mediatisierung von Politik. In: Sarcinelli, Ulrich (Hrsg.): Politikvermittlung und Demokratie in der Mediengesellschaft. Beiträge zur politischen Kommunikationskultur. Opladen/Wiesbaden: Westdeutscher Verlag, S. 24-51.

Kiousis, Spiro u.a. (2006): First- and Second-level Agenda-building and Agenda-setting Effects. Exploring the Linkages among Candidate News Releases, Media Coverage, and Public Opinion during the 2002 Florida Gubernatorial Election. In: Journal of Public Relations Research, 18. Jg., H. 3, S. 265-285.

Lange, Bernd-Peter/Ward, David (Hrsg.) (2004): The Media and Elections: A Handbook and Comparative Study. Mahwah, NJ/London: LEA.

Lazarsfeld, Paul F./Berelson, Bernard/Gaudet, Hazel (1944): The People's Choice. How the Voter Makes Up his Mind in a Presidential Campaign. New York: Duell, Sloan & Pearce.

Lengauer, Günther (2007): Postmoderne Nachrichtenlogik. Redaktionelle Politikvermittlung in medienzentrierten Demokratien. Wiesbaden: VS.

Lopez-Escobar, Esteban/McCombs, Maxwell/Lennon, Federico Rey (1998): Two Levels of Agenda Setting among Advertising and News in the 1995 Spanish Elections. In: Political Communication, 15. Jg., H. 2, S. 225-238.

Mathes Rainer/Freisens, Uwe (1990): Kommunikationsstrategien der Parteien und ihr Erfolg. Eine Analyse der aktuellen Berichterstattung in den Nachrichtenmagazinen der öffentlich-rechtlichen und privaten Rundfunkanstalten im Bundestagswahlkampf 1987. In: Kaase, Max/Klingemann, Hans-Dieter (Hrsg.): Wahlen und Wähler. Analysen aus Anlass der Bundestagswahl 1987. Opladen: Westdeutscher Verlag, S. 531-567.

Mathes, Rainer/Rudolph, Caroline (1991): Who Sets the Agenda? Party and Media Influences Shaping the Campaign Agenda in Germany. In: Political Communication and Persuasion, 8. Jg., S. 183-199.

Mazzoleni, Gianpietro/Schulz, Winfried (1999): „Mediatization" of Politics. A Challenge for Democracy? In: Political Communication, 16. Jg., H. 3, S. 247-261.

McCombs, Maxwell E./Shaw, Donald L. (1972): The Agenda-setting Function of Mass Media. In: Public Opinion Quarterly, 36. Jg., S. 176-187.

McCombs, Maxwell E. (2004): Setting the Agenda: The Mass Media and Public Opinion. Cambridge: Polity Press.

McKinnon, Lori Melton/Tedesco, John C. (1998): Agenda-setting Comparisons of Mainstream and On-line Publications. The Case of Presidential Press-releases. Paper für die National Communication Association Convention, New York.

Melischek, Gabriele/Seethaler, Josef (1996): Zwischen Gesinnung und Markterfolg. Zum politischen Spektrum der Wiener Tagespresse der Ersten Republik. In: Imhof, Kurt/Schulz, Peter (Hrsg.): Politisches Raisonnement in der Informationsgesellschaft. Zürich: Seismo, S. 61-78.

Melischek, Gabriele/Seethaler, Josef (2004): The Winner Takes It All. Einflussfaktoren der Berichterstattung über die Nationalsozialisten in der Berliner Presse der Weimarer Republik. In: Panagl, Oswald/Wodak, Ruth (Hrsg.): Text und Kontext. Theoriemodelle und methodische Verfahren im transdisziplinären Vergleich. Würzburg: Königshausen & Neumann, S. 87-104.

Melischek, Gabriele (2007): Der publizierte WählerInnenwille. In: Forum Politische Bildung (Hrsg.): Der WählerInnenwille. Wien: Studien-Verlag, S. 20-28.

Norris, Pippa (1997): Electoral Change since 1945. Oxford, Cambridge: Blackwell.

Norris, Pippa u.a. (1999): On Message. Communicating the Campaign. London/Thousand Oaks/New Delhi: Sage.

Norris, Pippa (2000): A Virtuous Circle. Political Communications in Postindustrial Societies. Cambridge u.a.: Cambridge University Press.

Petrocik, John R./Benoit, William L./Hansen, Glenn J (2003): Issue Ownership and Presidential Campaigning, 1952-2000. In: Political Science Quarterly, 118. Jg., H. 4, S. 599-626.
Plasser, Fritz/Plasser, Gunda (2002): Globalisierung der Wahlkämpfe. Praxis der Campaign Professionals im weltweiten Vergleich. Wien: WUV.
Pritchard, David (1992): The News Media and Public Policy Agendas. In: Kennamer, J. David (Hrsg.): Public Opinion, the Press and Public Policy. Westport, CT: Praeger, S. 103-112.
Quiring, Oliver (2006): Zur Logik kommunikationswissenschaftlicher Wahlforschung. In: Wirth, Werner/Fahr, Andreas/Lauf, Edmund (Hrsg.): Forschungslogik und -design in der Kommunikationswissenschaft, Bd. 2: Anwendungsfelder in der Kommunikationswissenschaft. Köln: Halem.
Reese, Stephen/Danielian, Lucig H. (1989): Intermedia Influence and the Drug Issue. Converging on Cocaine. In: Shoemaker, Pamela J. (Hrsg.): Communication Campaigns about Drugs. Government, Media and the Public. Hillsdale, NJ: Lawrence Erlbaum Associates, S. 29-45.
Reese, Stephen D. (1991): Setting the Media's Agenda. A Power Balance Perspective. In: Anderson, James A. (Hrsg.): Communication Yearbook, Bd. 14. Newbury Park, London, New Delhi: Sage.
Ridout, Travis N./Mellen Jr., Rob (2007): Does the Media Agenda Reflect the Candidates' Agenda? In: The Harvard Journal of Press/Politics, 12. Jg., H. 2, S. 44-62.
Roberts, Marilyn/McCombs, Maxwell (1994): Agenda Setting and Political Advertising. Origins of the News Agenda. In: Political Communication, 11. Jg., S. 249-262.
Rohn, Walter (2002): Regelung versus Nichtregelung internationaler Kommunikationsbeziehungen. Das Beispiel der UNESCO-Kommunikationspolitik. Wien: Verlag der Österreichischen Akademie der Wissenschaften.
Sarcinelli, Ulrich/Schatz, Heribert (2002): Von der Parteien- zur Mediendemokratie. Eine These auf dem Prüfstand. In: Dies.: (Hrsg.): Mediendemokratie im Medienland? Inszenierungen und Themensetzungsstrategien im Spannungsfeld von Medien und Parteieliten am Beispiel der nordrhein-westfälischen Landtagswahl im Jahr 2000. Opladen: Leske + Budrich, S. 9-32.
Schaffner, Brian F./Wagner, Michael W. (2004): Setting the Media's Agenda in Senate Campaigns. The Influence of Advertising. Paper für die Jahrestagung 2004 der American Political Science Association, Chicago.
Schönbach, Klaus/Wildenmann, Rudolf (1978): Election Themes and the Prestige Newspapers. In: Czerny, Karl H. (Hrsg.): Germany at the Polls. Washington: American Enterprise Institute for Public Policy Research, S. 169-193.
Schönbach, Klaus (1998): Politische Kommunikation – Publizistik- und kommunikationswissenschaftliche Perspektiven. In: Jarren, Otfried/Sarcinelli, Ulrich/Saxer, Ulrich (Hrsg.): Politische Kommunikation in der demokratischen Gesellschaft. Ein Handbuch. Opladen/ Wiesbaden: Westdeutscher Verlag, S. 114-137.
Seethaler, Josef (2006): Die Presse in der Habsburgermonarchie um 1900. Probleme und Chancen in einem multinationalen Raum. In: Mölk, Ulrich (Hrsg.): Europäische Kulturzeitschriften um 1900 als Medien transnationaler und transdisziplinärer Wahrnehmung. Göttingen: Vandenhoeck & Ruprecht, S. 329-348.
Seethaler, Josef/Melischek Gabriele (2008): Die Zeitung im Habsburger Vielvölkerstaat. In: Welke, Martin/Wilke, Jürgen (Hrsg.): 400 Jahre Zeitung 1605–2005. Bremen: edition lumiére, S. 311-334.

Semetko, Holli A. u.a. (1991): The Formation of Campaign Agendas. A Comparative Analysis of Party and Media Roles in Recent American and British elections. Hillsdale, N.J.: Lawrence Erlbaum Associates.
Sheafer, Tamir/Weimann, Gabriel (2005): Agenda Building, Agenda Setting, Priming, Individual Voting Intentions, and the Aggregate Results. An Analysis of Four Israeli Elections. In: Journal of Communication, 55. Jg., H. 4, S. 347-365.
Soroka, Stuart N. (2002): Agenda-Setting Dynamics in Canada. Vancouver/Toronto: UBC.
Steinbach, Peter (1990): Die Zähmung des politischen Massenmarktes. Wahlen und Wahlkämpfe im Bismarckreich im Spiegel der Hauptstadt- und Gesinnungspresse. Passau: Wissenschaftsverlag Richard Rothe.
Strömbäck, Jesper (2008): Four Phases of Mediatization. An Analysis of the Mediatization of Politics. In: The International Journal of Press/Politics, 13. Jg., H. 3, S. 228-246.
Strömbäck, Jesper/Kaid, Lynda Lee (Hrsg.) (2008): The Handbook of Election News Coverage around the World. New York/London: Routledge.
Swanson, David L./Mancini, Paolo (Hrsg.) (1996): Politics, Media, and Modern Democracy. An International Study of Innovations in Electoral Campaigning and their Consequences. Westport: Praeger.
Sweetser, Kaye D./Golan, Guy J./Wanta, Wayne (2008): Intermedia Agenda Setting in Television Advertising, and Blogs during the 2004 Election. In: Mass Communication & Society, 11. Jg., S. 197-216.
Tedesco, John C. (2005): Issue and Strategy Agenda Setting in the 2004 Presidential Election. Exploring the Candidate-journalist Relationship. In: Journalism Studies, 6. Jg., H. 1, S. 187-201.
Vinson, C. Danielle/Moore, William V. (2007): The Campaign Disconnect. Media Coverage of the 2000 South Carolina Presidential Primary. In: Political Communication, 24. Jg., S. 393-413.
Vogel, Meike (2006): Der 2. Juni als Kommunikationsereignis: Fernsehen zwischen Medienritualen und Zeitkritik. In: Bösch, Frank/Frei, Norbert (Hrsg.): Medialisierung und Demokratie im 20. Jahrhundert. Göttingen: Wallstein Verlag, S. 207-241.
Vreese, Claes H. de (2001): Election Coverage – New Directions of Public Broadcasting. In: European Journal of Communication, 16. Jg., H. 2, S. 155-180.
Walgrave, Stefaan/Soroka, Stuart/Nuytemans, Michiel (2008): The Mass Media's Political Agenda-setting Power. A Longitudinal Analysis of Media, Parliament, and Government in Belgium (1993 to 2000). In: Comparative Political Studies, 41. Jg., H. 6, S. 814-836.
Walgrave, Stefaan/Van Aelst, Peter (2006): The Contingency of the Mass Media's Political Agenda Setting Power. Toward a Preliminary Theory. In: Journal of Communication, 56. Jg., H. 1, S. 88-109.
Walgrave, Stefaan/Varone, Frédéric/Dumont, Patrick (2006): Policy without Parties? A Comparative Analysis of Policy Priorities and Policy Change in Belgium, 1991 to 2000. In: Journal of European Public Policy, 13. Jg., H. 7, S. 1021-1038.
Weber, Max (1980): Wirtschaft und Gesellschaft. Grundriss der verstehenden Soziologie. 5., rev. Auflage. Tübingen: Mohr.
Weiss, Matthias (2006): Öffentlichkeit als Therapie. Die Medien- und Informationspolitik der Regierung Adenauer zwischen Propaganda und kritischer Aufklärung. In: Bösch, Frank/Frei, Norbert (Hrsg.): Medialisierung und Demokratie im 20. Jahrhundert. Göttingen: Wallstein Verlag, S. 73-120.

Norbert Grube

Regierungspropaganda in der Ära Adenauer im Spannungsfeld von Politik, Wirtschaft, Wissenschaft und Medien

1968, zwei Jahre nach Auflösung seiner politischen Propagandaorganisationen durch die Große Koalition, forderte Erich Peter Neumann die Rückkehr zur polit-pädagogischen Staatspropaganda der 1950er Jahre. Inhaltlich und sprachlich zwar vereinfachte, aber zugleich wahre Darstellungen komplexer politischer Zusammenhänge sollten die als kenntnis- und orientierungslos eingestufte Bevölkerung unterrichten und vor allem mit grundlegenden Regierungsentscheidungen der Bundesrepublik vertraut machen (vgl. Neumann 1966; vgl. ders. 1968).[1] Für Neumann war Propaganda nach Goebbels nicht diskreditiert, sondern eine zentrale politpädagogische Aufgabe der westdeutschen Regierung, die er ergänzend zu seiner demoskopischen Beratung der Regierung Adenauers zu gestalten versuchte. Für ihn, den Ehemann Elisabeth Noelles vom Allensbacher Institut für Demoskopie (IfD), sollte Propaganda eine stärkere Kohärenz der Westdeutschen mit Staat und Wirtschaft herstellen und damit die ideologische und einpeitschende staatssozialistische *Agitation* der Sowjetunion und der DDR eindämmen, die „auf die Gewinnung politisch toter Seelen" (Neumann 1966: 4) ausgelegt sei. Neumann war politisch im totalitären Zeitalter „der Konkurrenz um die ‚Seele der Massen'" (Arendt 1951/1996: 668) sozialisiert worden. Vor seiner journalistischen Tätigkeit für das „Berliner Tagblatt" und die NS-Wochenzeitung „Das Reich" schrieb er bis 1932 für verschiedene Zeitungen des KPD-‚Agitators' Willi Münzenberg. Diese Erfahrung mag dazu beigetragen haben, dass er die zentralistisch straff organisierte und finanzierte östliche *Agitation* gegenüber der heterogenen westlichen Propaganda als überlegen einschätzte.[2] Zudem hatte die Beobachtung agitatorischer Aktionen des ideologischen Gegners in der DDR oder der Sowjetunion (vgl. Aust/Schönpflug 2007: 12-14) den Auf- und Ausbau von regierungsnahen Propagandagesellschaften in der Ära Adenauer beeinflusst und besonders unter Konservativen

1 Seine Forderungen veröffentlichte Neumann wiederholt in der von ihm 1956 mitbegründeten Zeitschrift „Die politische Meinung". Sie wird heute von der Konrad-Adenauer-Stiftung herausgegeben.

2 Noch 1971 unterschied Elisabeth Noelle-Neumann (1971: 308-309) zwischen Propaganda und Agitation, dabei Propaganda teilweise mit Erziehung konnotierend und Agitation mit ideologisch einseitiger Verführung der Massen in totalitären Staaten.

eine Magnettheorie der besonderen Art generiert, wonach der Westen vom agitatorisch überlegenen Osten vereinnahmt werden könne (vgl. Kleinmann 1995: 155-156, 280, 328; vgl. Grube 2005: 304).

In diesem Beitrag wird *Propaganda* nicht auf politische Unterrichtung fixiert und mit *Agitation* kontrastiert. *Propaganda* wird umfassend verstanden als appellative, inhaltlich reduzierte und ideologisch fundierte Kommunikationsform zur umfassenden Befestigung bzw. Eroberung von Anhängerschaften unter teilweiser Aufhebung, besser Umgehung autonomer Öffentlichkeiten (vgl. Arnold 2003: 64, 78-79). Ziel der *Propaganda* ist die Prägung politischer Sprache, Begriffe und Symbole und zuletzt die Lenkung der politischen „Verstehenshandlung" (Frevert 2005: 15) der Bürger. Propagandistische Akteure können in diesem Sinne nicht nur Diktatoren oder Staatsmänner sein, sondern Unternehmer, Wissenschaftler, Werbeagenturen, Pädagogen, Intellektuelle oder Künstler, die ihre Botschaften an je unterschiedliche Zielgruppen adressieren (vgl. Gries 2005).

Neumanns mit pädagogischen Implikationen aufgefüllter Propagandabegriff erinnert an John Deweys Diktum „Propaganda is education and education is propaganda" (1928/1984: 222).[3] Doch weniger bildungsphilosophische Konzepte des amerikanischen Pragmatismus als vielmehr Überlegungen von Deweys kommunikationstheoretischem Antipoden Walter Lippmann zum Aufbau eines Informationsministeriums in den USA nach dem Ersten Weltkrieg mögen ein Vorbild für den Aufbau westdeutscher Nachkriegspropaganda gewesen sein. Der desillusionierte, ehemalige politische spin-doctor von US-Präsident Woodrow Wilson wollte so durch politische Eliten und wissenschaftlich-publizistische Experten die als defizitär und oberflächlich eingestufte politische Bildung und Orientierung der Bevölkerung stärken und lenken (vgl. Lippmann 1922/1990: 264-275). Ähnlich ambitioniert war das Anfang der 1950er Jahre von Adenauers erstem Staatssekretär Otto Lenz und von Neumann errichtete Geflecht von privatwirtschaftlichen, semistaatlichen Propagandaorganisationen. Doch dessen Überleitung in ein offizielles Informationsministerium war politisch nach Goebbels nicht durchsetzbar (vgl. Weiß 2001: 257-259, 272).

Die Existenz von vielfältigen, vordergründig privatwirtschaftlichen, subpolitischen und informellen regierungstreuen Propagandagesellschaften in der Bundesrepublik Deutschland zwischen 1950 und 1969 ist nicht nur auf amerikanische Prägungen und Finanzierungen (vgl. Abschnitt 2) oder auf nationale Pfadabhängigkeiten mit Kontinuitäten aus kommunistischer und nationalsozialistischer Propaganda zurückzuführen. Zu prüfen ist, ob sie auch als Ausdruck gouvernementaler Selbstbeschränkung

3 Deweys Gleichsetzung von *propaganda* und *education* war Resultat seiner Reiseeindrücke in der Sowjetunion im Herbst 1928. Dewey sah hier vor seiner Wandlung zum Antikommunisten noch keine Agitation am Werk.

(vgl. Foucault 2004: 25-30) gedeutet werden kann. Da zentralstaatlich organisierte Meinungslenkung nach 1945 moralisch diskreditiert und daher kaum umsetzbar war, versprach sich die westdeutsche Regierung, mithilfe von finanzieller Unterstützung aus der Wirtschaft sowie von wissenschaftlichen Experten, Verlegern, Publizisten und Intellektuellen eher indirekt auf politische Stimmungen, Überzeugungen und Ansichten einwirken zu können. Um hierbei im Systemkonflikt des Kalten Krieges möglichst effizient zu agieren, beauftragte die Bundesregierung ab Herbst 1950 das 1947 gegründete demoskopische Institut in Allensbach sowie EMNID in Bielefeld, mittels repräsentativer Bevölkerungsumfragen Wissen über politische Kenntnisse und Einstellungen der Bundesbürger zum System der Sozialen Marktwirtschaft, zur Westbindung, Wiedervereinigung, Wiederbewaffnung und zur Regierung Adenauer zu generieren (vgl. Kruke 2007: 61-86). Diese politische Nutzung demoskopischer Erkenntnisse kann mit Foucault als Mittel gesehen werden zur Vorbereitung und Planung präventiv angelegter staatlicher Gesellschaftspolitik, die durchaus im Einklang mit gouvernementaler Selbstbeschränkung stand, wollten doch somit liberale westliche Regierungen im 20. Jahrhundert und zuvorderst die US-Regierung Rahmenbedingungen zugunsten profitabler Marktwirtschaften schaffen (vgl. Igo 2007: 7).[4] Parallel dazu hätten dann propagandistisch-pädagogische Aktionen die Transformation der staatsfixierten kaiserlichen Untertanen und Volksgenossen zu staatsloyalen, engagierten und leistungsbereiten Konsum- und Wahlbürgern westlichen Zuschnitts, die Ausschöpfung des Humankapitals zu unterstützen (vgl. Foucault 2004: 188, 190, 197-201).

Die in diesen Annahmen implizierte Effizienz demoskopisch grundierter, semistaatlicher Propaganda steht im Untersuchungsfokus dieses Beitrags, der auf Auswertungen der Nachlässe Neumanns, Hans Globkes und von Otto Lenz sowie ausgewählter Plakate, Propagandabroschüren und Umfrageberichte basiert. Wie wurde politische Propaganda als Resultat komplexer kommunikativer Aushandlungsprozesse bzw. politischer „Verständigungsarbeit" (Mergel 2002: 597) vornehmlich in den 1950er Jahren umgesetzt und welche Resonanz erzielte sie (vgl. Gries 2005: 12-18)? Diesen vor allem im dritten und vierten Abschnitt behandelten Fragen gehen Analysen zur Organisation (semi-)staatlicher Propaganda bis Ende der 1960er Jahre im ersten Abschnitt und zur Gestaltung der Broschüren- und Plakatpropaganda im zweiten Abschnitt voran. Das Fazit im abschließenden Abschnitt wird um einen Ausblick auf gegenwärtige Strukturen politischer Propaganda ergänzt.

4 Igo (2007: 285) erkennt zudem in der Demoskopie ein Instrument zur Formierung von Öffentlichkeit in komplexen Gesellschaften.

1. Das Organisationsgeflecht der Propagandagesellschaften

So, wie die Demoskopie nicht verzerrt als stasi-ähnliches Überwachungsinstrument bewertet werden sollte (vgl. Geyer 2001: 273; vgl. Bald 1994a: 120-122; vgl. ders. 1994b: 126), können die ab 1951 von Lenz und Neumann aufgebauten, geheim finanzierten und auf Basis vertraulicher Umfragen operierenden Propagandaorganisationen zwar als „verborgene Mechanismen der Macht" (Bourdieu 1992: 81) gelten, sind jedoch nicht als Instrumente der Allmacht zu überzeichnen (vgl. Stosch 1994: 37-40; vgl. Buchwald 1991: 71). Schon ihr Entstehungskontext zur Zeit der Schwächephase der Regierung Adenauer im Herbst 1950 inmitten des Korea-Krieges, des Preisanstiegs und der Arbeitslosigkeit zeigt, dass die regierungsnahen Propagandagesellschaften aus der Defensive reagierten, z.B. mit ersten Gegenaktionen zum Weltjugendtag der FDJ im Osten Berlins 1951.

Im Zentrum der frühen Popularisierung der Regierungs-Essentials Westbindung, Europa und Wiederbewaffnung stand die von Otto Lenz und Erich Peter Neumann 1951 gegründete „Gesellschaft Freies Europa (GFE)".[5] Um die politische Berichterstattung – etwa über die Vorzüge des Schuman-Plans – aktiver zu bestimmen, vesuchte die GFE, westdeutsche Printmedien für die Bundesregierung einzunehmen. Mittel dazu waren ein westeuropäischer Journalistenaustausch, selektive Themenvorgaben und Schaltung politischer Anzeigen in Zeitungen und Zeitschriften. Die Produktion von Maternseiten und die Kooperationen mit Pressediensten, wie dem „Dienst Mittlerer Tageszeitungen (DiMiTag)", zielten auf die Platzierung vorgefertigter Regierungsbotschaften vorzugsweise in zahlreichen kleinen Heimatzeitungen. Ähnliche Ziele im Bereich der westlichen Welt verfolgte der von Neumann seit 1951 geleitete, in zehn Sprachfassungen produzierte Auslandspressedienst „Deutsche Korrespondenz (DK)" (vgl. Grube 2005: 295). Neben dieser Politisierung der Medien bedienten sich die Lenz/Neumannschen Gesellschaften der Plakatwerbung und der massenhaften Produktion politischer Broschüren. Mit einer Auflage von bis zu 500.000 Exemplaren – in Wahlkampfjahren konnten diese etwa bei der Rentenbroschüre 1957 oder den Adenauer-Wahlbriefen sogar in Millionenhöhe gehen[6] – erzielten sie als Zeitungsbeilage oder Postwurf demoskopisch nachgewiesen breite Resonanz. Die Plakate und Broschüren

---

5 Zu den nachfolgenden Angaben über die einzelnen Propagandaorganisationen vgl. Archiv für Christlich-Demokratische Politik (ACDP) I-070-061/2 (NL Globke); Typoskript „Aufgliederung des Komplexes Meckenheimerstraße – P. Neumann" sowie die Übersicht über Propagandaaktionen bis 1956 im Nachlass Erich Peter Neumann (NL EPN) im Allensbacher Archiv. Korrespondenz mit Otto Lenz.

6 Thiel an Neumann, 23.7.1957. Allensbacher Archiv. NL EPN, Bundestagswahl 1957. Druckerei Lohse an Vereinigung für staatsbürgerliche Erziehung (VStE, 9.4.1957. NL EPN, Aktionen 1956–1958). Rund 950.000 Exemplare der Rentenbroschüre wurden an Kreisvorstände der CDU, an Pfarrer, Ärzte und Friseure sowie an alle Betriebe mit zwanzig bis hundert Mitarbeitern versandt.

sollten eine regierungstreue Gegenöffentlichkeit zu den zumeist als links oder als national-neutralistisch eingestuften Massenmedien, wie „Der Stern“, „Bild“, NWDR oder DPA etablieren.[7] Dabei griff die Regierungspropaganda auch auf die Nutzung visueller Medien zurück. Die „Deutsche Reportagefilm (DRF)“ erwarb Filmlizenzen, etwa für George Orwells antikommunistischen Film „Animal Farm“, oder sie ließ eine Vielzahl von Kurzfilmen produzieren mit aufbruchsmetaphorischen Titeln wie „Der erste Schritt“, „Der Weg nach draußen“ und „Der Weg nach oben“. Sie dienten zur Illustration der zunehmenden westdeutschen Gleichberechtigung innerhalb der freien Völkerfamilie.[8] Als Dokumentarfilm deklariert erzielte „Der erste Schritt“ nicht nur im Vorprogramm von Kinokassenschlagern wie „Fanfaren der Liebe“ ein Millionenpublikum. Im Vor-Fernsehzeitalter hatten die phasenweise täglichen Filmvorführungen durch die als rollende Kinos ausgestatteten VW-Busse der 1952 gegründeten „Mobilwerbung (MW)“ in ländlich-konservativen Gemeinden große Resonanz.[9] Diese vier Ausgangsorganisationen – GFE, DK, DRF und MW – wurden ergänzt um die von Hans-Edgar Jahn geleitete, am politischen rechten Rand stehende „Arbeitsgemeinschaft Demokratischer Kreise (ADK)“, die vor allem belehrende Vortragsveranstaltungen organisierte. Ähnlich wie die Filmmoderatoren der Mobilwerbung berichteten die Referenten der ADK über die bei Zuhörern und Zuschauern subjektiv und unwissenschaftlich beobachtete politische Stimmung (vgl. Kunczik 1999: 385-386). Sie traten damit in konfliktreiche Konkurrenz zu demoskopischen Erhebungen von politischen Einstellungen der Bevölkerung durch das Allensbacher Institut.[10] Unklare Kompetenzaufteilungen innerhalb des Organisationsgeflechts, Aufgabenüberschneidungen, Neid und Geltungsdrang erschwerten somit die effektive Kontrolle und Prägung der öffentlichen Meinungsbildung und beeinträchtigten auch eine präventive Gesellschaftspolitik.

Außerdem erschwerten finanzielle Engpässe die effiziente Umsetzung der volkspädagogischen Ambitionen. 1953 hatten sich amerikanische Regierungsstellen aus der Subventionierung der Propagandaorganisationen zurückgezogen, ebenso die

7 Briefliche Beschwerde von Otto Lenz vom 29.7.1953 beim Generaldirektor des NWDR, Adolf Grimme, dass der NWDR Adenauers Dortmunder Wahlkampfrede nicht absprachegemäß ausgestrahlt habe. ACDP I-172-66/16. NL Lenz. IfD-Bericht 672. Die politische Linie. 6 Illustrierte, Spiegel und BILD im Urteil der Bevölkerung, Herbst 1958. Allensbacher Archiv. Zuweilen versuchten Adenauer und Lenz Druck zugunsten regierungskonformer Berichterstattung auszuüben, etwa bei der dpa (vgl. Sänger 1978: 159-160).

8 Deutsche Reportagefilm GmbH. Ein Bericht. August 1964. Allensbacher Archiv. NL EPN. Korrespondenz.

9 Aufstellung von Tätigkeiten der Mobilwerbung, o. D. (1956). Allensbacher Archiv. NL EPN. Schriftwechsel Neumanns mit Lenz. – Bis 1955 erreichte die Mobilwerbung in rund 14.000 Einsätzen 4,5 Millionen Zuseher. „Fanfaren der Liebe“ mit Dieter Borsche und Grethe Weiser griff den beliebten Komödienplot des als Frau verkleideten Mannes auf, der dann in Billy Wilders 1959 gedrehtem Film „Manche mögen's heiß“ berühmt wurde.

10 Neumann an Lenz, 4.9. und 9.10.1952. Allensbacher Archiv. NL EPN. Schriftwechsel mit Lenz.

deutsche Wirtschaft, die ihr Ziel einer stabilen bürgerlichen Regierung nach der Bundestagswahl erreicht sah (vgl. Gotto u.a. 1989: 634-635). Aufgrund der Finanznot im Herbst 1953 war die Existenz aller Organisationen gefährdet und eine Neuordnung nötig. Die GFE wurde daraufhin liquidiert, während die Grundkosten von „Deutscher Korrespondenz" und „Deutscher Reportagefilm", die ab 1954 mit dem „Deutschlandspiegel" eine Filmwochenschau für das Ausland produzierte, durch Zahlungen aus dem der parlamentarischen Kontrolle entzogenen Haushaltstitel 300 abgedeckt wurden. Über diesen „Reptilienfonds" genannten Haushaltstitel verfügte nach Lenz' Rücktritt Adenauers Staatssekretär Hans Globke.[11] Andere aktionsgebundene, programmatisch benannte Gesellschaften bestanden häufig nur kurzzeitig, wie der „Bund aktiver Demokraten", die vor allem 1955 zur Propagierung der Wiederbewaffnung auftretende „Arbeitsgemeinschaft für Wiedervereinigung" sowie die ab 1956/57 agierende „Vereinigung für freiheitliche Politik". Die Finanzierung dieser übrigen informellen Organisationen Neumanns, auch des Verlags „Staat und Gesellschaft" und des „Drei Mühlen Verlags" sowie der monatlichen „Deutschen Lehrerbriefe" zur staats- und regierungsfrommen Unterweisung von 70.000 Volksschullehrern lief ab 1954 über die neu installierte „Vereinigung für staatsbürgerliche Erziehung (VstE)". Als eingetragener Verein konnte sie Mitgliederbeiträge und Spenden aus der Industrie als gemeinnützig ausweisen. Hans Buwert, bis in die 1970er Jahre hinein Geschäftsführer der zuletzt in der CDU-Parteispendenaffäre 1999/2000 noch einmal bekannt gewordenen „Staatsbürgerlichen Vereinigung (SV)" (vgl. Kiep 1999: 315-317; vgl. Leyendecker 2000: 49, 53-54, 82, 97-99), überwies der VstE Monatsbeiträge von bis zu 100.000 DM. Das Geld stammte von Konten der SV und der von Buwert dirigierten „Gesellschaft zur Förderung der Sozialen Marktwirtschaft", die 1954 der VstE beitrat und damit ihre Zahlungen als Mitgliedsbeiträge abführte.[12] Für besondere Propagandaaktionen gerade in Wahljahren verfügte die VstE über einen Millionenetat und rechnete darüber die jeweiligen Propagandaaktionen der übrigen Organisationen ab. Das „Dukatenmännchen" Buwert, so seine Selbstbezeichnung,[13] kontrollierte als Finanzier und Beiratsmitglied der „Mobilwerbung" Umfang und Intensität der Propaganda. Zusammen mit dem Unternehmer und CDU-Abgeordneten Fritz Hellwig sorgte er ab 1966 für die Liquidierung dieser zuletzt im CDU-regierten Rheinland-Pfalz beheimateten Organisationen, wo 1968 der CDU-Fraktionsvorsitzende Helmut Kohl die

11 Zur Subventionierung der „Deutschen Korrespondenz" (monatlich 50.000 DM) und der „Deutschen Reportagefilm" durch das Bundespresseamt vgl. Thiel an Neumann, 10.12.1962, 13.11.1965. Allensbacher Archiv. NL EPN. Aktennotizen TI/ETh.

12 Neumann an Buwert, 20.10.1954. Thiel an Buwert und VstE an SV, jeweils am 14.12.1955. Allensbacher Archiv. NL EPN. – Die Gesellschaft zur Förderung der Sozialen Marktwirtschaft hatte dieselbe Anschrift wie Buwerts Wirtschaftsprüfungsbüro, nämlich Hohenzollernring 2-10 in Köln.

13 Buwert an Neumann, 21.12.1953. Allensbacher Archiv. NL EPN. Korrespondenz Bonn A-L.

reibungslose Abwicklung der VstE politisch absicherte.[14] Die Auflösung der Propagandagesellschaften wurde durch entsprechende Forderungen der SPD bei der Bildung der Großen Koalition 1966 forciert, weiter auch durch die drohende Aufdeckung der illegal anmutenden Politikfinanzierung in einem letztlich eingestellten Steuerprozess gegen Neumann am Ende der 1960er Jahre. Dieser Rechtsstreit, in dem auch Globke als Zeuge aussagen musste, hätte zum ersten großen Justizverfahren um Parteienfinanzierungen ausgeweitet werden können. Dies unterblieb jedoch und so überdauerten ein Teil der Akteursnetzwerke und vor allem die in den 1950er Jahren ausgebildeten Finanzierungsstrukturen weitgehend bis zum Jahrtausendwechsel.

2. Zielgruppenspezifische Gestaltung und Produktion politischer Propaganda: Broschüren und Plakate

Die Effizienz semi-staatlicher Propaganda und die davon ausgehende Steuerung politischer Einstellungen verlangte nicht nur eine gesicherte Finanzierung und funktionierende Organisation, sondern vor allem die zielgruppenspezifisch abgestimmte Gestaltung und Produktion von Plakaten, Broschüren und Filmen. Der folgende Abschnitt über die Propagandagestaltung konzentriert sich besonders auf das konfliktträchtige Verhältnis zwischen Unterhaltung, verängstigender Emotionalisierung, Personalisierung und den eingangs skizzierten polit-pädagogischen Intentionen.

Laut Allensbacher Umfragen sehnten sich viele westdeutsche Frauen, aber auch Arbeiter aus Sorge vor Preisanstiegen, Wiederbewaffnung und Krieg nach Ordnung, Sicherheit und Stabilität. Diese Bevölkerungsgruppen tendierten zwar durchaus zu Adenauer und Erhard, doch zugleich attestierten ihnen demoskopische Analysen einen Hang zum Unpolitischen (vgl. Neumann/Noelle 1954: 49-51).[15] Derartige politische Interesselosigkeit und Ohne-mich-Haltungen wollten Sozialwissenschaftler wie Elisabeth Noelle und Propagandisten wie Erich Peter Neumann mit pädagogischem Impetus bekämpfen und das Engagement im und die Identifikation mit dem neuen Staat stärken (vgl. Grube 2007: 268-274). Zu diesem Zweck wurde der an die Wahlbeteiligung appellierende DRF-Werbefilm „Hättste, hättste …“ produziert.[16] Weiter sollten die schon genannten „Deutschen Lehrerbriefe“ vornehmlich Volksschullehrer

14 Brief des rheinland-pfälzischen Finanzstaatssekretärs an Helmut Kohl, 7.5.1968. Allensbacher Archiv. NL EPN. Vgl. Dreher 2002: 43-44.

15 Gedächtnisprotokoll von Neumann über ein am 17. Dezember 1952 geführtes Gespräch mit Carlo Schmid. Allensbacher Archiv. NL EPN. Korrespondenz Bonn.

16 Neumann an Hermann Lingens, CDU-Landesverband Bremen, 6.8.1951 mit der Übersendung des Filmexposés. Allensbacher Archiv. NL EPN. Korrespondenz Bonn I.

über das bundesrepublikanische Politik- und Wirtschaftssystem sowie über außenpolitische Konstellationen im Kalten Krieg instruieren und gleichfalls für Adenauers Regierungspolitik einnehmen. Doch zugleich bedienten Lenz und Neumann verbreitete apolitische Haltungen und Neigungen zur zerstreuenden Unterhaltung mit der Produktion von zahlreichen Broschüren. Sie erinnern in Form und Inhalt an seichte Heftchenromane und an Fortsetzungsgeschichten der Zeitungen und Zeitschriften, die in den 1950er Jahren von nahezu der Hälfte der Frauen gelesen wurden (vgl. Schulz 1999: 406-407; vgl. Schildt 1999: 94-95). „Es begann in Monte Carlo", „Gisela tippt für Bonn", „Brief an eine Frau" oder „Der Michel und der Theodor" lauteten die unpolitischen Titel dieser als Liebesgeschichten oder Reiseromane konzipierten Propagandabroschüren. In den häufig einander ähnelnden Plots bekehren unerwartet gute Erfahrungen mit Regierungsstellen in Bonn oder unerwartet schlechte Erfahrungen mit hohen Preisen im Ausland die zuvor an westdeutscher Wirtschaft und Regierungspolitik zweifelnden weiblichen Hauptpersonen. Die Wahlpatientin war dabei – in Anlehnung an die angewandte medizinische Wortwahl – nur wohldosiert zu therapieren und „niemals leitartikelmäßig" zu belehren, „die politischen Spritzen [sollten] immer erst nach vielen Seiten menschlicher Erwärmung [inmitten der Schnulzenhandlung – NG] gegeben werden. Danach folgt wieder ein unpolitischer Passus und so fort."[17] Dabei „wird es besonders wichtig sein, die Themen Wiedervereinigung und Koexistenz so hinein zu flechten, dass die Haltung der Bundesregierung zu beiden Fragen voll verständlich wird."[18] Diese Broschürenpropaganda kontrastierte entschieden mit den pädagogischen Zielen Neumanns, der Lenz' spontane Pläne zu seichten Werbeschriften zwar kritisierte, jedoch nicht immer unterbinden konnte[19] und vielfach mit trug. Auch die im August und September 1960 in Rom mit einer Auflage von 40.000 Exemplaren erscheinende deutschsprachige „Olympiazeitung" knüpfte an das unterhaltende Bedürfnis der Leser an. Sie sprach mit bildreichen Reportagen über olympische Ereignisse vorwiegend Männer an und warb zwischen den Zeilen für Adenauers unnachgiebige Ostpolitik. Sie wurde von Neumann und Horst Hohendorf, seinem italienischen Büroleiter der „Deutschen Korrespondenz", herausgegeben. Finanziell wurde die „Olympiazeitung" vom italienischen Verteidigungsminister Giulio Andreotti unterstützt und publizistisch vom katholisch-konservativen Redakteur der Mailänder Tageszeitung „L'Italia", Guido Elli, der zugleich Direktor der christdemokratischen Presseagentur „Agenzia Politica Economica" war.[20]

17 Exposé „Wer ist der Richtige, Gisela?", o. V., o. D. Allensbacher Archiv. NL EPN. Aktionen Bd. 3.

18 Korrigiertes Exposé „Gisela tippt für Bonn" vom 20.3.1957 vom Redakteur Bratz der „Kasseler Post". Allensbacher Archiv. NL EPN. Aktionen Bd. 3. – Koordiniert wurde diese Aktion von Werner Marx, damals Mitarbeiter von Otto Lenz, später CDU-MdB.

19 Neumann an Lenz, 10.1.1957. Allensbacher Archiv. NL EPN. Schriftwechsel mit Lenz.

20 Neumann an Globke, 21.4.1959. ACDP I-070-057/1 (NL Globke). Guido Elli an Neumann, 15.4.1960. Allensbacher Archiv, NL EPN. Olympiazeitung.

Unterhaltende Elemente waren somit nicht die Ausnahme, sondern ein wesentliches Mittel innerhalb der von Lenz und Neumann initiierten Politikpropaganda, um politische Botschaften emotionalisierend zu popularisieren und die Westdeutschen nicht nur für das neue gesellschaftspolitische und wirtschaftliche System der Bundesrepublik, sondern besonders für die Regierung Adenauer einzunehmen. Damit gingen häufig dualistische Vereinfachungen einher, etwa bis 1953 auf Plakaten des bekannten Berliner Karikaturisten und Comic-Zeichners Hans Kossatz. Diese präsentierten in comic-ähnlichen humorigen Bildergeschichten die Bipolarität des Kalten Krieges. So plädierte das im Herbst 1952 in einer Auflage von 100.000 Stück im Auftrag der GFE produzierte Kossatz-Plakat „Allein – oder gemeinsam" für die Westbindung der Bundesrepublik. Dabei wurden zwei zweispaltig angeordnete Bildergeschichten kontrastiert: Dem Bedrohungsszenario des neutralen, außenpolitisch isolierten, von den westlichen Siegermächten fremd bestimmten Michel, der hilflos und verarmt den räuberischen Russen ausgeliefert ist, wird der politische Ausweg der Westbindung entgegen gesetzt. Er verheißt die gleichberechtigte Einbindung des Michels inmitten der französischen, englischen und amerikanischen Länderfiguren sowie Wohlstand und militärischen Schutz. Statt wie in der Negativversion deprimiert vor einer verfallenen Hütte zu sitzen, erhält Michel durch die Westbindung nachbarschaftliche und amerikanische Aufbauhilfe, die nicht nur das gemeinschaftliche westeuropäische Reihenhaus entstehen lässt, sondern auch stark genug ist, den Eisernen Vorhang zu lüften. Damit sollten Vorbehalte, dass die Westbindung die deutsche Teilung zementiere, entkräftet werden. Alternativen, selbst Variationen zu diesen beiden Szenarien, wurden propagandistisch nicht angeboten, politische Optionen somit auf ein dualistisches Dafür und Dagegen reduziert. Auf ähnliche Weise wurden auf Kossatz' im Sommer 1953 geklebten Plakat „SPD-Programm – CDU-Leistung: Die Planwirtschaft bekommt uns sauer, wir alle wählen Adenauer" die Segnungen der Marktwirtschaft, also Angebotsvielfalt für jeden individuellen Geschmack und freudiger Austausch zwischen Händlern und Kunden mit der traurig und missmutig machenden Knappheit, Gleichheit und Bürokratie der Planwirtschaft kontrastiert.

Die unterhaltende Vermenschlichung und Familiarität der bürgerlich hilfsbereiten, nachbarschaftlich auftretenden politischen Verbündeten ging wechselweise mit einer Entmenschlichung des weltanschaulichen Feindes einher (vgl. Frevert 2005: 18; vgl. Münkler 1994: 29). Auf einer im Frühjahr 1953 geklebten Plakatserie wurde rhetorisch gefragt: „Er ist bewaffnet … wollt ihr ihn haben?", wobei ein sowjetischer Rotarmist als brutaler, asiatisch aussehender Aggressor mit der Kalaschnikow im Anschlag gezeigt wurde, der deutsche Kulturgüter bedrohte, etwa den Hamburger Michel oder ein prächtiges niedersächsisches Bauernhaus. Viele Westdeutsche empfanden diese und Varianten dieser „scheußliche[n] Plakate mit Rotarmisten vor dem Kölner Dom, der Theatinerkirche und dem Rathaus in Bremen" als Bedrohung, wie der beeindruckte Otto Lenz in sein Tagebuch notierte (vgl. Gotto u.a. 1989: 549). Auch das im Vorfeld der Bundestagswahl 1957 produzierte schwarz-weiße Plakat „Vergiss Ungarn nie“ zur Mahnung an die Niederschlagung des Ungarn-Aufstands 1956, das hoch gereckte gekettete Hände als Symbol der Unterdrückung zeigte, wirkte Mitleid und Furcht erregend zugleich.[21] Die beabsichtigte antikommunistische Emotionalisierung gelang nach demoskopischen Werbewirkungstests bis Ende der 1950er Jahre hinein.

Die Darstellung des waffenstarrenden Rotarmisten ähnelt verzerrten Präsentationen Adenauers als entseelte Kampfmaschine der Wiederaufrüstung und als unbeliebter Spalter der Deutschen durch die Propaganda politischer Gegner – ein Indiz für propagandistische Parallelen zwischen Ost und West. Dagegen zeigten Lenz und Neumann, etwa im Sommer 1953 auf dem vom CDU-nahen „Deutschland-Union-Dienst“ verantworteten Plakat „Er knüpft die Fäden zur freien Welt“ den Bundeskanzler als milde lächelnden, gutmütigen Patriarchen, grüßend mit schwenkendem Hut und bürgerlichem Habitus, um seine guten Kontakte zur westlichen Welt plakativ zu idealisieren. Adenauer trat den Westdeutschen auf Plakaten jedoch nicht nur als ehrpusseliger Grüßaugust entgegen. Als führungsstark, vital und entscheidungsfreudig bzw. als ehrlicher Makler, der politische Beständigkeit vertritt, wird er 1955 auf einem in 20.000 Exemplaren produzierten Plakat des „Bundes aktiver Demokraten“ präsentiert, der allen Deutschen in Ost und West „Einheit, Freiheit, Sicherheit und Frieden“ versprach. Diese Personalisierungen und Simplifizierungen politischer Botschaften stehen in der langen Propagandatradition, „Individuen als Inkarnation von Ideen und Werten“ (Burke 2003: 74; vgl. Sauer 2006: 44) zu zeigen und damit zu überzeugen.

Die Personalisierung auf Plakaten wurde begleitet durch vorwiegend auf weibliche Leserschaft zugeschnittene Adenauer-Homestories in der „Deutschen Korrespondenz“ und in DRF-Filmen. Während der Film „Ein Mann wirbt für sein Volk“ anlässlich der ersten Amerika-Reise des Kanzlers gedreht wurde, setzte „Der erste Schritt“ die deutsch-französische Aussöhnung durch eine Begegnung Adenauers mit einer jungen Französin in Szene, die ihm mit ihrer Friedensbitte militärische Auszeichnungen ihres Vaters übergibt. Weitere Aktionen zur Stärkung der Identifikation mit dem Kanzler waren die Verbreitung von Adenauer-Dankesmünzen als Anerkennung für Spenden zugunsten von ‚Ostzonen‘-Flüchtlingen (vgl. Grünbacher 2004: 488) und die Vergabe von Adenauer-Medaillen anlässlich der runden Geburtstage des Kanzlers 1956 und 1961 an einen exklusiven Kreis für Mitstreiter aus Partei, Fraktion, Wissenschaft, Wirtschaft und Kirche. Diese Absicht drohte allerdings in ihr Gegenteil umzuschlagen, weil der Direktor der AEG und langjährige Freund Adenauers, Fritz Spennrath,

21 IfD-Bericht 247 „Er ist bewaffnet – wollt ihr ihn hier haben?“ Eine Erfolgskontrolle, April 1953. IfD-Bericht 579 „Vergiss Ungarn nie!“ Ergebnisse eines Plakat-Tests. Allensbacher Archiv.

versehentlich keine Medaille erhielt. Er drohte anschließend massiv mit der Einstellung des monatlichen Beitrags der SV in Höhe von 50.000,- DM an die somit existentiell gefährdete VstE.[22]

3. Politische Propaganda und Politisierung der Medien: Fragile Aushandlungsprozesse

Dieses eher skurrile Ereignis verweist auf spannungsgeladene Aushandlungen zwischen Wirtschaft, Politik und PR-Fachleuten bei der politischen Propaganda und damit auf ihre Grenzen. Geldgeber aus der Wirtschaft wollten, oft mit der Attitüde des überlegenen, effizienten Managers, einen raschen Mehrwert für ihr finanzielles Engagement erzielen (vgl. von Brauchitsch 1999: 115-123). Skeptisch verfolgten sie pädagogische Intentionen der Propagandisten um Neumann, nicht nur kurzfristige Kampagnen aufzulegen, sondern im Zusammenspiel von politischer Propaganda *und* Bildung die Identifikation der Bevölkerung mit Staat und Regierung als unerlässliche Basis für die Auseinandersetzungen im Kalten Krieg zu stärken. Die zögerliche Spendenbereitschaft vieler Industrieller war Ausdruck geringen Verständnisses für langwierige, kooperativ angelegte Propagandagestaltungen mit Künstlern, Graphikern, Politikern und Wissenschaftlern. Neumann kritisierte mehrfach, „dass die Herren dieser Fördergemeinschaften natürlich zu 80 oder 90 Prozent überhaupt nichts von Propaganda verstehen [...], aber gegenwärtig um so bedeutender darüber sprechen, weil [...] jeder ad hoc glaubt, er verstehe etwas davon."[23] Gegenseitige Vorwürfe und Konflikte folgten.

Die Politiker verfolgten wiederum oftmals widerstreitende und ebenfalls kurzfristige Interessen des Machterhalts und -erwerbs, die Neumanns Vorstellungen von einer effizienten und überzeugenden Propaganda mit volkspädagogischen Implikationen entgegenstanden. So konnte er 1956/57 sein Wahlkampfkonzept, offensiv bürgerliche Leistungskraft, Werte und die Attraktivität des bürgerlichen Lebensstils mit Bezug zu Adenauer zu bewerben und zu vermitteln, kaum durchsetzen. Am Ende blieb als CDU-Plakatslogan zur Bundestagswahl 1957 nur die anschließend verklärte Negationsvariante „Keine Experimente" übrig (vgl. Grube 2009). Auch die personalisierte, den Bundeskanzler ins Zentrum rückende Wahlwerbung stieß auf Vorbehalte der CDU-Bundesgeschäftsführung. Sie präferierte zur Bundestagswahl 1957 eine Plakatserie mit dem Slogan „Adenauer und seine Mannschaft". Neumann setzte sie nur

22 Streng vertrauliche Aktennotiz Ernst Thiels an Neumann, 17.1.1956. Allensbacher Archiv. NL EPN.
23 Neumann an Lenz, 30.10.1952. Allensbacher Archiv. NL EPN. Korrespondenz mit Otto Lenz.

widerwillig um. Er hätte lieber die Weisheit des Alten ins Zentrum eines Plakats gestellt, in Analogie zum klug und souverän in die Ferne blickenden 82jährigen Goethe, wie es das Kupferstichporträt von Karl August Schwerdtgeburth festhält. Der Entwurf sah vor, Adenauer und um ihn herum gruppiert die Köpfe westlicher Staatsmänner zu zeigen, garniert mit dem Slogan „Adenauer kennt die Großen dieser Welt“.[24] Doch der parteipolitisch schlecht verankerte und umtriebige propagandistische Berater konnte sich gegen Wahlwerbeprämissen von Unions-Granden wie Bundesgeschäftsführer Bruno Heck oder dem Fraktionsvorsitzenden Heinrich Krone nicht durchsetzen.

Angesichts diverser finanzieller Unsicherheiten und des Ringens um Akzeptanz für ihre Konzepte war es für Neumann und Lenz schwierig, politisch verständige, intelligente neue Mitarbeiter für die Regierungspropaganda zu finden und zu motivieren. Am ehesten schaffte es Neumann neben dem schon erwähnten Karikaturisten Hans Kossatz, die preisgekrönten Werbegraphiker Paul Aigner aus Österreich und – durch Vermittlung des Reemtsma-Marktforschers Franz Jäger – Herbert Leupin aus Basel (vgl. Steinfels 2003: 27) zu gewinnen. Sie erhielten Honorare von bis zu 3.000 DM pro Plakatentwurf.[25] Schwieriger war die Kooperation mit Publizisten und Literaten. Zwar griff Neumann erfolgreich auf sein Netzwerk befreundeter Journalisten aus der NS-Zeit zurück, etwa auf Alfred Gerigk, den ersten Chefredakteur des Konstanzer „Südkurier“, oder auf Karl-Willy Beer. Beer war bis 1953 Chefredakteur der „Deutschen Korrespondenz“ und leitete von 1956 bis zu seinem Tode die Redaktion der von Neumann und Lenz begründeten Monatsschrift „Die politische Meinung“, in der unter anderem auch der spätere Chefredakteur des „Rheinischen Merkur“, Anton Böhm, tätig war. Den langjährigen Chefredakteur der „Deutschen Lehrerbriefe“, den promovierten Theologen Paul Styra, kannte Neumann aus gemeinsamen schlesischen Jugendzeiten, während Beers Nachfolger als Chefredakteur der „Deutschen Korrespondenz“, Albert Komma, von der „Welt“ kam. Doch selbst diese konservativen Journalisten wollten sich anfangs nur ungern für die Regierungspropaganda hergeben, weil sie um ihre journalistische Freiheit und Karriere fürchteten.[26] Häufig klagte Neumann, dass ihm für viele Propagandaaktionen namhafte und exzellente Publizisten fehlten. Er müsse stattdessen mit mittelmäßigen Schreibern Vorlieb nehmen, wie mit einem gewissen Willy Schneider, der statt der geforderten leicht lesbaren, begeisternden Europa-Broschüre untertänig 34 eng bedruckte Schreibmaschinenseiten mit

24 Neumann an Aigner, 19.8.1957, Bundestagswahl 1957: Neumanns Aufzeichnungen über Besprechungen der CDU-Wahlkampfkommission, 16.2. und 7.3.1957. Allensbacher Archiv. NL EPN. Expertisen.

25 Franz Jäger, Reemtsma Cigarettenfabriken GmbH, Werbeabteilung an Neumann, 15.7.1952. Allensbacher Archiv. NL EPN. Korrespondenz I.

26 So Beer an Neumann, 18.2.1951, vgl. Allensbacher Archiv. NL EPN. Tagebuch 1950–1952.

unbrauchbarem, skurrilem National-Pathos unter dem Titel „Ein europäisches Reich" ablieferte.[27] Die schlechte Verankerung der subpolitischen Organisationen von Lenz und Neumann bei Intellektuellen und Künstlern – z.B. scheiterten Bemühungen, die Literaten Alfred Andersch oder Carl Zuckmayer für die Propagandaarbeit zu gewinnen (vgl. Fröschle 2001) – war auch ein wesentlicher Grund für die abnehmende propagandistische Wirkung, zumal umgekehrt sich immer mehr Intellektuelle seit den ausgehenden 1950er Jahren im Protest gegen Atombewaffnung und Bundeswehr politisch engagierten und ihrerseits die Meinungsbildung der Bevölkerung beeinflussten (vgl. Nehring 2005: 13). Neumann versuchte, diesem Trend schon 1958 mit einer auf Intellektuelle zugeschnittenen Zielgruppenkampagne entgegenzutreten.[28] Doch die dafür beabsichtigte Platzierung regierungstreuer Artikel und Inserate im „Spiegel" war bei Unionspolitikern wegen der vorgeblich Adenauer-feindlichen Berichterstattung des Nachrichtenmagazins ungeachtet demoskopischer Erkenntnisse über die nationale Gesinnung der gebildeten, politisch durchaus mitte-rechts stehenden „Spiegel"-Leserschaft nicht durchsetzbar.[29] Auch vor diesem Hintergrund muss man Bemühungen Neumanns 1958/59 zur Gründung der Wochenzeitung „Kalender" sehen, für die er Klaus Harpprecht, den späteren Redenschreiber Willy Brandts, sowie namhafte Publizisten wie Sebastian Haffner oder den Politikwissenschaftler Richard Löwenthal als Redakteure vorsah. Doch trotz Unterstützung durch den Spendenakquisiteur Alphons Horten scheiterte die auf rund sechs Millionen Mark kalkulierte Finanzierung hierfür, wohl weil Teile der Industrie von Flick bis Siemens bereits den „Rheinischen Merkur" und die „Deutsche Zeitung mit Wirtschaftszeitung" in Millionenhöhe subventionierten.[30]

27 Neumann an Schneider, 3.4.1957, Schneider an Neumann, 10.5.1957. Allensbacher Archiv. NL EPN. Aktionen Bd. 3.

28 Intelligenz und Bundeswehr. Überlegungen zu einer Werbe-Kampagne, August 1958. Allensbacher Archiv. NL EPN.

29 IfD-Bericht 115/I Der Spiegel. Substanz und Profil einer Leserschaft. November 1950. Allensbacher Archiv.

30 Neumann an Horten, 25.6., 27.8. und 3.9.1958. Allensbacher Archiv. NL EPN. Neumann an Globke, 24.6.1958 (mit vier Wiedervorlagen bis zum 1.12.). Adolf Süsterhenn an Globke, 23.2.1956. Adenauer an Bankier Abs, 29.2.1956. Gustav Stein an Adenauer, 20.2.1962. ACDP I-070-61/2 (NL Globke).

4. Grenzen demoskopiebasierter, propagandistischer Bevölkerungslenkung

Angesichts dieser fragilen Aushandlungsprozesse überrascht nicht, wenn Formierungen politischer Verstehenshandlungen und Einstellungen durch Propaganda nur in Teilen gelangen, zumal das durch die Ausbreitung des Fernsehens zunehmend vielfältige Medienangebot von der Bevölkerung verstärkt und uneinheitlich rezipiert wurde (vgl. Weisbrod 2001: 273, 277). Nach demoskopischen Werbewirkungstests erzielten bereits in den 1950er Jahren politische Plakate im Vergleich zur Wirtschaftswerbung häufig nur eine geringe Aufmerksamkeit von zehn bis 14 Prozent der Bevölkerung.[31] Oder die Botschaften konnten sich genau in ihr Gegenteil verkehren, z.B. bei der Anzeigenserie der „Waage". Diese seit 1952 existierende „Gemeinschaft zur Förderung des sozialen Ausgleichs" ließ auf Plakaten in Dialogform mit den Figuren Fritz und Otto für die Soziale Marktwirtschaft werben, wobei stets Sorge bestand hinsichtlich der richtigen Aufnahme der Werbebotschaft. Denn populäre Bedenken gegenüber der Sozialen Marktwirtschaft äußerte auf dem „Waage"-Plakat der von den Gestaltern der Kampagne eigentlich als Negativfigur inszenierte Otto. Erscheine diese Figur den Betrachtern gegenüber dem smart und kühl gezeichneten Fritz als sympathisch, wären unintendierte Identifikationen mit dem Marktwirtschaftsskeptiker die Folge, warnten Allensbacher Werbewirkungsstudien. Auch 1959, als ein in Untersicht aufgenommenes, rot gefärbtes Seitenporträt Walter Ulbrichts großflächig plakatiert wurde mit dem Slogan „Ulbricht: Ganz Deutschland soll kommunistisch werden", ging die propagandistische Intention nicht auf. Vielleicht dachten die Initiatoren dieses Plakats, dass das Konterfei Ulbrichts, dessen Haare am Hinterkopf ungepflegt abstehen, bereits autoritären Hochmut ausstrahle und somit die gewünschte Ablehnung des DDR-Machthabers leite. Doch viele Westdeutsche verstanden das Plakat nicht als antikommunistische Bedrohung, sondern als Werbung für Ulbricht in der Bundesrepublik.[32] Selbst das schon genannte werbewirksame Plakat mit dem deutsche Kulturgüter bedrohenden Rotarmisten verstand fast ein Fünftel als Propaganda „der Russen", also der KPD oder SED, und auch von den 68 Prozent, die im demoskopischen Werbetest dieses Plakat richtig deuteten, meinten 22 Prozent in unerwünscht nationalistischer Manier, es handele sich um Werbung für den Aufbau einer neuen ‚Wehrmacht'.[33]

---

31 IfD-Bericht 548 „Seine Kameraden, unsere Verbündete". Erfolgskontrolle für ein Plakat im Auftrag des Werbe-Studios 7.-9.3.1957. Allensbacher Archiv. – Die Berücksichtigung demoskopischer Werbewirkungstests relativiert die vermeintliche Allmacht propagandistischer Broschüren und Plakate (vgl. Körner 2003: 15).

32 IfD-Bericht 400 „Fritz und Otto". Ein Bildertest, Winter 1954/55. Allensbacher Archiv. – Zum Ulbricht-Plakat: Neumann an Globke, 2.3.1959. ACDP I-070-61/2 (NL Globke).

33 IfD-Bericht 247 „Er ist bewaffnet – wollt ihr ihn hier haben?" Eine Erfolgskontrolle, April 1953. Allensbacher Archiv.

Diese Beispiele deuten an, dass Regierungspropaganda in den 1950er Jahren nicht per se das intendierte Verständnis erzielte, selbst wenn sie sich an demoskopisch gemessenen politischen Haltungen und Meinungen der Bevölkerung orientierte. Erst recht an Zugkraft büßte die von Neumann initiierte Propaganda ein, als sie im Übergang von der Wiederaufbau- zur Wohlstandsgesellschaft zu Beginn der 1960er Jahre neue demoskopisch erkannte gesellschaftliche Bedürfnisse und Erwartungen hinsichtlich der Sozial-, Umwelt- und Gesundheitspolitik nur wenig in ihr Repertoire aufgreifen konnte. Hier unterschätzten die Kommunikationsstrategen um Neumann den vielfältigen Eigensinn der Bevölkerung bei der politischen Meinungsbildung. Mit seinem eher pessimistischen Menschenbild von einer politisch desinteressierten und kenntnislosen Bevölkerung gelang es Neumann in dieser Phase nicht mehr, „die bisher vorhandene Identifizierung der Bevölkerung mit dem christlich-bürgerlichen System von der Person [Adenauers] auf eine Sache überzuleiten."[34] Im Zugzwang der schon Mitte der 1960er Jahre zögerlich einsetzenden programmatischen und dann vor allem zum Ende der Großen Koalition 1969 erfolgten personellen Erneuerung der Union konnte der Propagandist seine auf Adenauer fokussierte Darstellung politischer Sachverhalte kaum noch umstellen und verlor an Bedeutung.

5. Fazit und Ausblick

Besonders der letzte Abschnitt deutet die begrenzte Reichweite und Umsetzbarkeit demoskopischer Erkenntnisse und die schwierige Neuausrichtung der politischen Propaganda zugunsten einer zukunftsgerichteten Gesellschaftspolitik an. Erich Peter Neumann und auch Otto Lenz versuchten lange, die politische Willensbildung innerhalb einer sich weiter ausdifferenzierenden Öffentlichkeit mit staatsorientierter und volkspädagogisch ambitionierter Propaganda zu lenken. Doch dies gelang selbst mit subpolitischen, semi-staatlichen Organisationen zunehmend immer weniger, so dass im massenmedialen Zeitalter und durch das sich ausbreitende Fernsehen die von semi-staatlichen Organisationen produzierten Broschüren, Plakate und Filme an Bedeutung verloren. Die Bundesregierung löste daraufhin ab 1966 diese Gesellschaften auf, zog sich aus dieser Form der Propaganda zurück und überließ sie beauftragten privatwirtschaftlichen PR-Beratern, Agenturen und kommunikationswissenschaftlichen Experten, deren Aktionen jedoch ebenfalls auf informellen und klandestinen Organisations- und Finanzierungsstrukturen beruhten. Die gouvernementale Selbstbeschränkung im Bereich der Propaganda erfolgte demnach eher vordergründig.

34 Expertisen: Neumann an Werner Krüger (Bundespresseamt), 21.3.1960. Allensbacher Archiv. NL EPN.

Effektive informelle Regierungspropaganda bedarf auch gegenwärtig wie in den 1950er Jahren der Interessenkongruenz und Interaktion von Politik, Wirtschaft, Wissenschaft und Medien. Diese komplexen, mitunter kontroversen Aushandlungsprozesse waren nicht immer erfolgreich und bargen besonders in Wahlkampfzeiten Konflikte in sich, die zielgerichteter und erfolgreicher Planung politischer Propaganda entgegenstanden. So hat Elisabeth Noelle-Neumann jüngst eingestanden (2006: 226), vor der Bundestagswahl 1987 Umfragewerte zu sehr als Zustimmung zur Regierung Kohl ausgelegt zu haben. Der auf dieser Basis vorgeschlagene CDU-Plakatslogan „Weiter so“ wurde dann angesichts der Massenarbeitslosigkeit für die Bundesregierung ebenso zum Bumerang, wie 2005 die pädagogisch imprägnierte Popularisierung und mediale Präsentation wirtschaftspolitischer Reformbotschaften der „Initiative Neue Soziale Marktwirtschaft (INSM)“ (vgl. Speth 2004: 3, 19, 33; vgl. Gammelin/ Hamann 2005: 161-163). Das vom Ministeraspiranten und INSM-Botschafter Paul Kirchhof präsentierte Programm der Steuervereinfachung, das in Umfragen als vermeintlich größter Reformwunsch der Deutschen ermittelt und aufwändig medial präsentiert wurde, trug den wesentlich komplexeren Erwartungen und sozialen Sicherheitswünschen der Wähler zu wenig Rechnung. Demoskopisches Wissen – zumal wenn es selektiv zur Kenntnis genommen wird – und Inszenierungen politischer Botschaften in den Medien allein garantieren weder erfolgreiche Wahlkämpfe, noch effektive zukunftsgerichtete Bevölkerungspolitik im eingangs skizzierten Foucaultschen Sinn. Denn die der politischen Kommunikation und Propaganda zugrunde liegenden Aushandlungsprozesse sind komplex und konfliktreich und waren dies auch bereits bei der semi-staatlichen Propagandagestaltung der 1950er Jahre. Trotz der Verwissenschaftlichung des Sozialen und der Professionalisierung von Wahlkämpfen (vgl. Raphael 1996; vgl. Bösch 2004: 321-326) kann der ‚eigen‘sinnige, misstrauische Bürger (vgl. Gries 2000: 565, 567-568; vgl. Skinner 2006: 48) immer weniger erfasst, gedeutet und medial erreicht werden. Aus diesem Grund wurden bereits die Neumannschen Propagandaorganisationen eingestellt.

Literatur

Arendt, Hannah (1951/1996): Elemente und Ursprünge totaler Herrschaft. Antisemitismus, Imperialismus, totale Herrschaft. 5. Auflage. München/Zürich: Piper.

Arnold, Klaus (2003): Propaganda als ideologische Kommunikation. In: Publizistik, 48. Jg., H. 1, S. 63-81.

Aust, Martin/Schönpflug, Daniel (2007): Vom Gegner lernen. Einführende Überlegungen zu einer Interpretationsfigur der Geschichte Europas im 19. und 20. Jahrhundert. In: Dies. (Hrsg.): Vom Gegner lernen. Feindschaften und Kulturtransfers im Europa des 19. und 20. Jahrhunderts. Frankfurt a. M./New York: Campus.

Bald, Detlef (1994a): Die Atombewaffnung der Bundeswehr. Militär, Öffentlichkeit und Politik in der Ära Adenauer. Bremen: Edition Temmen.

Bald, Detlef (1994b): Militär und Gesellschaft 1945–1990. Die Bundeswehr der Bonner Republik (Militär und Sozialwissenschaften, 13). Baden-Baden: Nomos.

Bösch, Frank (2004): Werbefirmen, Meinungsforscher, Professoren. Die Professionalisierung der Politikberatung im Wahlkampf (1949–1972). In: Fisch, Stefan/Rudloff, Wilfried (Hrsg.): Experten und Politik: Wissenschaftliche Politikberatung in geschichtlicher Perspektive. Berlin: Duncker und Humblot, S. 309-327.

Bourdieu, Pierre (1992): Die verborgenen Mechanismen der Macht. (Schriften Politik & Kultur, 1). Hamburg: VSA.

Brauchitsch, Eberhard von (1999): Der Preis des Schweigens. Erfahrungen eines Unternehmers. Berlin: Propyläen.

Buchwald, Frank Andreas (1991): Adenauers Informationspolitik und das Bundespresseamt. Strategien amtlicher Presse- und Öffentlichkeitsarbeit in der Kanzlerdemokratie. Mainz. Diss.

Burke, Peter (2003): Augenzeugenschaft. Bilder als historische Quellen. Berlin: Wagenbach.

Dewey, John (1928/1984): A New World in the Making. Impressions of Soviet Russia. In: Boydiston, Jo Ann (Hrsg.): John Dewey: The Later Works, 1925–1953. Bd. 3: 1927–1928. Southern Illinois: University Press.

Dreher, Klaus (2002): Kohl und die Konten. Eine schwarze Finanzgeschichte. Stuttgart/München: Deutsche Verlags-Anstalt.

Foucault, Michel (2004): Geschichte der Gouvernementalität II. Die Geburt der Biopolitik. Frankfurt a. M.: Suhrkamp.

Frevert, Ute (2005): Neue Politikgeschichte: Konzepte und Herausforderungen. In: Dies./ Haupt, Heinz-Gerhard (Hrsg.): Neue Politikgeschichte. Perspektiven einer historischen Politikforschung. (Historische Politikforschung, 1). Frankfurt a. M.: Campus, S. 7-26.

Fröschle, Ulrich (2001): Tagesforderung: „Rettung Europas“. Carl Zuckmayers Exposé zum Filmprojekt Charlemagne (1958/59). In: Nickel, Gunther (Hrsg.): Carl Zuckmayer und die Medien. Beiträge zu einem internationalen Symposion. St. Ingbert: Röhrig, S. 613-654.

Gammelin, Cerstin/Hamann, Götz (2005): Die Strippenzieher. Manager, Minister, Medien – wie Deutschland regiert wird. Berlin: Econ.

Geyer, Michael (2001): Der Kalte Krieg, die Deutschen und die Angst. Die westdeutsche Opposition gegen Wiederbewaffnung und Kernwaffen. In: Naumann, Klaus (Hrsg.): Nachkrieg in Deutschland. Hamburg: Hamburger Ed., S. 267-318.

Gotto, Klaus u.a. (Hrsg.) (1989): Im Zentrum der Macht. Das Tagebuch von Otto Lenz 1951–1953. (Forschungen und Quellen zur Zeitgeschichte, 11). Düsseldorf: Droste.

Gries, Rainer (2000): Propagandageschichte als Kulturgeschichte. Methodische Erwartungen und Erfahrungen. In: Deutschland Archiv, 33. Jg., H. 4, S. 558-570.

Gries, Rainer (2005): Zur Ästhetik und Architektur von Propagemen. Überlegungen zu einer Propagandageschichte als Kulturgeschichte. In: Ders./Schmale, Wolfgang (Hrsg.): Kultur der Propaganda. Bochum: Winkler, S. 9-36.

Grube, Norbert (2005): Die Darstellung Deutschlands durch die semi-staatliche Auslandsnachrichtenagentur „Deutsche Korrespondenz" 1951–1967. In: Paulmann, Johannes (Hrsg.): Auswärtige Repräsentationen. Deutsche Kulturdiplomatie nach 1945. Köln: Böhlau, S. 289-311.

Grube, Norbert (2007): Das Institut für Demoskopie Allensbach und die „Deutschen Lehrerbriefe" als Instrumente staatsbürgerlicher Erziehung? Ansprüche und Umsetzungen 1947 bis 1969. In: Jahrbuch für Historische Bildungsforschung, 13. Jg., S. 267-288.

Grube, Norbert (2009): Die Politikberatung Konrad Adenauers durch das Institut für Demoskopie Allensbach und Erich Peter Neumann. In: Mayer, Tilman (Hrsg.): Medienmacht und Öffentlichkeit in der Ära Adenauer. (Rhöndorfer Gespräche, 23). Bonn: Bouvier, S. 143-164.

Grünbacher, Armin (2004): The Chancellor's Forgotten Blunder: Konrad Adenauer's Foundation for Refugees and Expellees. In: German Politics, 13. Jg., H. 3, S. 481-498.

Igo, Sarah E. (2007): The Averaged American. Surveys, Citizens, and the Making of a Mass Public. Cambridge (Mass.)/London: Harvard University Press.

Kiep, Walther Leisler (1999): Was bleibt ist große Zuversicht. Erfahrungen eines Unabhängigen. Ein politisches Tagebuch. Berlin: Philo Verlagsgesellschaft.

Kleinmann, Hans-Otto (Bearb.) (1995): Heinrich Krone. Tagebücher. Bd. 1: 1945–1961. Düsseldorf: Droste.

Körner, Klaus (2003): „Die rote Gefahr". Antikommunistische Propaganda in der Bundesrepublik 1950–2000. Hamburg: Konkret Literatur Verlag.

Kruke, Anja (2007): Demoskopie in der Bundesrepublik Deutschland. Meinungsforschung, Parteien und Medien 1949-1990. (Beiträge zur Geschichte des Parlamentarismus und der politischen Parteien, 149). Düsseldorf: Droste Verlag.

Kunczik, Michael (1999): Verdeckte Öffentlichkeitsarbeit unter Adenauer: Die Arbeitsgemeinschaft Demokratischer Kreise. In: Wilke, Jürgen (Hrsg.): Massenmedien und Zeitgeschichte. Konstanz: UVK, S. 381-394.

Leyendecker, Hans (2000): Helmut Kohl, die CDU und die Spenden. Eine Fortsetzungsgeschichte. In: Ders./Stiller, Michael/Prantl, Heribert: Helmut Kohl, die Macht und das Geld. Göttingen: Steidl, S. 11-244.

Lippmann, Walter (1922/1990): Die öffentliche Meinung. Bochum: Universitätsverlag Brockmeyer.

Mergel, Thomas (2002): Überlegungen zu einer Kulturgeschichte der Politik. In: Geschichte und Gesellschaft, 28. Jg., H. 4, S. 574-606.

Münkler, Herfried (1994): Politische Bilder, Politik der Metaphern. Frankfurt a. M.: Fischer.

Nehring, Holger (2005): Politics, Symbols and the Public Sphere: The Protests against Nuclear Weapons in Britain and West Germany, 1958–1963. In: Zeithistorische Forschungen/ Studies in Contemporary History, Online-Ausgabe, 2. Jg., H. 2, S. 1-21. [http://www.zeithistorische-forschungen.de/16126041-Nehring-2-2005]

Neumann, Erich Peter (1966): Der gute Wolf. Über den Verzicht auf Propaganda. In: Die politische Meinung, 11. Jg., H. 114, S. 3-5.

Neumann, Erich Peter (1968): Politische Propaganda. Funktionen und Perspektiven. In: Die politische Meinung, 13. Jg., H. 125, S. 3-5.

Neumann, Erich Peter/Noelle, Elisabeth (1954): Antworten. Politik im Kraftfeld der öffentlichen Meinung. Allensbach: Verlag für Demoskopie.

Noelle-Neumann, Elisabeth (1971): Propaganda. In: Dies./Schulz, Winfried (Hrsg.): Publizistik. Frankfurt a. M.: S. Fischer (Fischer Lexikon, 9), S. 304-311.

Noelle-Neumann, Elisabeth (2006): Die Erinnerungen. München: Langen Müller.

Raphael, Lutz (1996): Die Verwissenschaftlichung des Sozialen als methodische und konzeptionelle Herausforderung für eine Sozialgeschichte des 20. Jahrhunderts. In: Geschichte und Gesellschaft, 22. Jg., H. 2, S. 165-193.

Sänger, Fritz (1978): Verborgene Fäden. Erinnerungen und Bemerkungen eines Journalisten, Bonn: Verlag Neue Gesellschaft.

Sauer, Michael (2006): „Hinweg damit!“ Plakate als historische Quellen zur Politik- und Mentalitätsgeschichte. In: Paul, Gerhard (Hrsg.): Visual History. Ein Studienbuch. Göttingen: Vandenhoeck und Ruprecht, S. 37-56.

Schildt, Axel (1999): Ankunft im Westen. Ein Essay zur Erfolgsgeschichte der Bundesrepublik. Frankfurt a. M.: S. Fischer.

Schulz, Rüdiger (1999): Nutzung von Zeitungen und Zeitschriften. In: Wilke, Jürgen (Hrsg.): Mediengeschichte der Bundesrepublik Deutschland. Bonn: Bundeszentrale für politische Bildung, S. 401-425.

Skinner, Quentin (2006): Sind wir modernen Bürger wirklich alle Sklaven? Interview mit Jürgen Kaube. In: Frankfurter Allgemeine Zeitung, 15.12.2006, S. 48.

Speth, Rudolf (2004): Die politischen Strategien der Initiative Neue Soziale Marktwirtschaft. Düsseldorf: Hans Böckler-Stiftung.

Steinfels, Claudia (2003): Herbert Leupin 1916–1999 Werbegrafiker. Sein Leben, sein Werk, seine Bedeutung. Zürich. Diss.

Stosch, Stefan (1994): Die Adenauer-Legion. Geheimauftrag Wiederbewaffnung. Konstanz: Labhard.

Weisbrod, Bernd (2001): Medien als symbolische Form der Massengesellschaft. Die medialen Bedingungen von Öffentlichkeit im 20. Jahrhundert. In: Historische Anthropologie, 9. Jg., H. 2, S. 270-283.

Weiß, Matthias (2001): Journalisten: Worte als Taten. In: Frei, Norbert (Hrsg.): Karrieren im Zwielicht. Hitlers Eliten nach 1945. Frankfurt a. M. und New York: Campus, S. 241-301.

Christoph Classen

Politik als Unterhaltung. Zur Medialisierung von Politik in populären Filmen und Fernsehserien

Die Entwicklung einer ausdifferenzierten populären Unterhaltungskultur gehört zu den gravierendsten Entwicklungen des 20. Jahrhunderts. Sie kann vor allem als Folge der Verbindung von Massenkonsum und Medialisierungsprozessen beschrieben werden, die in Europa nach dem Zweiten Weltkrieg ihren Durchbruch erlebten (vgl. Schildt 2004; vgl. Maase 2009). Nicht zu Unrecht hat Kurt Imhof (2004) die Tragweite dieser Entwicklung betont, indem er sie in Anlehnung an Jürgen Habermas als „zweiten Strukturwandel der Öffentlichkeit" bezeichnet hat.

Die Debatte über die Medialisierung von Politik stellt dies insofern in Rechnung, als einer ihrer Topoi die Unterstellung einer zunehmenden Unterhaltungsorientierung der Politik ist, ihre Anpassung an marktgängige, unterhaltungsorientierte Formate wie Talkshows und News. Fragen einer zunehmenden *Stimmungsabhängigkeit* der Politik, nach ihrer mediengerechten beziehungsweise unterhaltsamen Inszenierung und der möglichen Aushöhlung klassischer Institutionen werden bekanntlich – nicht selten mit kulturkritischem Unterton – besonders im Bereich der Kommunikations- und der Politikwissenschaften intensiv diskutiert (vgl. Meyer 2001; vgl. Sarcinelli 2003; vgl. Saxer 2006). Allerdings richtet sich der Blick dabei zuvorderst auf die Selbstdarstellung von Politikern und die Vermittlung politischer Prozesse in Nachrichten, Talkshows, Blogs und anderen Formaten. Es geht also fast immer um die mediale Inszenierung und Abbildung realer politischer Vorgänge, respektive um ihre Rückwirkung auf politische Prozesse und Strukturen.

Selten fällt dabei allerdings in Deutschland der Blick auf jene fiktionalen Formate und Genres, die sich wie Spielfilme und unterhaltungsorientierte Fernsehserien schon seit langem besonderer Beliebtheit beim Publikum erfreuen, und die als Inbegriff der Kopplung von Medialisierung und Konsumkultur gelten können (als Ausnahme: vgl. Dörner 2000 und 2006). Über die Gründe lässt sich trefflich spekulieren: Vermutlich wirkt hierzulande eine traditionelle antagonistische Gegenüberstellung von Kunst und Politik ebenso nach, wie die überkommene Identifizierung von *Kultur* mit *Hochkultur.*[1] Vor allem aber werden solche Formate häufig anscheinend nicht ernst genommen,

1 Jedenfalls fällt auf, dass dies in den USA, wo es bekanntlich keine hegemoniale Ablehnung von *Massenkultur* gegeben hat, ganz anders ist; dort existiert eine längere Forschungstradition zum Verhältnis von Populärkultur und Politik, auch bezogen auf Film und Fernsehen (vgl. u.a. Combs 1984 und 1993; Slotkin 1992; Gianos 1998).

weil sie ja vermeintlich keine „realen“ Prozesse abbilden und vor dem Hintergrund eines funktionalistischen Politikverständnisses schlicht als irrelevant erscheinen.

Aus der Perspektive einer historisch orientierten politischen Kulturforschung handelt es sich dabei hingegen durchaus um aufschlussreiche Quellen. Zum einen können sie als *seismographische* Quellen des gesellschaftlichen Wertewandels gelten, in denen sich kollektiv geteilte, politisch relevante Sinnhorizonte im Sinne Karl Rohes (1990) auf prägnante Weise artikulieren. Dies gilt zumindest bei populären, kommerziell orientierten Produktionen, *obwohl* es sich um Produkte einer kulturellen Elite handelt: Sie müssen leicht anschlussfähig für den mentalen Zeitgeist im Sinne etablierter Topoi, Stereotype und Wahrnehmungsmuster sein, um für einen breiten Adressatenkreis problemlos konsumierbar zu sein – was wiederum als Voraussetzung für kommerziellen Erfolg gelten kann.[2] Sie eignen sich demzufolge, um den Wandel kollektiv geteilter Normen und Ordnungsvorstellungen über einen längeren Zeitraum zu untersuchen.

Hinzu kommt, dass sich hier Erwartungen gegenüber Politik ablesen lassen und dies in doppelter Hinsicht: Erstens lässt sich an den medialen Repräsentationen etwas über die Reichweite dieser Erwartungen ablesen, die an die Institutionen und das Personal der Politik als Ordnungs- und Steuerungsinstanz herangetragen werden und die im Laufe der Zeit zu- oder abnehmen können. Zweitens werden hier direkt oder implizit Eigenschaften und Attribute benannt, die mit Politik verbunden werden, sei es im negativen oder im positiven Sinne. Dabei erscheint das Spektrum gegenüber publizistischen Darstellungen oder gar Selbstinszenierungen von Politik weiter, denn in fiktionalen Formaten können auch solche Erwartungen artikuliert werden, die sonst nicht thematisierbar sind, beispielsweise, weil dies politisch inkorrekt wäre, wie etwa die Propagierung von Gewalt.

Drittens schließlich kann man die Frage nach dem Einfluss unterhaltender Angebote auf politische Prozesse und Entscheidungen durchaus auf den Bereich fiktionaler Repräsentationen ausdehnen. Wenn sich gerade vermeintlich „politikferne“ Unterhaltung höchster Akzeptanzwerte erfreut, die „harte“ politische Informationsangebote oft nur schwer erreichen, dann stellt sich die Frage, inwiefern die Charakteristika und Entwicklungstendenzen populärer Formate, etwa ihre Tendenz zur emotionalen Stimulation, ihre Reduktion von Komplexität und ihre Neigung zu bestimmten Erzählmustern die Darstellungen und gegebenenfalls auch die Erwartungen an Politik strukturiert haben und dies weiterhin tun.

2 Für das frühe, nicht kommerziell organisierte Fernsehen der Bundesrepublik, dessen Angebote noch einen spürbaren didaktischen Bildungs- und Hebungsanspruch vertraten, gilt dies weniger; allerdings entwickelte sich auch hier spätestens seit dem Start des ZDF (1963) ein gewisser Erfolgsdruck, der seinerzeit ausführlich in kulturkritischer Tendenz kommentiert wurde (vgl. Classen 2005).

1. Politik in Deutschland: Kein Thema für populäre Fiktion?

Die eingangs angedeuteten, traditionellen Vorbehalte gegenüber der Verbindung von Politik und (populärer) Kultur scheinen auch in der Bundesrepublik nachgewirkt zu haben. Wenn man sich mit der fiktionalen Repräsentation von Politik und Politikern in der Bundesrepublik beschäftigt, dann fällt jedenfalls auf, dass sich in Deutschland – anders als in den USA – „Politik" nie zu einem eigenständigen Schwerpunkt im politischen Unterhaltungsfilm entwickeln konnte. Dies gilt zumindest dann, wenn man, wie es hier im Folgenden geschehen soll, eine enge Definition von „Politik" zugrunde legt und darunter zunächst einmal Repräsentationen des professionellen politischen Betriebs und seiner Akteure versteht. Wenn überhaupt, finden sich in der frühen Bundesrepublik allenfalls historische Darstellungen, beispielsweise über „große" Persönlichkeiten wie Gustav Stresemann,[3] und bis heute werden politische Themen gerne in dokumentarisch-fiktionalen Mischformen verhandelt. Erst seit den 1990er Jahren kommen vermehrt politische Thriller und Satiren auf die Leinwand beziehungsweise ins Fernsehen. Der *Kernbereich* des politischen Betriebs auf Bundesebene scheint sogar erst in der jüngsten Vergangenheit für fiktional-unterhaltende Dramatisierungen zugänglich geworden zu sein, wie die Serie „Kanzleramt" zeigt, die 2005 nach einem amerikanischen Vorbild ins Fernsehen kam, mangels Zuschauerresonanz aber nicht, wie ursprünglich vorgesehen, fortgesetzt wurde.[4]

Es ist wohl kein Zufall, dass sich in Deutschland kein „Kanzlerfilm" analog zum Genre des „Präsidentenfilms" in den USA entwickelt hat. Dies liegt nicht nur an der unterschiedlichen verfassungsmäßigen Stellung der Ämter im US-amerikanischen Präsidialsystem im Vergleich zum parlamentarischen System in der Bundesrepublik und den damit möglicherweise verbundenen Schwierigkeiten einer fiktionalen Dramatisierung.[5] Vielmehr kann man dahinter nationale Besonderheiten der politischen Kultur vermuten. So ist ein Diskurs, der Politik emphatisch als Ausfluss der persönlichen Führungsqualitäten eines Spitzenpolitikers beschreibt, hierzulande nur noch schwerlich zu vermitteln. Ein charismatisch aufgeladener, eschatologischer Führerdiskurs musste nach Hitler und den Erfahrungen des Zusammenbruchs 1945 problematisch erscheinen (vgl. Soboth 2001). Erst in jüngster Zeit finden sich einige Doku-

3 „Stresemann", BRD 1957, Regie: Alfred Braun.

4 ZDF 2005, 12 Folgen, Regie: Hans-Christoph Blumenberg.

5 So kann man annehmen, dass das Präsidialsystem der Notwendigkeit von Personalisierung und Verdichtung in populären Dramatisierungen entgegenkommt. Interessanterweise bezog sich die Kritik an der Serie „Kanzleramt" von Seiten der Politik u.a. darauf, dass hier der Eindruck eines präsidialen Systems entstehe, der mit der Realität in der parlamentarisch geprägten politischen Kultur nichts gemein habe. Vgl. „Schelte von Horst Ehmke". In: Spiegel Online, 24.5.2005, http://www.spiegel.de/ kultur/gesellschaft/0,1518,348258,00.html (20.11.2009).

Abb. 1: Filmplakat „Stresemann“: Wolfgang Preiss als Gustav Stresemann (BRD 1957)

Dramen, in denen die Biographie deutscher Bundeskanzler oder dramatische Momente ihrer Kanzlerschaft im Mittelpunkt stehen. Auch hier handelt es sich jedoch um dokumentarisch-fiktionale Mischformen, die sich an realen Personen und Ereignissen der Zeitgeschichte orientieren und teilweise auch zeitgenössisches Filmmaterial verarbeiten.[6] Dies kann zwar einerseits als gewisse Lockerung der *anticharismatischen* Tendenz von Politik in der Bundesrepublik interpretiert werden, doch zugleich verweisen diese Produktionen deutlich auf die nach wie vor bestehenden Grenzen jeder charismatisch aufgeladenen Inszenierung von Politik; nicht zuletzt scheint sich ihre Popularität in Grenzen zu halten.[7]

Der Verzicht auf allzu große Personalisierung, die Konzentration auf einen *herausragenden* Politiker erklärt noch nicht eine generelle Abstinenz von Politikdarstellungen im Unterhaltungs-, aber häufig auch im sogenannten Problemfilm. Hier scheint noch eine andere deutsche Besonderheit aus der Zwischenkriegszeit von Bedeutung zu sein, nämlich das Fehlen einer lebendigen politischen Bildkultur schon in der Weimarer Republik. Der deutsche Spielfilm gewann zu dieser Zeit zwar in hohem Maße an Popularität und schwang sich in seinen expressionistischen Werken zu künstlerischen Höhen auf, indes an Politik zeigte er sich weitgehend uninteressiert. Sie galt offenbar nicht als attraktives Feld, geschweige denn, dass man sich hier besondere Popularität und entsprechende kommerzielle Gewinne erhoffte. Umgekehrt zeigte sich die deutsche Politik wenig offen für den Prozess der Medialisierung und insbesondere der Visualisierung der Welt. Während nicht nur der Film sondern auch das Medium der Fotografie nach dem I. Weltkrieg zum Beispiel in den neu entstehenden Illustrierten massenhaft verfügbar und entsprechend populär wurde, blieben die Selbstinszenierungen der Politik überwiegend textzentriert oder setzten – ablesbar etwa an den Wahlplakaten – auf programmatische und integrative Symbole. Als Personen kamen Politiker in den Medien kaum vor und wenn, dann ausschließlich als öffentliche Repräsentanten, nie als Menschen mit Privatleben und individuellen Zügen (vgl. Mergel 2005).

Die Ursachen für diese „Gesichtslosigkeit“ der Politik in der Weimarer Republik lassen sich auf den seinerzeit überaus wirkungsmächtigen „Massen“-Diskurs zurückführen. Die Entstehung eines politischen Massenmarktes und die daraus resultierenden zunehmenden Partizipationsansprüche und -chancen breiter Gesellschaftsschichten evozierten einen antimodern-kulturkritischen Diskurs, wobei der Begriff „Masse“ als negative Chiffre des Prozesses von Vergesellschaftung fungierte (vgl. Berking 1989).

6 „Der Mann aus der Pfalz“, ZDF 2009, Regie: Thomas Schadt; „Im Schatten der Macht“, NDR 2003, Regie: Oliver Storz.

7 Mit einem Marktanteil von 8,7% (entsprechend ca. 2,8 Mio. Zuschauer) blieb das Helmut Kohl-Porträt „Der Mann aus der Pfalz“ im Herbst 2009 deutlich unter dem durchschnittlichen Wert zur Prime-Time; vgl. „Kanzler-Porträt ‚Der Mann aus der Pfalz‘ floppt im ZDF“. In: Hamburger Abendblatt, 21.10. 2009.

Nicht nur die etablierten bürgerlichen und adeligen Eliten, deren Status und Privilegien durch diesen Prozess bedroht schien, zielten naheliegenderweise auf dessen Abwehr, der schnelle gesellschaftliche Wandel und der Verlust an Tradition schufen auch in anderen Gesellschaftsschichten ein Bedürfnis nach Stereotypen und Begriffen, auf die man Ängste und Verlusterfahrungen projizieren konnte; hinzu kam noch das Interesse der etablierten Eliten, ihren Status zu verteidigen. Neben „Masse" entwickelte sich „Amerika" in dieser Zeit vielfach zum Synonym für die negativen Effekte der Moderne und dies über die politischen Lager hinweg (vgl. Peukert 1989; vgl. von Saldern 1995: 163-165). Bezogen auf die Politik bedeute dies, die Entwicklung zur öffentlichen Repräsentation zurückzuweisen und an einem überkommenen Idealbild von Politik als Arkanum festzuhalten. Visualisierung, öffentliche Inszenierung und Personalisierung (wie in Amerika) konnten demzufolge nur Banalisierung, Niveauverlust und Entpolitisierung nach sich ziehen und man hielt sich viel darauf zugute, den Rundfunk von jeder Politik frei zu halten (vgl. Dussel 2002: 165-173).

Bekanntlich hat der Nationalsozialismus mit diesem Mangel an öffentlicher Repräsentation und sinnlicher Erfahrbarkeit von Politik gründlich gebrochen. Walter Benjamins berühmtes Diktum vom Faschismus als „Ästhetisierung der Politik" (Benjamin 1980) scheint durchaus treffend für die propagandistischen Inszenierungen nicht nur des Regimes, sondern zumindest in Teilen auch schon der Bewegungsphase (vgl. Paul 1990). Eindrucksvoll ablesen lässt sich diese Hinwendung zum Visuellen und die damit – im Wortsinne – Verkörperung von Politik und ihre Ästhetisierung beispielsweise an den Filmen Leni Riefenstahls, die den Wertekanon des Nationalsozialismus ästhetisch überhöhten und sich dabei zugleich ausgefeilter Dramaturgien und avantgardistischer Gestaltungselemente bedienten, so dass ihr Erlebnischarakter noch heute frappiert (vgl. Loiperdinger/Culbert 1988; vgl. Reichel 1994). Zwar gab sich auch im Nationalsozialismus der Unterhaltungsfilm zumindest vordergründig meist unpolitisch, doch zumindest aus der Nachschau erschien vielen Zeitgenossen die Grenze zwischen Popularität und Politik in der NS-Zeit praktisch aufgehoben.[8]

Die traditionellen Vorbehalte gegen Formen von emotionaler, visueller und körperlicher Repräsentation von Politik in den modernen Medien schienen sich daher nach dem Krieg ebenso wie jede Verbindung von Populärkultur und Politik bestätigt zu haben. Daher knüpften sowohl die Medien als auch die Politik nach 1945/49 in der Regel dort wieder an, wo sie 1933 aufgehört hatten. Das Verhältnis zwischen den audiovisuellen Massenmedien und dem politischen System war abermals von Distanz

8 So nannte beispielsweise der Schriftsteller Peter Huchel 1947 den NS-Rundfunk mit Blick auf seinen unterhaltenden Charakter ein „Vermittlungsinstitut von KdF-Produkten" (Arbeitstagung der Hauptabteilung „Künstlerisches Wort" des „Berliner Rundfunks" vom 25./26.11.1947. In: Deutsches Rundfunkarchiv Potsdam (DRA), Historisches Archiv, Bestand Hörfunk, F 201-00-00-0003, Bl. 101).

und gegenseitigem Desinteresse oder (von Seiten der Politik) von Misstrauen geprägt. Das galt umso mehr, als nun zunächst eine breite Abwendung der deutschen Gesellschaft von der Politik zu beobachten war. Für den populären Film, der auf Publikumserfolg angewiesen war, konnte dies nur bedeuten, dass jeder Film, der Politik explizit thematisierte, mit erheblichen finanziellen Risiken behaftet war.[9] Entsprechend selten finden sich im frühen Kino der Bundesrepublik einschlägige Produktionen, und es scheint, als habe diese Tendenz noch lange nachgewirkt.

2. Die 1950er Jahre: Politik als Nichtpolitik

Die vielfach beschriebene eskapistische Tendenz des Kinos der 1950er Jahre ist also, zumindest was die Abstinenz gegenüber expliziter Politik angeht, nicht sonderlich überraschend. Entgegen der gängigen Annahme, die bundesrepublikanische Gesellschaft habe ihre NS-Vergangenheit in den 1950er Jahren verdrängt, könnte man etwas zugespitzt die These vertreten, dass die traumatischen Erfahrungen von Krieg, Zusammenbruch und Chaos in dieser Zeit geradezu obsessiv *ex negativo* verarbeitet worden sind. Jedenfalls fällt jedem retrospektiven Beobachter auf, wie stark die angestrengten Bemühungen waren, sich der eigenen normativen Ordnung und materiellen Grundlagen zu versichern. Im Film schlug sich dies häufig in jenen „Heile Welt"-Inszenierungen mit bisweilen vormoderner Anmutung nieder, die – etwa im Bereich des Heimatfilms – so typisch für die 1950er Jahre sind (vgl. Höfig 1973). Nicht Politiker waren die Helden dieser Filme, sondern Ärzte, Pfarrer oder Förster. Einen Topos bildet dabei die Vorstellung von Selbstlosigkeit, einem quasi interesselosen Einsatz für die Gemeinschaft.[10] Schon dies kann man durchaus als zentrale Botschaft interpretieren: Diejenigen, die sich selbstlos und erfolgreich für die Gemeinschaft einsetzen, sind keine Politiker, sondern eigentlich unpolitische Menschen. Pointiert könnte man sagen: Gute Politik zeichnet sich dadurch aus, dass sie Abstand vom politischen Betrieb hält.

Explizite Darstellungen von Politikern und des politischen Betriebs sind im Film also selten, und wenn sie vorkommen, dann sind sie entweder satirisch gebrochen oder sie abstrahieren auf andere Weise von der bundesrepublikanischen Gegenwart. Ein solches Beispiel ist der Film „Der letzte Sommer" nach einer Novelle von Ricarda Huch, den Harald Braun 1954 ins Kino brachte.[11] Erzählt wird hier die Geschichte eines geplanten Terroranschlags auf den Präsidenten eines fiktiven europäischen Landes.

9 Zur deutschen Filmindustrie der fünfziger Jahre vgl. Wilharm 2002.

10 Besonders plastisch wird dies in der erfolgreichen Verfilmung der Biografie von Ferdinand Sauerbruch: „Das war mein Leben", BRD 1954, Regie: Rolf Hansen.

11 „Der letzte Sommer", BRD 1954, Regie: Harald Braun.

Der Anschlag misslingt, und einer der Terroristen, ein junger radikaler Student, muss im Laufe der Handlung feststellen, dass sein Bild des Präsidenten als skrupelloser Machtmensch und Unterdrücker des Volkes nicht mit der realen Person in Einklang zu bringen ist. Beschämt lässt er am Ende von seinen Anschlagsplänen ab. Der Präsident entspricht dabei schon äußerlich ganz dem *Großvater-Typus* des patriarchalischen, älteren Politikers, dessen Lebenserfahrung ihn deutlich aus der Menge heraushebt. Im Film wird er als Ausbund an Bildung, Güte, Bescheidenheit und Selbstlosigkeit charakterisiert. Seine Autorität und Befähigung erscheinen fraglos, und dementsprechend souverän (und allein) trifft er auch die notwendigen politischen Entscheidungen.

Dahinter steht unverkennbar ein überkommenes, elitäres Ideal vom Politiker als Persönlichkeit mit besonderen Fähigkeiten, das in einem Spannungsverhältnis zu der in der Verfassung verankerten Repräsentationsidee steht. Ein idealer Politiker war demnach kein Repräsentant oder Interessenvertreter seiner Wähler, sondern sollte – ganz Staatsmann – stets die Interessen eines homogen gedachten Kollektivs, der Nation, im Blick haben – notfalls auch gegen alle gesellschaftlichen Widerstände. Der autoritär-patriarchalische Habitus und das spürbare Ideal einer *präsidialen* Vorstellung von „guter Politik", die jenseits von Streit und Interessengegensätzen operiert und die ideale Politik über die Gesellschaft stellte, verweisen darauf, dass der Wunsch nach quasi-monarchischer, autoritärer Führung auch in dieser Zeit noch bestand. Aber er

Abb. 2: „Der letzte Sommer". Mathias Wieman als Staatspräsident Tolemainen (BRD 1954)

verband sich eben im Gegensatz zur Weimarer Republik nicht mehr mit einem eschatologischen Charisma des Außeralltäglichen, sondern mit einer konservativ-bürgerlichen Autorität, die tief in der Vergangenheit, im Kaiserreich, wurzelte. Bemerkenswerter Weise entsprach ja auch der reale Bundeskanzler ziemlich genau diesem Typus. Der utopische Überschuss lag nun nicht mehr in der Zukunft sondern in der Vergangenheit, aber das sollte nicht darüber hinwegtäuschen, dass damit nach wie vor hohe Erwartungen verknüpft waren: Der ideale Politiker war ein Übermensch, der sich selbstlos für die Gemeinschaft opferte. Besonders deutlich wird das – diesmal historisch gebrochen – in Alfred Brauns bereits erwähntem Stresemann-Film, in dem Stresemanns Diplomatie nicht nur anachronistisch für den europäischen Einigungsprozess vereinnahmt wurde, sondern er seinen Kampf ohne Rücksicht auf seine angeschlagene Gesundheit fortsetzte und sich damit am Ende selbst für Frieden und Verständigung opferte.[12]

Es gibt noch eine zweite Art von Politikern, die in dieser Zeit gelegentlich im Film zu sehen sind, und die gewissermaßen das andere Ende der Skala markieren: Gemeint sind die Lokalpolitiker. In zahlreichen Heimatkomödien treten ab Mitte der 1950er Jahre Bürgermeister und Gemeinderäte auf, die darin meist als Karikaturen angelegt werden. Dies gilt etwa für die „Hochwürden"-Filme, die noch weit länger, nämlich bis Mitte der 1970er Jahre, produziert wurden. Sie adaptierten das italienische „Don Camillo und Peppone"-Motiv, also die Auseinandersetzung zwischen einem Geistlichen und der säkularen Macht in Gestalt des Bürgermeisters.[13] Anders als im italienisch-französischen Original ist das Verhältnis hier allerdings von Anfang an asymmetrisch angelegt: Bei den Lokalpolitikern handelt es sich zwar nicht unbedingt um unsympathische Figuren, aber sie werden als provinziell und auch im Hinblick auf ihre Kompetenzen und die Legitimität ihrer Anliegen als klar unterlegene Figuren gezeichnet. In dem Film „Hochwürden greift ein – Heiraten verboten"[14] erscheinen die Lokalpolitiker als ebenso sture wie minderbemittelte Dorfbauern, die wegen der sinnlosen Auseinandersetzung um den Grenzverlauf einen immer weiter eskalierenden Streit mit dem Nachbardorf anzetteln. Nur die Pfarrer der beiden Dörfer können im Bündnis mit der nachwachsenden Generation die Wogen glätten, einen offenen Bürgerkrieg verhindern und letztlich „der Liebe" zum Durchbruch verhelfen.

Bei allem vordergründigen Klamauk und der offenkundigen Anspielung auf den eben erst überwundenen Krieg scheint hier nicht nur ein Politikideal durch, dass den Konsens zur Norm erhebt und den Konflikt für illegitim erklärt. Ebenso wie das

12 Vgl. Anmerkung 3.
13 Insgesamt acht Filme nach literarischen Vorlagen von Giovanni Guareschi (Frankreich/Italien 1952–1983).
14 BRD 1956, Regie: Heinz Paul.

Abb. 3: „Hochwürden greift ein – Heiraten verboten" Willy Rösner als Bürgermeister Roßkopf (BRD 1956)

staatsmännische Politikerideal knüpft es unmittelbar an die Weimarer Vergangenheit an, wo die Karikatur des politischen Betriebs ebenfalls Konjunktur hatte. Das weit verbreitete Image des Parlaments als „Quasselbude", die durch „Parteiengezänk", inkompetentes Personal und bloße Taktiererei geprägt sei, scheint hier – heruntergebrochen auf die lokale Ebene – fortzuleben. Obwohl kaum zufällig nicht die „hohe Politik" sondern das quasi amateurhafte Treiben auf lokaler Ebene inszeniert und parodiert wurde, frappiert doch, wie ungebrochen hier der Gegensatz zwischen einem pejorativ besetzten Begriff des „Politikers" als Vertreter von Partikular- und Eigeninteressen auf der einen Seite und demjenigen des „Staatsmannes" als würdevolle Personifizierung der Nation auf der anderen fortzuleben scheint. Die *bessere* Politik ist stets die des Pfarrers, der schon qua Amt zur Überparteilichkeit verpflichtet ist und selbstverständlich ohne Eigennutz nur dem Guten zum Durchbruch verhelfen will. Obwohl er sich dabei durchaus irdischer Probleme annimmt (woraus die Komik erwachsen soll), steht er als Mittler Gottes über der Gesellschaft. Wir haben es hier also mit einer speziellen, depolitisierten Variante des Führerdiskurses zu tun.

Insgesamt bleibt festzuhalten, dass die Erwartungen an Politik und das Image von Politkern, wie sie sich im Spielfilm zeigen, in dieser Zeit nahtlos an die Diskurse der Weimarer Republik anknüpften. Einerseits waren damit nach wie vor extrem hohe Erwartungen verbunden, die einen selbstlosen Einsatz für die Gemeinschaft verlangten, der bis zum Selbstopfer reichen konnte. Die Erfahrung des Nationalsozialismus führte nicht zur Aufgabe dieses Ideals, sondern zunächst dazu, dass sich das Führerbild wandelte, nämlich vom zukunftsbezogenen Revolutionär und Erlöser zum Ausdruck des Erprobten, des konservativen Staatsmannes des Kaiserreichs oder der ersten Republik. Zudem wurde es in den Filmen nun verfremdet, indem es beispielsweise in die Vergangenheit verlegt, öfter aber noch jenseits des politischen Betriebs angesiedelt wurde, etwa bei Ärzten oder Pfarrern. Letzteres weist schon darauf hin, dass man andererseits von der realen Politik buchstäblich überhaupt nichts erwartete. Das galt zumindest für einen politischen Betrieb, der auf die agonale Verhandlung von Konflikten, auf die Vertretung von partikularen Interessen zielte, also unter Politik primär die Aushandlung und Moderation innergesellschaftlicher Konfliktlagen verstand. In der Privilegierung des Konsenses und der Ablehnung von Konflikt, in dem Wunsch nach selbstloser Vertretung „übergeordneter", gesamtgesellschaftlicher Interessen kommt letztlich der Wunsch zum Ausdruck, die Politik „aus der Gesellschaft herauszuhalten". Dies aber impliziert eine homogene Gemeinschaft, mit einheitlichen Interessen und Bedürfnissen; nichts anderes also als das, was noch ein Jahrzehnt zuvor unter dem Begriff „Volksgemeinschaft" bekannt war (vgl. Wildt 2007).

3. Die 1960er und 1970er Jahre: Schmutzige Politik

Folgt man den allgemeinen Darstellungen zur politischen Geschichte der Bundesrepublik einschließlich der Geschichte ihres Films, dann erscheinen die 1960er Jahre als Bruch, als Wendung von einem konservativen, ja restaurativen Zeitgeist zu Reform und Zeitkritik (vgl. von Hodenberg 2006). Spätestens mit der Studentenrevolte von 1967/68 scheint demnach eine „Fundamentalpolitisierung" der Gesellschaft zu greifen und die politische Kulturforschung geht für diesen Zeitraum von einer langsamen, nachholenden Internalisierung der demokratischen Normen aus (Bergem 1993). Es ist bereits angedeutet worden, dass Periodisierungen nach Jahrzehnten dem Gegenstand des fiktionalen Unterhaltungsfilms nicht recht angemessen sind. So reicht der *nichtpolitische* Konsens-Diskurs mit seinen antidemokratischen Implikationen zumindest im Heimatfilm noch bis weit in die 1970er Jahre hinein – und möglicherweise darüber hinaus. Das hat unterschiedliche Gründe. Einer könnte darin liegen, dass populäre Unterhaltung nicht zuletzt generationellen Codierungen folgt und zumindest in diesem Segment nicht unbedingt auf die nachwachsende Generation zielte.[15]

15 Vgl. zum Zusammenhang von Generations- und Kommunikationsgeschichte das Themenheft von medien & zeit, H. 3, 21/2006.

Jedenfalls ist vor dem Hintergrund des tief greifenden Gesellschafts- und Mentalitätswandels seit Ende der 1950er Jahre auffällig, wie wenig Politiker und ihr Handlungsfeld nach wie vor thematisiert werden, weder in Unterhaltungsproduktionen noch in ambitionierten Formen wie dem „Neuen Deutschen Film" oder im Fernsehspiel. Zwar bildete sich die kritische Wendung beispielsweise im Umgang mit der nationalsozialistischen Vergangenheit und den vermeintlichen moralischen Untiefen der Wirtschaftswundergesellschaft auch im Film und – mehr noch – in den ambitionierten, sozialkritischen Fernsehspielen des nun etablierten Mediums Fernsehen ab. Im Mittelpunkt stand dabei jedoch die Gesellschaft, deren Einstellungen und Praxen nun kritisch evaluiert wurden. Politiker blieben dabei, wenn sie überhaupt vorkamen, meist Randfiguren und erschienen als „Teil des Problems", also als Ausdruck reaktionärer gesellschaftlicher Verhältnisse und Mentalitäten, die selbstverständlich auch den Staat und seine Vertreter mit einschließen, ihm aber keinesfalls allein zugeschrieben werden können.[16] Typisch sind daneben weiterhin satirische Brechungen,[17] gern im bezeichnenden Motiv des Hochstaplers[18] oder in der Form sinisterer Vertreter einer bundesdeutschen Ministerialbürokratie, wie sie in den Komödien von und mit Wolfgang Neuss verkörpert sind.[19]

Gelegentlich finden sich in den 1970er Jahren Bemühungen des öffentlich rechtlichen Fernsehens, Politikern und parteipolitischem Engagement ein positives Image zu verleihen, wie beispielsweise in der ARD-Vorabendserie „Gemeinderätin Schumann", in der eine Lehrerin, Gemeinderätin und Mutter ihren Kleinstadt-Alltag meistert.[20] Dabei ist die Inszenierung des zeitgenössischen Leitbildes einer emanzipierten jungen Frau, die Politik, Familie und Beruf immer perfekt miteinander verbindet, gewiss nicht ohne Penetranz. Doch jenseits des durchaus fragwürdigen und naiven Frauen- und Rollenbildes soll die Lokalpolitikerin hier als „Mensch wie du und ich" erscheinen. Politisches Engagement wird nicht nur eindeutig positiv bewertet, Politik kann demzufolge auch von „ganz normalen Leuten" erfolgreich betrieben werden.[21] Und noch etwas ist wichtig: Politik ist hier (erstmals?) weiblich konnotiert und sie ist jung. Während dieses Feld sonst regelhaft als männliche Domäne erscheint, die scharf

16 Pars pro toto: „Jagdszenen aus Niederbayern", BRD 1968, Regie: Peter Fleischmann.

17 „Der Minister und die Ente", SWF 1970, Regie: Rolf von Sydow.

18 „Orden für die Wunderkinder", WDR 1963, Regie: Rainer Erler; aber auch noch später: „Mein Freund der Scheich", BRD 1981, Regie: Rainer Erler und „Der Papagei", BRD 1992, Regie: Ralf Huettner.

19 „Wir Kellerkinder", BRD 1960, Regie: Jochen Wiedermann; „Genosse Münchhausen", BRD 1962, Regie: Wolfgang Neuss.

20 13 Folgen, ARD 1974, Regie: Helmut Kissel.

21 Mit ähnlicher Tendenz: Die Darstellung des jungen Kommunalpolitikers in der Serie „Sechs unter Millionen", 13 Folgen, ZDF 1973, Regie: Herbert Ballmann.

abgegrenzt ist von allem was seinerzeit mit Weiblichkeit verbunden wurde, dem privaten, häuslichen Raum und jeder Form von emotionaler Wärme, wird diese Trennung hier in der Person aufgehoben. Familie, Politik, Beruf und jugendliches Alter schließen sich nicht mehr aus, sondern scheinen sich quasi gegenseitig zu ergänzen. Man kann dies als expliziten Gegenentwurf zu den überhöhten Erwartungen an Politiker interpretieren, wie sie noch in den Darstellungen der 1950er Jahre zum Ausdruck kommen: Politik und Gesellschaft fallen nun zusammen. Kaum zufällig dürfte allerdings eine solche Inszenierung im Bereich der „Lokalpolitik angesiedelt worden sein. Auf einer anderen Ebene operiert der Versuch Dieter Wedels aus dem Jahr 1974, die Komplexität politischer und ökonomischer Prozesse sowie unterschiedlicher, jeweils legitimer Interessen der Sozialpartner nachvollziehbar zu machen.[22] Vor dem Hintergrund des ersten Ölpreisschocks werden die Perspektiven, Konflikte und Sachzwänge der Beteiligten in Wirtschaft, Gewerkschaften und Politik vorgeführt. Erkennbar steht dahinter ein plurales Konzept von Gesellschaft, das sich gerade im Angesicht der Krise gegen konspirative Vorstellungen von Politik und Wirtschaft richtet. Beide Fernsehspiele können demzufolge als Beleg dafür gelten, dass ein demokratisches Politikideal im Sinne von bürgerschaftlichem Engagement sowie der Aushandlung und Moderation pluraler Interessen im Fernsehen inzwischen durchaus angekommen war.

Indes, typisch für die 1970er Jahre waren solche Produktionen nicht. Eher schon findet sich ein Bild, wie es in dem Fernsehspiel „Direktmandat" von 1979 aufscheint.[23] Thema ist hier die Kandidatur des jungen Nachwuchspolitikers Neudeck um ein Bundestagsmandat. Beschrieben werden dabei sowohl die innerparteilichen Konflikte um die Kandidatenaufstellung, als auch die Strapazen des Wahlkampfes und am Ende das Scheitern des Kandidaten gegen seine Gegnerin von einer anderen Partei. Erkennbar richtet sich der Autor gegen die populäre Vorstellung von Volksvertretern, die sich, ausgestattet mit üppigen Diäten, auf Kosten der Steuerzahler ein schönes Leben machen. Im Gegenteil: Politik erscheint hier als *Ochsentour*, als hartes, risikobehaftetes Geschäft, für das der Kandidat nicht nur mit dem Ende seiner politischen Karriere und beruflichen Existenz bezahlen muss, sondern das ihn auch leicht sein privates Glück hätte kosten können. Erschwerend kommt hinzu, dass Neudeck am Ende erkennen muss, dass sein Enthusiasmus vom Kreisvorsitzenden lediglich benutzt worden ist, um einen innerparteilichen Gegner auszuschalten, sein Scheitern also Teil der Strategie war.

Nicht der Einsatz für politische Inhalte prägt demnach die Politik, sondern ausschließlich der Kampf um Macht und persönliche Eitelkeit, für deren Befriedigung jede Intrige recht ist. Der Wahlkampf wird als inhaltlose Show charakterisiert, in dem

22 „Eintausend Milliarden", NDR 1974, Regie: Dieter Wedel.

23 ZDF 1979, Regie: Daniel Christoff.

es nur darum gehe, sich ein positives Image zuzulegen, und in dem sich am Ende die „Nullen“ durchsetzen würden. Vor allem aber erscheinen Politik und Privatleben unvereinbar: Wer zehn Jahre im Bundestag war, wie Neudecks Vorgänger und Freund Dernbach, dessen Ehe ist irreparabel kaputt. Man muss sich entscheiden: Entweder man bleibt Mensch, oder man geht in die Politik. So gesehen hat Neudeck noch einmal Glück gehabt.

Das Stereotyp der „schmutzigen Politik“ als einer Sphäre, die im wesentlichen von Eigeninteressen und Taktik der Beteiligten geprägt sei, die sich durch Intrigen auszeichne und an der jede Form von Idealismus notwendig scheitern müsse, knüpft nahtlos an Perzeptionen des Parlamentarismus in der Weimarer Republik an (vgl. Mergel 2005: 352-354). Schon hier findet sich die Tendenz, Politik als homogenes „System“ wahrzunehmen, an dessen amoralische und intransparente Regeln sich der Einzelne bei Strafe seines Untergangs anpassen müsse.[24] Prinzipientreue und Ehrlichkeit sind hier sichere Indizien für das Scheitern,[25] der Kompromiss als demokratische Konfliktlösungsstrategie scheint desavouiert. Damit sind jene Topoi längst angelegt, die in der weiteren Radikalisierung dieses Negativ-Images der demokratischen Institutionen zum Ausdruck kommen, die gemeinhin allein dem Anti-Institutionalismus der „68er-Bewegung“ zugeschrieben werden: Eine strikten Unterscheidung zwischen „ihnen“ und „uns“, also den Vertretern des „ Systems“ einerseits und der „kleinen Leute“ andererseits, die Vorstellung konspirativer Verschwörungen innerhalb der Politik sowie vom politischen Betrieb als moralfreiem Raum eines Kampfs um Macht und Geld.[26]

In den 1960er und 1970er Jahren kommt es also zu einer Differenzierung der Bilder von Politik. Neben Hinweisen auf die Persistenz des älteren, gemeinschaftsbezogenen Führer-Topos im Heimatfilm finden sich nun, meist im Fernsehspiel, auch Indizien für eine Annäherung zwischen den demokratischen Normen und den fiktionalen Darstellungen von Politik. Die Erwartungen gegenüber Politikern sind nicht mehr immer völlig überzogen, der Gedanke von Repräsentation des Normalbürgers findet einen positiven Ausdruck, ebenso wie innergesellschaftliche Konflikte jetzt als legitim vorgeführt werden. Damit scheint nun auch bürgerschaftliches Engagement sinnvoll und vor allem angemessen: Politik ist erstmals *Teil* der Gesellschaft. Dominanter ist aber in den Spielfilmen und dramaturgischen Fernsehsendungen ohne Zweifel ein Negativimage von Politik. Nicht selten erscheint diese Sphäre vor allem in den

24 Idealtypisch: „Das Treibhaus“, BRD 1987, Regie: Peter Goedel; nach dem bereits 1953 veröffentlichten gleichnamigen Roman von Wolfgang Koeppen.

25 Vgl. etwa: „Fragestunde“, SWF 1969 oder „Ein Mann von gestern“, WDR 1980, Regie jeweils: Tom Toelle.

26 Vgl. „Anita Drögemöller und die Ruhe an der Ruhr“, BRD 1976, Regie: Alfred Vohrer, nach dem gleichnamigen Roman von Jürgen Lodemann; satirisch: „Is’ was Kanzler?“, BRD 1983/84, Regie: Gerhard Schmidt.

1970er Jahren als norm- und moralfreier Raum, dessen Personal notgedrungen einer charakterlichen Negativauslese unterliegen müsse. Dahinter steht nicht nur abermals die Vorstellung einer strikten Trennung von Politik und Gesellschaft, sondern auch ein utopisches Politikideal. Frappieren muss dabei die Kontinuität zu älteren antidemokratischen Stereotypen und Erwartungen gegenüber Politik aus den 1920er und 1950er Jahren, die zwar semantisch anders codiert werden, sich in ihrer Substanz aber offenbar kaum verändert haben.

4. Ausblick: Zivilgesellschaft als Fortschreibung von Nichtpolitik?

Auch in den beiden folgenden Jahrzehnten und bis zur Gegenwart ist das Image der „schmutzigen Politik" in fiktionalen Darstellungen einflussreich, wenn nicht dominant. An zahlreichen Beispielen ließe sich zeigen, dass die Vorstellung, dass der politische Betrieb im wesentlichen über schmutzige Tricks, Intrigen und Erpressungen funktioniert, in deutschen Filmen und Fernsehspielen nach wie vor höchst prominent vertreten ist. Durch den Trend zu immer mehr action-orientierten Thriller-Handlungen scheint diese Tendenz eher noch zu- als abzunehmen.[27] Nennen könnte man beispielsweise Dominik Grafs Kinofilm „Die Sieger",[28] in dem eine Clique korrupter Landespolitiker um einen Minister den eigenen Staatssekretär entführen und umbringen lässt, weil sie an seiner Loyalität zweifeln. Ebenfalls auf der Ebene der Landespolitik spielt der Tatort „Parteifreunde",[29] in der ein designierter Parteichef in einen Mord verwickelt ist. Seinen Reiz bezieht dieser Krimi daraus, das alle Zeugen aus dem politischen Umfeld kaum glaubwürdig erscheinen, weil sie jeweils eigene politische Interessen verfolgen. Zudem zeigt sich einer der wenigen Sympathieträger, ein ehemaliger Parteichef, als vollkommen desillusioniert über den politischen Betrieb und sein Personal. Bekannt ist schließlich die Miniserie „Die Affäre Semmeling,"[30] in der die politische Karriere eines der Protagonisten einzig darauf beruht, dass er um illegale Parteispenden eines Unternehmers an den Hamburger Bürgermeister weiß.

Stärker als zuvor propagieren zahlreiche Filme nun ein zivilgesellschaftliches Bürgerideal, das als mehr oder minder erfolgreiches Gegengewicht gegen die korrupte Politik in Stellung gebracht wird. Nicht nur, dass Fernsehkommissare sich gegen ihre Vorgesetzten auflehnen, die als willfährige Büttel politischer und wirtschaftlicher

27 Zwei Drittel der gegenwärtigen deutschen Fernsehspielproduktion lässt sich dem Genre Krimi zuordnen; „Die kriminalistische Spannungsdramaturgie ist drauf und dran, zumindest im Fernsehen, alle anderen Dramaturgien zu verdrängen", glaubt der WDR-Redakteur Michael André (Hoff 2009).

28 BRD 1992.

29 NDR 1996, Regie: Ulrich Stark.

30 Sechs Folgen, ZDF 2001, Regie: Dieter Wedel.

Netzwerke dargestellt werden: In dem Heimatfilm „Im Tal des Schweigens"[31] spielt Christiane Neubauer eine alleinerziehende Bergbäuerin, die sich im Alleingang gegen die Machenschaften der geldgierigen und korrupten Dorfgemeinschaft stellt, die das Dorf mit einer touristischen Infrastruktur überziehen möchte. Damit sind nicht mehr Konsens und Unterordnung unter die Gemeinschaft die gültigen Ideale in diesem Genre, sondern das zivilgesellschaftliche Ideal von individuellem, couragierten Widerspruchs ist offenbar im Heimatfilm angekommen. Geblieben ist es allerdings beim Negativimage der Politiker: Der Bürgermeister und seine Entourage werden anders als in den 1950er Jahren auch nicht mehr lediglich als harmlose Trottel gezeichnet, sondern als von übertriebenem Ehrgeiz oder Geldgier motiviert; von ihnen scheint nun tatsächlich eine Gefahr auszugehen. Was auf den ersten Blick wie eine Wende aussieht (und es im Hinblick auf die Verabschiedung des gemeinschaftsbezogenen Führer-Topos auch ist), kann bei genauerer Ansicht sehr wohl auch als eine Transformation des nichtpolitischen Topos gelesen werden: Nun ist es nicht mehr der Staatsmann, der die bessere Politik macht, sondern der Bürger. Noch immer wird die *gute* Politik aber notorisch überall woanders vermutet als bei den damit verfassungsmäßig und professionell befassten Instanzen. Zumindest eine gewisse Affinität zwischen der zivilgesellschaftlichen Emphase der letzten Jahre und dem alten Topos der „Nichtpolitik" liegt auf der Hand.

Last but not least gibt es in jüngster Zeit aber auch Indizien für eine Auflockerung des Negativ-Images von Politik. Die Serie „Kanzleramt"[32] stellte nicht nur zum erstmals in Deutschland die Bundespolitik und ihr Personal in den Mittelpunkt einer fiktionalen Fernsehserie, sie führte die Politiker auch als effiziente Manager von Krisen vor. Politik erschien dort zwar als hartes, nicht aber als per se amoralisches Geschäft. Obwohl hier der Anspruch bestand, den normalerweise unsichtbaren Bereich „hinter den Kulissen der Macht" zu zeigen, unterlagen die Autoren nicht der Versuchung, hier erneut ein konspiratives Politikbild zu inszenieren. Zahlreiche Figuren, darunter der Kanzler, boten durchaus Potenzial zur Identifikation. Vielleicht können die geringe Zuschauerresonanz und das frühzeitiges Ende der Serie allerdings auch als Indiz dafür gelten, dass nicht nur das Genre „Politik" insgesamt, sondern auch ein solches, wenn man so will „unspektakuläres" Politikimage in Deutschland wenig etabliert ist.

Interessant ist in diesem Zusammenhang schließlich ein „Tatort" mit dem Titel „Eine ehrliche Haut" aus dem Jahr 2004, mit dem die Bundespolitik erstmals in dieser Reihe aufgegriffen wurde.[33] Thema ist hier ein Nachwuchspolitiker, der sich im Wahlkampf als moralischer Erneuerer inszeniert. Nun gerät er in Verdacht, um seiner

31 ZDF 2003, Regie: Peter Sämann.
32 Vgl. Anmerkung 4.
33 ARD, Regie: Ralph Bohn.

Abb. 4.: „Im Tal des Schweigens". Christiane Neubauer als Anna Wallner (ZDF 2003)

Karriere willen einen Unfall mit Todesfolge vertuscht zu haben. Auch hier versucht ein innerparteilicher Gegner, dies auszunutzen. Im Verlauf der Handlung präsentiert sich der Film allerdings als raffiniertes Spiel mit dem Negativ-Image von Politik: Denn am Ende erweist sich der junge Politiker als genau die „ehrliche Haut", die er als Image im Wahlkampf kultiviert hatte; Politik kann schmutzig sein, sie ist es aber keineswegs immer. Vielmehr erweist sie sich als Spiegel der Gesellschaft: Es gibt – wie überall – schwarze und weiße Schafe, und, so ließe sich ergänzen, natürlich auch viele graue.

Vielleicht könnte man diese letzten Beispiele als Hinweise darauf nehmen, dass sich das Verhältnis zur Politik tatsächlich zu entspannen beginnt, Politik inzwischen nicht nur als Teil der Gesellschaft wahrgenommen wird, sondern ihr auch normativ entspricht. Das impliziert, von Politikern auch nicht mehr, aber eben auch nicht weniger zu erwarten als von „normalen" Menschen. Eher als mit einem klaren Trend haben wir es allerdings mit einer weiteren Ausdifferenzierung des Diskurses zu tun. Der Topos der „Schmutzigen Politik" bleibt uns auch weiterhin erhalten, schon weil die Nachfrage nach Thrillern mit einschlägigen Spannungsdramaturgien die Pflege solcher Stereotype nahelegt. Genau dies, die Stabilität dieses Stereotyps und der damit verknüpften Diskursmuster über schon bald ein Jahrhundert, diverse Systembrüche hinweg und parallel zum fortlaufenden Prozess der Medialisierung, ist das eigentlich überraschende. Es tritt uns in der Form einer nur leicht bürgerlich-demokratisch bemäntelten Konsens- und Führersehnsucht in der frühen Bundesrepublik entgegen, es passt perfekt zum Anti-Institutionalismus der Linken im Gefolge von 1968 und es erweist sich als anschlussfähig für die zivilgesellschaftliche Emphase seit den 1980er Jahren.

Am Ende dieser gewiss kursorischen *Tour d'horizon* durch die Geschichte der fiktionalen Politikdarstellungen in der Bundesrepublik deutet sich also an, dass sich manche Stereotype als zentrale Elemente der nationalen politischen Kultur anscheinend viel langsamer und weniger wandeln als wir gemeinhin annehmen. Manches deutet daraufhin, dass in Deutschland das seit dem Kaiserreich schwierige Verhältnis zwischen modernen Massenmedien und Politik im Bereich der fiktionalen Unterhaltung bis heute nachwirkt. Jedenfalls ist professionelle Politik hier bis heute kein bevorzugtes Sujet populärer Film- oder Fernsehproduktionen und dort, wo dies ausnahmsweise anders ist, überrascht, wie wenig sich bestimmte Darstellungsmuster im Laufe der Zeit verändert haben. Dies ist ein Indiz dafür, dass Medialisierungsprozesse, so bedeutend sie sind, zwar transnational ablaufen, dabei aber immer auf gewachsene politische Kulturen aufbauen. Die generelle Durchsetzung populärkultureller Dramaturgien und Formate hat langfristig die meisten westeuropäischen Kulturen geprägt, doch ist damit noch nichts über die konkreten Inhalte und Formen gesagt. In Deutschland erwiesen sich aus historischen Gründen die Ressentiments gegen eine uneingeschränkte Verbindung von Politik und Unterhaltung als stark und anhaltend. Für den Bereich der fiktionalen Unterhaltung wird man daher schwerlich von einer Dominanz der Medienlogiken über das Politische sprechen können (vgl. Meyer 2001).

Literatur

Benjamin, Walter (1980): Das Kunstwerk im Zeitalter seiner technischen Reproduzierbarkeit. In: Ders.: Gesammelte Schriften I, 2, Frankfurt a. M.: Suhrkamp, S. 471-508 [zuerst frz. 1935].

Bergem, Wolfgang (1993): Transformation und Tradition. Eine vergleichende Untersuchung zur politischen Kultur der Bundesrepublik Deutschland. Opladen: Westdeutscher Verlag.

Berg-Schlosser, Dirk/Schissler, Jakob (1987): Politische Kultur in Deutschland, Forschungsstand, Methoden und Rahmenbedingungen. In: Dies. (Hrsg.): Politische Kultur in Deutschland. Bilanz und Perspektiven der Forschung. Opladen Westdeutscher Verlag, S. 11-26.

Berking, Helmuth (1984): Masse und Geist. Studien zur Soziologie in der Weimarer Republik. Berlin: Wissenschaftlicher Autoren-Verlag.

Classen, Christoph (2005): Ungeliebte Unterhaltung. Zum Unterhaltungs-Diskurs im geteilten Deutschland 1945–1970. In: Jens Ruchatz (Hrsg.): Mediendiskurse deutsch/deutsch. Weimar: VDG, S. 209-233.

Combs, James (1984): Polpop. Politics and Popular Culture in America, Bowling Green/OH: Bowling Green University Popular Press.

Combs, James (Hrsg.) (1993): Movies and Politics. The Dynamic Relationship. New York: Garland Publishing.

Deutsches Filmmuseum Frankfurt am Main (Hrsg.) (1991): Abschied vom Gestern. Bundesdeutscher Film der 1960er und 1970er Jahre. Frankfurt a. M.: Deutsches Filmmuseum.

Dörner, Andreas (1999): Politik im Unterhaltungsformat: Zur Inszenierung des Politischen in den Bildwelten von Film und Fernsehen. In: Aus Politik und Zeitgeschichte, Heft 41/1999, S. 17-25.

Dörner, Andreas (2000): Politische Kultur und Medienunterhaltung. Zur Inszenierung politischer Identitäten in der amerikanischen Film- und Fernsehwelt. Konstanz: UVK.

Dörner, Andreas (2001): Politainment. Politik in der medialen Erlebnisgesellschaft. Frankfurt a.M: Suhrkamp.

Dörner, Andreas (2006): Politik als Fiktion. In: Aus Politik und Zeitgeschichte (APuZ) 7/2006, S. 3-11.

Dussel, Konrad (2002): Hörfunk in Deutschland. Politik, Programm, Publikum (1923–1960). Potsdam: Verlag für Berlin-Brandenburg.

Fehrenbach, Heide (1995): Cinema in Democratizing Germany. Reconstructing National Identity after Hitler. Chapel Hill/London: The University of North Carolina Press 1995.

Gianos, Phillip L. (1998): Politics and Politicians in American Film. Westport/CT/London: Praeger Publishers.

Generationengeschichte (2006). medien & zeit, H. 3, 21.

Hodenberg, Christina von (2006): Konsens und Krise. Eine Geschichte der westdeutschen Medienöffentlichkeit. Göttingen: Wallstein.

Höfig, Willi (1973): Der deutsche Heimatfilm 1947–1960, Stuttgart: Ferdinand Enke.

Imhof, Kurt (2006): Mediengesellschaft und Medialisierung. In: Medien & Kommunikationswissenschaft, H. 2, 54, S. 191-215.

Loiperdinger, Martin/Culbert, David (1988): Leni Riefenstahl, the SA, and the Nazi Party Rally Films, Nuremberg 1933–1934: „Sieg des Glaubens" and „Triumph des Willens". In: Historical Journal of Film, Radio and Television, Vol. 8, No. 1 (1988): S. 3-38.

Maase, Kaspar (1997): Grenzenloses Vergnügen. Der Aufstieg der Massenkultur 1850–1970. Frankfurt a. M.: Fischer-Taschenbuch-Verl.

Maase, Kaspar (2009): Massenmedien und Konsumgesellschaft, in, Heinz-Gerhard Haupt/ Claudius Torp (Hrsg.): Die Konsumgesellschaft in Deutschland 1890–1990. Ein Handbuch. Frankfurt a. M.: Campus, S. 62-78.

Mergel, Thomas (2001): Parlamentarische Kultur in der Weimarer Republik, Politische Kommunikation, symbolische Politik und Öffentlichkeit im Reichstag. Düsseldorf: Droste.

Meyer, Thomas (2001): Mediokratie. Die Kolonisierung der Politik durch die Medien, Frankfurt a. M.: Suhrkamp 2001.

Paul, Gerhard (1990): Aufstand der Bilder. Die NS-Propaganda vor 1933. Bonn: J. H. W. Dietz.

Peukert, Detlev J. K. (1989): Die Weimarer Republik. Krisenjahre der klassischen Moderne. Frankfurt a. M.: Suhrkamp.

Reichel, Peter (1994): Aspekte ästhetischer Politik im NS-Staat. In: Herrmann, Ulrich/Nassen, Ulrich (Hrsg.): Formative Ästhetik im Nationalsozialismus. Intentionen, Medien und Praxisformen totalitärer ästhetischer Herrschaft und Beherrschung. Weinheim/Basel: Beltz, S. 13-31.

Rohe, Karl (1990): Politische Kultur und ihre Analyse. Probleme und Perspektiven der Politischen Kulturforschung. In: Historische Zeitschrift, 250, S. 321-346.

Saldern, Adelheid von (1996): Überfremdungsängste. Gegen die Amerikanisierung der deutschen Kultur in den zwanziger Jahren. In: Lüdtke, Alf/Marszolek, Inge/von Saldern, Adelheid (Hrsg.): Amerikanisierung. Traum und Alptraum im Deutschland des 20. Jahrhunderts. Stuttgart: Franz Steiner, S. 213-245.

Sarcinelli, Ulrich (Hrsg.) (1998): Politikvermittlung und Demokratie in der Mediengesellschaft. Beiträge zur politischen Kommunikationskultur. Opladen: Westdeutscher Verlag.

Sarcinelli, Ulrich (2003): Demokratie unter Kommunikationsstress? Das parlamentarische Regierungssystem in der Mediengesellschaft. In: Aus Politik und Zeitgeschichte, B43, 2003, S. 39-46.

Saxer, Ulrich (2006): Politik als Unterhaltung. Zum Wandel politischer Öffentlichkeit in der Mediengesellschaft. Konstanz: UVK.

„Schelte von Horst Ehmke“. In: Spiegel Online, 24.5.2005, http://www.spiegel.de/kultur/gesellschaft/0,1518,348258,00.html (30.9.2009).

Slotkin, Richard (1992): Gunfighter Nation. The Myth of Frontier in 20th Century America. New York: Atheneum.

Soboth, Christian (2001): Hitler – Inszenierung eines Charismas. In: Jürg Häusermann (Hrsg.): Inszeniertes Charisma. Medien und Persönlichkeit, Tübingen: Max Niemeyer, S. 129-153.

Taş, Mehmet (2005): Die Konstruktion „Politischer Bilder“ und ihre Vermittlungsstruktur im TV-Unterhaltungsprogramm. Eine medienwissenschaftliche Analyse ausgewählter Kriminalserien in den öffentlich-rechtlichen und privaten Sendern. Stuttgart: ibidem.

Wildt, Michael (2007): Volksgemeinschaft als Selbstermächtigung. Gewalt gegen Juden in der deutschen Provinz 1919 bis 1939. Hamburg: Hamburger Edition.

Wilharm, Irmgard (2002): Filmwirtschaft, Filmpolitik und der „Publikumsgeschmack“ im Westdeutschland der Nachkriegszeit. In: Geschichte und Gesellschaft, 28, H. 2, S. 267-290.

Michael Meyen

Nutzung politischer Medienangebote in den 1950er Jahren

1. Problemorientierung und Quellen

In diesem Beitrag wird die These vertreten, dass die meisten Menschen von den Funkmedien von Anfang an in erster Linie unterhalten werden wollten. Nicht die Bedürfnisse der Mediennutzer haben sich verändert, sondern die Möglichkeiten, diese Bedürfnisse zu befriedigen. Um diese These zu untermauern, eignen sich die 1950er Jahre besonders gut, weil dieses Beispiel erlaubt, das zu hinterfragen, was wir über die Nutzung von Medienangeboten zu wissen glauben sowie über die Veränderungen, die auf den Wandel der Medienstrukturen (und hier vor allem der Rundfunkstrukturen) zurückgehen sollen. Das *Wissen* über den Einfluss des Medienangebots auf das Politikinteresse der Deutschen lässt sich in drei Thesen zusammenfassen:

- *Die Einführung des Fernsehens in den 1950er und 1960er Jahren war ein „gigantischer Siegeszug der Herstellung einer demokratischen Öffentlichkeit“.* Jürgen Gerhards (1998: 34) hat dies vor allem auf die Reichweite politischer Informationen bezogen und geschrieben, dass die mediale politische Öffentlichkeit spätestens Anfang der 1970er Jahre fast alle Staatsbürger erfasst habe. Nahezu jeder Haushalt habe zu diesem Zeitpunkt ein TV-Gerät besessen und über zwei Drittel der Westdeutschen hätten die Möglichkeit genutzt, sich im Fernsehen tagtäglich über Politik zu informieren. Gestützt wird diese Argumentation dadurch, dass mit der Ausbreitung des Fernsehens das Interesse der Bevölkerung an Politik gestiegen ist (vgl. Peiser 1999; vgl. Schulz 1993). Marie Luise Kiefer und Klaus Berg behaupteten 1982, gestützt auf vier Umfragewellen der Langzeitstudie Massenkommunikation, dass die Tageszeitung bei der politischen Information weit hinter dem Fernsehen zurückbleibe. Die Chance, sich auf „angenehm unanstrengende Weise in Wort und Bild“ über das aktuelle Geschehen zu informieren, sei zum „hochgeschätzten Bestandteil“ des Lebens geworden (Berg/Kiefer 1982: 130-131).
- *Die Einführung des Dualen Rundfunksystems hat die Unterhaltungsorientierung des Publikums verstärkt und das Interesse an Politikberichten zurückgedrängt* (vgl. Bonfadelli 2005: 252). Die Behauptung, dass sich das Fernsehen von einem Informations- zu einem Unterhaltungsmedium gewandelt habe, ist vor allem von den bereits zitierten Autoren der Langzeitstudie Massenkommunikation vertreten

worden. Da ein weitgehend politikfreies Angebot ganz automatisch zu einer politikfreien Nutzung führe, bestehe die „Gefahr“, dass der Fernsehkonsum für einen Großteil der Bürger zu einer sehr einseitigen Diät werde – mit den entsprechenden Folgen für das „tradierte Verständnis vom Rundfunk als Mittler politischer Information“ (Kiefer 1998: 23-27, vgl. Berg/Kiefer 1996). Dieser Warnruf klingt wie eine moderne Fassung der Kulturindustrie-Theorie. Horkheimer und Adorno gingen von einem „strukturellen Zwang zu Zerstreuung und Erholung“ aus (Gebur 2002: 409) und waren der Meinung, dass der Konsument gar keine Chance habe, sich mit Dingen auseinander zu setzen, die ihn anstrengen. Die Kulturindustrie beute die „Ich-Schwäche“ des Menschen aus und bringe uns das, wozu wir ohnehin neigen würden: Produkte, die wenig Konzentration erfordern und „keine eigenen Gedanken“ (Horkheimer/Adorno 1969: 123). Wenn heute der Trend zur politikfreien Nutzung beklagt wird, dann geht es wie in der Theorie der Kulturindustrie um die Basis der demokratischen Gesellschaft – um autonome, gut informierte sowie bewusst handelnde und urteilende Staatsbürger.

- *Die Kommerzialisierung des Rundfunks hat ein „duales Publikum“ produziert* (vgl. Berg/Kiefer 1996: 272). Auf der einen Seite stehen dabei die Anhänger der Privatsender (in der Regel junge Menschen, die formal unterdurchschnittlich gebildet sind, wenig politisches Interesse haben und deshalb auch sonst kaum auf Informationsangebote zurückgreifen) und auf der anderen das öffentlich-rechtliche Publikum, das fast als Gegenstück beschrieben werden kann (eher ältere Menschen mit einem höheren Einkommen, besserer Formalbildung und größerem politischen Interesse).

Diese drei Thesen haben einen gemeinsamen Nenner: Die Strukturen des Rundfunksystems und die Medienangebote werden jeweils als Ursache beschrieben und die Bedürfnisse und das Verhalten des Publikums als Wirkung. Dieser Beitrag sagt das Gegenteil und geht von einer „Diktatur des Publikums“ aus: Die Bedürfnisse und das Verhalten der Mediennutzer haben dazu geführt, dass das Angebot immer besser auf die Wünsche des Publikums zugeschnitten worden ist. Die Geschichte des Rundfunks in der Bundesrepublik lässt sich folglich auch schreiben als eine Geschichte des langsamen Nachgebens von Medienpolitikern und Medienmachern (vgl. Schildt 1995: 207). Die Belege werden sich dabei weitgehend auf Westdeutschland beschränken. Die Nutzung politischer Medienangebote in der DDR ist ein eigenes Thema, für das man sich erstens mit dem Westempfang sowie mit der Glaubwürdigkeit von Informationsangeboten in gelenkten und kontrollierten Mediensystemen beschäftigen müsste (vgl. Meyen 2003) und für dies zweitens sehr viel weniger Quellen zur Verfügung stünden. Zwar interessierte man sich auch in der DDR schon in den 1950er Jahren für die Reaktionen des Publikums, repräsentative Bevölkerungsumfragen gab es aber erst ab Mitte der 1960er Jahre (vgl. Niemann 1993). Wenn in diesem Beitrag der deutsch-deutsche Vergleich gesucht wird, dann geschieht dies eher impressionistisch, mithilfe von Umfragen, die in Flüchtlingslagern und in Westberlin durchgeführt wurden, und aufgrund von Material, das in ostdeutschen Redaktionen gesammelt wurde und in Archiven überliefert ist. So ließ sich das DDR-Fernsehen beispielsweise in den 1950er Jahren von so genannten Fernseh-Korrespondenten schreiben, wie das Programm von Kollegen, Freunden und Nachbarn aufgenommen worden war.

Für die Bundesrepublik ist die Quellenlage weit besser. Seit dem Ende des Zweiten Weltkrieges gab es hier regelmäßig Repräsentativbefragungen. Schon in den Untersuchungen der drei westlichen Militärregierungen spielten die Nutzung und die Bewertung von Medienangeboten eine wichtige Rolle. Obwohl der öffentlich-rechtliche Rundfunk lange keine Konkurrenz hatte und eher von den Aufsichtsgremien abhängig war als vom Urteil der Hörer und Zuschauer, wurden auch dort regelmäßig Umfragen veranstaltet – teilweise auf Initiative von kommerziellen Meinungsforschungsinstituten (Allensbach, Emnid, Infratest), die den lukrativen Medienmarkt sahen, und teilweise auf Initiative der Rundfunkanstalten selbst (etwa von Fritz Eberhard, 1949 bis 1958 Intendant des „Süddeutschen Rundfunks"; vgl. Eberhard 1962).

Diagramm 1

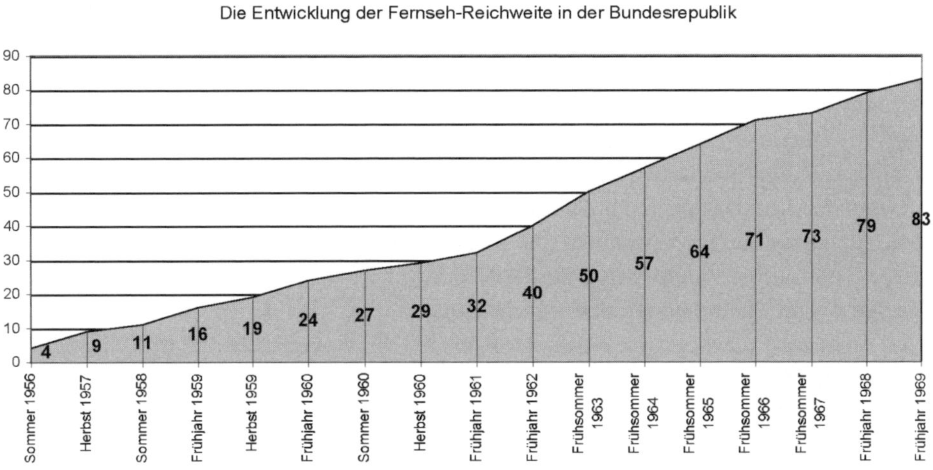

Institut für Demoskopie Allensbach. BRD und Westberlin. Bevölkerung ab 16 Jahre. Quotenauswahl. Personen, die zu Hause am eigenen Gerät das Fernsehprogramm verfolgen können. Angaben in Prozent. Quellen: Institut für Demoskopie Allensbach: Werbeträger-Analyse 1960, S. 53. In: Allensbacher Archiv. Bericht Nr. 834/IV; Institut für Demoskopie Allensbach: Rundfunkhörer und Fernsehteilnehmer 1968/69. Band I: Radiohören in einer neuen Medienwelt. Reaktion auf die neue Struktur des SDR-Programms, S. 8. In: SWR, Stuttgart. Historisches Archiv. Hörerumfrage Nr. 69.

Der Beitrag stützt sich auf eine Vollerhebung der überlieferten Befragungsergebnisse (vgl. Meyen 2001). Außerdem wurden in einer systematischen Stichprobe drei Meinungsführer-Medien komplett ausgewertet („Der Spiegel“, „Die Welt“, „Hörzu“; jeweils alle Ausgaben bis Ende 1965) und die wichtigsten Fachblätter und Mediendienste herangezogen.

Der Beitrag beginnt mit einem Abschnitt über den Hörfunk – zum einen, weil die Radiohörer bereits in den 1930er Jahren etwas ganz ähnliches erwartet haben wie die Fernsehzuschauer in den 1950er Jahren, und zum anderen, weil die ersten anderthalb Nachkriegsjahrzehnte für die allermeisten Deutschen noch ins Radio-Zeitalter gehören. Noch 1960 konnte nur jeder vierte Bundesbürger daheim das Fernsehprogramm empfangen (vgl. Diagramm 1). Die Hörfunk-Reichweite hatte bereits 1949/50 mit 75 bis 80 Prozent wieder das Vorkriegsniveau erreicht und lag 1955 bei über 90 Prozent. Zum Vergleich: Die Tagespresse erreichte in den 1950er Jahren einen weitesten Leserkreis von knapp 90 Prozent (vgl. Meyen 2001: 165-181).

2. Erwartungen an den Hörfunk

Eine „Hauptsache im persönlichen und geselligen Leben der Menschen“ sei das Radio in den 1950er Jahren gewesen, erinnerte sich 1989 Peter Kehm, fast 40 Jahre Hörfunkprogrammdirektor beim „Süddeutschen Rundfunk“, „die wichtigste Nachrichtenverbindung in eine immer noch aufgewühlte, um Frieden ringende Welt; Anschluss an eine hoffnungsvolle, die zerstobenen Kräfte sammelnde Zeit; Kommunikation der Überlebenden, sich Wiederfindenden; rangerste Freizeitbeschäftigung, Sammelbecken aller Wünsche nach Freude und Entrückung aus dem drückenden Alltag, geistigem Austausch nach den Jahren der Isolation und Aushungerung“ (Kehm 1989: 61). Man kann Kehm zustimmen, und muss ihm doch widersprechen. Albert Einstein hatte schon auf der Funkausstellung 1930 in Berlin mit einer Publikumsbeschimpfung geglänzt. Die Menschen würden sich gedankenlos der Wunder der Technik bedienen und nicht mehr davon erfassen als die Kuh von der Botanik der Pflanze, die sie mit Wohlbehagen fresse (vgl. Ressing 1955). Die Mehrheit wollte vom Rundfunk von Anfang an Musik, Musik und nochmals Musik, die Tagesneuigkeiten, morgens die genaue Uhrzeit und vielleicht noch den Wetterbericht, dann aber bitte wieder Musik – „leichte“ Musik, keine Sinfonie, keine Oper und erst recht kein Kammerstück. Das heißt nicht, dass es den „wirklichen Hörer“ nicht gegeben hat, das Wunschbild aller Hörfunkverantwortlichen – jenen „Wellenwanderer“, der im Äther nach Bildung sucht, jenen Musikliebhaber, der sich auf eine Übertragung vorbereitet wie auf ein „richtiges“ Konzert und nach dem letzten Ton abschaltet, um das Gehörte nachklingen zu lassen (vgl. exemplarisch Fischer 1959: 269). Natürlich hat es ihn gegeben, nur war er von Anfang an in der Minderheit. Egal wer vor 1945 die Wünsche der Hörer untersuchte: Immer lag das Unterhaltungsbedürfnis vorn und immer waren die Menschen stark an den Nachrichten interessiert. Man wolle doch wissen, was passiert sei, schrieb der Leipziger Zeitungswissenschaftler Friedrich Schindler (1942: 147), der Ende der 1930er Jahre eine Gruppe Leunaarbeiter beobachtet hatte. Entscheidend sei aber der Wunsch, abends „etwas Schönes" zu hören. Das Radio befriedige das Verlangen nach Entspannung in einer Weise, die dem Arbeiter bisher unbekannt gewesen sei. Alle Alternativen seien aufwändiger. Man müsse schneller essen, sich umziehen und noch einmal aus dem Haus.

Schwere Musik, Belehrung oder gar politische Sendungen wollte jeweils nur eine Minderheit im Programm. Gerhard Eckert, der im Sommer 1939 in der „Deutschen Radio-Illustrierten" einen Aufruf unter der Überschrift „Was hören sie am liebsten?" veröffentlichte und die Antworten dann in einer Habilitationsschrift über den „Rundfunk als Führungsmittel" verarbeitete, umging das Problem, indem er Nachrichten und „politische Kundgebungen" von vornherein ausschloss. Hier sei „ein hundertprozentiges Interesse der Hörer" selbstverständlich (Eckert 1941: 192-193). Eckert bekam 9500 Zuschriften, und das Ergebnis war eindeutig. Fast alle Einsender wünschten sich „lustige Bunte Abende", Militärmusik, alte Tanzmusik und Volksmusik. Mochte immerhin noch jeder Zweite Hörspiele, wollte lediglich jeder Vierte „aktuelle Kurzhörberichte" und gar nur jeder Sechste „gestaltete Hörberichte". Vorträge und alle Formen der ernsten Musik bekamen noch weniger Zustimmung (vgl. Eckert 1941: 190-191, 195). Wer solchen Rundfragen misstraut, glaubt vielleicht der Kulturkritik. Gerhard Eckert klagte 1941, dass der Durchschnittshörer viel zu viel höre und das Viele nur halb. Was aus dem Lautsprecher dringe, sei oft nur Geräuschkulisse für das Alltagsleben, angenehme Untermalung der Arbeit, gewissermaßen ein akustischer Vorhang zwischen dem Hörer und der Außenwelt. Eckert forderte eine Erziehung zum „sinnvollen Hören". Für besonders wertvolle Sendungen verdunkle man am besten das Zimmer, um sich durch die gewohnte Umgebung nicht ablenken zu lassen (vgl. Eckert 1941: 215-217). Der Schweizer Philosoph Max Picard (1948) geißelte nach dem Krieg in seinem vieldiskutierten Buch „Die Welt des Schweigens" die Dauerberieselung durch den Rundfunk. Das „Radiogeräusch" surre und der Mensch merke es nicht einmal, höre das meiste auch gar nicht und werde so dazu gebracht, das Wort zu verachten.

Die Umfragen nach 1945 haben die Ergebnisse aus der Vorkriegszeit bestätigt: Radio wurde in der Regel nebenbei gehört, und entscheidend für die Bewertung des Programms war die Musik. Im Sendegebiet des „Nordwestdeutschen Rundfunks" standen 1955 Bunte Abende und Rätselsendungen, leichte Musik und die Tagesneuigkeiten ganz oben auf der Interessen-Skala (vgl. Meyen 2001: 115). Infratest erklärte das große Interesse an den Nachrichten auch damit, dass die Hörer morgens die genaue Zeit brauchen und Wetter- und Straßenzustandsbericht dazuzählen würden (vgl.

Infratest 1962: 8). Die Nachrichten seien für die Mehrheit das gleiche wie der tägliche „Blick in die Zeitung" und außerdem im Programm so häufig, dass man ihnen kaum ausweichen könne. Das gelte vor allem für die Hörer, die den Beginn der Hauptabendsendung nicht verpassen wollten (vgl. Infratest 1955: 43, 46). Wie der Rest des Programms wurden auch die Nachrichten in der Regel nur nebenbei gehört. Gerhard Maletzke (1950: 73, 76) befragte im Sommer 1949 in einer norddeutschen Kleinstadt knapp 500 Einwohner und schrieb dann in seiner Dissertation, dass die Menschen den neuen Gegenstand anders in ihr Leben aufgenommen hätten, als es sich die Schöpfer des Radios gedacht haben mögen. Das äußere Verhalten habe sich kaum geändert und nur wenige Menschen hätten es sich zur Gewohnheit gemacht, ohne andere Beschäftigungen Rundfunk zu hören.

Dass das Interesse an Nachrichten nicht mit dem Interesse an dezidiert politischen Sendungen zu verwechseln ist (Kommentare und längere Wortsendungen, „aktuelle Kurzhörberichte", „politische Kundgebungen"), zeigen zwei Zeitreihen aus den 1950er Jahren, die im Sendegebiet des „Süddeutschen Rundfunks" entstanden sind (vgl. Tabelle 1 und 2): Fast alle Menschen haben wenigstens gelegentlich auch Nachrichten gehört, nur etwa ein Drittel aber kann zum weitesten Hörerkreis von Sendungen wie „Die Woche in Bonn" gerechnet werden. Dies war keineswegs eine süddeutsche Spezialität. Im Sendegebiet des „Nordwestdeutschen Rundfunks" wurden viele Hörfunkgeräte direkt nach den 19-Uhr-Nachrichten ausgemacht und erst um 20 Uhr wieder eingeschaltet. Die Hörerforschungsabteilung begründete dies damit, dass sich zwei Drittel der Hörer nicht für Politik interessieren würden und folglich auf den Kommentar des Tages und die anspruchsvollen Wortsendungen in der folgenden Stunde verzichten. Um 20 Uhr aber würden die meisten selbst dann wieder einschalten, wenn sie nicht wissen, was kommt (vgl. NWDR 1955: 16).

Tabelle 1: Reichweite der Hörfunk-Nachrichten (Angaben in Prozent)

	1951	1956	1960
Regelmäßig	78	75	68
Gelegentlich	17	21	22
Nein	5	4	10
	100	100	100

Institut für Demoskopie Allensbach. Gebühreneinzugsgebiet des Süddeutschen Rundfunks. Hörer über 18 Jahre. Quotenauswahl. *Frage*: Hören Sie die Rundfunk-Nachrichten des Süddeutschen Rundfunks?
Quellen: Institut für Demoskopie Allensbach: Süddeutscher Rundfunk 1958. Ergebnisse einer Hörerbefragung im Gebühreneinzugsgebiet. Tabelle 23; Institut für Demoskopie Allensbach: Hörfunk und Fernsehen 1960. Trendanalysen für den Süddeutschen Rundfunk. Band I, S. 25. In: SWR, Stuttgart. Historisches Archiv. Hörerumfragen Nr. 55, 59.

Tabelle 2: Reichweite von Politiksendungen im Hörfunk

	1950	1954	1960
Regelmäßig	8	17	10
Gelegentlich	13	22	21
Nein	79	61	69
	100	100	100

Institut für Demoskopie Allensbach. Gebühreneinzugsgebiet des Süddeutschen Rundfunks. Rundfunkhörer über 18 Jahre. Quotenauswahl. *Frage*: Hören Sie die Sendung „Die Woche in Bonn"? Angaben in Prozent. *Quelle*: Institut für Demoskopie Allensbach: Süddeutscher Rundfunk 1958. Ergebnisse einer Hörerbefragung im Gebühreneinzugsgebiet. Tabelle 26. In: SWR, Stuttgart. Historisches Archiv. Hörerumfrage Nr. 55.

Dass sich die Bedürfnisse im deutschen Osten nicht von denen im Westen unterschieden, lässt sich zwar nicht mit repräsentativen Zahlen belegen, die Indizien aber sind eindeutig. Schon bei der ersten Hörerversammlung des „Berliner Rundfunks" am 24. Februar 1948 klagten die meisten Besucher über die „vielen politischen Sendungen" und verlangten vor allem für die Abendstunden Unterhaltung (Richter 1971: 22). Generalintendant Hans Mahle berichtete auf einer Tagung der Rundfunkverantwortlichen im Januar 1951 über eine Hörerbefragung und sagte, dass die Leute „Bunte Nachmittage" und „Bunte Samstagabende" vermissen würden. Wenn nicht „wirklich ansprechende und frohe und begeisternde und mitreißende Musik" laufe, werde das Gerät einfach ab- oder auf einen Westsender umgestellt (Meyen 2001: 122). Adelheid von Saldern und Inge Marßolek (1998: 15-18) schoben diese Hörerwünsche vor allem auf die Zeit des Nationalsozialismus. Die dort entwickelten Gewohnheiten und Vorlieben hätten nachgewirkt. Möglicherweise hat dies tatsächlich eine Rolle gespielt, entscheidend aber dürften die Belastungen des Alltags gewesen sein (in den 1950er Jahren nicht anders als in den 1930ern). Die Abteilung Hörerforschung des Staatlichen Rundfunkkomitees stellte im Herbst 1957 nach einer schriftlichen Befragung fest, dass die Mehrzahl der Hörer abends ausschließlich auf leichte Unterhaltung aus sei. Dies abschätzig zu bewerten, verbiete sich schon deshalb, weil der Werktätige für den nächsten Arbeitstag „neue Kräfte, auch emotionaler Art, sammeln" müsse. Dass dies bei leichter Kost am besten gehe, beweise der Bereich Hörspiel: Je stärker die Berufsarbeit den Hörer „psycho-physisch" belaste, desto weniger sei er bereit, abends noch zuzuhören und mitzudenken (Meyen 2001: 122-123).

Die Resultate der Infratest-Umfragen in Notaufnahmelagern bestätigen diese Befunde. Das Hörverhalten der DDR-Flüchtlinge glich dem der Bundesdeutschen. Man hörte zur gleichen Zeit und die gleichen Programme und wie im Westen war es nur eine relativ kleine Gruppe, die sich für anspruchsvollere Sendungen interessierte. Wenn die Heimatstation das Bedürfnis nach leichter Unterhaltung nicht erfüllte, wanderten die Ostdeutschen zu ihrem Stamm-Westsender. Dort hörten sie zwar in der Regel auch Nachrichten, aber 1955 kannte nicht einmal jeder dritte Befragte den Namen eines Sprechers oder gar eines Kommentators (Infratest 1955: 46-47) und 1958 konnten sich nur 24 Prozent der interviewten Flüchtlinge an den Inhalt einer Politiksendung erinnern. Diese 24 Prozent stufte Infratest als „wirkliche" Hörer mit einem „harten" Politikinteresse ein. Der große Rest nehme die Nachrichten lediglich mit (Infratest 1958: 81-83). Hauptmotiv für das Westhören sei der Wunsch nach einem Klimawechsel, nach Fröhlichkeit und einem propagandafreien Raum (Infratest 1955: 43, 49).

3. Fernsehen: Umgang mit einem „neuen" Medium

Die Erwartungen an den Hörfunk und der Umgang mit Funksendungen im Radiozeitalter sind hier auch deshalb so ausführlich skizziert worden, um zu zeigen, dass die „Unterhaltungsorientierung" der Publikumsmehrheit keineswegs ein Produkt der Kommerzialisierung des Rundfunks in Deutschland ist. In den 1950er und 1960er Jahren übertrugen die Menschen die Wünsche, die sie vorher an das Radiogerät gerichtet hatten, auf den Fernsehapparat. Der Siegeszug des damals „neuen" Mediums änderte weder etwas an der Verteilung der Interessen noch am Wissen über Politik. „Der Spiegel" (Nr. 38, 1965: 45-46) wies in einer Titelgeschichte vor der Bundestagswahl 1965 darauf hin, dass dem Bundesbürger seit Jahren mit dem ersten Fernsehstrahl ein Schimmer Politik ins Haus falle. Stets sei der „Tagesschau"-Betrachter dabei, wenn auch oft bloß mit halbem Ohr oder nur, um den Anschluss an das Abendprogramm nicht zu verpassen. Auch sonst habe der deutsche Wähler nie zuvor die Möglichkeit gehabt, sich so umfassend und gründlich über Politik zu informieren. Trotzdem wüssten viele mehr über die Abseitsregel im Fußball als über die Demokratie. Ein Teil glaube, dass Adenauer und Strauß noch in der Regierung säßen, jeder dritte Wähler kenne die CSU nicht und nicht einmal jeder zweite wisse, was das Grundgesetz ist. Die Demoskopen hätten keine Helden der Wahl gefunden, sondern Statisten auf der politischen Bühne. Eine Woche vor der Wahl wussten 70 Prozent der Westdeutschen nicht, was die Hallstein-Doktrin ist.

Tabelle 3: Interessen-Index Fernsehen

	1953/54	1954/55
Tagesschau/Wochenspiegel	8,0	8,5
Spielfilme	8,0	8,0
Kabarett/Varieté	7,5	7,5
Fernsehspiele	7,0	7,5
Kulturfilme	5,0	6,5
Sport	5,0	5,5
Rätsel und Quiz	4,5	3,5
Aktuelles	4,5	3,0
Politische Sendungen	-1,0	-3,0
Ernste Musik	-3,0	-4,9

NWDR, Abteilung Hörerforschung. Dezember 1953/Januar 1954; Dezember 1954/Januar 1955. Sendegebiet des Nordwestdeutschen Rundfunks. Fernsehteilnehmer. N = 1300. Index: +10 stärkstes Interesse, -10 völliges Desinteresse. *Quelle*: NWDR-Hörerforschung: Der Fernsehzuschauer. Teil II, S. 4; NWDR-Hörerforschung: Der Fernsehzuschauer 1954/55. Ein Jahresbericht, S. 41. In: Infratest Burke, München. Archiv. NWDR Nr. 28/II, 30.

In ihren Erwartungen an das neue Medium waren sich die Deutschen in Ost und West von Anfang an einig: Es sollte den Abend verschönen und etwas Leichtes bringen, Sendungen, bei denen man sich entspannen konnte und den Alltag vergessen. Die Interessen der Fernsehzuschauer glichen denen der Radiohörer: Nachrichten und Unterhaltungssendungen: ja, Politik und Kultur, Bildung und ernste Musik, überhaupt alles, was anstrengt: nein (vgl. Tabelle 3). Was die so genannten „Fernsehkorrespondenten“ in der DDR ab Ende der 1950er Jahre berichteten, deckt sich mit den repräsentativen Ergebnissen aus der Bundesrepublik. Am beliebtesten waren dort die „Rumpelkammer“, in der der Schauspieler Willi Schwabe Ausschnitte aus UFA-Filmen zeigte, die Radio-Show „Da lacht der Bär“, die zunächst so, wie sie war, ins Fernsehen kam, Musiksendungen, Krimis und Zirkusübertragungen. Das „Telestudio West“ (eine Propagandasendung, die vor allem für die Zuschauer im Westen gedacht war) oder den „Treffpunkt Berlin“ (eine Gesprächsrunde; meist mit Karl-Eduard von Schnitzler) wollte dagegen kaum jemand sehen, vor allem in den Gebieten nicht, in denen man umschalten konnte. Die Fernsehstuben blieben bei politischen Programmen oft gleich ganz geschlossen. Dass die Funktionäre die Vorlieben des Publikums kannten, zeigt auch die Platzierung des „Schwarzen Kanals“. Die Sendung, in der Karl-Eduard von Schnitzler ab 1960 Ausschnitte aus dem Westfernsehen zusammenstellte und kommentierte, lief jeden Montag nach dem UFA-Film (vgl. Meyen 2001: 140-141).

Dass die „Tagesschau" genau wie die Radio-Nachrichten nichts mit dem Wunsch nach politischer Meinungsbildung zu tun hatte, kann man vielleicht auch daran erkennen, dass die Sendung bei einer Allensbach-Umfrage 1955 von jedem dritten befragten Fernsehteilnehmer in der Rubrik „Unterhaltung" verortet wurde (vgl. Meyen 2001: 142). Nicht einmal die allerersten Fernsehzuschauer, sozusagen die Pioniere eines neuen Zeitalters, waren stärker an Politik interessiert. Die Abteilung Hörerforschung des „Nordwestdeutschen Rundfunks" telefonierte nach zwei Bundestagsübertragungen Ende Oktober 1953 mit 177 Gerätebesitzern. 80 Prozent der Befragten sagten, es sei richtig, solche Debatten zu zeigen, aber lediglich ein einziger von ihnen hatte die ganze Sitzung verfolgt und überhaupt nur 22 hatten wenigstens zwischendurch einmal hineingeschaut. Großes Interesse bekundeten auch die 41 Fernsehteilnehmer, die nach einer Gesprächsrunde mit Bonner Politikern am 29. Oktober 1953 (Sendezeit: 19:00 bis 19:40 Uhr) angerufen wurden, aber wie bei der Übertragung aus dem Parlament fanden die Hörerforscher nur eine Person, die die Sendung wirklich gesehen hatte (vgl. NWDR 1953: 1-2, 4). Man kann diese Tendenz auch auf der Ebene von Fallbeispielen belegen: Als am 6. Juli 1956 die Bundestagsdebatte zum Wehrpflichtgesetz gezeigt wurde, klingelten in den Funkhäusern unentwegt die Telefone. Die Anrufer waren empört, beschimpften die Fernsehleute und verlangten, die Übertragung abzubrechen und wie vorgesehen vom Sommerfest in Travemünde zu berichten (vgl. Hess 1956). Eine Protestflut gab es auch, als der „Süddeutsche Rundfunk" am 22. September 1957 das Programm um 20.30 Uhr beendete, weil das Segelschulschiff „Pamir" gesunken war (vgl. Der Spiegel, Nr. 40, 1957: 56-57).

Wohl dem, der ausweichen konnte – auf das DDR-Programm beispielsweise. Der „Deutsche Fernsehfunk" war in weiten Teilen Schleswig-Holsteins, Hamburgs und Niedersachsens (und natürlich in Westberlin) gut zu empfangen. Genutzt wurde er vor allem als Alternative, und zwar immer dann, wenn der eigene Sender nichts Unterhaltendes brachte. Ganz oben auf der Rangliste der ‚Ostkiebitze' standen Spielfilme, gefolgt von allgemeinen Unterhaltungssendungen. Infratest befragte im Auftrag des gesamtdeutschen Ministeriums westdeutsche Fernsehteilnehmer nach ihren Umschalt-Motiven und vermutete, dass es für die meisten eine Reizschwelle gebe, bis zu der sie Politik in der Unterhaltung hinnehmen würden (vgl. Infratest 1959: 26-30, 58). Nach dem Sendestart des ZDF am 1. April 1963 beobachtete das Münchner Meinungsforschungsinstitut dann, dass das Publikum zur Mainzer Welle floh, wenn das Erste eine „gewichtige Sendung" ausstrahlte, ebenso schnell aber wieder zurückflatterte, sobald Mainz etwas Ernsteres wagte – vorausgesetzt natürlich, dass auf dem anderen Kanal Unterhaltsames zu erhaschen war (vgl. Der Spiegel, Nr. 37, 1963: 91-93).

Die überlieferten Forschungsberichte zeigen, dass die Rundfunkmacher gewusst haben, dass sie an den Bedürfnissen der Zuschauermehrheit vorbei senden. Sie konnten das auch nachlesen – im Nachrichtenmagazin „Der Spiegel" zum Beispiel oder in der

Programmzeitschrift „Hörzu“ aus dem Axel Springer Verlag, die sich als Anwalt der *kleinen Leute* profilierte und den öffentlich-rechtlichen Rundfunkanstalten immer wieder vorwarf, zu viel und zu lange Belehrendes zu senden und Filme oder Musik erst dann zu bringen, wenn den meisten Zuschauern schon die Augen zufallen. 1961/62 gab es beispielsweise fast keine „Hörzu“-Ausgabe ohne einen Beitrag zur Kampagne „Fangt früher an!“ (vgl. exemplarisch Rhein 1962). Den Publikumswünschen einfach nachzugeben dürfte allerdings mit dem Selbstverständnis der Verantwortlichen und der Redakteure kaum zu vereinbaren gewesen sein. Welcher Fernseh-Macher hätte es vor sich selbst verantworten können (vom Programmauftrag gar nicht zu reden), das Programm einfach nur mit Spielfilmen und Unterhaltendem zu füllen? Hätte er dann nicht an denen vorbei gesendet, die vom Fernsehen auch Bildung und Erbauung erwarteten? Dass diese *wirklichen* Zuschauer außerdem ihre Wünsche besser artikulieren konnten und die Intentionen der Redakteure trafen, steht auf einem anderen Blatt. Der Hamburger Historiker Axel Schildt (1995: 207) hat den Spannungszustand beschrieben, in dem sich die Wünsche der Radiohörer und die politisch-kulturellen Ansprüche der Verantwortlichen in den Funkhäusern befanden. Anders als die kommerziellen Stationen in den USA konnten es sich die öffentlich-rechtlichen Rundfunkanstalten in der Bundesrepublik leisten, nicht jeden Publikumsgeschmack zu bedienen (vgl. Classen 2005: 217-221).

Einen Erfolg gab es aber offenbar: Dass das Thema Politik jetzt auch in den Illustrierten ankam, wurde von den Zeitgenossen mit dem neuen Medium Fernsehen begründet. Hatte der „Stern“ den Bundestagswahlkampf von 1953 noch mit keinem Beitrag gewürdigt und lediglich Konrad Adenauer beim Pfannkuchen-Backen gezeigt (Der Stern, 6.9.1953: 40), konnte sich der „Stern“-Leser 1961 und 1965 vor den Wahlen ein Bild über die Lage im Land und über die Ziele der Parteien machen. Natürlich war das Fernsehen nicht der einzige Grund für diese Entwicklung. Die Illustrierten hatten einfach mehr Platz als kurz nach dem Krieg und außerdem ließen die anderen Medien eine Lücke: das *Aufdecken politischer Missstände*. Die großen Zeitungen waren vorsichtig, die Rundfunkanstalten an den Proporz gebunden und die Regionalblätter an örtliche Rücksichten. Aller Politisierung zum Trotz überwog in den Illustrierten aber weiter der Unterhaltungsstoff, selbst im politischen Teil. „Stern“-Verleger Henri Nannen sagte 1965 im ZDF, dass die Politiker durch das Fernsehen sozusagen Familienmitglieder geworden seien. Das Interesse an der Politik steige, weil es hier jetzt auch um Menschliches gehe (vgl. Meyn 1966: 334-338). Ob dies aber wirklich etwas Neues war? Frank Bösch (2004) hat gezeigt, dass die Zeitungsleser die Berichterstattung bereits im Kaiserreich als Anknüpfungspunkt für politische Gespräche nutzten und dabei besonders gut über Skandale informiert waren. Schon damals scheint sich das Interesse an Politik auf Unterhaltung (Bösch sprach von „spielerisch-humorvollen“ Wendungen und der Übersteigerung mit emotionalen Effekten) und auf die Personen der Politiker beschränkt zu haben.

4. Das „duale Publikum"

In diesem Abschnitt soll die These widerlegt werden, dass die Kommerzialisierung des Rundfunks in Deutschland ein „duales Publikum“ produziert hat (vgl. Berg/Kiefer 1996: 272). Die Argumentation ist dabei etwas schwieriger zu belegen als in den beiden vorangegangenen Abschnitten, weil es aus den ersten Fernsehjahren keine Daten gibt, die es erlauben, die unterschiedlichen Publikumsinteressen soziodemographisch zu verorten. Auch in der Dokumentation zur ersten Befragungswelle der Langzeitstudie Massenkommunikation von 1964 fehlen die entsprechenden Angaben, immerhin gibt es dort aber Informationen zur Reichweite politischer Informationsangebote (vgl. Tabelle 4). Mit dem Begriff „zeitkritische Sendungen“ waren damals zum Beispiel „Panorama“ oder „Report“ gemeint. Die Daten in Tabelle 4 belegen, dass Politikberichterstattung (und damit ist all das gemeint, was über reine Nachrichtensendungen oder Nachrichtenseiten hinausgeht) auch 1964 nur eine Sache von Minderheiten war. Man könnte natürlich einwenden, dass im Fernsehen nicht jeden Tag „politische Sendungen“ liefen und die Ergebnisse das Interesse der Zuschauer deshalb möglicherweise unterschätzen, aber auch auf die Frage nach der allgemeinen Nutzungsfrequenz sagten nur 33 Prozent der Befragten, dass sie „regelmäßig“ oder „häufig“ politische Sendungen sehen (vgl. DIVO/Infratest 1966: 14).

Tabelle 4: Reichweite der Politik-Berichterstattung (1964)

	Fernsehen	Tageszeitung	Hörfunk
Nachrichten, politische Meldungen	85	62	66
Politische Sendungen/Kommentar, Leitartikel	8	29	18
Zeitkritische Sendungen bzw. Beiträge	26	10	32

Basis: Weitestes Publikum. Nutzer pro Tag in Prozent (Stichtag-Erhebung). Lesehilfe: 29 Prozent der erwachsenen Westdeutschen, die wenigstens hin und wieder eine Tageszeitung zur Hand nehmen, haben an einem normalen Tag einen Kommentar oder einen Leitartikel gelesen. *Quelle*: DIVO, Infratest: Massenkommunikation. Ergänzung oder Konkurrenz der Massenmedien? Untersuchungen und Meinungsumfragen. Teil 1. In: Rundfunkanstalten und Tageszeitungen. Eine Materialsammlung. Dokumentation 4: Meinungsumfragen und Analysen. Frankfurt/Main: ARD 1966: 1-63, hier 14-16.

Da die überlieferten Befunde dieser Repräsentativbefragung von 1964 noch nichts über die Struktur der Minderheit sagen, die sich für politische Angebote in den Medien interessierte, werden an dieser Stelle entsprechende Daten für die anderen beiden tagesaktuellen Medien herangezogen (Tabelle 5). Auffällig ist dabei besonders die Ähnlichkeit der soziodemographischen Profile: Wer Sendungen wie „Die Woche in Bonn" hörte, war genauso wie der Leitartikelleser eher ein Mann und besser gebildet, er gehörte eher zur Oberschicht, hatte ein gutes Einkommen und wahrscheinlich einen Schreibtisch. Das heißt nicht, dass nicht auch Bauern und Hausfrauen, Wenigverdiener und Volksschulabgänger die politischen Angebote der Medien nutzten, nur waren die Reichweiten in diesen Bevölkerungsgruppen deutlich geringer. Natürlich ist es nicht unproblematisch, sich auf diese Umfrageergebnisse zu stützen. Während die Untersuchung der US-Meinungsforschungsabteilung von 1952 einen repräsentativen Querschnitt der bundesdeutschen Bevölkerung erfasste (also auch all die, die gar keine Zeitung lasen), gelten die Daten für „Die Woche in Bonn" nur für das Gebühreneinzugsgebiet des „Süddeutschen Rundfunks" und nur für Rundfunkhörer. Außerdem lief die Sendung nur einmal in der Woche und das auch noch zu einer Zeit, in der man vielleicht lieber etwas anderes machte (sonntags, 19.40 bis 20.00 Uhr). Dennoch zeigen die Befunde, dass die Kommunikationsbedürfnisse auch damals vor allem vom gesellschaftlichen Status abhingen. Der *typische* informationsorientierte Mediennutzer der 1950er Jahre war ein gut ausgebildeter Mann mit einem überdurchschnittlichen Einkommen. Dass er Leitartikel las und Kommentare hörte, sich für das Ausland interessierte und überregionale Zeitungen kaufte, heißt nicht, dass er von Rundfunk, Presse und Kino nicht auch Unterhaltung erwartete. Bei vielen gehörte dieses „auch" sogar eher vor die Rubrik „Information". Anders als der unterhaltungsorientierte Typ aber nutzte er die politischen Angebote der Medien, und damit ist all das gemeint, was über die Nachrichten hinausging, auch in so genannten „ruhigen Zeiten" – und zwar bewusst und nicht zufällig oder aus Verlegenheit.

Tabelle 5: Reichweite politischer Angebote in Presse und Radio

	Leitartikel (1952)	Die Woche in Bonn (1956)
Männer	50	21
Frauen	18	7
Volksschule	27	12
Höhere Schule	56	22
Arbeiter	29	11
Landwirtschaft	20	9
Schreibtischberufe	47	19
Niedriges Einkommen[1]	25	10
Hohes Einkommen[2]	53	18

1 – 1952: bis 299 Mark, 1956: bis 250 Mark; 2 – über 400 Mark

DIVO. Februar/März 1952. BRD und Westberlin. Zufallsauswahl. Zeitungsleser. N = 1024.

Frage: Can you tell me what you generally read in the newspaper? Editorials, most of the time. Eigene Berechnungen. Angaben in Prozent.

Institut für Demoskopie Allensbach. März/April 1956. Gebühreneinzugsgebiet des Süddeutschen Rundfunks. Rundfunkhörer. N = 1107.

Frage: Hören Sie die Sendung „Die Woche in Bonn"? Hörer, die die Sendung regelmäßig hören. Eigene Berechnungen. Angaben in Prozent.

Quellen: West Germans Appraise their Present Day Press. I. Newspaper Readership and Preferences. HICOG-Report No. 158 (14.10.1952), S. 6a. In: ZA; Institut für Demoskopie Allensbach: Süddeutscher Rundfunk. Bericht über eine Hörerbefragung im Gebühreneinzugsgebiet. Frühjahr 1956. Tabelle IX. In: SWR, Stuttgart. Historisches Archiv. Hörerumfrage Nr. 46.

Die Schlussfolgerungen stehen bereits in den ersten beiden Sätzen dieses Beitrags. Gewandelt haben sich seither nicht so sehr die Bedürfnisse des Publikums und die Verteilung dieser Bedürfnisse, sondern vor allem die Möglichkeiten, den Wunsch nach Unterhaltung zu befriedigen – und vielleicht auch die Wahrnehmung dieses Wunsches. Die Eigenschaften des Fernsehens und seine Organisationsstruktur in Deutschland haben die professionellen Medienbeobachter zeitweise in die Irre geführt und sie vermuten lassen, dass das neue Medium die Reichweite politischer Informationen entscheidend erhöhen würde, denn schließlich wurden selbst die, die die politischen Angebote der anderen Medien stets mieden, von den entsprechenden Sendungen des Fernsehens erreicht. Eine Alternative aber gab es oft nicht, und sogar ein Magazin wie „Panorama" lieferte bewegte Bilder, bei denen viele leichter entspannen konnten als bei der lockersten Illustriertenreportage.

Literatur

Berg, Klaus/Kiefer, Marie Luise (1982): Massenkommunikation II. Eine Langzeitstudie zur Mediennutzung und Medienbewertung 1964-1980. Frankfurt a. M./Berlin: Metzner.

Berg, Klaus/Kiefer, Marie Luise (1996) (Hrsg.): Massenkommunikation V. Eine Langzeitstudie zur Mediennutzung und Medienbewertung 1964–1995. Baden-Baden: Nomos.

Bösch, Frank (2004): Zeitungsberichte im Alltagsgespräch. Mediennutzung, Medienwirkung und Kommunikation im Kaiserreich. In: Publizistik, 49. Jg., S. 319-336.

Bonfadelli, Heinz (2005): Mediennutzung in der Schweiz zwischen Stabilität und Wandel. In: Focus-Jahrbuch, S. 243-252.

Classen, Christoph (2005): Ungeliebte Unterhaltung. Zum Unterhaltungs-Diskurs im geteilten Deutschland 1945 bis 1970. In: Ruchatz, Jens (Hrsg.): Mediendiskurse deutsch/deutsch. Weimar: VDG, S. 209-233.

DIVO/Infratest (1966): Massenkommunikation. Ergänzung oder Konkurrenz der Massenmedien? Untersuchungen und Meinungsumfragen. Teil 1. In: Rundfunkanstalten und Tageszeitungen. Eine Materialsammlung. Dokumentation 4: Meinungsumfragen und Analysen. Frankfurt a. M.: ARD, S. 1-63.

Eberhard, Fritz (1962): Der Rundfunkhörer und sein Programm. Ein Beitrag zur empirischen Sozialforschung. Berlin: Colloquium.

Eckert, Gerhard (1941): Der Rundfunk als Führungsmittel. Heidelberg u.a.: Kurt Vowinckel.

Fischer, Eugen Kurt (1959): Möglichkeiten und Grenzen der Programmwirkung beim Rundfunk. In: Publizistik, 4. Jg., S. 269-277.

Gebur, Thomas (2002): Theodor W. Adorno: Medienkritik als Gesellschaftskritik. In: Medien & Kommunikationswissenschaft, 50. Jg., S. 402-422.

Gerhards, Jürgen (1998): Konzeptionen von Öffentlichkeit unter heutigen Medienbedingungen. In: Jarren, Otfried/Krotz, Friedrich (Hrsg.): Öffentlichkeit unter Viel-Kanal-Bedingungen. Baden-Baden/Hamburg: Nomos, S. 25-48.

Hess, Werner (1956): Pleite beim Publikum. In: fff-press, 5. Jg., Nr. 15, 16.7.1956, S. 1-2.

Horkheimer, Max/Adorno, Theodor W. (1969): Dialektik der Aufklärung. Philosophische Fragmente. Frankfurt/Main: Fischer.

Infratest (1955): Empfangsmöglichkeiten und Nutzung westdeutscher und westlicher Auslandssender in der SBZ. Ergebnisse einer Umfrage bei Ostzonenflüchtlingen. September/Oktober 1955. München.

Infratest (1958): Rundfunkempfang und Nutzung westlicher Sender in der sowjetischen Besatzungszone. München.

Infratest (1959): Empfang und Wirkung sowjetzonaler Fernsehsendungen in der Bundesrepublik. Archiv Infratest Burke, München, A II Nr. 7/15.

Infratest (1962): WDR. Nachrichten und politische Kommentare im Rundfunk. Ihre Nutzung und Beurteilung durch den Hörer. Band 2. München. Archiv Infratest Burke München, A I Nr. 2/316.

Kehm, Peter (1989): Blütezeit? In: ARD-Jahrbuch, 21. Jg., S. 61-62.

Kiefer, Marie Luise (1998): Ein Unikat in der Rezeptionsforschung. Langzeitstudie Massenkommunikation zur Mediennutzung und Medienbewertung. In: Klingler, Walter/Roters, Gunnar/Zöllner, Oliver (Hrsg.): Fernsehforschung in Deutschland. Themen – Akteure – Methoden. Baden-Baden: Nomos, S. 17-29.

Maletzke, Gerhard (1950): Der Rundfunk in der Erlebniswelt des heutigen Menschen. Untersuchungen zur psychologischen Wesenseigenart des Rundfunks und zur Psychologie des Rundfunkhörens. Hamburg. Diss.
Meyen, Michael (2001): Hauptsache Unterhaltung. Mediennutzung und Medienbewertung in Deutschland in den 50er Jahren. Münster: Lit.
Meyen, Michael (2003): Denver Clan und Neues Deutschland. Mediennutzung in der DDR. Berlin: Ch. Links.
Meyn, Hermann (1966): Politisierung der Illustrierten in der Bundesrepublik? In: Publizistik, 11. Jg., S. 332-345.
Niemann, Heinz (1993): Hinterm Zaun. Politische Kultur und Meinungsforschung in der DDR – die geheimen Berichte an das Politbüro der SED. Berlin: edition ost.
NWDR (1953): Ergebnis der telefonischen Befragungen zu den Übertragungen der Bundestagsdebatten am 28. und 29.10.1953. Hamburg: Abteilung Hörerforschung. Historisches Archiv des NDR Hamburg, unnummeriert.
NWDR (1955): Hörerforschung: Die Hör- und Lebensgewohnheiten der Rundfunkhörer im NWDR-Sendebereich. Eine zusammenfassende Untersuchung. 1952–1955. Hamburg: Abteilung Hörerforschung. Archiv Infratest Burke, München, NWDR, Nr. 6.
Peiser, Wolfram (1999): Zum Einfluss des Fernsehens auf das politische Interesse der Bevölkerung in der Bundesrepublik Deutschland. In: Wilke, Jürgen (Hrsg.): Massenmedien und Zeitgeschichte. Konstanz: UVK, S. 64-72.
Picard, Max (1948): Die Welt des Schweigens. Erlenbach-Zürich: Rentsch.
Ressing, Karlheinz (1955): Als der Rundfunk noch ein verhätscheltes Kind war … In: fff-press, 4. Jg., Sonderdienst, 15.8.1955, S. 2.
Rhein, Eduard (1962): Die großen Fernseh-Themen des Jahrhunderts (1). Fangt früher an! In: Hörzu, 17. Jg., Nr. 3, S. 3.
Richter, Erich (1971): Entwicklungsetappen des Deutschen Demokratischen Rundfunks (IV). In: Beiträge zur Geschichte des Rundfunks, 5. Jg., Nr. 1, S. 14-51.
Saldern, Adelheid von/Marßolek, Inge (1998) (Hrsg.): Zuhören und Gehörtwerden II. Radio in der DDR der fünfziger Jahre. Zwischen Lenkung und Ablenkung. Tübingen: edition diskord.
Schildt, Axel (1995): Moderne Zeiten. Freizeit, Massenmedien und „Zeitgeist“ in der Bundesrepublik der 50er Jahre. Hamburg: Christians.
Schindler, Friedrich (1942): Die Publizistik im Leben einer Gruppe von Leunaarbeitern insbesondere im Hinblick auf Presse, Rundfunk und Film. Leipzig. Diss. Maschinenschrift.
Schulz, Winfried (1993): Politik und Fernsehen. Eine Zeitreihenanalyse des politischen Interesses. In: Bonfadelli, Heinz/Meier, Werner A. (Hrsg.): Krieg, Aids, Katastrophen … : Gegenwartsprobleme als Herausforderung für die Publizistikwissenschaft. Festschrift für Ulrich Saxer. Konstanz: UVK, S. 239-263.

Klaus Arnold

Wie Deutschland begann, sich für Politik zu interessieren. Medienrezeption in den 1960er und 1970er Jahren

„Come writers and critics
Who prophesize with your pen
And keep your eyes wide
The chance won't come again"
Bob Dylan

Ho-Ho-Ho-Chi-Minh, lange Haare und langer Marsch, Kommunismus und Kommune, wilde Revolutionsphantasien und, ganz real, ein sozialdemokratischer Kanzler, der mehr Demokratie wagen will: Die 1960er Jahre gelten als eine Zeit des Aufbruchs – politisch, kulturell und gesellschaftlich. Während in den Jahren des Wiederaufbaus nach der größten Katastrophe der deutschen Geschichte viele Menschen von Politik nichts mehr wissen wollten und sich lieber darauf konzentrierten, die individuellen Lebensgrundlagen wiederherzustellen und sich einen gewissen Wohlstand zu erarbeiten, wollte nun vor allem die jüngere, nach dem Krieg aufgewachsene Generation einen anderen Lebensstil und eine andere Politik. Obwohl sicherlich nur eine Minderheit tatsächlich aktiv wurde, stieg das allgemeine Interesse für Politik insbesondere in den 1960er Jahren deutlich an. Und auch im nachfolgenden Jahrzehnt verstärkte es sich noch weiter.[1]

Es ist naheliegend, dass sich auch die Rezeption politischer Medieninhalte in diesen Jahren veränderte. Im Folgenden sollen die wichtigsten Tendenzen aufgezeigt werden und es soll nach möglichen Gründen und Ursachen sowie Konsequenzen gefragt werden. Dazu ist es zunächst nötig, die gesellschaftlichen, kulturellen und politischen Veränderungen kurz zu skizzieren: Die allgemeine Öffnung der Gesellschaft, die Verbreitung von Wohlstand, das steigende Bildungsniveau, die Emanzipation der

1 Ausweislich der Umfrageforschung gaben 1959 erst 29 Prozent der Befragten an, sich für Politik zu interessieren, 1969 waren es 45 Prozent. In den 1970er Jahren stieg das Interesse trotz einiger Schwankungen weiter an und erreichte Werte bis zu 50 Prozent. Danach blieb es in etwa stabil und ging nach der Wiedervereinigung langsam zurück (vgl. Noelle-Neumann/Köcher 2002: 691; dies. 1997: 783-784). Ähnliche Ergebnisse erbrachte die Langzeitstudie Massenkommunikation (vgl. Berg/Kiefer 1982: 71-78).

Frauen, der Beginn einer „Freizeitgesellschaft", die Entstehung von Protestbewegungen und die damit einhergehende zunehmende Polarisierung in der Gesellschaft. Im Mediensystem vollzog sich in dieser Zeit der Aufstieg des Fernsehens zum unumstrittenen Leitmedium und eine neue Journalistengeneration wollte einen kritischeren und mutigeren Politikjournalismus als in den Adenauer-Jahren. Vor diesem Hintergrund lässt sich schließlich genauer auf die mit diesen Entwicklungen verbundenen Veränderungen bei der Rezeption eingehen: So weitete sich nun die Nutzung von politisch-journalistischen Angeboten aus, ohne dass dabei jedoch eher unterhaltende Inhalte an Popularität einbüßten. Dabei ist zu berücksichtigen, dass es auch in diesem Bereich mit der Verbreitung des zeitkritischen Fernsehspiels gewisse Politisierungstendenzen gab. Schließlich soll abschließend danach gefragt werden, inwieweit die veränderte Mediensituation und Medienrezeption in den 1960er und 1970er Jahren die Politik und die politischen Akteure beeinflusste.

Vorausgeschickt sei noch, dass im Gegensatz zu den 1950er Jahren (vgl. Meyen 2001) bisher keine detaillierte Analyse der Medienrezeption in den 1960er und 1970er Jahren vorliegt. Diese Lücke kann mit diesem Beitrag, der bestimmte Tendenzen aufzeigen und die Diskussion anstoßen will, vielleicht verkleinert, aber sicherlich nicht geschlossen werden. Als Basis dient hier in erster Linie die Langzeitstudie Massenkommunikation, die fast für den gesamten Zeitraum kontinuierliches und vergleichbares bevölkerungsrepräsentatives Datenmaterial enthält. Eine Studie, die das in diesen Jahren aufgehäufte, umfangreiche und heute in diversen Kellern und Archiven der Rundfunksender und Marktforschungsinstitute liegende Datenmaterial kritisch unter die Lupe nimmt, bleibt jedoch weiterhin ein Desiderat.

1. Zeiten des Wandels – Gesellschaft, Kultur und Politik

In den 1960er Jahren setzten mehrere für die Bundesrepublik im weiteren Verlauf wichtige Trends ein: Im Industriebereich wurde die einfache Massenfertigung durch die Produktion immer komplexerer Güter abgelöst. Zudem begann der Dienstleistungsbereich zu expandieren und überholte in den 1970er Jahren den industriellen Sektor. Der ökonomische Wandel brachte somit einen Abbau standardisierter manueller Tätigkeiten und eine Zunahme an spezialisierten – oft produktions- und unternehmensbezogenen – Dienstleistungen sowie anspruchsvolleren Industriejobs. Mit der Ausweitung der Dienstleistungsmittelschichten – in den 1970er Jahren gab es erstmals mehr Angestellte und Beamte als Arbeiter in der Bundesrepublik – verloren klassische soziale Schichtungsmerkmale wie Einkommen oder Beruf an Relevanz und wurden von neuen Merkmalen wie Wertorientierungen oder Lebensstilen ergänzt. Dies hatte zur Folge, dass sich der Einzelne, der nun weniger an bestimmte Schichten oder Milieus gebunden war, in seiner Lebensgestaltung freier ausrichten konnte.[2]

Im Zusammenhang mit dem ökonomischen Wandel erfuhr die Bundesrepublik in den 1960er und 1970er Jahren einen deutlichen Anstieg des allgemeinen Bildungsniveaus. Bildung und verbesserte Bildungschancen waren auch ein entscheidendes Moment bei der Emanzipation der Frauen, die nun zunehmend berufstätig wurden. Das hatte wiederum Folgen für die Familie, die sich langsam vom klassischen Ernährer-Hausfrauen-Modell löste. Bedingt durch die wirtschaftliche Expansion und ökonomische Prosperität konnten die Arbeitnehmerhaushalte ihren Konsum und Wohlstand in den 1960er Jahren enorm steigern. Größere Wohnungen, Autos, technische Geräte und Urlaubsreisen wurden für breite Bevölkerungsschichten erschwinglich und gehörten in den 1970er Jahren bereits zum Standard. Möglich war jetzt ein differenzierter Konsum, der von den Individuen zur Ausbildung eigener Identitäten genutzt werden konnte. Durch die Verkürzung der Arbeitszeit und den Übergang zur fünftägigen Arbeitswoche verfügten die Menschen zudem über mehr Freizeit, die oft mit der Nutzung von Medien – und hier vor allem mit mehr Fernsehkonsum – verbracht wurde.

Aufgrund der weitreichenden ökonomischen und soziostrukturellen Veränderungen, aber auch aufgrund der zunehmenden Säkularisierung und Entkirchlichung begann Mitte der 1960er Jahre ein Prozess, der allgemein als „Wertewandel“ bezeichnet wird. Konkreter Auslöser war möglicherweise das Ende der Ära Adenauer im Jahr 1963 (vgl. Klages 1993: 73). Viele Menschen hielten jetzt einen Aufbruch hin zu mehr Liberalismus für möglich. Zudem hat sicherlich die Entspannung der weltpolitischen Lage eine Rolle gespielt: Die Sowjetunion wurde in der ersten Hälfte der 1960er Jahre immer weniger als Bedrohung aufgefasst, und somit verlor der Antikommunismus seine disziplinierende Kraft. In den nächsten Jahren erfolgte nun eine Verschiebung von Pflicht- und Akzeptanzwerten wie Fleiß und Leistung, Disziplin und Gehorsam hin zu Selbstentfaltungswerten wie Mitbestimmung und Kritik, Selbstverwirklichung und Unabhängigkeit, Hedonismus und Lebensgenuss (vgl. Klages 1993: 42-75; ders. 1984).

Die Träger von Selbstentfaltungswerten – in erster Linie die nachwachsenden Generationen – waren deutlich politisch interessierter und kritischer als (ältere) Menschen, die eher zu Pflicht- und Akzeptanzwerten neigten (vgl. Klages 1984: 41-101). Ganz besonders betraf dies die besser gebildeten Jugendlichen – Studierende und

2 Vgl. zu den 1960er Jahren vor allem die zusammenfassenden Darstellungen von Frese/Paulus 2005; Schildt 2000; vgl. zu den 1970er Jahren insbesondere die Beiträge in dem von Jarausch (2008) herausgegebenen Sammelband, aber auch die Überblicksdarstellungen von Faulstich (2004) sowie Jäger/Link (1987).

Gymnasiasten –, deren Politisierungsgrad weitaus höher lag als in der Gesamtbevölkerung und die in großen Teilen politisch stark nach links tendierten.[3] Die Politisierung ist jedoch nicht nur eine Folge des Wertewandels, sie wurde auch von innenpolitischen Richtungskonflikten vorangetrieben, bei denen Teile der nachwachsenden Generationen einen autoritären oder als autoritär wahrgenommen Staat herausforderten, der noch stark von den während der NS-Zeit aktiven Generationen bestimmt wurde. Diese Auseinandersetzung um das Demokratie- und Staatsverständnis manifestierte sich zum Beispiel in der „Spiegel-Affäre", der Debatte um die Große Koalition oder die Notstandsgesetzgebung. Zudem spielten internationale Ereignisse wie der Vietnamkrieg eine wichtige Rolle. Der politische Protest verband sich dabei mit einem individuellen und hedonistischen Lebensstil. Es entstand eine Jugendkultur, die sich zwischen Politik und Pop bewegte und dabei neue, vielfältige und spannende Selbstentfaltungsmöglichkeiten bot (vgl. Siegfried 2008; dazu auch Hickethier 2003 oder Rucht 1989).

Der radikale, mit Massenereignissen inszenierte Protest und die expressive Demonstration eines neuen Lebensstils hatten einen hohen Nachrichtenwert und boten attraktive Bilder.[3a] Deshalb wurde beides von den Massenmedien aufgenommen und die führenden Repräsentanten der außerparlamentarischen Opposition – insbesondere Rudi Dutschke – sowie Kulturrevolutionäre – erinnert sei hier an die Mitglieder der Kommune I – wurden zu Medienstars (vgl. Siegfried 2008: 493-520). Dies hat sicherlich dazu beigetragen, die Protestbewegung zu popularisieren und neben ihrem stark politisierten Kern weitere Bevölkerungsteile für diese spektakulären Politik- und Lebensstilinszenierungen zu interessieren – sei es in einem eher positiven, unterstützenden oder aber negativen, ablehnenden Sinn. Die Folge davon war eine verstärkte, deutlich generationenbestimmte politische und kulturelle Polarisierung in der Gesellschaft, die sich zum Beispiel auch im Erstarken der rechtsradikalen NPD Ende der 1960er Jahre zeigte (vgl. Koenen 2007: 77-79).

Der studentisch geprägten 68er-Bewegung wurde durch den Wahlsieg von Willy Brandt und dem Machtwechsel zur SPD/FDP-Koalition 1969 zwar die Spitze genommen, dies bedeutete jedoch keinesfalls das Ende des Protests. Im nachfolgenden Jahrzehnt bildete sich eine Vielzahl von linksextremen sowie kommunistischen Parteien und Splittergruppen. Es wurden zahlreiche Demonstrationen, Kundgebungen und Besetzungsaktionen abgehalten, die oft in Zusammenstößen mit der Polizei endeten. Weniger Radikale traten der SPD bei, die von 1969 bis 1972 300 000 neue

3 Vgl. dazu die Repräsentativbefragungen, die Wildenmann/Kaase (1968: 34-35) Ende der 1960er Jahre durchführten. Vgl. weiter die bei Koenen (2007: 184) angegebenen repräsentativen Umfrageergebnisse.

3a Vgl. zur Berichterstattung über die Protestbewegung Ende der 1960er Jahre Vogel 2010 sowie Eichler 2005.

Mitglieder gewann, zumeist im JUSO-Alter unter 35 Jahren. Dazu entwickelte sich eine Alternativkultur, die von einer eher undogmatischen Linken getragen wurde, eigene Infrastrukturen aufbaute und vielfache Möglichkeiten bot, neue Lebensstile auch tatsächlich auszuleben. Die so genannten neuen sozialen Bewegungen, die in den späteren 1970er Jahren entstanden, waren weniger durch klassenkämpferische Vorstellungen geprägt, vielmehr ging es um konkrete gesellschaftliche Anliegen, die in der offiziellen Politik nur am Rande oder nicht ausreichend repräsentiert wurden: um die Frauenemanzipation, die Gefahren der Atomkraft, den Umweltschutz und um eine Beendigung des Rüstungswettlaufs der Supermächte. Linksorientierte Aktivisten und in den neuen sozialen Bewegungen Engagierte fanden schließlich in der 1980 gegründeten Partei der Grünen zusammen (vgl. Koenen 2007; dazu auch Türschmann 2004; Rucht 1989; Glaser 1989: 95-145).

Somit hat sich die Politisierung von großen Teilen der jüngeren Bildungsschichten in den 1970er Jahren fortgesetzt. Das Bild wurde allerdings komplexer und vielfältiger: Zwischen dem politischen Terror der Rote Armee Fraktion, radikalen K-Gruppen, linken SPD-Mitgliedern, Anti-Atomkraftbewegung und sich auf lokale Umweltthemen konzentrierenden Bürgerinitiativen liegt ein sehr weites Spektrum. Die vielfältigen Protestbewegungen und Subkulturen der 1970er Jahre sind weiter Ausdruck eines Umbruchs, der mit dem Ölpreisschock 1973 und der nachfolgenden Wirtschaftskrise beschleunigt wurde: Die bis dahin auch in der Linken vorherrschende Fortschrittsideologie, die von funktionalistischen und szientistisch-technischen Rationalitäts- und Machbarkeitsvorstellungen geprägt war, begann an Überzeugungskraft zu verlieren. Globalsteuerung und Keynesianismus kamen in der Bundesrepublik ebenso an ihr Ende wie weitreichende gesellschaftliche Reformplanungen und technische Großprojekte. Anstelle von Verbindlichkeit, Ganzheit und Zielutopien, die für die Moderne prägend waren, begann jetzt die postmoderne Phase der Vielfalt konkurrierender Paradigmen (vgl. Rödder 2004). Der sich seit den 1960er Jahren vollziehende Wertewandel setzte sich fort und führte zu der die Gesellschaft in der Folgezeit dominierenden Trias von „Individualisierung, radikaler Pluralisierung und Entnormativierung" (Rödder 2004: 32).

Somit verloren kulturelle und politische Konflikte in den 1970er Jahren nicht an Relevanz, ebenso setzten sich Polarisierungsprozesse weiterhin fort. Die Abkehr von bürgerlichen Sekundärtugenden wie Fleiß und Sauberkeit bei alternativen Jugendlichen und deren Hinwendung zu postmateriellen Zielen wie Schutz der Umwelt oder Bewahrung des Friedens wurde nicht nur von der älteren Generation als Provokation empfunden und markierte politische und kulturelle Konfliktlinien (vgl. Jarausch 2008: 19). Ebenso hatte der Machtwechsel von 1969 im bürgerlichen Lager bereits vor dem Krisenjahr 1973 zu der Wahrnehmung geführt, man befände sich in einer dramatischen Verfallsphase. Die 1970er Jahre waren deshalb nicht nur eine Zeit der

Alternativkulturen und der sozialdemokratischen Dominanz – die CDU/CSU war in diesen Jahren ebenfalls sehr erfolgreich: Sie erzielte sowohl bei Bundestags- als auch bei Landtagswahlen hohe Ergebnisse und lag teilweise über 50, in Bayern erstmals über 60 Prozent. Die Milieubindungen der CDU/CSU lösten sich nicht auf, sondern verfestigten sich in den 1970er Jahren wieder: So legte die Union nach der Krise von 1973 etwa bei Katholiken oder in Kleinstädten deutlich zu. Und nicht nur die SPD, sondern auch die Union verzeichnete in den 1970er Jahren eine Vielzahl von neuen, jungen und gebildeten Mitgliedern. Demnach gab es nicht nur eine linksorientierte, sondern auch eine konservative Politisierung der Jugend (vgl. Bösch 2008).

Viel deutet also darauf hin, dass der Wertewandel und die damit verbundene Alternativ- und Protestkultur zu einer allgemeinen, teilweise generationenbestimmten Polarisierung in der Gesellschaft führten und eine verstärkte Politisierung bzw. ein Anwachsen des politischen Interesses nach sich zogen. Dabei spielten – wie bereits angedeutet – auch die Massenmedien eine Rolle.

2. Aufstieg des Fernsehens und kritischer Zeitgeist – die Entwicklung beiden Medien

Während in den 1950er Jahren noch der Hörfunk das dominierende Massenmedium war, setzte sich in den 1960er Jahren im rasanten Tempo das Fernsehen durch. So hatten 1960 erst ein Viertel der Haushalte ein eigenes Gerät zur Verfügung, fünf Jahre später waren es bereits fast zwei Drittel und Anfang der 1970er Jahre wurde schließlich die Vollversorgung erreicht: 1974 verfügten 95 Prozent der Haushalte über ein eigenes Gerät, die tägliche Reichweite lag nach der Studie Massenkommunikation bei rund 80 Prozent. Abends versammelten sich die Familien nun vor der Mattscheibe. Das Radio wurde indes deutlich seltener und zumeist nur noch am Morgen eingeschaltet. Erst als sich der Hörfunk ab Mitte der 1970erJahre mit den neuen Servicewellen und ihren Tagesbegleitprogrammen auf das Nebenbeihören einstellte, konnte er seine Reichweiten wieder steigern (vgl. Dussel 2004: 219-225; Kiefer 1999).

Das neue Bildmedium besaß offensichtlich eine enorme Attraktivität und die Geräte wurden mit steigendem Wohlstand für die Masse der Bevölkerung erschwinglich. Entscheidend war zudem die Ausweitung der Freizeit, die bis Mitte der 1970er Jahre überwiegend zu Hause verbracht wurde und einen insgesamt größeren Medienkonsum ermöglichte. Zudem vergrößerte sich das Programmangebot in den 1960er Jahren: So ging 1963 das ZDF als zweiter TV-Kanal auf Sendung, ab Mitte der 1960er Jahre folgten die dritten Programme, die zunächst als reine Bildungs- und Minderheitenprogramme starteten, aber ab 1973 für ein breiteres Publikum geöffnet wurden. Nicht nur die Programmangebote, auch die tägliche Sendezeit nahm besonders bis Anfang der

1970er Jahre stark zu. Allerdings ist zu beachten, dass das ZDF bis Mitte der 1960er Jahre nur von ca. zwei Dritteln der Fernsehzuschauer empfangen werden konnte (vgl. Dussel 2004: 232-252).

Die Zeitungen als vorwiegend politisch-journalistisches Medium konnten ihre Reichweiten in den 1960er und 1970er Jahren steigern, bevor in den 1980er und 1990er Jahren ein langsamer, aber stetiger Niedergang einsetzte. So lagen die täglichen Reichweiten nach der Studie Massenkommunikation 1964 bei rund 69, 1974 bei 73 und 1980 bei 76 Prozent; daneben war die tägliche Verweildauer mit rund 35 bis 38 Minuten täglich noch relativ hoch (vgl. Berg/Kiefer 1982: 20, 32).

Vor allem beim Fernsehen und im Zeitschriftenbereich ist in den 1960er Jahre ein Politisierungstrend erkennbar, der auch in den 1970er Jahren weiter anhielt. So begann das zum Leitmedium aufsteigende Fernsehen Ende der 1950er Jahre Politmagazine und später Kommentare, Interviewsendungen sowie Dokumentationen auszustrahlen, die sich mit der NS-Zeit beschäftigten, und wandelte sich so vom biederen Kultur- zum publizistischen Politikmedium. Überdies wurde in den 1960er Jahren die Produktion von Fernsehspielen stark ausgeweitet. Ab Mitte der 1960er Jahren waren viele Fernsehspiele gezielt gesellschaftskritisch, widmeten sich gesellschaftlichen Randgruppen oder beschäftigten sich mit der nationalsozialistischen Vergangenheit. Gegen Ende der 1960er, Anfang der 1970er Jahre wurden sie immer politischer und als Mischung aus Dokumentation und Fiktion zunehmend realitätsnäher (vgl. Hickethier 1998: 242-253, 345-351).

Auch die „Bild"-Zeitung steigerte ihren Politikanteil seit Ende der 1950er Jahre und die Auflage des führenden Politikmagazins „Der Spiegel" ging seit 1961 sprunghaft in die Höhe; 1966 erreichte sie 811 000 (vgl. von Hodenberg 2006: 90-95; Just 1966: 25-28). Dieses Beispiel vor Augen bauten die großen Illustrierten ihre Politikberichterstattung ebenfalls aus (vgl. Meyn 1966). Beim Publikum kam diese Politisierung gut an: So überschritten die vier wichtigsten und ab Mitte der 1960er Jahre einzig verbliebenen Illustrierten – „stern", „Quick", „Bunte" und „(Neue) Revue" – zwischen 1958 und 1963 bei der Auflage die Millionengrenze und erreichten Anfang der 1970er Jahre mit Auflagen von 1,4 bis 1,7 Millionen den Höhepunkt ihrer Absatzentwicklung. Die Illustrierten wurden in allen sozialen Schichten und insbesondere auch von den Jüngeren gelesen. Laut Umfragen erreichte der „stern" in der ersten Hälfte der 1970er Jahre fast ein Drittel der Bundesbürger, die anderen drei Blätter jeweils um die 20 Prozent. Erst in den späten 1970er und vor allem in den 1980er Jahren gingen dann die Auflagen wieder zurück (vgl. von Hodenberg 2006: 89-90; Glasenapp 2003; Noelle-Neumann 1976: 269). Weiter links stehende Zeitschriften, die speziell auf jüngere Menschen zielten, wie Klaus Rainer Röhls „Konkret" und das Satireblatt „Pardon" erzielten Ende der 1960er und Anfang der 1970er Jahre ebenfalls Spitzenauflagen. So war die linksradikale und bis 1964 teilweise von der DDR finanzierte

„Konkret“ seit Ende der 1950er Jahre die meistgelesene Studentenzeitschrift Deutschlands und kam 1968 auf eine Auflage um die 170.000 Exemplare. „Pardon“ erreichte Anfang 1969 sogar eine Spitzenauflage von 305.000 Stück. Auch die Zeitschrift „Twen“, die sich allen Aspekten des neuen Lebensstils widmete und zumindest zeitweise ein politisches Profil aufwies, erzielte Ende der 1960er Jahre Auflagen um die 250.000 Exemplare (vgl. Siegfried 2008: 280-314, 521-540).

Die Politisierung der Medieninhalte war ferner mit einer neuen Art von Journalismus verbunden: Christina von Hodenberg (2006) kann in ihrer auf umfangreichen Recherchen basierenden Studie zum westdeutschen Journalismus in den 1950er und 1960er Jahren überzeugend darlegen, dass Anfang der 1960er Jahre eine neue Journalistengeneration in führende Positionen insbesondere beim neuen Leitmedium Fernsehen aufgerückt war und sich nun daran machte, den zahmen und regierungsnahen Konsensjournalismus der Adenauer-Jahre zu überwinden. Für die von ihr so genannten „45er“ – darunter versteht sie die zwischen 1921 und 1932 geborenen Journalisten, die das „Dritte Reich“ nur als Jugendliche oder junge Soldaten erlebt hatten – waren der „Zusammenbruch der ihnen als Kinder und Jugendliche vermittelten nationalsozialistischen Ideale, die Aufklärung über die Verbrechen des Regimes“ und „nicht zuletzt die Eröffnung neuer Horizonte durch die westlichen Besatzer“ (von Hodenberg 2006: 251) einschneidende und zentrale Erfahrungen. Sie fühlten sich um ihre Ideale betrogen, reflektierten aber auch zumindest ansatzweise ihre vormalige Bindung an den Nationalsozialismus und dessen verbrecherisches Wesen: „Deshalb lag es für sie nahe, nach den Wurzeln der Katastrophe zu graben und sich gegen den erneuten Rückfall in die Diktatur zu engagieren“ (ebd.: 255). Die Stabilisierung der Demokratie war nach ihren Vorstellungen am besten durch einen konfliktfreudigen, kritischen Journalismus zu erreichen, der zu Diskussionen, zu öffentlichem Widerspruch anregen sollte. Als Meinungsbildner und Volkserzieher wollten sie so das in ihren Augen (noch) unmündige Publikum für die Demokratie politisieren.

Umgesetzt wurde dieser neue kritische, ansatzweise investigative und skandalisierende Journalismus neben dem „Spiegel“ und einigen Illustrierten vor allem im neuen Genre der Fernsehmagazine.[4] Zunächst bei „Report“ und insbesondere bei „Panorama“, das seit 1961 regelmäßig ausgestrahlt wurde,[5] arbeiteten die Redaktionen mit aufwändigen Recherchen, einem harten Interviewstil und gezielten Tabubrüchen. Es ging dabei hauptsächlich darum, Regierungskritik und politische Hintergrundberichterstattung für ein Massenpublikum bildschirmgerecht aufzubereiten. Die Magazine spielten – ähnlich wie auch „Der Spiegel“ oder „stern“ – im Zusammenhang mit der

4 Vgl. zur Geschichte der Fernsehmagazine ausführlich Lampe 2000; vgl. weiter von Hodenberg 2006: 302-322 sowie Hickethier 1998: 171-175, 268-271.

5 Ein Vorläufer lief unter demselben Namen bereits 1957/58.

68er-Bewegung eine wichtige Rolle, da sie „die ganze Palette der 68er-Themen in die Wohnstuben“ trugen (Lampe 2000: 421). Die Sendungen führten zu teilweise heftigen Reaktionen vor allem konservativer Politiker, die zunehmend versuchten, über die Gremien der Rundfunkanstalten Einfluss auf die Personalpolitik der Sender zu nehmen. So kam es dazu, dass 1969 nicht nur ein konservatives Gegenmagazin – das „ZDF-Magazin“ – gegründet wurde, sondern die inzwischen vier ARD-Magazine Anfang der 1970er Jahre nach dem Schema „zwei links, zwei rechts“ (Lampe 2000: 271) zwischen den beiden großen Parteien aufgeteilt wurden.

Der kritische Recherchejournalismus der frühen 1960er Jahre führte zu einer Reihe von Aufsehen erregenden medienpolitischen Skandalen, wobei die „Spiegel-Affäre“ 1962 hier das herausragende Ereignis war. Die Skandale, die von Hodenberg (2006: 323) als „öffentliche Auseinandersetzungen über politische Kritik in den Massenmedien“ interpretiert, waren sowohl Ausdruck als auch Motoren des Wandels. Sie veränderten die journalistische Praxis, die Toleranzschwelle von Politikern sowie die Erwartungen des Publikums: Das journalistische System wurde unabhängiger und erweiterte seine Möglichkeiten sowie seine Irritationsfähigkeit gegenüber der Politik. Und für das Publikum gehörte der neue respektlose und kritische Journalismus, der auch einigen Unterhaltungswert hatte, bald zum Normalfall.

Ende der 1960er, Anfang der 1970er Jahre stießen die politisch radikaleren 68er in die Redaktionen. Sie wurden in den kritischen Medien von der 45er-Generation zumindest teilweise toleriert und konnten schnell Einfluss erlangen. Der „zeitkritische“ Journalismus der 1960er Jahre wurde nun zum „engagierten“ Journalismus, der sich teilweise zur Systemkritik steigerte und die Grundlagen der politischen Ordnung in Frage stellte (vgl. dazu ebenfalls von Hodenberg 2006: 361-439). Neben den professionellen Medien entstanden in den 1970er Jahren zahlreiche, aber zumeist auflagenschwache und nur lokal verbreitete, alternative Presseprodukte als Organe der großen und kleinen Protestbewegungen dieser Zeit (vgl. Holtz-Bacha 1999).

Ingesamt kam es in der zweiten Hälfte der 1960er Jahre in der Medienöffentlichkeit zu starken Polarisierungstendenzen, die auch noch die 1970er Jahre bestimmten: Während „Der Spiegel“, „stern“ und „Die Zeit“ die neue Regierung stützten und sogar einige ihrer führenden Köpfe in der Regierung vertreten waren, überzogen die Springer-Presse sowie konservative Zeitungen die sozialliberale Regierung mit einem regelrechten Kampagnen-Journalismus (vgl. Münkel 2005: 71-133).

3. Höhere Reichweiten für Politik – die Medienrezeption

Der Medienkonsum weitete sich im Laufe der 1960er und 1970er Jahre stark aus: So wurden der Studie Massenkommunikation zufolge 1964 drei Stunden täglich mit den Massenmedien Fernsehen, Hörfunk und Zeitung verbracht, 1980 waren es fast fünf Stunden (vgl. Berg/Kiefer 1982: 32). Dieser Anstieg ist zunächst auf die zunehmende Verbreitung des Fernsehens zurückzuführen, in den 1970er Jahren spielte dann das Radio mit seinen neuen Servicewellen eine wichtige Rolle. Die allgemeine Ausweitung der Mediennutzung hat sicherlich stark mit einer verstärkten Rezeption von Unterhaltungssendungen zu tun. So waren die beliebtesten Fernsehprogramme stets Filme, Fernsehshows, Serien oder Sportübertragungen und beim Hörfunk ging es den meisten Hörern ebenfalls primär um Entspannung und Ablenkung (vgl. z.B. Holzamer 1964; von Bismark 1967).[6] Allerdings brachte die Ausweitung der Mediennutzung auch eine stärkere Rezeption aktueller, politisch-journalistischer Inhalte mit sich, wie zum Beispiel Nachrichten und Zeitmagazine im Fernsehen oder eingestreute Politikbeiträge bei den neuen Servicewellen im Radio. So weitete sich die tägliche Reichweite politischer Informationsangebote in allen drei Medien von 1964 bis 1980 von 82 auf 94 Prozent aus (vgl. Berg/Kiefer 1982: 67). Zudem stieg die Zahl der durchschnittlich genutzten Informationsquellen von 1,4 auf 2,0 an. Es wurde also nicht nur ein größerer Teil der Bevölkerung täglich mit Politikangeboten erreicht, ein zunehmender Teil der Bevölkerung nutzte auch Politikangebote in unterschiedlichen Medien.

Der Anstieg bei der Nutzung politischer Informationsangebote hängt dabei stark mit der Verbreitung des neuen Mediums Fernsehen in den 1960er Jahren zusammen, dessen journalistische Angebote und sonstige politische Sendungen zunehmend größere Teile der Bevölkerung erreichten. So wurden die Fernsehnachrichten ab 1970 von rund zwei Dritteln der Bevölkerung täglich verfolgt (vgl. Berg/Kiefer 1982: 80; Kiefer 1978: 112). Überdies stieg die tägliche Reichweite von politischen Informationsangeboten im Hörfunk und in den Zeitungen deutlich an: von Werten um die 45 Prozent 1964 auf Werte um 60 Prozent bis 1980, wobei der Hörfunk hier etwas vor der Zeitung liegt (vgl. Berg/Kiefer 1982: 67; Schulz 1999: 406). Trotz dieser Steigerungen wurde das Fernsehen im Laufe der 1960er Jahre zum bevorzugten Medium, wenn es darum ging, sich über das aktuelle Tagesgeschehen zu informieren.[7]

---

6 In einem Band über die Sendungen mit der höchsten Sehbeteiligung werden für den Zeitraum zwischen 1963 und 1967 fast ausschließlich Unterhaltungssendungen und Sportübertragungen aufgelistet (vgl. ARD/ZDF 1968); vgl. mit ähnlichen Ergebnissen auch Faulstich 1994.

7 Vgl. dazu auch eine Emnid-Studie über die Einstellung der Bevölkerung zur Berichterstattung der Massenmedien über das aktuelle politische Geschehen, die 1962, 1964 und 1966 durchgeführt wurde (Drescher 1969).

Die politischen Informationssendungen des Fernsehens – ähnliches gilt in schwächerem Maß für den Hörfunk – erreichten im Zeitverlauf also einen Großteil der Bevölkerung und nicht nur die politisch stark Interessierten. Obwohl die Zeitung ebenfalls von politisch eher schwach interessierten Personen gelesen wurde, war hier die Abhängigkeit vom politischen Interesse weitaus deutlicher ausgeprägt als bei den anderen beiden Medien. Offensichtlich waren die Angebote in den Funkmedien leichter zu rezipieren bzw. wurden – wenn das Gerät schon eingeschaltet war und keine Programmalternativen zur Verfügung standen – mehr oder weniger automatisch mitgenutzt. Die Autoren der Studie Massenkommunikation zogen deshalb 1982 das Fazit, „dass das Fernsehen offensichtlich besser als Hörfunk und Tageszeitung vermag, sich gegen Desinteresse an Politik durchzusetzen und so in der Lage ist, bestimmte Bevölkerungsgruppen mit einem Minimum an Informationen über das politische Geschehen zu versorgen" (Berg/Kiefer 1982: 124; vgl. auch Kiefer 1978: 55-57; Bessler/Frank 1977: 373).

Weiter lässt sich mit den Daten der Trendstudie belegen, dass dies nicht zum Schaden der anderen Medien erfolgte; ganz im Gegenteil schien die Fernsehnutzung die Politikrezeption bei anderen Medien eher zu verstärken. Naheliegend ist dann auch der Schluss, dass das Fernsehen in den 1960er Jahren das Interesse an Politik vergrößerte. Empirisch untermauert wurde dies von einer Studie zu den Auswirkungen des Fernsehens auf die politischen Einstellungen der Bevölkerung, die das Allensbacher Institut für Demoskopie zusammen mit dem „Süddeutschen Rundfunk" und dem „Südwestfunk" 1966/1967 durchführte. Befragt wurden dabei Personen, die sich demnächst ein Fernsehgerät anschaffen wollten sowie eine soziodemographisch gleich zusammengesetzte Kontrollgruppe. Ein Jahr später wurden die Personen ein zweites Mal befragt, nun hatte sich das Interesse an Politik bei den neuen Fernsehbesitzern erheblich vergrößert, was in der Kontrollgruppe nicht der Fall war (vgl. Noelle-Neumann 1979: 94-95). Eine Sekundäranalyse der Daten aus der Studie Massenkommunikation erbrachte später ein ähnliches Ergebnis (vgl. Peiser 1999).

Dazu kommt, dass in den 1970er Jahren – für die 1960er liegen hier keine Zahlen vor – die Bindung an die aktuellen politischen Nachrichten und Informationen beim Fernsehen und bei der Zeitung zunahm. Nur beim Hörfunk waren hier leichte Verluste zu verzeichnen. Grundlage für die Messung der Bindung war dabei die Frage, welche Angebote im Falle eines Streiks bei den verschiedenen Massenmedien am meisten vermisst würden. Die Bindung an fiktionale oder ludische Angebote, vereinfacht als „Unterhaltung" zu bezeichnen, war hingegen nicht nur bei allen drei Medien niedriger als bei politischen Informationen, sondern auch insgesamt rückläufig. Weiter erzielten die Politikinformationen im Fernsehen mit 1970 50 und 1980 61 Prozent besonders hohe Bindungswerte (vgl. Berg/Kiefer 1982: 92-98). Dies zeigt, dass für immer mehr Menschen die Fernsehnachrichten zu einem festen und rituellen Bestandteil des Alltags wurden.

Was die Einstellungen des Publikums zu den publizistischen Funktionen der verschiedenen Medien angeht, so sind hier im Zeitverlauf bei fast allen Eigenschaften und bei allen Medien kontinuierliche Rückgänge festzustellen. Die Profile blieben allerdings relativ gleich: Das Fernsehen wurde als multifunktionales Medium gesehen und erzielte in fast allen Bereichen – sowohl bei Information als auch bei Unterhaltung – die höchsten Werte. Nur bei der Entspannung und Ablenkung sowie der Aktualität der Nachrichten wurde der Hörfunk leicht besser bewertet. Und die Zeitung stellte für die meisten Menschen primär ein lokal orientiertes Informationsmedium dar. Betrachtet man speziell die Eigenschaften, die die Informationsfunktion betreffen, so lag das Fernsehen ebenfalls im ganzen Zeitraum bei fast allen Items vor Hörfunk sowie Zeitung: Das Fernsehen wurde in Relation zu den anderen Medien bei der politischen Berichterstattung für besonders umfassend, verständlich und glaubwürdig gehalten (vgl. Berg/Kiefer 1982: 99-107).

Ein interessantes Ergebnis der Studie Massenkommunikation ist zudem, dass in den 1970er Jahren politisch stark interessierte Jugendliche und junge Erwachsene die Politikangebote der etablierten Massenmedien schwächer nutzten; zudem hatten bei den jungen Menschen die Medien ein schlechteres Image als bei den älteren (vgl. Berg/Kiefer 1982: 129-131). Das bedeutet, dass für die politisierten Jugendlichen die etablierten Angebote damals weniger glaubwürdig waren, dass sie sich lieber aus alternativen Quellen und Medien informierten, die sich in dieser Zeit stark verbreiteten. Möglicherweise hing für viele Jugendliche politisches Interesse aber auch eher mit einer bestimmten Art von Lebensstil zusammen und nicht mit der intensiven Rezeption politischer Informationen.

Schließlich ist noch der Zeitschriftenbereich zu beachten, der nicht von der Studie Massenkommunikation erfasst wird. Die bereits oben erwähnten stetigen Auflagen- und Reichweitengewinne des Politikmagazins „Der Spiegel“ sowie insbesondere auch der zunehmend politisierten Illustrierten verweisen auf ein stärkeres Interesses des Publikums an politischen Hintergründen. Die Etablierung von längeren Nachrichtensendungen im Fernsehen Ende der 1970er Jahre – „Tagesthemen“ und „heute journal“ – kann vermutlich als eine Reaktion auf diese Entwicklung interpretiert werden.

Somit ist besonders für die 1960er, aber ebenso für die 1970er Jahre eine Ausweitung bei der Rezeption politischer, journalistischer Medienangebote zu beobachten, wobei hier das Fernsehen offenbar eine besondere Rolle spielte. Allerdings gab es auch gegenläufige Trends: So sanken nach Infratest-Messungen die durchschnittlichen Geräteeinschaltquoten der abendlichen Hauptnachrichtensendungen von ARD und ZDF seit 1964 kontinuierlich ab (vgl. Darschin 1980; Bessler/Frank 1977). Selbst wenn das Fernsehen aufgrund seiner zunehmenden Verbreitung in diesem Zeitraum immer mehr Menschen mit seinen Politikprogrammen erreichte, sanken also die Durchschnittswerte einzelner Sendungen in Fernsehhaushalten. Dies ist damit zu erklären, dass die Zuschauer 1964 zumeist nur das ARD-Programm empfangen konnten, in den 1970er Jahren hingegen in der Regel drei oder noch mehr Programme. Zudem nahm das Angebot an Nachrichten und weiteren Informationssendungen im Zeitverlauf stetig zu. So wurde zum Beispiel das Volumen der Nachrichtensendungen bei der ARD in der ersten Hälfte der 1970er Jahre um 5000 und beim ZDF um 5500 Minuten pro Jahr erweitert (vgl. Bessler/Frank 1977: 372), und 1978 – siehe oben – gingen die Hintergrundsendungen „Tagesthemen" und „heute journal" auf Sendung (vgl. Hickethier 1998: 374-375).

Damit war es für das Publikum möglich, bei den Informationsangeboten stärker zu selektieren oder ihnen auszuweichen – zumal die so genannten „Schutzzonen" für diese Programme nach und nach abgebaut und auf anderen Kanälen zeitgleich attraktive Konkurrenzsendungen verbreitet wurden. Schließlich zeigten die Personengruppen, die sich erst relativ spät ein Fernsehgerät zulegten, weniger Politikinteresse als diejenigen, die bereits zu Beginn der 1960er Jahre in einen Fernseher investiert hatten. Somit hatten diese verspäteten Fernsehbesitzer eine stärkere Tendenz, Informationsangebote zu vermeiden (vgl. Kiefer 1978: 96). Durch die Ausbreitung des Fernsehens wurden also mehr Menschen mit Informationsangeboten erreicht, aber aufgrund der Ausweitung des Informationsangebots und der zunehmenden Konkurrenz unter Mehrkanalbedingungen gingen die durchschnittlichen Reichweiten der Informationssendungen zurück bzw. es verstärkte sich zumindest bei bestimmten Bevölkerungsgruppen und politisch Desinteressierten die Tendenz, Informationsangeboten auszuweichen (vgl. Bessler/Frank 1977: 374).

Deutlich ist dieser Trend bei der Reichweitenentwicklung der Politikmagazine der ARD zu sehen: 1964 erreichten „Panorama" und „Report" noch Einschaltquoten von über 40 Prozent.[8] Danach gingen die Quoten der ARD -Magazine kontinuierlich bis Mitte der 1970er Jahre auf 30 Prozent zurück, wobei hier neben der Verbreitung des ZDF eine Rolle gespielt haben mag, dass sich das Angebot an ähnlichen Sendeformaten – es kamen weitere politische Hintergrundprogramme hinzu – ständig ausweitete. Mit der Aufgabe der „Schutzzonen" und der zunehmenden Konkurrenz durch die dritten Programme fielen die Reichweiten dann weiter auf 25 Prozent und lagen in der zweiten Hälfte der 1970er Jahre nur noch etwas über 20 Prozent (vgl. Lampe 2000: 321-322).[9] Das „ZDF-Magazin" erreichte Anfang der 1970er Jahre um die 20 Prozent und fiel bis Ende des Jahrzehnts auf 13 Prozent ab (vgl. Darschin 1981; 1980; Ki

8 Erst für dieses Jahr liegen jährliche Durchschnittswerte vor, die auf der täglichen Erfassung der Reichweiten mit einem Messgerät - dem Tammeter - von Infratam basieren. In den Jahren davor wurden seit Ende der fünfziger Jahre die Reichweiten mit mündlichen Interviews kontinuierlich ermittelt, jedoch stand hier das Werbefernsehen im Mittelpunkt (vgl. Bessler 1980: 139-148).

9 Vgl. zu den Reichweiten auch eine Infratest-Sonderauswertung von 1972. Ergebnisse bei Ki: 1973.

1973). Das Publikum der Magazine bestand in deren Hochzeit in der zweiten Hälfte der 1960er Jahre nach einer Infas-Studie zwar etwas mehr aus Männern, Gebildeten, Besserverdienenden und SPD/FDP-Anhängern. Jedoch waren Unterschiede zur Gesamtheit des Publikums nur relativ gering, „jedenfalls weit geringer, als man von dem Inhalt der Sendungen vielleicht vermuten könnte" (von Friedeburg 1969: 163). Mit dem Rückgang der Reichweiten in den 1970er Jahren änderte sich dies: Die Magazine sprachen nun in erster Linie die politisch Interessierten an (vgl. Bessler 1980: 241).

Die Ausweitung der Rezeption von politischen Inhalten in den Massenmedien ist somit zunächst sicherlich auf die Erweiterung entsprechender Angebote zurückzuführen. Vor dem Hintergrund eines größeren Freizeitbudgets trug das neue Medium Fernsehen dazu bei, dass sich die Mediennutzung und damit auch die Nutzung von Politikangeboten vergrößerte: Die Menschen schauten sich mangels anderer Möglichkeiten das an, was geboten wurde. Dies gilt insbesondere für die Phase in der Fernsehentwicklung als es zu den Politiksendungen noch kaum unterhaltende Alternativen auf anderen Kanälen gab. Die Fernsehzuschauer hatten nur die Wahl, abzuschalten oder die Politikprogramme anzusehen. Dass sie zumeist nicht den Aus-Knopf drückten, lag daran, dass die Politikberichterstattung im neuen Bildmedium leicht und unaufwändig rezipiert werden konnte und als besonders verständlich, glaubwürdig und umfassend erschien. Somit erreichte das neue Medium auch die politisch schwächer interessierten Teile der Bevölkerung. Dazu kommt, dass eine neue Journalistengeneration primär im Fernsehen und seinen neuen Magazinsendungen, aber auch in den Illustrierten und den politischen Zeitschriften Politik auf eine andere Weise präsentierte: Mediale Politikangebote wurden unterhaltsamer und konfliktreicher dargeboten und konnten regelmäßig mit aufregenden, skandalisierenden Enthüllungen aufwarten. Zu den journalistischen Sendungen kamen dann noch fiktionale Angebote wie die Fernsehspiele, die ebenfalls oft politische Implikationen hatten. Dies hatte jedoch nicht zur Folge, dass Politik in anderen, schwieriger zu rezipierenden Medien wie vor allem der Zeitung weniger genutzt wurde, sondern ganz im Gegenteil: Hier stieg die Politikrezeption ebenfalls an. Somit hat die Angebotsseite dazu beigetragen, dass die Rezeption von politischen Informationen und damit wahrscheinlich auch das Interesse an Politik zunahmen, da Politik ja nun in einer vom Publikum leichter aufnehmbaren Form präsentiert wurde.

Dies ist jedoch nur die eine Seite der Medaille. Ein erweitertes Politikangebot, in dem teilweise ein neuer journalistischer Stil gepflegt wurde, musste auch den Bedürfnissen bestimmter Publikumssegmente entgegenkommen. Sonst wäre es sicherlich nicht in diesem Maß rezipiert worden. Somit muss es unabhängig vom Medieneinfluss ein steigendes Politikinteresse gegeben haben (vgl. auch Kaase 2000: 385). Hier mögen zunächst soziodemographische Gründe eine Rolle gespielt haben, und zwar in erster Linie das stark ansteigende Bildungsniveau in der Bevölkerung,[10] aber auch die zunehmende Emanzipation der Frauen, die begannen, sich stärker für Politik zu interessieren.[11] Damit verbunden haben – wie eingangs dargelegt – weitere Faktoren zur Verstärkung und Verbreitung des politischen Interesses beigetragen: der allgemeine Wertewandel, die politisch-kulturellen Proteste und die sich daraus ergebenden, teilweise durch Generationskonflikte bestimmten Polarisierungen in der Gesellschaft seit Mitte der 1960er Jahre. Vermutlich begann sich zudem das Verständnis von Politik zu wandeln und zu erweitern: Politik war nicht mehr nur etwas Abgehobenes und Fernes, was mehr oder weniger autoritäre Politiker und der Staat machten, sondern es wurde zu etwas, was jeder aktiv betreiben konnte und was außerdem – eingebunden in die neue Popkultur – ziemlich viel Spaß machen konnte: Somit wurde nicht nur die Demonstration, sondern desgleichen das Hören einer bestimmten Musik oder das Tragen langer Haare zu einem polit-kulturellen Akt oder Zeichen.

Wahrscheinlich ist, dass beide Prozesse miteinander verschränkt waren: Stark vereinfacht ausgedrückt, stieß ein sich ausweitendes und leichter zugängliches Politikangebot, das mit zunehmend konfliktreicheren Präsentationen aufwartete, auf eine wachsende Bereitschaft, dieses aufzunehmen. Die Rezeption entsprechender Inhalte steigerte wiederum entsprechende Erwartungshaltungen, was wiederum zu einem erweiterten Angebot führte. Besonders gut konnte dies in einem Mediensystem funktionieren, in dem bei den Angeboten des Leitmediums zunächst nur wenig selektiert werden konnte.

Die durch die Ausbreitung des Fernsehens zunehmende Politikrezeption bei der Bevölkerung und das damit verbundene, ansteigende Politikinteresse müssen jedoch nicht dazu geführt haben, dass sich auch die politische Informiertheit in der Bevölkerung verbesserte. So stellte Noelle-Neumann (1992: 226-230) auf der Basis von Allensbacher Bevölkerungsumfragen fest, dass im Zeitverlauf zwar das politische Interesse anstieg, nicht aber der Grad des aktuellen politischen Wissens. Vielmehr würde sich unter dem Einfluss des Fernsehens die Auffassung von Politik verändern. So ergab die oben erwähnte Studie von Noelle-Neumann aus den Jahren 1966/67, dass bei Menschen, die wenig Zeitung lesen, Politik unter dem Einfluss der Fernsehens als leicht, spannend und als eine unterhaltsame, durch Streit geprägte Inszenierung und nicht als schwierige und bedeutsame Angelegenheit betrachtet wird (vgl. Noelle-Neumann 1979: 95). Die so genannte Wissenskluftthypothese (vgl. Tichenor/Donohue/Olien 1970) verweist ganz ähnlich darauf, dass bei wachsendem Informationszufluss

10 Vgl. zum Zusammenhang zwischen Bildung und Politikinteresse z.B. Berg/Kiefer 1982: 73.

11 Das Interesse an Politik erlebte bei den Frauen in den sechziger Jahren relativ gesehen einen höheren Anstieg als bei den Männern (vgl. Noelle-Neumann/Köcher 2002: 691).

der Medien in eine Gesellschaft nicht alle Bevölkerungsteile gleichermaßen profitieren, sondern dass sich vielmehr die Wissensklüfte zwischen Bevölkerungssegmenten mit höherem und niedrigerem sozioökonomischen Status vergrößern können. Entscheidend ist dabei, dass Gebildete bzw. Personen mit einem höheren Sozialstatus die informationsreichen Printmedien intensiver nutzen und deshalb über einen Wissensvorsprung verfügen (vgl. Bonfadelli 1994). Tatsächlich scheint das Fernsehen den Printmedien bei der Vermittlung von einfachem Fakten- und komplexem Strukturwissen unterlegen zu sein. Deshalb – so das Ergebnis eines umfangreichen Forschungsüberblicks von Schönbach (1983) – ist eine Wissenssteigerung oder ein höherer Wissensstand fast immer eher mit der Lektüre von Zeitungen und Zeitschriften verbunden als mit dem Fernsehkonsum; ähnliches gilt für die politische Partizipation.

Somit rezipierten nun größere Teile der Bevölkerung, auch politisch schwach Interessierte, politische Angebote in den Medien. Wenn neben dem Fernsehen jedoch nicht noch weitere Medien und Informationskanäle genutzt wurden, hatte das unter Umständen keine besonders nachhaltige Wirkung. Politiksendungen wurden dann wohl eher rituell und „zwangsweise" mangels Alternativen im öffentlich-rechtlichen Fernsehen verfolgt und dienten weniger der Information, sondern dazu, ein Gefühl von Informiertheit zu vermitteln (vgl. Hickethier 1994: 267-277). Andererseits beschäftigten sich durch die leichter aufnehmbare und unterhaltsamere Präsentation von Politik im Fernsehen oder den Illustrierten nun relativ unpolitische Menschen zumindest rudimentär mit Politik, zudem dürfte die Politik auf diese Weise einiges von ihrer abgehobenen, autoritären Aura verloren haben, sie wurde greifbarer und volksnäher.

4. Griff nach den Medien und Medialisierung – die Folgen

Was die Politik und die Politiker angeht, so sind angesichts der Ausweitung von medialen Politikangeboten und der Politikrezeption zwei Strategien naheliegend, mit denen Machtinteressen gesichert oder ausgebaut werden können: Zum einen das Medienangebot zu beeinflussen, also auf die Medien politisch einzuwirken oder andersherum, sich den Medien und ihren Spielregeln anzupassen, um so mehr und positiver von diesen beachtet zu werden. In der Auseinandersetzung der Politik mit den Medien spielten sicherlich beide Strategien eine Rolle. Von entscheidender Bedeutung waren dabei der Rundfunk und hier vor allem das Fernsehen. Dies hatte zwei Gründe: Zum einen war der politische Zugriff auf den öffentlich-rechtlich organisierten Rundfunk über gesetzliche Maßnahmen und die Politiker oder politischen „Freundeskreise" in den Aufsichtsgremien leichter möglich als im privaten Printmedienmarkt. Zum anderen erlangte das neue Leitmedium Fernsehen eine herausragende Bedeutung und bestimmte somit, wie sich Politiker in Zukunft dem Publikum präsentieren mussten, um erfolgreich zu sein können.

Der medienpolitische Zugriff zunächst auf den öffentlich-rechtlichen Hörfunk, dann auf das Fernsehen ist eine Konstante der westdeutschen Geschichte, die im Zeitverlauf verschiedene Ausprägungen erfuhr. So versuchte Adenauer direkt und massiv auf die Organisation des Rundfunks einzuwirken und sich sein eigenes bundesweites Fernsehen zu schaffen. Ende der 1960er und in den 1970er Jahren bemühte sich insbesondere die CDU/CSU, den Rundfunk mit seinem kritischen Magazinjournalismus über die Kontrollgremien zu beeinflussen und in ihre Hand zu bekommen. Als die von Politikern stets angenommene hohe Wirksamkeit des Fernsehens von den Studien und Theorien der Meinungsforscherin Elisabeth Noelle-Neumann wissenschaftlich unterfüttert wurde, die dem Fernsehen bzw. den Fernsehjournalisten 1976 einen entscheidenden Einfluss auf den Ausgang der Bundestagswahlen unterstellte,[12] nahmen entsprechende Anstrengungen noch weiter zu, und die Parteien begannen, auch bei Personalfragen auf unteren Ebenen mitzureden (vgl. Lampe 2000; Langenbucher 1999; Dussel 1995).

---

12 Vgl. zu der in diesem Kontext entwickelten Theorie der Schweigespirale und zur Diskussion um den wahlentscheidenden Einfluss der Fernsehens vor allem Noelle-Neumann 1989; weiter Kaase 2000: 393; Bessler 1980: 355-356.

Die Anpassung der Politik an die Spielregeln der Medien – die Medialisierung – hat sicherlich bereits in der Frühzeit der Bundesrepublik eine Rolle gespielt. Doch ist anzunehmen, dass sich durch die Politikdarstellungen im Fernsehen sowie in den Zeitschriften und deren breiter Rezeption entsprechende Tendenzen verstärkten.[13] Das Fernsehen stellte als Bildmedium neue Anforderungen: Es galt, telegen zu sein, beeindruckende Bilder sowie kurze und knackige Statements zu liefern oder sich in Live-Sendungen zu bewähren. Zudem war zu beachten, dass bestimmte Fernsehformate oder auch die Illustrierten stark auf Unterhaltung zielten und mit entsprechenden Selbstdarstellungen versorgt werden mussten.

Die Veränderungen, die im Umgang der Politiker mit den Medien angesichts des Aufstiegs des Fernsehens, der populäreren Vermittlung von Politik und eines selbstbewussten Journalismus insbesondere in den 1960er Jahren stattgefunden haben, werden zum Beispiel am Medienumgang Konrad Adenauers und Willy Brandts deutlich. Beide prägten für eine bestimmte Periode den medialen Stil ihrer Parteien bzw. der Regierung (vgl. dazu Münkel 2005: 29-41; Münkel 2001; Hodenberg 2006: 145-182; Weiss 2006; Münkel 2003). Adenauer gestand den Medien keine eigene politische Rolle zu, für ihn hatten sie eine primär instrumentelle Funktion. Als Kanzler baute er ein System auf, das es ihm ermöglichte, die Medien in seinem Sinn zu beeinflussen. Adenauer setzte zum einen darauf, ausgewählten, ihm wohlgesonnenen Journalisten in Hintergrundgesprächen – den legendären „Teegesprächen“ oder bei Wahlkampfreisen – exklusive Informationen zukommen zu lassen und sie so an sich zu binden, schreckte aber gleichfalls nicht vor direkten Interventionen in die Berichterstattung zurück. Dazu kamen aber auch erste Elemente einer medialisierten Politik: So ließ sich Adenauer in „home storys“ porträtieren und vor allem bei Staatsbesuchen als erfolgreicher internationaler Politiker inszenieren (vgl. Angster 2005: 185). Zum anderen waren die Bemühungen um einen direkten Zugriff auf die Medien von Bedeutung: Hier spielte neben dem Aufbau einer CDU-nahen Presse vor allem der Rundfunk eine wichtige Rolle. Während seiner ganzen Regierungszeit wandte sich Adenauer gegen den öffentlich-rechtlichen Rundfunk und strebte danach, den Regierungseinfluss zu vergrößern. Auf die gestiegene Bedeutung des Fernsehens reagierte er 1960 mit dem Versuch, ein zweites regierungsnahes Fernsehprogramm zu installieren. Adenauers Fernsehpläne scheiterten allerdings 1961 vor dem Bundesverfassungsgericht, das der Klage mehrerer Bundesländer gegen sein eigenwilliges Vorgehen Recht gab.

13 So nahmen nach einer Studie von Kepplinger (1999) die mediatisierten Aktivitäten des Bundestags wie z.B. mündliche und schriftliche Anfragen sowie die Berichterstattung über medienwirksame Politik wie Handlungsankündigungen und Handlungsaufforderungen in den sechziger und siebziger Jahren stark zu.

Willy Brandt erkannte im Gegensatz zu Adenauer „die aktive Rolle der Massenmedien innerhalb des politischen Meinungsbildungsprozesses vorbehaltlos an" (Münkel 2001: 308; vgl. zum Folgenden auch Münkel 2005). Selbstverständlich war er ebenfalls an einer möglichst positiven Berichterstattung interessiert, ging hier aber andere Wege als Adenauer. Er pflegte einen partnerschaftlichen Umgang mit Journalisten, was dazu beitrug, dass er von großen Teilen der linksliberalen Presse aktiv unterstützt wurde. Weiter passte er sich mehr als andere Politiker seiner Zeit der Funktionsweise der Medien an: Hohe Medienpräsenz und die Darstellung des Privatlebens wurden noch wichtiger; gleiches gilt für die medien- und vor allem fernsehgerechte Inszenierung von Politik, die Erzeugung symbolischer Bilder. Bekanntestes Beispiel dafür ist sein Kniefall am Mahnmal für das Warschauer Ghetto am 7. Dezember 1970, von dem umstritten ist, ob er spontan erfolgte oder vielleicht doch geplant war (vgl. Münkel 2001: 312-313).

Von professionellen Politikern abgesehen wurde es natürlich auch für die protestierenden Jugendlichen und Bürger wichtig, sich und ihre Anliegen mediengerecht zu inszenieren, wenn man hinreichend Beachtung finden wollte. Dazu mussten spektakuläre Bilder – etwa durch große Demonstrationen, witzige Aktionen oder auch durch Gewalt – und möglichst provozierende Aussagen geliefert werden. Ende der 1960er Jahre war hier insbesondere die Kommune I innovativ, die ihren Polit-Lifestyle regelrecht vermarktete (vgl. Siegfried 2008: 506-520).

5. Fazit

Insbesondere in den 1960er Jahren weitete sich die Rezeption von politischen Medieninhalten aus und blieb auch danach auf einem höheren Niveau. Gründe für diese Entwicklung sind einerseits bei den Medien und den Journalisten zu suchen. Von besonderer Bedeutung war dabei der Aufstieg des Fernsehens zum Leitmedium, dessen Angebote relativ leicht zugänglich waren und die unter Einkanalbedingungen bzw. unter stark eingeschränkter Konkurrenz vor allem in den 1960er Jahren weite Teile der Bevölkerung erreichten. Dazu kommt die Dynamisierung der Medienöffentlichkeit durch eine neue Art von kritischem, spektakulärem und unterhaltsameren Journalismus, der von einer jungen Journalistengeneration getragen wurde. Entsprechende Tendenzen wurden auch durch eher indirekt politische, fiktionale Formen verstärkt, wie durch das in den 1960er und 1970er populäre Fernsehspiel.

Darüber hinaus nahm bei der Bevölkerung das Interesse an Politik in dieser Zeit deutlich zu, was unter anderem auf das steigende Bildungsniveau, die Frauenemanzipation sowie den in Folge sozioökonomischer Veränderungen stattfindenden allgemeinen Wertewandel und den damit verbundenen Polarisierungsprozessen in der

Bevölkerung zurückgeführt werden kann. In diesem Zusammenhang hat die Verbindung aus Pop und Politik in den Jugendkulturen der 1960er und 1970er Jahre das Interesse an Politik ebenfalls verstärkt, aber auch das Bild von Politik verändert: Politisch war nun eine bestimmte Art von Lebensstil oder dessen explizite Ablehnung.

Selbst wenn nur eine Minderheit politisch aktiv war oder sich intensiver für Politik interessierte, so gehörte es mehr noch als in den 1950er Jahren für weite Teile der Bevölkerung zum Alltag, sich zumindest rudimentär über Politik zu informieren. Die Politik wiederum reagierte auf die gestiegene Bedeutung der Medien – vor allem des Fernsehens – bei der Politikvermittlung und Imagebildung einerseits mit einem immer engeren Zugriff auf die öffentlich-rechtlichen Sender, andererseits aber auch mit einer zunehmend mediengerechten Darstellung von Politik, wobei jedoch entsprechende Tendenzen nicht überbewertet werden dürfen und der sachliche Kern von der Inszenierung zunächst nicht überdeckt wurde (vgl. dazu Mergel 2003).

Literatur

Angster, Julia (2005): Der neue Stil. Die Amerikanisierung des Wahlkampfs und der Wandel im Politikverständnis bei CDU und SPD in den 1960er Jahren. In: Frese, Matthias/Paulus, Julia/Teppe, Karl (Hrsg.): Demokratisierung und gesellschaftlicher Aufbruch. Die sechziger Jahre als Wendezeit der Bundesrepublik. 2. Auflage. Paderborn: Schöningh, S. 181-204.

ARD/ZDF (Hrsg.) (1968): Was sie sahen – wie sie urteilten. 1963–1967. Die ersten fünf Jahre in den Reaktionen der Zuschauer. Bad Homburg: Verl. für Funk- und Fernsehpublizistik, Niehus.

Berg, Klaus/Kiefer, Marie-Luise (1982): Massenkommunikation II. Eine Langzeitstudie zur Mediennutzung und Medienbewertung 1964–1980. Frankfurt a. M.: Metzner.

Bessler, Hansjörg (1980): Hörer- und Zuschauerforschung (= Rundfunk in Deutschland, Bd. 5). München: DTV.

Bessler, Hansjörg/Frank, Bernward (1977): Fernsehnachrichten im Spiegel der kontinuierlichen Zuschauerforschung. In: Publizistik, 22. Jg., H. 4, S. 371-383.

Bismark, Klaus von (1967): Der Rundfunk und sein Publikum. In: Rundfunk und Fernsehen, 15. Jg., S. 239-252.

Bösch, Frank (2008): Krise als Chance. Die Neuformierung der Christdemokratien in den siebziger Jahren. In: Jarausch, Konrad H. (Hrsg.): Das Ende der Zuversicht? Die siebziger Jahre als Geschichte. Göttingen: Vandenhoeck & Ruprecht, S. 296-309.

Bonfadelli, Heinz (1994): Die Wissenskluft-Perspektive. Massenmedien und gesellschaftliche Information. Konstanz: UVK.

Darschin, Wolfgang (1980): Tendenzen im Zuschauerverhalten. Telekopie-Daten zur Nutzung der Fernsehprogramme seit 1976. In: Media-Perspektiven, H. 7, S. 469-479.

Darschin, Wolfgang (1981): Fernsehgewohnheiten und Fernsehreichweiten. Teleskopie-Ergebnisse zum Zuschauerverhalten im Jahre 1980. In: Media-Perspektiven, H. 4, S. 287-296.

Drescher, Siegfried H. (1969): Wirkung des Fernsehens als Quelle aktueller Information. In: Publizistik, 14. Jg., S. 173-184.

Dussel, Konrad (1995): Die Interessen der Allgemeinheit vertreten. Die Tätigkeit der Rundfunk- und Verwaltungsräte von Südwestfunk und Süddeutschem Rundfunk 1949 bis 1969. Baden-Baden: Nomos.

Dussel, Konrad (2004): Deutsche Rundfunkgeschichte. 2. Auflage. Konstanz: UVK.

Eichler, Antje (2005): Protest im Radio. Die Berichterstattung des Bayerischen Rundfunks über die Studentenbewegung 1967/1968. Frankfurt a. M.: Peter Lang.

Faulstich, Werner (1994): Fernsehgeschichte als Erfolgsgeschichte: Die Sendungen mit den höchsten Einschaltquoten. In: Ders. (Hrsg.): Vom ‚Autor' zum Nutzer: Handlungsrollen im Fernsehen (= Geschichte des Fernsehens in der Bundesrepublik Deutschland, Bd. 5). München: Fink, S. 217-236.

Faulstich, Werner (2004): Gesellschaft und Kultur der siebziger Jahre: Einführung und Überblick. In: Ders. (Hrsg.): Die Kultur der siebziger Jahre. München: Fink, S. 7-18.

Frese, Matthias/Paulus, Julia (2005): Geschwindigkeit und Faktoren des Wandels – die 1960er Jahre in der Bundesrepublik. In: Frese, Matthias/Paulus, Julia/Treppe, Karl (Hrsg.): Demokratisierung und gesellschaftlicher Aufbruch. Die sechziger Jahre als Wendezeit der Bundesrepublik. 2. Auflage. Paderborn: Schönigh, S. 1-23.

Friedeburg, Ludwig von (1969): Meinungsbildung durch aktuelle Magazinsendungen des Fernsehens. In: Publizistik, 14. Jg., S. 162-172.
Glasenapp, Jörn (2003): Titelschwund und Politisierung: Zur Illustriertenlandschaft der sechziger Jahre. In: Faulstich, Werner (Hrsg.): Die Kultur der sechziger Jahre. München: Fink, S. 75-94.
Glaser, Hermann (1989): Kulturgeschichte der Bundesrepublik Deutschland. Zwischen Protest und Anpassung. 1968–1989. München/Wien: Hanser.
Hickethier, Knut (1994): Zwischen Einschalten und Ausschalten. Fernsehgeschichte als Geschichte des Zuschauens. In: Faulstich, Werner (Hrsg.): Vom ‚Autor' zum Nutzer: Handlungsrollen im Fernsehen (= Geschichte des Fernsehens in der Bundesrepublik Deutschland, Bd. 5). München: Fink, S. 237-306.
Hickethier, Knut (1998): Geschichte des deutschen Fernsehens. Stuttgart/Weimar: Metzler.
Hickethier, Knut (2003): Protestkultur und alternative Lebensformen. In: Faulstich, Werner (Hrsg.): Die Kultur der sechziger Jahre. München: Fink, S. 11-30.
Hodenberg, Christina von (2006): Konsens und Krise. Eine Geschichte der westdeutschen Medienöffentlichkeit 1945–1973. Göttingen: Wallstein-Verlag.
Holtz-Bacha, Christina (1999): Alternative Presse. In: Wilke, Jürgen (Hrsg.): Mediengeschichte der Bundesrepublik Deutschland. Bonn: Bundeszentrale für politische Bildung, S. 330-349.
Holzamer, Karl (1964): Fernsehen – Schaugeschäft oder Bildungsinstitut? In: Rundfunk und Fernsehen, 12. Jg., S. 261-271.
Infratest (1975): Dokumentation wichtiger Ergebnisse der Fernsehforschung, Bd. 2: Information. München: ARD.
Jäger, Wolfgang/Link, Werner (1987): Republik im Wandel, 1974–1982. Die Ära Schmidt (= Geschichte der Bundesrepublik, Bd. 5, hrsg. von Karl Dietrich Bracher). Stuttgart: Dt. Verl.-Anst.
Jarausch, Konrad H. (Hrsg.) (2008): Das Ende der Zuversicht? Die siebziger Jahre als Geschichte. Göttingen: Vandenhoeck & Ruprecht.
Just, Dieter (1966): Der Spiegel. Untersuchungen zur redaktionellen Arbeitsweise, zum Inhalt und zur Wirkung eines deutschen Nachrichtenmagazins unter besonderer Berücksichtigung seiner Deutschland-Berichterstattung. Dissertation. Berlin: Ernst-Reuter-Gesellschaft.
Kaase, Max (2000): Germany: A Society and a Media System in Transition. In: Gunther, Richard/Mughan, Anthony (Hrsg.): Democracy and the Media. A Comparative Perspective. Cambridge: Cambridge Univ. Press, S. 375-401.
Kepplinger, Hans Mathias (1999): Die Mediatisierung der Politik. In: Wilke, Jürgen (Hrsg.): Massenmedien und Zeitgeschichte. Konstanz: UVK, S. 55-63.
Ki (1973): Politische Sendungen im Fernsehen. Angebot, Interesse und Nutzung – eine Infratest-Analyse. In: Media-Perspektiven, Heft 2, S. 53-64.
Kiefer, Marie Luise (1978): Massenkommunikation 1964–1970–1974. In: Berg, Klaus/Kiefer, Marie Luise (Hrsg.): Massenkommunikation. Eine Langzeitstudie zur Mediennutzung und Medienbewertung. Mainz: Hase & Koehler, S. 41-322.
Kiefer, Marie Luise (1999): Hörfunk- und Fernsehnutzung. In: Wilke, Jürgen (Hrsg.): Mediengeschichte der Bundesrepublik Deutschland. Bonn: Bundeszentrale für politische Bildung, S. 426-446.
Klages, Helmut (1984): Wertorientierung im Wandel. Rückblick, Gegenwartsanalyse, Prognosen. Frankfurt a. M./New York: Campus.

Klages, Helmut (1993): Traditionsbruch als Herausforderung. Perspektiven der Wertewandelgesellschaft. Frankfurt a. M./New York: Campus.

Koenen, Gerd (2007): Das rote Jahrzehnt. Unsere kleine deutsche Kulturrevolution. 1967–1977. 4. Auflage. Frankfurt a. M.: Fischer.

Lampe, Gerhard (2000): Panorama, Report und Monitor. Geschichte der politischen Fernsehmagazine 1957–1990. Konstanz: UVK.

Langenbucher, Wolfgang R. (1999): Rundfunk und Gesellschaft. In: Schwarzkopf, Dietrich (Hrsg.): Rundfunkpolitik in Deutschland. Wettbewerb und Öffentlichkeit, Bd. 1. München: DTV, S. 149-315.

Mergel, Thomas (2003): Der mediale Stil der „Sachlichkeit". Die gebremste Amerikanisierung des Wahlkampfs in der alten Bundesrepublik. In: Weisbrod, Bernd (Hrsg.): Die Politik der Öffentlichkeit – Die Öffentlichkeit der Politik. Politische Medialisierung in der Geschichte der Bundesrepublik. Göttingen: Wallstein, S. 29-53.

Meyen, Michael (2001): Hauptsache Unterhaltung. Mediennutzung und Medienbewertung in Deutschland in den 50er Jahren. Münster: LIT.

Meyn, Hermann (1966): Politisierung der Illustrierten in der Bundesrepublik? In: Publizistik, 11. Jg., S. 332-345.

Münkel, Daniela (2001): Die Medienpolitik von Konrad Adenauer und Willy Brandt. In: Archiv für Sozialgeschichte, 41. Jg., S. 297-316.

Münkel, Daniela (2003): Politiker-Image und Wahlkampf. Das Beispiel Willy Brandt: Vom deutschen Kennedy zum deutschen Helden. In: Weisbrod, Bernd (Hrsg.): Die Politik der Öffentlichkeit – Die Öffentlichkeit der Politik. Politische Medialisierung in der Geschichte der Bundesrepublik. Göttingen: Wallstein, S. 55-76.

Münkel, Daniela (2005): Willy Brandt und die „Vierte Gewalt". Politik und Massenmedien in den 50er bis 70er Jahren. Frankfurt a. M.: Campus.

Noelle-Neumann, Elisabeth (Hrsg.) (1976): Allensbacher Jahrbuch der Demoskopie 1974–1976. Wien u.a.: Molden.

Noelle-Neumann, Elisabeth (1979): Warum die Zeitung überleben wird. In: Dies.: Öffentlichkeit als Bedrohung. Beiträge zur empirischen Kommunikationsforschung. 2. Auflage. Freiburg/München, S. 89-98. [Zuerst veröffentlicht in ZV+ZV, 68. Jg. (1971), S. 1596-1602].

Noelle-Neumann, Elisabeth (1989): Öffentliche Meinung: die Entdeckung der Schweigespirale. Frankfurt a. M.: Ullstein.

Noelle-Neumann, Elisabeth (1992): Das Fernsehen und die Zukunft der Lesekultur. In: Fröhlich, Werner D./Zitzlsperger, Rolf/Franzmann, Bodo (Hrsg.): Die verstellte Welt. Beiträge zur Medienökologie. Weinheim/Basel: Beltz, S. 222-254.

Noelle-Neumann, Eilsabeth/Köcher, Renate (Hrsg.) (1997): Allensbacher Jahrbuch der Demoskopie 1993–1997. München: Saur.

Noelle-Neumann, Elisabeth/Köcher, Renate (Hrsg.) (2002): Allensbacher Jahrbuch der Demoskopie 1998–2002. München: Saur.

Peiser, Wolfram (1999): Zum Einfluß des Fernsehens auf das politische Interesse der Bevölkerung in der Bundesrepublik Deutschland. In: Wilke, Jürgen (Hrsg.): Massenmedien und Zeitgeschichte. Konstanz: UVK, S. 64-72.

Rödder, Andreas (2004): Wertewandel und Postmoderne. Gesellschaft und Kultur der Bundesrepublik Deutschland 1965-1990. Stuttgart: Stiftung Bundespräsident-Theodor-Heuss-Haus.

Rucht, Dieter (1989): Protestbewegungen. In: Benz, Wolfgang (Hrsg.): Die Geschichte der Bundesrepublik Deutschland, Bd. 3: Gesellschaft. Akt. u. erw. Neuauflage. Frankfurt a. M.: Fischer Taschenbuch Verl., S. 311-344.

Schildt, Axel (2000): Materieller Wohlstand – pragmatische Politik – kulturelle Umbrüche. Die 60er Jahre in der Bundesrepublik. In: Ders./Siegfried, Detlef/Lammers, Karl Christian (Hrsg.): Dynamische Zeiten. Die 60er Jahre in den beiden deutschen Gesellschaften. Hamburg: Christians, S. 21-53.

Schönbach, Klaus (1983): Das unterschätzte Medium. Politische Wirkungen von Presse und Fernsehen im Vergleich. München u.a.: Saur.

Schulz, Rüdiger (1999): Nutzung von Zeitung und Zeitschriften. In: Wilke, Jürgen (Hrsg.): Mediengeschichte der Bundesrepublik Deutschland. Bonn: Bundeszentrale für politische Bildung, S. 401-425.

Siegfried, Detlef (2008): Time is on my side. Konsum und Politik in der westdeutschen Jugendkultur der 60er Jahre. 2. durchges. Aufl. Göttingen: Wallstein.

Tichenor, Philip J./Donohue, George A./Olien, Clarice N. (1970): Mass Media Flow and Differential Growth in Knowledge. In: Public Opinion Quarterly, 34. Jg., Nr. 2, S. 159-170.

Türschmann, Jörg (2004): Am Strand von TUNIX. Körperdiskurse, Pazifismus und Natursehnsucht in der Ökobewegung. In: Faulstich, Werner (Hrsg.): Die Kultur der sechziger Jahre. München: Fink, S. 37-48.

Vogel, Meike (2010): Unruhe im Fernsehen. Protestbewegung und öffentlich-rechtliche Berichterstattung in den 1960er Jahren. Göttingen: Wallstein.

Weiss, Matthias (2006): Öffentlichkeit als Therapie. Die Medien- und Informationspolitik der Regierung Adenauer zwischen Propaganda und kritischer Aufklärung. In: Bösch, Frank/Frei, Norbert (Hrsg.): Medialisierung und Demokratie im 20. Jahrhundert. Göttingen: Wallstein, S. 73-120.

Wildenmann, Rudolf/Kaase, Max (1968): „Die unruhige Generation". Eine Untersuchung zu Politik und Demokratie in der Bundesrepublik. Mannheim: Universität, Lehrstuhl für politische Wissenschaft.

Susanne Kinnebrock/Helena Bilandzic

Boulevardisierung der politischen Berichterstattung? Konstanz und Wandel von Nachrichten- und Narrativitätsfaktoren in Tageszeitungen

1. Hinführung

Boulevardisierung ist – so könnte man meinen – die dunkle Seite des Medialisierungsprozesses. Beklagt wird ein Qualitätsverlust der aktuellen Berichterstattung, konkret eine verstärkte Orientierung an Sensationen, Alltäglichkeiten und Prominenten sowie die intensivierte Berichterstattung über Skandale; eine Entpolitisierung der Medien, ja sogar der Verfall des reflektierten politischen Diskurses wird konstatiert, weil Medienlogiken, schlimmer noch: Boulevardlogiken überhand nähmen und nicht nur die Darstellung, sondern zunehmend auch die Herstellung von Politik beeinträchtigten.[1]

Unter dem Stichwort „Boulevardisierung" sind inzwischen einige Forschungsarbeiten veröffentlicht worden, die Veränderungen der politischen Berichterstattung untersuchen (vgl. Krüger 1996; vgl. Donsbach/Büttner 2005; vgl. Hoffmann 2001). Dabei steht in Deutschland das Medium Fernsehen im Mittelpunkt der empirischen Studien – insbesondere seit Einführung des privaten Rundfunks in den 1980er Jahren. Die wenigen Analysen, die sich der Presse widmen, nehmen in der Regel die „Qualitätspresse" ins Visier (vgl. z.B. Kepplinger 1998). Denn bei großen überregionalen Zeitungen, Wochenzeitungen und Nachrichtenmagazinen wird – ähnlich wie beim öffentlich-rechtlichen Rundfunk – eine Orientierung am Boulevard und damit letztlich ein Qualitätsverfall am ehesten vermutet.

Allerdings können auch ausgesprochene Boulevardmedien ihr Boulevardprofil noch stärker akzentuieren. Deshalb soll hier eine Analyse vorgestellt werden, die zunächst den grundsätzlich weniger erforschten Zeitungsbereich untersucht und dabei die beiden aktuellen Marktführer im Segment der Boulevard- und Qualitätszeitungen („Bild"-Zeitung und „Süddeutsche Zeitung") hinsichtlich des Boulevardisierungsgrades politischer Berichterstattung vergleichend analysiert.

1 Vgl. exemplarisch für den populären, massenmedialen Diskurs: Jansen 2005; für den akademischen: Meyer 2001.

Weiterhin wird zur Analyse des Boulevardisierungsprozesses ein neues Konzept herangezogen, mit dessen Hilfe er sich in einem weiteren Rahmen untersuchen und präzisieren lässt. Denn bei genauerer Betrachtung überschneiden sich zahlreiche Indikatoren, die zur Bestimmung des Boulevardisierungsprozesses herangezogen werden, mit Strukturelementen archetypischer Erzählungen. Als Beispiele seien hier nur erwähnt die Dramatisierung des politischen Geschehens oder die Reduzierung von gesellschaftlichen Problemlagen auf einen Konflikt zwischen zwei Personen, einem Protagonisten und einem Antagonisten. Deshalb wollen wir Boulevardisierung aus dem Blickwinkel der Erzählforschung betrachten, genauer aus der Perspektive der „neoklassischen Narratologie" (Schönert 2004) in der Tradition von Gerald Prince (vgl. Prince 1982; vgl. Prince 1999).

Diese Richtung innerhalb der Erzählforschung beschäftigt sich, kurz gesagt, damit, was eine Geschichte zu einer guten Geschichte macht – egal, ob die Erzählung fiktional ist oder einen realen Hintergrund hat, ob sie als Film oder Text präsentiert wird. Es geht um die Frage, mit welchen Stilmitteln innerhalb eines Textes oder eines Films eine möglichst hohe Narrativität geschaffen werden kann, die wiederum ein eindrückliches Rezeptionserleben erleichtert (vgl. resümierend Bilandzic/Kinnebrock 2006). Die narratologischen Überlegungen, welche Elemente oder Elementkombinationen nötig sind, um eine hochgradig narrative und eindrückliche Geschichte zu konzipieren, lassen sich durchaus in Bezug zum Journalismus generell und zur politischen Berichterstattung im Speziellen setzen. Schon die Alltagssprache im Journalismus („das ist eine Story" oder „das ist keine Story") verweist auf die Bedeutung von Geschichten beim Auswählen von berichtenswerten Ereignissen und der Transformation von Zeitgeschehen in (politische) Berichterstattung. Unsere These ist nun, dass Narrativität ein wichtiges, aber im Vergleich etwa zum Nachrichtenwert bislang vernachlässigtes Muster bei der Konstruktion von Medienwirklichkeit darstellt. Es gilt zu überlegen, ob der Boulevardisierungsprozess als eine Veränderung des Verhältnisses zweier Konstruktionsmuster zu fassen ist, z.B. als ein Bedeutungsverlust des Nachrichtenwerts zugunsten einer narrativen Gestaltung.

2. Boulevardisierung

Bei der Boulevardisierung und ihrem englischsprachigen Pendant, der „Tabloidization", handelt es sich um ein schwammiges (vgl. Dulinski 2003: 236) bzw. diffuses Konzept (vgl. Esser 1999: 291). Versucht man mit Blick auf empirische Analysen die Bereiche zu identifizieren, in denen Boulevardisierungsprozesse dingfest und messbar gemacht werden, so beziehen sich empirische Studien in der Regel auf drei Bereiche: Aufmachung, Sprache und Inhalte von politischer Berichterstattung (vgl. resümierend Pürer 2003: 154-160).

Boulevardisierung hinsichtlich der Aufmachung zeigt sich im Printbereich vor allem durch den vermehrten und großflächigeren Einsatz von (farbigen) Bildern sowie durch größere Schlagzeilen und geringere Textumfänge. Bezogen auf das Fernsehen gelten ebenfalls kürzere Beitragslängen, darüber hinaus schnellere Schnitte und eine Akzentuierung dynamisierender Elemente als wichtige Boulevardisierungsindikatoren (vgl. Donsbach/Büttner 2005; vgl. Brosius 2001; vgl. Zubayr/Fahr 1999 u.v.a.m.).

Mit Bezug auf die Sprache werden der vermehrte Einsatz von Alltagssprache und Simplifizierungen sowie die Verwendung von reizstarkem Vokabular, kurzen Sätzen und Appellen als auffällige Merkmale des Boulevardisierungsprozesses untersucht (vgl. z.B. Neissl 2001).

Hinsichtlich der Inhalte, die sich im Zuge der Boulevardisierung verändern, wurde die Verschiebung von Themenanteilen analysiert. Bezugspunkte sind hier entweder einzelne Sendungen oder auch das Gesamtprogramm bzw. der Politikteil oder das gesamte redaktionelle Angebot einer Zeitung. Wird nun weniger über Politik und Wirtschaft, dafür mehr über ‚Sex and Crime', Sport, Klatsch, Sensationen, Katastrophen und Alltagsthemen berichtet, dann wird dies als Boulevardisierung interpretiert. Folgt man Dulinskis (2003: 233-39) Überblicksdarstellung, so kann die Verschiebung von Themenanteilen als der geläufigste Indikator für Boulevardisierungsprozesse angesehen werden.

Weiterhin können sich nicht nur Themenanteile verändern, sondern auch die Inhalte innerhalb von Beiträgen durch die Akzentuierung bestimmter Nachrichtenaspekte. Die Berichterstattung kann sich beispielsweise auf kurzfristige Ereignisaspekte konzentrieren und die dahinter liegenden langfristigen Prozesse vernachlässigen oder sie kann bevorzugt solche Begebenheiten auswählen, in die das eigene Land bzw. Landsleute involviert sind (Ethnozentrismus), die konfliktträchtig sind und sich personalisieren lassen. Einher mit einer verstärkten Personalisierung geht zumeist die geringere Berücksichtigung von Institutionen und deren Handeln. All diese inhaltlichen Verschiebungen innerhalb von Beiträgen können ebenfalls als Indikatoren für Boulevardisierungsprozesse aufgefasst werden.

Schließlich kann die Boulevardisierung auch durch den vermehrten Einsatz boulevardesker diskursiver Strategien erfolgen. Beispiel für eine solche Strategie ist die gezielte Ab- und Ausgrenzung anderer und damit verbunden der Versuch, ein Wir-Gefühl herzustellen (vgl. weiterführend Dulinski 2003; vgl. Klein 2000; vgl. Renger 1998; vgl. Bruck/Stocker 1996; vgl. Link 1986).

Herausgestellt sei hier nochmals, dass Boulevardisierung ein Transformationsprozess ist, der nur mit einer Langzeitperspektive untersucht werden kann (vgl. Esser 1999; vgl. Donsbach/Büttner 2005 u.v.a.m.). Empirische Studien sollten daher mindestens zwei Messzeitpunkte miteinbeziehen.

3. Messung von Boulevardisierung anhand von Nachrichten- und Narrativitätsfaktoren

Um den Boulevardisierungsprozess empirisch greifbar zu machen, wurden in der Kommunikationswissenschaft insbesondere standardisierte Inhaltsanalysen eingesetzt, die Veränderungen in der Aufmachung (Gestaltungskonventionen, z.B. Visualisierungsgrad), Themenschwerpunkte und – unterhalb der Themenebene – die konkreten Inhalte erfassen können.

Um inhaltliche Veränderungen innerhalb von Beiträgen zu erheben, steht mit den Nachrichtenfaktoren der Kommunikationswissenschaft ein etabliertes Instrumentarium zur Verfügung (vgl. exemplarisch Schulz 1976; vgl. Eilders 1997). Es wurde ja schon darauf verwiesen, dass unter Boulevardisierung u.a. die inhaltlichen Veränderungen hin zur vermehrten Präsentation von kurzfristigen Ereignissen und ethnozentrischen Perspektiven, aber auch die Akzentuierung von Konflikten, Personenhandeln und Prominenz zu fassen sind. Daher können Methoden und Instrumente, die für Nachrichtenfaktoren entwickelt wurden, hier zum Einsatz kommen.

Die Nachrichtenwerttheorie und ihre Bausteine, die Nachrichtenfaktoren, weisen aber erstaunliche Leerstellen auf. Während die Eckdaten des Geschehens (letztlich die W-Fragen des Journalismus: Wer? Wo? Was?) mit Hilfe der Nachrichtenfaktoren in einem Text recht differenziert erfasst werden können (z.B. als Status der involvierten Personen, Spezifika der Ereignisregion und Valenz des Ereignisses), bleiben die Textstrukturen und die verwendeten sprachlichen Stilmittel weitgehend unberücksichtigt. Geht es nun darum, nicht nur Inhalt sondern auch Struktur und Sprachstil von Texten zu erfassen, dann bietet sich eine Anreicherung mit Konzepten der literatur- und sprachwissenschaftlichen Erzählforschung an.

Mit Rekurs auf Chatmans (1978) Differenzierung von Textsorten verwirft Prince (1999; 1982) die Vorstellung, dass ein Text entweder eine Erzählung darstellt oder nicht. Vielmehr geht er davon aus, dass jeder Text (auch eine Beschreibung oder eine Argumentation) Erzählelemente enthält, diese jedoch unterschiedlich stark ausgeprägt sind. Enthält nun ein Text viele Erzählelemente und sind diese darüber hinaus noch stark akzentuiert, dann haben wir es mit einem Text zu tun, der sich durch hohe Narrativität auszeichnet.

Das Konzept der graduellen Narrativität erinnert stark an den graduellen Nachrichtenwert, der sich ja auch aus der Summe und Ausprägung von Nachrichtenfaktoren ergibt. Allerdings geht die neoklassische Narratologie insofern über die Nachrichtenwerttheorie hinaus, als sie erstens zahlreiche Faktoren formuliert hat, die auf der Ebene des Inhalts das tatsächliche Handeln von Personen sehr viel differenzierter erfasst, zweitens die Strukturen von Texten berücksichtigt (vor allem den dramaturgischen Aufbau von Texten, deren Kohärenz, aber auch das Lenken von Affekten durch die Affektstruktur bzw. die Protagonist-Antagonist-Struktur) und drittens zahlreiche sprachliche Stilmittel benennt, die einen Text narrativer machen wie z.B. das Verwenden direkter Zitate oder emotionsgenerierender Ausdrücke oder Adjektive. In Analogie zu Nachrichtenfaktoren bezeichnen wir diejenigen Elemente, die einen Text narrativer machen, als Narrativitätsfaktoren. Bilandzic und Kinnebrock (2006) haben mit Rekurs auf Prince (1982; 1999), Coste (1989) und Ryan (1991; 1992) 18 Faktoren extrahiert, deren Einsatz das Potenzial eines Textes, als ‚gute Geschichte' wahrgenommen zu werden, bestimmen (siehe Tabelle 1).

Demnach wird ein Text unter anderem dadurch zu einer packenden Geschichte, dass der Ort, an dem die Geschichte spielt, ganz spezifisch beschrieben ist, dass es um einzigartige und nachhaltige Ereignisse geht und es zu Konflikten kommt. Weiterhin zeichnet die Konzentration auf menschliche Handlungen hochgradig narrative Texte aus.[2] Damit ist nicht nur gemeint, dass Menschen generell als handelnde Figuren in das Geschehen involviert sind, sondern im Idealfall auch Interaktionen zwischen Menschen herausgearbeitet werden und aufgrund von Handlungsoptionen eine Vielzahl von Handlungsabläufen möglich wird. Und hier zeigen sich die ersten Stärken des Narrativitätskonzepts: Während die üblichen Operationalisierungen des Nachrichtenfaktors „Personalisierung" nicht differenzieren, ob nur eine Person agiert oder es zu Interaktionen zwischen zwei Personen kommt, unterscheidet die neoklassische Narratologie klar zwischen reiner Handlungsorientierung („Transactiveness") einerseits und Interaktions-Orientierung („Transitivity") andererseits (vgl. Coste 1989).

2 Da sich das Narrativitätskonzept auch auf Texte mit fiktionalem Hintergrund bezieht, in denen nicht nur Menschen, sondern auch anders geartete Figuren (z.B. Tiere, Außerirdische etc.) zu Handlungsträgern werden, ist in der narratologischen Literatur primär von Figuren oder Charakteren die Rede. Im Kontext politischer Berichterstattung sind hingegen in der Regel Menschen Handlungsträger, weshalb im Folgenden Figuren mit Menschen gleichgesetzt werden.

Für Texte mit hoher Narrativität ist zudem charakteristisch, dass sich die in ihnen vorkommenden Menschen wandeln und, wenn sie miteinander in Beziehung stehen, sich auch diese Beziehung verändert. Spätestens an dieser Stelle finden sich auf Seiten der Nachrichtenfaktoren die ersten Leerstellen: Figuren- und Beziehungswandel werden nicht erfasst.

Auch was die Textstrukturen und Stilmittel anbelangt, hat die Erzählforschung zahlreiche Elemente identifiziert, die einen Text narrativer machen, z.B. eine klare dramaturgische Struktur (wozu gegen Ende der Geschichte auch ein evaluatives Moment gehört, eine „Moral von der Geschicht'"), eine Protagonist-Antagonist-Struktur, die Modulierung von Affekten durch eine entsprechende Affektstruktur (z.B. Spannungsstruktur), aber auch sprachliche Stilmittel, die einen Text packender machen wie z.B. der Einsatz von Zitaten oder emotionalisierenden Sprachwendungen.

Betrachtet man die klassischen Nachrichtenfaktoren-Kataloge, so fällt auf, dass sie Struktur und Stil kaum erfassen. Auffällig ist aber, dass zahlreiche Aktualisierungen bzw. Ergänzungen des Schulzschen Nachrichtenfaktorenkatalogs (z.B. durch Ruhrmann u.a. 2003; vgl. Eilders 1997; vgl. Emmerich 1984) gerade im Bereich Struktur und Stilmittel ansetzen. Vor allem die Emotionalisierung hat sich als neuer Nachrichtenfaktor etabliert.

Wir gehen nun davon aus, dass die traditionellen Nachrichtenfaktoren sich zwar dazu eignen, die Rahmendaten eines Geschehens sehr spezifisch zu erfassen. Die Entwicklung der „neuen" Nachrichtenfaktoren wie Sensation, Sex, Dramatik, Emotion deutet aber daraufhin, dass der bisherige Katalog zentrale Aspekte von Nachrichtentexten nicht erfasst hat – Aspekte, die gerade auch in der Debatte um die Boulevardisierung der politischen Berichterstattung von großer Relevanz sind. Und da diese vernachlässigten Aspekte über Narrativitätsfaktoren sehr gut erfasst werden, lässt sich die Boulevardisierung als ein Transformationsprozess beschreiben, in dem Nachrichtenfaktoren zunehmend von Narrativitätsfaktoren ergänzt oder gar ersetzt werden. Dies zu prüfen ist das Ziel der vorliegenden Studie.

Tabelle 1:
Gegenüberstellung von Narrativitätsfaktoren und klassischen Nachrichtenfaktoren

	Narrativitätsfaktoren	Traditionelle Nachrichtenfaktoren
	(Bilandzic/Kinnebrock 2006)	(Schulz 1976)
	Spezifität	Räumliche Nähe (Inland/Ausland)
		Politische und kulturelle Nähe (Ausland)
		Regionale Zentralität (Inland)
		Nationale Zentralität (Ausland)
		Ethnozentrismus
	Faktualität	~Faktizität
	Nachhaltige Ereignisse bzw.	Relevanz
	nachhaltige Handlungen	Schaden
Handlung		Erfolg
	Konflikthaltigkeit	Konflikt
	Vielzahl möglicher Handlungsverläufe	~ Überraschung
		Persönlicher Einfluss
		Prominenz
	Handlungsakzentuierung	Personalisierung
	(transactiveness)	
	Transitivität (Interaktionen)	
	Figurenwandel	
Struktur	Beziehungswandel	
	Einzigartigkeit	*Sensation* (Emmerich 1984)
		Sexuelle Bezüge (Eilders 1997; Ruhrmann u.a. 2003)
	Kohärente Welt/tiefe Kausalität	~Thematisierung (aber textexterner Bezug)
	Autonomes Ganzes/klare	Dauer (~Resolution)
	dramaturgische Struktur	
	Abstract (Was-Frage)	
	Orientation (Setting: Wo-, Wann-, Wer-Frage)	
	Complicating Action (Klimax)	
	Evaluation	
	Resolution	
	Coda	
Stilmittel	Erzählschemata/Genrenähe	Struktur
	Protagonist-Antagonist-Struktur	
	Affektstruktur	~*Dramatik* (Emmerich 1984)

Unmittelbarkeit (Modus)	
Zeitverhältnisse	
Direkte Rede	
Indirekte Rede	
Emotionalisierung	*Emotion* (bei Eilders 1997; Ruhrmann u.a. 2003)
Kunstfertigkeit	

Anmerkung. Die Narrativitätsfaktoren sind danach geordnet, ob sie der Handlung, der Struktur oder den Stilmitteln zuzuordnen sind. Faktoren, die von späteren Studien ergänzt wurden, sind kursiv gekennzeichnet.

4. Studie

4.1 Untersuchungsanlage

Die Studie ist explorativ angelegt, zumal Narrativität in standardisierten Inhaltsanalysen bislang kaum detailliert untersucht wurde. Zwar haben Donsbach/Büttner (in ihrer Untersuchung deutscher Fernsehnachrichten von 1983 bis 1998, 2005) und Hoffmann (in ihrer Analyse der „Sächsischen Zeitung" von 1991 bis 1999, 2001) die narrative Struktur bzw. erzählende Sprache als Teil des Boulevardisierungsprozesses identifiziert, ihrer Erfassung allerdings nur eine einzige Kategorie gewidmet.

Als Untersuchungszeitraum haben wir eine künstliche Woche gebildet: aus dem August und der ersten Septemberhälfte der Jahre 1965 und 2005. Das Heranziehen von künstlichen Wochen mag zunächst ahistorisch wirken, da der Einfluss des jeweiligen historischen Kontextes, also der Einfluss des sich täglich wandelnden Ereignishintergrundes dadurch minimiert wird. Diese Herangehensweise erschien jedoch angemessen, weil unsere Studie darauf zielte, Strukturen der politischen Berichterstattung an sich und ihren Wandel zu erfassen, aber keine Aufarbeitung historischer Einzelereignisse vor diversen historisch relevanten Kontexten anstrebte. Grundsätzlich ist aber anzumerken, dass im Jahr 1965 die „Bild"-Zeitung bereits vermehrt politische Themen aufgriff, was vor allem auf ihre Politisierung im Zuge des Mauerbaus zurückzuführen ist (vgl. Brumm 1981). Weiterhin standen 1965 und 2005 im September Bundestagswahlen an, was den Anteil von Beiträgen mit dezidiert politischen Themen erhöht haben dürfte.

Kodiert wurden Artikel auf den Titelseiten und im Politikteil von „Süddeutscher Zeitung" und „Bild"-Zeitung nach systematischer Zufallsauswahl. Dabei ist es aufgrund des inhaltlich und layouttechnisch sehr abwechslungsreichen Boulevardformats nicht unproblematisch, in der „Bild"-Zeitung die Grenzen des Politikteils zu identifizieren. Deshalb haben wir politische Berichterstattung primär entlang der Beitragsthemen definiert. Unter Politikberichterstattung im engeren Sinn sind somit nicht alle Beiträge auf Titelseite und im Politikteil zu verstehen, sondern nur solche Artikel, die sich mit dem Agieren, den Handlungskontexten und den Entscheidungen von politischen Institutionen und politischen Mandatsträgern (in ihrer Funktion als Mandatsträger) befassen (in Anlehnung an Marcinkowski u.a. 2001: 71f.). Wir haben also zusätzlich ein eher enges, eher etatistisches Verständnis von Politik zugrunde gelegt.

Unsere Stichprobe umfasst insgesamt 192 Artikel – jeweils 96 aus „Bild"-Zeitung und „Süddeutscher Zeitung". Als politische Berichterstattung im engeren Sinne konnten insgesamt 36 „Bild"-Artikel und 56 „Süddeutsche"-Artikel identifiziert werden. Die Reliabilität betrug über alle Kategorien hinweg 0,71. Analyseeinheit war stets der ganze Beitrag.

4.2 Untersuchungsergebnisse

Markante Untersuchungsergebnisse werden zunächst entlang der Boulevardisierungsbereiche sowie der Hypothesen vorgestellt werden, die die Boulevardisierungsforschung vorgibt (siehe resümierend Tabelle 2).[3]

Aufmachung

Dass mehr Farbe in der politischen Berichterstattung eingesetzt wird, überrascht vor dem Hintergrund der Layoutentwicklung der letzten 40 Jahre nicht. Auffallend ist aber, dass der Bildanteil in der „Bild"-Zeitung gleich geblieben ist und nur in der „Süddeutschen Zeitung" deutlich zugenommen hat. Herauszustellen ist, dass die Behauptung, Beiträge innerhalb der politischen Berichterstattung würden immer kürzer werden, weder für die „Bild"-Zeitung noch die „Süddeutsche" haltbar ist. Ganz im Gegenteil – Beiträge zu dezidiert politischen Themenfeldern (das heißt politische Berichterstattung im engen Sinne) nehmen sogar stärker an Umfang zu als solche Beiträge, die sich zwar im Politikteil befinden, aber nicht dezidiert politischen Themen zuzuordnen sind. Dieses Ergebnis spricht nicht für eine Boulevardisierung, korrespondiert aber partiell mit Ergebnissen anderer empirischer Untersuchungen zum Printbereich. So konnte z.B. Kepplinger (1998: 47) in seiner Untersuchung zur Deutschlandberichterstattung in Qualitätszeitungen eine Vergrößerung des Beitragsumfangs zumindest im Zeitraum von den 1950er bis in die 1980er Jahre hinein feststellen und auch Hoffmann (2000: 75) wies für die Sächsische Zeitung im Zeitraum zwischen 1991 und 1999 eine Zunahme der Beitragslänge nach.

3 Die Daten sind hier nur verbal als Ergebnisse dokumentiert, eine Auswertung im Detail ist bei den Autorinnen verfügbar.

Themen

Auf der Ebene der Themen konnten gleichfalls keine Boulevardisierungstendenz festgestellt werden. Eine Reduzierung der Anzahl von Beiträgen mit dezidiert politischen, aber auch wirtschaftlichen Themen ließ sich nicht ausmachen. Für die „Bild"-Zeitung gilt sogar, dass sie ihren Anteil an so genannten „Hard News" (Politik und Wirtschaft) auf Kosten des Anteils von „Soft News" signifikant erhöht hat.

Inhalte

Auch was die Inhalte der Berichterstattung anbelangt, die mithilfe von Nachrichtenfaktoren gemessen wurden, zeigt sich kein klarer Boulevardisierungstrend. Recht konstant sind in den Beiträgen beider Zeitungen die Nachrichtenfaktoren Relevanz, Prominenz, persönlicher Einfluss und Konflikthaltigkeit ausgeprägt. Dies steht partiell im Gegensatz zu den Ergebnissen, die Marcinkowski u.a. (2001: 97, 105) und Donsbach/Büttner (2005: 29) für die Politikberichterstattung im Fernsehen seit 1977 bzw. 1983 herausgefunden haben. Dort konnte zumindest die Zunahme von Bezügen zu Prominenten und mehr Konflikthaltigkeit nachgewiesen werden. Entgegen der Annahme einer zunehmenden Boulevardisierung der Berichterstattung verringerte sich die Berichterstattung über überraschende und kurzfristig abgeschlossene Ereignisse (Nachrichtenfaktor Dauer). Die Zunahme von Beiträgen über langfristige Prozesse bestätigt auch der Blick auf die dramaturgische Struktur der Beiträge, den die Erzählforschung nahe legt. Die Resolution, also die Auflösung eines Handlungsknotens, wird heute weniger ausgeprägt dargestellt als noch im Jahr 1965. Und dieser Trend – mehr Langzeitprozesse ohne klaren Ereignisabschluss – verschärft sich sogar, wenn man nur diejenigen Artikel berücksichtigt, die der politischen Berichterstattung im engeren Sinne zuzuordnen sind.

Einem Boulevardisierungstrend widerspricht zumindest bei der „Süddeutschen Zeitung" der Befund, dass mehr über Geschehen in kulturell und räumlich fernen Regionen berichtet wird. Die Globalisierung und die vermehrte Einbindung Deutschlands in komplexe internationale Regelungszusammenhänge (EU etc.) scheinen zumindest an der „Süddeutschen Zeitung" nicht vorbeigegangen zu sein; sie werden auch nicht mit einem zunehmenden Ethnozentrismus kompensiert wie ansatzweise, aber nicht ganz signifikant bei der „Bild"-Zeitung.

Es gibt weitere Bereiche, in denen sich die beiden Zeitungen konträr entwickeln: Auf den ersten Blick scheinen „Bild"-Zeitung und „Süddeutsche" gleichbleibend Schaden in ihren Beiträgen zu berücksichtigen. Dahinter verbergen sich aber zwei gegensätzliche Trends. Heute berichtet „Bild" in ihren politischen Teilen signifikant weniger über Ereignisse, die mit Schaden verbunden sind, als noch vor 40 Jahren. Die „Süddeutsche Zeitung" wiederum scheint hier eine gegenteilige Entwicklung zu durchlaufen. Sie setzt inzwischen mehr auf Schaden (diese Entwicklung ist nur marginal signifikant). Damit zeigt sich bei der „Süddeutschen" ein Trend, den Marcinkowski u.a. (2001: 105) bereits für die politische TV-Berichterstattung nachweisen konnten.

Konträre Entwicklungen zwischen „Bild"-Zeitung und „Süddeutscher Zeitung" sind auch in Hinblick auf Personalisierungstendenzen feststellbar. Die Personalisierung nahm in der politischen Berichterstattung der „Süddeutschen Zeitung" leicht zu, allerdings verbleibt dieser Anstieg knapp unter der Signifikanzgrenze. In der „Bild"-Zeitung hingegen hat eine personalisierte Darstellung signifikant abgenommen. Dieser Befund steht partiell im Widerspruch zu der Entwicklung von TV-Nachrichtensendungen (dort konnte ein vermehrter Einsatz von Personalisierungen festgestellt werden; vgl. Bruns/Marcinkowski 1997: 141; vgl. Donsbach/Büttner 2005: 29). Der Rückgang der Personalisierung wird in unserer Untersuchung jedoch bestätigt, wenn wir das Akteurshandeln anhand von Narrativitätsfaktoren analysieren. In der „Bild"-Zeitung finden sich inzwischen weniger handelnde Akteure (Transactiveness), Akteure interagieren zudem weniger (Transitivität) und auch die Protagonist-Antagonist-Struktur ist weniger stark ausgeprägt. Das Handeln von Menschen wird demnach heutzutage weniger stark in der „Bild"-Zeitung akzentuiert als noch vor 40 Jahren. Und dies läuft einem Boulevardisierungstrend klar entgegen.

Hingegen mehren sich die Zeichen, dass die „Süddeutsche Zeitung" in manchen Bereichen einem leichten Boulevardisierungstrend unterliegt, wenn man ihre Entwicklung entlang der stilistischen Narrativitätsfaktoren genauer betrachtet. Als Boulevardisierung lässt sich nämlich der vermehrte Einsatz direkter Zitate deuten. Die „Süddeutsche Zeitung" operierte 2005 deutlich mehr mit direkten Zitaten als noch 1965. Bei der „Bild"-Zeitung ist genau der gegenteilige Trend signifikant. Das Stilmittel Emotionalisierung hingegen ist klar Domäne der „Bild"-Zeitung. Allerdings ist weder in „Bild"-Zeitung noch in der „Süddeutschen" ein tatsächlich signifikanter Zuwachs zu konstatieren.

Tabelle 2: Entwicklung der politischen Berichterstattung von „Süddeutscher Zeitung“ und „Bild“-Zeitung entlang von Boulevardisierungsindikatoren

Bereich	Hypothese	Entwicklung im Sinne der Boulevardisierungs-these		
		SZ	BILD	gesamt
Aufmachung	mehr Farbe	↑	↑	↑
	mehr Bilder	↑	→	→
	kürzere Textlängen	↓	↓	↓
Themenverteilung	mehr Soft News, weniger Hard News	→	↓	→
Inhalte/ Nachrichten-faktoren	weniger Relevanz	→	→	→
	mehr Prominenz	→	→	→
	mehr persönlicher Einfluss	→	→	→
	mehr Konflikthaltigkeit	→	→	→
	mehr Spekulationen	→	→	→
	mehr sexuelle Bezüge	→	→	→
	mehr Überraschung	↓	↓	↓
	geringere Ereignisdauer	↓	↓	↓
	mehr räumliche Nähe	↓	→	↓
	mehr kulturelle Nähe	↓	→	↓
	mehr Ethnozentrismus	→	→	→
	mehr Schaden	→	↓	→
	mehr Erfolg	→	↓	→
Inhalte/ Narrativitäts-faktoren	mehr Personalisierung	→	↓	↓
	mehr Akteurshandeln	→	↓	→
	mehr Interaktionen	→	↓	→
	mehr Figurenwandel	→	→	→
	mehr Beziehungswandel	→	→	→
	mehr Einzigartigkeit	↑	→	↑
Textstrukturen	mehr Kohärenz	↑	→	↓
	klarere Protagonist-Antagonist-Struktur	→	↓	→
	ausgeprägte Affektstrukturen	→	→	→
	ausgeprägte narrative Struktur	→	→	→
	deutlichere „Abstracts“	→	→	→
	deutlichere „Orientation“	→	→	→
	deutlichere „Complication“	↓	→	→
	deutlichere Evaluationen	→	→	↑
	deutlichere „Resolution“	↓	↓	↓

		SZ	BILD	gesamt
Stilmittel	mehr Unmittelbarkeit/direkte Rede	↑	↓	→
	mehr Unmittelbarkeit/indirekte Rede	→	→	→
	mehr Emotionalisierung	→	→	→

Anmerkung. Die Pfeile markieren Entwicklungen im Sinne der Boulevardisierung. Nach oben gerichtete Pfeile signalisieren signifikante Entwicklungen in Richtung Boulevardisierung, nach unten gerichtete signifikante Entwicklungen entgegen den Boulevardisierungsthesen und flache Pfeile markieren, dass keine signifikante Entwicklung feststellbar war.

5. Resümee und Ausblick

Insgesamt deuten unsere Befunde auf eine erstaunliche Konstanz innerhalb der politischen Printberichterstattung hin. Allenfalls anhand weniger Indikatoren konnte eine leichte Boulevardisierung der „Süddeutschen Zeitung“ festgestellt werden: Eine verstärkte Visualisierung (inklusive des Einsatzes von Farbe) sowie das vermehrte Verwenden direkter Zitate stützen die Boulevardisierungsthese. Die „Bild“-Zeitung hingegen gestaltete sich im gleichen Zeitraum zunehmend seriöser, dies wird indiziert durch die Zunahme des durchschnittlichen Textumfangs, die vermehrte Selektion von Hard News und Langzeitereignissen, die geringere Akzentuierung von Überraschung, Schaden und Erfolg und schließlich die geringere Akzentuierung von Akteurshandeln. Letztlich durchlief die „Bild“-Zeitung einen „Entboulevardisierungsprozess“ (vgl. auch Renger/Wiesner 2002). Deshalb kann nicht von einer einheitlichen Entwicklung hin zu einer stärker boulevardesken Berichterstattung ausgegangen werden, sondern eher von einem schwachen Konvergenzprozess zwischen dem Qualitätsblatt „Süddeutsche Zeitung“ und dem Boulevardblatt „Bild“.

Unsere Befunde zeigen zum einen, dass sich die Ausweitung des Blicks auf Boulevardisierungstendenzen in Boulevardmedien – nicht nur Qualitätszeitungen – lohnt. Zum anderen wirft dies aber die Frage auf, ob ein solcher Konvergenz-Trend auch auf andere Qualitäts- und Boulevardblätter zu übertragen ist.

Es muss herausgestellt werden, dass die leichten Boulevardisierungstendenzen in der „Süddeutschen Zeitung“ von gegenläufigen Trends überlagert werden. Der größere Umfang der politischen Artikel und der Verzicht auf die Darstellung des Zeitgeschehens als punktuelle und abgeschlossene Ereignisse deuten auf einen Komplexitätszuwachs innerhalb der politischen Berichterstattung hin.

Die Ergebnisse für die „Süddeutsche Zeitung“ sind insofern aufschlussreich, als die Boulevardisierung eher im Bereich der Gestaltung und der Narrativitätsfaktoren auftritt (vor allem bei den Stilmitteln), während der vermeintlich gegenläufige Trend, die Komplexitätszunahme, eher im Bereich der klassischen, insbesondere informationsorientierten Nachrichtenfaktoren zu verzeichnen ist (mehr Berichterstattung über ferne Länder und langwierige politische Prozesse).

Und dieser Befund weist darauf hin, dass der Boulevardisierungsprozess nicht einfach mit der Formel „weg vom Nachrichtenwert, hin zur Narrativität" zu beschreiben ist. Vielmehr legen die Befunde nahe, dass es sich bei Narrativität und Nachrichtenwert um Konstruktionsmuster der Medienrealität handelt, die einander gut ergänzen. Eine narrative Berichterstattung kann vielleicht sogar helfen, den Komplexitätszuwachs zu bewältigen. Zumindest deutet einiges darauf hin, dass Narrativität dem Textverständnis förderlich sein kann (vgl. z.B. Machill u.a. 2006).

Insofern sollten gerade in Zeiten des politischen Wandels, im Besonderen von Globalisierung und zunehmender Komplexität politischer Entscheidungsfindung, Veränderungen in der politischen Berichterstattung möglichst differenziert untersucht werden. Denn auch Medienlogiken setzen sich aus vielen Einzelaspekten zusammen, die es separat zu betrachten gilt. Trivialisierung, Sensationalismus und Skandalierung mögen wichtige Medienlogiken sein, denen gemäß politische Berichterstattung zuweilen gestaltet wird (und die auch von politischer Öffentlichkeitsarbeit bedient werden). Narrativierung kann aber als eine Medienlogik angesehen werden, die durchaus auch der Vermittlung von Politik und damit letztlich der Popularisierung von (politischem) Wissen dienen kann. Vielleicht wird uns beispielsweise das abstrakte Thema „Problematische Verflechtung von Medien und Politik" näher gebracht, wenn uns die Geschichte von Silvio Berlusconi erzählt wird. Und unter Umständen lässt sich die Komplexität der Konflikte in Ex-Jugoslawien besser erfassen, wenn wir die Familiengeschichten unterschiedlicher Betroffenengruppen kennenlernen.

Kurzum: der Boulevardisierungsprozess ist zu vielschichtig, um ihn pauschal als dunkle Seite des Medialisierungsprozesses abzutun.

Literatur

Bilandzic, Helena/Kinnebrock, Susanne (2006): Persuasive Wirkungen narrativer Unterhaltungsangebote. In: Wirth, Werner/Schramm, Holger/Gehrau, Volker (Hrsg.): Unterhaltung durch Medien: Theorie und Messung. Köln: Halem, S. 102-126.

Brosius, Hans-Bernd (2001): Stabilität und Wandel. Inhalte und Darstellungsformen von Fernsehnachrichten. In: Marcinkowski, Frank (Hrsg.): Die Politik der Massenmedien. Heribert Schatz zum 65. Geburtstag. Köln: Halem, S. 115-141.

Bruck, Peter A./Stocker, Günther (1996): Die ganz normale Vielfältigkeit des Lesens. Wie man die Kronenzeitung sieht, liest und versteht. Münster: LIT.

Bruns, Thomas/Marcinkowski, Frank (1997): Politische Information im Fernsehen. Eine Längsschnittstudie zur Veränderung der Politikvermittlung in Nachrichten und politischen Informationssendungen. Opladen: Leske+Budrich.

Chatman, Seymour (1978): Story and Discourse. Narrative Structure in Fiction and Film. Ithaca/London: Cornell University Press.

Coste, Didier (1989): Narrative as Communication. Minneapolis: University of Minnesota Press.

Donsbach, Wolfgang/Büttner, Katrin (2005): Boulevardisierungstrend in deutschen Fernsehnachrichten. Darstellungsmerkmal der Politikberichterstattung von den Bundestagswahlen 1983, 1990 und 1998. In: Publizistik, 50. Jg., H. 1, S. 19-38.

Dulinski, Ulrike (2003): Sensationsjournalismus in Deutschland. Konstanz: UVK.

Eilders, Christiane (1997): Nachrichtenfaktoren und Rezeption. Eine empirische Analyse zur Auswahl und Verarbeitung politischer Information. Opladen: Westdeutscher Verlag.

Emmerich, Andreas (1984): Nachrichtenfaktoren: die Bausteine der Sensationen. Eine empirische Studie zur Theorie der Nachrichtenauswahl in den Rundfunk- und Zeitungsredaktionen. Saarbrücken: Verlag der Reihe.

Esser, Frank (1999): Tabloidization of News. A Comparative Analyses of Anglo-American and German Press Journalism. In: European Journal of Communication, 14. Jg., H. 3, S. 291-324.

Hoffmann, Jana (2000): Boulevardisierungstendenzen in Abonnementzeitungen. Eine inhaltsanalytische Untersuchung am Beispiel der Sächsischen Zeitung. Technische Universität Dresden: Magisterarbeit.

Hoffmann, Jana (2001): Boulevardisierung der seriösen Tagespresse. In: Wissenschaftliche Zeitschrift der Technischen Universität Dresden, 50. Jg., H. 1-2, S. 14-18.

Jansen, Kerstin (2005): Bauchgefühl und Zufall entscheiden die Wahlen. Spiegel Online vom 18.8.2005 (www.spiegel.de/politik/deutschland/0,1518,370344,00.html).

Kepplinger, Hans Mathias (1998): Die Demontage der Politik in der Informationsgesellschaft. Freiburg/München: Karl Alber.

Klein, Ulrike (2000): Tabloidized Political Coverage in the German Bild-Zeitung. In: Sparks, Colin/Tulloch, John (Hrsg.): Tabloid Tales – Global Debates over Media Standards. Lanham u.a.: Rowman Littlefield, S. 177-194.

Krüger, Michael (1996): Boulevardisierung der Information im Privatfernsehen. In: Media Perspektiven, Nr. 7, S. 362-374.

Link, Jürgen (1986): Elementare narrative Schemata in der Boulevardpresse. In: Klöpfer, Rolf/Möller, Karl-Dietmar (Hrsg.): Narrativität in den Medien. Münster/Mannheim: MAkS, S. 209-230.

Machill, Marcel/Köhler, Sebastian/Waldhauser, Markus (2006): Narrative Fernsehnachrichten. Ein Experiment zur Innovation journalistischer Darstellungsformen. In: Publizistik, 51. Jg., H. 4, S. 479-497.

Marcincowski, Frank/Greger, Volker/Hüning, Wolfgang (2001): Stabilität und Wandel der Semantik des Politischen. Theoretische Zugänge und empirische Befunde. In: Marcinkowski, Frank (Hrsg.): Die Politik der Massenmedien. Heribert Schatz zum 65. Geburtstag. Köln: Halem, S. 12-114.

Meyer, Thomas (2001): Mediokratie. Die Kolonisierung der Politik durch die Medien. Frankfurt a. M.: Suhrkamp.

Neissl, Julia (2001): Printjournalismus. Schnittstellen zwischen Information und Sensation. In: Neissl, Julia/Renger, Rudi/Siegert, Gabriele (Hrsg.): Cash and Content. Populärer Journalismus und mediale Selbstthematisierung als Phänomene eines ökonomisierten Mediensystems. Eine Standortbestimmung am Beispiel ausgewählter österreichischer Medien. München: R. Fischer, S. 97-154.

Prince, Gerald (1982): Narratology. The Form and Functioning of Narrative. Berlin/New York/ Amsterdam: Walter de Gruyter.

Prince, Gerald (1999): Revisiting Narrativity. In: Grünzweig, Walter/Solbach, Andreas (Hrsg.): Grenzüberschreitungen. Narratologie im Kontext. Tübingen: Narr, S. 43-51.

Pürer, Heinz (2003): Publizistik und Kommunikationswissenschaft. Ein Handbuch. Konstanz: UVK/UTB.

Renger, Rudi/Fabris, Hans Heinz (1998): Zur Boulevardisierung der österreichischen Medienwelt. In: Bericht zur Lage des Journalismus 1997. Institut für Publizistik- und Kommunikationswissenschaft der Universität Salzburg: Eigenverlag, S. 28-32.

Renger, Rudi/Wiesner, Christian (2002): Politik in Boulevardmedien. In: Fabris, Hans Heinz/ Renger, Rudi/Rest, Franz (Hrsg.): Bericht zur Lage des Journalismus in Österreich. Ein Qualitäts-Monitoring – Erhebungsjahr 2001. Universität Salzburg, Fachbereich Kommunikationswissenschaft: Eigenverlag, S. 59-63.

Ruhrmann, Georg u.a. (2003): Der Wert von Nachrichten im deutschen Fernsehen. Ein Modell zur Validierung von Nachrichtenfaktoren. Opladen: Leske+Budrich.

Ryan, Marie-Laure (1991): Possible Worlds, Artificial Intelligence, and Narrative Theory. Bloomington/Indianapolis: Indiana University Press.

Ryan, Marie-Laure (1992): The Modes of Narrativity and their Visual Metaphors. In: Style, 26. Jg., H. 3, S. 368-387.

Schönert, Jörg (2004): Zum Status und zur disziplinären Reichweite von Narratologie. In: Borsó, Vittoria/Kann, Christoph (Hrsg.): Geschichtsdarstellung. Medien – Methoden – Strategien. Köln/Weimar/Wien: Böhlau, S. 131-143.

Schulz, Winfried (1976): Die Konstruktion von Realität in den Nachrichtenmedien. Analyse der aktuellen Berichterstattung. Freiburg/München: Alber 1990.

Zubayr, Camille/Fahr, Andreas (1999): Die Tagesschau. Fels in der dualen Brandung? Ein Vergleich von Inhalten und Präsentationsformen 1975 und 1995. In: Wilke, Jürgen (Hrsg.): Massenmedien und Zeitgeschichte. Konstanz: UVK Medien, S. 638-647.

Kurt Imhof

Öffentliche Konflikte* vor und nach dem neuen Strukturwandel der Öffentlichkeit

Es fällt auf, dass die sozialwissenschaftliche Forschung jenseits von zwischenstaatlichen Kriegen und Bürgerkriegen wenig systematische Einsichten in Konfliktdynamiken demokratischer Gesellschaften produziert hat. Diese Lücke will dieser Beitrag konzeptionell und empirisch angehen. *Erstens* wird ein konflikttheoretischer Zugang erarbeitet, um Konfliktdynamiken in der öffentlichen politischen Kommunikation zu analysieren. Der heuristische Gehalt dieses Zugangs wird dann *zweitens* anhand der intensivsten Konfliktperioden in der Schweiz zwischen 1910 und 1998 (1918–1921, 1933–1936, 1968–1975, 1989–1993) angewendet, um Einsichten in die kontingenzerweiterten Umbruchperioden zu gewinnen. Schließlich interessiert *drittens* der Wandel von Konfliktdynamiken unter dem Einfluss des *neuen* Strukturwandels der Öffentlichkeit insbesondere seit den 1980er Jahren. Die Ökonomisierung der Medien verändert mit der öffentlichen Kommunikation gleichzeitig den politischen Konflikt und damit die Selbstregulation demokratischer Gesellschaften.

1. Konflikttheoretische Grundlagen

1.1 Renaissance der Konfliktforschung

Mit der Auseinandersetzung um Konflikte beginnt die Sozialwissenschaft. Sie knüpfte im 19. Jahrhundert an Thomas Hobbes doppelter Frage nach den Bedingungen einer friedlichen sozialen Ordnung angesichts religiös inspirierter Glaubenskämpfer zum einen, an Nutzenmaximierung interessierter Naturrechtssubjekte zum andern an (vgl. Hobbes 1651; vgl. Tönnies 1878; vgl. Noetzel 2005).

Diese Fragestellung hat in der Gegenwart wieder an Aktualität gewonnen. Zum Ersten ist der noch im Kalten Krieg als überwunden geglaubte ethnische mitsamt dem

* Dieser Beitrag profitiert von Forschungen im Rahmen der Aufenthalte als Visiting Professor am Departement of History & Civilization at the European University Institute (EUI) in Florenz im Herbst und Winter 2006/2007 sowie als Fellow im Hanse-Wissenschaftskolleg in Delmenhorst im Frühling und Sommer 2007.

religiösen Bürgerkrieg zurückgekommen (vgl. Wimmer u.a. 2004) und zum Zweiten leben wir in einer Zeit, die in allen Zentrumsnationen durch eine konfliktfördernde Spreizung der Ungleichheitsrelationen und eine tief greifende Krise charakterisiert ist. Zum Dritten hat die Hobbessche Lösung einer friedlichen sozialen Ordnung, der starke Staat, im Standort- und Steuerwettbewerb an regulierender Kraft verloren (vgl. Imhof/Eberle 2005).

In der Perspektive der sozialwissenschaftlichen Differenzierungstheorie sind damit alle drei Differenzierungsdimensionen betroffen: Im ethnischen und religiösen Bürgerkrieg, in der neuen Teilung der Welt im sogenannten Clash of Civilisations (vgl. Huntington 1993; vgl. Senghaas 1998) und in der Renaissance des Nationalpartikulären gegen den Souveränitätsverlust akzentuiert sich die *segmentäre Differenzierung*, mit der materiellen Ungleichheit verschärft sich die *stratifikatorische Differenzierung* (vgl. Bourdieu 1998; vgl. Schroer 2004) und in der Deregulation staatlicher Lenkungspotenziale hat sich die *funktionale Differenzierung* der Ökonomie verselbstständigt (vgl. Imhof 2005). Entsprechend bezieht sich die Aktualität der Ausgangsfragen von Thomas Hobbes aus dem frühen 17. Jahrhundert auf die Beobachtung einer Fülle neuer Konflikte, die die Sozialwissenschaften wieder an die Grundfragen von Konflikt und Integration heranführen (vgl. Miller/Soeffner 1996; vgl. Heitmeyer 1997; vgl. Giegel 1998; vgl. Friedrichs/Jagodzinski 1999; Heitmeyer/ Soeffner 2004; Bonacker 2005; Imbusch/Zoll 2006; vgl. Niesen/Herborth 2007).

Hinsichtlich der Konfliktformen *innerhalb der Zentrumsgesellschaften* haben insbesondere die *Integrationsfrage* in multikulturellen Gesellschaften unter dem Eindruck von interethnischen Konflikten in den Banlieus und sekundären, religiösen Radikalisierungen sowie die Spreizung der *Ungleichheitsrelationen*, der Anstieg von *prekären Lagen* und von *Gewalthandeln* unter Einschluss des Anstiegs von Homiziden (nach einem jahrhundertelangen Niedergang) die neue Auseinandersetzung in den Sozialwissenschaften über Konflikt gefördert (vgl. Elias 1980; vgl. Eisner 2001; vgl. Thome 2004). Diagnostisch wird nicht nur in kommunitaristischer Perspektive (vgl. Etzioni 1996; vgl. Rosa 1998) eine *Entsolidarisierung* beziehungsweise die Aufzehrung der moralischen Grundlagen der Gesellschaft durch den Individualisierungsdruck festgestellt, der dem Individuum größere Wahlfreiheit vermittelt, ihm jedoch auch Optionsentscheidungen abnötigt, die subjektive und interindividuelle Konflikte befördern (vgl. Durkheim 1897; vgl. Simmel 1908: 284-382; vgl. Coser 1965; vgl. Münch 1991; vgl. Gross 1994; vgl. Nassehi 1999). Daran anschließend entdeckt die neue Hinwendung zum Konfliktthema mit Blick auf *ethnische und religiöse Identitätsbildungen* sowie die *Problematisierung des Fremden* (vgl. Esser u.a. 2002) einerseits und auf *Vereinzelungssymptome* andererseits die alte Gemeinschafts- und Gesellschaftsdichotomie wieder (vgl. Durkheim 1893; vgl. Weber 1921: 167-169, 531-540; vgl. Tönnies 1887; vgl. Karstedt 2004; vgl. Strobel/Kühnel 2004). Auch das politische und das ökonomische Handlungssystem werden wieder verstärkt als Felder beobachtet, die systematisch durch Konflikt und Konkurrenz charakterisiert sind (vgl. Simmel 1900; vgl. Weber 1921: 48-59; vgl. ders. 1922; vgl. Arendt 1963; vgl. Dubiel 1997; vgl. ders. 1999). Und zu guter Letzt werden innerhalb demokratischer Gesellschaften ganze Handlungssysteme entdeckt, die – wie die *entbetteten* Medien – von nachrichtenwertorientierten Konfliktakzentuierungen leben (vgl. Giddens 1992; vgl. Jarren 1994; vgl. Münch 1995; vgl. Sarcinelli 1998; vgl. Imhof 2003a).

Diese Beobachtungen und Wiederentdeckungen sind ursächlich dafür, dass das elementare soziale Phänomen Konflikt wieder, wie bei den Klassikern (insbesondere bei Marx, Weber und Simmel), ins Zentrum sozialwissenschaftlicher Auseinandersetzungen gerückt ist, nachdem sich die Sozialwissenschaften seit dem Ende der 1970er bis weit in die 1990er Jahre weniger damit befasst haben (vgl. Bonacker 2005). Nun lässt sich eine sozialwissenschaftliche *Konfliktrenaissance* diagnostizieren. Diese Renaissance setzt sich von der alten, durch das dahrendorfsche Teilungsparadigma wirkmächtig beschriebenen Trennung von Konsens- und Konflikttheorien ab (vgl. Dahrendorf 1961, 1972). Dieses Paradigma entstand in den 1960er Jahren vor dem Hintergrund der Bedeutung struktur-funktionaler System- und Modernisierungstheorien, die sich als konsensorientiert beschreiben lassen und von weberianischen, simmelschen oder marxistischen Ansätzen unterschieden wurden. Letztere thematisierten Konflikt als elementares Phänomen von Vergesellschaftung. Erstere diagnostizieren Konflikt zunächst einfach als Defizit im Modernisierungsprozess und später wurden nach dem Vorschlag von Lewis Coser (1965) echte, funktionale Konflikte von unechten (dysfunktionalen im Sinne von modernisierungsdefizitären) Konflikten unterschieden. Auf dieser Begriffsbasis luden sich die Konflikttheorien der 1960er und 70er Jahre normativ auf: Konflikt wurde zum einen als dynamisches Element notwendiger Emanzipation, zum anderen als dysfunktionale Vergangenheit in der Gegenwart konzipiert. Von beidem ist die neue Konfliktdebatte kaum mehr berührt. Die erneuerte Konfliktforschung hat gegenüber der *alten* aus den 1960er und 1970er Jahren weniger inhärente Probleme und neue Problemstellungen (vgl. hierzu auch Bonacker 2005: 12-15). Insgesamt treten vier Charakteristika der jüngeren Konfliktforschung hervor:

- Es lässt sich eine *Entideologisierung der Konflikttheorie* feststellen. Während die *alte* Konflikttheorie stark durch die Vorstellung eines Basiskonflikts (Konkurrenz individueller Interessen oder Klassenwiderspruch) oder einer ungenügenden Modernisierung geprägt war, ist die neue Konfliktforschung theoretisch und empirisch offener: Konflikte werden dadurch nicht mehr normativ ausgezeichnet, noch, wie im Rahmen der Modernisierungstheorien, als Modernisierungsdefizite abgewertet (vgl. Esser 1988; vgl. Imhof 1993).

- Mit dieser Öffnung der Konflikttheorie tritt neben die Frage nach den Konfliktursachen, die die alte Konflikttheorie dominiert hat, eine genauere Beschreibung von *Konfliktdynamiken*. Konflikte werden dadurch nicht mehr *vorab* definiert, sondern in ihrer *eigendynamischen* Prozesshaftigkeit ernst genommen (vgl. Giegel 1998). Und sie erscheinen als wesentlicher Bestandteil sozialer Ordnung (vgl. Simmel 1908; vgl. Weber 1921: 20-29; vgl. Dubiel 1997; vgl. ders. 1999). Konflikte steuern, regulieren, integrieren und spalten Gesellschaft, die Konflikte selbst gehorchen jedoch keiner geschichtsphilosophischen Logik.
- Im Zuge des *linguistic und cultural turn* tritt das Weber'sche Interesse für Konflikte *in der öffentlichen Kommunikation* wieder in den Vordergrund (1922): *Konflikte müssen kommuniziert* werden und Resonanz finden, um überhaupt als Konflikte wahrgenommen werden zu können und sie beruhen nicht nur auf Interessen, sondern auf legitimierenden „Ideen" (Weber 1916: 414). Auf politischer Ebene braucht es Akteure, die mit ihren Konfliktdiskursen erfolgreich sinnstiftende Resonanz gewinnen, konfliktrelevante Ein- und Ausgrenzungen *kreieren* und dadurch Konfliktdynamiken schaffen (vgl. Campbell 1998).
- Schließlich gewinnt die Analyse der konfliktregulierenden politischen *Institutionen* an Bedeutung. Über die klassische These von Legitimität durch Verfahren hinaus interessieren die Fähigkeiten dieser Institutionen, Konflikte legitimen Entscheidungen zuzuführen. Allerdings werden die Bedingungen vernachlässigt unter denen diese Institutionen diese Funktion *nicht mehr* erfüllen können und sich der Kontingenzspielraum gesellschaftlicher Entwicklung abrupt erweitert.[1]

Diese Grundzüge der erneuerten Konfliktforschung kommen einem öffentlichkeitssoziologischen Zugang entgegen, der sich sowohl für die institutionell kanalisierten Konfliktdynamiken interessiert, als auch für die Umbruchperioden, die über Fundamentalkonflikte zu neuen Gesellschaftsmodellen führen können. Durch die Leitmedien öffentlicher Kommunikation von den Parteizeitungen, über die Geschäfts- und Forumspresse, die Boulevardpresse, das Radio und das Fernsehen verfügen wir über die ausführlichste aller denkbaren Datenbasen, um politische Konfliktdynamiken über die Zeit vergleichen zu können. Es lassen sich so Konfliktdynamiken prinzipiell seit der Ausbildung der Massenmedien in den 1840er Jahren verfolgen. Und über die Quellenkorpora der entsprechenden parlamentarischen Auseinandersetzungen können die Konfliktdynamiken in der Interdependenz der medienvermittelten wie der

1 Darüber hinaus beachtet der Institutionalismus nicht, dass es auch Institutionen in Gestalt von Parteien und Verbänden sind, die Differenzsemantiken und damit Repräsentationen von Gegnern dauerhaft aufrechterhalten und dadurch die ideellen Ressourcen zur Definition von Konflikt permanent abrufbar halten. Dies erklärt die erstaunliche Kontinuität von *starren Konfliktroutinen* selbst in Fällen, in denen keine strukturell verankerten, *verdinglichten* Interessenlagen begründbar sind.

parlamentarischen Arena analysiert werden. Dies erlaubt auf empirischer Ebene die Unterscheidung von nationalen Konfliktkulturen sowie von *Routinekonflikten* mit mehr oder weniger Resonanz in der öffentlichen Kommunikation sowie von *Fundamentalkonflikten*, die in den Medien wie im Parlament intensive Resonanz auslösen.

Ein Zugang auf dieser Grundlage kann von *Opportunitätsstrukturen* und den Ressourcen etablierter oder nicht-etablierter politischer Akteure ausgehen, um etwas in der Welt problematisieren zu können.[2] Außerdem werden in diesem Zugang die kontingenten Aufschaukelungs- und Deeskalationsdynamiken von Konfliktkarrieren in der öffentlichen Arena evident. Schließlich ermöglicht ein öffentlichkeitssoziologischer Zugang, zwischen Konfliktdynamiken gemäß involvierten gesellschaftlichen Teilbereichen (Politikbereichen), Politikebenen (lokal, regional, national, international), Staatsgewalten (Legislative, Exekutive, Judikative), Rechtsdimensionen (Grundrecht, Recht, Verordnungen) und sowie von Intensitätsgraden (gemäß Kommunikationsintensitäten) zu unterscheiden.

Im Mittelpunkt des Interesses hier stehen jene kontingenzerweiterten Konfliktdynamiken, ohne die der Umbruch zwischen unterschiedlichen Gesellschaftsmodellen nicht beschrieben werden kann. Dabei liegt es auf der Hand, dass es sich hierbei um Konflikte von gesellschaftsweiter Bedeutung handelt und diese sind durch Ereignisse im öffentlichen Raum und durch ihre Karriere in der öffentlichen Kommunikation maßgeblich geprägt. Voraussetzung für diese Perspektive ist die Unterscheidung von Routine- und Fundamentalkonflikten.

1.2 Dualisierung der Konflikttheorie

Pragmatisch lassen sich Routine- und Fundamentalkonflikte in einem *ersten Schritt* in einer Morphologie des politischen Handlungssystems einordnen.

Bei Verwendung einer Konflikttypologie, die nach Politikbereichen, Politikebenen, Staatsgewalten und Rechtsdimensionen unterscheidet, lassen sich als Routinekonflikte diejenigen bezeichnen, die dadurch institutionell bearbeitbar sind, dass sie nur einen oder zwei Politikbereiche bzw. Teilsysteme betreffen, in der Regel nur eine Schnittstelle zwischen Politikebenen (lokal, regional, national, bilateral, international) gleichzeitig als Regelungsproblem thematisieren, wenn überhaupt, dann nur ein Regelungsproblem zwischen zwei Staatsgewalten (Exekutive, Legislative, Judikative) markieren

2 Zu diesem Thema ist die Forschung über die „neuen“ sozialen Bewegungen und rechtspopulistischen Protestparteien instruktiv, die die Opportunitätsstrukturen, die organisationellen Ressourcen und die Framingtechniken dieser Akteure in Beziehung setzt (vgl. Gamson 1975; vgl. Rucht 1994; vgl. ders. 2003; vgl. Kriesi u.a. 2006).

und nur eine Rechtsdimension (Grundrecht, öffentliches Recht, Privatrecht, Verordnungen, Rechtsumsetzung etc.) betreffen. Außerdem können die Konfliktentscheidungen beständig einer Revision unterzogen werden, sie gelten also nur auf Zeit. Demgegenüber sind Fundamentalkonflikte dadurch geprägt, dass sie in der Regel viele oder alle Politikbereiche direkt oder indirekt tangieren, mehrere Politikebenen umfassen, alle Staatsgewalten betreffen und über Grundrechtskonflikte die soziale Ordnung insgesamt in Frage stellen. Dadurch entsteht eine Interdependenz von öffentlicher und parlamentarischer Kommunikation, die den Konfliktverlauf maßgeblich beeinflusst.

In einem *zweiten Schritt* lassen sich Routinekonflikte und Fundamentalkonflikte idealtypisch als Endpunkte eines Kontinuums beschreiben, die mit den Begriffen „regulierte Mehr-oder-Weniger-“ versus „unregulierte Entweder-oder-Konflikte“ (*Regulierungsdimension*), „Interessenkonflikte“ versus „Anerkennungskonflikte“ (*Anerkennungsdimension*) sowie „passive“ versus „aktivierte Öffentlichkeit“ (*Öffentlichkeitsdimension*) bezeichnet werden. Außerdem lassen sich den idealtypisierten Konflikten an den Endpunkten dieses Kontinuums unterschiedliche Frames (*Framedimension*) und Rationalitätsbezüge (*Rationalitätsdimension*) zuweisen:

- *Regulierungsdimension*: Konfliktkarrieren in demokratisch verfassten Gesellschaften beginnen immer mit Bezug auf anerkannte Regelungsinstitutionen und in aller Regel bleiben sie darin.[3] Denn die Durchbrechung der rechtsstaatlichen Konfliktregelungsmechanismen bedeutet je nach physischer Stärke der Konfliktparteien Bürgerkrieg, Unterdrückung und/oder Vertreibung sowie die Konstitution eines autoritären Gesellschaftsmodells. Von gesteigertem Interesse im sozialen Wandel sind somit diejenigen Konfliktdynamiken, die die Grenze zwischen geregelten und ungeregelten Konflikten zu überschreiten *drohen*. In ihnen *spielen* die Konfliktparteien mit den durch die Verfassung und ihre Institutionen sowie in der politischen Kultur vorgegeben Schranken des Konfliktverhaltens. Es handelt sich hierbei um Konflikte, die gemäß einem Vorschlag von Albert Hirschman (1994), der auf die *Wahrnehmungen der Konfliktparteien* abhebt, als „unteilbare Entweder-oder-Konflikte“ im Unterschied zu regulierten und *dadurch* „teilbar“ gemachten „Mehr-oder-Weniger-Konflikten“ bezeichnet werden können. Dieser Dualismus

3 In der Perspektive der Schule des „zivilgesellschaftlichen Republikanismus“ (Brodocz 2005), die in der Tradition von Simmel, Coser und Dahrendorf stark auf die integrierenden und den sozialen Wandel stimulierenden Effekte von Konflikten abhebt, wird der Konflikt *vom Waffenstillstand her beschrieben*, also der Einstellung der wechselseitigen physischen Bedrohung, der anschließenden Verständigung auf ein institutionalisiertes Regelungsverfahren und schließlich der Bereitschaft, dass zu diesem Verfahren der Wettstreit der Argumente in der öffentlichen Kommunikation gehört (vgl. Dubiel 1997). Nun beginnt natürlich die integrierende und konstruktive Wirkung von Konflikt mit der wechselseitigen Anerkennung der Konfliktparteien. Von Interesse ist aber – und dies ist für die Analyse des sozialen Wandels moderner Gesellschaften entscheidend – eine Perspektive, die die Konfliktanalyse noch im Modus der wechselseitigen Anerkennung beginnen lässt (und nicht erst beim Waffenstillstand).

basiert auf der Einsicht, dass Gesellschaften permanent Konflikte zu bewältigen haben. Im politischen Prozess erfolgt die Konfliktregelung normalerweise innerhalb von legitimen Verfahren, die für eine Revision dieser Entscheidung wiederum Verfahren zur Verfügung stellen. Solche Konflikte werden immer nur auf Zeit gelöst und diese, für alle Akteure voraussehbare Revidierbarkeit, verschafft ihnen den Charakter eines zeitlich begrenzten Interessenkompromisses, der die soziale Ordnung schützt. Solche *geregelten* Mehr-oder-Weniger-Konflikte unterscheiden sich scharf von *potenziell ungeregelten* Entweder-oder-Konflikten, bei welchen die Konfliktakteure davon ausgehen, dass von der Entscheidung alle Zukunft abhängt.

- *Anerkennungsdimension*: Die Unterscheidung in teilbare und unteilbare Konflikte gilt es *zweitens* „anerkennungstheoretisch" (Honneth 1992) zu ergänzen. Teilbare Konflikte sind systematisch auf die *wechselseitige Anerkennung der Konfliktparteien* und auf die *rechtliche Anerkennung der Verfahren* der Konfliktregelung im Rahmen eines bestimmten Rechtsterritoriums angewiesen. Damit implizieren teilbare Konflikte auch die *Anerkennung von Zugehörigkeit* zu einem Rechtsterritorium. Unteilbare Konflikte entbehren diesen *Anerkennungsdualismus*. Dieser ist historisch (noch) nicht gegeben, oder Konfliktparteien kündigen die Anerkennung auf.[4] Damit ist impliziert, dass Konflikte nicht gemäß ihrer Gegenstände *positivistisch* unterschieden werden können. Etwa in der Differenzierung von *teilbaren* Verteilungskonflikten um Ressourcen gegenüber *unteilbaren* symbolischen Konflikten um Anerkennung (vgl. zu dieser Position Offe 1994: 144). Vielmehr ist davon auszugehen, dass die *teilbaren* Konflikte ursprünglich aus *unteilbaren* Anerkennungskonflikten hervorgehen und auch wieder in unteilbare Konflikte zurückfallen können.[5] Konflikte werden als teilbare oder unteilbare *konstruiert.*
- *Öffentlichkeitsdimension*: Die Unterscheidung in zwei grundsätzlich zu differenzierende Konfliktfamilien auf der Basis ihrer Teilbarkeit und ihrer Anerkennungsverhältnisse muss schließlich *drittens* mit der Unterscheidung von „aktiver" und

4 Vgl. zu dieser „anerkennungstheoretischen" Debatte über Konfliktformen auf der Basis von „Gemeinsinn" Hirschman (1994) mitsamt der kritischen Auseinandersetzung an der ausgeprägt moral- und sozialisationstheoretischen Argumentation von Axel Honneth (Honneth/Fraser 1994).

5 So lassen sich Tarifkonflikte als institutionalisiertes und repetitives bargaining nur vor dem Hintergrund ihrer historischen Genese verstehen. Konfliktroutinen in Gestalt ritualisierter Tarifkonflikte setzen sowohl Anerkennung der organisierten Arbeiterbewegung als Verhandlungspartner als auch die Anerkennung der institutionalisierten Verfahren und Gremien des bargainings durch Arbeitnehmer und -geber voraus. Erst auf dieser Basis kann eine wiederholte Kompromissbildung eines beidseitig als strategische Auseinandersetzung interpretierten Interessenkonflikts erfolgen. Diese Anerkennung erfolgte im Rahmen von Fundamentalkonflikten insbesondere in den Umbrüchen der Zwischenkriegszeit und setzte sich dann nach dem Zweiten Weltkrieg im sozialmarktwirtschaftlichen Gesellschaftsmodell in ganz Westeuropa durch. Anerkennungsprozesse lassen sich als Integrationsvorgänge beschreiben, die neue institutionalisierte Verfahren einziehen und damit die soziale Ordnung ausbauen.

„passiver Öffentlichkeit" ergänzt werden (vgl. Frankenberg 1996; vgl. Dubiel 1999). Diese, von Dahrendorf (1967) in der Auseinandersetzung mit Habermas' „Strukturwandel der Öffentlichkeit" (1962) in die Diskussion gebrachte Unterscheidung rekurriert auf das liberale Recht der Politikenthaltung bei vorhandenem Institutionenvertrauen, und sie baut darauf, dass im Rechtsstaat eine aktive (zivilgesellschaftliche) Öffentlichkeit bei schwindendem Institutionenvertrauen jederzeit möglich ist. Dieser Dualismus ist auch theoretisch ausbaubar und empirisch messbar. Die aktivierte Öffentlichkeit umfasst diejenigen Problematisierungen des Bestehenden, die im öffentlichen Raum aufgrund ihrer Resonanz eine so hohe soziale Energie entwickeln, dass die Inputschwellen und Prozessroutinen des politischen Systems überwunden werden und dieses zu einem Problemlösungsprozess genötigt wird, der in intensiver Interdependenz mit der Kommunikation im öffentlichen Raum abläuft (vgl. Habermas 1992: 399-467). „Aktivierte Öffentlichkeit" ist auf jeden Fall mit Entweder-oder-Konflikten und Anerkennungskonflikten verknüpft. Diese Konflikte erinnern daran, dass die Öffentlichkeit in letzter Instanz das Politische verkörpert. „Passive Öffentlichkeit" rekurriert in der Regel auf Entscheidungsprozesse teilbaren Typs, deren Verfahren durch eine öffentliche Kommunikation von Eliten und Experten begleitet wird.

- *Framedimension*: Die Kommunikation in Routinekonflikten in der medienvermittelten wie in der parlamentarischen Arena ist weitgehend durch *prozedurale Frames* geprägt, die einen Interessenkonflikt benennen und das Handeln der Akteure in Bezug zum Entscheidungsverfahren setzen. Diese Konflikte sind durch Prozessfristen, Gremien, bargaining, Konsens- und Kompromissbildungen und demokratische Mehrheitsentscheidungen charakterisiert. Die Differenz zwischen Routinekonflikten und Fundamentalkonflikten wird durch die soziale Energie aus der erfolgreichen Diffusion *substanzieller Frames* in der öffentlichen Kommunikation gebildet (vgl. Entman 2004). Substanzielle Frames in der politischen Kommunikation bezeichnen ein Fundamentalproblem der Gesellschaft, sie benennen als dessen Ursache das Handeln einer oder mehrerer Akteursgruppen, kombinieren gegenüber diesen Gruppen moralische Urteile mit Differenzsemantiken, konstituieren dadurch identitätspolitische Auseinandersetzungen und versprechen über die Entfernung der Ursache die Lösung des Problems.
- *Rationalitätsdimension*: Konflikte, die als unteilbar konstruiert werden, ein Anerkennungsproblem aufwerfen und durch eine aktivierte Öffentlichkeit gekennzeichnet sind, verlieren teilweise oder ganz die rationalitätsfördernden Bedingungen von Routinekonflikten: rechtsstaatlich institutionalisierte Verfahrensprozesse, Repräsentation aller durch den Entscheid Betroffenen und Validierung aller relevanten Argumente. Unter diesen Bedingungen können sich neben strategischem, also rein interesseorientiertem Handeln (bargaining) auch praktische Diskurse durch-

setzen (arguing), die verständigungsorientiertes Handeln begünstigen können. Diese Voraussetzungen von Konsens bzw. von Lernprozessen werden auch durch die demokratische Mehrheitsregel befördert, die vom Diskurs entlastet, jedoch dem Verlierer die Möglichkeit gibt, den verfahrensgebundenen Entscheidungsprozess wieder aufzunehmen, um sich vielleicht das nächste Mal mit seinen Argumenten durchzusetzen (vgl. Habermas 2007; vgl. Müller 2007; vgl. Niesen 2007). Diese Wiederholbarkeit von Konfliktentscheidungen steht den Beteiligten in Fundamentalkonflikten nicht zur Verfügung, und zwar je stärker dieser Fundamentalkonflikt durch aktivierte Öffentlichkeit, substanzielle Frames, Nicht-Anerkennung und wahrgenommene Unteilbarkeit gekennzeichnet ist. Alle diese Attribute erfordern die politische Tat und nicht arguing oder bargaining in langwierigen Verfahren. Der nicht oder nur schwach institutionalisierte Konflikt ist manifest machtgesteuert, die Drohung zur politischen Tat außerhalb des Rechtsstaats tritt in die Propaganda ein und arguing oder bargaining, also Konsens oder Kompromiss, scheinen schon deshalb unmöglich, weil die substanziellen Frames beides nicht zulassen.
Allerdings bilden zwei Elemente eine Ausfallbürgschaft für den Rechtsstaat: Zum einen wissen die Konfliktlager nicht, wer gewinnen wird. Fundamentalkonflikte sind aufgrund ihrer ideologischen Ladung durch die Ambivalenz *von ideologischer Orientierungssicherheit bei gleichzeitiger Erwartungsunsicherheit* geprägt. Konflikte, die die bewährten Pfade der Entscheidungsfindung zu verlassen drohen, bedeuten einen sprunghaft erweiterten Handlungsspielraum der den Lagern als Alles-oder-Nichts-Situation erscheint. Im Licht dieses Risikos werden die Handlungspräferenzen auch bei ideologischer Orientierungssicherheit unklar. Zum Zweiten bedeutet nur schon die angedrohte Nichtanerkennung der in der politischen Kultur und der Verfassung vorgeschriebenen Konfliktentscheidungsverfahren ein sprunghaft gesteigertes Risiko des blaming und shaming, das die Reputation eines Konfliktlagers zerstören kann. Dieses Risiko der Niederlage und des Reputationsverlusts der Konfliktlager kann zu Konfliktlösungen führen, die den Gesichtsverlust durch *dritte Wege* verhindern, also Frames von Drittakteuren zum Durchbruch verhelfen, die gerade die antagonistischen, substanziellen Frames der Konfliktlager und die Existenz dieser Lager zum Problem erklären. Erst auf dieser neuen Basis sind arguing und bargaining wieder möglich.

Auf dieser konflikttheoretischen Basis lassen sich in demokratischen Gesellschaften Fundamentalkonflikte von Routinekonflikten unterscheiden. Fundamentalkonflikte sind somit eine Klasse von Konflikten, in denen:

- die Intensität der öffentlichen Kommunikation so groß ist, dass die Inputschwellen des politischen Handlungssystems überwunden werden und dieses zur Unterbrechung seiner Prozessroutinen zugunsten einer Konfliktbearbeitung gezwungen wird, die durch eine intensive Auseinandersetzung in der öffentlichen Kommunikation begleitet ist. Empirisch sind solche Entscheidungssituationen dadurch gekennzeichnet, dass der öffentliche Raum durch zivilgesellschaftliche Akteure über Demonstrationen, Manifestationen, Streiks etc. physisch markiert wird;

- mindestens eine wesentliche Konfliktpartei die Differenzsemantiken ihrer substanziellen Frames soweit treibt, dass sie mindestens einer anderen die Anerkennung als zugehörige Konfliktpartei zu versagen droht und dieser dadurch die Berechtigung zur Repräsentation der Zivilgesellschaft abspricht;
- mindestens eine wesentliche Konfliktpartei die Institutionen der Konfliktregelung und damit auch Leitplanken der zivilgesellschaftlich verankerten politischen Kultur in Frage stellt; dadurch werden viele oder alle Politikbereiche direkt oder indirekt sowie mehrere Politikebenen tangiert, alle Staatsgewalten betroffen und über den damit verbundenen Grundrechtskonflikt die soziale Ordnung insgesamt problematisiert;
- die öffentliche Kommunikation durch substanzielle Frames geprägt ist, die einen Identitätskonflikt schaffen;
- die Entscheidungssituation durch ideologische Orientierungssicherheit bei gleichzeitiger Erwartungsunsicherheit über den Ausgang des Konflikts geprägt ist.

Um diese Konfliktklasse und ihre Bedeutung im sozialen Wandel genauer zu beschreiben, werden nun die intensivsten politischen Konflikte der Schweiz des 20. Jahrhunderts auf der Basis der Aufmerksamkeitskonzentration in der öffentlichen Kommunikation erfasst und auf ihre wichtigsten Regularitäten hin untersucht.

2. Regularitäten von Fundamentalkonflikten

Um solche Fundamentalkonflikte zu analysieren, wird hier auf ein Forschungsprojekt Bezug genommen, in dem die wichtigsten Leitmedien der deutschen Schweiz von 1910 bis in die Gegenwart je einzeln und jedes Jahr auf die wichtigsten, das heißt die zehn quantitativ größten Kommunikationsereignisse hin analysiert worden sind (vgl. Imhof 2003b). Dadurch lassen sich die bedeutsamsten Kommunikationsverdichtungen in der öffentlichen Kommunikation bestimmen. Kommunikationsverdichtungen sind dadurch bestimmt, dass die Leitmedien einer Arena in sachlicher, sozialer und zeitlicher Hinsicht dasselbe thematisieren. Solche *Kommunikationsverdichtungen* lassen sich aus den konvergenten Kommunikationsereignissen der Leitmedien einer öffentlichen Arena gewinnen. Anhand dieser Kommunikationsverdichtungen können die dynamischen Aufmerksamkeitsstrukturierungen der öffentlichen Kommunikation gemessen werden. Wenn man sich dabei auf die innenpolitischen Kommunikationsereignisse konzentriert und daraus die Kommunikationsverdichtungen generiert, dann zeigen sich in ihnen die *intensivsten politischen Konflikte überhaupt*; das heißt diejenigen Konflikte, die die Kontur von Entweder-oder-Konflikten/Anerkennungskonflikten und einer aktivierten Öffentlichkeit annehmen. Um welche Konflikte handelt es sich und was lässt sich über deren Regularitäten aussagen?

Darstellung: Konfliktinduzierte Kommunikationsverdichtungen 1910–1998[6]

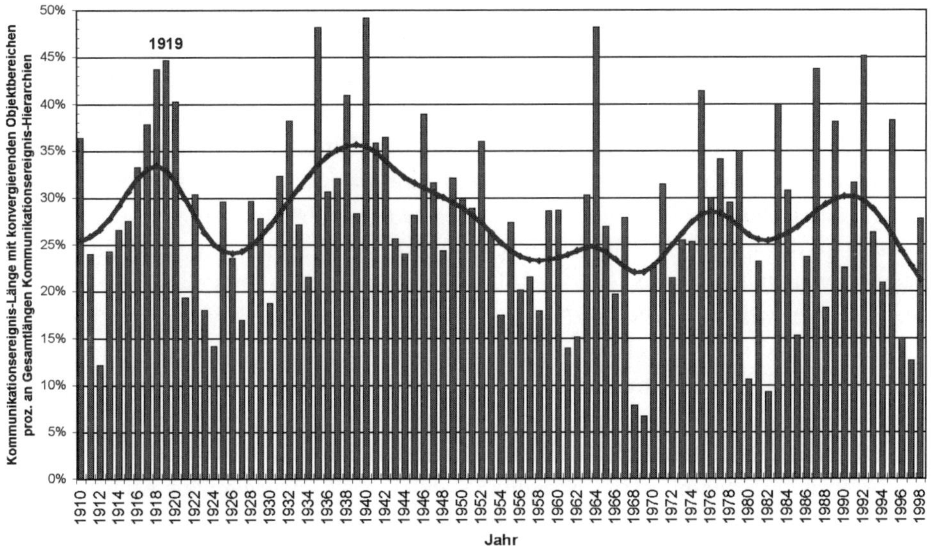

---

6 Lesebeispiel: Im Jahre 1919 fokussieren rund 44 Prozent aller binnenorientierten Kommunikationsereignisse der Kommunikationsereignishierarchien der analysierten Leitmedien in sachlicher, sozialer und zeitlicher Hinsicht denselben Objektbereich (Kommunikationsverdichtung).
Die Werte für diese Zeitreihe basieren auf der integralen Auswertung des Stammteils der Leitmedien, das heißt der *Ausmessung* der redaktionellen Artikel und ihrer Bündelung zu den zehn wichtigsten Kommunikationsereignissen pro Zeitung und Jahr (Kommunikationsereignishierarchie). In diese Darstellung sind nur diejenigen Kommunikationsereignisse aus den Kommunikationsereignishierarchien pro Jahr aufgenommen worden, die denselben innenpolitischen Objektbereich fokussieren. Diese Kommunikationsereignisse wurden je als Prozentanteil der Gesamtlänge der Kommu-nikationsereignishierarchie der Zeitung, der sie entstammen ausgewiesen. Da hier die Ergebnisse von vier bzw. ab 1960 fünf Zeitungen zusammengefasst werden, wurde der Maximalwert von 400 Prozent bzw. ab 1960 500 Prozent, wieder auf eine 100 Prozent-Skala umgerechnet und die Kurve nach Hodrick & Prescott geglättet. Dieses Verfahren setzt vor den Anfang und das Ende der Zeitreihen, 1909 bzw. 1999, einen 0-Wert und produziert dadurch das Artefakt einer scharf steigenden bzw. scharf fallenden Kommunikationsverdichtung. Analysierte Leitmedien der deutschschweizerischen Medienarena waren: 1910–1998: „Neue Zürcher Zeitung"; „Tages-Anzeiger"; 1910–1991: „Vaterland"; 1910–1992: „Tagwacht"; 1960–1998: „Blick"; 1992–1998: „Luzerner Zeitung" bzw. „Neue Luzerner Zeitung"; 1993–1996: „Bund".

Zunächst haben wir es mit der klassenantagonistischen Umbruchperiode ausgangs des Ersten Weltkrieges zu tun, die durch einen Generalstreik um grundlegende politische Reformen sowie durch Armeeeinsätze gegen die Streikbewegung geprägt war. Dann treffen wir auf die Umbruchperiode der 1930er Jahre, die durch die Auseinandersetzung über die Totalrevision der schweizerischen Verfassung in Richtung eines ständestaatlichen Modells charakterisiert war. Daraufhin handelt es sich um die Umbruchperiode Ende der 1960er und zu Beginn der 1970er Jahre, in der die jurassische Separatistenbewegung die föderalistische Struktur der Schweiz aufbrach, rechtskonservative Protestparteien die „überfremdete" Schweiz problematisierten und die „neuen" sozialen Bewegungen die soziale Ordnung wie die Westbindung der Schweiz in Frage stellten.[7] Schließlich lässt sich eine weitere Kommunikationsverdichtung zu Beginn der 1990er Jahre feststellen. Hierbei handelt es sich um die Umbruchperiode am Ende des Kalten Krieges, in der der Bezug der Schweiz zur Welt in Gestalt ihrer Sicherheits-, Wirtschafts- und Europapolitik in eine grundsätzliche Auseinandersetzung geriet (vgl. Imhof u.a. 1993; vgl. ders. 1996; vgl. ders. 1999).
Wenn nun diese konfliktinduzierten Kommunikationsverdichtungen diachron verglichen werden, dann lassen sich die folgenden Regularitäten feststellen:

- *Komplexitätsreduktion und Kontingenzerweiterung*: Intensive und nachhaltige Kommunikationsverdichtungen sind von ausschlaggebender Bedeutung im sozialen Wandel, weil bestimmten Dingen in der Welt das knappe Gut Aufmerksamkeit in Fülle zukommt. Solche Kommunikationsverdichtungen gehen mit Polarisierungsprozessen einher. Polarisierungen bedeuten eine Reduktion relevanter Konfliktgruppen zugunsten des Bedeutungsgewinns der integrierenden Konfliktlager, und sie bedeuten deutlich gesteigerte Chancen für plebiszitär-charismatische Rollen. Damit führen konfliktinduzierte Kommunikationsverdichtungen zu einer dreifachen *Komplexitätsreduktion* in thematischer Hinsicht, bezüglich der Reduktion der Konfliktakteure und ihrer Personalisierung. Gleichzeitig zeichnen sich diese Konflikte dadurch aus, dass sie neben dem politischen Handlungsbereich auch andere Teilsysteme, insbesondere die Ökonomie und die Justiz, involvieren. Dadurch erhöhen sich der wahrgenommene Handlungsdruck, die Konfliktintensität und die Personalisierung. Dies wiederum führt zu einer sprunghaften Erweiterung der Entwicklungskontingenz: Invers zum Plausibilitätsgewinn der pola-

7 Beim Peak 1964 handelt es sich um das so genannte Helvetische Malaise, das heißt um die Skandalisierung schwerwiegender Konzeptions-, Planungs- und Berechnungsfehler im Verteidigungsministerium (Eidgenössisches Militärdepartement – EMD) im Zusammenhang mit dem Kauf von Abfangjägern. Die im Kern des Malaise stehende „Mirage-Affäre" wurde in der Zeit parteiübergreifend als schwerwiegende Vertrauenseinbuße in die Funktionsfähigkeit staatlicher Institutionen gedeutet. Dies führte dann zur Semantik des „Helvetischen Malaise". Dem EMD stand ein bürgerlicher Bundesrat vor, und der zugrunde liegende Konflikt um die Konzeption der „Landesverteidigung" insgesamt war eine vor allem innerbürgerliche Auseinandersetzung. Deshalb erfüllt dieser Konflikt die oben genannten Kriterien nicht.

risierten Überzeugungen und zum wahrgenommenen Handlungsdruck je in den Lagern erhöht sich die Erwartungs*un*sicherheit bezüglich Sieg oder Niederlage bei allen Konfliktlagern sowie Drittakteuren.

- *Zivilgesellschaftliche Akteure und Veränderung des Ensembles von Parteien und Verbänden*: Diese konfliktinduzierten Kommunikationsverdichtungen zeichnen sich auch dadurch aus, dass sie zunächst vor allem durch nicht-etablierte Akteure (soziale Bewegungen, Protestparteien) erfolgreich als „Entweder-oder-Konflikte" gerahmt werden können. Wenn dies gelingt, dann haben wir es mit einer aktivierten Öffentlichkeit zu tun, in welcher die nicht-etablierten, zivilgesellschaftlichen Akteure eine *physische* Öffentlichkeit in Gestalt von Demonstrationen, Manifestationen, Streiks etc. herstellen. Diese nicht-etablierten Akteure sind ursächlich für die grundsätzliche Problematisierung des Bestehenden, sie zwingen den etablierten Akteuren und damit dem politischen Handlungssystem über einen *auf das Thema* bezogenen *Anerkennungskampf* ihre Problematisierung auf. Fundamentalkonflikte sind dadurch gekennzeichnet, dass nicht-etablierte Akteure den etablierten politischen Akteuren im öffentlichen Raum thematisch Konkurrenz machen. Soziale Bewegungen und Protestparteien sind nicht neue, sondern diskontinuierlich wiederkehrende Akteure im sozialen Wandel. Ein Teil dieser immer wieder neuen Akteure verschwindet wieder, ein Teil entwickelt sich zum etablierten und entsprechend im politischen Handlungssystem und/oder im korporativen Verbandswesen anerkannten Akteur. Mit anderen Worten: Über die Fundamentalkonflikte verändert sich das Ensemble der etablierten Akteure in Gestalt von Verbänden und Parteien.
- *Politisierung der Geschichte und Ethnisierung des Politischen*: Inhaltlich lässt sich in diesen Kommunikationsverdichtungen regelmäßig eine Historisierung der Gegenwart beziehungsweise eine Politisierung der Geschichte und eine Problematisierung des Fremden feststellen. Fundamentalkonflikte sind dadurch gekennzeichnet, dass Identität politisch aufgeladen wird: Die Geschichte wird umgeschrieben und über Nicht-Zugehörigkeit wird Zugehörigkeit neu definiert. Jeder Konflikt wird von den Konfliktlagern auf ihrer historischen Folie als entscheidende Auseinandersetzung um das Gemeinwesen interpretiert. Zusätzlich liefern diese Geschichtsdarstellungen die Norm- und Wertdimensionen, anhand derer die politischen Gegner beurteilt werden. Entsprechend ist die politische Debatte intensiv durch temporale Differenzsemantiken gekennzeichnet, die historische Ereignisse mit der aktuellen Situation in Bezug setzen. Auf der Basis dieser temporalen Differenzsemantiken besteht die Struktur der substanziellen Frames systematisch auch aus segmentären (ethnisch, kulturalistisch oder religiös) begründeten Differenzsemantiken und/oder stratifikatorischen Differenzsemantiken und/oder funktionalen Differenzsemantiken (*Stadt* versus *Land, Binnen-* versus *Außenwirtschaft,*

Finanz- versus *Industriekapital*). In der kumulativen Aggregation dieser Differenzsemantiken auf einen *Feind* manifestiert sich die Grammatik von Prozessen des Anerkennungsentzugs.

- Das Fremde in Gestalt von Fahrenden, ausländischen politischen Akteuren, Gastarbeitern oder Asylbewerbern ist in all diesen Fundamentalkonflikten, unabhängig von der Zahl der ausländischen Wohnbevölkerung, von entscheidender Bedeutung. Fundamentalkonflikte sind Identitätskonflikte; die Problematisierung des Fremden ist in allen untersuchten Fällen die erfolgversprechendste Opportunitätschance für etablierte, vor allem aber für nicht-etablierte politische Akteure. Im Maße der Konfliktzuspitzung entwickelt diese repetitive Problematisierung des Fremden eine bemerkenswerte Eigendynamik, indem der innenpolitische Gegner mit dem *Fremden* konfundiert wird. Bei Entweder-oder-Konflikten wird der politische Gegner zur *Fünften Kolonne*. Damit wird er semantisch nicht nur aus dem Gemeinwesen ausgeschlossen, sondern er erscheint als dessen eigentliche Gefährdung.
- *Fortschrittszwang der Moderne, Krisensemantik und Krisenproduktion*: Die Differenzsemantiken der substanziellen Frames legen nicht nur Zugehörigkeit über das Nicht-Zugehörige fest, sie legen auch immer wieder das Fortschrittskonzept der Moderne aus. Dieses wiederum wird eng mit wirtschaftlicher Prosperität verbunden. Entsprechend dominieren in den teleologischen Entscheidungsbeschreibungen die apokalyptischen Auswirkungen der gegnerischen Positionen für die wirtschaftliche Entwicklung. Dadurch steht in allen Fundamentalkonflikten das Verhältnis Wirtschaft und Politik beziehungsweise Ökonomie und Staat *neu* zur Debatte. Die an der Schwelle der Moderne eingeführte funktionale Differenzierung zwischen Wirtschaft und Staat wird durch alle Fundamentalkonflikte hindurch mit ideologischen Grundbegriffen („Materialismus", „Freiheit", „Ausbeutung") aufgeladen. Die an die wirtschaftliche Entwicklung geknüpfte Fortschrittserwartung verhilft dem Krisenbegriff zu einer außerordentlichen Karriere im Fundamentalkonflikt. Krisenerwartungen heften sich an eine mögliche *falsche* Konfliktentscheidung und die Krisensemantik sorgt für eine *Übersetzung* des Fundamentalkonflikts in ökonomische Zukunftsunsicherheit. All diese Kommunikationsverdichtungen erscheinen zusammen mit wirtschaftlichen Kriseneinbrüchen präziser: Sie sind diesen vorgelagert und reagieren *dann* heftig auf Veränderungen ökonomischer Indikatoren. Fundamentalkonflikte sind aufgrund ihrer komplexitätsreduzierenden Leistung kollektive Lernprozesse von außerordentlich orientierender Kraft; allerdings sinkt mit der Polarisierung in der Gesellschaft die Erwartungssicherheit zukünftiger Entwicklung. Erwartungssicherheit ist jedoch die wichtigste Voraussetzung ökonomischen Handelns mit langfristigen Konsequenzen. Mit anderen Worten: Mit der Konfliktakzentuierung sinkt die Investitionsbereitschaft (vgl. Imhof 2003b).
- *Konfliktverwandlung und neue Gesellschaftsmodelle*: Schließlich sind Funda-

mentalkonflikte jene Zäsuren im sozialen Wandel, in welchen neue Gesellschaftsmodelle entstehen. Die Lösung eines Fundamentalkonflikts erzwingt neue Allianzen, Anerkennungsverhältnisse, Veränderungen des politischen Themenhaushaltes und neue institutionelle Strukturen der Konfliktverarbeitung. Das sind die wesentlichen Ingredienzien der Transformation von Entweder-oder-Konflikten in teilbare und routinisierte Mehr-oder-Weniger-Konflikte. Fundamentalkonflikte werden immer wieder in neue Konfliktroutinen transformiert.

Durch diese Einsichten wachsen einem öffentlichkeitssoziologischen Zugang zur Konfliktforschung folgende Potenziale zu:

- Weil Fundamentalkonflikte Mustern folgen und weil die Abwendung von regulierten Konfliktlösungsverfahren in eine unregulierte Konflikteskalation einen massenkommunikativ zu leistenden, anhaltenden und außerordentlich hohen Legitimationsaufwand benötigt, können Konfliktdynamiken extrapoliert werden. Allerdings erhöht sich parallel zur Konfliktzuspitzung die Entwicklungskontingenz hinsichtlich der Dichotomien zwischen regulierter/unregulierter Dynamik sowie Sieg/Niederlage. Dadurch tendiert die Aussagekraft jeglicher Prognostik wieder gegen Null.
- Zweitens können diachron und synchron vergleichende Analysen der Leistungsfähigkeit und des Wandels von politischen Strukturen durchgeführt werden, die Konfliktakzentuierungen fördern oder bremsen.[8]
- Drittens können diachron und synchron vergleichende Analysen der politischen Kultur einer Gesellschaft vorgenommen werden, die eine Radikalisierung der Differenzsemantiken begünstigen oder behindern.[9]

---

8 Entscheidend für Deeskalationen erwiesen sich in der Schweiz die Verfahrensfristen des juristischen und politischen Handlungssystems und die föderalistische Aufgliederung beider Handlungssysteme. Die Aufgliederung ermöglicht eine Fülle von Einzelentscheidungen mit wechselnden Sieg- und Niederlageverteilungen und die Verfahrensfristen eröffnen kompromissorientierten Drittakteuren beträchtliche politische Interventionschancen. Außerdem produzieren die direktdemokratischen politischen Institutionen neben langen Verfahrensfristen auch die Möglichkeit der direkten Mobilisierung des Souveräns für einen friedlichen Entscheidungsprozess auch von Seiten nicht-etablierter Akteure.

9 In der aus einem Bürgerkrieg 1848 hervorgegangenen Schweiz entwickelten sich aufgrund dieses Basiskonflikts Sprachgrenzen übergreifende Parteien, weil sowohl der Liberalismus wie der politische Katholizismus sich genötigt sahen, in allen Sprachregionen gegen den Gegner zu mobilisieren. Auf dieser Basis musste der Sieger (die liberalen Kräfte) die sprachregionale Konkordanz in der Regierung des Bundesstaates (Bundesrat mit Kollegialitätsprinzip) einführen. Diese sprachregionale Konkordanz erweiterte sich ausgangs der Krise der 1880er Jahre 1891 zur parteipolitischen Konkordanz durch den Einbezug des Bürgerkriegsgegners, des katholischen Konservatismus, in den Bundesrat. Diese politische Konkordanz führte zu einer charismafeindlichen politischen Kultur (Kollektivexekutive), sie erwies sich als erweiterungsfähig (Integration der Sozialdemokratie in der Krise der 1930er Jahre) und sie schuf Kommunikationstabus: eine radikale Ausgrenzung des politischen Gegners (Konvergenz der Differenzsemantiken) wird mit Reputationseinbußen in der öffentlichen Kommunikation bestraft.

- Viertens lassen sich über Fundamentalkonflikte Perioden erhöhter Entwicklungskontingenz, rascher Institutionenbildungsprozesse, charismatischer Personalisierungen, Veränderungen des Ensembles etablierter Akteure, aktivierter Öffentlichkeit und radikaler Veränderungen der Themenpalette politischer Kommunikation von Phasen differenzieren, in denen *Konfliktroutinen* die politischen Erwartbarkeiten ausrichten und stabilisieren.
- Fünftens lassen sich diachron vergleichende Analysen vornehmen, die den *neuen* Strukturwandel der Öffentlichkeit in Hinblick auf seinen Einfluss auf Konfliktdynamiken untersuchen.

Dieser neue Strukturwandel der Öffentlichkeit wird nun abschließend anhand zentraler Indikatoren medienvermittelter Kommunikation beschrieben und seine Auswirkungen auf die Dynamiken von Fundamentalkonflikten diskutiert.

3. Konfliktdynamiken im neuen Strukturwandel der Öffentlichkeit

Der *neue* Strukturwandel der Öffentlichkeit lässt sich auf den kürzesten Nenner gebracht als Ausdifferenzierung der Medien aus dem politischen Handlungsbereich und als Orientierung der Medien an der ökonomischen Handlungslogik beschreiben (vgl. Münch 1995; vgl. Jarren 2001; vgl. Kamber/Schranz 2002; vgl. Imhof 2003a).

Im Kern handelt es sich bei diesem Vorgang, dessen deutliche Akzeleration im Zuge der Dualisierung des Rundfunks in den 1980er Jahren zu beobachten ist, um die Deregulierung der keynesianisch orientierten, neokorporativen Integration von Politik und Wirtschaft hin zu einem ökonomistisch argumentierenden Anti-Etatismus im Steuer- und Standortwettbewerb *und* in diesem Kontext um die *Deregulierung der Medien* von ihren politischen und sozialen Bindungen. Dieser Prozess hat die Erosion der gesinnungsethisch gebundenen Parteimilieus (vgl. Sarcinelli/Wissel 1998; vgl. Schenk 1998) in der programmatischen Annäherung der Volksparteien im Zeichen des Kalten Krieges zur Voraussetzung und führt zur *Entbettung* der Medienorganisationen (vgl. Giddens 1992), das heißt zur sozialen und ökonomischen Ablösung der Medien von ihren herkömmlichen, sozialräumlich und -moralisch gebundenen Trägern (Parteien, Verbänden, Kirchen), zur Abkoppelung des Verlagswesens von den sozialmoralisch verankerten Netzwerken einer städtisch-bürgerlichen Elite und zur Umstellung familien- und sozialräumlich gebundener Kapitalversorgung privatrechtlicher Medienunternehmen auf beliebiges Investitionskapital mitsamt den damit verbundenen Konzentrationsprozessen (vgl. Jarren 1994). Analytisch lässt sich dieser Vorgang wie folgt zusammenfassen:

- Ausdifferenzierung eines Mediensystems und Koppelung der Medien an die Marktlogik; Verwandlung der Medienorganisationen in Dienstleistungsbetriebe mit Kapitalversorgung beliebiger Herkunft und hohen Renditeerwartungen; intensive Konzentrationsprozesse (vgl. Knoche 1997; vgl. Müller-Doohm 1998; vgl. Picard 2001; vgl. Siegert 2003).
- Orientierung dieser neuen Informationsökonomie an Publikumsmärkten, das heißt Ablösung der medial erschlossenen Räume von den politischen Geltungsräumen und Entöffentlichung ertragsschwacher Räume (vgl. Schwengel 1997; vgl. Gerhards/Rössel 1999; vgl. Meier/Trappel 2005; vgl. Siegert u.a. 2005; vgl. Heinrich/Lobigs 2006).
- Orientierung der Medien nicht mehr am Staatsbürgerpublikum sondern am Medienkonsumenten, um den mittels Zielgruppenkonzeptionen und neuen Produkten geworben wird (vgl. Hasebrink 1997; vgl. Siegert 1998).
- Durchdringung der öffentlichen Kommunikation durch neue Selektions-, Interpretations- und Inszenierungslogiken und durch ein neues Aktualitätstempo (vgl. Kepplinger 1992; vgl. Sarcinelli 1994; vgl. Saxer 1998).

Die gesellschaftspolitisch wichtigsten Effekte dieses neuen Strukturwandels im deregulierten Dreieck Politik, Medien und Ökonomie ergeben sich über die Veränderungen der öffentlichen Kommunikation. Diese wurden bisher noch wenig in Form von aussagekräftigen Zeitreihen und mit Bezug auf die notwendigen Anpassungsleistungen der Organisationen des politischen oder ökonomischen Handlungssystems an die Inputbedürfnisse der Medien untersucht (vgl. Kaase 1998; vgl. Pfetsch 1998; vgl. Bennett/Entman 2001; vgl. Imhof 2006). Anhand der vorhandenen Forschungsergebnisse lässt sich jedoch eine Reihe von Indikatoren gewinnen, die insbesondere seit den 1980er Jahren tief greifende Veränderungen in der öffentlichen Kommunikation anzeigen. In ihnen spiegeln sich Dynamiken, welche die Allokation von Aufmerksamkeit, Definitionsmacht und Reputation neu organisieren:

- *Verstetigung sozialer Bewegungen und Protestparteien und Adaption etablierter Akteure an die Inputlogiken der medienvermittelten Kommunikation*: Im diachronen Vergleich von Fundamentalkonflikten, in denen nicht-etablierte Akteure regelhaft eine zentrale Rolle spielen, war die Lebensdauer der „neuen“ sozialen Bewegungen seit den 1970er Jahren erstaunlich lang, und sie eroberten politische Themenbereiche wie Umwelt- und Technikfolgeprobleme, Sicherheitspolitik und Geschlechterdifferenz bis in die 1980er Jahre für sich (vgl. Neidhardt/Rucht 1993; vgl. Rucht 1994; vgl. Imhof 2003a). In der Nachfolge dieser sozialen Bewegungen mit einem progressiven Selbstverständnis erzielen insbesondere seit den 1990er Jahren rechtskonservative Protestparteien vergleichbare Resonanzkarrieren in der öffentlichen Kommunikation. Dieses im diachronen Vergleich neue Phänomen der Verstetigung der Resonanzchancen nicht-etablierter Akteure kann auch auf den neuen Strukturwandel der Öffentlichkeit zurückgeführt werden, der *medienwirksamen Aktionsformen* wesentlich bessere Resonanzchancen vermittelt (vgl. Rucht 2003) als die noch verstärkt durch *(partei-)politische Selektions- und Interpretationslogiken* gesteuerte öffentliche Kommunikation zuvor.

- Allerdings erfüllen inzwischen auch die etablierten politischen Akteure die neuen Inputlogiken der medienvermittelten Kommunikation besser. Zu beobachten ist ein Transfer von Techniken des Aufmerksamkeitsmanagements, das heißt, es lassen sich eine Zunahme medienwirksamen „Eventmanagements" (vgl. Kepplinger 1992; vgl. Schmitt-Beck/Pfetsch 1994; vgl. Imhof/Eisenegger 1999), eine ausgesprochene Personenzentrierung und eine deutlich gestiegene Bedeutung von Konfliktinszenierungen feststellen. Im Rahmen dieser Neuallokation der Resonanzchancen lässt sich außerdem ein Bedeutungsgewinn charismatischer Beziehungen in der Politik beobachten sowie die Etablierung eines neuen Parteientyps, der sich als „Bewegungspartei" definieren lässt. Insbesondere rechtsbürgerliche Bewegungsparteien mit niedrigen Partizipationsschwellen und charismatischer Führung können in vielen europäischen Ländern das traditionelle Parteiengefüge aufbrechen, indem sie medienwirksam und thematisch ebenso fokussiert wie einst die „neuen" sozialen Bewegungen nun Protest- und Wechselwähler binden und die Kontingenz des Politischen erhöhen (vgl. Imhof 1996). Beobachtbar sind also eine aufmerksamkeitsorientierte, thematische Fokussierung des Politischen, erhöhte Resonanzchancen nicht-etablierter politischer Akteure sowie entsprechende Anpassungen etablierter Akteure. Über medienwirksame Aktionsformen lassen sich die niedriger gewordenen Inputschwellen medienvermittelter Kommunikation überwinden.
- *Empörungsbewirtschaftung und Medien als politische Akteure*: Bei der *medialen* Skandalisierungskommunikation handelt es sich um einen aussagekräftigen *Indikator* des neuen Strukturwandels der Öffentlichkeit. Zeitreihenanalytische Untersuchungen von Skandalisierungen in der öffentlichen Kommunikation zeigen eine deutliche Zunahme des Phänomens. Bei dieser Intensivierung der Skandalkommunikation ist auch eine Veränderung der tripolaren Struktur des Skandals beobachtbar: Während der klassische Skandal aus einem Skandalisierer, einem Skandalmedium und einem Skandalisierten besteht, übernimmt nun das Skandalmedium in der Regel auch die Rolle des Skandalisierers (vgl. Neckel 1986; vgl. Kepplinger 1996; vgl. Imhof 2000; vgl. Hondrich 2002). Seit den 1980er Jahren hat sich auf der Basis dieses *intermedialen Aufmerksamkeitswettbewerbs* eine effiziente, empörungsbewirtschaftende Expertenkultur der Skandalisierung ausdifferenziert, die medienexterne Skandalisierer substituiert und damit auch eine zentrale Funktion nicht-etablierter politischer Akteure professionalisiert. Obwohl

dabei nach wie vor Skandalisierungen gegenüber Vertretern des politischen Personals überwiegen, lässt sich feststellen, dass die Skandalisierung von Unternehmen mitsamt ihrem Führungspersonal drastisch zunimmt (vgl. Eisenegger 2005). Dabei kommt die resonanzstärkste Skandalisierung der Wirtschaft nicht mehr von Verbänden und Parteien, sondern von Medienorganisationen. Zudem haben sich die skandalisierungsfähigen Themen erweitert. Moralische Verfehlungen, die der privaten Sphäre entstammen, wurden öffentlichkeitsfähig. Beobachtbar ist eine ausgeprägte moralische Aufladung und *Viktimisierung* der öffentlichen Kommunikation. Die alarmistische Empörungsbewirtschaftung ist zu einem zentralen Mittel des Aufmerksamkeitswettbewerbs geworden. Die Medien sind zu einem neuen politischen Akteur geworden, der nachrichtenwertorientiert Normverstöße hochpersonalisiert bearbeitet.

- *Neue Prominenzierungslogiken und Reputationsdynamiken*: Im historischen Vergleich lässt sich im neuen Strukturwandel der Öffentlichkeit eine massive Privatisierung des Öffentlichen und die Personalisierung der politischen Kommunikation konstatieren (vgl. Imhof 1999). Beobachtbar sind eine Zunahme von *Human Interest Storys*, Betroffenheits-, Thesen- und Moraljournalismus und die Etablierung neuer boulevardisierender Nachrichtenformate in Radio und Fernsehen. Politikdarstellung gleicht sich strukturell und inhaltlich der Unterhaltung an und politische Argumente werden durch Charakterdarstellungen im privaten Lebensraum und medienattraktive Konfliktinszenierungen ergänzt (vgl. Sarcinelli 1987; vgl. ders. 1994; vgl. Schmitt-Beck/Pfetsch 1994; vgl. Jarren 1996; vgl. ders.1998). Dadurch zeigen sich im diachronen Vergleich ein Wandel in der medialen Kreation von Prominenz, die Ausbildung transmedialer Verwertungsketten von Prominenten und neue Reputationsdynamiken. Neben dem Machtstatus entscheiden die telegene Inszenierung privater Lebensstile und Selbstdarstellungskompetenzen über mediale Resonanz (vgl. Wilke 1996) und davon abgeleitete Reputation. Durch Ereignisproduktion (etwa in Gestalt von Homestories) wirken die medialen Inszenierungsmuster in die Personalauswahl der Parteien und Verbände ein und schaffen auch in Politik und Wirtschaft ein Starsystem (vgl. Peters 1994). In der Politik hat die Vermittlung von Gruppenpositionen entsprechend stark abgenommen. Politische Positionen werden immer mehr Individuen, nicht Parteien oder Verbänden zugeordnet und mit Charakterdarstellungen zur Inszenierung von Authentizität und Integrität verknüpft. Vergleichbares lässt sich in der kommunikativen Konstitution der Ökonomie beobachten: Die gewachsene Organisationsreputation von Großunternehmen wird durch die personale Reputation des Führungspersonals überformt. Damit erhöht sich die Volatilität der zentralen Ressource Reputation und das Risiko des Reputationsverlusts. Sowohl im politischen als auch im ökonomischen Handlungssystem bestimmt die medienvermittelte Reputation die Karrierewege, beziehungsweise politische und ökonomische Organisationen müssen bei der Auswahl ihrer Hierarchiespitzen systemfremde Faktoren berücksichtigen.

- *Verkürzung der Themen- und Meinungsresonanz auf Themenresonanz sowie Bedeutungsverlust des Parlaments zugunsten der Exekutive*: Im neuen Strukturwandel der Öffentlichkeit lässt sich eine Verschiebung in der intermedialen Themen- und Meinungsresonanz feststellen. Die Parteipresse beziehungsweise die parteinahe Gesinnungspresse war gekennzeichnet durch eine ausgeprägte wechselseitige Themen- *und* Meinungsresonanz, weil der Kampf um die öffentliche Meinung durch Weltanschauungsorgane bestritten wurde, deren Redaktionen die intellektuellen Speerspitzen der Parteien darstellten. Diese nahmen sich wechselseitig als *pars pro toto* des politischen Gegners wahr und vermittelten die parlamentarische Auseinandersetzung zum Staatsbürgerpublikum. Mit der Erosion dieser publikumsoffenen Debatten verkürzt sich die Themen- und Meinungsresonanz auf eine *nachrichtenwertgesteuerte Themenresonanz*. Trotz der Zunahme der thematischen Referenzialität zwischen den Leitmedien innerhalb einer Arena ist somit eine Abnahme der Anschlusskommunikation zu verzeichnen und die Bedeutung des Parlaments für das Agendasetting der medienvermittelten Kommunikation ist geschwunden. Es lässt sich deshalb auch eine am Nachrichtenwert „Macht" orientierte Entwertung des Parlaments zugunsten der Exekutive feststellen (vgl. Negrine 1998; vgl. Marcinkowski 2000; vgl. Imhof/Kamber 2001; vgl. Ettinger 2005).
- *Umkehr der Vermittlungslogik politischer Kommunikation und medienplebiszitäre Kraft*: Im neuen Strukturwandel der Öffentlichkeit werden die Selektions- und Interpretationslogiken des Mediensystems für die Prioritätenordnung politischer Probleme wichtiger. Die Aufmerksamkeitsregeln resonanzorientierter Politik drücken auf die Entscheidungspolitik durch (vgl. Sarcinelli 1994). Dies bedeutet, dass die Medienorganisationen selbst – und das politische Personal über die Medien – Einfluss auf die Agenda des politischen Systems erzielen (vgl. Schranz 2000). In diesem Zusammenhang sind Kampagnenpartnerschaften zwischen Parteien und Medienorganisationen beobachtbar. Auf der Basis von redaktionellen Leitlinien sowie politischen Orientierungsvorgaben für ganze Medienorganisationen zeichnet sich inzwischen eine *volatile*, von Besitzverhältnissen und Marktanalysen abhängige *Repolitisierung* der Forumsmedien ab. Dadurch lässt sich ein medienplebiszitärer Druck und eine „mediendramaturgische Umwertung" – zumeist über die Selektion politischer Konflikte und ihre Akzentuierung – und darüber hinaus eine Ereignis- und Kampagnenproduktion von Seiten der Medien beobachten (vgl. Münch 1997). Jede Beschreibung der medienvermittelten Kommunikation, die nur die Selektionsleistungen im Blick hat (Gate Keeper), zielt an der *medialen Konstruktion der Wirklichkeit* vorbei. Auch der publizistikwissen-

schaftliche Begriff des Agenda Setting wird dieser eigenständigen Ereignisproduktion nicht mehr gerecht (vgl. Schmolke 1996; vgl. Blum 1996).

Wenn nun diese Indikatoren in Bezug auf ihre Wirkung auf konfliktinduzierte Kommunikationsverdichtungen diskutiert werden, dann lassen sich bezüglich der Dynamik künftiger Fundamentalkonflikte die folgenden Aussagen machen:

Durch die gewachsenen Resonanzchancen nicht-etablierter Akteure, durch die erhöhten Chancen für Charismaträger, durch die hohen Nachrichtenwerte moralischer Devianz, kognitiven Versagens und personalisierbaren Konflikts, durch die gesteigerte Themenresonanz der Medien (Selbstreferenzialität) bei sinkender Meinungsresonanz und durch die tendenzielle Umkehrung der politischen Kommunikation zwischen Medien und Parlament erhöhen sich die Chancen zu konsonanten Problematisierungen in der medienvermittelten Kommunikation. Wenn eine solche konsonante Problematisierung Karriere zu machen verspricht, dann *springen* politische Akteure mit Anschlusskommunikationen auf und erhöhen den medienplebiszitären Druck auf das politische Handlungssystem. Bewegungsparteien zeichnen sich dadurch aus, dass sie ihre Problematisierung des Bestehenden ausgeprägt durch Differenzsemantiken, Charismaträger und medienwirksame Events erfolgreich bewirtschaften können. Die jüngste politische Geschichte in Italien, Österreich, Belgien, Holland, Frankreich und Dänemark zeigt, dass Bewegungsparteien das Ensemble etablierter Parteien massiv unter Druck setzen können.

Allerdings zeigt sich auch, dass diese Bewegungsparteien ein erhebliches Nachhaltigkeitsproblem haben. Es gelang ihnen bisher nicht, ihre Problematisierung des Bestehenden als Kristallisationsthema eines neuen Fundamentalkonflikts zu etablieren, das heißt ihrer Problematisierung über die Wahlkämpfe hinaus dauerhaft Aufmerksamkeit zu verschaffen. Die niedereren Eingangschwellen in die medienvermittelte Kommunikation und das Aktualitätstempus führten zu einem wesentlich intensiveren Verdrängungswettbewerb von Kommunikationsereignissen.

Wichtige Elemente in diesem Verdrängungswettbewerb sind die etablierten Parteien und die Medien selbst. Die massiv gestiegenen Skandalisierungsraten und das breite Spektrum der Skandalisierten verhindern eine anhaltende Kommunikationsverdichtung auf demselben Thema. Die gemeinsame Themenbewirtschaftung durch die Medien erfolgt in einem wesentlich schnelleren Rhythmus und ist durch mediale Meinungsabsenz oder Meinungskonsonanz weniger kontrovers als in der Ära der Parteizeitungen.

Vor allem die Meinungskonsonanz im Rahmen der Personalisierung, Moralisierung und Viktimisierung der öffentlichen Kommunikation schützt gewachsene Strukturen vor Veränderungen, die organisierte Interessen tangieren. Die nachrichtenwertbedingte moralische Aufladung der medienvermittelten Kommunikation und ihre Fokussierung auf Personen führen eher zum Austausch des Spitzenpersonals während die Institutionen und Organisationen erhalten bleiben. Dies ist auch ein deutlicher Unterschied zur Ära der parteinahen, gesinnungsethischen Medien, in denen in erster Linie die gesellschaftlichen Strukturen im Fokus der Problematisierung standen. Offensichtlich haben der gesteigerte Verdrängungswettbewerb zur Befriedigung des perzipierten Publikumsinteresses, der erhöhte Rhythmus der Problematisierungen, die gestiegene Meinungskonsonanz bei resonanzreichen Skandalisierungen und die Personalisierung eine bremsende Wirkung auf die Genese von Fundamentalkonflikten und befördern dafür Politikverdrossenheit. In der raschen Abfolge und Gleichzeitigkeit moralisch geladener Problematisierungen des Bestehenden stechen vor allem die erhöhte Volatilität der Reputation von zentralen Institutionen, Organisationen und Rollen heraus.

Selbstverständlich ist nun aber dieser Befund über den Einfluss des neuen Strukturwandels der Öffentlichkeit auf die hektisch gewordenen Dynamiken politischer Kommunikation begrenzt. Diese Perspektive vernachlässigt den soziokulturellen und sozioökonomischen Kontext des aktuellen sozialen Wandels und diskontiert insbesondere die Effekte von zwei mit dem beschriebenen Befund intern verbundenen Veränderungen nicht. Diese zeigen sich bereits im Fundamentalkonflikt der 1970er beziehungsweise in demjenigen zu Beginn der 1990er Jahre:

Zum einen manifestiert die Auflösung der politischen Milieus *eine geschwundene Korrespondenz von sozialen Lagen und Lebenschancen*. Diese Korrespondenz konnte zuvor über ideologisch fundierte, stratifikatorische Differenzsemantiken plausibel mit Sinn gefüllt werden. Die Fundamentalkonflikte ausgangs der 1910er und in den 1930er Jahren entwickelten sich deshalb – im Unterschied zu denjenigen in den 1970er und vor allem zum Konflikt in den 1990er Jahren – auf der Basis *stabiler Cleavages*. Die Polaritäten der jüngeren beiden Kommunikationsverdichtungen waren nicht nur thematisch heterogener, sie korrespondierten auch wesentlich weniger mit sozialen Lagen. Der Konflikt zu Beginn der 1990er Jahre konnte entsprechend auch nicht mehr über einen Integrationsprozess entspannt und in neue institutionelle Strukturen der Konfliktverarbeitung überführt werden. Stattdessen erreichten die neuen Politikinhalte wie Deregulierung, Steuer- und Standortwettbewerb sowie Abbau der Staatsquote rasch hegemoniale Qualität, prägten also die öffentliche Kommunikation, *ohne dass ein mit den früheren Fundamentalkonflikten vergleichbarer politisch-publizistischer Weltanschauungskonflikt* stattgefunden hat, der im Rahmen einer konkordanten Krisenlösung zu einem kohärenten Umbau institutioneller Strukturen geführt hätte.

Zum anderen konnte das neoliberale Gesellschaftsmodell, das in der Schweiz durch die bis dahin staatstragende FDP in der zweiten Hälfte der 1970er Jahre, früh – das heißt noch vor der Thatcher-Regierung in Großbritannien 1979 beziehungsweise der Reagan-Administration 1980 – eingefordert wurde und sich gleich zu Beginn auf den öffentlich-rechtlichen Rundfunk konzentrierte (Dualisierung), auch nach dem

Ende des Kalten Krieges *keine erwartungssichernde Integrationsdynamik auslösen.* Das neoliberale Gesellschaftsmodell konstituierte sich – im Unterschied zum Bürgerblockregime in den *goldenen* 1920er Jahren und zum sozialmarktwirtschaftlichen Gesellschaftsmodell in der zweiten Hälfte der 1930er Jahre – praktisch ausschließlich über die Sachzwangsemantiken des Globalisierungswettbewerbs. Damit verabschiedet dieses Gesellschaftsmodell das voluntaristische sozialmarktwirtschaftliche Modell, in dem die Wirtschaft als *Volkswirtschaft* der Metanorm einer *nationalen* Fortschrittsentwicklung dienen musste. Entsprechend wurden die erheblichen institutionellen Änderungen im neoliberalen Gesellschaftsmodell in medien-, fiskal-, wirtschafts- und sozialpolitischer Hinsicht vorwiegend negativ, das heißt als Anpassungsnotwendigkeit im internationalen Wettbewerb begründet. Dies gilt auch für den Geltungsverlust der sozialmoralisch regulierten Loyalitätsbeziehungen zwischen Arbeitgebern und -nehmern. Die gesellschaftspolitischen Folgen sind beträchtlich: Einerseits entwickelte sich neben außerordentlich hohen Fluktuationsraten auf Managementpositionen eine Sockelarbeitslosigkeit und andererseits ist erstmals wieder seit den 1930er Jahren eine Prekarisierung des gewerblichen und angestellten Mittelstandes zu beobachten. Modernisierungsgewinner und Modernisierungsverlierer lassen sich nicht mehr sozialen Straten exklusiv zuordnen. Dieses Phänomen *gewachsener Statusunsicherheit* auch im Zentrum der Gesellschaft, das in allen Zentrumsnationen beobachtbar ist, befördert einen massiven Bedeutungsanstieg askriptiver, nicht oder nur schwer erwerbbarer Statusmerkmale in Gestalt nationaler Zugehörigkeit, Minderheitenzugehörigkeit und Geschlecht. Dies erklärt das Faktum, dass das neoliberale Gesellschaftsmodell neben dem auf Dauer gestellten Sachzwangdiskurs auch durch Differenzsemantiken geprägt ist, die invers zur Entgrenzung der Ökonomie die Nation über nicht-erwerbbare Merkmale gegen außen abschließen will und den Souveränitätsverlust (vgl. Sassen 1996; vgl. Scharpf 1998; vgl. Habermas 1998) gegenüber der europäischen Mehrebenenpolitik anprangert. Analog zu den rechtspopulistischen Protestparteien in Italien (Lega Nord, Alleanza Nazionale), Österreich (FPÖ, BZÖ), Frankreich (Front national), Großbritannien (British National Party), Deutschland (DVU, NPD, allerdings nur in den neuen Bundesländern), Belgien (Vlaams Blok), Holland (Lijst Pim Fortuyn), Dänemark (Dänische Folkeparti), Norwegen (Fremskrittspartiet) erzielte auch die Schweizerische Volkspartei mit ihrer vehementen und auf Dauer gestellten Problematisierung alles Fremden, der EU sowie der ebenfalls für alle rechtspopulistischen Parteien typischen Anprangerung einer politischen Klasse („classe politique") seit den 1990er Jahren große Wahlerfolge (vgl. Betz/Immerfall 1998; vgl. Loch/Heitmeyer 2001). Ausgerechnet im neoliberalen Gesellschaftsmodell hat die Identitätspolitik an Bedeutung gewonnen. Segmentäre Differenzsemantiken ethnischen Typs stabilisieren die Nation gegen das Fremde, die EU und den Rest des Globus in der Ära der Globalisierung. Der neoliberale Steuer- und Standortwettbewerb verliert nun durch die

Weltwirtschaftskrise an Überzeugungskraft, ohne dass ein alternatives Gesellschaftsmodell bereit steht, dass die Defizite der demokratischen Selbstregulation in Gestalt der Entgrenzung der Wirtschaft, der Entgrenzung der Politik durch die transnationale Mehrebenenpolitik und der Privatisierung des public service löst. Das birgt die Mobilitätspotenz für neue Fundamentalkonflikte.

Literatur

Arendt, Hannah (1974) [1963]: Über die Revolution. München: Piper.

Bennett, Lance W./Entman, Robert M. (Hrsg.) (2001): Mediated Politics: Communication in the Future of Democracy. New York: Cambridge University Press.

Betz, Hans-Georg/Immerfall, Stefan (1998): The New Politics of the Right. Neo-Populist Parties and Movements in Established Democracies. New York: St. Martin's Press.

Blum, Roger (1996): Berlusconis Modell – Parallelen in der Schweiz? In: Imhof, Kurt/Schulz, Peter (Hrsg.): Politisches Raisonnement in der Informationsgesellschaft. Reihe: Mediensymposium Luzern, Bd. 2. Zürich: Seismo, S. 201-212.

Bonacker, Thorsten (Hrsg.) (2005) [1996]: Sozialwissenschaftliche Konflikttheorien – Einleitung und Überblick. In: Ders. (Hrsg.): Sozialwissenschaftliche Konflikttheorien. Eine Einführung. Wiesbaden: VS Verlag, S. 9-31.

Bourdieu, Pierre, 1998: Gegenfeuer. Wortmeldungen im Dienste des Widerstands gegen die neoliberale Invasion. Konstanz: UVK.

Brodocz, André (2005): Die Konflikttheorie des zivilgesellschaftlichen Republikanismus. In: Bonacker, Torsten (Hrsg.): Sozialwissenschaftliche Konflikttheorien. Eine Einführung. Wiesbaden: VS Verlag, S. 231-248.

Campbell, David (1998) [1992]: Writing Security: United States Foreign Policy and the Politics of Identity. Minneapolis: Manchester University Press.

Coser, Lewis, A. (1965): Theorie sozialer Konflikte. Berlin: Luchterhand.

Dahrendorf, Ralf (1961): Gesellschaft und Freiheit. München: Piper.

Dahrendorf, Ralf (1967): „Aktive und Passive Öffentlichkeit". In: Merkur. Deutsche Zeitschrift für europäisches Denken, Nr. 226, S. 1109-1122.

Dahrendorf, Ralf (1972): Konflikt und Freiheit. München: Piper.

Dubiel, Helmut (1997): Unversöhnlichkeit und Demokratie. In: Heitmeyer, Wilhelm (Hrsg.): Was hält die Gesellschaft zusammen? Frankfurt a. M.: Suhrkamp, S. 425-444.

Dubiel, Helmut (1999): Integration durch Konflikt? In: Friedrichs, Jürgen/Jagodzinski, Wolfgang (Hrsg.): Soziale Integration. Sonderheft 39 der Kölner Zeitschrift für Soziologie und Sozialpsychologie. Wiesbaden: Westdeutscher Verlag, S. 132-143

Durkheim, Emile (1926) [1893]: De la division du travail social. In: Ders: Bibliothèque de philosophie contemporaine. Paris: Presses Universitaires de France.

Durkheim, Emile (1990) [1897]: Der Selbstmord. Frankfurt a. M.: Suhrkamp.

Eisenegger, Mark (2005): Reputation in der Mediengesellschaft. Konstitution – Issues Monitoring – Issues Management. Wiesbaden: VS Verlag.

Eisner, Manuel (2001): Individuelle Gewalt und Modernisierung in Europa, 1200–2000. In: Albrecht, Günther /Backes, Otto/Kühnel, Wolfgang (Hrsg.): Gewaltkriminalität zwischen Mythos und Realität. Frankfurt a. M.: Suhrkamp, S. 71-100.

Elias, Norbert (1980): Über den Prozeß der Zivilisation. Soziogenetische und psychogenetische Untersuchungen, Bd. 2. Frankfurt a. M.: Suhrkamp.

Entman, Robert M. (2004): Projections of Power: Framing News, Public Opinion, and US Foreign Policy. Chicago: Chicago University Press.

Esser, Frank/Scheufele, Bertram/Brosius, Hans-Bernd (2002): Fremdenfeindlichkeit als Medienthema und Medienwirkung: Deutschland im internationalen Scheinwerferlicht. Wiesbaden: Westdeutscher Verlag.

Esser, Hartmut (1988): Ethnische Differenzierung und moderne Gesellschaft. In: Zeitschrift für Soziologie, 17. Jg., H. 4, S. 235-248.
Ettinger, Patrik (2005): Das Parlament in der politischen Kommunikation in der Schweiz. In: Donges, Patrick (Hrsg.): Politische Kommunikation in der Schweiz. Bern: Haupt, S. 75-90.
Etzioni, Amitai (1996): Die faire Gesellschaft. Jenseits von Sozialismus und Kapitalismus. Frankfurt a. M.: Fischer.
Frankenberg, Günter (1996): Die Verfassung der Republik. Autorität und Solidarität in der Zivilgesellschaft. Baden-Baden: Nomos.
Friedrichs, Jürgen/Jagodzinski, Wolfgang (Hrsg.) (1999): Soziale Integration. Sonderheft 39 der Kölner Zeitschrift für Soziologie und Sozialpsychologie. Wiesbaden: Westdeutscher Verlag.
Gamson, William A. (1975): The Strategy of Social Protest. Homewood, Ill.
Gerhards, Jürgen/Rössel, Jörg (1999): Zur Transnationalisierung der Gesellschaft der Bundesrepublik. Entwicklungen, Ursachen und mögliche Folgen für die europäische Integration. In: Zeitschrift für Soziologie, 28. Jg., H. 5, S. 325-344.
Giddens, Anthony (1992): Kritische Theorie der Spätmoderne. Wien: Passagen.
Giegel, Hans-Joachim (1998): Gesellschaftstheorie und Konfliktsoziologie. In: Ders. (Hrsg.): Konflikt in modernen Gesellschaften. Frankfurt a. M.: Suhrkamp, S. 9-28.
Gross, Peter (1994): Die Multioptionsgesellschaft. Frankfurt a. M.: Suhrkamp.
Habermas, Jürgen (1990) [1962]: Strukturwandel der Öffentlichkeit. Untersuchungen zu einer Kategorie der bürgerlichen Gesellschaft. Frankfurt a. M.: Suhrkamp.
Habermas, Jürgen (1992): Faktizität und Geltung. Beiträge zur Diskurstheorie des Rechts und des demokratischen Rechtsstaats. Frankfurt a. M.: Suhrkamp.
Habermas, Jürgen (1998): Die postnationale Konstellation. Politische Essays. Frankfurt a. M.: Suhrkamp.
Habermas, Jürgen (2007): Kommunikative Rationalität und grenzüberschreitende Politik: eine Replik. In: Niesen, Peter/Herborth, Benjamin (Hrsg.): Anarchie der kommunikativen Freiheit. Jürgen Habermas und die Theorie der internationalen Politik. Frankfurt a. M.: Suhrkamp, S. 406-459.
Hasebrink, Uwe (1997): Ich bin viele Zielgruppen. Anmerkungen zur Debatte um die Fragmentierung des Publikums aus kommunikationswissenschaftlicher Sicht. In: Scherer, Helmut/Brosius, Hans-Bernd (Hrsg.): Zielgruppen, Publikumssegmente, Nutzergruppen. Beiträge aus der Rezeptionsforschung. München: Reinhard Fischer.
Heinrich, Jürgen/Lobigs, Frank (2006): Publizistisches Angebot auf Lokal- und Regionalzeitungsmärkten und das Pressekartellrecht in der Schweiz und in Deutschland: Eine medienökonomische Analyse. In: Imhof, Kurt/Jarren, Otfried/Blum, Roger (Hrsg.): Demokratie in der Mediengesellschaft. Reihe: Mediensymposium Luzern, Bd. 9. Wiesbaden: VS Verlag, S. 193-228.
Heitmeyer, Wilhelm (1997a): Einleitung: Sind individualisierte und ethnisch-kulturell vielfältige Gesellschaften noch integrierbar? In: Ders. (Hrsg.): Was hält die Gesellschaft zusammen? Frankfurt a. M.: Suhrkamp, S. 9-22.
Heitmeyer, Wilhelm (1997b): Gesellschaftliche Integration, Anomie und ethnisch-kulturelle Konflikte. In: Ders. (Hrsg.): Was hält die Gesellschaft zusammen? Frankfurt a. M.: Suhrkamp, S. 629-653.

Hirschman, Albert O. (1994): Wieviel Gemeinsinn braucht die liberale Gesellschaft? In: Leviathan, 22. Jg., H. 2, S. 293-304.
Hobbes, Thomas (1984) [1651]: Leviathan oder Stoff, Form und Gewalt eines kirchlichen und bürgerlichen Staates. Hrsg. und eingel. von Iring Fetscher. Frankfurt a. M.: Suhrkamp.
Hondrich, Karl Otto (2002): Enthüllung und Entrüstung. Eine Phänomenologie des politischen Skandals. Frankfurt a. M.: Suhrkamp.
Honneth, Axel (1992): Kampf um Anerkennung. Zur moralischen Grammatik sozialer Konflikte. Frankfurt a. M.: Suhrkamp.
Honneth, Axel/Fraser, Nancy (1994): Anerkennung und Umverteilung. Frankfurt a. M.: Suhrkamp.
Huntington, Samuel P. (1993): The Clash of Civilizations? In: Foreign Affairs. Summer, S. 22-49.
Imbusch, Peter/Zoll, Ralf (Hrsg.) (2006) [1996]: Friedens- und Konfliktforschung. Eine Einführung. Wiesbaden: VS Verlag.
Imhof, Kurt (1993): Nationalismus, Nationalstaat und Minderheiten. Zu einer Soziologie der Minoritäten. In: Soziale Welt, 44. Jg., H. 3, S. 327-357.
Imhof, Kurt/Kleger, Heinz/Romano, Gaetano (Hrsg.) (1993): Zwischen Konflikt und Konkordanz. Analyse von Medienereignissen in der Schweiz der Vor- und Zwischenkriegszeit, Reihe: Krise und sozialer Wandel, Bd. 1. Zürich: Seismo.
Imhof, Kurt (1996): Eine Symbiose: Soziale Bewegungen und Medien. In: Imhof, Kurt/Schulz, Peter (Hrsg.): Politisches Raisonnement in der Informationsgesellschaft. Reihe: Mediensymposium Luzern, Bd. 2. Zürich: Seismo, S. 165-186.
Imhof, Kurt/Kleger, Heinz/Romano, Gaetano (Hrsg.) (1996): Konkordanz und Kalter Krieg. Analyse von Medienereignissen in der Schweiz der Zwischen- und Nachkriegszeit, Reihe: Krise und sozialer Wandel, Bd. 2. Zürich: Seismo.
Imhof, Kurt (1999): Die Privatisierung des Öffentlichen: Zum Siegeszug der Primärgruppenkommunikation in den Medien. In: Honegger, Claudia/Hradil, Stefan/Traxler, Franz (Hrsg.): Grenzenlose Gesellschaft? Verhandlungen des 29. Kongresses der Deutschen Gesellschaft für Soziologie 1998 in Freiburg i. Br. Opladen: Leske + Budrich, S. 717-732.
Imhof, Kurt/Eisenegger, Mark (1999): Inszenierte Politik: Resonanz von „Events" in den Medien. In: Szyszka, Peter (Hrsg.): Öffentlichkeit. Diskurs zu einem Schlüsselbegriff der Organisationskommunikation. Wiesbaden: Westdeutscher Verlag, S. 195-218.
Imhof, Kurt/Kleger, Heinz/Romano, Gaetano (Hrsg.) (1999): Vom Kalten Krieg zur Kulturrevolution. Analyse von Medienereignissen in der Schweiz der 50er und 60er Jahre, Reihe: Krise und sozialer Wandel, Bd. 3. Zürich: Seismo.
Imhof, Kurt (2000): Öffentlichkeit und Skandal. In: Neumann-Braun, Klaus/Müller-Doohm, Stefan (Hrsg.): Medien- und Kommunikationssoziologie: Eine Einführung in zentrale Begriffe und Theorien. Weinheim: Juventa, S. 55-68.
Imhof, Kurt/Kamber, Esther (2001): Politik und Gesellschaft im Strukturwandel der Öffentlichkeit. Zur Veränderung der Konstitutionslogiken der öffentlichen Kommunikation. In: Allmendiger, Jutta (Hrsg.): Gute Gesellschaft? Verhandlungen des 30. Kongresses der Deutschen Gesellschaft für Soziologie in Köln 2000. Opladen: Leske + Budrich, S. 425-453.
Imhof, Kurt (2002): Unsicherheit und Kreativität: Zwei Kernprobleme der Handlungstheorie. In: Neumann-Braun, Klaus (Hrsg.): Medienkultur und Kulturkritik. Festschrift für Stefan Müller-Doohm. Wiesbaden: Westdeutscher Verlag 2002, S. 200-216.
Imhof, Kurt (2003a): Politik im „neuen" Strukturwandel der Öffentlichkeit. In: Nassehi, Armin/Schroer, Markus (Hrsg.): Der Begriff des Politischen: Soziale Welt. Sonderband 14. S. 401-418.

Imhof, Kurt (2003b): Wandel der Gesellschaft im Licht öffentlicher Kommunikation. In: Behmer, Markus u.a. (Hrsg.): Medienentwicklung und gesellschaftlicher Wandel. Beiträge zu einer theoretischen und empirischen Herausforderung und Geschichte. Wiesbaden: Westdeutscher Verlag, S. 153-182.

Imhof, Kurt (2005): Deregulation – Regulation: Das ewige Spiel sozialer Ordnung. In: Ders./ Eberle, Thomas (Hrsg.): Triumph und Elend des Neoliberalismus. Zürich: Seismo, S. 15-35.

Imhof, Kurt/Eberle, Thomas (Hrsg.) (2005): Triumph und Elend des Neoliberalismus. Zürich: Seismo.

Imhof, Kurt (2006): Mediengesellschaft und Medialisierung. In: Medien & Kommunikationswissenschaft, 54 Jg., H. 2, S.191-215.

Jann, Werner/Wegrich, Kai (2003): Phasenmodelle und Politikprozesse: Der Policy Cycle. In: Klaus Schubert/Bandelow, Nils (Hrsg.): Lehrbuch der Politikfeldanalyse. München/Wien: Oldenbourg, S. 71-103.

Jarren, Otfried (1994): Mediengewinne und Institutionenverluste? – Zum Wandel des intermediären Systems in der Mediengesellschaft. Theoretische Anmerkungen zum Bedeutungszuwachs elektronischer Medien in der politischen Kommunikation. In: Jarren, Otfried/Hasebrink, Uwe (Hrsg.): Politische Kommunikation in Hörfunk und Fernsehen. Opladen: Leske + Budrich, S. 23-34.

Jarren, Otfried (1996): Auf dem Weg in die „Mediengesellschaft"? Medien als Akteure und institutionalisierter Handlungskontext. Theoretische Anmerkungen zum Wandel des intermediären Systems. In: Imhof, Kurt/Schulz, Peter (Hrsg.): Politisches Raisonnement in der Informationsgesellschaft. Reihe: Mediensymposium Luzern, Bd. 2. Zürich: Seismo, S. 79-96.

Jarren, Otfried (1998): Medien, Mediensystem und politische Öffentlichkeit im Wandel. In: Sarcinelli, Ulrich (Hrsg.): Politikvermittlung und Demokratie in der Mediengesellschaft. Beiträge zur politischen Kommunikationskultur. Wiesbaden: Westdeutscher Verlag, S. 74-96.

Jarren, Otfried (2001): Mediengesellschaft – Risiken für die politische Kommunikation. In: Aus Politik und Zeitgeschichte, B 41-42, S. 10-19.

Kamber, Esther/Schranz, Mario (2002): Von der Herstellung zur Darstellung demokratischer Öffentlichkeit. Die Politikvermittlung der Massenmedien unter den Bedingungen eines ausdifferenzierten Mediensystems. In: Imhof, Kurt/Jarren, Otfried/Blum, Roger (Hrsg.): Integration und Medien. Reihe: Mediensymposium Luzern, Bd. 7. Wiesbaden: Westdeutscher Verlag, S. 347-363.

Karstedt, Susanne (2004): Typen der Sozialintegration und Gewalt: Kollektivismus, Individualismus und Sozialkapital. In: Heitmeyer, Wilhelm/Soeffner, Hans-Georg (Hrsg.): Gewalt. Frankfurt a. M.: Suhrkamp, S. 269-292.

Keohane, Robert O. (1993): Institutional Theory and the Realist Challenge after the Cold War. In: Baldwin, David A. (Hrsg.): Neorealism and Neoliberalism. The Contemporary Debate. New York: Columbia University Press, S. 269-300.

Kepplinger, Hans Mathias (1992): Ereignismanagement. Wirklichkeit und Massenmedien. Zürich: Edition Interfrom.

Kepplinger, Hans Mathias (1996): Skandale und Politikverdrossenheit – ein Langzeitvergleich. In: Jarren, Otfried/Schatz, Heribert/Weßler, Hartmut (Hrsg.): Medien und politischer Prozess. Politische Öffentlichkeit und massenmediale Politikvermittlung im Wandel. Wiesbaden: Westdeutscher Verlag, S. 41-58.

Knoche, Manfred (1997): Medienkonzentration und publizistische Vielfalt. Legitimationsgrenzen des privatwirtschaftlichen Mediensystems. In: Renger, Rudi/Siegert, Gabriele (Hrsg.): Kommunikationswelten. Wissenschaftliche Perspektiven zur Medien- und Informationsgesellschaft. Wien: Studienverlag, S. 123-158.
Kriesi, Hanspeter u.a. (2006): Globalization and the Transformation of the National Political Space: Six European Countries compared. In: European Journal of Political Research, 45. Jg., H. 6, S. 921-956.
Loch, Dietmar/Heitmeyer, Wilhelm (Hrsg.) (2001): Schattenseiten der Globalisierung. Frankfurt a. M.: Suhrkamp.
Marcinkowski, Frank (2000): Die Medien-Öffentlichkeit des Parlaments in der Verhandlungsdemokratie. In: Jarren, Otfried/Imhof, Kurt/Blum, Roger (Hrsg.): Zerfall der Öffentlichkeit? Reihe: Mediensymposium Luzern, Bd. 6. Wiesbaden: Westdeutscher Verlag, S. 49-73.
Meier, Werner A./Trappel, Josef (2005): Die transnationale Vermachtung durch Medienkonzerne als Voraussetzung für Europäische Öffentlichkeit? In: Langenbucher, Wolfgang R./Latzer, Michael (Hrsg.): Medialer Wandel und Europäische Öffentlichkeit: Eine transnationale Perspektive. Wiesbaden: VS Verlag, S. 262-275.
Miller, Max/Soeffner, Hans-Georg (Hrsg.) (1996): Modernität und Barbarei. Soziologische Zeitdiagnose am Ende des 20. Jahrhunderts. Frankfurt a. M.: Suhrkamp.
Müller, Harald (1994): Internationale Beziehungen als kommunikatives Handeln. Zur Kritik der utilitaristischen Handlungstheorien. In: Zeitschrift für internationale Beziehungen, 1. Jg., H. 1, S. 15-44.
Müller, Harald (2007): Internationale Verhandlungen, Argumente und Verständigungshandeln. Verteidigung, Befunde, Warnung. In: Niesen, Peter/Herborth, Benjamin (Hrsg.) (2007): Anarchie der kommunikativen Freiheit. Jürgen Habermas und die Theorie der internationalen Politik. Frankfurt a. M.: Suhrkamp, S. 199-223.
Müller-Doohm, Stefan (1998): Medienkultur und Globalität. In: Imhof, Kurt/Schulz, Peter (Hrsg.): Die Veröffentlichung des Privaten – die Privatisierung des Öffentlichen. Reihe: Mediensymposium Luzern, Bd. 4.Wiesbaden: Westdeutscher Verlag, S. 471-486.
Münch, Richard (1991): Dialektik der Kommunikationsgesellschaft. Frankfurt a. M.: Suhrkamp.
Münch, Richard (1995): Dynamik der Kommunikationsgesellschaft. Frankfurt a. M.: Suhrkamp.
Münch, Richard (1997): Mediale Ereignisproduktion: Strukturwandel der politischen Macht. In: Hradil, Stefan (Hrsg.): Differenz und Integration. Die Zukunft moderner Gesellschaften. Verhandlungen des 28. Kongresses der Deutschen Gesellschaft für Soziologie 1996 in Dresden. Frankfurt a. M.: Campus, S. 696-709.
Nassehi, Armin (1999): Differenzierungsfolgen. Beiträge zur Soziologie der Moderne. Opladen: Westdeutscher Verlag.
Neckel, Sighard (1986): Das Stellhölzchen der Macht. Zur Soziologie des politischen Skandals. In: Leviathan, 14. Jg., H. 4, S. 581-605.
Negrine, Ralph (1998): Parliament and the Media. A Study of Britain, Germany and France. London: Pinter.
Neidhardt, Friedhelm/Rucht, Dieter (1993): Auf dem Weg in die Bewegungsgesellschaft? Über die Stabilisierbarkeit sozialer Bewegungen. In: Soziale Welt, 44. Jg., H. 3, S. 305-326.
Niesen, Peter (2007): Anarchie der kommunikativen Freiheit – ein Problemaufriss. In: Niesen, Peter/Herborth, Benjamin (Hrsg.): Anarchie der kommunikativen Freiheit. Jürgen Habermas und die Theorie der internationalen Politik. Frankfurt a. M.: Suhrkamp, S. 7-25.

Noetzel, Thomas (2005): Die Konflikttheorie von Thomas Hobbes. In: Bonacker, Thorsten (Hrsg.): Sozialwissenschaftliche Konflikttheorien. Eine Einführung. Wiesbaden: VS Verlag, S. 33-46.

Offe, Claus (1994): Der Tunnel am Ende des Lichts. Erkundungen der politischen Transformation im Osten. Frankfurt a. M.: Campus.

Peters, Birgit (1994): Öffentlichkeitselite – Bedingung und Bedeutung von Prominenz. In: Neidhardt, Friedhelm (Hrsg.): Öffentlichkeit, öffentliche Meinung, soziale Bewegungen. Sonderheft 34 der Kölner Zeitschrift für Soziologie und Sozialpsychologie. Wiesbaden: Westdeutscher Verlag, S. 191-213.

Picard, Robert, G. (2001): Relations among Media Economics, Content and Diversity. In: Nordicom Review, 22. Jg., H. 1, S. 65-69.

Rosa, Hartmut (1998): Integration, Konflikt und Entfremdung – Die Perspektive des Kommunitarismus. In: Giegel, Hans-Joachim (Hrsg.): Konflikt in modernen Gesellschaften. Frankfurt a. M. Suhrkamp, S. 202-244.

Rucht, Dieter (1994): Öffentlichkeit als Mobilisierungsfaktor für soziale Bewegungen. In: Neidhardt, Friedhelm (Hrsg.): Öffentlichkeit, öffentliche Meinung, soziale Bewegungen. Sonderheft 34 der Kölner Zeitschrift für Soziologie und Sozialpsychologie. Wiesbaden: Westdeutscher Verlag, S. 337-358.

Rucht, Dieter (2003): Zum Wandel politischen Protest in der Bundesrepublik. Verbreiterung, Professionalisierung, Trivialisierung. In: Vorgänge, Nr. 163, H. 4, S. 4-11.

Sarcinelli, Ulrich (1987): Symbolische Politik zur Bedeutung symbolischen Handelns in der Wahlkampfkommunikation der Bundesrepublik Deutschland. Wiesbaden: Westdeutscher Verlag.

Sarcinelli, Ulrich (1994): Mediale Politikdarstellung und politisches Handeln: analytische Anmerkungen zu einer notwendigerweise spannungsreichen Beziehung. In: Jarren, Otfried (Hrsg.): Politische Kommunikation in Hörfunk und Fernsehen. Opladen: Leske + Budrich, S. 35-50.

Sarcinelli, Ulrich (Hrsg.) (1998): Politikvermittlung und Demokratie in der Mediengesellschaft. Beiträge zur politischen Kommunikationskultur. Wiesbaden: Westdeutscher Verlag.

Sarcinelli, Ulrich/Wissel, Martin (1998): Mediale Politikvermittlung, politische Beteiligung und politische Bildung: Medienkompetenz als Basisqualifikation in der demokratischen Bürgergesellschaft. In: Ders. (Hrsg.): Politikvermittlung und Demokratie in der Mediengesellschaft. Beiträge zur politischen Kommunikationskultur. Wiesbaden: Westdeutscher Verlag, S. 408-427.

Sassen, Saskia (1996): Losing Control? Sovereignity in an Age of Globalization. New York: Columbia University Press.

Saxer, Ulrich (1998): System, Systemwandel und politische Kommunikation. In: Jarren, Otfried/Sarcinelli, Ulrich/Saxer, Ulrich (Hrsg.): Politische Kommunikation in der demokratischen Gesellschaft. Wiesbaden: Westdeutscher Verlag, S. 21-63.

Schenk, Michael (1998): Mediennutzung und Medienwirkung als sozialer Prozess. In: Sarcinelli, Ulrich (Hrsg.): Politikvermittlung und Demokratie in der Mediengesellschaft. Beiträge zur politischen Kommunikationskultur. Wiesbaden: Westdeutscher Verlag, S. 387-407.

Schmitt-Beck, Rüdiger/Pfetsch, Barbara (1994): Politische Akteure und die Medien der Massenkommunikation. Zur Generierung von Öffentlichkeit in Wahlkämpfen. In: Neidhardt, Friedhelm (Hrsg.): Öffentlichkeit, öffentliche Meinung, soziale Bewegungen. Sonderheft 34 der Kölner Zeitschrift für Soziologie und Sozialpsychologie. Wiesbaden: Westdeutscher Verlag, S. 106-138.

Schmolke, Michael (1996): Von der Parteipresse zur Medienpartei: ein fragwürdiges Verhältnis unter dem Druck der real existierenden Politik. In: Imhof, Kurt/Schulz, Peter (Hrsg.): Politisches Raisonnement in der Informationsgesellschaft. Reihe: Mediensymposium Luzern, Bd. 2. Zürich: Seismo, S. 187-200.

Schranz, Mario (2000): Die Debatte über die Asyl- und Flüchtlingsproblematik in der öffentlichen politischen Kommunikation der Schweiz. Zur Thematisierung des „Fremden" im Fernsehen DRS und zentralen Printmedien der deutschen Schweiz von 1985–1996. Zürich: Lizentiatsarbeit an der Phil. Fakultät I der Universität Zürich.

Schroer, Markus (2004): Gewalt ohne Gesicht. Zur Notwendigkeit einer umfassenden Gewaltanalyse. In: Heitmeyer, Wilhelm/Soeffner, Hans-Georg (Hrsg.): Gewalt. Frankfurt a. M.: Suhrkamp, S. 151-173.

Schwengel, Hermann (1997): Vor und nach dem Medienspiel. Globalisierung als kulturelle Verfassung der Moderne. In: Hradil, Stefan (Hrsg.): Differenz und Integration. Die Zukunft moderner Gesellschaften. Verhandlungen des 28. Kongresses der Deutschen Gesellschaft für Soziologie 1996 in Dresden. Frankfurt a. M.: Campus, S. 663-678.

Senghaas, Dieter (1998): Zivilisierung wider Willen. Der Konflikt der Kulturen mit sich selbst. Frankfurt a. M. Suhrkamp.

Siegert, Gabriele (1998): „Guten Abend, liebe Zielgruppen". Das entsubjektivierte Publikum als Markt und „coin of exchange". In: Medien Journal, 22. Jg., H. 4, S. 48-58.

Siegert, Gabriele (2003): Im Zentrum des Taifuns: Die Ökonomisierung als treibende Kraft des medialen Wandels. In: Medien Journal, 27. Jg., H. 1, S. 20-30.

Siegert, Gabriele/Meier, Werner A./Trappel, Josef (2005): Auswirkungen der Ökonomisierung auf Medien und Inhalte. In: Bonfadelli, Heinz/Jarren, Otfried/Siegert, Gabriele (Hrsg.): Einführung in die Publizistikwissenschaft. Bern: Haupt, S. 469-494.

Simmel, Georg (1989) [1900]: Die Philosophie des Geldes. In: Georg Simmel Gesamtausgabe, Bd. 6. Hrsg. von David P. Frisby und Klaus Christian Könke. Frankfurt a. M.: Suhrkamp.

Simmel, Georg (1992) [1908]: Der Streit. In: Ders. (Hrsg.): Soziologie. Untersuchungen über die Form der Vergesellschaftung. Frankfurt a. M.: Suhrkamp, S. 284-382.

Strobl, Rainer/Kühnl, Wolfgang (2004): Stimmt die These vom Zusammenhang zwischen kollektivistischen Werten und Gewalt? Theoretische Überlegungen und empirische Analysen am Beispiel von Aussiedlerjugendlichen. In: Heitmeyer, Wilhelm/Soeffner, Hans-Georg (Hrsg.): Gewalt. Frankfurt a. M.: Suhrkamp, S. 293-314.

Thome, Helmut (2004): Theoretische Ansätze zur Erklärung langfristiger Gewaltkriminalität seit Beginn der Neuzeit. In: Heitmeyer, Wilhelm/Soeffner, Hans-Georg (Hrsg.): Gewalt. Frankfurt a. M.: Suhrkamp, S. 315-345.

Tönnies, Ferdinand (1971): Thomas Hobbes Leben und Lehre. Hrsg. von Ilting, Karl-Heinz. Stuttgart: Frommann.

Tönnies, Ferdinand (1991) [1887]: Gemeinschaft und Gesellschaft: Grundbegriffe der reinen Soziologie. Darmstadt: Wissenschaftliche Buchgesellschaft.

Weber, Max (1973) [1916]: Einleitung in die Wirtschaftsethik der Weltreligionen. In: Winkelmann, Johannes F. (Hrsg.): Max Weber: Soziologie – universalgeschichtliche Analysen – Politik. Stuttgart: Kröner, S. 398-440.

Weber, Max (1985) [1921]: Wirtschaft und Gesellschaft. Grundriss der verstehenden Soziologie. Tübingen: J. C. B. Mohr (Paul Siebeck).

Weber, Max (1988) [1922]: Politik als Beruf. In: Winckelmann, Johannes F. (Hrsg.): Gesammelte politische Schriften. Tübingen: J. C. B. Mohr (Paul Siebeck).

Wilke, Jürgen (1996): Status und Medienprominenz. In: Imhof, Kurt/Schulz, Peter (Hrsg.): Politisches Raisonnement in der Informationsgesellschaft. Reihe: Mediensymposium Luzern, Bd. 2. Zürich: Seismo, S. 99-106.
Wimmer, Andreas u.a. (Hrsg.) (2004): Facing Ethnic Conflicts. New York: Rowman & Littlefield.
Zürn, Michael (1994): Neorealistische und realistische Schule. In: Boeckh, Andreas (Hrsg.): Internationale Beziehungen. Lexikon der Politik hrsg. von Dieter Nohlen, Bd. 6. München: Beck, S. 309-322.

4. Historische Diskurse zur Medialisierung der Politik

Thymian Bussemer

Massenmedien, Propaganda, Öffentlichkeit. Eine demokratietheoretische Perspektive

1.

Die Hervorbringung moderner politischer Propaganda im letzten Drittel des 19. Jahrhunderts kann – gleich, ob in Demokratien oder Monarchien – als die wichtigste Antwort der Herrschaftseliten auf die damals einsetzende Medialisierung der öffentlichen Angelegenheiten gesehen werden. Da politische Entscheidungen plötzlich nicht nur öffentlich debattiert, sondern zudem noch dem Kontrollanspruch einer richtenden Öffentlichkeit unterworfen wurden, suchten politisch Handelnde zu dieser Zeit verstärkt nach Mitteln und Wegen, um für ihre Entscheidungen ein möglichst großes Maß an Rückhalt und Legitimation zu erzeugen. Zu beobachten war dabei ein dialektischer Doppelschritt: Dem Informations- und Konsultationsanspruch der Öffentlichkeit wurde so weit wie nötig entsprochen, gleichzeitig begann aber überall die Suche nach Techniken, wie dieser Anspruch möglichst effizient zu unterlaufen war.

Die Grenzen zwischen Aufklärung und Information auf der einen und propagandistischer Manipulation auf der anderen Seite mussten dabei naturgemäß fließend bleiben, da sich im kommunikativen Raisonnement Sachinformation und Beeinflussung nie sauber trennen lassen. Überraschen muss aber, wie bereitwillig auch die Vertreter liberaler und demokratischer politischer Bewegungen bzw. in den damaligen Demokratien die demokratisch gewählten Machthaber eine propagandistisch durchsetzte Beeinflussung der Bevölkerung – exemplarisch zu besichtigen vor allem an den Propagandaapparaten des Ersten Weltkriegs – akzeptierten. Denn damit konterkarierten sie doch ihr eigenes politisches Leitbild einer gleichberechtigten, von unten nach oben verlaufenden Teilhabe aller an den öffentlichen Angelegenheiten.

Zugrunde lag diesem ideengeschichtlichen Transformationsprozess eine bemerkenswerte Veränderung im Demokratie- und Öffentlichkeitsverständnis des liberalen Bürgertums, das zu dieser Zeit in den meisten Ländern Europas den Ton angab: War Demokratie seit der Französischen Revolution ein Regierungsmodell gewesen, welches das ökonomisch einflussreiche Bürgertum normativ gegen die Monarchie in Stellung brachte, da es eine Vergrößerung des eigenen Einflusses versprach, implizierte die Forderung nach Volksherrschaft in der politischen Praxis seit Mitte des 19. Jahrhunderts vor allem stärkere Mitspracherechte für die untersten Schichten der

Gesellschaft. Hinzu kamen erste beunruhigende Spekulationen über die negative Rolle der Massenmedien bei der Mobilisierung politischer Öffentlichkeiten. Entsprechend wurden ab etwa 1850 die bis dato gültigen Demokratiekonzepte (und damit auch die der demokratischen Öffentlichkeit) einer Revision unterzogen. Schon Rousseau, Voltaire und Montesquieu hatten sich pessimistisch gezeigt, ob die von ihnen geforderte Selbstbestimmung mit den real existierenden Menschen zu verwirklichen sei. John Stuart Mill und Alexis de Tocqueville setzten das Thema dann endgültig auf die Tagesordnung, als sie die Möglichkeit diskutierten, dass Menschen an der politischen Willensbildung teilnehmen könnten, die hierzu gar nicht befähigt seien. Mill stellte in seinem Essay „Über Freiheit" fest: „Im Staatsleben klingt es wie ein Gemeinplatz, daß die öffentliche Meinung die Welt regiert. Die einzige Gewalt, die hier noch den Namen verdient, ist die der Massen und der Regierungen, so lange sie sich zum Werkzeuge der Bestrebungen und Neigungen der Massen machen. [...] Und was noch eine bedeutungsvollere Neuerung ist, die Masse schöpft ihre Meinungen gegenwärtig nicht durch Würdenträger der Kirche oder des Staats, aus Führern oder Schriften, die über das Gewöhnliche hervorragen. Für ihre Denkarbeit sorgen Männer von so ziemlich demselben Schlage, die unter dem Antrieb des Augenblicks durch die Zeitungen zu ihnen reden." (Mill 1969 [1859]: 81-82) Und Alexis de Tocqueville kehrte mit der folgenden Beobachtung aus Amerika zurück: „In dem Maße, in dem die Bürger sich einander angleichen und ähnlicher werden, verringert sich bei jedem die Neigung, einem bestimmten Menschen oder einer bestimmten Klasse blindlings Glauben zu schenken. Die Geneigtheit zum Glauben an die Masse nimmt zu, und immer mehr ist es die öffentliche Meinung, die die Welt regiert. [...] Die Öffentlichkeit besitzt also bei den demokratischen Völkern eine einzigartige Macht. Sie überzeugt nicht von ihren Anschauungen, sie zwingt sie auf und prägt sie den Gemütern durch einen gewaltigen geistigen Druck aller auf den Verstand des einzelnen ein. In den Vereinigten Staaten übernimmt die Mehrheit die Aufgabe, dem einzelnen eine Menge fertiger Meinungen vorzusetzen, und enthebt ihn damit der Verpflichtung, sich selbst eine eigene zu bilden." (Tocqueville 1954: 263-264)

In den Jahrzehnten nach der Französischen Revolution, vor allem aber im Zuge der Industrialisierung, geriet so das liberale Leitbild des rational handelnden, individualistischen und utilitaristischen Menschen – die Grundlage aller Demokratietheorien – mehr und mehr in eine ideengeschichtliche Sackgasse. Der zuvor positiv belegte Terminus der öffentlichen Meinung wurde zur Chiffre für eine Form der *Massenherrschaft*, die allgemein abgelehnt wurde.[1] Die Herrschaft der öffentlichen Meinung

1 Vgl. dazu Habermas: „Schon für den Liberalismus der Jahrhundertmitte ein Problem, kommt ‚öffentliche Meinung' im letzten Viertel des 19. Jahrhunderts vollends als eine problematische Größe zu Bewußtsein. In einer Abhandlung über ‚Wesen und Wert der öffentlichen Meinung' aus dem Jahre

erschien nunmehr als Herrschaft der Vielen und Mittelmäßigen, wie Jürgen Habermas rückblickend beobachtet hat: „So beklagt Mill geradezu das ‚Joch der öffentlichen Meinung', die ‚moralischen Zwangsmittel der öffentlichen Meinung'; und sein großes Plädoyer ‚On Liberty' richtet sich bereits gegen die Gewalt der Öffentlichkeit, die bis dahin als Garantie der Vernunft gegen Gewalt überhaupt gegolten hatte. Es zeige sich ‚in der Gesamtheit eine wachsende Neigung, die Gewalt der Gesellschaft durch die Macht der öffentlichen Meinung ins Ungehörige auszudehnen'." (Habermas 1971: 162) Öffentliche Meinung wurde im aufgeklärten Diskurs zunehmend ihrer positiven politischen Funktionszuweisung entkleidet und unter der Hand zur *Massenmeinung* degradiert, die planvoll zu manipulieren als weithin legitim galt. Es ging nun – unter formaler Beibehaltung des Paradigmas des freien Raisonnements als *cornerstone* demokratischer Willensbildung – um die Beherrschung der Massen und die Brechung ihrer Vorherrschaft im Bereich der öffentlichen Meinung. Denn durch die neue Renitenz der Massen sahen sich die Intellektuellen und Bildungsbürger, die gerade fünfzig Jahre vorher im Zuge der Herausbildung des modernen Verwaltungsstaates in politische Einflusspositionen aufgestiegen waren, in ihrer Macht bedroht.[2]

1879 heißt es im Tone spätliberaler Resignation: ‚So ist für die Gegenwart das Neue an Tatsachen und das Bedürfnis der Abwechslung so sehr das Entscheidende geworden, daß die Volksmeinung des festen Haltes an geschichtlicher Überlieferung [...] ebensosehr entbehrt wie jener eigentümlich tatkräftigen Vorarbeit in der Gedankenwerkstätte großer Männer, die an Prinzipien glaubten und ihnen alles zum Opfer brachten. Was vor hundert Jahren nach dem Glauben der Zeitgenossen ein den einzelnen verpflichtendes Prinzip in der Gesellschaft war (die öffentliche Meinung nämlich), ist im Verlauf der Zeit ein Schlagwort geworden, wodurch der bequemen und geistig trägen Menge der Vorwand geboten wird, sich der eigenen Gedankenarbeit zu entziehen.' Schon ein halbes Jahrzehnt vorher [hatte; T.B.] Schäffle die öffentliche Meinung für eine ‚formlose Reaktion der Masse' ausgegeben und als ‚Ausdruck der Ansichten, Werturteile oder Willensneigungen des allgemeinen oder irgendeines speziellen Publikums' definiert. Damit ist der normative Bann, den die Staatstheorie über den Begriff verhängt hatte, gebrochen - öffentliche Meinung wird zum Gegenstand sozialpsychologischer Forschung. Als ‚Massenmeinung' zuerst von Tarde eingehend analysiert, wird sie aus dem Funktionszusammenhang der politischen Institutionen herausgelöst und ihres Charakters als einer ‚öffentlichen' Meinung sofort entkleidet; sie gilt als Produkt eines Kommunikationsprozesses innerhalb von Massen, der weder an Prinzipien öffentlicher Diskussion gebunden noch auf politische Herrschaft bezogen ist" (Habermas 1971: 282-283).

2 Vgl.: „Die obsessive und teilweise paranoide Beschäftigung der Intellektuellen mit der ‚Masse' im späten 19. und frühen 20. Jahrhundert, die sich gleichermaßen in apokalyptischen Szenarien eines hysterischen, gewalttätigen Mobs auf bürgerlich-konservativer Seite wie als pädagogisches Projekt der Massenzähmung und Proletarier-Zivilisierung auf Seite der politischen Linken manifestierte, legt Zeugnis darüber ab, dass das Verhältnis der Intellektuellen zu den ‚Massen' seit der Revolution von 1848 ein fast durchwegs problematisches und mitunter paranoides war" (Musner 2001: 6).

In dieser Situation lag es nahe, den Massen und damit dem demokratischen Mehrheitsprinzip den Führungsanspruch abzuerkennen, indem man ihrem Handeln jegliche Rationalität abstritt, wie es Ortega y Gasset in seinem berühmten „Aufstand der Massen" tat: „In einer guten Ordnung der öffentlichen Angelegenheiten ist die Masse der Teil des Gemeinwesens, der nicht aus sich handelt. Das ist ihre Bestimmung. Sie kam zur Welt, um geführt, beeinflußt, vertreten, gegliedert zu werden – selbst um nicht länger Masse zu bleiben oder wenigstens danach zu streben. Aber es ist ihr nicht gegeben, dies alles aus eigener Kraft zu tun. [...] Erhebt die Masse Anspruch auf selbständiges Handeln, so steht sie gegen ihr eigenes Schicksal auf; da es eben dies ist, was sie jetzt tut, spreche ich von dem Aufstand der Masse. Denn das einzige, was mit Fug und Recht Rebellion genannt werden kann, ist die Auflehnung des Menschen gegen seine Bestimmung, sein Abfall von sich selbst." (Ortega y Gasset 1955 [1930]: 135-136)

Die Antwort auf diese Bedrohung bürgerlicher und monarchistischer Herrschaftsansprüche zeichnete sich Ende des 19. Jahrhundert nur langsam und zunächst sehr undeutlich ab. Die ersten Autoren, die Möglichkeiten aufzeigten, wie die *Masse* – denn dieser Begriff setzte sich als ubiquitäre Sammelbezeichnung sowohl für die Arbeiterbewegung wie überhaupt für die Einfluss verlangenden niederen Stände durch – zu disziplinieren sei, waren der französische Arzt und Sozialpsychologe Gustave Le Bon und sein Freund Gabriel Tarde. Sie beschrieben nicht nur in einem Ton höchster Dringlichkeit die von der Masse ausgehenden Gefahren, sondern zeigten auch Mittel und Wege auf, wie dieser zu begegnen sei. Gerade Le Bon gelang es, dabei einen Ton zu finden, der das bürgerliche Publikum aufhorchen ließ:[3] „Vor kaum einem Jahrhundert bestanden die Haupttriebkräfte der Ereignisse in der überlieferten Politik der Staaten und dem Wettstreit der Fürsten. Die Meinung der Massen galt in den meisten Fällen gar nichts. Heute gelten die politischen Überlieferungen, die persönlichen Bestrebungen der Herrscher und deren Wettstreit nur noch wenig. Die Stimme des Volkes hat das Übergewicht erlangt. Sie schreibt den Königen ihr Verhalten vor. In der Seele der Massen, nicht mehr in den Fürstenberatungen, bereiten sich die Schicksale der Völker vor. Der Eintritt der Volksklassen in das politische Leben, ihre fortschreitende Umwandlung zu führenden Klassen, ist eines der hervorstechendsten Kennzeichen unsrer Übergangszeit." (Le Bon 1982 [1895]: 3)

3 Le Bons „Psychologie des foules" (1895) wurde erst 1908 ins Deutsche übersetzt. Das Buch wurde aber in Deutschland vereinzelt schon vor dem Erscheinen der deutschen Ausgabe rezipiert, zum Beispiel durch Georg Simmel, der es schon im Erscheinungsjahr rezensierte (In: Die Zeit, 5. Jg., 1895, Nr. 60, S. 119-120) oder in der Heidelberger Dissertation von Robert Ezra Park von 1904.

Le Bon, dessen Denken stark durch das Erlebnis der Pariser Kommune von 1871 beeinflusst war, legte auch dar, wodurch das neue Selbstbewusstsein der Massen ausgelöst wurde: Durch die Selbstorganisation der Arbeiterschaft und das Fortschreiten des Sozialismus sei die bürgerliche Welt in ihrer Substanz bedroht: „Die Vereinigung ermöglichte es den Massen, sich, wenn auch nicht sehr richtige, so doch wenigstens ganz bestimmte Ideen von ihren Interessen zu bilden und das Bewußtsein ihrer Kraft zu erlangen. Sie gründen Syndikate, denen sich alle Machthaber unterwerfen, Arbeitsbörsen, die allen Wirtschaftsgesetzen zum Trotz die Bedingungen der Arbeit und des Lohnes zu regeln suchen. Sie entsenden in die Parlamente Abgeordnete, denen aller Unternehmungsgeist, alle Selbständigkeit fehlt, und die oft nur zu Wortführern der Ausschüsse, die sie gewählt hatten, herabgewürdigt wurden. Heute werden die Forderungen der Massen nach und nach immer deutlicher und laufen auf nichts Geringeres hinaus als auf den gänzlichen Umsturz der gegenwärtigen Gesellschaft, um sie jenem primitiven Kommunismus zuzuführen, der vor dem Beginn der Kultur der normale Zustand aller menschlichen Gemeinschaft war. Begrenzung der Arbeitszeit, Enteignung von Bergwerken, Eisenbahnen, Fabriken und Boden, gleiche Verteilung aller Produkte, Abschaffung aller oberen Klassen zugunsten der Volksklassen usw. – das sind ihre Forderungen.“ (Le Bon 1982 [1895]: 3-4)

In Le Bons „Psychologie der Massen“ zeichnete sich das Rezipientenbild und Medienwirkungsverständnis der frühen Propagandatheorien schon deutlich ab: „Die Massen kennen nur einfache und übertriebene Gefühle. Meinungen, Ideen, Glaubenssätze, die man ihnen einflößt, werden daher nur in Bausch und Bogen von ihnen angenommen oder verworfen und als unbedingte Wahrheiten oder ebenso unbedingte Irrtümer betrachtet. So geht es stets mit Überzeugungen, die auf dem Wege der Beeinflussung, nicht durch Nachdenken erworben wurden.“ (Le Bon 1982 [1895]: 33)

Insofern waren mit der „Psychologie der Massen“ nicht nur alle Fragen angeschnitten, die im Geheimen das aufgeklärte Bürgertum bewegt hatten. Plötzlich stand der in die Defensive gedrängten Bourgeoisie auch eine für ihre Zwecke maßgeschneiderte Neufassung von Machiavellis „Principe“ zur Verfügung. Denn Le Bon beschränkte sich nicht auf die Analyse von *Massenvorgängen*, sondern bemühte sich auch um praktische Handlungsanleitungen für das politische Tagesgeschäft: „Die Kenntnis der Psychologie der Massen ist heute das letzte Hilfsmittel für den Staatsmann, der diese nicht etwa beherrschen – das ist zu schwierig geworden –, aber wenigstens nicht allzusehr von ihnen beherrscht werden will. Die Massenpsychologie zeigt, wie außerordentlich wenig Einfluß Gesetze und Einrichtungen auf die ursprüngliche Natur der Massen haben und wie unfähig diese sind, Meinungen zu haben außer jenen, die ihnen eingeflößt wurden; Regeln, welche auf rein begrifflichem Ermessen beruhen, vermögen sie nicht zu leiten. Nur die Eindrücke, die man in ihre Seele pflanzt, können sie verführen.“ (Le Bon 1982 [1895]: 6)

Damit war ein Programm umrissen, das für die nächsten fünfzig Jahre den Grundstein propagandistischen Denkens bilden sollte. Denn in Le Bons Arbeit finden sich erstmals Züge des später so mächtig werdenden Gedankens, dass diejenigen, denen es gelingt, kollektive Phantasien, Bilder und Images zu kreieren und in Umlauf zu bringen, auch diejenigen sein werden, die das kollektive Bewusstsein kontrollieren können. Serge Moscovici spricht von drei Elementen, die „in der Massenpsychologie so gut wie invariant bleiben werden: Zuerst die Macht der Idee, von der alles abhängt, dann der unmittelbare Übergang vom Bild zur Handlung und schließlich die Vermengung von erlebter und suggerierter Wirklichkeit“ (Moscovici 1984: 115). Die Herrschaft über die propagandistisch aufgeladenen Bilder fällt im Denken der Massenpsychologen einem Führer zu, der mittels charismatischer Herrschaft die Massen bändigen kann.

Die Rolle der Medien in diesem Konstrukt charakterisierte bald darauf der französische Kriminologe und Sozialpsychologe Gabriel Tarde[4] in seinem 1901 erschienenen Buch „L'opinion et la foule“, in dem er die moderne Massenpresse zum Motor sozialer Kohäsion erklärte: Nicht mehr der dörfliche Marktplatz mit seiner unmittelbaren physischen Interaktion bilde das Band, das die Menschen zusammenhalte, sondern die Zeitungen. Dadurch, dass die reale Verbundenheit der Menschen untereinander durch eine mediale ersetzt werde, gestalteten sich, so Tarde, die interindividuellen Beziehungen der Menschen zunehmend symbolisch. Gleichzeitig sei durch die enorm gewachsene Reichweite der Medien ein Trend zu geistiger Homogenisierung zu erkennen. Folgt man Tardes Analyse, korrespondiert jeder Typ der Kommunikation mit einer spezifischen Form der Soziabilität: Während die interpersonale Kommunikation über öffentliche Ereignisse einem frühen Stadium der Massengesellschaft entsprach, steht die moderne Massenpresse für einen Gesellschaftstyp, in dem nicht mehr reale Massenzusammenballungen dominieren, sondern die einzelnen Gesellschaftsmitglieder von den Medien auch isoliert erreicht werden können. An ihrer Zugehörigkeit zur Masse ändert dies freilich nichts: Sie sind atomisiert, geistig verunsichert und von außen lenkbar – nur dass für letzteres nun nicht mehr Volkstribunen, sondern Publizisten oder Propagandisten zuständig sind.

Auf die Idee, den Begriff der Propaganda, der zu diesem Zeitpunkt schon hundert Jahre lang für die politische Meinungswerbung verwendet wurde (und der zu dieser Zeit auch in die Geschäftssprache als Synonym für Reklame Eingang fand), kamen LeBon und Tarde allerdings nicht.

4 Bereits Tardes 1890 erschienenes Werk „Les lois de l'imitation“ bildete einen wichtigen Grundstein für Le Bons späteres Buch, da Tarde dort den Gedanken entwickelte, dass gesellschaftliches Leben auf die Tatbestände von Erfindung und Nachahmung reduziert werden könne.

2.

Zum Universalbegriff wurde Propaganda erst mit dem Ersten Weltkrieg. Hier fand sie als kommunikative Technik in allen kriegführenden Staaten extensiv Anwendung und ging in das breite Bewusstsein der Gesellschaften ein (vgl. Daniel 1983; vgl. Verhey 1999), hier liegen auch die Wurzeln für ihre extensive wissenschaftliche Bearbeitung in der Nachkriegszeit.

Die Literatur hat bislang übersehen, dass Propaganda im Umfeld des Ersten Weltkriegs nicht nur als herausragende politisch-militärische Technik ihr Debüt feierte, sondern unter den Bedingungen des Krieges zu einem von Eliten allseits geschätzten Instrument der gesamtgesellschaftlichen Lenkung heranwuchs. Um diesen Wandel zu verstehen, muss man sich vor Augen halten, dass der Erste Weltkrieg kein Kabinettskrieg nach dem Muster des 19. Jahrhunderts mehr war, sondern ein industrieller Krieg, der die beteiligten Hauptakteure physisch und psychisch bis an die Grenzen des Erträglichen auslaugte. Extrem belastet waren nicht mehr nur die Soldaten im Feld – und dies waren auf die Gesamtbevölkerung gerechnet weit mehr als in vorhergehenden Kriegen –, sondern auch die Rüstungsarbeiterinnen und -arbeiter in den Fabriken sowie die so genannte Heimatfront. Ein solcher Krieg war nur noch durch die Einbeziehung und Indienstnahme aller gesellschaftlichen Gruppen und Schichten führbar. Im Kern ging es nämlich in diesem Krieg um die Mobilisierung ganzer Gesellschaften für die Kriegsanstrengungen und um die Stabilisierung des Durchhaltewillens ganzer Nationen in einem langen und alle beteiligten Länder bis zur Grenze des Erträglichen belastenden Ringen. Deutlich wird dies etwa in den zurückblickenden Schriften des Feldmarschalls Erich Ludendorff, der ab 1916 zusammen mit Paul von Hindenburg Chef der Obersten Heeresleitung war: „Die Abhängigkeit der Wehrmacht vom Volke und namentlich von seiner seelischen Geschlossenheit wird in Zukunft gewiß nicht geringer, sondern noch erheblich größer sein, wenn es möglich wäre, als es schon im Weltkriege 1914/18 der Fall war. Wie damals die Feindmächte mit nur zu großer Folgerichtigkeit danach strebten, die seelische Geschlossenheit des Deutschen Volkes zu zerstören, so wird dies in Zukunft ganz allgemein neben der Vernichtung der feindlichen Streitmächte das Ziel feindlicher Kriegsführung sein. In meinen Kriegserinnerungen schrieb ich gleich nach dem Weltkriege: ‚Sollte Deutschland dies mächtige Kriegsmittel (den Kampf gegen die feindlichen Heimatfronten) nicht gebrauchen, daß es täglich am eigenen Leibe spürte? Sollte an dem Seelenzustande der feindlichen Völker nicht ebenso gerüttelt werden, wie es der Feind bei uns leider so erfolgreich tat?‘“[5] (Ludendorff 1988: 9)

---

5 Weiter schrieb Ludendorff: „Totale Kriegsführung und totale Politik haben natürlich nicht nur einer Gefährdung der Geschlossenheit des Volkes vorzubeugen. Sie haben diese mit den ihnen z.B. in Presse, Radiomeldungen, Film und sonstigen Veröffentlichungen aller Art zur Verfügung stehenden Mitteln zu

Hier ging es also nicht um Propaganda mit der Absicht der Einwirkungen auf den Feind, sondern um eine soziologische Grundtechnik, die den modernen Volkskrieg von seinen strukturellen Voraussetzungen her überhaupt erst führbar machen sollte. Am deutlichsten erkannt hatte dies diejenige Macht, die als letzte in den Krieg eintrat, die Vereinigten Staaten von Amerika. Die USA schufen zeitgleich mit ihrem Kriegseintritt das „Committee on Public Information (CPI)", das unter seinem Leiter George Creel mit der Übertragung von Werbe- und PR-Techniken in den Bereich politischer Propaganda so erfolgreich war, dass man die vom CPI erzeugte Gleichschaltung der amerikanischen Willensbildung auch Jahrzehnte später noch als Teufelswerk betrachtete (vgl. Scholz 1967; vgl. Jackall/Hirota 1995).

Doch auch in Deutschland markierte der Erste Weltkrieg den Übergang zu einer offensiven Beeinflussung der Öffentlichkeit durch die Obrigkeit, der die alte Ignoranz der Ministerialbürokratie und der Staatssekretäre gegenüber einer öffentlichen Begründung ihrer Politik ablöste. Anne Schmidt (2006) hat in ihrer Studie über den Wandel amtlicher Kommunikationspolitik in Deutschland während des Ersten Weltkriegs gezeigt, dass auch die deutsche Propaganda – anknüpfend an schon vor dem Krieg geführte Diskussionen über „auswärtige Kulturpropaganda" – nach innen wie außen von einer traditionell-gouvernmentalen zu einer proaktiven, emotionalisierenden und sich moderner Methoden bedienenden Informationspolitik überging. Dies geschah unter dem Einfluss heftiger Binnenkonflikte: während „Traditionalisten" befürchteten, eine stärkere Einbeziehung der Öffentlichkeit sei auch nach Kriegsende nicht wieder rückgängig zu machen und die entsprechend Propaganda als eine typische Methode westlicher Massengesellschaften brandmarkten,[6] beharrten „Modernisten" in Heeresleitung und Bürokratie darauf, dass der Krieg nur durch die aktive Beeinflussung der Öffentlichkeit zu gewinnen sei, weshalb sich auch der Staat ohne Rücksicht auf seine Würde der modernsten Methoden der Geschäftspropaganda bedienen müsse. Die Gründung des Kriegspresseamts am 14. Oktober 1915 bedeutete einen ersten Teilsieg der Modernisten, die Entstehung der Universum Film AG (Ufa) Ende 1917 als public-private-partnership unter unmittelbarer Beteiligung des Militärs zählte

erhalten. In ihren bezüglichen Maßnahmen wird die Politik nur dann das Richtige treffen können, wenn sie die Gesetze der menschlichen Seele und der Volksseele kennt und sorgsam beachtet. Das Starkhalten der seelischen Kraft des Volkes ist nicht sozusagen auf mechanischem Wege zu erreichen, es muß selbst seelenvoll gestaltet sein" (Ludendorff 1988: 26).

6 Als typisch kann hier die Position des Aufklärungsoffiziers im Stab des XI. Armeekorps, Major Seebohm, gelten, der anlässlich einer Tagung der Leiter des Vaterländischen Unterrichts im Kriegspresseamt im März 1918 erklärte: „Wir sind von dem Grundsatz ausgegangen, daß wir uns während des Krieges nicht zu Engländern, nicht zu Amerikanern machen sollen, daß wir in deutscher Art die Aufklärung zu betreiben haben und nicht in den Vordergrund schieben dürfen den ganzen Dschingdera mit Kinolügen und Plakatübertreibungen und sonstigen Geschichten" (Schmidt 2006: 182).

zu ihren größten Erfolgen. Ab 1916 wurde vor allem die Werbung für die Kriegsanleihen im Sinne modernistischer Anschauungen gestaltet. Diese wiesen – ganz im Einklang mit den Vorstellungen von Politikern wie Matthias Erzberger[7] – „deutlich Bezüge zur zeitgenössischen Massenpsychologie auf" (Schmidt 2006: 118).

So markierte der Erste Weltkrieg auch in Deutschland den Übergang zu einem moderneren Verständnis des kommunikativen Verhältnisses von Staat und Volk, das sich freilich wieder durch den bereits beschriebenen Doppelcharakter auszeichnete: An die Stelle kommuniquéhafter Bekanntmachungen trat mehr und mehr eine aktive Beeinflussung der Öffentlichkeit, deren Ausgestaltung sich textlich, konzeptionell und visuell an der Massenpsychologie orientierte. Die zunehmende Medialisierung erzwang von den Herrschenden eine proaktive Kommunikation gegenüber den Beherrschten, diese wurde aber von vorneherein als Beeinflussungskommunikation ausgelegt.

3.

Systematisiert wurden diese Einsichten freilich erst nach dem Krieg. Am scharfsinnigsten tat dies Walter Lippmann[8] in seinen Büchern „Public Opinion" von 1922 und „The Phantom Public" von 1925. Vor allem „Public Opinion" gilt heute noch als bahnbrechende Arbeit, weil sie die Manipulierbarkeit der öffentlichen Meinung in die politische Theorie einführte. Zwar sei bekannt, so Lippmanns Argumentation, dass der Durchschnittsmensch rationale Entscheidungen fällen konnte, wenn man ihm die Fakten präsentierte. Was aber, wenn der Zugang zu diesen Fakten durch Propaganda blockiert sei? „I have started to write a longish article around the general idea that freedom of thought and speech present themselves in a new light and raise new problems because of the discovery that opinion can be manufactured," schrieb Lippmann 1920 an Ellery Sedgwick, den Chefredakteur der Zeitschrift „Atlantic". „The idea has come to me gradually as a result of certain experiences with the official propaganda machine, and my hope is to attempt a restatement of the problem of freedom of thought as it presents itself in modern society under modern conditions of government and with a modern knowledge of how to manipulate the human mind"[9] (Steel 1980: 171).

7 Der Zentrumspolitiker Matthias Erzberger, der bei der Modernisierung der staatlichen Propaganda im Ersten Weltkrieg eine herausragende Rolle spielte, hat ein Jahr vor seiner Ermordung 1921 in einem Buch noch ausführlich Auskunft über seine Propagandatätigkeit gegeben (vgl. Erzberger 1920).

8 Folgt man Everett M. Rogers, war Lippmann „the most influential single writer about the role of the mass media in shaping public opinion, setting off the research tradition on the agenda-setting process that flourishes today. Walter Lippmann is undoubtedly the most influential nonacademic intellectual influence on communication study" (Rogers 1994: 233).

9 Aus dem Artikel wurde dann das Buch „Liberty and the News", eine Vorstudie zu „Public Opinion".

In „Liberty and the News“, der 1920 erschienenen, ersten Arbeit Lippmanns zu Problemen von Presse und Propaganda, fand er noch eine einfache Antwort auf das Propaganda-Problem der modernen Gesellschaft. Es sei Aufgabe des Staates, dafür zu sorgen, dass die Presse wahrheitsgetreu und neutral berichte. Strengere professionelle Standards der Medien müssten den Strom der Fakten reinhalten, „which feed the rivers of opinion“. „The task of liberty, therefore, falls roughly under three heads, protection of the sources of the news, organization of the news so as to make it comprehensible, and education of human response“ (Lippmann 1995 [1920]: 65).

Zwei Jahre später, in „Public Opinion“, war Lippmann dann zu dem Schluss gekommen, dass eine objektive Information des Publikums nicht allein durch medienpolitische Maßnahmen sicher zu stellen sei. Denn das eigentliche Problem bestehe darin, dass die Menschen die Welt nur verzerrt perzipieren könnten, da sie ihr nicht direkt gegenüber träten, sondern sie vermittelt durch eine Pseudo-Umwelt (*pseudo-environment*) wahrnähmen. Weil die wahre Welt zu komplex sei, um sie wirklich zu begreifen, würden die Menschen die ihnen begegnenden Außenreize mithife eines kognitiven Instrumentariums bewältigen, das die Aufnahme und Verarbeitung der Reize nach festgefügten Regeln steuere. Dies reduziere die Umweltkomplexität, habe aber automatisch Vereinfachungen und Verzerrungen zur Folge (vgl. Lippmann 1922: 15-16). Zudem sei es möglich, dass das die Wahrnehmung leitende *pseudo-environment* der Menschen durch Propaganda manipuliert werde, etwa dadurch, dass die Images von bestimmten Ereignissen entgegen der Wirklichkeit inszeniert würden oder durch die Beeinflussung der Regeln, nach denen das *pseudo-environment* arbeitet. Propaganda fungiere dann als eine Art „barrier between the public and the event“ (Lippmann 1922: 43). Das aufklärerische Ideal einer Gesellschaft, in der jeder Mensch konkrete Erfahrungen mit der ihn umgebenden Welt hat, entpuppte sich laut Lippmann unter diesen Bedingungen als pure Schimäre. Selbst wenn die Massen Zugang zu den Fakten hätten, könnten sie keine durchdachten Meinungen entwickeln, da ihre Sicht der Welt eben nicht auf Fakten, sondern auf Bildern in ihren Köpfen beruhe. „For the most part we do not first see, and then define. We define first and then see. In the great blooming, buzzing confusion of the outer world we pick out what our culture has already defined for us, and we tend to perceive that which we have picked out in the form stereotyped for us by our culture“ (Lippmann 1922: 81), schrieb Lippmann in seiner berühmten Stereotypen-Definition, welche die wichtigste Passage des Buches bildet. „We imagine most things before we experience them. And these preconceptions, unless education has made us acutely aware, govern deeply the whole process of perception […] They are aroused by small signs […] Aroused, they flood fresh vision with older images and project into the world what has been resurrected in memory“ (Lippmann 1922: 90). Diese Disposition des Menschen öffne der Manipulation Tür und Tor, sei Propaganda doch nichts anderes als „effort to alter the picture to which men respond, to substitute one social pattern for another" (Lippmann 1922: 26). Der Schlüssel zu diesem Verständnis menschlicher Perzeptionsschemata liegt in Lippmanns CPI-Erfahrungen. Dort hatte er gelernt, welche große Macht Bilder und griffige Visualisierungen ausüben konnten. Daraus zog Lippmann den Schluss, dass Erinnerung grundsätzlich durch das Abrufen von gespeicherten Bildern funktioniere. Dabei sei deren Eindringlichkeit für das menschliche Gehirn das primäre Ordnungskriterium, ihr Wahrheitsgehalt dagegen sekundär. Die modernen Medien – allen voran das Kino – könnten in den Köpfen der Leute mit Leichtigkeit Pseudo-Umwelten konstruieren, die dann politischer und kommerzieller Propaganda als Einfallstor diene. In „Public Opinion" schob Lippmann diese beunruhigenden Gedanken noch gewaltsam beiseite. Am Ende des Buches schrieb er – in einer Beschwörung der rationalen Kräfte, die, einmal geweckt, der öffentlichen Meinung innewohnen könnten: „[I]t is necessary to live as if good will would work. We cannot prove in every instance that it will, nor why hatred, intolerance, suspicion, bigotry, secrecy, fear, and lying are the seven deadly sins against public opinion. We can only insist that they have no place in the appeal to reason, that in the longer run they are a poison." (Lippmann 1922: 417)

Drei Jahre später jedoch sah sich Lippmann zur Revision seines Optimismus gezwungen. Ganz zufrieden war er mit dem Ende von „Public Opinion" wohl nie gewesen. „I have written and then thrown away several endings to this book", gestand er seinen Lesern im letzten Kapitel des Buches (Lippmann 1922: 411). In der Folgezeit ließ ihn die Intensivierung von Public Relations, Werbung und Propaganda die Zukunft immer düsterer sehen. Im Sommer 1924 zog sich Lippmann zurück, um „The Phantom Public" zu schreiben, das er als Fortsetzung von „Public Opinion" verstand. In diesem Buch ist vom Glauben an die Befähigung des Publikums zum rationalen Diskurs kaum mehr etwas zu spüren, ganz gleich wie viele Informationen die Presse ihm zur Verfügung stellt. „If the voter cannot grasp the details of the problems of the day because he has not the time, the interest or the knowledge, he will not have a better public opinion because he is asked to express his opinion more often" (Lippmann 1925: 36-37). Die liberalen Vorstellungen vom Publikum seien ein reines Phantom. Die Lösung des Problems der öffentlichen Meinung bestehe nicht in mehr Demokratie, wie die Liberalen meinten, sondern in einer konsequenten Beschränkung der Macht der Masse. Das Management öffentlicher Angelegenheiten müsse in Zukunft von einer „spezialisierten Klasse" übernommen werden. Die Aufgabe von Demokratie bestehe nicht in universeller Einbeziehung, sondern in sozialer Kontrolle: „The justification for majority rule in politics is not to be found in its ethical superiority. It is to be found in the sheer necessity of finding a place in civilized society which resides in the weight of numbers. [...] An election based on the principle of majority rule is historically and practically a sublimated and denatured civil war" (Lippmann 1925: 58).

In seiner Perzeption der amerikanischen Wählerschaft hatte sich Lippmann endgültig für das Bild des irrationalen Publikums entschieden. „We must assume that a public is inexpert in its curiosity, intermittent, that it discerns only gross distinctions, is slow to be aroused and quickly diverted; that, since it acts by aligning itself, it personalizes whatever it considers, and is interested only when events have been melodramatized as a conflict. The public will arrive in the middle of the third act and will leave before the last curtain, having stayed just long enough perhaps to decide who is the hero and who the villain of the piece" (Lippmann 1925: 65).

Die amerikanische Tradition, „to treat public opinion as enlightened discussion, rather than as the European intellectuals' concern about the ‚rise of the masses'" (Jowett/O'Donnell 1992: 84), fand damit ein vorläufiges Ende. Lippmann hatte sehr klar erkannt, dass sich seit der Gründung der Vereinigten Staaten die Gesellschaftsstruktur und damit auch die Öffentlichkeit erheblich verändert hatte – und wurde so zu einem der ersten Autoren, die das Problem des Regierens in einer medialisierten Gesellschaft beschrieben. Über die Medien war die Nation zu einem einheitlichen Diskursraum zusammengewachsen und nun mussten die dort geführten Diskurse organisiert werden. Doch bei der Antwort auf die Frage, wie sich der Übergang von der *great society* zur *great community* gestalten ließe, fand auch Lippmann keine demokratiekompatible Antwort. Aus der Erkenntnis, dass man die öffentlichen Angelegenheiten nicht gänzlich frei und ungesteuert im öffentlichen Diskurs flottieren lassen könne, leitete Lippmann die Forderung nach einer Expertenherrschaft ab, in der der Masse nur noch die Rolle der affirmativen Akklamation zufiel.

4.

Immerhin hatte Lippmann die Problemagenda richtig erkannt. Nachfolgende Autoren näherten sich dem Propagandaproblem wie akribische Erbsenzähler in einer unaufgeräumten Großküche. Die beiden Pioniere der empirischen Propagandaforschung, Paul Felix Lazarsfeld und Harold D. Lasswell, betrieben in den 1930er und 1940er Jahren in den USA eine höchst kleinteilige Form der Propagandaanalyse, in der einzelne Kommunikate mathematisch codiert und nach immer wieder neuen Formeln berechnet wurden, während ihr demokratisch gewählter Präsident Franklin D. Roosevelt im Rahmen seines New Deal Propaganda gezielt als Mittel der Gesellschaftsformierung benutzte. Wolfgang Schivelbusch (2005) hat in seiner Studie über Faschismus, Nationalsozialismus und New Deal eindrucksvoll gezeigt, wie stark auch Roosevelts New Deal eine Propagandabewegung war, welche die Krise der amerikanischen Gesellschaft vor allem durch kollektive Willensanstrengungen überwinden wollte. Dazu wurde der vorhandene Propagandaapparat immens ausgebaut. Mitte der 1930er Jahre beschäftigte das Landwirtschaftsministerium 73 Pressesprecher, die Federal Housing Agency 23 und das Social Security Board 21 (vgl. Schivelbusch 2005: 74).

Ähnliches galt für Deutschland, wo das „Goebbels-Experiment" ein ganzes Volk zu einem neuen Menschentyp heranziehen wollte, während die deutsche Zeitungswissenschaft erbittert darüber stritt, ob auch das Radio in den Gegenstandsbereich der Propagandaanalyse falle.

Propaganda wurde in beiden Fällen in so kleine Teileinheiten zerlegt, dass die damit Befassten gar nicht mehr verstanden, dass sie in Wahrheit in einem Meer von Propaganda schwammen. Bereitwillig beteiligten sich Kommunikationsforscher an der Ausarbeitung von gesellschaftlich applizierbaren Programmen, welche das Verhalten der Menschen in Fragen der politischen Einstellungen, aber auch des privaten Konsums und des individuellen Lebensstils lenken sollten. Ein Problembewusstsein, dass derartige Methoden der Gesellschaftssteuerung im Widerspruch zum Prinzip der demokratischen Selbstbestimmung stehen könnten, entwickelten sie nicht.

5.

Die Gegenbewegung auf diese Indienstnahme der Sozialwissenschaft für die propagandistisch hinterlegte Gesellschaftssteuerung erfolgte in den 1960er Jahren unter dem Vorzeichen der neomarxistisch inspirierten Ideologiekritik. Franz Dröge, zu dieser Zeit ein einflussreicher Professor der Kommunikationswissenschaft in Bremen, schrieb 1972: „Kommunikation im Kapitalismus ist in ihrer gesellschaftlichen Abhängigkeit nur mit der von Marx angewendeten und in ihrer rationellen Gestalt ausgearbeiteten dialektischen Methode zu analysieren." (Dröge 1972: 25) Quasi über Nacht hielten Begriffe wie „falsches Bewusstsein", „Gehirnwäsche" und „psychische Gleichschaltung" auch in die Kommunikationswissenschaft Einzug. Andere, wie „Suggestion" und „Verführung", erlebten eine Renaissance. „Die Sozialtheorie verfiel [...] einer einseitig-kritischen, apodiktischen Sichtweise des Phänomens: Massenmedien dienten der *Manipulation* der Öffentlichkeit. Diese Auffassung wurde nicht als Hypothese vorgebracht, um empirisch geprüft zu werden, sondern sie wurde als Pauschalverdacht unterstellt, der in seiner offensichtlichen Begründetheit nicht weiter bewiesen werden musste" (Wenzel 2001: 28). Zu Recht spricht J. Michael Sproule (1991) von einem „return of ideology in propaganda critique": „Just as World War I brought about an overlapping of popular and academic progressive critique, so too did post-Vietnam and post-Watergate attitudes draw forth a response from academicians. In the field of mass media, the result was to confound the dominant paradigm of communication research, with its value-free premises springing from a vision of ideological consensus. Following the pattern of the 1930s, the new wave of critical propaganda studies began to take as its major point of departure the ideological construction and coloring of news." (Sproule 1991: 231)

Das zentrale Kennzeichen dieser neuen Forschungsrichtung war, dass sie Propaganda als integrales Moment bürokratischer Herrschaft empfand,[10] deren Funktion vor allem darin bestand, Techniken zur sozialen Anpassung des Individuums an die Erfordernisse der modernen Gesellschaft bereitzustellen. So heißt es in einem klassischen Text von Robins, Webster und Pickering (1987): „Our argument is that propaganda, far from being a process of ad hoc information manipulation, has become transmogrified into the increasingly systemic and integrated machinery of global information control. […] The scientific management of information resources – contemporaneous with the scientific management of the factory – was the crucial mechanism for assuring the organizational coherence of the nation-state […]. And the governance of this great society demanded the development of a systematic and coordinated management of public opinion. It was in this […] period that the apparatus of ‚mind management' took shape. It was at this time that the information industries – mass communication, advertising, public relations, opinion polling, market research – took shape, and propaganda became the ‚scientific' and systematic engineering of consent." (Robins/Webster/Pickering 1987: 13)

In der Folge dieser Umorientierung, die aus linken Diskussionszirkeln kommend mehr und mehr in die wissenschaftliche *mainstream*-Literatur überschwappte, erschienen auch in Deutschland unzählige Titel wie „Mechanismen der Manipulation" (Schapitz 1970) oder „Manipulation. Kommunikationspsychologische Untersuchung mit Beispielen aus Zeitungen des Springer-Konzerns" (Arens 1971). Hans Magnus Enzensberger schrieb schon 1970: „Die Neue Linke der sechziger Jahre hat die Entwicklung der Medien auf einen einzigen Begriff gebracht: den der Manipulation." (Enzensberger 1997: 102) Dieser Befund wird schon durch eine oberflächliche Sichtung der Literatur gedeckt. Aus einem 1964 erschienenen Buch aus Rowohlts damals einflussreicher Reihe „rororo aktuell": „Aus den Erkenntnissen der Tiefenpsychologie abgeleitete Techniken, die sich in der Wirtschaftswerbung bewährten, werden heute auch von politischer Herrschaft benutzt, um große Menschenmassen planvoll zu manipulieren. Ob es sich um die Durchsetzung eines Markenartikels oder einer politischen Linie handelt: der kalkulierte Appell an das Unbewußte, die rationale Ausnutzung psychischer Dispositionen geht einher mit einer ständigen Verringerung von Sachinformationen. Manipulation der öffentlichen Meinung wird hier wie dort als angewandte Wissenschaft betrieben" (Schoenberner 1964: 62).

10 Vgl. hierzu die viel zitierte Studie von Altheide/Johnson 1980.

Irgendwann verschwand aber auch dieser Diskursstrang wieder, ohne allzu bleibende Lasten für den unter der Hand praktizierten Propaganda-Kodex zu hinterlassen. Einzig das Buch „Propagandes“ von Jacques Ellul (1962), das einen universellen Verblendungszusammenhang des in Propaganda befangenen Menschen in den *constraints* der technologischen Gesellschaft beschreibt, wird heute noch rezipiert.

6.

Während in den 1960er und 1970er Jahren in der wissenschaftlichen Literatur eine Form der Propagandaanalyse dominierte, die alle Gesellschaften, gleich ob sozialistisch oder kapitalistisch, als geradezu propagandadurchtränkt betrachtete, wird heute der Propagandaeinfluss auf den öffentlichen Diskurs von der Forschung als nicht besonders hoch bewertet oder – dies ist vielleicht präziser formuliert – als Grundton der öffentlichen Diskussion für normal genommen und stillschweigend akzeptiert. Die Artikulierung von Sonderinteressen mittels persuasiver Kommunikation wird in den pluralistisch-demokratischen Gegenwartsgesellschaften von der Forschung in der Regel als legitim und als „ein funktionales Äquivalent oder als ein Residuum des ursprünglichen Jedermannrechts auf öffentliche Kommunikation“ verstanden. Die einzelnen Partikularinteressen sollen in ihrer Gesamtheit dazu beitragen, einen „gesamtgesellschaftlichen Wert [...], nämlich den Marktplatz der Ideen und Argumente herzustellen“ (Donsbach 1997: 11-13).

Diese Interpretation kann kritisch hinterfragt werden, denn gerade die voll ausgebildete Mediengesellschaft des frühen 21. Jahrhunderts zeigt deutliche Symptome eines durch Einflussgruppen überhitzten öffentlichen Diskurses. Auszumachen ist allerdings weniger eine Überdehnung des öffentlichen Raisonnements durch Interessengruppen als vielmehr eine nunmehr perfekte Symbiose aus Politik und Medien, die zunehmend nur noch füreinander agieren und aufeinander bezogen sind. Nicht mehr Einfluss ist das höchste Gut der durchmedialisierten Gesellschaft, sondern Aufmerksamkeit. Die Folgen sind beunruhigend. Politik und Medien agieren im trauten Einklang immer kampagnenhafter, die öffentliche Agenda wird immer schneller durch immer neue Themen, die vermeintlich unmittelbaren Handlungsdruck ausüben, umgewälzt. In diesen überhitzten Themen- und Meinungskreislauf induzieren einzelne Akteure geschickt partiale Anliegen, die im politischen Prozess, der insgesamt durch einen immer höheren akuten Problemlösungsdruck geprägt ist, dann in Aktionsprogramme umgesetzt werden. Politik erscheint unter den Bedingungen der beschleunigten Mediengesellschaft mitunter wie ein selbstbezüglicher Kreislauf, in dem Medien Themen aufbauen, Politiker verschiedener Couleur sich für eine Weile im Kielwasser der öffentlichen Erregung mit möglichst radikalen Lösungsvorschlägen überbieten und am Ende entweder ein neues bürokratisches Monstrum geschaffen oder neuerliche Freiheitsbeschränkungen durchgesetzt haben. Die Regierten sehen es und wenden sich ab – um fortan noch intensiver mit Propaganda umworben zu werden.

Denn Propaganda – verstanden als politische Kommunikation in persuasiver Absicht – prägt letztlich den öffentlichen Diskurs, da fast alle Botschaften von politisch Handelnden als Einflusskommunikation gewertet werden können. Der Status von Propaganda innerhalb der Demokratie blieb dabei stets unbestimmt, was ganz offensichtlich gewollt war und ist. Denn so sehr von oben betriebene Propaganda dem demokratiepolitischen Postulat der freien und ungehinderten bottom-up-Willensbildung widerspricht, so sehr gibt es doch ein Bewusstsein dafür, dass sich moderne Gesellschaften ohne kommunikative Anleitung kaum noch steuern lassen. In welchem (zunehmenden) Maße Regierungen diese zugestanden wird, lässt sich aus der Rechtsprechung des Bundesverfassungsgerichts ablesen. Das höchste Gericht hat sich mit der „regierungsamtlichen Öffentlichkeitsarbeit“ – so der Begriff für gouvernementale Propaganda in Demokratien – seit Konrad Adenauers Plänen für ein Staatsfernsehen mehrfach befasst.[11] In einem Urteil Anfang der 1970er Jahre, das auf eine Klage der CDU/CSU zurückging, hieß es noch: „Die sogenannte Öffentlichkeitsarbeit von Regierungen und gesetzgebenden Körperschaften ist unbedenklich, so weit sie [...] der Öffentlichkeit ihre Politik, ihre Maßnahmen und Vorhaben sowie die künftig zu lösenden Fragen darlegen und erläutern“ (BVerfGE 20, 56). In einem Grundsatzurteil des höchsten Gerichts vom 2. März 1977 hieß es dann wesentlich positiver: „Öffentlichkeitsarbeit von Regierung und gesetzgebenden Körperschaften ist in Grenzen nicht nur verfassungsrechtlich zulässig, sondern auch notwendig. Die Demokratie des Grundgesetzes bedarf – unbeschadet sachlicher Differenzen in Einzelfragen – eines weitgehenden Einverständnisses der Bürger mit der vom Grundgesetz geschaffenen Staatsordnung. Dieser Grundkonsens wird von dem Bewußtsein der Bürger getragen, daß der vom Grundgesetz verfaßte Staat dem Einzelnen im Gegensatz zu totalitär verfaßten Staaten einen weiten Freiheitsraum zur Entfaltung im privaten wie im öffentlichen Bereich offenhält und gewährleistet. Diesen Grundkonsens lebendig zu erhalten ist Aufgabe staatlicher Öffentlichkeitsarbeit“ (BVerfGE 44, 125).

11 1961 unterlag Bundeskanzler Adenauer vor dem Gericht mit seinen Plänen für ein Regierungsfernsehen. Die von ihm gegründete Deutschland-Fernsehen-GmbH musste aufgelöst werden.

Zwar erlegte auch das zweite Urteil des Bundesverfassungsgerichts der regierungsamtlichen Öffentlichkeitsarbeit massive Restriktionen auf – vor allem eine strenge Abgrenzung der Informationstätigkeit zum Wahlkampf –, doch kann nicht übersehen werden, dass sich die Grundeinstellung des höchsten Gerichts zu politischen Public Relations über die Jahre gewandelt und positivere Züge angenommen hat (vgl. Böckelmann/Nahr 1979: 91-130). Seit dem 1977er-Urteil stellt sich „[r]egierungsamtliche Öffentlichkeitsarbeit [...] als ‚notwendige Staatsaufgabe' dar" (Schürmann 1992: 171). Dies reflektiert aus juristischer Perspektive die Akzeptanz einer demokratietheoretisch nur schwer einzuordnenden Propagandatätigkeit der jeweiligen Regierungsparteien im Zuge einer pragmatischen Akzeptanz des offensichtlich unvermeidbar Gegebenen.

Dass juristische Eindämmungen von Propaganda nur schwerlich gelingen können, liegt zunächst einmal daran, dass Propaganda als Versuch, Mitstreiter für die eigene Meinung zu finden, dem Politischen inhärent ist. Zudem erlebte Propaganda einen ständigen Form- und Funktionswandel, der es bis heute schwierig macht, Propaganda präzise und trennscharf zu bestimmen.

Die Anwendung einer demokratietheoretischen Konzeption, wie sie die Verfasser der „Federalist Papers" oder die deutschen Abgeordneten in der Paulskirche einstmals als normativ gültig entwickelten, ist angesichts der Gesellschaftsstruktur sowie der Verfasstheit der Öffentlichkeit in den modernen Massendemokratien unpraktikabel. Diese bedürfen offenbar der politischen Lenkung und Anleitung durch Einflusseliten, schon damit sich das System ständig selbst reproduzieren kann. Gerade da Propaganda ja nichts anderes als das Werben um politische Zustimmung ist, lässt sie sich schwerlich verbieten – und so scheinen viele Politiker es für besser zu halten, sie nehmen diese selbst in Anspruch, als dass es Außenseiter oder extremistische Gruppen tun. In der Praxis funktioniert dies letztlich ganz gut. Den hehren Ansprüchen der demokratietheoretischen Postulate der allgemeinen und gleichen Teilhabe an der Willensbildung wird diese propagandazentrierte Form der Organisation der Öffentlichkeit aber nicht gerecht.

Literatur

Altheide, David L./Johnson, John M. (1980): Bureaucratic Propaganda. Boston: Allyn and Bacon.
Arens, Karlpeter (1971): Manipulation. Kommunikationspsychologische Untersuchung mit Beispielen aus Zeitungen des Springer-Konzerns. Berlin: Spiess.
Böckelmann, Frank/Nahr, Günter (1979): Staatliche Öffentlichkeitsarbeit im Wandel der politischen Kommunikation. Berlin: Spiess.
BVerfGE 20, 56, Entscheidung des 2. Senats des Bundesverfassungsgerichts zur Parteienfinanzierung vom 19. Juli 1966. In: http://www.servat.unibe.ch/dfr/bv020056.html.
BVerfGE 44, 125, Entscheidung des 2. Senats des Bundesverfassungsgerichts vom 2. März 1977 zur Öffentlichkeitsarbeit. In: http://www.servat.unibe.ch/law/dfr/bv044125.html.
Daniel, Ute (1993): Informelle Kommunikation und Propaganda in der deutschen Kriegsgesellschaft. In: Quandt, Siegfried/Schichtel, Horst (Hrsg.): Der Erste Weltkrieg als Kommunikationsereignis. Gießen: Justus-Liebig-Universität, S. 76-94.
Donsbach, Wolfgang (1997): Legitimität und Effizienz von PR. In: Donsbach, Wolfgang (Hrsg.): Public Relations in Theorie und Praxis. Grundlagen und Arbeitsweise der Öffentlichkeitsarbeit in verschiedenen Funktionen. München: R. Fischer, S. 7-20.
Dröge, Franz (1972): Wissen ohne Bewusstsein – Materialien zur Medienanalyse. Frankfurt a. M.: Athenäum-Fischer-Taschenbuchverlag.
Ellul, Jacques (1973) [frz. 1962]: Propaganda. The Formation of Men's Attitudes. NewYork. Vintage Bks.
Enzensberger, Hans Magnus (1997): Baukasten zu einer Theorie der Medien. Kritische Diskurse zur Pressefreiheit. (Hrsg. von Peter Glotz.) München: R. Fischer.
Erzberger, Matthias (1920): Erlebnisse im Weltkrieg. Stuttgart/Berlin: Deutsche Verlags-Anstalt.
Habermas, Jürgen (1971) [1962]: Strukturwandel der Öffentlichkeit. Neuwied/Berlin: Luchterhand.
Jackall, Robert/Hirota, Janice M. (1995): America's First Propaganda Ministry: The Committee on Public Information During the Great War. In: Jackall, Robert (Hrsg.): Propaganda. New York: New York University Press, S. 137-173.
Jowett, Garth S./O'Donnell, Victoria (1992) [1988]: Propaganda and Persuasion. London/Newbury Park/New Delhi: Sage.
Lippmann, Walter (1922): Public Opinion. New York: Harcourt, Brace and Company.
Lippmann, Walter (1925): The Phantom Public. New York: Harcourt, Brace and Company.
Le Bon, Gustave (1982) [frz. 1895]: Psychologie der Massen. Stuttgart: Kröner.
Lippmann, Walter (1995) [1920]: Liberty and the News. New Brunswick/London: Transaction Publishers.
Ludendorff, Erich (Reprint, 1988) [1935]: Der totale Krieg. Remscheid: Deutscher Militär Verlag.
Mill, John Stuart (1969) [engl. 1859]: Über Freiheit. Frankfurt a. M./Wien: Europäische Verlagsanstalt.
Moscovici, Serge (1984) [frz. 1981]: Das Zeitalter der Massen. Eine historische Abhandlung über die Massenpsychologie. München/Wien: Hanser.
Musner, Lutz (2001): Die Intellektuellen und die Massenphobie. In: sinn-haft, Nr. 11, S. 4-10.
Ortega y Gasset, José (1955) [span. 1930]: Der Aufstand der Massen, Stuttgart: Deutsche Verlags-Anstalt.

Robins, Kevin/Webster, Frank/Pickering, Michael (1987): Propaganda, Information and Social Control. In: Hawthorn, Jeremy (Hrsg.): Propaganda, Persuasion and Polemic. London u.a.: Arnold, S. 1-17.

Rogers, Everett M. (1994): A History of Communication Study. A Biographical Approach. New York: Free Press.

Schapitz, Joachim F. (1970): Mechanismen der Manipulation. Berlin: J. Schapitz.

Schivelbusch, Wolfgang (2005): Entfernte Verwandtschaft. Faschismus, Nationalsozialismus und New Deal 1933–1939. München/Wien: Hanser.

Schmidt, Anne (2006): Belehrung – Propaganda – Vertrauensarbeit. Zum Wandel amtlicher Kommunikationspolitik in Deutschland 1914-1918. Essen: Klartext Verlag.

Schoenberner, Gerhard (1964): Meinungslenkung contra Information. In: Paul Hübner (Hrsg.): Information oder Herrschen die Souffleure? 17 Untersuchungen. Reinbek bei Hamburg: Rowohlt, S. 57-72.

Scholz, Gotthard (1967): Staatliche Information und Propaganda im Krieg. Das US-Committee on Public Information (1917–1919). Heidelberg. Diss.

Schürmann, Frank (1992): Öffentlichkeitsarbeit der Bundesregierung. Strukturen, Medien, Auftrag und Grenzen eines informalen Instruments der Staatsleitung. Berlin: Duncker & Humblot.

Sproule, J. Michael (1991): Propaganda and American Ideological Critique. In: Anderson, James (Hrsg.): Communication Yearbook 14. Newbury Park/London/New Delhi: Sage, S. 211-238.

Steel, Ronald (1980): Walter Lippmann and the American Century. Boston/Toronto: Little, Brown and Company.

Tarde, Gabriel (1989) [1901]: L'opinion et la foule. Paris: Presse Universitaires de France.

Tarde, Gabriel (2001) [1890] : Les lois de l'imitation. Paris: Édition du Seuil.

Tocqueville, Alexis de (1954): Das Zeitalter der Gleichheit. Auswahl aus Werken und Briefen. Stuttgart: Kröner.

Verhey, Jeffrey (1999): Überlegungen zu einer Kulturgeschichte der Propaganda im Ersten Weltkrieg. In: Liebert, Tobias (Hrsg.): Persuasion und Propaganda in der öffentlichen Kommunikation (= Leipziger Skripten für Public Relations und Kommunikationsmanagement 4). Leipzig: LS Öffentlichkeitsarbeit/PR, S. 39-47.

Wenzel, Harald (2001): Die Abenteuer der Kommunikation. Echtzeitmassenmedien und der Handlungsraum der Hochmoderne. Weilerswist: Velbrück Wissenschaft.

Adelheid von Saldern

Abwehr, Steuerung, Gestaltung. Medien und Politik in der Weimarer Republik

Obwohl die Anfänge der modernen Medienkultur schon in die Jahrzehnte vor 1914 fielen, waren es vor allem die 1920er Jahre, in denen sie sich stark verbreitete, sich ihre Entwicklung beschleunigte und sich das private sowie öffentliche Leben unter ihrem Einfluss wesentlich zu verändern begann. Die neuen Massenmedien – Radio, Schallplatte, Film, Illustrierte, Groschenheft und Reklame – kamen in Deutschland ausgerechnet in einem historischen Augenblick voll zum Tragen,[1] als das politisch-kulturelle System des Deutschen Kaiserreiches zusammengebrochen war und Kriegsniederlage, Revolution sowie Bürgerkrieg in weiten Kreisen traumatische Eindrücke hinterlassen hatten. Zwar gab es schon während des Kaiserreichs zahlreiche Diskussionen über Medien, doch diese fanden unter scheinbar soliden Rahmenbedingungen statt, während sich die Diskutanten in der demokratisch verfassten Weimarer Republik unter politisch instabilen Konstellationen und in neu konturierten Öffentlichkeiten mit dem Zusammenhang von Politik und Medien beschäftigten.

Im Folgenden geht es um die Aufdeckung der zeitspezifischen Stränge, die die beiden an sich differenten Systeme – Medien und Politik – miteinander verbanden.[2] Dabei muss der Politikbegriff weit gefasst werden und die jeweiligen Vorstellungen über Gesellschaftsordnung einschließen. Nicht die komplexen Medialisierungsprozesse in der damaligen Zeit werden nachgezeichnet, sondern deren diskursive Verarbeitung samt der darauf basierenden Medienpolitik. Hiermit soll der Historizität solcher Diskurse Rechnung getragen werden (vgl. Crivellari u.a. 2004).

Im Allgemeinen wird die Weimarer Republik gerade im Kulturbereich mit den „Goldenen Zwanzigern" assoziiert. Gerne erinnert man sich auch heute noch an das ungestüme Vorpreschen der künstlerischen Avantgarde, an das geistreiche Niveau der Kritischen Intelligenz, an das faszinierende Flair der Großstädte und an die vielseitige

1 Mitte der 1920er Jahre gingen nach zeitgenössischen Schätzungen in Deutschland etwa täglich zwei Millionen Menschen ins Kino. Bereits anfangs 1927 gab es 1,4 Millionen Radio-Empfangsgeräte und ungefähr 3,7 Millionen Rundfunkteilnehmer (Nachweis in: von Saldern 1993: 21). Der Markt verfügte über rund 7.000 verschiedene Illustrierte. Die „Deutsche Illustrierte", wies 1932 eine Auflage von 600.000 Stück auf (Knoch 2006: 223).

2 Vgl. hierzu den Aufsatz von Thomas Mergel im vorliegenden Band.

Lockerung der Sitten und Gebräuche. Doch wer genauer auf die Kulturgeschichte der Weimarer Republik schaut, bemerkt deren große Widersprüche und die vielfachen Verwerfungen der Moderne, die sich auch in den hier analysierten Diskursen niederschlugen.[3]

Die größte Trägergruppe der Diskurse bildeten die Kulturkonservativen. Sie stammten aus allen bürgerlichen Parteien, von den Deutschnationalen angefangen, über das Zentrum, die Wirtschaftspartei und die Deutsche Volkspartei bis hin zur liberalen Deutschen Demokratischen Partei. Besonders stark vertreten waren die mittleren und oberen Schichten. An vorderer Stelle stand das so genannte Bildungsbürgertum, vom Lehrer bis zum Universitätsprofessor. Von Kulturkonservativen zu sprechen, heißt allerdings einen zwar zeitgenössischen, gleichwohl recht grob konturierten Sammelbegriff zu verwenden. Darunter befanden sich nämlich Kulturpessimisten, Moralisten, Nationalisten, Chauvinisten, Traditionalisten und Elitaristen. Kurzum, es handelte sich um ein Konglomerat von unterschiedlichen ideellen Hintergründen, Geisteshaltungen und politischen Einbindungen, deren Gemeinsamkeit lediglich darin bestand, die Mediendiskurse weit möglichst zu beherrschen und die in ihren Augen geeigneten Steuerungsinstrumente gegenüber den Massenmedien durchzusetzen. Da die Kulturkonservativen den größten Einfluss auf die Medienpolitik hatten, stehen sie im Zentrum der folgenden Ausführungen.

Ungeachtet gewisser Überschneidungen mit den Kulturkonservativen überwogen bei der zweiten Gruppe, den Kulturliberalen, doch die Unterschiede. Zwar stand ein Teil von ihnen den bürgerlichen Parteien ebenfalls nahe, doch zum größeren Teil handelte es sich um die meist parteipolitisch frei schwebende Kritische Intelligenz und um die künstlerische Avantgarde. Als eine dritte große Gruppierung sind die Arbeiterparteien SPD und KPD zu nennen, die freilich nicht zuletzt in der Deutung der Medien und in ihrer Medienpolitik größtenteils getrennte Wege gingen.

Die Auseinandersetzungen über die Medien wären nie so öffentlichkeitswirksam geworden, wenn es für sie nicht ein recht breites Spektrum von Medien und Foren gegeben hätte – von den politisch unterschiedlich ausgerichteten Programmzeitschriften (vgl. Seegers 2001; vgl. Bauer 1993) bis zur kulturliberalen „Weltbühne". Zentrale Foren bildeten der Reichstag und die Landtage, in denen die Vertreter des Volkes über medienbezogene Gesetzentwürfe debattierten. Zu nennen sind ferner bestimmte Gutachtergremien, etwa die nach ihrem Vorsitzenden benannten Lampe-Ausschüsse, die infolge der Umsetzung des Filmzensurgesetzes von 1920 eingerichtet wurden. Des Weiteren fanden Diskussionen über Medienangebote und Medienpolitik in Vereinen, etwa dem „Volksverband für Filmkunst" oder dem „Arbeiter-Radio-Bund", statt.

3 Vgl. hierzu auch Corey Ross 2008: 74-82.

Schon seit der Vorkriegszeit arbeiteten Pädagogen, Pfarrer, Kunst- und Theaterwissenschaftler, Journalisten, Ärzte und Juristen in Sittlichkeitsvereinen zusammen, etwa in der „Volksgemeinschaft zur Wahrung von Anstand und guter Sitte“. Deren Beauftragte schauten sich „schmutzige“ Filme an und unterrichteten Behörden und Kirchen von dem Gesehenen.[4] Selbst Berufsvereinigungen, wie der „Allgemeine deutsche Lehrerinnenverein“ und die „Arbeitsgemeinschaft der deutschen Berufsverbände“, nahmen zu Medienfragen Stellung. Die Kirchen boten ebenfalls vielfältige Diskussionsforen, etwa der 1928 gegründete „Zentrale Arbeitsausschuss der deutschen Katholiken zur Förderung der öffentlichen Sittlichkeit“, der „Central-Ausschuss der Inneren Mission“, der „Volkswartbund“, die evangelischen „Jungmännerbünde“, sowie die 1927 errichtete „Evangelische Hauptstelle gegen Schund und Schmutz“ (vgl. Petersen 1995: 17-23).

1. Gesellschaft, Kultur und Staat im Licht der Mediendiskurse

Nicht eine *prinzipielle* Ablehnung der Medien war für die von Kulturkonservativen dominierten Diskurse kennzeichnend, vielmehr bezog sich ihre Resistenz *lediglich* auf ungestaltete Medien für die „Massen“. Dabei wurde in der Regel die Wirkmächtigkeit der Medien auf die Rezipienten sehr überschätzt.

1.1 Kultur, Sittlichkeit und Geschlechterordnung

Die Kulturkonservativen, oftmals beseelt von einem bildungsbürgerlichen Idealismus und Kulturmoralismus, sahen durch ungesteuerte Medien die Werte der „hohen Kultur“ bedroht und fürchteten sich davor, durch die Massenmedien Opfer einer kulturellen Nivellierung zu werden. Wer in der Deutschnationalen Partei verankert war, betonte vor allem den Untergang der „guten“ deutschen Kultur durch einen Großteil der neuen Medienangebote und sann über kulturnationalistische Gegenstrategien nach. Eine besondere Rolle spielten die bewegten Bilder im Film, wobei daran erinnert werden sollte, dass Filme in den Augen des Bildungsbürgertums damals noch ein Legitimationsdefizit aufwiesen (vgl. Kaes 2004: 87). Abgeordnete der liberalen Deutschen Demokratischen Partei wollten speziell gegen den so genannten Kitschfilm vorgehen. Sie fürchteten, dass von den sensationslüsternen und kitschigen Filmen eine „geistige und seelische Verflachung“ ausginge und eine „Gefährdung der Seele“ erfolgte, und

4 Vgl. Protokolle des Reichstags (im Folgenden: RT), 12.5.1927: 10681.

zwar insbesondere durch die vielen „Bilder aus der Verbrecherwelt" sowie durch den erotischen Film, der die Phantasie verdürbe und zu Nervosität führte. Das Kino verleite zu „raschem und oberflächlichem Sehen"; auch der „komische Film" sei „in weitestem Umfange verderbend"; ein Großteil der Filme sei eher kunst- und kulturfeindlich, arbeite der ästhetischen Bildung geradezu entgegen.[5]

Nicht nur der Film, auch die Boulevard-Blätter wie die bürgerlich-liberale „BZ am Mittag" bildeten für Kulturkonservative einen Stein des Anstoßes. Die neuartige Medialisierung der Politik, bei der sowohl politische Botschaften als auch Berichte über Politiker, Unglücke und sonstige Ereignisse reißerisch und sensationsorientiert aufgemacht wurden, schockierten viele Leser und Leserinnen vor allem aus dem (Bildungs-)Bürgertum (vgl. Fulda: 2006b: 58, 60).[6]

Die Kulturkonservativen gingen in ihren Interpretationen von normativen Maßstäben im Bereich der Sittlichkeit und Kunst aus; auch dachten sie gerne in binären Mustern wie *gut und böse, Laster und Tugend, Gesundheit und Krankheit, Sauberkeit und Schmutz*. Unkontrollierter Genuss, das Ausleben der Triebe und geschlechtliche Lüsternheit wirkten ihrer Meinung nach zerstörerisch auf die Sittlichkeit des Individuums, der Jugend und der Familie sowie des Volkes, der Gesellschaft und des Staates.

Wie sehr die Medien-Debatten über Kultur und Sittlichkeit auch die Geschlechterordnung betrafen, zeigt sich an den Forderungen der Kulturkonservativen, besonders Frauen vor den angeblich verderblichen Wirkungen der Massenmedien zu schützen. Zwar bestärkte ein großer Teil der Medienprodukte letztlich eher die bestehende Geschlechterordnung als dass diese offen in Frage gestellt worden wäre (vgl. Maase 1997: 143-144), doch waren Medienbilder und -texte mehrdeutig, konnten deshalb unterschiedlich gelesen werden und Imaginationen zulassen oder gar befördern, die Grenzüberschreitungen der bestehenden Geschlechterordnung bedeuteten.

Den engen Zusammenhang zwischen Frauen und Medienkonsum thematisierte auch der Kulturkritiker Siegfried Kracauer, wenn er über die „kleinen Ladenmädchen", die ins Kino gingen, schrieb (Kracauer 1963 [1927]). Diese flüchteten dorthin, so Kracauer, um den Alltagsstress im Kontext der neuen Angestelltenberufe zu entgehen und sich in eine Traumwelt zu begeben. Dabei bediente sich der Autor der damals gängigen geschlechterspezifischen Zuschreibungen (vgl. Koch 1996: 62-63), kritisierte allerdings auch die Verdummungs- und Verkitschungspolitik der Medienproduzenten.

5 RT 1.12.1928: 593; Protokolle der Verhandlungen des Preußischen Landtages (im Folgenden: PRL), 29.11.1921: 508; PrL 30.11.1921: 5219.

6 Auf diese Weise konnten die Leser und Leserinnen in Spannung versetzt werden und gleichzeitig wurde zu ihrer Unterhaltung beigetragen (vgl. Fulda 2006b: 58).

Der Sozialdemokrat Walter Pahl griff solche Trends zur Feminisierung der Medien in besonders abfälliger Weise auf, als er konstatierte: „Nicht zufällig spielen mehr Frauen wie [sic] Männer die Heldenrollen im Film. Das Seelenleben der Frau ist eben an die vegetativen Gesetze des Triebhaften enger gebunden, wie [sic] dasjenige des Mannes, für den Geist und Wille in weit stärkerem Maße bestimmend sind".[7] Pahls Ausdrucksweise zeigt, wie sich sexistische Vorurteile mit den Vorurteilen gegenüber den neuen Medien vermischten. Die Ängste, dass die neuen Medien die konventionelle weibliche Geschlechterrolle in Frage stellen könnten, waren weit verbreitet und befielen eben auch mitunter sozialdemokratische Männer *und* Frauen. „Lesewut", „Kinosucht" und „Radiotismus" generierten zu negativ besetzten Schlagworten, die eben vor allem auf das weibliche Geschlecht gemünzt waren (vgl. Lacey 2006: 67; vgl. dies. 1996; vgl. Rosenhaft 1996). Mit solchen Kennzeichnungen meinte man freilich nicht jenen Teil der Frauen, der sich selbst zur „Wächterin über Zucht und Ordnung" ernannt hatte, wie die Zentrumsabgeordnete Emma Bachem sich ausdrückte.[8] Die Vorstellung, dass Frauen besonders prädestiniert seien, auch die Medienentwicklung zu kontrollieren, führte sogar zu einem Aufruf der Studiendirektorin und Abgeordneten Ulrike Scheidel von der konservativen Deutschnationalen Volkspartei, wonach sich alle Frauen im Reichstag geschlossen für eine staatliche Mediensteuerung und für Zensur einsetzen sollten.[9] Doch während unter den Frauen der bürgerlichen Parteien in diesem Punkt weitgehende Einigkeit bestand, verweigerten sich die Frauen aus den Arbeiterparteien einem solchen Ansinnen. Politisch engagierte sozialdemokratische Frauen, wie Adele Schreiber, bejahten zwar auch eine gewisse Mediengestaltung, doch verfolgten sie damit ein anderes Ziel, nämlich die Frauen zum kritischen politischen Denken zu erziehen (vgl. Lacey 2006: 67; vgl. von Saldern 1998).

1.2 Nation und Kapitalismus

Die neuen Medien dürften – so wiederum Kulturkonservative – die Nation und ihre Kultur nicht schädigen. Dieses Argument war hoch politisch aufgeladen. Denn nach dem verlorenen Krieg, den darauf folgenden wirtschaftlichen Schwierigkeiten und politischen Umwälzungen beruhte nach Ansicht der Kulturkonservativen der Stolz der Nation vor allem auf der deutschen Kultur. Doch gerade diese werde durch die Medien, soweit sie „seichten Charakter" trügen, mehr und mehr in Frage gestellt. Der Zentrumsabgeordnete Georg Schreiber, Universitätsprofessor der Theologie und

7 Kulturwille, H. 11, 1925: 217.
8 PrL 2.10.1922: 12275.
9 RT 27.11.1926: 8255.

langjähriger Kulturpolitiker, meinte in diesem Zusammenhang, es ginge darum, dass „dieses Deutschland von heute in der Nachkriegszeit, vielfach beraubt von Wehr und Waffen, nicht mehr in äußerlich schimmerndem Machtglanz, verpflichtet ist, auf dem kulturellen Weltmarkt in seiner Weltgeltung auch eine ethisch-kulturelle Kraft anzumelden, um die Völker des Weltkreises und des Weltkulturraums zu beeinflussen. (Sehr gut! im Zentrum.) Das ist ein neuer Gedanke, das ist ein fortschrittlicher Gedanke."[10] Dahinter stand oftmals die Auffassung, Deutschland sei der geistig-kulturelle Mittelpunkt der Welt – und müsse es auch bleiben. Bei den politisch rechts stehenden Gruppierungen verband sich das nationale Argument mit dem Blick auf das Völkische. So forderte der „Deutsche Frauenkampfbund gegen die Entartung im deutschen Volksleben" eine Kulturpolitik, die primär das Deutschtum stärke (vgl. Reinhardt 1982: 151). Nur auf diese Weise sei es möglich, der medialen Massenkultur etwas entgegenzusetzen.

Mit Argusaugen blickten Kulturkonservative und Kulturnationalisten auch auf die zahlreichen Importe „seichter" Medienangebote aus den USA, vor allem in Form von Filmen und Serienformaten, die man mit Quotenregelungen zu begrenzen suchte (vgl. Hake 2004: 68). Dabei überlagerten sich die Diskurse gegen die Amerikanisierung (vgl. von Saldern 1996) mit jenen gegenüber den ungesteuerten Massenmedien.[11]

Die Gegnerschaft gegenüber allen Fremdeinflüssen bezog sich schließlich auch auf die junge Sowjetunion, deren Kultur- und Medienproduktion häufig als Kulturbolschewismus bezeichnet wurde (vgl. Bollenbeck 1999: 275-289). Beispielsweise meinte der Schriftleiter und Zentrumsabgeordnete Josef Joos, dass der Kulturbolschewismus die „Zersetzung und Auflösung einer tief-sittlichen Überlieferung in Ehe und Familie, Staat und Kirche" vorantreibe.[12] Hier vermischte sich die Ablehnung der Sowjetherrschaft mit Aversionen gegenüber der modernen Medienkultur.

Ähnliche Überschneidungen von Diskurssträngen gab es in Bezug auf die Juden. Hier vermischten sich antisemitische Grundeinstellungen mit der Kritik an erfolgreichen jüdischen Medienproduzenten. Mit der Zeit wurden antisemitische Anschuldigungen in verallgemeinerter Form auf kulturliberale Einstellungen generell übertragen. So deutete der deutschnationale Reichstagsabgeordnete und Theologe Reinhard Mumm diese kurzerhand als „jüdischen Libertinismus".[13]

Scharfe Töne erklangen allerdings auch dann, wenn generell die Rede auf die Medienproduzenten kam. Gertrud Bäumer, engagierte Vertreterin der Frauenbewegung und Mitglied der liberalen Deutschen Demokratischen Partei, entrüstete sich ganz

10 RT 3.12.1929: 3410.

11 Die meisten amerikanischen Filme hatten allerdings keine großen Publikumserfolge zu verzeichnen (vgl. Führer/Ross 2006: 8).

12 RT 18.6.1930: 5584.

13 RT 26.11.1926: 8217.

besonders über das so genannte „Schundkapital“ und bezeichnete diese Art kapitalistischen Wirtschaftens als „die schmutzigste Form des Kapitalismus, die in ihrem Angebot den Feldzug auf die Pfennige der Jugend der breiten Massen“ führe.[14] Sie erhoffte sich deshalb, den Kulturbereich weitgehend aus der Warenproduktion heraushalten oder zumindest kontrollieren und steuern zu können. Ähnlich argumentierte die Zentrumsabgeordnete und promovierte Ministerialrätin Helene Weber, als sie die „Geschäftsgier“ anprangerte: „Das ist nur Kapitalismus unter dem Deckmantel der Kunst, sowohl bei den Jugendschriften wie bei den Lustbarkeiten und Schaustellungen.“[15] In diesen Chor weiblicher Kapitalismuskritiker stimmte allerdings auch so mancher männliche Mitstreiter ein, beispielsweise Bäumers Parteifreund, Reichsinnenminister Wilhelm Külz, der zum Kampf gegen die „widerliche kapitalistische Entartung der Massenschundliteratur“ aufrief.[16] Der Kapitalismuskritik, die insbesondere die Produktion von Trivialliteratur betraf, schlossen sich auch Angehörige der an sich wirtschaftsfreundlichen Deutschen Volkspartei sowie Deutschnationale an. Solche Diskursstränge konnten der folgenschweren Unterscheidung zwischen einem (jüdischen) „raffenden Kapital“ und einem (deutschen, nicht-jüdischen) „schaffenden Kapital“ Nahrung geben.

1.3 Medien und Politik – Medienpolitik

Dass sich durch die Massenmedien weit reichende Veränderungen im Verhältnis von Medien und Politik ergaben, konstatierten am tief greifendsten Medientheoretiker wie Siegfried Kracauer und Bertold Brecht.[17] Kracauer thematisierte in diesem Zusammenhang die Ambivalenzen, die den „Kult der Zerstreuung“ auszeichneten. Die Oberflächenhaftigkeit und Äußerlichkeit der Bilder, etwa in Illustrierten und im Film, führten zwar zu zerstreutem Sehen, wodurch tiefer gehende emotionale Bindungen verhindert würden, doch gerade dadurch werde es den Zusehenden erleichtert, eine kritische Einstellung zu den bestehenden Verhältnissen zu gewinnen. Der „zerstreute Blick“ vermittele nämlich „genau und unverhohlen die *Unordnung* der Gesellschaft den Tausenden von Augen und Ohren […] – dies gerade befähigt sie dazu, jene Spannung hervorzurufen und wachzuhalten, die dem notwendigen Umschlag vorangehen

14 RT 3.12.1926: 8368.
15 RT 12.5.1927: 10688.
16 RT 26.11.1926: 8212.
17 Walter Benjamins Werk „Das Kunstwerk im Zeitalter der technischen Reproduzierbarkeit“ erschien erst 1936 im Exil.

muß"[18] (Kracauer 1977 [1926]: 315; vgl. Maase 1997: 149). Allerdings sah Kracauer im medialen Massenkonsum auch eine Fluchtbewegung vor allem der Mittelschichten, die vor einer sozioökonomischen Proletarisierung Angst hätten und gerne in all die vielen Filme gingen, die das „Bestehende rechtfertigten" (Kracauer 1971: 99). Bertolt Brecht, der insbesondere den Rundfunk als zukünftigen, vergesellschafteten und demokratisierten „Kommunikationsapparat" hoch schätzte,[19] entwickelte Vorstellungen über eine vom Proletariat getragene neue Medienkultur, die die Möglichkeit schaffen sollte, die Massen über die gesellschaftliche Realität und ihre Veränderbarkeit aufzuklären. In seiner gleichnamigen Rede aus dem Jahre 1932 forderte er, dass der Rundfunk vom bisherigen Zustand eines reinen Distributionsapparates in einen alle Menschen verbindenden Kommunikationsapparat umgewandelt werden solle (vgl. Koch/Glaser 2005: 43-45; vgl. Maase 1997: 149).

Wenn Kracauer und Brecht die Medien als Möglichkeit grundsätzlicher Gesellschaftskritik positiv einschätzten und befürworteten, dann lagen ihre Auffassungen konträr zu jenen der Kulturkonservativen, die gerade diesen Zusammenhang fürchteten. Weil nach ihrer Meinung eine zu liberale Medienpolitik die Sitten des Volkes verderbe, werde die Neigung zur Revolution geschürt. So schrieb der bürgerlich geprägte Kinoreformer Professor Konrad Lange im Jahre 1920 voller Furcht: „Dann werden wir ein Kino haben, in dem die wilden, ungezügelten Massen Nahrung für ihren Zerstörungstrieb finden werden. Dieses Kino wird im Dienste des Terrors stehen." (Korte 1978: 225) Umgekehrt habe die Revolution ihrerseits massenweise zur Entsittlichung des Volkes beigetragen. Beiden sei das Schlammige, das als schmutzig, konturenlos und weich zu gelten habe, gemeinsam. So wurde mit der Kampagne gegen „Schund und Schmutz" auch die Revolution selbst ins Visier genommen. Es gelte jedenfalls, einen „Damm" gegen die „Schlammflut" und gegen die „Schmutzereien" zu setzen.[20]

Die völlig übertriebene Furcht vor einer gesellschaftskritischen Politisierung der Massen durch die Medien erklärt unter anderem, weswegen die Kulturkonservativen so erpicht darauf waren, die Politik aus den Medien herauszuhalten. Hinzu kommt, dass Politik – mit Parteipolitik gleichgesetzt – in diesen Kreisen vielfach negativ besetzt war. So beharrte der Schriftleiter der Zeitschrift „Funk", Ludwig Kappeler, auf der Auffassung, dass der Rundfunk zu allererst ein „Kulturfaktor" sei, ergänzt durch die wohl auch von ihm stammende Bemerkung, dass man die aufgebaute „Rundfunk-Kultur" nicht zur „Rundfunk-Politik erniedrigen" dürfe (Funk, H. 7, 1926: 49; Funk, H. 11, 1926: 82). Ungeachtet unterschiedlicher Intentionen und Kontexte war hier

18 Hervorhebung im Original.

19 Auch der Medientheoretiker Rudolf Arnheim sah im Radio einen integrativ wirkenden Kommunikator (Arnheim 1974 [1932]).

20 RT 8.6.1929: 2207; RT 18.3.1927: 9680; PrL 13.5.1931: 20972. Hier ist an geschlechterspezifische Subtexte zu denken (vgl. Theweleit 1977).

eine gemeinsame Schnittmenge mit einem Medientheoretiker wie Rudolf Arnheim auszumachen. Er, wie auch andere aus den Gruppen der Kritischen Intelligenz, wollten durch den Film in erster Linie eine neue Kunstform entwickeln (Arnheim 1974 [1932]).[21]

Eine weitgehende Trennung von Politik und Medien gedachten die Kulturkonservativen nicht zuletzt mithilfe staatlicher Gesetze zu erreichen. Deshalb richteten sich zahlreiche Äußerungen explizit oder implizit an die Adresse des Staates. Dieser, so wurde von allen Kulturkonservativen, aber teilweise auch von Sozialdemokraten, verlangt, müsse die neue Massen- und Medienkultur steuern. Die Staatsbezogenheit der Diskurse über Medien waren erstens Ausdruck und Folge des in Deutschland tradierten Staatsverständnisses, wonach der Staat ein über der Gesellschaft stehendes, also übergeordnetes Wesen sei und deshalb auch eine solche Lenkungsfunktion erfüllen könne und müsse. Zweitens verglichen die Kulturkonservativen die Aufgaben des „modernen Kulturstaats“ mit den Aufgaben des modernen Wohlfahrts- und Rechtsstaats. Der Staat habe „heute im hohen Maße die Aufgabe [...], bewußt Kulturpolitik zu treiben“.[22] Der spätere Bundespräsident Theodor Heuß, damals Reichstagsabgeordneter der Deutschen Demokratischen Partei, deutete ganz in diesem Sinne die staatlichen Kultureingriffe als „Sozialpolitik der Seele“.[23] Und drittens wurde der staatliche Medien- und Kulturinterventionismus durch die Zielsetzung legitimiert, Deutschland möge wieder Weltgeltung gewinnen.

Die Sozialdemokraten stellten an den Staat ebenfalls Forderungen, die allerdings in eine andere Richtung wiesen. Sie verfolgten in einem ersten Schritt das Ziel, mehr Einfluss auf die Rundfunksender und auf alle Zensurbehörden zu erhalten. Dieses wenig erfolgreiche Anliegen entsprang ihren Vorstellungen von einer pluralistischen Medienpolitik in Form ausgewogener Teilhabe, wie sie übrigens auch der Kulturkritiker Kurt Tucholsky vertrat (vgl. Schneider 1984: 97, 222). Des Weiteren wollten die Sozialdemokraten durch einen größeren Einfluss auf die Medien eine Demokratisierung der Kultur erreichen. Sie wurden in dieser Frage durch einen Teil der Kritischen Intelligenz, so zum Beispiel von Alfred Döblin (vgl. Koch/Glaser 2005: 35), und der künstlerischen Avantgarde sowie der Kulturliberalen unterstützt. Zudem galt es aus ihrer Sicht, gerade durch die audiovisuellen Medien, die *kulturellen Defizite* der breiten Volksschichten zu vermindern – ein Anliegen, das auch unter Kulturkonservativen – allerdings mit einer anderen Gesamtausrichtung – verbreitet war.

21 Arnheims Auffassung bezog sich allerdings nur auf den Stummfilm.

22 PrL 7.5.1923: 17025.

23 RT 3.12.1926: 8363-8364.

Während sich die Sozialdemokraten im Allgemeinen mit der Forderung nach Partizipations- und Gleichbehandlung begnügten, riefen die Kommunisten zum generellen Kampf gegen die Kulturhegemonie der Herrschenden auf und verlangten, wenn auch vergebens, einen eigenen Radiosender. Zu Beginn der Weimarer Republik hatte Clara Zetkin, eine der damals führenden Kommunistinnen, noch dazu geneigt, die kommerzialisierte Medienkultur primär aus sittlich-politischen Gründen abzulehnen, weil sie befürchtete, dass beispielsweise das Kino von der politischen Arbeit ablenke, die Kräfte schwäche, die „Seele besudeln" und „krankhafte Triebe fieberhaft steigern" werde (zit. nach von Saldern 1993: 51). Im Verlaufe der Weimarer Republik verlagerte sich dann unter den Kommunisten der Deutungshorizont der Medien- und Kulturdiskurse, insofern nun primär der Klassenkampfcharakter in den Medien und durch die Medien herausgestellt wurde. So vertrat der kommunistische Schriftsteller und Reichstagsabgeordnete Peter Maslowski im Jahre 1929 die Auffassung, dass auch die kulturellen Fragen „mehr als je zuvor in den Kampf der Klassen hineingezogen" worden seien. Er meinte damit „kulturelle Fragen wie die des Kinos, des Rundfunks, des Theaters, der Kunst, der Wissenschaft, der Literatur". Alle diese Fragen seien „heute mehr denn je umstritten von den beiden Klassen der Bourgeoisie und des Proletariats".[24]

2. Steuerung und Alternativen

Die Weimarer Republik zeichnete sich nicht nur durch eine Vielfalt von medienbezogenen Diskursen aus, sondern auch durch konkrete Steuerungsversuche und Alternativangebote im Bereich der Medien, die ebenfalls vielfach kommentiert und diskutiert wurden.

2.1 Gesetze

Das Reichsfilmgesetz von 15. Mai 1920 mit seinen Zensurbestimmungen (vgl. Petersen 1995: 50-55)[25] wurde von allen Parteien mit Ausnahme der Kommunisten angenommen, so tief saß der Schreck der Revolution und des Bürgerkrieges –

24 RT 3.12.1929: 3405.

25 Um die Mitte der 1920er Jahre waren infolge des Gesetzes ungefähr 25 bis 30 Prozent aller gezeigten Filme für Jugendliche unter 18 Jahren verboten. Dies machte eine deutsche Besonderheit aus, denn in Frankreich waren in den 1920er Jahren beispielsweise nur fünf bis acht Prozent der Filme für den Besuch Jugendlicher nicht erlaubt (vgl. Monaco 1976: 54).

Ereignisse, die zeitlich mit dem Durchbruch der als „Volksseuche“ und „Volksverwüstung“ gegeißelten medialen Massenkultur nicht zufällig zusammenzufallen schienen (vgl. Barbian 1993: 53). Das Gesetz war eine Reaktion auf die Liberalisierung der lokalen Filmzensur seit November 1918, woraufhin zahlreiche billige „Aufklärungsfilme“ und Sensationsfilme produziert und gezeigt worden waren. Dass die SPD trotz grundsätzlicher Bedenken dem Gesetz zustimmte, erklärt sich vor allem dadurch, dass für sie damals das Medium Film ebenfalls noch recht dubios erschien.

Schwieriger als mit diesem neuen Medium war der Umgang mit den Printmedien, weil diese Mediensparte in besonderer Weise von negativen Erinnerungen an Verbot und Zensur im 19. Jahrhundert geprägt war und folglich eine freie Presse als Zeichen politischer Liberalität galt. Nach der Ermordung des Zentrumspolitikers und ehemaligen Reichsfinanzministers Matthias Erzberger im Jahre 1921 sahen sich die politischen Träger der Republik jedoch veranlasst, das so genannte Republikschutzgesetz zu erlassen, wonach Zeitungen und Zeitschriften, deren Inhalte massiv gegen die Republik gerichtet waren, verboten werden konnten, was allerdings de facto selten geschah. Erst gegen Ende der Weimarer Republik nahmen Zeitungsverbote zu – doch diese Verbote beruhten meist auf der Notverordnung vom 17. Juli 1931 (vgl. Dussel 2004: 123-125; vgl. Stöber 1998).

Auf einer anderen Diskussionsebene lag die Kritik über „Schmutz“ und „Schund“ in den Printmedien. Dieses Phänomen wurde als neue Erscheinung gewertet, obwohl es alles andere als neu war. Allerdings hatte sich das Ausmaß der Billig-Literatur tatsächlich erheblich vergrößert. Der damalige Reichsinnenminister Wilhelm Külz lamentierte deshalb: „Niemals ist die deutsche Literatur, niemals sind Kunst und Wissenschaft auf ihrem Wege zum Volke mehr durch Schmutz und Schund und durch Kitsch behindert gewesen als jetzt.“[26] Und in der Tat: Durch die Massenproduktion der Trivialliteratur, die seit dem Kaiserreich immer mehr Terrain erobert hatte, wurde die Literatur insgesamt und damit ein Kernbereich der so genannten hohen Kultur, empfindlich tangiert.

Dem Gesetzentwurf zur Bewahrung der Jugend vor Schund- und Schmutzschriften stimmten 1926 alle bürgerlichen Parteien zu, nicht aber SPD und KPD.[27] Für einen historischen Augenblick entstand so eine relativ geschlossen wirkende, (bildungs-)bürgerlich geprägte Phalanx, sieht man von der meist ebenfalls dem Bürgertum entstammenden Kritischen Intelligenz und der künstlerischen Avantgarde ab, die sich

26 RT 26.11.1926: 8213.

27 In diesem „Schund- und Schmutzgesetz“ zum Schutze der Jugend wurden der öffentliche Handel und das öffentliche Werben für solche Schriften verboten.

indessen in ihrem Kampf um kulturelle Libertinage bei den bürgerliche Parteien kein Gehör verschaffen konnten. Was „Schund- und Schmutz" sei, wurde im Gesetz allerdings nicht definiert. Doch meinte man mit „Schmutz" alles, was „triebhafte, überindividuelle Reaktionen des Gewissens, der Scham und der Wohlanständigkeit zu tilgen, zu untergraben oder durch Entwöhnung zu schwächen imstande" sei (Erwin Guido Kolbenheyer) (Reinhardt 1982: 144). Mit „Schund" bezeichnete man hingegen die literarisch wertlosen, billigen Serien- und Groschenhefte. Hinzu kam eine enge gedankliche Koppelung von „Schund" und „Kitsch". Doch was „Kitsch" sei, das blieb ebenfalls höchst vage. Dem sozialdemokratischen Reichstagsabgeordneten und Nationalökonom Rudolf Breitscheid war klar, dass die Definition von „Schund" und Kitsch sich oft nicht vom politischen Standort trennen ließe, so wenn zum Beispiel völkische Literatur zur Bewertung anstand. Für ihn handelte es sich dabei um „Schund", wohl wissend, dass die Völkischen dies anders sahen.[28] Die Sozialdemokraten waren, wie der Bildungspolitiker Heinrich Schulz betonte, zwar auch gegen jegliche „Schundproduktion", doch lehnten sie den Gesetzesentwurf gleichwohl ab. Denn durch das Gesetz hätten nach ihrer Auffassung die jeweiligen Regierungsvertreter in den Länderinstanzen zu große und die Sozialdemokraten zu geringe Einflussmöglichkeiten erhalten.

Rechtlich geregelt wurde ferner der Rundfunk, der mit der Jahreswende 1923/24 seinen Betrieb für die Allgemeinheit aufnahm. In der Reichsrundfunkordnung von 1926 wurde der große Einfluss des Reiches festgelegt (vgl. Dussel 1999: 28-29; vgl. ders. 2002: 40-54). Auf dieser Grundlage hatten Kulturkonservative ein relativ leichtes Spiel, ihre Bildungs- und Veredelungsansprüche wenigstens in diesem Medium geltend zu machen. Dabei erhofften sich die bürgerlichen Reformer und Reformerinnen nach der Eröffnung der ersten überregionalen „Deutschen Welle" im Jahre 1926 sogar noch größere Einwirkungsmöglichkeiten. Dieser Sender verstand sich nämlich mehr als die regionalen Sendegesellschaften als eine Art drahtlose, „unpolitische und überparteiliche" Volkshochschule im Rahmen bildungsbürgerlicher Hegemonie (vgl. Koch/ Glaser 2005: 34). Die „Deutschen Welle" bot zwar auch Vorträge über das Arbeiterleben an, doch kamen hierbei meist Informations- und Erziehungsabsichten zum Zuge, die oftmals nicht frei von kultureller Arroganz waren (vgl. Dahl: 1983: 45-46).

28 Das „Schund- und Schmutzgesetz" hatte nach außen hin nicht allzu viel Erfolg. Offensichtlich waren die Verfahren, die zu einem Verbot führen sollten, zu langwierig und kompliziert. Von dem Gesetz erwarteten dessen Protagonisten jedoch vor allem, dass die Produktion der „schlechten" Trivialliteratur schon allein deswegen zurückgehen werde, weil der Massenvertrieb dann nicht mehr so glatt wie bisher vor sich gehen könnte und das „Risiko, auf die Liste zu kommen und Geld zu verlieren oder erhofftes nicht zu gewinnen, [die Produzenten] sehr vorsichtig machen" werde. (Die Frau. Monatsschrift für das gesamte Frauenleben unserer Zeit, H. 3, 1926: 173).

Viele Sendungen wiesen tatsächlich stark belehrenden Charakter auf, wie die „Weltbühne" kritisch beobachte: „Von einem Bestreben, den Rundfunk der Befreiung der proletarischen Massen aus geistiger und materieller Not nutzbar zu machen, die Darbietungen der Ideologie des werktätigen Volkes anzupassen, ist gar keine Rede." (Weltbühne, H. 1, 1927: 496-497) Doch bot der Rundfunk immerhin auch Schriftstellern wie Bertolt Brecht, Alexander Döblin und anderen kritisch eingestellten Literaten neue Gestaltungsmöglichkeiten. Unter ihnen setzte seit 1925 eine intensive Debatte gerade über dieses Medium ein,[29] wobei sie davon ausgingen, dass auf die Programmgestaltung ausreichender Einfluss ausgeübt werden könne. Ein Teil der Schriftsteller und Literaten versuchte alsbald, mit neuen Kunstformen, vor allem dem Hörspiel, zu experimentieren. Das gelang ihnen auch, solange dabei gesellschaftliche Alternativvorstellungen oder gar pazifistische Ideen nicht allzu deutlich hervortraten (vgl. Weltbühne, H. 1, 1927: 497).[30]

2.2 Mediale Alternativen

Getragen von der bürgerlichen Kinoreformbewegung der Vorkriegszeit richteten viele Städte so genannte Kommunalkinos ein, in denen vor allem steuerbegünstigte Kultur- und Lehrfilme gezeigt wurden. Diese thematisierten die Werke berühmter Künstler, das Volksleben in fremden Ländern, diverse Naturwunder sowie neue technische und wissenschaftliche Errungenschaften (vgl. Kreimeier u.a. 2005). Auf die Tatsache, dass der Publikumserfolg solcher Filme mäßig war, reagierte mancher enttäuscht und zog kulturelitäre Schlüsse: So bemerkte der ehemalige Staatsminister und Staatssekretär des Innern, der deutschnationale Abgeordnete Max Wallraf, in diesem Zusammenhang: „Wenn man die Entwicklung namentlich des Masseninstituts des Kinos sieht und bemerkt, wie die Besucher geradezu vor Vorstellungen fliehen, in denen wissenschaftliche Dinge oder Bilder mit schönen Landschaften gezeigt werden, dagegen in hellen Haufen zuströmen, wenn die bekannte Mischung von grausigen, sensationellen Dingen mit falscher Sentimentalität geboten wird, dann kommt man viel eher auf den anderen alten Spruch, der da lautet: Die Kunst ist ein Kräutlein nicht für alle Leutlein."[31]

29 In diesem Zusammenhang sind besonders Bert Brecht, Kurt Weill, Walter Benjamin und Paul Hindemith zu nennen, denen vor allem im Hause des aufgeschlossenen Frankfurter und Berliner Intendanten Hans Flesch die Türen offen standen (vgl. Hagen 2005: 103-112).

30 Auf die tiefgreifenden Spannungen zwischen Kulturkonservativen einerseits und der künstlerischen Avantgarde sowie der kritischen Intelligenz andererseits kann hier nicht weiter eingegangen werden (vgl. von Saldern 1999: 176). Sie wirkten sich allerdings auch relativ wenig auf den Rundfunk aus, wie die Programmgeschichte zeigt (vgl. Leonhard 1997; bezüglich Film vgl. Barbian 1993: 61).

31 PrL 14.5.1923: 17375-17376.

Der „Volksverein für das katholische Deutschland" entfaltete ebenfalls große Aktivitäten, sobald es um die Steuerung der Medienangebote ging. Schon 1910 gründete er eine eigene Film-Verleihgesellschaft, und eine weitere privat-katholische, namens „Neuland", folgte in den 1920er Jahren. Ebenso wenig begnügten sich bürgerliche Kulturkonservative mit den gesetzlichen Reglementierungen der Massenmedien. Sie wollten selbst dazu beitragen, eine „saubere" Moderne, eine „wertvolle", „veredelte" neue Medienkultur zu schaffen. Dabei orientierten sie sich zum größeren Teil am Angebotsspektrum der *hohen Kultur*, der so genannten Klassiker, zum kleineren Teil an der Avantgarde. Besonders wichtig erschien ihnen, dass die Medienangebote zu „gutem Geschmack" und „guten Sitten" erzögen. Die Veredelungsstrategien der kulturkonservativen Reformer und Reformerinnen dürfen deshalb nicht als gegenmoderne, rein rückwärtsgewandte Strategien missverstanden werden. Vielmehr handelte es sich um ein bildungsbürgerliches Steuerungskonzept, das darauf hinauslief, die „Massengesellschaft" in kulturhegemonialer Weise zu formen und – wie der Reichs-Rundfunk-Kommissar Hans Bredow es einmal formulierte – „Trennendes zu beseitigen und einer großen Volksgemeinschaft die Wege zu ebnen" (Dussel 2002: 174-175). So fühlten sich auch viele Redaktionen von Illustrierten dazu berufen, häufig über kulturelle Ereignisse, wie Theater und Konzerte, zu berichten (vgl. Knoch 2006: 223).[32] Nachdem den Kulturkonservativen jedoch klar geworden war, dass die neuen Medien nicht ausschließlich im konventionell-bildungsbürgerlichen Sinne zu gestalten seien, begaben sie sich auf die Ebene der Kompromisse. Dem ungezügelt erscheinenden Medienkommerz sollten zumindest die „unsittlichen" und „schundigen" Flügel gestutzt werden. Geduldet, wenngleich nicht gerade geschätzt, wurde schließlich eine zwar leicht verdauliche, aber sittlich unschädliche „Kost", möglichst in Form von so genannter gehobener Unterhaltung.[33]

Da Frauen, wie bereits angemerkt, als besonders mediengefährdet galten, sollte ihnen nicht zuletzt der Frauenfunk die *richtigen* Medieninhalte vermitteln. In den ersten Jahren dominierte in dieser Sparte nicht zufällig der Hausfrauenverband, dessen Sendungen jedoch recht einseitig und oft langweilig waren und der gegen Ende der Weimarer Republik auch mehr und mehr den nationalistischen Trends nachgab. Doch

32 Die Illustrierten waren keineswegs unpolitisch. Ihre Bildauswahl vermittelte Lebensgefühle und Weltsichten, die in bestimmte Richtungen wiesen (vgl. Fulda 2006b: 64, 70 und Rössler in diesem Band), auch wenn die Rezeptionsmöglichkeiten vielfältig waren. In den massenmedialen Diskussionen wurden Illustrierte jedoch in der Regel mehr wegen des damit verbundenen oberflächigen Sehens und weniger wegen der dadurch indirekt vermittelten inhaltlichen Botschaften thematisiert.

33 Hierbei spielte die Operette eine große Rolle. So genannte Mischprogramme in Form von bunten Abenden sollten überdies Seichteres mit Wertvollerem in einer Sendung zusammenführen (vgl. Lenk 1997).

nicht alle Sendungen für das weibliche Geschlecht gerieten so eintönig und nationalistisch gefärbt. Beispielsweise konnte ab 1928 Carola Hersel in der „Deutschen Welle" erfolgreiche Sendungen ausstrahlen, die auf lebendig wirkenden Dialogen mit jungen Mädchen basierten (vgl. Dinghaus 1999; vgl. dies. 2001). Hersel plädierte darin einerseits für eine Modernisierung weiblicher Lebensentwürfe, andererseits für die Aufrechterhaltung konventioneller Frauenpflichten.

Die Sozialdemokratische Partei bediente das fehlende politische Interesse vieler Frauen vor allem durch ihre Zeitschrift „Frauenwelt". Dabei handelte es sich um ein reines Unterhaltungsblatt, in dem die politische Einbindung so gut versteckt war, dass kaum jemand sie entdeckte. Allerdings gab es auch die ernsthafte politische Informationszeitschrift „Die Genossin". Beide Zeitschriften zeigen, wie die Sozialdemokratie mit verschiedenen Typen von Printmedien Frauen anzusprechen versuchte. Beim Film dominierten hingegen geschlechtsübergreifende Strategien. Hatte sich die SPD am Beginn der Weimarer Republik, als die Machtverhältnisse noch in der Schwebe waren, eine Verstaatlichung der Filmindustrie oder zumindest eine Kommunalisierung der Kinos erhofft, so nahm sie nach der Nichterfüllung dieser Erwartung selbst seit Mitte der 1920er Jahre den Aufbau einer Alternativproduktion in Angriff. Sie gründete unter anderem eine zentrale Verleihstelle, den „Film- und Lichtspieldienst". Außerdem standen mobile Vorführteams zur Verfügung, und die Bezirksbildungsausschüsse wurden mit technischem Filmgerät ausgestattet. Die SPD und die sozialdemokratisch orientierten Gewerkschaften drehten darüber hinaus politische Werbefilme, die mittels eines Reisekinos („Rotes Volkskino") im Lande gezeigt wurden. Die Erfolge hielten sich allerdings sehr in Grenzen, es mangelte wohl an Spannung und Unterhaltung, das heißt an jenen Ausdrucksmodi, die offensichtlich bereits zu den auf das Medium gerichteten Erwartungshaltungen der Zuschauer und Zuschauerinnen gehörten. Der SPD gelang es letztendlich nicht, in ihrem Umkreis eine eigene nennenswerte Filmproduktion aufzubauen. Sie war freilich von Anfang an in dieser Beziehung bescheidener als die KPD aufgetreten; so wollte sie nur einige exemplarische Filme herstellen, in denen republikanische und sozialfortschrittliche Gesinnung dominierte. Zudem fehlte vielfach das Interesse an ästhetischen und künstlerischen Experimenten (vgl. Murray 1990). Ein größeres Schwergewicht ihrer Arbeit legte die SPD deshalb auf die Förderung und Auswahl künstlerisch und inhaltlich wertvoller Filme der „bürgerlichen" Produktion. Die begrenzte sozialdemokratische Filmpolitik muss allerdings im Zusammenhang mit dem Ausbau eines breiten Spektrums von Alternativangeboten in anderen Mediensparten gesehen werden: So verfügte die SPD bekanntlich nicht nur über eine weit verbreitete Presse, sondern über eigene Bibliotheken, Buchgenossenschaften und Kulturvereine sowie über eine Theaterorganisation, die „Volksbühne". Der Aufbau dieser nicht-bürgerlichen Kultureinrichtungen, der teilweise schon bis in die Kaiserzeit zurückreichte, sollte als kulturelle Basis für die Errichtung einer zukünftigen sozialistischen Gesellschaft und die Schaffung eines *Neuen Menschen* dienen, der dann von sich aus alle „seichte", „bürgerliche" Massenkultur ablehnte. Die neuen Medien wurden allerdings nur ansatzweise in diese Alternativkultur aufgenommen: Seit 1923 gehörte zu den zahlreichen Arbeiterkulturvereinen auch ein Arbeiter-Radio-Bund, der vor allem das Basteln von Rundfunkgeräten und die Erziehung zum kritischen, klassenbewussten Radio-Hören förderte. SPD und Gewerkschaften standen diesem Verein allerdings anfangs recht reserviert gegenüber, weil sie ihn für überflüssig hielten. Und erst 1930 entstand ein sozialdemokratischer Arbeiter-Lichtbild-Bund, der sich auf das Fotografieren konzentrierte, während das Filmen keine Rolle spielte (vgl. Wunderer 1980: 53-55, 173-176).

Ende der 1920er Jahre spalteten sich die Arbeiterkulturvereine auf, denn die Kommunisten befürworteten eine klare klassenkämpferische Ausrichtung. Auch in der Medienpolitik gingen sie eigene Wege. Mit dem Massenblatt „Arbeiter-Illustrierte Zeitung (AIZ)"[34] wollten sie die Seh- und Wahrnehmungsgewohnheiten der Arbeiter und Arbeiterinnen berücksichtigen, für die das rasche Lesen und Erfassen die Hauptsache darstellte. Dabei verzeichneten sie beträchtliche Erfolge, insbesondere im Vergleich zur Parteizeitung „Rote Fahne". Für den Aufstieg des proletarischen Films wurden die Weichen im Jahre 1925 gestellt. Damals verfasste Willi Münzenberg eine programmatische Schrift mit dem Titel „Erobert den Film". Und Münzenberg sprach nicht nur darüber, sondern er handelte dementsprechend und gründete die „Prometheus-Film GmbH". Sie importierte Filme aus Russland und produzierte auch selbst welche. Zur Darstellung kamen in diesen Streifen vor allem die schlechten Lebensverhältnisse der Arbeiterschaft. Dabei wurde Wert darauf gelegt, die Klassenbezogenheit sozialer Zusammenhänge sowie die Unterdrückung der Arbeiterklasse aufzudecken und konkrete politische Handlungsalternativen, die der Befreiung der Arbeiterklasse dienen sollten, aufzuzeigen. Es gelang jedoch nicht, proletarische Filme in größerer Anzahl herzustellen, unter anderem weil das für die neue Tonfilmproduktion notwendige Kostenniveau bereits sehr hoch lag.

34 In diesem Zusammenhang sind auch die kommunistischen „Rote-Eine-Mark-Romane" zu nennen, die allerdings erst seit 1930 als Fortsetzungsromane herauskamen.

2.3 Kulturelle Wende um 1930 und nationale Besonderheiten

Dominierten zu Anfang der Weimarer Republik medienpolitische Aufgeregtheiten aller Art, so kam es gegen Ende der Republik zu einem recht gezielt geführten politischen Kampf um die kulturelle Hegemonie, der auch die Mediensteuerung betraf. Zusehends verstärkte sich nun der kulturnationalistische Einfluss auf die öffentliche Diskussion und das Kulturleben in Deutschland. Der zu Beginn der großen Krise im Jahre 1929 erschienene Aufruf des „Deutschen Kampfbundes gegen die Entartung im deutschen Volksleben" wurde von allen namhaften deutschnationalen Organisationen, vorne weg vom „Stahlhelm", unterzeichnet. Propagiert wurde hierin der „Schutz und Wiederaufbau der deutschen Familie und deutschen Kultur" (Reinhardt 1982: 151). Durch die weitgehende Ausschaltung des Parlaments und den zunehmenden Einfluss deutsch-nationaler und rechtsreaktionärer Kräfte auf die Präsidialkabinette sowie auf die Öffentlichkeit am Ende der Weimarer Republik verschränkte sich die Medienzensur mit der politischen Zensur immer mehr. Ins Fadenkreuz der Kulturnationalisten rückte die linksgerichtete Literatur, insbesondere die kommunistische Massenliteratur. Auch wurde der angeblich jüdische Einfluss auf die Medien vermehrt angeprangert. Deutschnationale und Völkische sowie das Zentrum und die Deutsche Volkspartei nahmen die große Krise als Chance wahr, um die Steuerung der Medien in ihrem Sinn zu intensivieren. Der staatsnahe Rundfunk mutierte 1932 vollends zum Staatsrundfunk. Während die direkten Bezüge zur Sphäre der Politik bis dahin aus dem Rundfunk weit möglichst herausgehalten wurden, brachen in der großen Wirtschaftskrise solcherart Dämme zugunsten konservativ-nationalistischer Schwerpunktsetzungen. Als Alternative zur „seichten" Unterhaltungskultur wurde, vor allem im Hamburger Sender, verstärkt Volkskultur propagiert und ausgestrahlt (vgl. von Saldern 2004). Die moderne, medial verarbeitete Kunst geriet hingegen ins Hintertreffen (vgl. Jelavich 2006). Das Medienimperium von Alfred Hugenberg spielte eine herausragende Rolle beim Zustandekommen der kulturellen Wende gegen Ende der Weimarer Republik. Hugenbergs parteinahe Tageszeitungen wurden damals republikunfreundlicher und nationalistischer als zuvor, auch wenn aus Geschäftsgründen eine zu eng ausgelegte deutschnationale Linie vermieden werden musste (vgl. Requate 2001: 93).

Bleibt die Frage, ob spezifisch deutsche Konturen den Diskurs über Medien und die Mediensteuerungen gekennzeichnet haben. Darauf kann aufgrund mangelnder Vergleichsstudien derzeit nur umrissartig geantwortet werden. Fest steht, dass der Durchbruch der Massenkultur in anderen Ländern ebenfalls heftig diskutiert wurde, so zum Beispiel in England. Auch dort war das Phänomen des Kulturelitarismus unterschiedlicher Couleur zu finden. So brachten Intellektuelle den Konsum der Massenpresse und der Filme mit „niederen Instinkten" und Sensationslust in Verbindung. Zudem wurde versucht, im Geiste der Aufklärung auf die Massen einzuwirken und den Geschmack anzuheben, vor allem mittels des Kulturmonopols der BBC (vgl. LeMahieu 1988: 101-225; vgl. Petersen 1995: 285-286). Gleichwohl gab es Unterschiede: Die Zensur- und Veredelungsbemühungen nahmen in Deutschland intensivere Formen an als in anderen Ländern. In England kam weniger die Gesetzgebung, sondern mehr die Selbstzensur zum Tragen. Der in Deutschland stärkere Hang zu einer gesetzlich abgesicherten Zensur, verbunden mit dem Wunsch nach Veredelung der Massenkultur, resultierte sicherlich aus dem Zusammenbruch der wilhelminischen Gesellschaft und ihren Kulturwerten sowie aus der Niederlage im Weltkrieg und den Revolutionserfahrungen. Die dadurch entstandene politisch-kulturelle Verunsicherung der bürgerlichen Kulturträger ließ eine gelassene Reaktion auf die neuen Massenmedien nicht zu. Der so genannte Kulturpessimismus verlieh den Diskussionen um den vermeintlichen Niedergang der deutschen Kultur ebenfalls einen besonderen Akzent, den es in dieser Weise in England nicht gegeben hat. Die intensiven Eingriffsversuche gegenüber der Massenkultur in Deutschland resultierten ferner aus der hohen gesellschaftlichen Bedeutung, die das Bildungsbürgertum mit seinen Kulturvorstellungen hierzulande hatte bzw. für sich beanspruchte. Darüber hinaus war die Vorstellung verbreitet, dass Deutschland eine erstrangige „Kulturnation" sei und bleiben müsse, wolle dieses Land jemals in der Welt wieder die alte Größe einnehmen. Schließlich verstärkte noch die traditionelle Staatsbezogenheit der deutschen politischen Kultur die Forderungen nach staatlichen Eingriffen und Gesetzen (vgl. Bollenbeck 1999: 194-289).

3. Zusammenfassung

Wie gezeigt, lag ein besonderes Charakteristikum der 1920er Jahre in der Intensität und Vielseitigkeit der Bemühungen um eine Steuerung und Gestaltung der neuen Medienkultur. Dabei handelte es sich um eine Reaktion auf die allmählich zunehmende Einsicht, dass eine gänzliche Abwehr der neuen Medien nicht möglich war, die Uhren also nicht zurückgestellt werden konnten. Der Grund für den starken Drang nach Mediensteuerung und Mediengestaltung lag erstens in der schon oben erwähnten Tatsache, dass es sich um eine Phase politischer und gesellschaftlicher Umbrüche handelte, die eine große Verunsicherung der Kulturträger hervorrief. Zweitens bestanden damals noch keine längerfristigen Erfahrungen im Umgang mit der Frage, welche Effekte von der kommerzialisierten Medienkultur auf die Gesellschaftsordnung ausgingen, wobei drittens den Medien eine überdimensionalisierte Wirkungsmacht zugeschrieben wurde, die sie in diesen Ausmaßen gar nicht hatten.

Wie ebenfalls dargestellt, richtete sich das Streben der Kulturkonservativen primär auf die Aufrechterhaltung der bürgerlichen Kulturangebote, für die auch die neuen

Medien eingesetzt werden sollten. Gespalten waren sie freilich in der Frage, inwieweit sich die bildungsbürgerliche Kultur gegenüber der künstlerischen Avantgarde öffnen müsste – ein Diskursstrang, der vor allem Rundfunk und Film betraf.

Ferner wiesen die auf der politischen Bühne dominanten Kulturkonservativen den neuen Massenmedien die Funktion zu, die gesellschaftliche Ordnung, vor allem die Geschlechterordnung, ungeachtet des Zeitenwandels zu (re-)stabilisieren. Allenfalls sollte, wie das Beispiel Hersel zeigt, diese *innerhalb* des konventionellen Rahmens modernisiert werden. Wenn man von einem weit gefassten Politikbegriff ausgeht, der gesellschaftliche und geschlechterbezogene Ordnungs- und Kulturvorstellungen einschließt, dann betrieben auch Kulturkonservative unreflektiert eine Politisierung der Medien entsprechend ihrer Sicht auf die gewünschte Gesellschaftsordnung.

Dessen ungeachtet fürchteten viele bildungsbürgerlich geprägte Kulturkonservative allerdings die Thematisierung politischer Sichtweisen in den neuen Medien, vor allem im Radio, weil sie nicht vorher sagen konnten, ob ihre Interpretation des Politischen auf Dauer aufrechtzuerhalten sei und weil sie keinesfalls den Einfluss politisch Andersdenkender in den Medien verstärken wollten. Dahinter stand die allgemeine Furcht vor einer ungesteuerten Politisierung der „Massen" durch die modernen Medien, weil diese vermeintlich im Chaos, das heißt in der Revolution, enden könnte. Hier wirkten selbst bei Vertretern demokratiefreundlicher Parteien noch demokratiefeindliche Vorstellungen nach. Dass sich durch neue Formen der Medialisierung von Politik die Vermittlung des Politischen und damit die Kommunikationskultur grundlegend veränderte, wurde vom Gros der Kulturkonservativen weniger als ein generelles Kennzeichen der modernen Medienzeiten interpretiert, sondern vorrangig als Folge der Sensationsgier der „Massen" und des ungezügelten Geschäftsgebarens der Medienproduzenten.

Hinzu kam, dass zahlreiche Kulturkonservative ihre eigenen Standpunkte zu Medien und Kultur als unpolitisch auffassten. Da Andersdenkende, von den Kulturliberalen und der Kritischen Intelligenz bis zu den Sozialdemokraten und Kommunisten, diese Interpretation nicht akzeptierten und deshalb alternative Konzepte entwickelten und außerdem versuchten, mit eigenen Produkten auf dem Medienmarkt Gegengewichte zu schaffen, blieb die kulturpolitische Fragmentierung der Weimarer Gesellschaft weiter bestehen. Für Theoretiker wie Kracauer und Brecht, die allerdings keinen nennenswerten Einfluss auf die konkrete Medienpolitik gewinnen konnten, waren die neuen Medien vor allem Hoffnungsträger alternativer Kommunikationsmodi, die bessere Chancen für gesellschaftskritische Erkenntnismöglichkeiten bieten und folglich auch zu neuen Gesellschafts- und Politikformen führen könnten.

Als sich gegen Ende der Weimarer Republik die Konturen der politischen und gesellschaftlichen Fragmentierung verschärften, vertiefte sich auch die Fragmentierung der Medienlandschaft. Gleichwohl gab es gerade damals Gegentrends, die auf ein

Aufbrechen der fragmentierten Gesellschaft durch die Medien hindeuteten (vgl. Führer/Corey 2006: 8-10). Gemeint sind vor allem die diversen Unterhaltungsangebote, die in allen Medien – auch im Rundfunk – unwiderruflich auf dem Vormarsch waren. Die Logik des kapitalistischen Medienkommerzes begrenzte nämlich zumindest teilweise den Hang zur parteien- und gruppeneingebundenen Formung der Medienangebote und durchlöcherte somit deren politische und kulturelle Fragmentierung. In diesem Zusammenhang ist insbesondere auf Frauen und Jugendliche zu verweisen, die sich gegenüber den milieuübergreifenden Medienangeboten besonders aufgeschlossen zeigten (ebd.: 10). Wenngleich die politisierte Fragmentierung der Medien, insbesondere der Printmedien, insgesamt gesehen noch dominierte (vgl. Fulda 2006a: 189), zeigten die auf Sensation und Unterhaltung ausgerichtete Massenpresse, die Unterhaltungsfilme sowie die zunehmende Anzahl von Unterhaltungssendungen im Radio bereits damals ansatzweise die „gewandelte Gestalt der Öffentlichkeit" in der Massendemokratie – mit all den Ambivalenzen, die sie seither kennzeichnete (vgl. Weisbrod 2001: 273).[35]

Insgesamt vermitteln die vorstehenden Ausführungen über die kulturkämpferischen Mediendiskurse der Weimarer Zeit ein Bild, das von der in der Literatur teilweise verbreiteten Vorstellung abweicht, damals haben vorwiegend kulturelle Libertinage und eine experimentierfreudige Avantgarde Politik und Öffentlichkeiten bestimmt. Worauf es jedoch für HistorikerInnen ankommt, ist nicht, das eine Bild mit dem anderen auszutauschen, sondern das Spannungsgefüge der gegensätzlichen Vorstellungen über Politik und Medien in jenen Jahren den Blick zu nehmen.

35 Über das Ausmaß klassenübergreifender Medienangebote und -wirkungen bestehen in der Literatur unterschiedliche Auffassungen. Dussel ist im Unterschied zu Führer und von Saldern eher zurückhaltend (Dussel 2002: 174; Führer 1996:739; von Saldern 1986: 59-62) Letztere berücksichtigt allerdings nicht nur den Medien-, sondern auch den Freizeitsektor. Außerdem arbeitet sie geschlechterspezifische Verhaltensunterschiede heraus: Frauen, vor allem junge Frauen, waren beispielsweise wenig in die Arbeiterkulturvereine integriert und deshalb gegenüber der „Massenfreizeitkultur" besonders aufgeschlossen.

Literatur

Arnheim, Rudolf (1974): Film als Kunst. Deutsche Neuauflage. München: Hanser.

Barbian, Jan-Pieter (1993): Filme mit Lücken: Die Lichtspielzensur in der Weimarer Republik: von der sozialethischen Schutzmaßnahme zum politischen Instrument. In: Jung, Uli (Hrsg.): Der deutsche Film. Aspekte seiner Geschichte von den Anfängen bis zur Gegenwart. Trier: Wissenschaftlicher Verlag, S. 51-78.

Bauer, Thomas (1993): Deutsche Programmpresse 1923 bis 1941. Entstehung, Entwicklung und Kontinuität der Rundfunkzeitschriften. München u.a.: Saur.

Bollenbeck, Georg (1999): Tradition, Avantgarde, Reaktion. Deutsche Kontroversen um die kulturelle Moderne 1880–1945. Frankfurt a. M.: Fischer.

Crivellari, Fabio u.a. (2004): Einleitung: Die Medialität der Geschichte und die Historizität der Medien. In: Dies. (Hrsg.): Die Medien der Geschichte. Historizität und Medialität in interdisziplinärer Perspektive. Konstanz: UVK Medien, S. 9-48.

Dahl, Peter (1983): Radio. Sozialgeschichte des Rundfunks für Sender und Empfänger. Reinbek bei Hamburg: Rowohlt.

Dinghaus, Angela (1999): Hersels Jungmädchenstunde. Identifikationsangebote für junge Frauen. In: Marßolek, Inge/Saldern, Adelheid von (Hrsg.): Radiozeiten. Herrschaft, Alltag, Gesellschaft. Potsdam: Verlag für Berlin-Brandenburg, S. 233-250.

Dinghaus, Angela (2001): Frauenfunk und Jungmädchenstunde: ein Beitrag zur Programmgeschichte des Weimarer Rundfunks. Universität Hannover: Phil. Diss (URL: http://deposit.ddb.de/cgi-bin/dokserv?idn=967349451&dok_var=d1&dok_ext=pdf&filename=967349451.pdf).

Dussel, Konrad (1999): Deutsche Rundfunkgeschichte. Eine Einführung. Konstanz: UKV Medien.

Dussel, Konrad (2002): Hörfunk in Deutschland. Politik, Programm, Publikum (1923–1960). Potsdam: Verlag für Berlin-Brandenburg.

Dussel, Konrad (2004): Deutsche Tagespresse im 19. und 20. Jahrhundert. Münster: Lit Verlag.

Führer, Karl Christian (1996): Auf dem Weg zur ‚Massenkultur'. Kino und Rundfunk in der Weimarer Republik. In: Historische Zeitschrift, 262. Bd., S. 739-781.

Führer, Karl Christian/Ross, Corey (2006): Mass Media, Culture and Society in Twentieth-Century Germany. An Introduction. In: Dies. (Hrsg.): Mass Media, Culture and Society in Twentieth-Century Germany. Houndmills u.a.: Palgrave Macmillan, S. 1-21.

Fulda, Bernhard (2006a): Industries of Sensationalism. German Tabloid in Weimar Berlin. In: Führer, Karl Christian/Ross, Corey (Hrsg.): Mass Media, Culture and Society in Twentieth-Century Germany. Houndmills u.a.: Palgrave Macmillan, S. 183-204.

Fulda, Bernhard (2006b): Die Politik des „Unpolitischen". Boulevard und Massenpresse in den zwanziger und dreißiger Jahren. In: Bösch, Frank/Frei, Norbert (Hrsg.): Medialisierung und Demokratie im 20. Jahrhundert. Göttingen: Wallstein, S. 48-72.

Hagen, Wolfgang (2005): Das Radio. Zur Geschichte und Theorie des Hörfunks – Deutschland/USA. München: Wilhelm Fink.

Hake, Sabine (2004): Film in Deutschland. Geschichte und Geschichten seit 1895. Reinbek bei Hamburg: Rowohlt.

Jelavich, Peter (2006): Berlin Alexanderplatz. Radio, Film, and the Death of Weimar Culture. Berkeley: University of California Press.

Kaes, Anton (2004): Film in der Weimarer Republik. In: Jacobsen, Wolfgang/Kaes, Anton/ Prinzler, Hans Helmut (Hrsg.): Geschichte des deutschen Films. Stuttgart u.a.: Metzler, S. 39-100.

Knoch, Habbo (2005): Gefühlte Gemeinschaften. Bild und Generation in der Moderne. In: Jureit, Ulrike/Wildt, Michael (Hrsg.): Generationen. Zur Relevanz eines wissenschaftlichen Grundbegriffs. Hamburg: Hamburger Edition, S. 295-319.

Knoch, Habbo (2006): Living Pictures: Photojournalism in Germany, 1900 to the 1930s. In: Führer, Karl Christian/Ross, Corey (Hrsg.): Mass Media, Culture and Society in Twentieth-Century Germany. Houndmills u.a.: Palgrave Macmillan, S. 217-233.

Koch, Gertrud (1996): Kracauer zur Einführung. Hamburg: Junius.

Koch, Hans Jürgen/Glaser, Hermann (2005): Ganz Ohr. Eine Kulturgeschichte des Radios in Deutschland. Köln u.a.: Böhlau.

Korte, Helmut (Hrsg.) (1978): Film und Realität in der Weimarer Republik. Mit Analysen der Filme „Kuhle Wampe“ und „Mutter Krauses Fahrt ins Glück“. München: Hanser.

Kracauer, Siegfried (1977 [1926]): Kult der Zerstreuung. In: Ders.: Das Ornament der Masse. Essays. Frankfurt a. M.: Suhrkamp, S. 311-325.

Kracauer, Siegfried (1977 [1927]): Die kleinen Ladenmädchen gehen ins Kino. In: Ders.: Das Ornament der Masse. Essays. Frankfurt a. M.: Suhrkamp, S. 279-294.

Kracauer, Siegfried (1971 [1930]): Die Angestellten. Frankfurt a. M.: Suhrkamp.

Kreimeier, Klaus/Ehmann, Antje/Goergen, Jeanpaul (Hrsg.) (2005): Weimarer Republik (= Bd. 2 der Geschichte des dokumentarischen Films in Deutschland, hrsg. von Peter Zimmermann). Stuttgart: Reclam.

Lacey, Kate (1996): Feminine Frequencies. Gender, German Radio, and the Public Sphere, 1923–1945. Ann Arbor: University of Michigan Press.

Lacey, Kate (2006): The Invention of Listening Public: Radio and its Audiences. In: Führer, Karl Christian/Ross, Corey (Hrsg.): Mass Media, Culture and Society in Twentieth-Century Germany. Houndmills u.a.: Palgrave Macmillan, S. 61-79.

LeMahieu, D. L. (1988): A Culture for Democracy. Mass Communication and the Cultivated Mind in Britain between the Wars. Oxford: Clarendon Press.

Lenk, Carsten (1997): Die Erscheinung des Rundfunks. Einführung und Nutzung eines neuen Mediums 1923–1932. Opladen: Westdeutscher Verlag.

Leonhard, Joachim-Felix (Hrsg.) (1997): Programmgeschichte des Hörfunks in der Weimarer Republik, 2 Bde. München: dtv.

Maase, Kaspar (1997): Grenzenloses Vergnügen. Der Aufstieg der Massenkultur 1850–1970. Frankfurt a. M.: Fischer.

Marßolek, Inge/Saldern, Adelheid von (Hrsg.) (1999): Radiozeiten. Herrschaft, Alltag, Gesellschaft. Potsdam: Verlag für Berlin-Brandenburg.

Monaco, Paul (1976): Cinema and Society. France and Germany during the Twenties. New York: Elsevier.

Murray, Bruce (1990): Film and the German Left in the Weimar Republic. From Caligari to Kuhle Wampe. Austin: University of Texas Press.

Petersen, Klaus (1995): Zensur in der Weimarer Republik. Stuttgart, Metzler.

Protokolle der Verhandlungen des Preußischen Landtags (PrL).

Protokolle der Verhandlungen des Reichstags (RT).

Reinhard, Stephan (Hrsg.) (1982): Lesebuch Weimarer Republik. Deutsche Schriftsteller und ihr Staat von 1918–1933. Berlin: Klaus Wagenbach.

Requate, Jörg (2001): Medienmacht und Politik. Die politischen Ambitionen großer Zeitungsunternehmer – Hearst, Northcliffe, Beaverbrook und Hugenberg im Vergleich. In: Archiv für Sozialgeschichte, 41. Bd., S. 79-96.

Rosenhaft, Eve (1996): Lesewut, Kinosucht, Radiotismus. Zur (geschlechter-) politischen Relevanz neuerer Massenmedien in der 1920er Jahren. In: Lüdtke, Alf/Marßolek, Inge/Saldern, Adelheid von (Hrsg.): Amerikanisierung: Traum und Alptraum im Deutschland des 20. Jahrhunderts. Stuttgart: Steiner, S. 119-143.

Ross, Corey (2008): Media and the Making of Modern Germany. Mass Communications, Society, and Politics from the Empire to the Third Reich. Oxford: Oxford University Press, S. 74-82.

Saldern, Adelheid von (1986): Arbeiterkulturbewegung in Deutschland in der Zwischenkriegszeit. In: Boll, Friedhelm (Hrsg.): Arbeiterkulturen zwischen Politik und Alltag. Wien u.a.: Europa-Verlag, S. 29-70.

Saldern, Adelheid von (1993): Massenfreizeitkultur im Visier. Ein Beitrag zu den Deutungs- und Einwirkungsversuchen während der Weimarer Zeit. In: Archiv für Sozialgeschichte, 33. Bd., S. 21-58.

Saldern, Adelheid von (1996): Überfremdungsängste. Gegen die Amerikanisierung der deutschen Kultur in den zwanziger Jahren. In: Lüdtke, Alf/Marßolek, Inge/Saldern, Adelheid von (Hrsg.): Amerikanisierung. Traum und Alptraum im Deutschland des 20. Jahrhunderts. Stuttgart: Steiner, S. 213-244.

Saldern, Adelheid von (1998): Modernization as Challenge: Perceptions and Reactions of German Social Democratic Women. In: Gruber, Helmut/Graves, Pamela (Hrsg.): Women and Socialism. Socialism and Women. Europe between the Two World Wars. New York/Oxford: Berghahn, S. 95-134.

Saldern, Adelheid von (1999): Rundfunkpolitik, Nationalidee und Volkskultur (1926–1932). In: Dies./Marßolek, Inge (Hrsg.): Radiozeiten. Herrschaft, Alltag, Gesellschaft. Potsdam: Verlag für Berlin-Brandenburg, S. 59-82.

Saldern, Adelheid von (1999): „Kunst für's Volk". Vom Kulturkonservatismus zur nationalsozialistischen Kulturpolitik. In: Dies.: Politik – Stadt – Kultur. Aufsätze zur Gesellschaftsgeschichte des 20. Jahrhunderts. Hamburg: Ergebnisse Verlag.

Saldern, Adelheid von (2004): *Volk* und *Heimat* Culture in Radio Broadcasting during the Period of Transition from Weimar to Nazi Germany. In: Journal of Modern History, 7. Jg., H. 2, S. 312-346.

Seegers, Lu (2001): Hör Zu! Eduard Rhein und die Rundfunkprogrammzeitschriften (1931–165). Potsdam: Verlag für Berlin-Brandenburg.

Schneider, Irmela (1984): Radio-Kultur in der Weimarer Republik. Eine Dokumentation. Tübingen: Narr.

Stöber, Rudolf (1998): Die erfolgverführte Nation. Deutschlands öffentliche Stimmungen 1866 bis 1945. Stuttgart: Steiner.

Theweleit, Klaus (1977): Männerphantasien. 2 Bde. Frankfurt, Roter Stern.

Weisbrod, Bernd (2001): Medien als symbolische Form der Massengesellschaft. In: Historische Anthropologie, 9. Jg., H. 2, S. 270-283.

Wunderer, Hartmann (1980): Arbeitervereine und Arbeiterparteien. Kultur- und Massenorganisationen in der Arbeiterbewegung (1890–1933). Frankfurt/New York: Campus.

Andreas Scheu/Manuel Wendelin

Medialisierung – Die Perspektive der Kritischen Theorie

1. Einleitung

Dieser Aufsatz verfolgt das Ziel, ideengeschichtliche Stationen einer *kritischen* Perspektive auf das Phänomen „Medialisierung“ nachzuzeichnen. Analytisch wird dabei ein Zusammenhang mit Veränderungen in der Medienlandschaft hergestellt. Medialisierungskonzepte gehen generell von einem steigenden Einfluss der Medien auf andere Gesellschaftsbereiche aus (vgl. Donges 2005; vgl. Krotz 2007; vgl. Meyen 2009; vgl. Livingstone 2009; vgl. Vowe 2006). Wissenschaftliche Beschreibungen des Medialisierungsprozesses sind dabei häufig negativ konnotiert (vgl. z.B. Kepplinger/Maurer 2005; vgl. Meyer 2001; vgl. Müller 1998). Die Beobachtung einer Zunahme der Medialisierung im historischen Verlauf müsste sich dementsprechend in einer lauter werdenden theoretischen Kritik niederschlagen. Diese ist vor allem von Vertretern der Kritischen Theorie zu erwarten, deren Gesellschaftskritik auch Medien einschließt. Insofern wird im Folgenden mithilfe einer kategoriengeleiteten Analyse und exemplarisch anhand einschlägiger Texte von Horkheimer (1895–1973) und Adorno (1903–1969), Negt (*1934) und Kluge (*1932) sowie Habermas (*1929) der Frage nachgegangen, wie das Medialisierungskonzept der Kritischen Theorie auf Medienentwicklungen reagierte.

Als theoretische Grundlage dienen Arbeiten der Wissens- und Wissenschaftssoziologie, die davon ausgehen, dass auch wissenschaftliche Kommunikationen von ihren sozialen Entstehungskontexten beeinflusst werden (vgl. z.B. Weingart 2003). Mit Bourdieu (1992; 1998) ist Wissenschaft eine soziale Praxis unter anderen und abhängig von Feldstrukturen, dem jeweiligen Habitus der Akteure und von externen Einflüssen. Ein wichtiger externer Einfluss auf die wissenschaftliche Auseinandersetzung mit Medialisierung ist die Medienentwicklung. Bösch und Frei (2006: 8) nehmen an, dass es seit dem späten 19. Jahrhundert in Abständen von etwa dreißig Jahren zu „grundlegenden Veränderungen des Medienangebotes“ gekommen ist, welche „auch die sozialen Beziehungen und Selbstdeutungen der Gesellschaft veränderten“. Die hier getroffene Auswahl an *kritischen* Theoretikern entspricht dieser Annahme: Die „Dialektik der Aufklärung“ wurde in den 1940er Jahren geschrieben, in einer Zeit, die politisch unsicher war und vor der Verbreitung des Fernsehens in Deutschland lag. Mit „Öffentlichkeit und Erfahrung“ haben Negt und Kluge in den 1970er Jahren auf die Studentenbewegung reagiert und dies zu einer Zeit, in der das öffentlich-rechtliche Rundfunksystem noch eine Monopolstellung innehatte. Habermas hat sich zuletzt 2006 zum Mediensystem geäußert – in einer globalisierten Medienwelt, die vor allem durch das Internet geprägt scheint.

Bevor die Deutungsangebote der Kritischen Theorie (re-)kontextiert werden, geht es zuerst um eine theoretische Fundierung der vorliegenden Untersuchung. Dabei wird ein Kategoriensystem konstruiert, das als methodisches Instrument dient. Die Ergebnisse werden vorwiegend in chronologischer Gliederung vorgestellt. Der Schwerpunkt liegt hierbei auf biografischen Zusammenhängen. Über die Biografien der Akteure kann die Verschränkung von Sozial- und Ideengestalt in der Wissenschaft erklärt werden (vgl. Averbeck/Kutsch 2002: 57) und letzten Endes ist es auch der einzelne Akteur, der zwischen der Theorieentwicklung und Veränderungen in wissenschaftsexternen Bereichen vermittelt (vgl. Bourdieu 1999: 367). Weil sich Habermas als einziger der untersuchten Theoretiker über einen längeren Zeitraum mit dem Thema „Medien“ beschäftigt hat, markiert er als Endpunkt der dargestellten Entwicklung den Übergang zum Fazit der Studie.

2. Theoretische Verortung und methodischer Zugang

Winfried Schulz (2004: 88-90) hat bei seiner Rekonstruktion von *mediatization* als einem analytischen Konzept zur empirischen Erforschung von sozialem Wandel zwischen vier Prozessen unterschieden: *extension* (Medientechnologien erweitern die natürlichen Beschränkungen menschlicher Kommunikation in räumlicher und zeitlicher Hinsicht sowie bezüglich der Aussagekraft), *substitution* (Medien ersetzen soziale Aktivitäten und Institutionen teilweise oder komplett und verändern sie dadurch), *amalgamation* (Medienaktivitäten verschmelzen mit anderen Aktivitäten und durchdringen unterschiedliche Gesellschaftsbereiche) und *accomodation* (Medien bewirken allein durch ihr Vorhandensein eine Anpassung von Akteurshandeln und im Zuge dessen eine Orientierung ganzer Gesellschaftsbereiche an der Medienlogik). Damit liegt ein theoretischer Rahmen vor, in den die Perspektive der Kritischen Theorie auf Massenkommunikation im Allgemeinen und auf Medialisierung im Besonderen eingeordnet werden soll.

Medialisierungstheorien reflektieren Entwicklungen im Feld der Medien vor einem je aktuellen gesellschaftlichen Hintergrund. Wir gehen deshalb davon aus, dass diese Theorien immer auch aktuelle Entwicklungen des Mediensystems widerspiegeln. Um mit dem umfassenden Begriff „Medienentwicklungen“ als Einflussfaktor auf die Theorieentwicklung methodisch umgehen zu können, haben wir ihn in Anlehnung an die Unterscheidung, die Stöber (2005: 25-26) bei seiner „Diskussion journalistischen Wandels" trifft, ebenfalls in vier Bereiche aufgeteilt: Medientechnik, Medienkultur (kultureller Diskurs über Medien), Medienpolitik/-recht und Medienökonomie. Neben dem Medienwandel ist vor allem von einem Einfluss des politischen Feldes auf die normative Perspektive der Kritischen Theorie auszugehen, da die Vertreter der Frankfurter Schule insbesondere eine Veränderung des politischen Systems forderten und die Entwicklung der (zivilgesellschaftlichen) politischen Kultur zu beeinflussen versuchten.

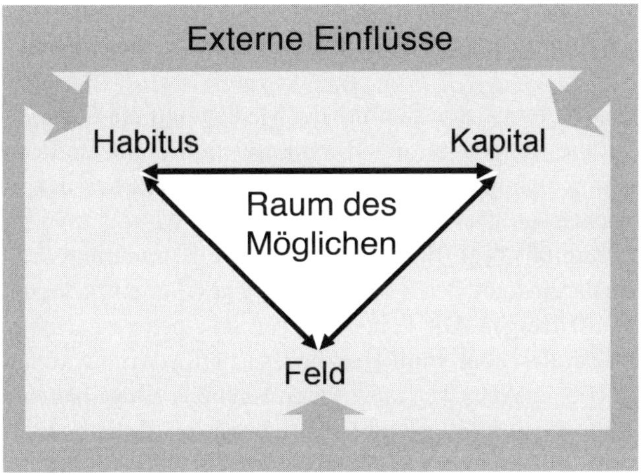

Abbildung 1: Der Raum des Möglichen

Vermittlungsinstanz zwischen diesen Kontextfaktoren ist der Theorieproduzent. Dieser ist neben dem wissenschaftlichen Feld eingebunden in weitere soziale Kontexte und beobachtet Medien und politisches System. Seine Beobachtungen fasst er in Form einer Theorie – hier in Form einer Medientheorie – zusammen. Wissenschaft, um es kurz zu machen, entwickelt sich in Abhängigkeit von den an ihr beteiligten Akteuren, deren Sozialisation und konkreten Erfahrungen. Sichtbar werden diese Erfahrungen im Habitus der Akteure – als strukturierende (*modus operandi*) und strukturierte Struktur (*opus operatum*) (vgl. Bourdieu 1987: 279-283). Die im Habitus geronnene Sozialisation, körperliche Dispositionen, soziale Herkunft und Generationserfahrungen bestimmen Wertorientierungen, Selbstbild, Wissenschaftsverständnis und damit auch das, was ein Akteur zu tun oder zu denken in der Lage ist (vgl. Bourdieu 1998: 25; vgl. Wendelin 2008: 154). Der Habitus schließt als *modus operandi* also die theoretische Perspektive der Akteure auf Medialisierung ein. Außerdem wirkt auch das vom Akteur akkumulierte Kapital auf „seine eigentümliche Stellung im Feld. [...] Umgekehrt aber handelt jeder Akteur unter den Zwängen der Struktur des Raums, die sich ihm umso gewaltsamer auferlegt [sic], je geringer sein verhältnismäßiges Gewicht im Feld [sein Kapital, A.S.] ist." (Bourdieu 1998: 21) Aus der Interaktion zwischen Habitus, Kapital und den Regeln des relevanten Feldes entsteht somit ein „Raum des Möglichen" (ders. 2001: 371-378; vgl. Meyen/Wendelin 2008: 21-22), in dessen Grenzen sich die Theorieproduktion vollzieht. Externe Einflüsse wirken hierbei auf „den von ihnen dauerhaft geprägten Habitus der Produzenten", oder beeinflussen „zum Zeitpunkt der Produktion des Werkes das entsprechende Feld" (Bourdieu 2001: 367). Außerdem können sie indirekt auch auf den Prozess der Kapitalvergabe wirken, indem sie je nach Autonomiegrad des jeweiligen Feldes dessen Regeln mitbestimmen. (vgl. Abb. 1)

Das Ziel dieses Beitrags, den Einfluss der Medien- auf die Theorieentwicklung zu untersuchen, legt die Konzentration auf die Bereiche Habitus und externe Einflüsse nahe. Die zusammenhängenden Bereiche Feldstrukturen und Kapital werden im Folgenden vernachlässigt. Der Habitus ist in gewisser Weise die Verinnerlichung des angesammelten Kapitals (vgl. Bohn 1991: 24). Die Betrachtung des Habitus reicht also aus, wenn es darum geht, den Zusammenhang gesellschaftlicher und theoretischer Entwicklungen aufzuzeigen. Die Feldstrukturen scheinen vernachlässigbar, weil sie zum einen nicht vergleichbar sind: Horkheimer und Adorno waren am Institut für Sozialforschung (IfS) in Amerika Außenseiter, Negt und Kluge hatten in Deutschland Verbindungen zum IfS, zur Studentenbewegung und zur Medienpraxis und sind dementsprechend anderen Feldern zuzuordnen als der eher „klassische" Wissenschaftler Habermas. Zum anderen erschweren die Akteure eine eindeutige Zuordnung zu einem konkreten Feld: Ihre Selbstbeschreibungen beziehen sich auf Kunst, Philosophie, Soziologie und Massenmedien. Die Untersuchungskategorien in Abbildung 2 sind aus diesen Überlegungen abgeleitet.

Habitus: opus operatum
Herkunft, Sozialisation, Generationserfahrungen

Habitus: modus operandi
Wertorientierung, Selbstbild, Wissenschaftsverständnis, Perspektive auf Massenkommunikation und Medialisierung

Einfluss: Feld der Medien
technische Entwicklungen, kulturelle Entwicklung, politisch-rechtliche Entwicklungen, ökonomische Entwicklungen

Einfluss: Politisches Feld
politisches System, politische Kultur

Abbildung 2: Untersuchungskategorien

Ein Kategoriensystem strukturiert in historischen Untersuchungen die Auswertung von Quellen und gibt Hinweise auf deren Relevanz im Hinblick auf die verfolgte Fragestellung (vgl. Löblich 2008). Als Quellen wurden theoretische Texte herangezogen, auf die im folgenden Teil verwiesen wird, sowie (medien-)historische Untersuchungsergebnisse, (auto-)biografisches Material und Interviews.

3. Etappen der kritischen Perspektive auf Medialisierung

In den 1930er Jahren formte sich die Kritische Theorie unter dem Einfluss Max Horkheimers. Horkheimer war die dominante Figur am Institut für Sozialforschung (IfS) in Frankfurt. Die Wurzeln der Kritischen Theorie reichen dabei in die Mitte des 19. Jahrhunderts, zu den Linkshegelianern und vor allem zu deren berühmtesten Vertreter, Karl Marx (vgl. Jay 1976: 63, 66). Ideengeschichtlich war die Anfangsphase der Kritischen Theorie dann auch geprägt von einem „relativ orthodoxen, aber stets parteipolitisch unabhängigen Marxismus“ (Kausch 1988: 19). Die Gegenwartsgesellschaft sollte aus ökonomischer, sozialpsychologischer und kulturtheoretischer Perspektive heraus analysiert werden (vgl. Horkheimer 1972: 43). Antworten versprach man sich über die „systematische Einbeziehung aller sozialwissenschaftlichen Forschungsdisziplinen in das Projekt einer materialistischen Gesellschaftstheorie“ (Honneth 1990: 27). Dieser Anspruch führte zu einer beispiellosen „interdisziplinäre[n] Vereinigung von Wissenschaftlern, die unterschiedliche Probleme von einer gemeinsamen theoretischen Basis aus angingen.“ (Jay 1976: 346)

Auch die Weiterentwicklungen der Perspektive blieben diesen Wurzeln verpflichtet. Seit das IfS 1950 aus seinem amerikanischen Exil nach Frankfurt zurückgekehrt war, haben unterschiedliche Akteure die „kritische“ Perspektive weiterentwickelt. Vor allem die Themen Kommunikation, Massenkommunikation und Öffentlichkeit gewannen an Gewicht. Und obwohl die Gesellschaftsanalysen deutlich versöhnlicher und weit weniger pessimistisch wurden, blieben zentrale Gemeinsamkeiten der Kritischen Theoretiker bestehen. Dazu zählte ein Wissenschaftsverständnis, das den einzelnen Wissenschaftler in den Dienst der Gesellschaft stellte und die Verbesserung der sozialen Realität als Ziel setzt; dazu gehörten außerdem eine materialistische theoretische Basis und die dialektische Herangehensweise, also die Analyse der Realität im Kontrast einer normativen Utopie (vgl. auch Horkheimer 1937).

3.1 Kulturindustrie – Medialisierung als totalitäre Ökonomisierung

Mit dem Thema Medialisierung hat sich in den Anfangsjahren der Kritischen Theorie vor allem Theodor W. Adorno befasst. Unter anderem hat er im Rahmen des von Paul Felix Lazarsfeld (1901–1976) geleiteten „Radio Research Project“ Texte geschrieben, die zum Teil vernichtende Kritik am amerikanischen Gesellschaftssystem und dessen Rundfunk übten (vgl. z.B. Adorno 1997a; ders. 2001; ders. 2006). Am prominentesten ist aber das gemeinsam mit Max Horkheimer verfasste Kapitel „Kulturindustrie“ in „Dialektik der Aufklärung“ (Horkheimer/Adorno 2001 [1947]: 128-176). Mit diesem Buch wollen Horkheimer und Adorno die Frage beantworten, „warum die Menschheit, anstatt in einen wahrhaft menschlichen Zustand einzutreten, in eine neue Art von Barbarei versinkt“ (ebd.: 1). Einen Grund hierfür sehen die Autoren in der Kulturindustrie; „Aufklärung als Massenbetrug“ (ebd.: 128) – so der Untertitel des Kapitels.

Die Reproduktion der spätkapitalistischen Logik im Bewusstsein der Rezipienten

Medialisierung haben Horkheimer und Adorno nicht als Fortpflanzung der medialen Logik in andere gesellschaftliche Felder beschrieben (*accomodation*), sondern als mediale Reproduktion der spätkapitalistischen Logik im Bewusstsein der Rezipienten (*substitution* und *amalgamation*). Die Medienkritik der Autoren war pessimistisch. Es ging ihnen ganz allgemein um die destruktive Rolle der Massenkultur im Entwicklungsprozess der modernen Gesellschaft und konkret um die Instrumentalisierung der Massenmedien im und durch den „Spätkapitalismus“ (Horkheimer/Adorno 2001: 129). Die instrumentalisierten Massenmedien würden gegebene Herrschaftsverhältnisse stabilisieren, da sie die Rezipienten dazu bringen, die „Unabänderlichkeit der Verhältnisse“ (ebd.: 157) zu akzeptieren.

Massenkommunikation sahen Horkheimer und Adorno als Instrument des Kapitalismus zur totalen Integration der Gesellschaft (vgl. Gebur 2002: 405-406). Sie vermuteten „Lenker“ der Medien, die diese wiederum „vorsätzlich“ für ihre Zwecke nutzen (Horkheimer/Adorno 2001: 129). Von diesen „wahren Machthabern“ aus Wirtschaft und Industrie mit ihren „dunklen Absichten“ sahen sie die Massenmedien abhängig (ebd.: 130). Hier haben Horkheimer und Adorno einen Gegensatz zwischen der „kapitalistischen Produktion“ auf der einen und den – durch die Kulturindustrie zu solchen gemachten – „Konsumenten“ auf der anderen Seite entfaltet (ebd.: 141). Massenmedien wären demnach Herrschaftsinstrumente, die ihre Adressaten zweifach „versklaven“: Individuen würden sowohl als Arbeitskräfte als auch als Konsumenten in die Totalität der spätkapitalistischen Gesellschaft integriert (ebd.: 158-159). Die zentralen Funktionen der Medien im Spätkapitalismus sind nach Horkheimer und

Adorno Affirmation, Stabilisierung des Status Quo und Reproduktion der Gesellschaft. So würden die Massenmedien „den Traum der Lieferanten unter die Leute" bringen: „das tausendjährige Reich eines industriellen Kastensystems endloser Dynastien" (Horkheimer/Adorno 1997: 332).

Hierbei ist die Vorstellung der Autoren von starken Medienwirkungen zentral. Diese reichen von der „Verkümmerung der Vorstellungskraft und Spontaneität des Kulturkonsumenten" (Horkheimer/Adorno 1997: 134) über die „Gewöhnung der Sinne ans neue Tempo" bis hin zur psychologischen „Gewalt gegen den Zuschauer" (ebd.: 147). Medialisierung im Sinne von Horkheimer und Adorno bedeutet also, dass die Rezipienten am Ende vollständig „dem von der Kulturindustrie präsentierten Modell" (ebd.: 176) entsprechen.

Diese Vorstellung ist ohne ein passives und abwertendes Rezipientenbild nicht möglich. Die Rezipienten betrachteten die Autoren dementsprechend auch als ohnmächtig gegenüber einer Kulturindustrie, die gemäß Horkheimer und Adorno sogar bis ins Unbewusste wirkt und ihre Opfer in einem „Zirkel von Manipulation und rückwirkendem Bedürfnis" (Horkheimer/Adorno 2001: 129) gefangen hält. Aus der Perspektive Adornos sind Fernsehzuschauer, Kinobesucher und Radiohörer noch nicht einmal mehr dazu fähig, Ansprüche gegenüber den Massenmedien zu formulieren. Denn je „dichter das Netz der Vergesellschaftung geflochten und womöglich ihnen über den Kopf geworfen ist, desto weniger vermögen ihre Wünsche, Intentionen, Urteile ihm zu entschlüpfen". Außerdem sei es doch „so viel bequemer", wenn man „sich unterwirft" (Adorno 1997c: 343). So würden Hörer und Zuschauer gleichgeschaltet, bis ihre Leben eine Kopie der Filme geworden (vgl. ebd.: 134) und Individualität auf die Attribute „blendend weiße Zähne und Freiheit von Achselschweiß und Emotionen" (ebd.: 176) reduziert sei. Am Ende dieser Medialisierung des Individuums will das „bis zum äußersten präparierte Publikum [...] verblendet das Schlechte" (ebd.: 344), vorausgesetzt man überlässt es sich selbst.

Kulturindustrie und die Schattenseiten der Aufklärung

Das Kapitel „Kulturindustrie" enthält zahlreiche sprachliche und inhaltliche Verweise auf Parallelen zwischen Kapitalismus und Faschismus. Für die Autoren waren die Funktionsweisen der Massenmedien tendenziell faschistisch und bedrohten die menschliche Freiheit (vgl. Adorno 1997c: 176). Diese Perspektive war geprägt vom Habitus der Akteure als *opus operatum*, in unserem Fall vor allem von den Generationserfahrungen mit dem Nationalsozialismus – „ohne den biographischen Hintergrund [...] ist die Kritische (Medien-) Theorie nicht zu verstehen" (Meyen/Löblich 2006: 207). Horkheimer und Adorno waren – wie alle Mitglieder des IfS – jüdischer

Abstammung. Deshalb und unter dem Vorwand, es habe „staatsfeindliche Bestrebungen" (Wiggershaus 1986: 148) gefördert, wurde es im Juli 1933 aufgelöst. Es folgten die Flucht über New York nach Hollywood und der Freitod Walter Benjamins 1940 (vgl. Brodersen 1990). Diese Erfahrungen machen das nachhaltige Interesse der Institutsmitglieder an der Faschismusanalyse nachvollziehbar. Michael Kausch (1988: 28, 52-64) sieht in der Zwangsemigration, während der die Mitglieder des IfS zum ersten Mal mit Propagandaforschung und der amerikanischen Massenkommunikation in Berührung kamen, außerdem das zentrale Motiv für die Entwicklung einer „kritischen Kommunikationsforschung" – der Erforschung gesellschaftlicher Auswirkungen massenmedialer und populärkultureller Phänomene aus der Perspektive der Kritischen Theorie.

Der Habitus als *modus operandi* von Horkheimer und Adorno entsprach dem Bild vom „europäischen Intellektuellen", von selbsternannten Vertretern einer kulturellen und geistigen Elite. Dies prägte auch ihre Perspektive auf Massenkommunikation. Zudem sahen sich beide eher als Philosophen denn als Sozialwissenschaftler, schon gar nicht aber als administrative Forscher nach dem Vorbild Lazarsfelds (vgl. Lazarsfeld 1941; vgl. Meyen/Löblich 2006: 206). Ihr negatives Rezipientenbild (vgl. Adorno 1997c) und die vehemente Kritik an der Massenkultur müssen daher auch als Abgrenzung in diese Richtung gesehen werden – insbesondere von Adorno, dessen Zusammenarbeit mit Lazarsfeld im „Radio Research Project" gescheitert war. Während seiner Mitarbeit provozierte Adorno Spannungen, die von Lazarsfeld nicht auf Dauer kompensiert werden konnten (vgl. Kausch 1988: 38-43). Außerdem bezweifelten die Verantwortlichen den Wert der Arbeiten Adornos (vgl. Wiggershaus 1986: 272-273).

Horkheimer und Adorno haben sich mit ihren Aussagen über die Kulturindustrie aber nicht nur gegenüber administrativer Forschung abgegrenzt, sie haben sich auch auf die Seite der elitären Kulturkritik gestellt. Als „Widerpart" der Kulturindustrie haben sie die „avancierte Kunst" (Horkheimer/Adorno 2001: 136) gesehen. Autonome Kunst also, die „über die Wirklichkeit hinausgeht" (ebd.: 139) und über „das Verdikt von Angebot und Nachfrage" (ebd.: 141) erhaben sein muss. Der dialektische Vergleich zwischen sozialer, beziehungsweise kultureller Realität mit diesem Ideal blieb aber esoterisch: Ihre Kriterien für die Unterscheidung von Beckett, Chaplin und Zwölftonmusik auf der Seite der Kunst und Detektivgeschichten, Donald Duck und Jazz auf der Seite der Kulturindustrie bleiben unbegründet oder sind direkt aus den Medieninhalten abgeleitet, genauso die gesellschaftlichen und individuellen Folgen der Kulturindustrie (vgl. Adorno 1997b; 1997d: 708).

Einflüsse aus anderen gesellschaftlichen Feldern dürften die pessimistische Perspektive der Autoren auf Massenkommunikation teilweise provoziert und teilweise verstärkt haben. So haben sie während ihres Exils in New York und ab 1941 in Hollywood eine für den *europäischen Intellektuellen* äußerst irritierende Kultur- und

Medienlandschaft kennen gelernt (vgl. Große-Kracht 1991: 17): Das Radio war spätestens ab den 1930er Jahren ein echtes (kommerzielles) Massenmedium, an dem Vertreter der werbetreibenden Wirtschaft großes Interesse zeigten (vgl. Spalding 1976), das Zeitalter des Fernsehens stand direkt bevor (vgl. Goldwyn 1976) und Hollywood befand sich zunächst in einer Phase der Monopolisierung, in der die Produktion standardisiert wurde und der Einfluss der Banken und Konzerne wuchs (vgl. Faulstich 2005: 98-99). Nachdem Amerika Deutschland den Krieg erklärt hatte, wurde das amerikanische Kino ebenfalls zu einem Propagandainstrument. Was Horkheimer und Adorno hier zu sehen bekamen, war keine Kultur in ihrem Sinne mehr. Nicht umsonst verwendeten sie überall dort, wo ihre Kritik besonders scharf wurde und sie *Verfallsformen* sozialer Realität beschrieben, amerikanische Vokabeln (vgl. z.B. Horkheimer/Adorno 2001: 148-149).

Außerdem ist davon auszugehen, dass die gesellschaftspolitische Lage Ende der 1930er und in den 1940ern die *kritische* Perspektive auf das Phänomen Massenkommunikation beeinflusst hat. Hierzu zählen die Bedrohung durch das faschistische Deutschland, der Massenmord in den Konzentrationslagern und der Kriegseintritt der USA. Der Schrecken darüber, dass all dies erst durch Fortschritt und Aufklärung möglich wurde, irritierte: Warum erstrahlt „die vollends aufgeklärte Erde [...] im Zeichen triumphalen Unheils?" (Horkheimer/Adorno 2001: 9). Die Mechanismen und Wirkungen der Kulturindustrie sind Teile der Antwort von Horkheimer und Adorno.

3.2 Öffentlichkeit und Erfahrung – Medialisierung der Öffentlichkeit

In „Öffentlichkeit und Erfahrung" (1972) entwickeln Negt und Kluge fast 30 Jahre nach der „Dialektik der Aufklärung" eines der einflussreichsten Konzepte von „Gegenöffentlichkeit" – die „proletarische Öffentlichkeit" (vgl. Wimmer 2007). Dabei erhält Habermas' Begriff von der „bürgerlichen Öffentlichkeit" eine polemische Funktion (vgl. Rust 1977: 23): Negt und Kluge nutzen ihn als Gegenbegriff und wollen so „unzweideutig auf eine Frontstellung" (Negt/Kluge 1972: 9) hinweisen.

Proletarische versus bürgerliche Öffentlichkeit

Oskar Negt und Alexander Kluge gingen implizit von einer Medialisierung der Öffentlichkeit aus, also davon, dass Öffentlichkeit aufgrund von Entwicklungen im Mediensystem und aufgrund von Veränderungen des Rezeptionsverhaltens immer stärker medial hergestellt wird (*substitution* und *amalgamation*). Medialisierung hatte bei Negt und Kluge allerdings zwei Gesichter: ein aufklärerisches und ein unterdrückendes.

Im Idealbild von Negt und Kluge war Medialisierung als „Erweiterung der Sinnesapparate“ und der „Wahrnehmungsfähigkeit“ der Rezipienten Grundvoraussetzung „jeder wirklichen gesellschaftlichen Veränderung“ (*extension*) (Negt/Kluge 1972: 179). Die Öffentlichkeitsform dieser Idealvorstellung ist die „proletarische Öffentlichkeit“. Hierbei ging es ihnen um eine „wirksame“ Form von „Gegenöffentlichkeit“ (ebd.: 7). Diese Öffentlichkeit sollte „Kristallisationspunkt“ sein. Sie sollte „die Interessen und Erfahrungen der erdrückenden Mehrheit der Bevölkerung“ wiedergeben – und zwar „so wie diese Erfahrungen und Interessen wirklich sind“ (ebd.: 10). Proletarische Öffentlichkeit wäre damit „ein allgemeiner gesellschaftlicher Erfahrungshorizont“ (ebd.: 18).

In der von Negt und Kluge beschriebenen Realität können aber lediglich bürgerliche Erfahrungen und Interessen zum Gegenstand von Öffentlichkeit werden. Bürgerliche Öffentlichkeit als Konstitutionsöffentlichkeit habe die Funktion, die bürgerliche Gesellschaftsordnung zu installieren und als „Legitimationsfassade“ (Negt/Kluge 1972: 8) zu fungieren. Das Wohl des Bürgertums werde dabei als Allgemeinwohl vermittelt und dem entgegen stehende Interessen als „bloß private [...] beiseitegefegt“ (ebd.: 102). Habe sich die bürgerliche Gesellschaft einmal etabliert, sorge Öffentlichkeit als strukturelle „Diktatur der Bourgeoisie“ (ebd.: 103) für die Erhaltung des Status Quo indem der „*Schein einer gesamtgesellschaftlichen Synthese*“[1] (ebd.: 104) hergestellt werde. Eine „privatwirtschaftliche Bewußtseinsindustrie“ (ebd.: 194) könne dabei helfen, bestehende Herrschaftsverhältnisse zu stabilisieren (vgl. ebd.: 200). Zudem entstünden aufgrund der gesteigerten Rolle der Massenmedien und vor allem des Fernsehens neue Gefahren: durch die Eigendynamik des Produktionsprozesses, die Beteiligung privatwirtschaftlicher Akteure und die spezifische Form der Inhalte von Fernsehsendungen. So gingen die Autoren von einer „Übermacht der Programmindustrie“ (ebd.: 176) aus und warnten vor einer „privatwirtschaftliche[n] Bewußtseinsindustrie“ (ebd.), welche die Selbstbestimmung der Rezipienten verhindere (vgl. ebd.: 179).

Negt und Kluge wandten sich allerdings nicht gegen Massenmedien als solche, auch nicht gegen das Fernsehen im Besonderen. Es sind die privatwirtschaftlichen Monopole der Medienindustrie gegen die sie argumentierten. Dieser „Medienverbund“ (Negt/Kluge 1972: 233) galt ihnen als „äußerste Gefahr jeder Selbstorganisation menschlicher Erfahrung in den Formen autonomer, proletarischer Öffentlichkeit“ (ebd.: 246). Den Grund hierfür sehen sie in der Tatsache, dass der Medienverbund „entfremdete Realität“ (ebd.: 245) vermittelt. Die privatwirtschaftlichen Unternehmen würden ehemals „öffentlich-rechtliche Bereiche“ – wie beispielsweise den Bildungsbereich – unter das „kurzfristige Kapitalinteresse“ subsumieren (ebd.: 239). Dies

1 Hervorhebungen in Zitaten aus den Originaltexten.

führe dazu, dass „kapitalistische Effizienzkriterien" auf private Lebensbereiche übertragen würden: Die „Menschen sollen sich in ihrem Gesamtverhalten auch außerhalb des Arbeitsprozesses nach denselben Maximen verhalten" (ebd.: 246). Die Kritik an den privatwirtschaftlichen Medienunternehmen spiegelte die Sorge um Meinungsmonopole und Medienkonzentration wider, die sowohl zu den „Anti-Springer-Aktionen" als auch zu den großen medienpolitischen Kommissionen führte.

Gefahren einer Medialisierung in Deutschland

Negt und Kluge standen der Kritischen Theorie von Horkheimer und Adorno durchaus nahe. Oy (2001) bezeichnet sie deshalb auch als „Neomarxisten in der Tradition der Kritischen Theorie". Nähe bestand allerdings nicht nur auf theoretischer Ebene, sondern auch sozial. Negt hatte sein Studium der Soziologie in Frankfurt beendet und wurde von Adorno im Schnellverfahren promoviert. 1962 erkannte Adorno Negts Diplomarbeit als Dissertationsschrift an, damit dieser eine frei gewordene Assistentenstelle bei Jürgen Habermas in Heidelberg annehmen konnte (vgl. Negt/Stollmann/Schulte 2005: 18). Er blieb bis 1970 auf dieser Stelle. 1970 nahm er einen Ruf an die Universität Hannover an. Der Jurist Alexander Kluge fing während seines Referendariats bei Helmut Becker in Kressbronn an, für das IfS zu arbeiten. Er war dort bis 1969 für juristische Fragen verantwortlich. Zu dieser Zeit entwickelte er ein freundschaftliches Verhältnis zu Adorno (vgl. Schubert 2008: 57). Negt und Kluge haben ähnlich wie Horkheimer und Adorno von massemedialen Inhalten auf Medienwirkungen geschlossen (z.B. Negt/Kluge 1972: 188-189), sie verwendeten eine „ermüdend wirkende marxistische Terminologie" (Bauer 2002: 7) und vertraten ein tendenziell negatives Rezipientenbild, das die Attribute unkritisch, manipulierbar und passiv vereinte (vgl. Negt/Kluge 1972: 189).

Das Urteil von Negt und Kluge ist aber bei weitem nicht so vernichtend wie das von Horkheimer und Adorno – vermutlich vor allem deshalb, weil sich die Generationserfahrungen, die beobachteten Mediensysteme und die gesellschaftspolitische Situation massiv unterschieden. So bestand das Hauptziel der Autoren laut Kluge darin, auf die Protestbewegung Ende der 1960er Jahre zu reagieren (vgl. Schubert 2008: 1, Anhang). Negt und Kluge wollten „die Impulse des Aufbruchs von 1968 in eine langfristige Strategie zur Verlebendigung der öffentlichen Meinungs- und Willensbildung" umsetzen (Lenk 1999). Die Studentenbewegung scheint damit einer der Hauptantriebe gewesen zu sein. Dazu passt, dass die beiden sich 1970 im Rahmen eines von Negt veranstalteten Seminars kennen gelernt hatten. In diesem Seminar brachte Negt all die „einander bekämpfenden linken Gruppen" an einen „runden Tisch", um gemeinsam Texte aus der Arbeiterbewegung zu lesen, so Kluge im Interview (vgl. Schubert 2008: 9-10, Anhang).

Hinzu kommt, dass Negt und Kluge das westdeutsche öffentlich-rechtliche Mediensystem und eben nicht Hollywood vor Augen hatten. Die Autoren wussten: „All dies ist sowohl im Staatsfernsehen Frankreichs als auch im privatwirtschaftlichen Fernsehen der USA anders." (Negt/Kluge 1972: 195) In Deutschland schien Negt und Kluge die Gefahr durch den Medienverbund gemildert, da zumindest das Fernsehen öffentlich-rechtlich organisiert sei. Die negativen Auswirkungen und die Gefahren des Fernsehens sahen die Autoren stets in Relation zu den Chancen: Allen voran könnte das Fernsehen eine Totalansicht auf die „akkumulierte gesellschaftliche Erfahrung" bieten, was „das eigentliche reiche gesellschaftliche Produkt der Fernsehanstalten" (ebd.: 181) sei. Ein Problem sahen die Autoren aber darin, dass die öffentlich-rechtlichen Anstalten abhängig seien von *„privatwirtschaftlichen Zulieferern*" (ebd.: 193). Das „herrschende gesellschaftliche System" (ebd.: 191), also die bürgerliche Öffentlichkeit, würde deshalb auch hier wirken. Nämlich durch die „Übertragung von Kategorien des *Publikumserfolgs* und der *Wirtschaftlichkeit* auf die Anstalten" (ebd.: 191-192) und durch die „Satzung der Anstalten" selbst, in denen das *„Postulat der Wirtschaftlichkeit der Verwaltung*" (ebd.: 192) verankert ist. Sie „sind daher in keiner Weise in ihrer Produktion autonom" (ebd.: 191). Negt und Kluge befürchteten, „dass es auf lange Sicht zu einer Kooperation zwischen den Großkonzernen der Bewußtseinsindustrie und der ARD und dem ZDF kommen" könnte (ebd.: 194). Besorgniserregend war dies für sie vor allem aufgrund ihres Rezipientenbildes und der Annahme einer „unterschiedlichen gesellschaftlichen Geschwindigkeit zwischen gelebtem Leben, das gewissermaßen noch nicht industrialisiert ist, und der Sendeproduktion eines hochindustrialisierten Mediums" (ebd.: 205).

Negt und Kluge haben während der Entstehung von „Öffentlichkeit und Erfahrung" in einem demokratischen Staat gelebt. Im Zuge der Protestbewegung schien eine aktive Gestaltung der gesellschaftlichen Realität nicht nur möglich, sondern eine konkrete Aufgabe zu sein. Die Frage war nicht mehr, warum Fortschritt wieder in die Barbarei führt, sondern wie eine gerechte und funktionierende Gesellschaft zu gestalten sei. Medialisierung war für Negt und Kluge ein Problem mit zwei Seiten. Das Konzept der proletarischen Öffentlichkeit, die Kritik an der privatwirtschaftlichen Medienindustrie und ihr Hinweis auf die Gefahren, denen das öffentlich-rechtliche Fernsehen gegenübersteht, sollten zur Lösung dieses Problems beitragen.

3.3 Habermas – Aufbruch zur konstruktiven Kritik der Mediengesellschaft

Der Name Habermas ist eine Konstante in der kritisch-theoretischen Auseinandersetzung mit Medialisierungsphänomenen. Beginnend mit der *Refeudalisierungsthese* im „Strukturwandel der Öffentlichkeit" (1990 [1962]) über die *Kolonialisierung der*

Lebenswelt in der „Theorie des kommunikativen Handelns“ (1999 [1981]) und den *Kreisläufen der Politikherstellung* in „Faktizität und Geltung“ (1998 [1992]) bis hin zur jüngsten Veröffentlichung zum Thema, in der Habermas die Frage nach der politischen Kommunikation in der Mediengesellschaft aufwarf (2006), hat er sämtliche Schübe des medialen Wandels im Nachkriegsdeutschland miterlebt und theoretisierend begleitet. Seine Perspektive auf die Medialisierung des Politischen und die davon abhängende Bewertung der Rolle von Medien im politischen Prozess hat sich mit der historischen Entwicklung von Medien und Politik verändert. Ausgehend von den Betrachtungen im „Strukturwandel der Öffentlichkeit“ werden diese theoretischen Veränderungen im Folgenden dargestellt.

Medialisierung von Öffentlichkeit in der Kritik

Habermas' Medialisierungsperspektive kann nicht ohne Bezugnahme auf sein Öffentlichkeitskonzept diskutiert werden. 1962 war es gerade auch der Blick auf das Mediensystem, an dem sich der *Strukturwandel der Öffentlichkeit* manifestierte. Fundamental für dieses Öffentlichkeitsverständnis ist die Differenz von Staat und Gesellschaft. Der Staat wird dabei als System der öffentlichen Gewalt beschrieben. Demgegenüber steht der gesellschaftliche Privatbereich (vgl. Habermas 1990: 89-90). Öffentlichkeit als „Sphäre der zum Publikum versammelten Privatleute“ wurde als vermittelnde Instanz konzipiert (ebd.: 86). Funktion des in dieser Sphäre stattfindenden öffentlichen Räsonnements ist es, politische Herrschaft zu rationalisieren. Um seinem Konstrukt „Öffentlichkeit“ diese Rationalisierungsfunktion zuschreiben zu können, musste Habermas einen Modus der diskursiven Auseinandersetzung zwischen den Privatleuten konzipieren, in dem allein das bessere Argument sich durchsetzt. Ein Einfluss sozialer Faktoren wäre hier dysfunktional.

Basis für einen rationalen öffentlichen Diskurs ist die grundsätzliche Interessenkonvergenz, die Habermas den aufgeklärten Bildungsbürgern unterstellte. Insofern muss die Einigung, die theoretisch Ergebnis der Auseinandersetzung sein soll, zu Beginn grundsätzlich immer schon angelegt sein. So „steht und fällt“ die bürgerliche Öffentlichkeit zwar mit dem Prinzip des allgemeinen Zugangs, faktisch war eine Beteiligung in der von Habermas idealisierten Form des frühen 18. Jahrhunderts aber an Bildung und Besitz gebunden (vgl. ebd.: 156-157). Wie oben dargestellt, haben Negt und Kluge gerade diese Promotion der bürgerlichen Öffentlichkeit als Ideal einer funktionierenden politischen Öffentlichkeit angegriffen. Für die damalige Gegenwart (1962) bemängelte Habermas, dass an die Stelle der durch das bürgerliche Klasseninteresse neutralisierten Einzelinteressen „die Demonstration konkurrierender Interessen getreten [ist].“ (ebd.: 272)

Dadurch, dass in ihnen private Interessen „privilegiert zur Darstellung kommen", hätten die Medien dem Verfall der bürgerlichen Öffentlichkeit Vorschub geleistet. „Während die Presse früher das Räsonnement der zum Publikum versammelten Privatleute bloß vermitteln und verstärken konnte, wird dieses nun umgekehrt durch die Massenmedien erst geprägt." (ebd.: 284) Insbesondere durch den Einfluss von PR-Aktivitäten habe Öffentlichkeit wieder „feudale Züge" angenommen (ebd.: 292) und sei „zum Hof [geworden], *vor* dessen Publikum sich Prestige entfalten läßt – statt *in* ihm Kritik" (ebd.: 299). „Medialisierung von Öffentlichkeit" beschreibt im „Strukturwandel" Prozesse der *substitution* und der *amalgamation*, vor allem einen Verlust kritischen Potenzials, das eine diskutierende bürgerliche Elite in politische Entscheidungsprozesse einbringen könnte. „Die durch Massenmedien erzeugte Welt ist Öffentlichkeit nur noch dem Scheine nach." (ebd.: 261) Habermas' hier formulierte Medienkritik stand klar in der Tradition von Horkheimers und Adornos Auseinandersetzung mit der Kulturindustrie (vgl. Imhof 2003). Deutlich wird das nicht nur in der Ablehnung einer an die „Entspannungs- und Unterhaltungsbedürfnisse von Verbrauchergruppen mit relativ niedrigem Bildungsstandard" angepassten „Massenkultur", die der Ausbildung eines kritischen Geistes im Weg stehe (Habermas 1990: 245). Diese inhaltliche Nähe verweist auf die Sozialisation Habermas'. Nach der Promotion wurde er von Adorno als Assistent nach Frankfurt geholt (vgl. Wiggershaus 2004: 38-55).

Seine Faszination von der „Dialektik der Aufklärung" beschrieb Habermas rückblickend in einem Interview: „Da begannen sich philosophische und politische Dinge zum ersten Mal zu berühren." (Habermas 1981: 516) „Politik" ist hier ein Schlüssel auch zum Verständnis der wissenschaftlichen Motivation und Bestandteil des Habitus als *modus operandi*. Habermas bezeichnet sich selbst als ein Produkt der *Re-education* (ebd.: 513). Von der Gründung der Bundesrepublik bis zum Beginn des Studiums lagen „vier Jahre einer hellhörigen Adoleszenz" (Habermas 2004). Alles Neue wurde gierig aufgesogen, auch die theoretischen Grundlagen westlicher Demokratie und die Bücher „aus der Marxismus-Leninismus-Bücherei, die in der kommunistischen Buchhandlung zu haben waren" (Habermas 1981: 512). Habermas gehört zu einer Generation von kritischen Intellektuellen, die unzufrieden waren mit der politischen und kulturellen Situation im Deutschland der 1950er Jahre und die eine Gefahr in den Kontinuitäten sahen, die zu beobachten waren. Die Befürchtung eines politischen Rückfalls sei „Stachel für die wissenschaftliche Arbeit" gewesen (Habermas 2004). „Ich habe das Buch [„Strukturwandel der Öffentlichkeit", M.W.] geschrieben, um mir und anderen klarzumachen, daß in das politische System der Bundesrepublik Schwächen eingebaut sind, die gefährlich werden können." (Habermas 1981: 517)

Habermas' Anprangerung der medialen „Massenkultur" fiel in eine Zeit, in der das Fernsehen gerade dabei war, die Wohnzimmer der Deutschen zu erobern (vgl.

Meyen 2001). Im Zentrum seiner Kritik standen damals sicher auch deshalb „Funk, Film und Fernsehen“ (Habermas 1990: 259-261). Die deutsche Medienlandschaft war in Bewegung und geprägt von den so genannten fünf D’s (Denazifizierung, Demilitarisierung, Demokratisierung, Dezentralisierung, Demontage). Die politischen Zielsetzungen der Alliierten bildeten neben den marxistischen Elementen die normative Grundlage von Habermas’ Kritik. „Demokratie“ hat er als sein „Zauberwort“ bezeichnet (2004). Zu Beginn der 1980er Jahre, als sich Habermas im Rahmen der „Theorie des kommunikativen Handelns“ erneut zum Thema Medien geäußert hat, stand der Marktzutritt privater Rundfunkanbieter am Horizont und wurde zur Zielscheibe von Befürchtungen kulturkritischer Intellektueller. Hoffnungen stützten sich auf die neuen sozialen Bewegungen, die mehr und mehr Bestandteil der politischen Kultur wurden.

Autoritäres und emanzipatorisches Potenzial der Medien

Grundsätzlich blieb Habermas unter diesen veränderten Kontextbedingungen seiner These vom Strukturwandel der Öffentlichkeit treu, der Blick auf die Medien fiel allerdings differenzierter aus. Vor allem Adorno warf er jetzt vor, „jene kulturkritischen Thesen“ mit einer „gewissen Überprägnanz“ entwickelt zu haben (Habermas 1999: 574). Habermas bezog sich dabei wie Negt und Kluge auf ein „ambivalentes Potential der Massenkommunikation“ (ebd.: 571). Medienöffentlichkeiten würden den „Horizont möglicher Kommunikationen“ zugleich hierarchisieren und entschränken (ebd.). In Habermas’ Unterscheidung zweier Sorten von Medien gehören Massenmedien zu den „*generalisierten Formen der Kommunikation*, die die sprachliche Verständigung nicht ersetzen, sondern bloß kondensieren und die deshalb lebensweltlichen Kontexten verhaftet bleiben“ (ebd.: 573). Steuerungsmedien (Geld, Macht) würden Handlungskoordinierung dagegen von sprachlicher Konsensbildung abkoppeln. Habermas differenzierte in der „Theorie des kommunikativen Handelns“ nicht mehr zwischen öffentlichem und privatem Bereich, sondern zwischen System und Lebenswelt. Die Verschränkung blieb als *Kolonialisierung der Lebenswelt* aber auch hier zentrale These. Habermas sprach von systemischen Imperativen, die *von außen* in die an Verständigung orientierte Lebenswelt eindringen würden.

Folgen dieser „Kolonialisierung“ seien Legitimationsprobleme der von konkreten Lebenszusammenhängen abgekoppelten Politik und die „bürokratische Austrocknung der politischen Öffentlichkeit“ (ebd.: 477). Medien würden die Wirksamkeit sozialer Kontrollen erheblich verstärken. „Die Ausschöpfung dieses *autoritären Potentials* bleibt aber stets prekär, weil in die Kommunikationsstrukturen selber das Gegengewicht eines *emanzipatorischen Potentials* eingebaut ist.“ (ebd.: 573) Damit gewann auch die Medialisierung der Öffentlichkeit in den 1980er Jahren ein zweites, ein freundlicheres Gesicht. Vielleicht hat die bis dahin konkurrenzlose öffentlich-rechtliche Programmgestaltung dazu beigetragen, dass das Fernsehen einen Teil seines Schreckens für die Kritische Theorie verloren hat. Zu dieser Zeit wurde jedenfalls noch eine andere Sprache gesprochen als 1992, als Habermas die „massenmedial beherrschte Öffentlichkeit" erneut problematisiert (Habermas 1998: 458) und das bunte Privatfernsehen zur Normalität geworden ist. Mit Blick auf „elektronische Medien" wird jetzt wieder auf einen „wahren Kern" der Theorie der Kulturindustrie verwiesen: Die „Entpolitisierung der öffentlichen Kommunikation" (ebd.: 456).

Dieses (Medialisierungs-)Syndrom erschwere die Beteiligung zivilgesellschaftlicher Akteure bei der Politikherstellung. Ihnen räumte Habermas „geringe Chancen" ein, „Inhalte und Stellungnahme der großen Medien zu beeinflussen" (ebd.: 455). Gleichwohl sei eine Berücksichtigung von Diskursbeiträgen aus der Peripherie unabdingbar für die demokratische Legitimation politischer Prozesse. „Die demokratisch verfasste Meinungs- und Willensbildung ist auf die Zufuhr von informellen öffentlichen Meinungen angewiesen, die sich idealerweise in Strukturen einer nicht-vermachteten politischen Öffentlichkeit bilden." (ebd.: 374) Nur auf diese Weise sei zu gewährleisten, dass sich die Macht des „administrativen Komplexes" und die soziale Macht einflussreicher öffentlicher und privater Organisationen nicht gegenüber einer kommunikativen Macht verselbständigen, die sich im parlamentarischen Komplex demokratisch bildet (vgl. Peters 1993).

Die hohen Erwartungen, die Habermas an zivilgesellschaftliche Akteure richtete (vgl. Gerhards 1997), bezogen sich auf deren Fähigkeit, gesamtgesellschaftliche Probleme wahrzunehmen, zu interpretieren und „auf eine zugleich Aufmerksamkeit erregende und innovative Weise in Szene zu setzen" (Habermas 1998: 434). Genau darin liege die Funktion politischer Öffentlichkeit, die zur Funktionserfüllung auf die „Antennen" der Lebenswelt angewiesen bleibe (ebd.: 441). Dem emanzipatorischen Potenzial, das Habermas den Medien Anfang der 1980er Jahren zugeschrieben hatte, stand er zehn Jahre später für den Normalfall einer „Öffentlichkeit im Ruhezustand" skeptischer gegenüber und warf ihnen sogar eine Senkung des diskursiven Niveaus des öffentlichen Kommunikationskreislaufs vor (ebd.: 459). Lediglich „in Augenblicken der Mobilisierung beginnen die Strukturen, auf die sich die Autorität eines Stellung nehmenden Publikums eigentlich stützt, zu vibrieren. Dann verändern sich die Kräfteverhältnisse zwischen Zivilgesellschaft und politischem System" (ebd.: 458). Für diesen Zusammenhang können möglicherweise die Montagsdemonstrationen in der ehemaligen DDR als Einfluss des politischen Feldes auf Habermas' Theorieproduktion gesehen werden (vgl. Wimmer 2007: 85).

Konstruktive Kritik an einer ökonomischen Kolonialisierung der Medien

Die wichtigste mediale Veränderung seit dem Erscheinen von „Faktizität und Geltung" war zweifellos die Verbreitung des Internet. Diskutiert wurden die neuen Möglichkeiten der Online-Kommunikation gerade auch unter öffentlichkeitstheoretischen Gesichtspunkten (vgl. Krotz 2007; vgl. Plake/Jansen/Schuhmacher 2001). Im Gegensatz zu früher erkannte Habermas 2006 in medialisierter politischer Kommunikation die Fähigkeit, den deliberativen Legitimationsprozess zu unterstützen (vgl. Habermas 2006: 411-412). Damit wurde das emanzipative Potenzial der Medien in seiner Theorie wieder stärker betont. Indem Habermas den Nutzen der Online-Kommunikation allerdings vor allem darin sah, die Zensur in autoritären Systemen zu umgehen und ansonsten eine Fragmentierung des Publikums befürchtete, sind seine Erwartungen an diese Medieninnovation als eher zurückhaltend zu bewerten. Debatten im Internet würden nur dann politische Kommunikation befördern, wenn sie um die Webangebote von Qualitätsmedien herum entstünden. Trotzdem hat das Internet „certainly reactivated the grassroots of an egalitarian public of writers and readers" und damit sicher auch zur Aufhellung des düsteren Blicks auf die Medien beigetragen (Habermas 2006: 423, Fußnote 3).

Deutlicher als in früheren Beiträgen wies Habermas jetzt auf die Bedeutung von Medien im demokratischen Prozess hin. Journalisten würden neben Politikern zu den Akteuren gehören, ohne die keine politische Öffentlichkeit auskommen könne (vgl. ebd.: 416). Trotz der unpersönlichen und asymmetrischen Struktur der Massenkommunikation würde die mediale Öffentlichkeit rationale öffentliche Meinungen generieren, an denen sich politische Entscheider und die Bevölkerung orientieren könnten (vgl. ebd.: 418). „Mediated political communication need not fit the pattern of fully fledged deliberation." (ebd.: 415) Politische Kommunikation zirkuliere „from the bottom up and the top down" durch ein System mit mehreren Ebenen und nehme in unterschiedlichen Arenen unterschiedliche Formen an (vgl. Gerhards/Neidhardt 1990). „Only across the system as a whole can deliberation be expected to operate as a cleansing mechanism that filters out the 'muddy' elements from a discursively structured legitimation process." (Habermas 2006: 416)

Zwar würden die unterschiedlichen Zugangschancen zu einer neuen Form von Macht führen, diese sei aber durch die eigentümliche Reflexivität einer Öffentlichkeit eingeschränkt, in der alle Teilnehmenden selbst überprüfen könnten, was sie von den veröffentlichten Meinungen halten wollen (ebd.: 419). Habermas hielt die Selbstregulierungsmechanismen des Mediensystems 2006 zumindest potenziell für ausreichend, um die „Unschuld" der Medienmacht erhalten zu können. „Functional 'independence' means the 'self-regulation' of the media system in accordance with its own normative code." (ebd.) Voraussetzungen seien ein vielfältiges und wirtschaftlich unabhängiges

Mediensystem und der freie Zugang zur Öffentlichkeit für eine Zivilgesellschaft, die die Bürger zur Beteiligung ermächtigt (ebd.: 420).

Habermas (2007) hat die medienökonomischen Veränderungen in einer globalisierten Medienwelt beobachtet und mit Sorge auf Medienkonzerne reagiert, die als Global Player auftreten. Vermutlich haben auch die Kirch-Pleite und das darauf folgende Pokern um die Besitzverhältnisse dazu beigetragen, dass sich Habermas' Problembewusstsein verschoben hat. Die Gefahr ging jetzt in erster Linie von einer schrankenlosen neoliberalen Wirtschaftsordnung aus: „[T]he intrusion of the functional imperatives of the market economy into the 'internal logic' of the production and presentation of messages"(Habermas 2006: 422). Die Kritische Medientheorie gibt sich mit der Mediengesellschaft insofern versöhnlich, um den Gedanken der Deliberation retten zu können.

4. Fazit

Die „kritische" Interpretation des Prozesses der Medialisierung hat sich von Horkheimer und Adorno über Negt und Kluge bis hin zu Habermas von einer Bedrohung über ein Problem zur Chance entwickelt. Dabei haben Entwicklungen im Mediensystem die Theorieproduktion beeinflusst. Horkheimer und Adorno hatten die faschistische Propagandamaschinerie und die Filmindustrie in Hollywood vor Augen, während Negt und Kluge auf das öffentlich-rechtliche Fernsehen in Westdeutschland und die im Zuge der Anti-Springer-Kampagne geäußerte Kritik an privatwirtschaftlichen Meinungsmonopolen reagierten. Habermas integrierte seine Erfahrungen mit dem Privatfernsehen und der ökonomischen Globalisierung der Medien in die Theoriearbeit. Bei Horkheimer und Adorno wird die zunehmende Bedeutung der Massenkommunikation dementsprechend zur Katastrophe, die unweigerlich zur Vernichtung von Individualität führte, da das Bewusstsein der Menschen medial an die Logik des Spätkapitalismus angeglichen würde. Streng genommen kann man hier kaum von Medialisierung sprechen. Vielmehr erschienen Horkheimer und Adorno die Massenmedien als Instrumente – sowohl des Faschismus als auch des Kapitalismus. Negt und Kluge sahen ebenfalls eine Gefahr in Form von privatwirtschaftlichen Medienunternehmen, nahmen aber einen milderen Standpunkt ein. Das westdeutsche Mediensystem galt ihnen als guter Kompromiss. Medialisierung als Erweiterung des menschlichen Wahrnehmungsapparates war für sie auch die Voraussetzung zur Herstellung einer Gegenöffentlichkeit. Habermas als Schlusspunkt unserer Untersuchung setzte sich in seinen Arbeiten mit der Medialisierung von Öffentlichkeit auseinander. Seine Perspektive hat sich von einer pessimistischen Kritik in der Tradition von Horkheimer und Adorno über die „Entdeckung“ eines ambivalenten Potenzials der Medien, hin zu einer konstruktiven Kritik einer ökonomischen Kolonialisierung der Medien entwickelt.

Die veränderte politische Lage dürfte die theoretische Entwicklung ebenfalls beeinflusst haben. Erst Habermas konnte Massenkommunikation wirklich als demokratisches Medium begreifen, während Negt und Kluge in ihr auch ein potenzielles Herrschaftsinstrument gesehen haben und Adorno und Horkheimer nur die Herrschaftsfunktion erkennen konnten. So war das „Andere“, der ideale Kontrast zur Realität, bei Adorno die Kunst als Gegensatz zur Massenkultur, bei Negt und Kluge war es die proletarische Öffentlichkeit im Gegensatz zur bürgerlichen und bei Habermas schließlich die rationale Öffentlichkeit als Vorraussetzung einer deliberativen Demokratie im Gegensatz zur Verselbständigung systemischer Imperative.

Die düstere Manipulationstheorie Horkheimers und Adornos hat sich im ideengeschichtlichen Verlauf mehr und mehr aufgehellt. Interessanterweise wurden die Positionen der Autoren umso versöhnlicher, desto weiter sie an das Zentrum der Gesellschaft gerückt sind. Als Horkheimer und Adorno in Amerika über die „Kulturindustrie“ geschrieben haben, waren sie als jüdische Flüchtlinge nicht nur gesellschaftliche Außenseiter – auch im dortigen Wissenschaftsbetrieb standen sie am Rand. Bei Negt und Kluge sah die Situation ganz anders aus. Als „Öffentlichkeit und Erfahrung“ entstand, waren sie bereits etabliert. Negt wurde 1970 auf den Lehrstuhl für Soziologie der Universität Hannover berufen und Kluge hatte schon seit 1963 eine eigene Produktionsfirma und erhielt zahlreiche Preise für seine Filme. Habermas ist schließlich eine zentrale Figur der zeitgenössischen Soziologie und gilt als einer der einflussreichsten deutschen Intellektuellen.

Auch wenn Oskar Negt in einem Interview bezweifelt, dass Veränderungen des Mediensystems in seinem Sinne deshalb passiert sind, „weil ich das geschrieben habe“ (Kraushaar 1998: 290), kann insgesamt festgestellt werden, dass die Medienkritik der Kritischen Theorie vermutlich auch deshalb versöhnlicher geworden ist, weil einige Kritikpunkte durch die Entwicklung des Mediensystems überflüssig geworden sind (Stichworte: Partizipativer Journalismus, social networks, Informationsvielfalt). Festzuhalten bleibt, dass keine der hier untersuchten kritischen Perspektiven auf Medialisierung das Konzept im Sinne von Schulz vollständig abdeckt. Gerade der Bereich *accomodation*, der für den generellen Bedeutungsgewinn medial vermittelter öffentlicher Kommunikation steht und der damit ein wichtiges Argument zur Legitimation zukünftiger Forschungsbemühungen der Kommunikationswissenschaft sein kann, bleibt unterbelichtet (vgl. Meyen 2009).

Literatur

Adorno, Theodor Wiesengrund (1997a): Die gewürdigte Musik. In: Tiedemann, Rolf (Hrsg.): Theodor W. Adorno: Gesammelte Schriften, Bd. 15: Komposition für den Film. Der getreue Korrepetitor. Frankfurt a. M.: Suhrkamp, S. 163-187.
Adorno, Theodor Wiesengrund (1997b): Fernsehen als Ideologie. In: Tiedemann, Rolf (Hrsg.): Theodor W. Adorno: Gesammelte Schriften, Bd. 10: Kulturkritik und Gesellschaft I/II. Frankfurt a. M.: Suhrkamp, S. 518-532.
Adorno, Theodor Wiesengrund (1997c): Kann das Publikum wollen? In: Tiedemann, Rolf (Hrsg.): Theoder W. Adorno: Gesammelte Schriften, Bd. 20: Vermischte Schriften I/II. Frankfurt a. M.: Suhrkamp, S. 342-347.
Adorno, Theodor Wiesengrund (1997d): Wissenschaftliche Erfahrungen in Amerika. In: Tiedemann, Rolf (Hrsg.): Theodor W. Adorno: Gesammelte Schriften, Bd. 10: Kulturkritik und Gesellschaft I/II. Frankfurt a. M.: Suhrkamp, S. 702-738.
Adorno, Theodor Wiesengrund (2001): A Social Critique of Radio Music. In: Hullot-Kentor, Robert (Hrsg.): Nachgelassene Schriften Abt. I. Current of Music. Elements of a Radio Theory, Bd. 1. Frankfurt a. M.: Suhrkamp, S. 201-218.
Adorno, Theodor Wiesengrund (2006): The Radio Symphony. An Experiment in Theory. In: Hullot-Kentor, Robert (Hrsg.): Nachgelassene Schriften Abt. I. Current of Music. Elements of a Radio Theory, Bd. 1. Frankfurt a.M.: Suhrkamp, S. 219-246.
Averbeck, Stefanie/Kutsch, Arnulf (2002): Thesen zur Geschichte der Zeitungs- und Publizistikwissenschaft. In: medien&zeit, 17. Jg., H. 2-3, S. 57-66.
Bauer, Erik (2002): „Gegenöffentlichkeit" – Baukasten zu einer Ideengeschichte. Paradigmatische Konzepte im deutschsprachigen Diskurs von den sechziger Jahren bis heute. In: medien& zeit, 17. Jg., H. 1, S. 4-15.
Bösch, Frank/Frei, Norbert (2006): Medialisierung und Demokratie im 20. Jahrhundert. Göttingen: Wallstein.
Bohn, Cornelia (1991): Habitus und Kontext. Ein kritischer Beitrag zur Sozialtheorie Bourdieus. Opladen: Westdeutscher Verlag.
Bourdieu, Pierre (1987): Die feinen Unterschiede. Kritik der gesellschaftlichen Urteilskraft. Frankfurt a. M.: Suhrkamp.
Bourdieu, Pierre (1992): Homo academicus. Frankfurt a. M.: Suhrkamp.
Bourdieu, Pierre (1998): Vom Gebrauch der Wissenschaft: Für eine klinische Soziologie des wissenschaftlichen Feldes. Konstanz: UVK.
Bourdieu, Pierre (2001): Die Regeln der Kunst. Genese und Struktur des literarischen Feldes. Frankfurt a. M.: Suhrkamp.
Brodersen, Momme (1990): Spinne im eigenen Netz. Walter Benjamin. Leben und Werk. Bühl-Moos: Elster.
Donges, Patrick (2005): Medialisierung der Politik – Vorschlag einer Differenzierung. In: Rössler, Patrick/Krotz, Friedrich (Hrsg.): Mythen der Mediengesellschaft – The Media Society and its Myths. Konstanz: UVK, S. 321-339.
Faulstich, Werner (2005): Filmgeschichte. Paderborn: Wilhelm Fink.
Gebur, Thomas (2002): Theodor W. Adorno: Medienkritik als Gesellschaftskritik. In: Medien & Kommunikationswissenschaft, 50. Jg., H. 3, S. 402-422.

Gerhards, Jürgen/Neidhardt, Friedhelm (1990): Strukturen und Funktionen moderner Öffentlichkeit. Fragestellungen und Ansätze. Discussion Paper, FS III 90-101. Wissenschaftszentrum Berlin.

Gerhards, Jürgen (1997): Diskursive versus liberale Öffentlichkeit: Eine empirische Auseinandersetzung mit Jürgen Habermas. In: Kölner Zeitschrift für Soziologie und Sozialpsychologie, 48. Jg., H. 1, S. 1-39.

Goldwyn, Samuel (1976): Hollywood in the Television Age. In: Lichty, Lawrence W./Topping, Malachi C. (Hrsg.): American Broadcasting. A Source Book on the History of Radio and Television. New York: Hastings House, S. 406-409.

Große-Kracht, Hermann-Josef (1991): Das Prinzip des Immergleichen und die Verdoppelung der Realität. Zu Adornos Theorie der Kulturindustrie und ihrem heutigen Stellenwert. In: Communicatio Socialis, 24. Jg., H. 1, S. 12-41.

Habermas, Jürgen (1981): Kleine politische Schriften (I-IV). Frankfurt a. M.: Suhrkamp.

Habermas, Jürgen (1990) [1962]: Strukturwandel der Öffentlichkeit. Frankfurt a. M.: Suhrkamp.

Habermas, Jürgen (1998) [1992]: Faktizität und Geltung. Beiträge zur Diskurstheorie des Rechts und des demokratischen Rechtsstaats. Frankfurt a. M.: Suhrkamp.

Habermas, Jürgen (1999) [1981]: Theorie des kommunikativen Handelns. Bände 1 und 2. Frankfurt a. M.: Suhrkamp.

Habermas, Jürgen (2004): Öffentlicher Raum und politische Öffentlichkeit. Lebensgeschichtliche Wurzeln zweier Gedankenmotive. In: Neue Züricher Zeitung, 11.12.2004.

Habermas, Jürgen (2006): Political Communication in Media Society: Does Democracy still Enjoy an Epistemic Dimension? The Impact of Normative Theory on Empirical Research. In: Communication Theory, 16. Jg., H. 4, S. 411-426.

Habermas, Jürgen. (2007): „Keine Demokratie kann sich das leisten." Medien, Märkte und Konsumenten: Der Philosoph Jürgen Habermas sorgt sich um die Zukunft der seriösen Zeitung. Ein Essay. In: Süddeutsche Zeitung, 16.05.2007.

Honneth, Axel (1990): Die zerrissene Welt des Sozialen. Sozialphilosophische Aufsätze. Frankfurt a. M.: Suhrkamp.

Horkheimer, Max (1937): Traditionelle und kritische Theorie. In: Zeitschrift für Sozialforschung, 6. Jg., H. 2, S. 245-294.

Horkheimer, Max (1972): Die gegenwärtige Lage der Sozialphilosophie und die Aufgaben eines Instituts für Sozialforschung. In: Ders. (Hrsg.): Sozialphilosophische Studien. Aufsätze, Reden und Vorträge 1930–1972. Mit einem Anhang über Universität und Studium. Frankfurt a. M.: Athanäum Fischer.

Horkheimer, Max/Adorno, Theodor W. (2001) [1947]: Dialektik der Aufklärung. Philosophische Fragmente. Frankfurt a. M.: Fischer.

Horkheimer, Max/Adorno, Theodor Wiesengrund (1997): Das Schema der Massenkultur. Kulturindustrie (Fortsetzung). In: Tiedemann, Rolf (Hrsg.): Theodor W. Adorno: Gesammelte Schriften, Bd. 3: Dialektik der Aufklärung. Frankfurt a. M.: Suhrkamp, S. 299-335.

Imhof, Kurt (2003): Öffentlichkeitstheorien. In: Bentele, Günther/Brosius, Hans-Bernd/Jarren Otfried (Hrsg.): Öffentliche Kommunikation. Handbuch Kommunikations- und Medienwissenschaft. Wiesbaden: Westdeutscher Verlag, S. 193-209.

Jay, Martin (1976): Dialektische Phantasie. Die Geschichte der Frankfurter Schule und des Instituts für Sozialforschung 1923–1950. Frankfurt a. M.: Fischer.

Kausch, Michael (1988): Kulturindustrie und Populärkultur. Kritische Theorie der Massenmedien. Frankfurt a. M.: Fischer.

Kepplinger, Hans Mathias/Maurer, Marcus (2005): Abschied vom rationalen Wähler. Warum Wahlen im Fernsehen entschieden werden. Freiburg: Alber.

Kraushaar, Wolfgang (1998): Frankfurter Schule und Studentenbewegung. Von der Flaschenpost zum Molotowcocktail 1946–1995, Bd. 3: Aufsätze und Kommentare. Hamburg: Rogner & Bernhard.

Krotz, Friedrich (2007): Mediatisierung: Fallstudien zum Wandel von Kommunikation. Wiesbaden: VS.

Lazarsfeld, Paul Felix (1941): Remarks on Administrative and Critical Communications Research. In: Studies in Philosophy and Social Science (Zeitschrift für Sozialforschung), 9. Jg., H. 1, S. 2-16.

Lenk, Wolfgang (1999): Kritik, Phantasie, Eigensinn. Oskar Negt. Der Soziologe Oskar Negt wird 65. In: freitag.de. http://www.freitag.de/1999/31/99311301.htm (abgerufen am 31.07. 2008).

Livingstone, Sonia (2009): On the Mediation of Everything: ICA Presidential Address 2008. In: Journal of Communication, 59. Jg., H. 1, S. 1-18.

Löblich, Maria (2008): Ein Weg zur Kommunikationsgeschichte. Kategoriengeleitetes Vorgehen am Beispiel Fachgeschichte. In: Arnold, Klaus/Behmer, Markus/Semrad, Bernd (Hrsg.): Kommunikationsgeschichte. Positionen und Werkzeuge. Ein diskursives Hand- und Lehrbuch. Berlin: Lit, S. 433-454.

Meyen, Michael (2001): Hauptsache Unterhaltung. Mediennutzung und Medienbewertung in Deutschland in den 50er Jahren. Münster: Lit.

Meyen, Michael/Löblich, Maria (2006): Klassiker der Kommunikationswissenschaft. Fach- und Theoriegeschichte in Deutschland. Konstanz: UVK.

Meyen, Michael/Wendelin, Manuel (2008): Wissenschaftliche Autonomie und gesellschaftlicher Bedarf. Eine Einführung. In: Dies. (Hrsg.): Journalistenausbildung, Empirie und Auftragsforschung. Neue Bausteine zu einer Geschichte des Münchener Instituts für Kommunikationswissenschaft. Köln: Halem, S. 7-27.

Meyen, Michael (2009): Medialisierung. In: Medien & Kommunikationswissenschaft, 57. Jg. H. 1, S. 23-38.

Meyer, Thomas (2001): Mediokratie. Die Kolonisierung der Politik durch das Mediensystem. Frankfurt a. M.: Suhrkamp.

Müller, Albrecht (1998): Von der Parteiendemokratie zur Mediendemokratie. Beobachtungen zum Bundestagswahlkampf 1998. Opladen: Leske & Budrich.

Negt, Oskar/Kluge, Alexander (1972): Öffentlichkeit und Erfahrung. Zur Organisationsanalyse von bürgerlicher und proletarischer Öffentlichkeit. Frankfurt a. M.: Suhrkamp.

Negt, Oskar/Stollmann, Rainer/Schulte, Christian (2005): Der Maulwurf kennt kein System. Oskar Negt im Gespräch mit Rainer Stollmann und Christian Schulte. In: Stollmann, Rainer/Schulte, Christian (Hrsg.): Der Maulwurf kennt kein System. Beiträge zur gemeinsamen Philosophie von Oskar Negt und Alexander Kluge. Bielefeld: Transcript, S. 11-41.

Oy, Gottfried (2001): Die Gemeinschaft der Lüge. Medien- und Öffentlichkeitskritik sozialer Bewegungen in der Bundesrepublik. Münster: Westfälisches Dampfboot.

Peters, Bernhard (1993): Die Integration moderner Gesellschaften. Frankfurt a. M.: Suhrkamp.

Plake, Klaus/Jansen, Daniel/Schuhmacher, Birgit (2001): Öffentlichkeit und Gegenöffentlichkeit im Internet. Politische Potenziale der Medienentwicklung. Wiesbaden: Westdeutscher Verlag.

Rust, Holger (1977): Massenmedien und Öffentlichkeit. Eine soziologische Analyse. Berlin: Volker Spiess.

Schubert, Julia (2008): Der Liebesarbeiter oder die elastische Theorie des Alexander Kluge. Eine wissenschaftssoziologische Untersuchung zum Öffentlichkeitsverständnis eines Medienaktivisten [Unveröffentlichte Magisterarbeit], Institut für Kommunikationswissenschaft und Medienforschung, Ludwig-Maximilians-Universität München.

Schulz, Winfried (2004): Reconstructing Mediatization as an Analytical Concept. In: European Journal of Communication, 19. Jg., H. 1, S. 87-101.

Spalding, John W. (1976): 1928: Radio Becomes a Mass Advertising Medium. In: Lichty, Lawrence W./Topping, Malachi C. (Hrsg.): American Broadcasting. A Source Book on the History of Radio and Television. New York: Hastings House, S. 219-228.

Stöber, Rudolf (2005): Apriori des Wandels oder „Agents of Change"? Zur Diskussion journalistischen Wandels. In: Behmer, Markus u.a.(Hrsg.): Journalismus im Wandel. Analysedimensionen, Konzepte, Fallstudien. Wiesbaden: VS, S. 13-39.

Vowe, Gerhard (2006): Mediatisierung der Politik? Ein theoretischer Ansatz auf dem Prüfstand. In: Publizistik, 51. Jg., H. 4, S. 437-455.

Weingart, Peter (2003): Wissenschaftssoziologie. Bielefeld: Transcript.

Wendelin, Manuel (2008): Erhard Schreiber (1935 bis 1993): Ein Fremder am Münchener Institut? Theoretische Kritik aus dem kommunikationswissenschaftlichen Mittelbau. In: Meyen, Michael/Wendelin, Manuel (Hrsg.): Journalistenausbildung, Empirie und Auftragsforschung. Neue Bausteine zu einer Geschichte des Münchener Instituts für Kommunikationswissenschaft. Köln: Halem, S. 150-188.

Wiggershaus, Rolf (1986): Die Frankfurter Schule. Geschichte, Theoretische Entwicklung, Politische Bedeutung. München: Hanser.

Wiggershaus, Rolf (2004): Jürgen Habermas. Reinbeck bei Hamburg: Rowohlt.

Wimmer, Jeffrey (2007): (Gegen-)Öffentlichkeit in der Mediengesellschaft. Analyse eines medialen Spannungsfelds. Wiesbaden: VS.

Autoren- und Herausgeberverzeichnis

Klaus Arnold, PD Dr., geb. 1968, akademischer Oberrat am Lehrstuhl Journalistik II der Katholischen Universität Eichstätt-Ingolstadt, bis 2010 Sprecher der Fachgruppe Kommunikationsgeschichte in der DGPuK (Deutsche Gesellschaft für Publizistik und Kommunikationswissenschaft), Chair der Section Communication History in der ECREA (European Communication Research and Education Association). Arbeitsgebiete: Medien- und Kommunikationsgeschichte, Journalismusforschung, Qualität und Ethik im Journalismus. Aktuelle Veröffentlichungen: Qualitätsjournalismus. Die Zeitung und ihr Publikum. Konstanz 2009. Geschichtsjournalismus. Zwischen Information und Inszenierung (Hrsg. zus. mit Susanne Kinnebrock und Walter Hömberg, erscheint 2010 im Lit-Verlag).

Helena Bilandzic, Prof. Dr. phil., geb. 1972, Professorin an der Zeppelin University in Friedrichshafen. Vice Chair der Section Audience and Reception Studies in der ECREA (European Communication Research and Education Association), Associate Editor von „Communications – The European Journal of Communication Research“, Vice Chair der COST-Action „Transforming Audiences, Transforming Societies“, Initiatorin des „Narrative Network“. Arbeitsgebiete: Verarbeitung, Erleben und Wirkung narrativer Medienangebote, Kultivierung, Mediennutzung, qualitative und quantitative Methoden und Methodologie. Aktuelle Veröffentlichungen: Transportation and Transportability in the Cultivation of Genre-consistent Beliefs and Attitudes. In: Journal of Communication, 58 (2008), H. 3, S. 508-529 (zus. mit Richard Busselle). Measuring Narrative Engagement. In: Media Psychology 12 (2009), S. 312-347 (zus. mit Richard Busselle).

Thymian Bussemer, Dr. rer. pol., geb. 1972, Politikberater in Berlin. Arbeitsgebiete: Politische Kommunikationsforschung, Kommunikationsgeschichte, Wahlen- und Wählerforschung. Aktuelle Veröffentlichungen: Propaganda. Konzepte & Theorien (2. Aufl.). Wiesbaden 2008. Die Macht der Propaganda. In: Projektgruppe Mainzer Mediendisput (Hrsg.): Schweigen, Lügen und Vertuschen – Wenn die Wahrheit nicht mehr öffentlich wird. Mainz 2009, S. 130-141.

Christoph Classen, Dr. phil., geb. 1965, Projektleiter in der Abteilung „Zeitgeschichte der Medien- und Informationsgesellschaft" am Zentrum für Zeithistorische Forschung in Potsdam. Arbeitsgebiete: Mediengeschichte, Erinnerungskultur und politische Kultur im 20. Jahrhundert. Veröffentlichungen u.a.: Historical Representation and Historical Truth. History & Theory, Studies in the Philosophy of History, Theme Issue 47, May 2009 (Hrsg. zus. mit Wulf Kansteiner). Faschismus und Antifaschismus. Die nationalsozialistische Vergangenheit im ostdeutschen Hörfunk 1945–1953. Köln/Weimar/Wien 2004 (Zeithistorische Studien, 27).

Bernhard Fulda, Dr., geb. 1975, Lecturer und Fellow am Sidney Sussex College, Cambridge (UK). Arbeitsgebiet: Europäische Geschichte des 20. Jahrhunderts. Aktuelle Veröffentlichungen: Press and Politics in the Weimar Republic. Oxford 2009. „Nationalversammlung". Plakatwerbung für die Republik. In: Paul, Gerhard (Hrsg.): Bilderatlas des 20. und beginnenden 21. Jahrhunderts. Göttingen 2009.

Dominik Geppert, Prof. Dr., geb. 1970, Professor für Neuere und Neueste Geschichte an der Rheinischen Friedrich-Wilhelms-Universität Bonn. Arbeitsgebiete: Deutsche und britische Zeitgeschichte, internationale Geschichte, Geschichte der politischen Kommunikation im 19. und 20. Jahrhundert. Gegenwärtig arbeitet er an einer politischen Geschichte der Gruppe 47. Aktuelle Veröffentlichungen: Pressekriege. Öffentlichkeit und Diplomatie in den deutsch-britischen Beziehungen, 1896–1912. München 2007. Streit um den Staat. Intellektuelle Debatten in der Bundesrepublik, 1960–1980. Göttingen 2008 (Hrsg. zus. mit Jens Hacke).

Norbert Grube, Dr., geb. 1969, wissenschaftlicher Mitarbeiter an der Pädagogischen Hochschule Zürich, Forschungsprojekte „Edition Briefe an Pestalozzi", „Der institutionelle Umbau der lokalen Schulaufsicht als Ausdruck des Wandels politischer Kultur in der Deutschschweiz (1832–2005)", „Bildwelt Schule: Visuelle Fremddarstellung von Schule und ihren Akteuren in der Pressefotografie." Lehrauftrag an der Universität Luxemburg. Aktuelle Veröffentlichungen: Sicherheit. Anspruch – Versprechen – Utopie. In: Soziale Passagen, 1 (2009), S. 35-48 (zus. mit Veronika Magyar-Haas). Mass Democracy and Political Governance: The Walter Lippmann – John Dewey Debate. In: Tröhler, Daniel (Hrsg.): Pragmatism and Modernities. Rotterdam 2010, S. 145-161 (im Erscheinen).

Kurt Imhof, Prof. Dr., geb. 1956, Professor für Publizistikwissenschaft und Soziologie am IPMZ (Institut für Publizistikwissenschaft und Medienforschung) und am SUZ (Soziologisches Institut der Universität Zürich), Leiter des „fög – forschungsbereich öffentlichkeit und gesellschaft/Universität Zürich", Mitglied beim National Center of Competence in Research (NCCR Democracy): Challenges to Democracy in the 21st Century. Arbeitsgebiete: Öffentlichkeits- und Mediensoziologie, Gesellschaftstheorie, Soziologie sozialen Wandels, Konfliktsoziologie. Aktuelle Publikationen: Krieg und Kriegskommunikation. In: Mäder Christoph/Mäder, Ueli/Schillinger, Sarah (Hrsg.): „Krieg". Buch zum Kongress der Schweiz. Gesellschaft für Soziologie (SGS). Zürich 2009, S. 44-64. Personalisierte Ökonomie. In: Eisenegger, Mark/Wehmeier, Stefan (Hrsg.): Personalisierung der Organisationskommunikation. Wiesbaden 2009, S. 29-50.

Susanne Kinnebrock, Prof. Dr., geb. 1966, Professorin für Kommunikationstheorie an der RWTH Aachen, Vice Chair der Sektion „Communication History" in der ECREA (European Communication Research and Education Association) und Sprecherin der Fachgruppe Kommunikationsgeschichte in der DGPuK (Deutsche Gesellschaft für Publizistik und Kommunikationswissenschaft). Arbeitsgebiete: Historische Medien-, Journalismus und Kommunikationsforschung, aktuelle Journalismusentwicklungen, kommunikationswissenschaftliche Gender Studies, Narrationsrezeption, Lernen mit Online-Medien. Aktuelle Veröffentlichungen: Revisiting Journalism as a Profession in the 19th Century. Empirical Findings on Women Journalists in Central Europe. In: Communications. The European Journal of Communication Research, 34 (2009), H. 2, S. 107-124. Narrative Experiences and Effects of Media Stories. Special Issue of Communications. The European Journal of Communication Research, 34 (2009), H. 4 (Hrsg. zus. mit Helena Bilandzic).

Edgar Lersch, Prof. Dr., geb. 1945, Leiter des Historischen Archivs des Südwestrundfunks, Honorarprofessor für Mediengeschichte und Archivkunde der Medien an der Martin-Luther-Universität Halle-Wittenberg. Arbeitsgebiete: Mediengeschichte, Geschichtsvermittlung im Fernsehen. Aktuelle Veröffentlichungen: Historische Ritualforschung in ihrem Verhältnis zu Medienritualen – eine kulturhistorische (Selbst-)-Vergewisserung. In: Fahlenbrach, Kathrin/Brück, Ingrid/Bartsch, Anne: Medienrituale. Rituelle Performanz in Film, Fernsehen und Neuen Medien. Wiesbaden 2008, S.71-81. Zur Entwicklung dokumentarischer Formen der Geschichtsvermittlung im öffentlich-rechtlichen Fernsehen der Bundesrepublik. In: Korte, Barbara/Paletschek, Sylvia (Hrsg.): History Goes Pop. Zur Repräsentation von Geschichte in populären Medien und Genres. Bielefeld 2009, S. 167-190.

Frank Marcinkowski, Prof. Dr. habil., geb. 1960, Universitätsprofessor für Kommunikationswissenschaft am Institut für Kommunikationswissenschaft (IfK) der Westfälischen Wilhelms-Universität Münster. Arbeitsgebiete: Kommunikations- und Medientheorie, gesellschaftsstrukturelle Folgen der Medienentwicklung, Politische Kommunikation. Neueste Veröffentlichung: Politik in der Mediendemokratie. Politische Vierteljahresschrift, Sonderheft 42/2010 (Hrsg. zus. mit Barbara Pfetsch).

Inge Marszolek, Prof. Dr., geb. 1947, Professorin am Institut für Kulturwissenschaft der Universität Bremen. Arbeitsgebiete: Neuere Kulturgeschichte, Mediengeschichte. Aktuelle Veröffentlichungen: Bunker. Kriegsort, Zuflucht, Erinnerungsraum. Frankfurt a.M./New York 2008 (Hrsg. zus. mit Marc Buggeln). NS-Verbrechen im Radio: Axel Eggebrechts Berichte über den Bergen-Belsen-Prozess 1945 und den Auschwitz-Prozess 1963–1965. In: Bösch, Frank/Goeschler, Constantin (Hrsg.): Public History. Öffentliche Darstellungen des Nationalsozialismus jenseits der Geschichtswissenschaft. Frankfurt a. M. 2009, S. 77-104.

Gabriele Melischek, Dr. phil., Dr. med., geb. 1945, Senior Scientist an der Kommission für vergleichende Medien- und Kommunikationsforschung der Österreichischen Akademie der Wissenschaften. Arbeitsgebiete: Politische Kommunikation in Geschichte und Gegenwart (Schwerpunkte: Wahlkommunikation, sozialpsychologische Ansätze). Aktuelle Veröffentlichungen: Agenda Building in österreichischen Nationalratswahlkämpfen, 1970–2008. In: Plasser, Fritz (Hrsg.): Politik in der Medienarena. Wien 2010, S. 101-143 (zus. mit Uta Rußmann und Josef Seethaler). Media and International Relations: An Attributional Analysis of In-group and Out-group Perceptions in European Press Coverage of the 2004 U.S. Election. In: American Journal of Media Psychology, 1 (2008), S. 103-124 (zus. mit Josef Seethaler).

Thomas Mergel, Prof. Dr. phil., geb. 1960, Professor für Europäische Geschichte des 20. Jahrhunderts an der Humboldt-Universität zu Berlin. Arbeitsgebiete: Kultur- und Mediengeschichte der Politik, Sozialgeschichte, Stadt- und Urbanisierungsgeschichte. Veröffentlichungen u. a.: Parlamentarische Kultur in der Weimarer Republik. Politische Kommunikation, symbolische Politik und Öffentlichkeit im Reichstag 1919–1933. Düsseldorf [2]2005. Propaganda nach Hitler. Eine Kulturgeschichte des Wahlkampfs in der Bundesrepublik 1945–1990. Göttingen 2010.

Michael Meyen, Prof. Dr., geb. 1967, Hochschullehrer am Institut für Kommunikationswissenschaft und Medienforschung der Universität München. Arbeitsgebiete: Mediennutzung, Kommunikations- und Universitätsgeschichte, Journalismusforschung. Aktuelle Veröffentlichungen: Diktatur des Publikums. Journalisten in Deutschland. Konstanz 2009 (zus. mit Claudia Riesmeyer). Internet im Alltag. Qualitative Studien zum praktischen Sinn von Onlineangeboten. Münster 2009 (Hrsg. zus. mit Senta Pfaff-Rüdiger).

Patrick Rössler, Prof. Dr., geb. 1964, Lehrstuhlinhaber für Kommunikationswissenschaft (Schwerpunkt Empirische Kommunikationsforschung) an der Universität Erfurt, 2006 bis 2008 Vorsitzender der DGPuK (Deutsche Gesellschaft für Publizistik- und Kommunikationswissenschaft), Ausstellungskurator zur Kunst der klassischen Moderne und zu verschiedenen Themen der Massenpresse, u.a. zu Künstlern und Publizistik des Bauhaus, zur Filmpublizistik in der Weimarer Zeit und den Wechselwirkungen zwischen amerikanischem und deutschem Zeitschriftendesign. Arbeitsgebiete: Politische Kommunikation, Medienwirkungen, Medieninhalte, Gesundheitskommunikation, neue IuK-Technologien, Geschichte der visuellen Kommunikation. Aktuelle Veröffentlichungen: The Bauhaus at the Newsstand. Das Bauhaus am Kiosk. die neue linie 1929–1943. Bielefeld 2009. bauhauskommunikation. Innovative Strategien im Umgang mit Medien, interner und externer Öffentlichkeit. Berlin 2009 (Neue Bauhausbücher, n. Z. Band 1; Hrsg.).

Adelheid von Saldern, Prof. Dr., bis 2004 Professorin für Neuere Geschichte am Historischen Seminar der Leibniz Universität Hannover. Arbeitsgebiete: Kultur- und Medienpolitik, Transatlantische Beziehungen, Sozialrationalisierung sowie Stadtgeschichte. In den letzten Jahren gab sie u.a. folgende Bücher heraus: Inszenierter Stolz. Stadtrepräsentationen in drei deutschen Gesellschaften (1935–1975). Stuttgart 2005. Stadt und Kommunikation in bundesrepublikanischen Umbruchszeiten. Stuttgart 2007.

Andreas Scheu, M.A. geb. 1979, Projektmitarbeiter am Institut für Kommunikationswissenschaft der WWU Münster. Arbeitsgebiete: Theorien der Kommunikationswissenschaft, Fach- und Theoriegeschichte, qualitative Methoden. Aktuelle Publikationen: Manfred Rühl – Ein Pionier der deutschen Kommunikationswissenschaft. Master-Thesis, Ludwig-Maximilians-Universität München 2005 [http://epub.ub.uni-muenchen.de/733/1/MA_Scheu_Andreas.pdf].). Kommunikationswissenschaft als Gesellschaftskritik. Die Ablehnung linker Theorien in der deutschen Kommunikationswissenschaft am Beispiel Horst Holzer. In: medien & zeit, 23. Jg. (2008), Heft 4, S. 9-17 (zus. mit Thomas Wiedemann).

Josef Seethaler, Dr. phil., geb. 1956, Senior Scientist an der Kommission für vergleichende Medien- und Kommunikationsforschung der Österreichischen Akademie der Wissenschaften, Lehrbeauftragter am Institut für Publizistik und Kommunikationswissenschaft der Universität Wien. Arbeitsgebiete: Medien- und Kommunikationsgeschichte, Mediensystemanalyse, politische Kommunikation. Aktuelle Veröffentlichungen: Medien & Kommunikationsforschung im Vergleich. Wiesbaden 2008 (Hrsg. gem. mit Gabriele Melischek und Jürgen Wilke). Leistungen und Perspektiven der historischen Presseforschung in Österreich. In: Blome, Astrid/Böning, Holger (Hrsg.): Presse und Geschichte. Leistungen und Perspektiven der historischen Presseforschung. Bremen 2008, S. 375-392.

Adrian Steiner, Dr. phil., geb. 1975, Wissenschaftlicher Mitarbeiter für politische Analyse und Kommunikation im Eidgenössischen Departement für auswärtige Angelegenheiten (EDA), Präsenz Schweiz. Arbeitsgebiete: Medienanalyse, Politische Kommunikation, Medien- und Gesellschaftstheorie. Aktuelle Veröffentlichungen: System Beratung. Politikberater zwischen Anspruch und Realität. Bielefeld 2009. Politische Kommunikation als Dienstleistung. Public-Affairs-Berater in der Schweiz. Konstanz 2007 (zus. mit Jochen Hoffmann und Otfried Jarren).

Rudolf Stöber, Prof. Dr., geb. 1959, seit 2001 Professor (Lehrstuhl für Kommunikationswissenschaft) an der Otto-Friedrich-Universität Bamberg. Arbeitsgebiete: Medien- und Kommunikationsgeschichte, Politische Kommunikation, Propaganda, Öffentlichkeit. Aktuelle Veröffentlichungen: Kommunikations- und Medienwissenschaften. München 2008. Historic Key Events and the Media. In: Donsbach, Wolfgang (Hrsg.): The International Encyclopedia of Communication. Boston u.a. 2008, Bd. 5, S. 2118-2124.

Hans-Ulrich Wagner, Dr. phil., geb. 1962, wiss. Referent am Hans-Bredow-Institut für Medienwissenschaft in Hamburg und Leiter der Forschungsstelle Geschichte des Rundfunks in Norddeutschland, Lehrbeauftragter an der Universität Hamburg, Institut für Medien und Kommunikation. Zahlreiche Veröffentlichungen zur Medien- und Literaturgeschichte des 20. Jahrhunderts, zuletzt u.a.: Die Geschichte des Nordwestdeutschen Rundfunks, Bd. 2, Hamburg 2008 (Hrsg.).

Manuel Wendelin, M.A., geb. 1974, wissenschaftlicher Mitarbeiter am Institut für Kommunikationswissenschaft und Medienforschung der LMU München. Arbeitsgebiete: Öffentlichkeitstheorie, Fach- und Theoriegeschichte der Kommunikationswissenschaft. Aktuelle Veröffentlichungen: Habermas vs. Noelle-Neumann. The Impact of Habitus on theoretical construction of the Public Sphere. In Javnost – the Public, 2009, 16. Jg., Nr. 2, S. 25-40 (zusammen mit Michael Meyen). Systemtheorie als Innovation in der Kommunikationswissenschaft. Inhaltliche Hemmnisse und institutionelle Erfolgsfaktoren im Diffusionsprozess. In Communicatio Socialis, 41. Jg. (2008), Heft 4, S. 341-359.

Jürgen Wilke, Prof. Dr., geb. 1943, Institut für Publizistik der Johannes Gutenberg-Universität Mainz. Arbeitsgebiete: Mediengeschichte und Medienstruktur, Nachrichtenwesen, Politische Kommunikation, Internationale Kommunikation. Aktuelle Veröffentlichungen: 400 Jahre Zeitung. Die Entwicklung der Tagespresse im internationalen Vergleich. Bremen 2008 (Hrsg. zus. mit Martin Welke). Massenmedien und Journalismus in Geschichte und Gegenwart. Gesammelte Studien. Bremen 2009.